KB070660

강남 고대 도회의
건축과 생태미학

이 도서는 2015년 중화학술번역사업(15WZX013)에 선정돼
중국사회과학기금(Chinese Fund for the Humanities and Social Sciences)의
지원을 받아 번역 출판되었습니다.

강남 고대 도회의
건축과 생태미학

왕운王耘 저 / 방금화 역

學古房

내용 요약

　　이 책은 강남의 고대 도회 건축을 구체적인 역사 텍스트로 해서 중국 본토사상과 당대 생태미학의 상호 조명을 실현하는 데에 목적을 두었다. 이 책은 학제적 거시 방식으로 텍스트의 미세한 부분까지 접근해 시적 생태체험으로 강남의 고대 도회 건축의 문화원형을 입체적으로 환원했으며 중국 특색을 지닌 생태미학연구에 사례를 제공했다. 이 책은 강남 고대 도회 건축의 대표인 강남 정원이 인류중심주의자의 욕망의 팽창도 아니고 인류의 주체성을 포기하고 황량한 이역으로 돌아가는 것도 아니며, 정원의 매력은 일련의 생태적이고 완전한 생명복합체계를 모의해 인류와 자연이 공생하는 평등한 결과임을 지적한다.

왕운王耘의 근작인《隋唐佛教各宗與美學》을 자세히 읽어 보고 있던 중에《行走的空間 —— 江南古代都會建築與生態美學》(곧 출판) 원고가 또 배달됐다. 기쁜 마음으로 읽어보며 감탄을 금치 못했다. '건축'과 '불교', 두 서적의 연구분야가 전혀 다르고 주제도 차이가 큰데 같은 청년학자의 손에서 나왔고, 또한 두 권 모두가 생동감이 넘치며 곳곳에 새로운 견해가 보이니 연구실력이 여간 뛰어나지 않은 이상 해내지 못했을 것이다.

학문을 함에 있어서 보통 한 분야에서 하나의 주제를 선택해 연구를 진행하는 것이 적당하다. 지나치게 널리 섭렵하면 흥미를 많이 느끼지만 각고의 노력을 기울이지 않으면 진취적이지 못할 것이다. 이는 한유韓愈의 "기능과 학문은 각기 다른 분야가 있다"라는 말과 같을 것이다.

그러나 한 우물만 꾸준히 파더라도 반드시 성공한다는 보장도 없는 상황에서 두세 가지 분야를 동시에 연구하고 일괄된 근면함과 집착을 가지고 좋은 성과를 거둔 경우가 전혀 없다고도 할 수 없지만, 남보다 더욱 피나는 노력을 해야 이룰 수 있을 것이다. 학술연구의 성공여부는 연구영역의 범위와는 큰 연관성이 없고, 학술적인 소양과 수준은 저서의 양으로 결정되는 것도 아니며 무엇을 어떻게 펴냈는지를 봐야 한다.

관건은 학술적인 진취를 얻으려면 명확한 학술적 이념, 타당한 연구방법, 예리한 사변능력 및 건전한 인격 등을 두루 갖춰야 한다는 데에 있다. 개인의 재능과 외부 환경도 중요하다. 공자의 제자인 자하子夏는 "널리 배우고 뜻을 굳건히 하며, 진지하게 묻고 당면한 문제를 생각하라"고 말했다. 현대적인 인문의식과 인문정신이 스며들어 현재 중국 '학원파'가 내세우고 제창

5

하는 숭고한 '정신경지, 치학원칙, 도덕기풍'이 돼 '학술을 더욱 경위해야 하고', '학술존엄'과 '인격존엄'을 확대하고 발전시켜야 한다. 필자가 왕운의 연구 경력과 전반적인 연구성과를 지켜본 바에 따르면, 그는 현재 '학원파'로 통하는 바른 길을 걷고 있다고 생각한다.

왕운이 복단대학에서 박사과정을 하는 동안에 그의 다른 동기들과 마찬가지로 독서를 좋아하고 사색에 게으르지 않으며 공자가 말씀하신 "배우기만하고 사색하지 않으면 얻는 것이 없고, 사색만하고 배우지 않으면 위태롭다"라는 편파적인 실수를 애써 피하고자 하는 점은 내게 깊은 인상을 남겼다. 그는 아무도 시키지 않는데도 스스로 수당시기의 천대天臺 화엄華嚴 등 학문에 관한 저서를 읽고 연구했다. 책을 읽고, 사색하고, 논문 쓰기를 정말 즐겼다. 읽고 생각한 후에 제목을 정하고 논문을 펴내면서 문제의식과 문제해결능력을 키우곤 했다. 종종 먼저 보내온 논문을 읽고 있는데 다음 편이 벌써 완성됐으며, 또한 반복 수정을 마다하지 않는다. 타고난 소질만을 믿지 않고 노력하는 점이 왕운과 그 동기들의 가장 기특한 점이었다. 열심히 학문을 연마하고 깊이 사색하고 자세히 질문하고 성실히 실행하며, 또한 (나아가) 담담히 인격수양을 하는 것이 학문을 하는 기본자세이다. 집착에 가까운 연구생활을 다년간이나 하면서 좌절에 부딪쳐도 원망하지 않으며 마음 한켠에 늘 희망과 기대를 내려놓지 않았다.

왕운의 《行走的空間》을 펼치니 페이지마다 각주가 달려있는 것이 눈에 들어왔다. 많은 곳은 십여 개에 달해 거의 반 페이지를 차지했다. 필자가 추앙하는 이런 연구방법이 약간 구식이라서 아마 비웃는 사람도 있을 것이다. 책을 대충 읽는 사람의 마음에도 들지 않을 수 있다. 학문을 하고 글을 쓸 때는 반드시 인용문이 있어야 좋은 글이라고 단정할 수 없지만, 학문의 기풍이 성실하지 못한 세태에서 타인의 견해와 재료를 인용해 자신의 주장을 증명하면서 출처를 명시한다는 점은 긍정적이고, 본보기로 삼을 만한 인품과 태도이다. 이는 공자왈 맹자왈하며 자신의 재능을 자랑하는 것이 아니라 자신의 논거를 단단히 다지고 세간에 떠도는 근거가 없는 혐의를 없애기 위해서였다. "사실을 얻어 매사에 옳은 것을 찾는 데에 힘쓴다"라는 옛말은 진정 옳은 말이다. 하지만 사실을 이어가든 반대하든 그대로 말하는 것을 거부해야만 학술적인 발견과 진보에 도움이 될 것이다.

왕운의 저서는 방증을 넓게 인용해 논증으로 삼은 책이라고 할 수 있다. 이 책은 '서론'의 편폭이 크지 않으나, '강남', '도회' 등 중요한 키워드의 경과 및 상태 등을 고증하기 위해 백십여 개의 인용문을 사용해 논하고자 하는 내용에 근거가 있음을 잘 보여줬다. 이 책의 다른 장에서도 이와 비슷할 것이며 독자들을 탄복시킬 것이다. 필자가 이 책을 쓴다고 가정할 때에 과연 이처럼 상세한 자료를 수집하고 사용할 수 있을까? 필자는 '글자 하나하나에 이야기가 있거나', '글자 하나 하나에 정교한 뜻이 담겨 있는' 옛 주석 방식으로 돌아가자고 주장하는 것은 아니다. 실제로 돌아갈 수도 돌아갈 필요도 없지만, 다만 "학문에 있어서 반드시 '내가 육경六經 본래의 뜻을 이해하는 것'을 기본으로 삼아야 더 나아가 '육경의 이론을 인용해 본인의 입장을 설명할 수 있을 것'이다." 즉, 텍스트로 되돌아가 역사에 충실해야만 더 발전할 수 있는 것이다. 필자도 그와 같은 생각이다.

연구 목적에 있어서 '강남의 고대 도회 건축'과 '생태미학'의 관계가 이 책에서 해결해야 할 '이론적 과제'인데, 다행히도 저자에게 두 가지 유익한 조건이 있다. 하나는 중국 고대 건축문화에 대한 이해와 연구가 이미 일정한 경지에 도달했다는 점인데, 이는 건축과학기술이 아닌 건축인문 분야이다. 또 하나는 생태철학과 생태미학에 대한 전반적 연구에 종사해 왔다는 점이다. 왕운은 2008년《復雜性生態哲學》이란 저서를 출판했고, 또한《自然與人文 : 生態批評學術資料庫》(학림출판사, 2006)의 부편집장을 역임한 바가 있다. 이것은 그의 독창적인 연구에 어느 정도 밑그림이 됐다. 왕운의 연구범위가 넓다는 것은 확실하다. 앞서 언급한 불교 및 건축 외에 생태철학 분야도 조예가 깊다. 그러나 이 세가지 분야를 연관시키는 핵심은 바로 미학이며, 이것들은 결국 서로 동떨어진 분야가 아니다.

왕운은 생태미학 측면에서 강남의 고대 도회 건축문화를 다루는 데에서 깊이 있는 연구를 진행했다.

　이 책은 남경南京, 항주杭州, 소주蘇州 및 기타 강남 고대의 마을을 주요 연구대상으로 삼고 '물'을 착안점으로 해 '강남 고대 도회의 다원적인 품격'을 밝히고, '강남 건축에 내포된 생태적인 요소를 고찰'했으며, 고대 강남 명성名城의 비교를 통해 인문과 생태 품격의 다원화를 부각시켰다. 물로 인해 도시가 만들어지고 도시를 다스리는 것은 이들 도시의 공통적인 생태모습이며, 다만 방식과 정도의 차이가 존재할 뿐이다. 이 책에서는 물이 생태 주제가 돼 시시때때 심미적인 생태 자유 경지에 들어가지 않았다. "바로 이런 이유 때문에 사람들은 물의 기질과 운치를 경험에 앞서 느끼게 되고, 또한 현실적인 권력에 화답과 환영을 마다하지 않아 강남 마음의 이중성격을 이뤄냈다." 이러한 '이중성격'은 남경, 항주, 소주가 모두 마찬가지이다.

　그리고 더 나아가 "강남 건축이 이른바 강남의 건축이 되게 한 내재적 비밀"을 탐구했다. 이 책은 역대 북방의 일부 황성과 비교했을 때에 강남 도회가 "현실적인 권력에 대한 화답과 환영을 마다하지 않았다"고 여겼다. 일찍이 남송의 왕도였던 항주, 육조의 고도 남경, 2천여 년 전 오나라의 수도였던 소주를 막론하고 황권과 연관된 화려함과 숭배는 마치 하루하루 스쳐지나가 버린 '흰머리 궁녀'의 꿈과 같았다. 점점 멀어진 것은 옛 황실 권력의 뒷모습이고, 이를 대신한 것은 강남의 고대 도회 무역경제의 활성화와 인문문화의 방만 및 자유였다. 그래서 해당 도회의 평면계획 및 분포는 황실권력을 상징하는 중축의식과 계획의 '약화'이다. 전쟁 방어 목적의 성벽에서 벗어난 강남 민가의 평민화, 소박화된 외벽, 더 나아가 강남원림의 화창과 누창이 있는 외벽까지 강남의 고대 도회 건축 공간은 엄숙과 밀폐로부터 자유적이고 관통적인 개방으로 전향됐다. 그리고 원림의 공간은 "사람이 스스로 격리하고 추방하고 소모함으로부터 벗어나 스스로 인정하고 실천하고 초월하는 공간이 돼" 생명의 기운이 원림에서 흘러나온다.

　게다가 중국 고대건축이 풍수법칙을 중시하는 관점에서 볼 때는 강남의 고대 도회건축은 물을 중요시하기에 "일반적인 풍수관념의 특수성과 구별

된다. 즉, 기의 세계에서 '물'이란 지극히 유동적인 개념을 강조하고, 물을 통해 기를 실천한다." 이는 '물로 '기를 모으는' 것이며, 생기가 있게 하는 것은 풍수이기도 하고 건축경관의 심미적인 경지이기도 함을 말해 주고 있다. 중국 고대 건축에서 일반적으로 토목을 자재로 하는 것으로 봐서 강남은 지역이 따뜻하고 습하기에 고대의 도회 건축은 먼 옛날 '나무 위에 집 짓기'에서 발전해 왔다. '강남 건축의 형식과 영혼은 나무구조에 있다.' '강남 건축의 나무구조는 생명의 나무를 조합해 공간을 형성(필자주: 순묘를 기본으로 여기는 목조구조) 하는 관념이 존재하기에 생태건축으로 불릴 수 있다.' 중국의 고대 건축이 '사각형'을 선호한 것과 마찬가지로 강남의 고대 도회 건축도 '네모'를 숭상한다. 이는 "하늘은 둥글고 땅은 모나다"는 '중국 우주관'에서 '네모진 땅'에 대한 정서적인 표현이다. 《易傳》에서 이르기를 "곤坤은 땅이다." 대지의 본성과 자질은 '직방대直方大'(곧고, 바르고, 넓음)이니 건축평면이 '네모'를 숭상한 것은 건축기능의 필요와 건축조건의 제한 때문만 아니라 생태인문적인 면에서 '땅과 가까움'의 비유이기도 하다. 중국 고대 건축의 구성으로 볼 때에 강남 고대 도회 건축의 생태적인 아름다움도 동과 정, 허와 실, 하나와 많음 사이에서 존재하고 발전해 왔다. '움직이는 공간'의 아름다움은 "동적인 것을 정적으로 표현했고", 집단조합은 "개체존재가 전체존재보다 우선인 조건에 구성된 전체성"이며, 이것이 바로 "개체 분리를 바탕으로 한 '전체와 상반되는' 비동일성非同一性'구조이다."

이어서 이 책은 어도御道에서 수교水橋까지, 문궐門闕에서 정랑亭廊까지, 대기臺基에서 바닥까지, 그리고 원유에서 원림까지 네 개의 영역에서 강남의 고대 도회 건축문화의 '생태미학적인 표현'방식을 논했다. 저자는 이것이 "생태미학 체계의 개방적인 표현이며 이러한 건축 요소의 정태적인 표현에서 충분히 나타냈다"라고 주장했다. 이러한 건축은 생태문화의 대지 위의 표현으로서 호흡이 있고, 사상이 있고, 표정이 있는데 이는 사실상 사람의 '제2의 이미지'이다.

마지막으로 이 책은 강남의 고대 도회 건축 문화관념의 기초가 '생태미학이성'이라고 지적했다. '사람과 자연'의 '교집합', '체계', '개방'과 '출현'을 생태적 특징으로 삼고 철학 사상의 미학이론으로 응집됐으며, 강남의 고대 도회건축의 원림건축과 경관을 표본으로 했다. 명나라 말기 원림 건축의 대가 계원부計元否의 《園冶》에는 "원림의 교묘함은 빌려옴에 있고 정교함은 물체의 적당함에 있다"라고 기록돼 있다. 이것의 기본생태미학 사상은 바로 "비록 사람이 만들었지만 마치 자연이 만든 것과 같다"는 데에 있고, 선진先秦 도가의 이른바 자연으로 돌아가는 철학사상이나 아름다운 뜻과 서로 통하며 생명의 본질이다. '움직이는 공간'은 '정체된 공간, 질주하는 공간'이 아니라 '완만하고 담담하고 여유가 있는' '흐르고 움직이는 세계'이다. 그래서 이것으로 인해 생명의 근본적이고 자유적인 경지를 비추고 체득할 수 있다. '움직이는 공간'은 '거친 자연', '황막한 기운'을 벗어나지 않는 자연은 물론 아니고 '전족하지 않은 여인'처럼 자연스럽다. 솔직히 말해 이것은 인류중심주의나 자연중심주의도 아닌 사람과 자연의 동일, 평등, 우애, 개방, 교합 및 융통이다.

이 책에서 서술하고자 하는 견해는 모두 이치에 맞고 근거가 있으며 사람들에게 많은 깨우침을 줄 것이다. 특히 '복잡성 생태철학' 및 '미학측면'에서 강남의 고대 도회 건축문화라는 과제를 연구한 것은 매우 신선하고 유익하고 비범한 시도이며, 학술분야에 색다른 연구시야를 제공해 주기도 했다. 이 책의 취지는 "사람과 자연관계의 본질이 인간 자신의 생명체계가 어떻게 존재하고 어떻게 스스로 존재하는지를 여러 번 반성"해 "사람의 자연에 대한 의미와 인간성의 복잡함을 받아들임으로써 융통함을 재차 살피는" 것에 있다. 물론 이것이 "인류가 정신생태를 다시 구축하는 명제"이며 진일보해 연구할 가치가 있다.

물론 사람과 학술 연구 모두 재검토할 여지가 있다. 왜냐하면 모든 진리를 자신이 가지고 있을 수 없기 때문이다. 아무리 총명한 사람이라도 천 번 고려하면 한 번의 실수가 있기 마련인데, 우리 같은 평범한 사람이 이런 실수를 어찌 피할 수 있겠는가. 예를 들어, 서론에서 두 개의 키워드인 '강남'과 '도회'를 정교하게 고증하는 동시에 세 번째 키워드인 '왕궁'(건축)의 본뜻도 같이 고증을 했으면 이 책의 서술이 더욱 튼튼하고 설득력이 있을 것이고, 마찬가지로 '복잡성 생태철학' 및 '생태미학' 자체의 기본이론 및 연구방법에 대해 더 집중적이고 투철한 소개와 서술을 했으면 이 책의 '이론문제'인 강남 건축문화관념이 어떻게 생태미학과 접목하고 부합했는지'를 설명하는 데에 도움이 될 것이다.

그리고 저자는 이 책에서 대지와 건축관계에 대해 "건축은 대지에서 구축된 세계이다. 세계는 반드시 대지를 초월해야 하지만 대지를 벗어나서는 안 된다 — 세계가 반드시 대지를 초월해야 하지만 대지를 벗어나서도 안되기에 세계는 비로소 지상의 세계가 된 것이다"라고 말했다. 이곳에서 언급한 '세계'는 시공간을 가리키며 본래의 뜻은 '우주'이다. 서구 현상학 측면에서 본다면 세계는 의미이고 '현상'이란 마음속의 '영상'이며, 이것이 바로 후설[1]의 이른바 '의도성'이다. '지상의 세계'인 '움직이는 공간'의 구축은 우선 '시간적인 존재를 나타내고 전시했다'. '세계'가 '의미'로서 늘 피할 수 없게 '시간적인 존재' 속에 있으면서 끊임없이 '드러낸다'.《易傳》에서 말하는 "현見이란 상象이다"는 마음에서 뚜렷하게 나타낸 정신현상이며 당연히 정신문화와 서로 통한다. 대체로 성숙한 정신문화에서는 예를 들어 강남의 고대 도회건축 같은 '지상의 세계'의 정신측면에서는 일정한 철학사상, 철학의식, 관념 및 사상 등이 항상 존재해야 한다. 이것이 바로 하이데거[2]의 이른바 '시간이 도착할 때'이고, '현재' 존재하는 '뚜렷함' 혹은 '나타남(개방)'이다. 따라서 '세계'가 바로 '의미'라고 인정한다면 건축의 정신현상이 어느 정도의 '대지철학'을 실현하는 것이 낭설이 아닐 수도 있다. 왕운은 책에서 "중국건축문화 관념에서 토지는 기대가 있고 스스로 증명할 수도 뚜렷하게 나타낼

---

1) 역주 : 에드문트 후설(1859~1938). 독일의 관념론 철학자. 현상학파를 창설했으며 괴팅겐, 프라이부르크 대학의 교수였다.
2) 역주 : 마틴 하이데거

수도 없으며, 반드시 인류의 '규정과 교훈'을 받아야 한다"라고 말했다. 또한 건축에 있어서 "토지는 사람에 전속돼 있는 것이며, 이런 관념은 토지가 대지철학, 황야 철학으로 나갈 수 없음을 결정했다"라고 지적하기도 했다. '황야철학'에 대해서는 여기서 논하지 않겠다. 건축의 실익인 '권력', '전쟁' 등 '토지'가 인류에 의해 '규정과 교훈'을 받는 기능 측면에서 중국의 강남 고대 도회 건축문화가 동방 특유의 '지상의 세계'로서 진정한 '철학'이 존재한다고 할 수 없다. 만약 있다고 하면 일정한 실익관념과 연관된(서로 적응하고 대립되는) '철학'일 것이다. 그러나 해당 건축문화가 '대지를 벗어나지 않고' 정신적으로 '대지를 초월'해야 한다면, 이러한 대지와 가까운 건축문화는 '세계(의미, 초월)'로서 왜 '스스로 증명'하는 '대지철학'이 될 수 없을까? '대지철학'이란 '대지'가 '철학'이 아니라 지상의 건축이 '세계'로서 어떠한 '철학'이 될 수 있음을 말한다. 사람에 종속되는 대지가 '의미'의 '개방', '뚜렷하게 나타냄'으로써 인문적인 대지로서 철학사상과 아름다움을 겸비한 대지로 실현될 수 있다. 이것이 바로 《易傳》에서 말하는 "지세가 곤坤이다. 덕과 합이면 한계가 없다"이며 도덕에서 철학의 경지로 이어갈 수 있는 점과 같다. 필자는 "철학이 있는 곳이면 미학이 존재하고, 미학이 있는 곳이면 반드시 철학이 존재한다"라고 생각한다. 일정한 조건, 언어환경에서 미학의 철학요소와 철학의 미학함의는 동일시될 수 있다. 그래서 만약 건축문화에 이곳에서 논하는 강남 고대 도회 건축의 정신적인 '초월'을 포함한다면 '대지철학으로 나아갈 가능성은 없다'를 포함된다면 '생태미학', 특히 '복잡성 생태미학' 측면에서 이와 같은 학술과제를 연구한다는 것은 다소 위험이 따를 것이다.

그러나 여기서 필자의 언급은 왕운의 소견에 대한 오해일 수도 있기에 그는 분명히 할 말이 있을 것이라 믿는다. 이것이 바로 내가 성의를 다해 기대할 점이다. 설령 약간의 실수가 있더라도 이 책의 장점을 가리지 않을 것이다.

왕운의 근래 편지에서는 논문을 작성할 때에 예전보다 다소 이완됐다고 한 바가 있으며, 즉 문체가 이완되고 자유로워졌다고 했는데, 나도 이점을 발견했다. 학술저서는 정확성과 '조리와 논리의 통일'이 주가 되도록 하고, 사색을 기본으로 하되, 시적 품격을 겸비해야 한다. 하지만 이 서문도 이러한 요구에 도달하지 못했으므로, 필자는 왕운과 독자 여러분에게 송구스럽게 생각한다.

왕진복王振復

한국에서 강남을 언급하면 아마도 땅값이 가장 비싼 동네, 부자 동네이자 그리고 학군이 좋은 지역이라는 생각이 가장 먼저 떠오를 것이다. 중국에도 강남이 있다. 중국의 강남은 광의와 협의의 두 가지 의미가 있지만 일반적으로 협의인 양자강 하류지역의 남안 — 즉, 강소성江蘇省과 절강성浙江省(청나라 때는 안휘성安徽省도 포함돼 있음)을 뜻한다.

중국의 강남은 한국의 강남보다 더욱 유명하고 그 명성은 고대에 훨씬 더 자자했다. 강남은 수자원이 풍부하고 기후가 습윤하고 물산이 풍족하며 자연경치도 수려했다. 이런 유리한 환경조건과 유구한 문화 저력은 경제발전에 기여했고, 한때는 전국 세수입의 90%를 강남에서 충당하기도 했다. 북송에 이르러 강남의 가구수는 이미 전국의 절반이상을 차지하고, 중원을 대신해 전국의 경제 및 문화의 중심지로 떠올랐다(과거에는 북방이 중국의 중심이었고, 남방은 중국 전체 가구수의 15분의 1에 불과했음). 이에 따라 풍족한 강남으로 상인과 문인들이 대거 모여들었으며 아름다운 경치를 감상하고 간직하기 위해 원림園林 건축의 붐을 일으키기도 했다. 청나라 건륭황제乾隆皇帝가 집권하는 육십여 년 동안 여섯 차례나 강남 순시 길에 오르게 했으니 그 번성함은 짐작할 수 있다.

왕운의《강남 고대 도회의 건축과 생태미학》은 생태미학적 관점에 입각해 고대 강남의 건축문화를 주제로 삼아 연구한 결과물이다. 강남 건축의 가장 대표적 표현방식인 수교水橋, 정랑亭廊, 바닥재와 함께 원림園林에는 생태적인 미학이 함축돼 있고, 고대 강남 건축의 내재된 심오함은 건축물 중축선의 변화, 성벽의 건축방식, 사찰의 탑 등을 통해 자세히 풀어냈다.

중국의 생태미학 연구는 1980년대부터 시작됐는데 특히 1984년은'미학의 해'로 불릴 만큼 미학의 방법론을 제시하는 한 해였다. 서구의 담론으로 문화의 패러다임을 해석하는 각종 방법이 소개됐고, 그 중에는 환경철학도 포함돼 있었다. (여모창余谋昌의 초기 저서를 참고하면 더 많은 정보를 얻을 수 있다.) 현재 중국에서 생태미학을 전문적으로 연구하는 주요 대학은 세 군데가 있는데 산동대학山東大學, 하문대학廈門大學, 소주대학蘇州大學이 대표적이다. 소주대학 생태비평연구센터는 '정신생태精神生態'의 창시자인 노추원魯枢元이 창설했으며 이들은 동방 생태주의자로서 서구중심주의자에 특히 천층浅层 생태철학에 맞설 만한 심층 생태철학이라는 관점을 제기했다.

왕운은 소주대학 생태비평연구센터의 구성원으로서 그의 연구에서 가장 큰 특징은 학제적인 시각과 방법을 꼽을 수 있다. 생태철학 외에도 그는 불교미학, 건축미학, 신체미학뿐만 아니라 심지어 소주지역의 오문화吳文化 연구까지 두루 섭렵해 왔다. 초기 연구분야인 복잡성생태연구와 중국 건축 미학 및 오문화에 걸친 세 가지 영역을 연결시켜 펴낸《강남 고대 도회의 건축과 생태미학》은 생태미학 연구 분야에 구체적이면서 지역 특색을 지닌 실제 사례를 제시했다는 데에 그 의미가 있다.

이 책은 중국 사회과학연구 기금의 지원을 받은 프로젝트의 결과물이며 전문성이 비교적 강한 서적이다. 그러다 보니 전문용어 및 고전문헌의 인용이 많고, 또한 저자의 서술하는 방식이 고문의 형태와 형식이 많아서 번역하는 데에 시간이 오래 걸리고 어려움도 적지 않았다. 이를 해소하기 위해서 번역 과정에서 어렵고 난해한 부분을 원문의 뜻을 훼손시키지 않는 선에서 최대한 풀어서 적어내려는 노력을 했으므로 독자 여러분이 읽으실 때는 어려움을 느끼시지 않기를 조심스레 바라는 바이다. 생태미학은 환경미학의 심지어 녹색정당[绿党]의 영향을 받아 형성된 문화 형태이다. 오늘날 한국 학계도 유사한 학술과제에 직면하고 있다. 왕운의 저서인《강남 고대 도회의 건축과 생태미학》의 번역과 출판은 한국 생태미학 연구에 분명히 도움이 되리라 굳게 믿는다.

끝으로《강남 고대 도회의 건축과 생태미학》의 번역과 출판을 할 수 있도록 물심양면으로 도움을 주신 도서출판 학고방 관계자 여러분과 번역 교정에 도움을 주신 라민아, 한지영, 이진호 선생님께 아울러 감사의 뜻을 표하는 바이다.

2017년 7월
방금화

16

17

도론

《史記·吳太伯世家》에 의하면 오태백吳太伯과 태백의 동생 중옹仲雍은 모두 주태왕周太王의 아들이며 왕王 계력季歷의 형이다. 계력은 현명했으며 장래를 기대할만한 창昌이라는 아들이 있었다. 태왕이 계력을 옹립하고 장차 창에게 왕위를 전해주려 하자, 태백과 중옹 두 사람은 바로 형만荊蠻 지방으로 도망가서 몸에 문신을 새기고 머리카락을 잘라文身斷髮 왕위를 이을 수 없음을 드러내고 계력을 피했다. 계력이 과연 왕으로 옹립되니 바로 왕계王季이고, 창이 바로 문왕文王이다. 태백은 형만으로 도망가서 스스로 왕위에 올라 구오句吳라고 칭했다. 형만 사람들은 그의 절의를 경모해 그를 따르는 자가 천여 호가 됐으며, 그를 오태백으로 옹립했다.[1] 장수의張守義는 다음과 같이 정의했다. "오吳는 국호이다. 태백太伯은 매리梅里에 살았는데 매리는 상주常州시 무석無錫현 동남쪽 육십 리에 있다. 19대손인 수몽壽夢까지 그곳에서 살았고, 국호를 구오句吳라고 했다. 수몽이 죽자 제번諸樊이 수도를 남쪽으로 옮기고, 21세손인 광光에 이르러 자서子胥로 해금 합려성闔閭城을 짓게 하고 도읍으로 정했는데, 그곳이 지금의 소주蘇州이다."[2] 태백

---

1) 司馬遷撰, 裴駰集解, 司馬貞索引, 張守節正義:《史記》, 北京, 中華書局, 1982, 第1445頁.
2) 司馬遷撰, 裴駰集解, 司馬貞索引, 張守節正義:《史記》, 北京, 中華書局, 1982, 第1445頁.

이 오로 도망쳐 오태백이라고 칭했으니 오는 태백이 명명한 '법호法號'
이자 태백의 목적지이기도 하다. 이런 자발적인 선양 행위는 '문신과
단발' 방식으로 사람들에게 보여졌지만 다소 '피화避禍' 색채를 띠고 있
다. '피화와 은둔'은 생각의 차이일 뿐이다. 오태백은 만년을 강남江南에
서 보냈다. 그는 뭇 사람들에게 '지덕至德'하다는 예찬을 받았고, 또한
역사 속에 3천 년 가까이 이어지는 오나라 문화의 씨앗을 뿌리기도 했
다. 양보와 수용은 강남 고대 도회都會의 문화 품격을 다졌다.

강남 고대 도회의 문화 품격을 이해하기 위해서는 두 개의 키워드를
반드시 이해해야 한다. 하나는 '강남'이고 다른 하나는 '도회'이다.

강남은 어디에 있을까? 어떤 이유로 강의 남쪽이라고 표현했을까?
이는 한결같이 학자들에게는 의혹을 갖게 하고 시인들에게는 화제를
불러 일으켰다. 모든 강남과 관련된 기억들은 변두리 시골의 비 내리
는 골목 가득히 물안개가 촉촉하고 흐릿한 가운데서 기쁨이 될 수도
슬픔이 될 수도 있는 불확실성에 빠지게 된다. '강남'을 언급하면 사람
들은 자연스레 몽롱한 시적 정취와 연관짓게 된다. 어슴푸레한 적막함
이 흐르는 물에 희석되기도 해서 공기 중에 자욱해 경계를 지을 수도
탐색할만한 법칙도 없다. "강남의 아름다움은 일종의 연무가 피어오르
는 '여성적 아름다움'이고, 모든 충동이나 역량을 빨아들이는 산골짜기
이고, 모든 사무침이나 아집을 녹일 수 있는 맑은 시냇물이며, 의문과
고통을 표현할 수 있는 바람소리이자 모든 깊은 곳과 암흑을 밝힐 수
있는 빛이다. …… 이것이 바로 옛 사람들이 강론한 현묘한 만물의 근
원이자 천지만물을 이해하는 방법이다."[3] 남방은 지리적으로 북방과
'대구'를 이루고 '암합'한 '남방'이며 이는 거듭 남향해 끊임없이 옮겨

---

3) 劉士林:《西洲在何處——江南文化的詩性敍事》, 北京, 東方出版社, 2005, 第85頁.

가는 개념이다. 이러한 의미에서 '남방'은 하나의 공간적인 범주일 뿐만 아니라 한편으로 하나의 시간적 명제이기도 하다. 진정상陳正祥은 "중국인의 '남방'에 대한 관념은 시간이 지날수록 더 남쪽으로 옮겨 갔다"고 말한다. 이는 경제와 문화 중심이 남쪽으로 이동한 것과 부합한다. 당송唐宋시대에는 일반적으로 회하淮河와 한수漢水 이남을 남방으로 여겼고, 또 그 이후에 종종 사용된 회하와 진령秦嶺의 연결선이기도 했다. 명대明代에 선비를 선발하는 남북경계선은 더욱 남쪽으로 이동해 장강長江까지 이르게 되고, 장강은 조정에서 비준하거나 공시한 남북의 경계선이 되기도 했다. 현대 중국인들은 이것을 더욱 남쪽으로 이동시켜 거의 남령南嶺을 경계로 여기게 됐고, 결국 남령 이남이 비로소 진정한 남방이 된 것이다."4) 다른 한편으로 '강남'은 '남방'의 변천을 따라 남쪽으로 옮기지 않았으며, 역사의 흐름 속에서 강소江蘇와 절강浙江 일대를 굳건히 지켜왔다. 동준童寯은 "지금의 이른바 '강남'은 주로 강소성이나 절강성을 가리키는데, 청대清代에는 일찍이 안휘安徽를 포함하기도 했다. 당송시대에는 강소, 절강, 안휘 이외에 복건福建, 강서江西, 호남湖南, 사천四川에서 훨씬 서쪽에 이르는 성省까지 포괄했다"5)고 했다. 오량용吳良鏞은 다음과 같이 정의했다. "우리나라의 강남지역은 본디 범위가 매우 넓고, 역사가 오래된 지역적 개념이다. 광의廣義로 말하자면, 중국은 역사적으로 장강 이남과 오령五嶺 이북의 광대한 지역에 속한 곳을 모두 강남지역으로 칭했다. 다만 시대에 따라 강남지역의 넓이가 달랐을 뿐이다. 현대의 강남지역도 광의廣義와 협의狹義의 구분이 있다. 광의의 강남지역은 소남蘇南과 환남皖南 및 절강 지역

---

4) 陳正祥 :《中國文化地理》, 北京, 生活·讀書·新知三聯書店, 1983, 第11頁.
5) 童寯 :《園論》, 天津, 百花文藝出版, 2006, 第38頁.

전부를 포괄하고 있다. 협의의 강남지역은 오로지 이 범위의 동북부 평원 부분만을 지칭하는데 곧 소남蘇南, 소주蘇州, 무석無錫, 상주常州 지역과 절강浙江, 항주杭州, 가흥嘉興, 호주湖州지역 및 상해上海를 가리킨다."6) 진정상도 오량용의 견해와 같다. "강남은 광의와 협의의 구분이 있다. 광의의 강남은 일반적으로 사천 분지를 제외한 장강 이남을 지칭한다. 협의의 강남은 장강 하류지역의 남안南岸을 가리키는데, 바로 왕안석王安石의 시구 '봄 바람이 강남의 강가를 또 부르게 물드렸네春風又綠江南岸'에서 말하는 강남이기도 하다. 이는 강소성 남부와 절강성 북부 및 안휘성 동남부를 포괄하고 있는데, 태호太湖를 중심으로 약 3만6천 ㎢가 된다."7) 이상의 내용을 종합해 보면, 광의적 관점에서 현재의 학자들은 강남에 대한 이해가 여러 갈래로 나뉘어져 있다. 즉 사천 등지의 포함 여부를 비롯해 시대별로 강남이라는 개념이 가리키는 함의를 달리해야 한다는 것 등이다. 하지만 협의적 관점에서는 모두가 '강남'이 곧 강소와 절강 지역이라는 인식을 가지고 있다. 이는 '남방'이라는 개념과 비교해 볼 때에 '강남'은 접두사인 '강江'자와 연계돼 있기에 함의는 상대적으로 고정된다. 다시 말하자면, '강남'이 은유하고 있는 문화적 실체에는 면면이 이어지는 수문水文의 맥락이 존재하고 있다.

강남문화의 맥락은 어디에서 기인한 것인가? 이는 바로 태백의 선양禪讓과 태호의 광대함에서 비롯된 것이다. 우선 태백이 오로 도피하는 '선양' 행위는 역사적 사건으로 각종 사료에 보존돼 있다. 《方輿勝覽》에서는 "태백은 계력의 형이다. 태왕이 계력을 옹립하려 하자 태백과 그 아우인 중옹은 바로 형만으로 달아나 머리칼을 자르고 문신을 해서

---

6) 吳良鏞:《建築·城市·人居環境》, 石家莊, 河北教育出版社, 2003, 第346-347頁.
7) 陳正祥:《中國文化地理》, 北京, 生活·讀書·新知三聯書店, 1983, 第11-12頁.

등용될 수 없음을 드러냈다"[8]고 기록돼 있다. 다른 문헌인《漢書·地理誌》[9]에서는 태백이 오로 달아난 것과 계찰季札이 나라를 양보한 사건이 연관된 역사적 사실로 기재돼 있다. 태백과 계찰, 이 두 사건이 어떻게 관련돼 발생할 수 있었을까? 이는 단지 두 사건이 발생한 공간이 근접하고 시간 순으로 일어났기 때문일까? 그것이 전부가 아닐 것이다. 사실상 그곳엔 '양보'라는 논리가 시종일관 내재돼 있었다.《吳地記》에 의하면 "태백이 …… 계력에게 양보했다", "계찰이 사양하고 제번을 옹립했다"[10] 등의 기록이 있는데, 이는 모두가 '양보'를 실행한

---

8) 祝穆撰, 祝洙增訂, 施和金點校:《方輿勝覽》, 北京, 中華書局, 2003, 第46頁.

9)《漢書·地理誌》참고. "태백大伯은 처음에 형만荊蠻으로 도망갔는데 형만 사람들이 그에게 귀순해 구오句吳의 국호를 가졌다. 태백이 죽자 중옹仲雍이 즉위하고 증손자인 주장周章에 이르렀다. 무왕武王 극은克殷은 그에게 봉호를 내렸고 그의 동생인 중中을 하북河北 제후로 봉하기도 했다. 그것이 바로 북오北吳이고 이후의 우虞이며 12대에 진晉에 의해 멸망했다. 그 이후 2대왕인 형만에 있는 오태백의 아들 수몽壽夢의 세력이 커지자 왕이라 자칭했다. 그의 작은 아들은 계찰季札이고 재능이 뛰어났다. 계찰의 형이 그에게 나라를 승계받으려고 하자 그는 사양해 받아들이지 않았다. 수몽이 왕이 되고 6대가지나 합려闔廬가 오자서伍子胥와 손무孫武를 장수로 해서 전쟁에서 승리해 제후 중에서 태백太伯의 이름을 각인 시켰다. 아들인 부차夫差가 왕이 돼서는 자서子胥를 죽이고 재비宰嚭를 등용했는데, 월왕粵王에 의해 멸망했다."(班固撰, 顏師古注:《漢書》, 北京, 中華書局, 1962, 第1667頁.)

10)《吳地記》참고. "태왕이 질환이 있어 태백泰伯과 중옹仲雍은 산에 들어가 약초를 캔다는 핑계로 오吳로 도망쳐서는 몸에 문신하고 머리카락을 잘라 등용하지 않음을 시사해 왕의 자리를 계력季歷에게 양보했다. …… 오吳의 사람들이 태백이 절의가 있다고 여겨 왕으로 받들었다. 중옹은 태백의 셋째 동생이며 즉위해 국호는 구오句吳이다. …… 이후 수몽壽夢에 이르자 평문平門 서북쪽 2리가 되는 곳에 왕궁을 지었다. 태백부터 수몽까지 19년이 지났다. 계찰季札이 재능이 있어서 수몽이 그를 왕위에 올리려 하자 계찰이 사양해서 제번諸樊을 즉위시켰다. 제번이 죽고 오나라 사람은 또 계찰을 옹립하려 했는데 그가 사양하고 집을 포기한 채 황야로 나가 경작을 하자 옹립 이야기를 그만뒀다. 그리고 계찰을 연릉왕延陵王으로 봉했는데 그가 바로 연릉계자延陵季子이다."(陸廣微撰, 曹林娣校注:《吳地記》, 南京, 江蘇古籍出版社, 1999, 第6-7頁.)

것이다. 태백과 계찰은 끊임없이 변하는 인간세상에서 '양보'라는 처세원칙을 이용해 영원불멸로 이어지는 삶에 대한 품격을 이루어낸 것이다.《吳郡圖經續記》에서는 "태백은 천하를 사양하고, 계찰은 나라를 사양했으니 덕의 승화된 바가 영원할 것"11)이라 했다. 이른바 '겸손'과 '사양'은 모두 '양보'의 표현이므로 취사선택에 당면했을 때는 스스로 자리를 박차고 타인을 완성시킨 이성적인 판단인 것이다. 여기에서 외재적 경험세계에서 권력의 버림과 양보는 결코 인간의 정신적 역량의 왜소화나 반항을 의미하지 않으며, 도리어 더욱 명확하고 단순한 인격적 자질을 응집시켜냈다.《圖經序》에서는 "옛날 오吳의 태수 미표糜豹가 속성屬城으로 출행하면서 공조功曹인 당경唐景에게 숭상하는 풍속을 묻자 당경은 '가정에는 불효하는 자식이 없고 조정에는 불충하는 신하가 없으며 학문은 유가의 종주가 되고, 무관武官으로는 장수가 되고자 합니다'라고 답했다. 당시의 사람들이 이를 훌륭한 말이라고 여겼다"12)고 했다. 또 다른 기록에 의하면, "오의 옛 명칭이 '구오句吳'인 것은 지역 방언인 듯한데, 이는 마치 월越을 '우월于越'이라고 부르는 것과 같다. 또 말하기를 '오吳'는 '우虞'이고, 이곳을 태백은 '虞'라고 적었다"13)고 했다. 이러한 양도의 본질은 일종의 지역 문화 품격에 대한 자각적인 구축임을 알 수 있다. 이러한 품격에 대한 자각적인 구축은 현실에 초점을 둔 것으로써 현실을 구축하기 위한 것이다. 그렇다면 무엇이 현실인가? 왕완汪琬의《南垞草堂記》에 의하면 "오吳의 중기에는 풍속이 성급하고 사나워 왕왕 극히 사소한 일로 모자간에 서로 질책하고 형제간에 서로 다투기에 이르렀는데, 원인은 모두 여기에 있었

---

11) 朱長文撰, 金菊林點校:《吳郡圖經續記》, 南京, 江蘇古籍出版社, 1999, 第10頁.
12) 祝穆撰, 祝洙增訂, 施和金點校:《方輿勝覽》, 北京, 中華書局, 2003, 第31頁.
13) 朱長文撰, 金菊林點校:《吳郡圖經續記》, 南京, 江蘇古籍出版社, 1999, 第74頁.

다"[14]고 했다. 속된 현실세계에서 이러한 상황을 어떻게 감당해낼 수 있을까? 그래서 《太平寰宇記》에서는 《漢書》의 내용을 인용해 "'문신단발은 교룡에 의한 해침을 피하기 위해서다.' 사람들은 평소에 물 속에 있기 때문에 머리카락을 자르고 몸에 문신을 해 용의 자식으로 꾸미면, 용에게 해를 당하지 않는다"[15]라고 말하고 있다. 이는 단편적인 말이다. '단발문신'의 뜻은 수중의 교룡의 해를 피하기 위한 실익을 고려한 것이 아니라 '왕위를 이을 수 없음을 보여 준 것' 뿐이다. 그렇다면 누구에게 보이려 했을까? 살아가면서 접하는 모든 사람들에게 보이려는 것이다. 다시 말해 '단발문신'은 현실세계를 초월하고자 하는 굳건한 의지를 표하고, '문화 엘리트'적 요소를 지니고 있다. 한마디로 '태백'이 '태백'이 되는 이유는 바로 나라를 '양보', '겸손', '사양하는 이상理想에서 나왔으며, 강남이 강남이 된 이유도 이런 문화적인 요소가 뿌리 내리고, 싹을 틔우고, 꽃을 피운 결과에서 기인한 것이다. 여기에 이르러 우리는 강남에서 생태문화가 건강하게 성장할 수 있었던 것이 그 고원한 문화품격과 긴밀한 관계가 있음을 이해할 수 있다. 사람들은 '양보'의 논리를 부연해 나가면서 인륜의 범위를 초월해 자연에 방임될 때, 인류 밖의 외적인 제 삼자를 위해 겸허한 마음과 얽매이지 않는 자유로운 심경을 마련해 줄 것이다.

다음으로, 태호太湖의 광대함이 강남문화가 맥동하는 또 다른 원인이다. 《永樂大典方誌輯佚》에 수록된 《金陵誌》에 "지극한 덕으로 왕위를 사양한 오태백이 처음으로 도망한 곳은 구곡句曲의 산중이다"[16]라는 문구가 있다. 이는 태백이 도망해 은둔한 최종 목적지가 본디 삼

14) 王稼句:《蘇州園林歷代文鈔》, 上海, 上海三聯出版社, 2008, 第142頁.
15) 乐史撰, 王文楚等點校:《太平寰宇記》, 北京, 中華書局, 2007, 第1922頁.
16) 馬蓉等點校:《永樂大典方誌輯佚》, 北京, 中華書局, 2004, 第423頁.

강오호三江五湖로 불리는 진택震澤 부근이었다는 것을 분명하게 지적하고 있다. 오호는 바로 태호의 별칭이며 삼강오호란 곧 태호를 둘러싼 지역이다. "지금으로부터 7천5백 년 전후에 바다가 퇴적돼 육지가 되면서 늪과 호수들이 침적되며 형성된 곳이다. 선사시대에 인류가 출현해 지세가 높고 평탄한 고지와 구릉 지역에 살기 시작했고, 마가병馬家浜 문화가 출현하면서 태호 유역에서 인류의 역사적 신기원이 시작됐다. 마가병문화, 숭택崧澤문화, 양저良渚문화는 대대로 이어졌고 문화의 발전순서가 뚜렷하고 명확하다."17)《太湖備考》에 의하면 "태호는 소주蘇州, 상주常州, 호주湖州 세 개의 군에 걸쳐 있고, 넓이는 삼만 육천 경이며 둘레는 오백 리이다. 동서가 일백 리이고 남북은 백이십 여 리이며, 그 가운데 72개의 산이 있다. 동남쪽의 호수 중에서 가장 크다"18)고 돼 있다. 태호가 차지하는 면적은 매우 광대해 광활한 들판에 영향을 미치고 있으며, 역사적으로 동오東吳 혹은 강남문화의 핵심을 구성했음을《百城烟水》등의 사적에서 알 수 있다.19) 유의해야 할 세목은《史記·夏本紀》에서 이르기를 "회하淮河와 바다 사이는 양주揚州 뿐이다. 팽려호彭蠡湖가 도회都會가 돼서 태양조가 머물렀다. 삼강이

---

17) 王海明:《浙江史前考古學文化之環境觀》, 浙江省社會科學院國際良渚文化研究中心:《良渚文化探秘》, 北京, 人民出版社, 2006, 第80頁.

18) 金友理撰, 薛正興:《太湖備考》, 南京, 江蘇古籍出版社, 1998, 第33-34頁.

19)《百城烟水》참고: 동남쪽 여러 개의 강이 모두 이곳으로 합쳐지는데, 그 중의 제일 큰 강이 두 개가 있다. 하나는 영국寧國, 건강建康 등에서 율양溧陽으로 들어와 구비구비 장당호長塘湖까지 흘러간다. 그리고 윤주潤州, 금단金壇, 연릉延陵, 단양丹陽의 여러 강물과 함께 의흥宜興에서 합쳐져 바다로 유입된다. 또 하나는 선흡宣歙에 있는 천목天目의 여러 산에서 항주杭州의 임안臨安, 여항余杭, 호주湖州의 안길安吉, 무강武康, 장흥長興으로 흘러 내려와서 모두 오吳에 있는 송강淞江 지류에서 바다로 유입된다.(徐崧, 張大純纂輯, 薛正興點校:《百城烟水》, 南京, 江蘇古籍出版社, 1999, 第41-42頁.)

유입되고 진택이 안정됐다"[20]는 것이다. 장수의는 다음과 같이 정의했다. "논리적으로 세 개의 강이 바다로 유입된 것이지 진택으로 유입된 것이 아니다. 참고로, 태호 서남쪽 호주의 모든 강은 천목산天目山으로부터 흘러 내려오고, 서북쪽 선주宣州의 여러 산에도 강이 있는데 어우러지면서 태호로 흘러간다. 태호는 동북으로 흘러 각각 삼강구三江口를 통해 바다에 이른다. 그곳의 호수들은 산과 육지로 막혀 있어서 팽려호 및 태호와 통하지 않는다. 많은 학자들과 《地誌》에서 주장하는 '三江旣入'은 모두가 그릇된 것이다. ……《貨殖傳》에서는 '오吳에는 삼강三江과 오호五湖의 이로움이 있다'라고 했고, 《太史公自敍傳》에서는 '고소姑蘇에 올라 오호五湖를 바라본다'[21]고 했는데, 바로 이를 말하는 것이다." 여기에서 명확한 착오가 하나 있다. 사마천司馬遷의 기록에 의하면 "三江旣入, 震澤致定"이란 삼강의 유입으로 인해 태호가 안정됐다는 것인데, 장수의는 "三江如海, 非入震澤也"에서 삼강이 결코 태호로 유입된 것이 아니라 바다로 유입된 것임을 주장하고 있다. 사마천의 기록은 강남 일대에 대해 태호의 '의의'와 '가치'를 강화했다. 따라서 장수의가 "많은 학자들과 《地誌》 등에서 주장하는 '三江旣入'은 모두가 그릇된 것이다"라고 지적했으나 태호를 존숭하는 '사실'로서 태호는 이미 강남문화의 핵심이 됐고, 아울러 강남문화에 대한 심리적 '유도' 효과를 갖췄음을 반영했다. 강, 하천, 호수와 바다 중에서 바다는 옛사람들이 바라보면서 한탄만 할 수 밖에 없는 대상이었다. 강남의 옛사람들은 생활을 영위해 나가기 위해 강이나 호수를 선호했는데,

---

20) 司馬遷撰, 裵駰集解, 司馬貞索引, 張守節正義 : 《史記》, 北京, 中華書局, 1982, 第58頁.
21) 司馬遷撰, 裵駰集解, 司馬貞索引, 張守節正義 : 《史記》, 北京, 中華書局, 1982, 第58頁.

이는 태호에서 더욱 두드러지게 나타났다. 당연히 이곳에서 생활하는 옛 사람들은 자연재해의 극복을 경험했으며 태호 등의 호수나 하천의 심각한 수재水災에 직면하기도 했다. 《太湖備考》에서는 "오강吳江과 호수가 만나는 곳에 위치해 비가 열흘 동안이나 지속되면 세차게 흐르는 물이 사방으로 넘쳐 아득하게 끝없이 펼쳐진다. 풍랑에 파도가 크게 일어나면 서로 세차게 부딪쳐 목숨을 빼앗아가기도 해서 피해가 비보다 심했다. 동풍이 불면 강물이 서쪽으로 침범하고 서풍이 불면 호수가 동쪽으로 넘치는데, 그 높이가 순식간에 수 척이나 돼 인력으로는 어찌할 수가 없다"22)고 했다. 절강의 서호西湖에 비해 강소의 태호는 인위적인 치수治水의 정도가 말할 수 없이 차이가 크다. 그러나 이런 것도 태호가 더욱 자연에 가까운 '존재'임을 설명해 주고 있다. 이렇게 언뜻 보기에 아무런 규칙이나 규범이 없이 자유자재인 듯한 태호는 그 '세력'이 주변 지역에 파급돼 옛 사람들에게 풍요한 토양과 물산을 공급해 줬다. 《史記·吳王劉濞列傳》에서는 "그러나 구리와 소금으로써 나라를 다스린 까닭에 백성들에게는 세금을 걷지 않았고 백성이 병졸로 복무하면 급여를 지급했다. 매년 철마다 인재들의 안부를 묻고 향리의 백성들에게 상을 내렸다"23)고 했다. 이 색인에 의하면 "오나라는 화폐를 주조하고 소금을 생산하는 이점이 있기 때문에 별도로 세금을 부과하지 않았다."24) 《漢書·地理誌》는 "큰 대나무와 작은 대나무가 넓게 퍼져있고 초목이 무성하게 자라며 땅은 진흙으로 덮여있다. 전답

---

22) 金友理撰, 薛正興校點:《太湖備考》, 南京, 江蘇古籍出版社, 1998, 第128-129頁.
23) 司馬遷撰, 裴駰集解, 司馬貞索引, 張守節正義:《史記》, 北京, 中華書局, 1982, 第2823頁.
24) 司馬遷撰, 裴駰集解, 司馬貞索引, 張守節正義:《史記》, 北京, 中華書局, 1982, 第2823頁.

의 수확이 미미해 토지 등급은 낮은데, 세금은 무겁게 부과한다. 바치는 세금으로는 금, 은, 동, 옥돌과 패옥, 대나무 및 상아, 가죽 도지개인데, 직물과 조개는 바구니에 넣고 귤과 유자는 천으로 싸서 바친다. 모두 회수淮水와 사수泗水를 통해 들어온다"[25]고 했다. 끝도 없고 짐작할 수도 없는 바다의 품격과는 다르게 태호만의 광대무변함과 풍부하고도 다양한 기질이 강남문화의 맥락에 깊이 뿌리내려져 있다.

강남문화의 품격을 이해하기 위한 두 번째 키워드는 바로 '도회都會'이다. '도회'는 '도시城市', '대도시都市'와는 별개이고, 또한 '도성都城'과도 구별된다. '도시'와 '대도시'는 모두 최근에 출현한 어휘이고, 송명宋明이래 점차적인 변화에서 기인한 '서민' 정서가 간직된 단어이다. '도성'은 '성城'의 의미에 편중돼 군대의 방어적 의미가 많이 내포돼 있다. 강남문화의 품격은 오히려 '도회' 조직 형태에서 유래됐다고 할 수 있다. 강남문화의 이러한 문화적 언어 환경이 출현하기까지는 태백이 태호의 지역에 머무른 것과 함께 물과 뗄 수 없는 인연과도 관련이 있다. 앞서 인용한《史記 · 夏本紀》의 "彭蠡旣都, 陽鳥所居. 三江旣入, 震澤致定"[26]에 대한 해석으로 사마정司馬貞은 다음과 같이 색인을 달았다. "'도都'는《古文尙書》에 '저瀦'라고 쓰여져 있으며, 공안국孔安國은 '물이 머무는 곳이 저瀦'라 했으며 정현鄭玄은 '남방의 도都'는 '저瀦를 말한다'고 했다. 이는 곧 물이 모이는 곳이다."[27] 이런 일련의 설명들은 모두 '도都'의 의미를 명확하게 지적하고 있다. 이는 결코 성벽으로

25) 班固撰, 顔師古注:《漢書》, 北京, 中華書局, 1962, 第1528頁.
26) 司馬遷撰, 裴駰集解, 司馬貞索引, 張守節正義:《史記》, 北京, 中華書局, 1982, 第58頁.
27) 司馬遷撰, 裴駰集解, 司馬貞索引, 張守節正義:《史記》, 北京, 中華書局, 1982, 第58頁.

쌓아 올려 폐쇄적으로 적을 방어하는 시스템이 아니라 물이 머물고 여러 강물이 모이는 지역이다. 정현의 설명은 더욱 분명하다. 북방의 '도都'가 곧 남방의 '저渚'이다. 북방에서는 이른바 '성城'으로 말미암아 정해진 '도都'이지만 남방은 바로 물로 말미암아 모이는 '저渚'이기 때문이다. 이러한 설명은 강남 '도회' 문화의 물의 품격이 북방 '도성' 문화에서 판축版築으로 쌓인 산의 품격에 비해 더욱 본연의 자연과 친화적인 매력을 갖추고 있음을 말하고 있다. '도회' 즉 '저渚'는 사적史籍 및 실례를 통해 대량으로 증명되고 있다. 예를 들어, '저渚'는 도시와 향촌의 이름으로 많이 사용돼 왔다. 고저顧渚는 장흥長興의 서북쪽에 자리하고 있으며 수구진水口鎭이라 불리기도 하는데, 당대唐代에 이곳에는 공다원貢茶院이 설치돼 있었다. 장원張元의 명문에 "옛 오왕 부차夫差는 '저渚'에 버금가게 지대가 평평하고 넓어서 도읍으로 삼을 만 했기 때문에 이름한 것이다."[28] 저渚와 유사한 어휘나 연관된 명칭은 강남에 수없이 많다. '강江'을 예로 들자면, 절강浙江은 왜 절강이라 불리는 것일까?《方興勝覽》에서는《莊子》를 인용해 "절하浙河 즉 절강은 그 구불구불함을 취해서 이름한 것"이라 했다.[29]이른바 절강은 물길이 구불구불한 모양을 형상화한 비유에 지나지 않는다. 또 다른 예로 '주州'는 소자첨蘇子瞻의《六井記》에서 이르기를 "조수가 전당강錢唐江을 피해 동쪽 서릉西陵 먼 곳으로부터 밀려들어와 그곳에 퇴적되고 염분이 줄면서 농경지가 됐는데, 시간이 지나 성읍과 촌락이 만들어졌고 지금은 '주州'가 됐다"[30]고 했다. '주'는 '저여沮洳' 이외에 새로운 지경을 개척한 것이 아니라 염분이 빠진 퇴적물에서 건설된 농경 구역이다. 진소유秦少游는

---

28) 祝穆撰, 祝洙增訂, 施和金點校 :《方興勝覽》, 北京, 中華書局, 2003, 第79頁.
29) 祝穆撰, 祝洙增訂, 施和金點校 :《方興勝覽》, 北京, 中華書局, 2003, 第5頁.
30) 祝穆撰, 祝洙增訂, 施和金點校 :《方興勝覽》, 北京, 中華書局, 2003, 第2頁.

《雪齋記》에서 또 설명하고 있다. "항杭은 면적이 큰 주로 파도치는 강과 바다의 험준함도 겸하고 있다."[31] 그러므로 '주州'는 실제로 '주洲'이며 물이 근본이 되고 '저渚'와 같은 기원으로 생긴 단어이다. 여사면呂思勉은 다음과 같이 말했다. "후세 사람들이 나라를 세울 때에 산의 험준함에 의탁하려고 한 것은 아마도 옛 제도를 따른 것인 듯하다. 그러나, 나는 이러한 제도가 조금 후에 존재했으며, 그 초기에는 소택 중앙에 웅거해 물에 의지해 방비를 했기에 주州와 주洲는 같은 의미이고, 궁전 또한 사면에 물이 둘러싸여 있었을 것이라 본다. 후세에 성읍을 건축할 때에 사면에 해자 못을 만든 것도 옛 제도일 것이다. 평야에 거주할 수 있을 때는 반드시 독충이나 맹수를 두려워하지 않았을 시기일 것이며, 이보다 나중에 존재했을 것이다."[32] 여사면은 옛사람들이 초기에 '소택沼澤 중앙에 거주하며 물에 의해 방어'하는 형태가 '평지나 평야에서의 생활'보다 더욱 원시적이다. 이는 진정 맞는 논리이다. 옛사람들은 먼저 순수한 자연조건에 의지했을 것이다. 예를 들어, 흐르는 물에 의지해 종족의 생존과 안전을 보장해야만 더 나아가 도랑과 같은 반 자연적인 도성 건축 형식을 생각할 수 있고, 판축版築처럼 인류가 자연을 제어할 수 있는 능력을 실현할 수 있다. 도랑과 판축은 모두 물 한가운데 저渚에서의 생활 경험을 바탕으로 점차 발전해 온 형식이다. 이것은 강남 도회의 형성이 비단 북방 도성의 규모와 형식에서 파생된 것이 아닐 뿐만 아니라 오히려 북방의 도성 건축에 온갖 중요한 가치의 기준이나 심지어 기원일 수도 있음을 의미한다. 따라서 태백의 이동은 문명의 중심지대로부터 야만적인 지역으로 전파되는 의미를 가

---

31) 祝穆撰, 祝洙增訂, 施和金點校：《方輿勝覽》, 北京, 中華書局, 2003, 第2頁.
32) 呂思勉：《中國制度史》, 上海, 上海教育出版社, 2002, 第217頁.

졌다고 볼 수도 있지만, 실제로 강남 도회 문화에는 고유의 면면하고 연관적이며 연속적인 지역 특성을 지니고 있다.

이러한 배경에서 도회는 문헌 속에 대량으로 출현했다. 《吳郡誌》에는 "세간에서 오문吳門을 오회吳會라 칭하는데, 이는 오가 동남쪽에 있는 도회란 뜻이다. 당나라 때부터 이미 그렇게 됐다"[33]고 기록돼 있다. 《方輿勝覽·浙西路·臨安府》에서는 "서쪽 경계인 절하浙河에는 호수와 산을 품어 안고 하나의 도회가 만들어졌다. 육지는 모두 강의 옛 지역"[34]이라 했다. 강소, 절강 일대의 도시는 이전에 다수 도회라고 불린 경우가 많다. 《廣陵誌序》에는 "장강, 회하 지역이 수 백리나 이어져 그 지역 도회를 발전시켰다. 아름다운 누각과 구불구불한 강물, 연못 등을 환하게 밝힌 화원의 명성은 이전보다 우수하다. 심지어 십 리나 되는 주렴이 달린 술집이라든지 달이 스물 네 개의 다리에 비추는 경치도 더욱이 …… 등의 내용이 기재돼 있다."[35] 양주揚州도 도회라 불렸다. 《史記·貨殖列傳》에서는 다음과 같이 언급했다. "팽성彭城 동쪽인 동해東海, 오吳, 광릉廣陵은 동초東楚이다. 그곳의 풍속은 서주徐州, 동양僮陽과 비슷하다. 임구臨朐, 증繒 이북은 관습적으로 제齊라고 불렸다. 절강 남쪽은 월越이다. 오는 합려闔廬, 춘신春申, 왕비王濞 세 사람부터 천하의 여행을 좋아하는 제자를 불러 모았다. 동쪽에는 바다 소금의 풍요로움과 장산章山의 구리, 삼강, 오호의 편리함도 있어서 역시 강동江東의 도회이다."[36] 이렇게 '도회'는 행정 단위에 국한되지 않

---

33) 范成大撰, 陸振岳點校 :《吳郡誌》, 南京, 江蘇古籍出版社, 1999, 第630頁.
34) 祝穆撰, 祝洙增訂, 施和金點校 :《方輿勝覽》, 北京, 中華書局, 2003, 第2頁.
35) 祝穆撰, 祝洙增訂, 施和金點校 :《方輿勝覽》, 北京, 中華書局, 2003, 第791-792頁.
36) 司馬遷撰, 裴駰集解, 司馬貞索引, 張守節正義 :《史記》, 北京, 中華書局, 1982, 第3267頁.

고 그 적용 범위가 훨씬 광범위했음을 알 수 있다.

　'도회都會'의 본질은 '회會'에 있고 다원적인 모임, 화합, 통달에 있으며, 격리, 분할, 경계가 아니라 어떠한 권력 독재에 얽혀진 통괄, 억압, 위협은 더욱 아니다. 도회와 대도시都市, 도시城市, 도성都城의 가장 큰 차이는 회會에 있다. 그렇다면 '회會'란 무엇을 의미하는가?《爾雅‧釋言》에서는 "집集이 회會이다"[37]라고 해석했는데, 회會는 곧 '모여들다', '모이다'의 의미이다.《尔雅‧釋詁》에는 "갑皸, 합郃, 합盍, 흡翕, 구仇, 우偶, 비妃, 필匹, 회會는 합合이다"[38]라는 해석도 있다. 취합, 배합은 실제로 회會라고 볼 수 있다. 인류든 자연이든 각기 다른 요소들이 취합돼 함께 모이고 한곳에 합쳐지면 '도회'를 이룬다. 이런 과정에는 정권의 점유나 무력에 의한 정복과도 상관없으며 오로지 서로 포용하는 정신적인 요구를 내포하고 있을 뿐이다. 류사림劉士林은 다음과 같이 지적했다. "문화강남文化江南은 행정적 명령의 결과도 경제관계의 총화도 아니다. 강남은 마치 출생, 성장, 노쇠의 과정과 사상, 감정 및 의지 기능을 갖춘 유기체와도 같다. 그래서 그에 관한 '무엇what'이란 마치 셰익스피어처럼 아무리 이야기해도 끝이 보이지 않는 대상이다. 강남에 관한 문헌은 너무 많고, 강남 사람의 개성이 지나치게 풍부하며 강남의 생활 측면도 매우 복잡한데, 심지어 강남에 관한 화제라는 그 자체로도 사람을 심취하게 해서 지나치게 많은 생각과 감정을 소비하게 한다. 그러므로 이곳에서 영웅이 미인계를 겪듯이 아주 큰 힘과 큰 깨달음이 있어야 사소함을 뛰어 넘고, 가장 어려운 문제를 직접 입증하며

---

37) 胡奇光, 方環海撰：《爾雅譯注》, 上海, 上海古籍出版社, 2004, 第122頁.
38) 胡奇光, 方環海撰：《爾雅譯注》, 上海, 上海古籍出版社, 2004, 第20頁.

가장 높은 자질을 얻을 수 있게 될 것이다."39) 《讀史方輿紀要》에서는 항주부杭州府를 언급했다. "항주부는 산과 하천이 엇갈리게 둘러 싸여 있고 거리는 넓고 번화해 동남쪽의 도회는 춘추시대에 오나라와 월나라가 쟁탈하던 지역이었다. 삼국시대 이래 재물과 물산이 풍족하다고 늘 자부해 왔다. 진陳과 수隋부터는 군군郡과 주州를 세우기 시작했고 그때부터 점차 번성했다. 당唐 말기에는 전류錢鏐에게 은혜를 내려 그곳에 절진節鎭을 설치했다. 전류는 군대를 관리하고 토지를 넓혀 그곳이 동남쪽의 요충지가 됐다."40) 영파부寧波府를 언급하면서는 《舊圖經》의 내용을 인용했다. "사명四明은 회계會稽의 동쪽을 근거로 창해滄海에 둘러 싸여 있는데, 산을 베개로 삼고 장강이 가로막고 있다. 겹겹이 포개진 언덕과 고산준령이 수천 리로 이어진다. 또한 바닷길이 합쳐지는 곳으로 남쪽은 복건福建과 광동廣東, 동쪽은 일본인데, 상선이 왕래하고 물자가 풍부하다. 동쪽 정해定海로 나가면 천연의 요새인 교문蛟門, 호준虎蹲이 있으니 이곳도 역시 동남쪽의 중요한 도회였다."41) 그리고 "구주부衢州府는 절강 오른쪽 상류지역에 자리를 잡고 있는데, 파양鄱陽을 제어하는 팔꿈치와 겨드랑이에 해당하며, 복건과 광동을 견제하는 인후咽喉이자 선주宣州와 흡현歙縣으로 통한다는 위세로 인해 동남쪽의 유사시에 이곳은 반드시 다투게 되는 요충지였다."42) 항주부, 영파부, 구주부의 공통된 특징은 바로 연결과 융합—통회通會라는 것이다. 역사적으로 모든 통회 지역은 번성했고 '도회'라고 불릴 수 있어서

---

39) 劉士林：《西洲在何處 — 江南文化的詩性敍事》, 北京, 東方出版社, 2005, 第27頁.
40) 顧祖禹撰, 賀次君, 施和金點校：《讀史方輿紀要》, 北京, 中華書局, 2005, 第4121-4122頁.
41) 顧祖禹撰, 賀次君, 施和金點校：《讀史方輿紀要》, 北京, 中華書局, 2005, 第4238頁.
42) 顧祖禹撰, 賀次君, 施和金點校：《讀史方輿紀要》, 北京, 中華書局, 2005, 第4308頁.

도회가 강남에만 국한해 사용되는 단어가 아님을 증명해 줬다.[43] 《史記·貨殖列傳》은 우리에게 다음과 같은 흥성한 그림을 제시했다. "한漢나라가 흥하고 천하가 통일됐다. 중요한 길목과 교량을 개방하고 산과 강의 물산을 채취하지 못하게 하는 금지령을 해제하자 부유한 상인들과 거상들이 천하를 주유하자 교역하는 물건들이 막힘없이 유통돼 그들이 하고자 하는 바를 얻을 수 있었고, 이에 조정에서는 호걸, 제후, 강족强族들을 수도로 이동시켰다. 관중關中지역은 견산汧山과 옹산雍山

---

43) 《史記·貨殖列傳》에 의하면 "형산衡山, 구장九江, 강남江南, 예장豫章, 장사長沙는 남초南楚에 속하며 풍속은 서초西楚와 유사하다. 영郢이후 수춘壽春으로 수도를 옮겼는데 그곳 역시 도회이다. 합비合肥는 남으로 장강長江, 북으로 회하淮河가 있어 피혁, 전복, 목재가 모이는 곳이다. 복건福建 중부, 우월虞越의 풍습과 섞여있기에 남초南楚 주민들은 말재주가 있어서 듣기 좋은 말만하고 신용은 좋지 않다. 강남江南 지역의 지세가 낮고, 기후가 습해 남자들의 수명은 길지 않다. 대나무가 많이 난다. 예장豫章에서 황금, 장사長沙에는 납과 주석이 난다. 그러나 광산 매장량이 한계가 있어 채취해 얻은 소득이 비용지출을 감당하지 못한다. 구의九疑, 창오蒼梧 남쪽 담이儋耳까지 양월楊越의 풍속이 많이 섞여있지만 강남과 거의 비슷하다. 반우番禺 역시 그곳의 도시이며 진주, 서각, 대모, 무소 뿔, 과일, 갈포 등의 집중지이다." 司馬遷撰, 裴駰集解, 司馬貞索引, 張守節正義:《史記》, 北京, 中華書局, 1982, 第3268頁.) 또한 《漢書·地理誌》에서 말하기를 "수춘壽春, 합비合肥는 남북의 강으로 인해 피혁, 전복, 나무를 받아들여 역시 하나의 도회都會이다. 처음에는 초나라의 현명한 신하인 굴원屈原이 추방당해 이소離騷 등의 시부를 써서 자신의 아픔을 토로했고, 나중에 송옥宋玉, 당륵唐勒과 같은 부류가 그를 앙모하고 칭송해 이들은 모두 유명해졌다. 한漢나라 건립 이후 고조의 형의 아들인 유비劉濞가 오吳나라에서 천하의 여행과 오락을 좋아하는 선비들을 불러모아 매승枚乘, 주양鄒陽, 엄부자嚴夫子, 지류가 문제文帝, 경제景帝 때 유명해졌다. 회남왕淮南王 유안劉安 역시 수춘壽春을 수도로 삼아 문객을 초빙해 저서를 했다. 오吳나라의 엄조嚴助, 주매신朱買臣 은 한나라 때 존귀하고 유명했으며 문장과 창작기교가 함께 전파돼 《楚辭》가 세간에 전해졌다. 그들의 부족함은 간교하고 신용이 없다는 점이다. 당초 회남왕은 여행하는 선비들이 아내로 맞이할 수 있게 백성 중 딸이 있는 집안을 특별히 대우했다. 그래서 지금까지 그 지역에는 여자가 많고 남자가 적다. 본래 오吳, 월粵과 인접하고 여러 차례 병탄이 있었기에 풍속은 대체로 같다."(班固撰, 顔師古注:《漢書》, 北京, 中華書局, 1962, 第1668頁.)

35

동쪽부터 황하黃河, 화산華山에 이르기까지 기름진 땅과 비옥한 들판이 천리에 달해 우虞나라와 하夏나라가 공부제도를 실시할 때부터 이곳의 땅을 상등의 밭으로 정했다. 이후 공류公劉가 빈邠으로, 주태왕周太王과 왕계王季는 기산岐山으로 옮겨갔다. 주문왕周文王이 풍읍豊邑을 건설하고 무왕武王이 경성을 다스렸으니, 이곳의 백성은 여전히 선왕의 유풍을 갖추고 있었으며 농사를 즐거워하고 오곡을 재배하고 토지의 가치를 중시하며 사악함을 엄중하게 처벌했다. 진문공秦文公, 덕공德公, 목공穆公이 옹읍雍邑에 웅거할 때까지 이곳은 섬서陝西와 사천四川 사이의 물자를 교역하는 중요한 통로였으므로 상인들이 많았다. 진헌공秦献公이 수도를 역읍櫟邑으로 옮겼는데, 역읍은 북으로 서융西戎을 지배하고 동으로는 삼진三晉과 통하니 이곳 역시 많은 상인들이 있었다. 진효공秦孝公과 진소왕秦昭王은 함양咸陽을 다스렸고, 한나라는 이런 이유로 이곳을 수도로 정했다. 장안長安 부근의 제릉諸陵에는 사방에서 사람과 물품이 모여들었는데, 면적은 좁고 인구가 많아 그 지역 백성들은 더욱더 기교를 부려 상업에 종사하게 됐다."[44] 이것으로 미루어 봐서 장안 제릉은 역량이 형성될 수 없었다. 무엇 때문일까? 바로 '땅은 작고 사람은 많았기 때문'이다. 한도漢都는 위대하다고 하는 것은 어째서인가? 이것은 '사람과 물자가 사방에서 장안 제릉으로 모여들었기 때문'이다. 고힐강顧頡剛은 1929년 4월15일 소주蘇州중학교 연설에서 소주가 문화 요충지가 된 이유에 대해 언급한 적이 있다. "소주는 본래 문화의 중심지로서 오월시대부터 이미 문화가 대단히 발달했었다. 다만 고서에 자세히 기록되지 않아 경서經書에서만 중원과 다른 문화를 지니고 있었

---

44) 司馬遷撰, 裴駰集解, 司馬貞索引, 張守節正義:《史記》, 北京, 中華書局, 1982, 第3261頁.

음을 어렴풋이 볼 수 있다. 소주의 문화 세력의 형성은 아마도 삼국시대 오나라부터 시작되었다고 할 수 있는데, 당唐 이후에 더욱 심화됐다. 이렇게 될 수 있었던 이유는 첫째가 경제적인 배경이다. 운하의 소통으로 교통이 편리해졌고 대도시가 형성됐다. 둘째는 다른 지역보다 생활이 안정돼 문화를 창조하는 여가시간을 가졌기 때문이다."45) 통회通會 되는 데에 지장이 없기에 강남은 비로소 중국문화 역사상 독자적인 한 획을 그을 만한 역량으로 흥기했다. "《全唐文·故太子少保贈尙書左仆射京兆府君神道碑》(卷六三〇)에는 '천보天寶 이후 중원에는 경작을 멈춰 월越에서 의류를 공급받고, 오吳를 통해 식량을 운송하는 것으로 해결해 왔다'고 기록하고 있다. 당헌종唐憲宗때 이조李肇가 편찬한 《國史补》(卷下)에서는 '동남쪽의 읍과 군은 물과 통하지 않는 곳이 없었기에 천하의 화물 운송에 배가 가장 많았다. 이곳에서 쌀을 옮겨 실어 일년에 이백만 석을 관중으로 운반하는데 모두 통제거通濟渠를 거쳐 황하를 통해 이루어졌다'고 했다. 상업 및 교통의 발달로 양주揚州와 성도成都는 전례가 없이 번화한 도시가 됐다. 이때 당나라 중앙정부의 재정은 거의 동남지역에 의지했다. 당헌종은 원화元和 14년(819) 7월 존호를 올릴 때 내린 칙서에 공개적으로 '천보 이후 전쟁이 빈번해 하남과 하북에 군대를 주둔시켰는데, 주민의 부세가 여의치 않아 군비를 강회江淮에서 조달했다'고 말했다. 바로 이때 한유韓愈는 '전국에서 징수한 세금 중의 강남이 구 할을 차지한다'라고 지적했고, 그 후 두목杜牧은 더 나아가 '지금 나라의 운명은 강회에 달렸다'고 했다."46) 북송 말기부터 강남은 중원을 대신해 일거에 중국 경제의 중심

---

45) 顧頡剛, 錢小柏 :《史迹俗辨》, 上海, 上海文藝出版社, 1997, 第231頁.
46) 陳正祥 :《中國文化地理》, 北京, 生活·讀書·新知三聯書店, 1983, 第4頁.

으로 부각됐다. 진정상은 인구 비례로 이 점을 설명했고,[47] 이러한 경제 중심의 전이 현상은 문화적 측면에서 더욱 현저하다.[48]

《洛陽伽藍記》에 수록된 이야기다.

영안永安2년 소연蕭衍은 주서主書 진경지陳慶之에게 북해왕을 낙양으로 모셔가 즉위하라 지시했고, 진경지는 시중이 됐다. 경인景仁이 남방에 있을 때에 진경지와 오랜 친분이 있어서 술자리를 마련해 진경지를 자택으로 초대했다. 사농경司農卿인 소표蕭彪와 상서우승尚書右丞 장숭張嵩도 그 자리에 있었다. 소표도 남방 사람이었으며 오직 중대부中大夫

---

47) 진정상이 말했다. "중국 인구 남북 분포의 증감은 북송 말기가 하나의 전환점이었다. 즉, 이 이전의 중국 인구는 북방이 남방보다 많았는데 북송말기 이후에는 정반대가 돼 남방 인구가 북방을 추월했다. 정사의 호적기록에 의하면 서한西漢 원시元始 2년(서기 2년) 강남의 세대 수는 전국의 15분의 1이 채 되지 않았는데 북송 말에 이미 전국의 절반을 차지했다. 원풍元豊 8년(1085) 전국의 호적은 14,852,684가구였는데 강남江南이 사천四川을 포함해서 9,852,016가구에 달해 전국의 3분의 2를 차지했다. 그때 당시 절강 동부와 절강 서부兩浙, 회남淮南, 강남의 동부江南東, 강남의 서부江南西 등 네 지역의 개별 가구수는 모두 1백 만을 넘었다. 그 중 절강 동부와 절강 서부는 2백 만 가구 가까이 돼서 전국에서 가장 많았다. 명明 만력萬曆6년(1578) 공문서의 통계에 의하면 남방의 전체 가구는 8,200,180였고, 북방은 3,422,256가구 뿐였다. 남방의 남직예南直隸만 2,069,067가구였고, 절강浙江의 1,542,408가구를 합치면 북방 전체 가구수를 뛰어 넘었다. 또한 남직예의 소주부蘇州府는 600,755가구, 강호부江戶府는 218,359가구, 상주부常州府는 254,460가구이며 모두 1,073,574가구로 중원의 하남河南, 섬서陝西 두 성의 가구수를 훨쩍 넘었다."(陳正祥:《中國文化地理》, 北京, 生活·讀書·新知三聯書店, 1983, 第9頁.)

48) 유사림이 말하기를 "그들이 최초로 얻은 강남은 그다지 순수하지 않았고, 심지어 반 토막의 정치자본이나 산수를 빌어 근심 걱정을 달래는 도구였을 것이다. 그래서 '醉翁之意不在酒, 而在山水之間也'의 경지와는 인문적인 거리가 꽤나 멀었다. 마치 졸리면 바로 옆에 베개가 있는 것처럼 일단 이런 부드럽고 달콤한 대상과 만났으니 그들의 각종 추상적인 윤리관념으로 스며들고, 조립된 인생은 신속하게 와해된다. 문명중심의 떠들썩함, 분주함, 흉악함과 비교했을 때에 이곳의 조용함과 즐거움은 너무 매력적이라 문명중심에서 탈출한 자는 하늘 끝의 신선이라고 생각하기 시작했다."(劉士林:《西洲在何處 —— 江南文化的詩性敍事》, 北京, 東方出版社, 2005, 第74頁.)

양원신陽元愼과 급사중대부給事中大夫 왕순王晌만이 중원의 사족士族이었다. 진경지가 술에 취해 소표와 장승에게 "위魏나라가 매우 번성하지만 여전히 오호五胡라고 칭하고, 정통을 이어가는 것은 강동이다. 진秦나라의 옥새는 지금 양梁나라에 있다"고 말했다. 이에 양원신이 정색하며 말했다 "강동은 구차하게 안정을 취하고 있을 뿐이다. 외진 곳이라 땅은 많이 습하고, 벌레와 개미가 많으며, 땅에는 독한 기운이 생긴다. 개구리와 거북이는 한 동굴에 살며 사람과 새는 무리를 지어 같이 머문다. 짧은 머리를 한 군주는 긴 머리 군주의 풍모가 없고, 문신한 백성은 볼품없이 질박하다. 삼강에서 수영하고 오호에서 노를 저으며, 예악禮樂에 젖어있지 않아 전장典章에 의해 개혁할 수도 없다. 비록 진秦나라가 남긴 백성이 있지만 한漢의 죄인들은 중원의 말투가 섞여 있고, 더욱이 복건福建과 초지楚地의 언어가 어려워 말할 수 없으니 말투를 바꿀 수가 없다."[49]

양원신이 진경지의 취중 망언을 듣고 나서 즉시 한 비판은 우리로 해금 영안 2년(529)의 강남에 대해 쉽사리 단칭판단單稱判斷[50]을 내릴 수 없게 한다. 당시 사람들의 마음속에 강남의 '본색'은 무엇이었을까? 강남이 통회通會로 인해 화려한 '도회'이미지를 보여줬음에도 불구하고 어째서 '중원의 말투가 섞여있고', '말투를 바꿀 수 없다'며 비난을 받았을까? 해답은 단 한 가지뿐이다. 바로 사람마다 각각 다르게 이해했기 때문이다. 진경지와 양원신이 의존한 것은 전혀 다른 것으로서 심지어

---

49) 楊衒之撰, 周祖謨校釋:《洛陽伽藍記校釋》, 上海, 上海書店出版社, 2000, 第104-105頁.
50) 역주: 정언판단定言判斷의 일종으로 주어가 단독개념인 경우를 말한다. 예)콜롬부스는 아메리카 대륙을 발견한 사람이다.

서로 저촉되는 언어 체계이기 때문이다. 진경지의 자신감은 사람과 사물, 사람과 자연이 공동으로 창조해 낸 부富의 직관적인 숫자라는 사실을 본인은 정확하게 알지 못하고 양원신은 자신의 비판이 반드시 사람을 겨냥하고, 사람이 사회도덕 원칙의 실천이론에 대해 겨냥해야 한다는 것을 분명히 알고 있다. 다시 말해 '도회都會'란 단어에 내포된 논리가 확실하더라도 '회會'에 포함된 내용은 각각 다르다. 강남 도회 문화의 품격에서 사람과 자연의 통회通會는 자발적인 것이자 스스로 원해서 행해지고 체득된 것으로서 이른바 '삼강에서 수영하고 오호에서 노를 저으며 예악을 접해보지 않아 전장의 법도를 개혁할 수 없다'는 명제는 사람을 동경하게 하는 생태적인 기량이 내포돼 있다. 그렇기 때문에 우리는 진경지가 외적인 비판에 직면했을 때의 심정에 어떠한 기복이 있었는지 전혀 짐작할 수 없지만—그는 아마도 스스로 부끄러워했을 것이다. 왜냐하면 그가 자신의 판단으로 "범례를 계승하는 것은 장강 왼쪽에서 행해야 한다. 진나라 옥새는 현재 양나라에 있다"는 마음속의 기대를 표현하고, 의식형태에 대한 요구는 분명했기 때문이다—확실한 것은 강남 도회가 키워낸 물안개가 자욱한 분위기의 문화 기조는 자연과 더 많이 연관돼 있다는 것이다.

《世說新語 · 言語》에 이런 기록이 있다. "왕사주王司州가 오흥吳興에 있는 인저印渚에 가서 경치를 감상하며 '사람의 심신을 맑고 깨끗하게 할뿐만 아니라 해와 달도 청명해지는 것 같다'고 감탄했다."[51] 물로 인해 저渚가 되고, 저로 인해 형성된 도회에서 사람들의 시선은 가장 먼저 자연에 매료될 것이다. 《史記 · 周本紀》에서는 진택震澤의 진震의

---

51) 劉義慶著, 劉孝標注, 余嘉錫箋注:《世說新語箋疏》, 上海, 上海古籍出版社, 1993, 第138-139頁.

유래에 대해 언급한 적이 있다. "유왕幽王 2년, 서주西周의 삼천三川 유역에 지진이 일어났다. 백양보伯陽甫가 아뢰었다. '주나라는 곧 망할 것입니다. 천지의 기운이란 질서를 잃지 않는데, 질서를 잃었다면 사람이 그것을 어지럽게 한 것입니다. 양기가 낮게 눌려 나오지 못하고, 음기가 이를 눌러 나오게 하지 못하면 지진이 일어납니다. 현재 삼천에 지진이 일어난 것은 양기가 자리를 잃고 음기에 눌렸기 때문이지요. 양기가 사라져 음기 자리에 있게 되면 수원이 막히고, 수원이 막히면 나라가 망하게 됩니다. 물은 흙을 윤택하게 만들어 백성들이 사용하도록 합니다. 흙이 윤택하지 않으면 백성들이 쓸 재물이 없으니 어찌 나라가 망하지 않겠습니까! 예전에 이수伊水와 낙하洛河가 마르자 하夏가 망했고, 황하黃河가 마르자 상商이 망했습니다. 지금 주周의 덕망은 두 나라의 말기와 같고, 강물의 원천도 막혔으니 막히면 반드시 고갈됩니다. 나라란 반드시 산천에 의지해야 하는 것인데, 산이 무너지고 하천이 마르는 것은 망국의 징조입니다. 하천이 마르면 산은 반드시 무너지게 됩니다. 나라가 망하는 데는 10년을 넘기지 않을 것입니다. 하늘이 버리면 그 10년의 한계를 넘지 못하겠지요.'"[52] 실제 상황에 적용시키면, 위소韋昭는 이 주석에 대해 다음과 같이 말했다. "연演이란 물과 흙의 기운이 서로 통하는 것을 의미한다. 연은 윤택함이다. 윤택하면 만물이 자라고 백성들은 그것을 사용한다."[53] '연演'자가 관건인데 그렇다면 도대체 연이란 무엇인가? 바로 물水, 흙土, 기氣이고, 막힘없이 통하는 과정이자 상태이다. 이것이 있기에 세상이 윤택해지고, 만물의 생장

---

52) 司馬遷撰, 裴駰集解, 司馬貞索引, 張守節正義 : 《史記》, 北京, 中華書局, 1982, 第145頁.
53) 司馬遷撰, 裴駰集解, 司馬貞索引, 張守節正義 : 《史記》, 北京, 中華書局, 1982, 第146頁.

이 윤택해지며, 백성들은 그사이에서 존재할 수 있다. 반대로 물과 흙과 기가 서로 통하는 것을 잃게 되면 "흙이 윤택하지 못해 백성들이 쓸 재물이 궁핍해지는데 어찌 망하지 않겠는가!" 겹겹이 물로 둘러싸인 저渚의 윤택으로 인해 강남문화는 자연과 부합해 얻은 자신감이 문인과 귀족들의 흉금에서 풍부해지게 했다. 《溫州誌》에 이런 기록이 있다. "유수진劉修眞의 호는 정취靜趣이다. 어려서부터 경서와 제자諸子를 통독했고 20여 세부터 입도에 뜻을 둬서 횡주橫舟와 허백虛白 두 진인을 스승으로 모셨다. 동화東華에 방제方諸 도사로부터 높은 도를 전수받았고, 비하동飛霞洞의 안개와 물의 경치를 좋아해서 연저蓮渚에 집을 짓고 거주했다. 만여 주의 수련을 심어 집 주변에 둘러쌌기에 연화박사蓮花博士라고 호를 지었다."54) 유수진이 택한 장소는 다름이 아닌 바로 물 한가운데에 있는 '연저'였다. 《世說新語·文學》에 이런 이야기가 기록돼 있다. "왕희지王羲之가 회계會稽 관리로 부임하게 됐는데, 처음 도착했을 때는 지도림支道林도 그곳에 있었다. 손흥공孫興工이 그에게 '지도림은 독특한 견해를 가지고 있고, 마음속의 생각이 참으로 훌륭하니 그를 만나 볼 생각이 있는가?'라고 물었다. 왕희지는 자신이 뛰어난 기질을 가지고 있다고 자부해 지도림을 경시했다. 그 후에 손흥공과 지도림이 함께 수레를 타고 왕희지를 방문했는데 왕희지는 그와 대화를 하지 않았다. 잠시 후에 지도림이 물러나자 왕희지가 출타하고자 했고, 밖에는 수레가 이미 문 앞에 있었다. 지도림은 '그대는 가지 말고 빈도貧道와 잠깐 말을 좀 나누시지요'라고 말을 걸며 《莊子·逍遙游》에 대해 이야기를 나눴다. 지도림의 막힘없는 말이 재기가 범상치 않았고 문체도 화려했다. 왕희지는 드디어 의관을 풀어헤치고 아쉬

---

54) 馬蓉等點校 : 《永樂大典方誌輯佚》, 北京, 中華書局, 2004, 第695頁.

움에 겨워 그만둘 수가 없었다."[55] 왕희지의 자유롭고 유유자적한 성품에 내재된 오만과 진실, 편견과 대범함이 마치 물이 흐르듯 통쾌하고 후련하다. 독자는 이러한 기질을 장현임庄玄任, 운성도運成道로 인해 그렇게 됐다고 해석할 수 있겠지만, 필자는 이런 정서가 강남 수저水渚의 물에서 비롯된 것이라 상상하고 싶다.

이어서, 우리가 해결해야 할 이론적 난제는 강남 건축 문화 관념이 생태미학과의 접목 및 부합을 어떻게 실현할 것인가에 있다. 오늘날 사람들은 앞 다퉈 다음과 같은 주장을 제기한다. "녹색 공간은 사람과 자연 사이의 생태 균형에 대해 다방면적인 기능을 하고 있다. 이로 인해 녹색 공간을 개선하고 확대해서 사람과 자연 사이의 조화를 실천하는 것이 이제는 환경보호, 생태균형, 지속할 수 있는 발전과 환경예술을 포함한 생태예술 환경미화의 중요한 과제가 됐다. 고대원림은 대체로 녹색공간이라 할 수 있다. 그곳은 고대 환경보호를 실현한 중요한 조치와 두드러진 표본이자 정확한 '녹색 지도 방침'을 형성하고 깊이 있는 '녹색의 계시'를 포함하고 있다."[56] 이런 '녹색의 계시'가 도대체 어떻게 가능한 것인지에 대해 우리는 더 추궁하고 성찰해 나가야 한다.

생태生態의 '생生'은 고대인들이 예찬한 '끝없이 성장'하는 자연의 '덕德'이며, 생명 본연으로 돌아가기 위해 생동감 넘치는 문화 '기초'를 다지는 원형이다. 《說文》에서는 "생이란 진보이며 초목이 흙에서 자라나는 것과 같다. 무릇 생물에 속하는 것은 모두 생을 따른다"[57]고 설명하

---

55) 劉義慶著, 劉孝標注, 余嘉錫箋注:《世說新語箋疏》, 上海, 上海古籍出版社, 1993, 第223頁.
56) 金學智:《中國園林美學》, 北京, 中國建築工業出版社, 2005, 第202頁.
57) 許慎撰, 徐鉉校定:《說文解字》, 北京, 中華書局, 1963, 第127頁下.

고 있다. 우선 '생'이 보여준 것은 식물의 생명 현상이다. 생을 현상이라고 보는 것은 고대인들이 인류, 동물 및 인류와 유사한 동물들의 출산 경험에 대한 기억에서 기원한 것이 아니라, 식물이나 외재적인 제3자의 초생初生 형태의 관찰에서 기원됐다. '무릇 생물에 속하는 것은 모두 생을 따른다'라는 의미는 '내'가 '제3자'를 생명의 총상總相[58], '모범'으로 여길 뿐만 아니라 나의 생명은 필히 '사물화', '제3자화' 해야 하며, 나와 제3자는 대등하고도 하나와 같기에 규칙이 된다는 것이다. 다음으로, '생'은 초목의 초생이 고대인들에게 남긴 심리적인 인상을 모방한 것이다. 초목이 흙을 뚫고 나오는 모습이 '출出'이다. 진행을 나타내는 동사인 '출'이 바로 생의 관건이다. 이 점은 《廣雅》 및 단옥재段玉裁의 해석에서 더 정확하게 알 수 있다. 그것이 바로 생이란 '출'이다. 엄밀히 말해 성장은 태어난 후에 계속되는 기대치일 뿐이고, '생'이 곧 '출'이란 것은 단지 생의 '처음 태어남'에 대한 찬양과 환원이다. 그 다음으로, '생'은 조건 없이 출현하는 것은 결코 아니다. 그 조건은 바로 토양이고 대지이며 대지 위의 창공이다. 생은 근거 없이 생기는 것도 아니고 허무에서 얻어지는 것도 아닌 의거함이 있다. 초목이 흙을 뚫고 나오려면 흙이나 땅 및 지상의 하늘이 없어서는 안 된다. 천지의 경계 속에 두루 걸쳐졌기에 초목의 초생이 모체를 벗어나지 않고 건곤 사이에 존재하게 되며 창조해 변화하면서도 견뎌내며 완강하고 풍부한 생명의 역량을 정진시킨다. 마지막으로, '생'은 저절로 일어나는 현상이다. 생은 신의 자취도 아니고 사람에 의해 결정되는 것도 아니다. 사람은 초목과 동등한 존재로서 초목보다 고상하지 않고, 초목을 지배하는 것과 무관하며, 초목과 같은 존재이다. 사람은 주재자도 신도 아

---

58) 역주 : 불교 용어로서 상태 전체를 총괄하는 것을 말한다.

니다. 실제적으로 이것은 '자연'과 '창조'의 차이를 설명해 줬다. 자연은 만물이 자연스레 멈추지 않고 성장하는 것이고, 창조에는 체계적인 등급 차별의 속성이 존재하고 있으며 고급 집단이 하급 집단을 결정하고 속박한다. 즉, 자연은 인간이 존재하든 존재하지 않든 천지간에 하늘과 땅은 항상 존재하고, 초목은 자생자멸을 반복하며 누군가의 창조를 필요로 하지 않는다. 고급 단위인 여호와는 이 세상의 하급 단위를 창조했다. 그리고, 그는 선택적 '자유' 의지를 갖춘 아담과 함께 이러한 의지조차 박탈당한 산천, 강, 해, 달, 별, 바람, 비, 눈, 서리를 홀로 창조하고 주관한다. 고대 히브리를 논하기 전에 고대 그리스의 《파르메니데스》 잔류 시문만 보더라도 생의 흔적이 존재하고 있다. "남자와 여자의 혈맥 속에서 용솟음치며 끓어오르는 애정의 씨앗이 혼합될 때에 생성되는 힘은 적당한 비례를 유지하며 서로 다른 혈액 속에서 완전한 생명체를 빚어낸다. …… 이로 인해 관념에 따라 이러한 사물들이 형성됐고 현실 속에 존재하며, 그 후에 생장해 하나의 종결을 만들어낸다. 사람들은 모든 사물에게 독특한 명칭을 부여해 줬다. 변화가 없는 총체로서의 명칭은 바로 '존재'이다."[59] 이러한 논리로 '생'은 무엇을 말하는 것일까? 생은 바로 자생이고 비례에 부합되는 자아생산이다. 관념세상에서 생은 기다림이 없이 자족하는 전체적인 '존재'이다. 생을 통해 우리가 최종적으로 느낄 수 있는 것은 구조관념의 비례가 지상의 권위를 지니고 있다는 것이다. 그러므로 생의 뜻은 문화 모체에 따라 그 의미가 완전히 달라지게 되며, 비교체계를 통해 중국 고대의 생은 고대인들의 자연본연에 대한 체득임을 알 수 있다. 하지만 생태의 '태'

---

59) [古希臘]巴門尼德：《巴門尼德著作殘篇》, 蓋洛普英譯, 李靜瀅漢譯, 桂林, 廣西師範大學出版社, 2011, 第107-110頁.

는 마음의 생각이 겉으로 드러나는 의태이다. 《說文》에서 "태는 의태이며 마음에 따라 능력이 따른다. 서개徐鍇는 마음에서 일을 처리할 수 있고 그러고 나서 태도가 있다"[60]고 말했다. 태는 바로 의도가 드러난 형태이다. 형태가 있어야 비로소 객관적 기준을 담당하는 '도度'가 있다. 경험이 있는 '사물'의 현실적 출현이다. ─ 단옥재가 이것이 정해定解라고 분명히 말했다 ─ '태'는 마음으로부터 결정되고, 마음으로부터 능동화해 밖으로 표출돼 사물에서 구체화되면 저절로 나타난다. 이것은 태가 현실적인 사물이나 기물器物의 구체적인 경험도 아닌 의념의 사물이자 마음으로 인한 결과임을 의미한다. '태'라는 어휘를 통해 우리는 세상의 현상이 마음의 실상이라는 의미를 어렴풋이 느낄 수 있다. 어쨌든 '생', '태'의 뜻을 결합시키면, 생태란 자연의 만물이 내 마음속에서의 응집과 축적임을 알 수 있다. 고대인의 생각 속의 생태는 현재의 이른바 '정신생태'에 더 가깝고 '물질생태'와는 아직 거리가 멀다. 특히 언급할 만한 것은 필자가 보기에 고대인들의 '생태'관은 결과에 대한 강조라는 것이다. 초목이 흙을 뚫고 나오는 것이 어떻게 가능할까? 초목의 씨앗은 어떠한 동력으로 운반될까? 또한 어떻게 땅 속을 뚫고 들어갔으며, 흙을 뚫고 나오기까지 필요한 구체적인 조건은 무엇일까? 이 모든 것을 언급했는가? 하지 않았다. 마음의 의도로 말미암아 태가 형성된다는 것이 가능한 것일까? 그렇다면 마음은 어떻게 형성되고, 마음에서 의도되는 것이 어떻게 응집되며 외부의 사물을 섭취하는 것은 무엇으로 결정하는가? 이 모든 것을 언급했는가? 하지 않았다. 한 글자, 한 단어로 주도면밀하게 모든 관계를 명확하게 분석하고 설명할 수는 없다. 그러나 이런 글자와 글자 사이에 어떠한 어법적 연관성과

---

60) 許愼撰, 徐鉉校定 : 《說文解字》, 北京, 中華書局, 1963, 第220頁上.

종속성도 없이 단지 하나의 독립체로 나란히 자신을 서로 조영하는 결과만을 보여줬다. 그 결과는 바로 '생태'란 무엇인가 하는 것이다. 초목은 이미 흙을 뚫고 나왔고, 마음은 이미 의념의 형태를 갖췄다. 마음으로 초목의 초생 형태를 바라보는 것이 바로 생태이다. 그렇다면 문제가 생긴다. 당대 생태철학은 사실상 전략철학이다. 전략이란 사람들에게 현재 환경이 생태위기를 맞은 원인을 반성하라고 재촉하는 일종의 역추逆推논리이다. 그러나 '생'과 '태'의 두 글자에서 이미 볼 수 있듯이 중국 고대의 생태관념은 시가詩歌이며 적어도 시적인 묘사이고 기성의 기흥이다. 이 두 글자는 사람이 짧은 시간 내에 천지인삼재天地人三才의 병립이 만물과 조화를 이룬 결과를 찬양하는 것을 가리킨다. 이는 당대 생태철학 의미에 대해서 중국 고대의 생태관념은 자신이 형상화한 심리적인 생태설계이고 이상이 현실을 부르는 구조로 더 많이 표현되도록 결정했다.

오늘날 생태철학은 녹색철학이라고 불리기도 하며 인류중심주의에 기반을 둔 '천록淺綠'과 자연중심주의를 핵심으로 하는 '심록深綠'으로 세분화할 수 있다. 심록의 기원에서 우리는 심록이 형성된 첫 의도가 천록의 형이상적 체계에 대한 부정과 초월임을 알 수 있다. 천록이 현대 과학이 발전한 후에 이성 기술주의원칙의 과도한 팽창에 대한 해체[61]라면 심록은 천록이 의뢰하는 전통적 인본주의와 인문주의의 형이상적 체계에 대한 해체이다. 천록은 개인의 감정을 자연에 대한 사랑으로 인류가 이성이 이화異化된 후의 현실을 해소하는 동시에 지속

---

61) 역주 : 이 개념은 마르틴 하이데거Martin Heidegger의 《存在與時間》 중의 'deconstruction'이며 본래는 분해, 소해, 해체, 지적의 뜻을 나타내는데 데리다Jacques Derrida가 여기에 제거, 반침첨反积淀, 문제화 등 의미를 더했다.

해 발전할 수 있는 신 성장 기술을 받아들여 인류와 자연 간에 날로 긴장되는 충돌을 완화시키고자 한다. 심록은 표적을 현대 과학 기술의 부정적 효과를 지적할 뿐만 아니라, 천록의 이론적 기초 가운데 인류중심주의 태도를 더욱 강하게 비판하면서 생태철학을 비 인류중심주의, 혹은 자연중심주의로 이끌어 가려고 노력하고 있다. 그래서, 심록의 관점은 일반적으로 천록과 대립되는 면에서 제시된다. 그러나, 심록철학이 주도하는 전체론 입장은 마치 현금화하기 어려운 수표처럼 실제와 동떨어진 목표로 전락할 가능성이 있다. 사상사에서 전체론은 오늘날에 생긴 것은 아니다. 심록이 전체론으로서 모든 이론체계를 통섭해야 한다고 강력하게 주장하기 이전에 전체론은 이미 일종의 형이상적인 기대로서 시기별로 여러 학파의 사상체계에 적용되고 있었다. 심록의 전체론 사상과 전통적인 전체론 사상은 공통점과 차이점이 각각 있다. 공통점은 응용한 논리체계에 실질적인 차이가 없다는 것으로써 양자가 모두 대립통일법칙을 기반으로 하고 전체적인 조화로움을 강조하는 것이다. 차이점은 같은 전체론 사상이 다른 이론체계에서 가지는 가치와 그것이 미치는 영향이다. 심록의 전체론은 언제 어디서나 존재하는 진리이지만, 전통사상가들에게 있어서 전체론은 지금 당장 실현할 필요가 없는 초경험적 이상과 전제일 뿐이다. 바꾸어 말하자면, 심록은 내재된 고민을 피할 수 없다. 즉 전체론을 구축하는 데에 있어서 중대한 돌파구를 마련해 내지 못했다. 우리는 심록이 전체론 자체의 연혁, 발전, 구조에 대한 사고를 망각해 무턱대고 전체론이 변두리 존재자의 운명을 포함한 모든 존재자를 결정할 수 있다는 권한만 강조하고 있지 않나 의심하고 있다. 우리는 심록철학을 곤경에 빠지게 한 근본적인 원인이 전체론 자체의 관념과 전체론의 타인에 대한 의미가 조화롭지 못함에 있음을 정확히 알아야 한다. 다시 말해 지금의 심록철학 사상의 전체론 체계는 지금까지 지식의 갱신을 거의 거치지 않다가 오늘날 갑자기 심록의 존재론체계에 대한 모든 기대를 책임지면서 심록 철학의 이론 바탕이 돼야 하니 충돌을 면하기 어려운 것이다.

심록철학은 어떻게 해야 곤경에서 벗어날 수 있을까? 복잡성이론復雜性理論[62]과의 결합이 최상의 선택이라고 필자는 생각한다. 일찍이 생태학 초기 학자들은 복잡성이론의 관점을 받아들일 수 있다고 했지만 그들은 단지 복잡성이론의 관점을 현대성이론 체계의 부속품이나 부가 조건쯤으로 간주했을 뿐이다. 이러한 국면을 야기한 원인은 그들이 복잡성이론의 본의를 오해했기 때문이다. 사실상 현대성이론은 근대 이래 간단성이론簡單性理論을 바탕으로 구축한 선성사상線性思想이지만 복잡성이론은 이후에 현대이론을 완성시킨 지식 시스템이다. 간단성이론의 복잡 개념으로 복잡성이론을 이해한다면 중대한 착오를 야기할 수 밖에 없다. 복잡성이론은 더 이상 칸트의 알 수 있는 경험세계에 직면하는 이론 형태가 아니다. 복잡성이론은 독일 고전철학의 분류를 뛰어넘어 근대 선성사유의 발전을 초월해 가지可知와 불가지不可知의 분계와 한계에서 벗어났으며, 미지未知와 불가지不可知에 동시에 직면하면서 가지可知와 불가지不可知도 아우르는 이론형태이다. 이러한 배경에서 복잡성생태철학은 바로 자연 전체에 스며드는 이론형태이다. 이러한 침투적인 생태철학이론은 최종적으로 과학과 인문의 한계를 타파해 사람과 자연이 다시 건전하고 복잡한 관계를 구성하게 할 것이다. "과학적인 학문은 이전에는 지식 영역을 분할하고 격리하면서 발전됐

---

62) 역주 : 복잡성이론이란 즉 어떤 일을 컴퓨터로 쉽게 완성할 수 있고 어떤 일은 할 수 없는지를 연구하는 이론이다. 복잡성이론에서 데이터가 많아짐에 따라 문제해결 절차가 어떤 방식으로 증가하는 지가 가장 중요하다.

는데, 인류의 중대한 탐구는 그들의 자연실체인 우주, 자연, 생명과 함께 가장 높은 곳에 위치한 인류로서의 지향을 깨뜨렸다. 생태학, 지구과학, 우주학과 같은 새로운 과학은 종합적 학과 혹은 학과를 넘어선 학문이다. 이런 학문의 연구 대상은 어느 부분 혹은 어느 구간만이 아니라, 하나의 복잡한 시스템이며 조직적인 총체를 형성했다. 이들은 상호작용, 반사작용, 상호 — 반사 작용부터 시작한 총체를 다시 구성했고, 이런 총체가 자아조직의 복합실체를 구성했다."[63]

그래서 우리는 어떻게 하면 심록철학의 곤경에서 빠져 나올 수 있을까? 라는 질문에 대해 아래와 같은 문제의 해결을 통해 적용할 수 있을 것 같다.어떻게 하면 심록철학이 의지했던 근현대 이래의 형이상학적 체계라는 기초 이론을 다시 구축해 현재 심록철학을 근본적으로 뛰어 넘어 심록철학의 전체론이 더 이상 모든 것을 아랑곳하지 않은 열정도, 실제와 맞지 않은 공론도, 비이성적 색채를 띤 꿈도 아닌, 심록철학에게 실행이 가능한 돌파구와 상상할 수 있는 미래를 찾아 줄 수 있을까? 지금까지 심록철학은 마치 '태도' 철학처럼 이론논증이 결핍돼 사람과 생태의 관계에 대해 구체적이고 유력한 '해석'이 부족했다. 해석의 강조는 사람들의 태도에 대한 열광과 고집을 효과적으로 희석할 수 있다 — 심록철학은 다음과 같은 사실을 발견할 것이다. 비인류중심주의의 확고는 심록철학체계의 전제만 만들어 냈을 뿐이지 사실상 심록철학이 필요한 것은 인류와 자연이 어떤 관계인지를 분명하게 설명해 주는 것이다. 복잡성이론의 훌륭한 점은 바로 이것이 해석적인 언어라는 것이

---

63) [法]埃德加·莫蘭:《復雜性理論與敎育問題》, 陳一壯譯, 北京, 北京大學出版社, 2004, 第114-115頁.

다. 오늘날 복잡성이론은 정통과학에 대해 분명하게 비판했을 뿐만 아니라 정통과학이 주도하는 이성논리도 철저하게 초월했다. 복잡성이론은 고무적으로 학제적이고 생기가 넘치는 복잡성체계를 구축하고 있고 심록철학의 전체론적 배경에 실제 의미를 지닌 해석능력을 제공해 줄 것이다.

복잡성이론은 루트비히 폰 베르탈란피dwig von Bertalanffy가 창시했다. 일반체계이론과 생태철학의 연관성은 다음과 같다. 베르탈라피는 체계론을 기반으로 생명유기체에 대해 완전 새로운 해석을 제기했고, 생물학의 등종국성원리等終局性原理는 생명체계의 개방성을 부각시켰으며 조직원리 중 등급순서를 전제로 한 공생관념으로서 당대 생태철학의 대문을 두드렸다. 현대 물리학이 이뤄낸 유명한 자조직이론Self-organizing Theory은 일반체계론 이후에 복잡성이론을 새로운 이론경지로 고조시켰다. 프리고진Ilya Prigogine의 산일구조이론散逸構造理論[64]과 생태철학의 관계가 개방성체계이론[65]은 생태시스템이 자신만의 철학이론을 구축하는 기초임을 보여준다. 등락의 개방성체계에서의 의미는 개체생명이 생태를 반성하는데 있어서 깊은 시사기능을 지니고 있다는 것이다. 1984년 5월 미국 뉴멕시코주 소재지인 산타페에서 조지 코웬 George Cowan의 탁견과 조직해 복잡성이론연구를 전문으로 하는 산타페연구소를 세웠다. 산타페 연구소의 복잡성이론에 대한 연구성과는

---

64) 역주 : 열역학 용어. dissipative structure.
65) 체계의 개방성은 체계는 항상 일정한 환경에 처해 있고 환경을 구성하는 기타 체계와 물질, 에너지, 정보 교환을 진행함을 가리킨다. 이런 교환에서 체계는 범속에서 고급, 간단에서 복잡, 무질서에서 질서 있는 동태적인 최적화 발전 과정을 겪게 된다.

적응성주체이론 분야에 집중돼 있다. 여기서 숨겨진 질서이론은 우리에게 생명의 다양성을 볼 수 있는 장면을 펼쳐 주었고, 창발성創發性이라는 개념을 제시함으로써 우리로 해금 생명 변화과정의 복잡성을 깊이 있게 이해하는 데에 일조했다.

우리는 미래의 복잡성생태철학復雜性生態哲學의 품격에 대해 다음과 같이 간략하게 네 가지로 묘사할 수 있다.[66] 우선, 복잡성생태철학에서는 개방적인 생태철학이 인류가 자신의 지식체계로 자연을 제약하는 본능을 해체하고자 하는 것이라 생각한다. 그래서 우리가 논하고자 하는 것은 개방적인 시스템이 아니라 체계적, 조직적, 본체적, 존재적인 개방성이다. 이러한 생각은 우리가 에너지와 물질부터 개방하기 시작해 정보개방을 거쳐 최종적으로 개방을 조직, 존재, 생존과 연결시킬 수 있도록 촉구한다. 우리는 반드시 인류가 자신의 지식체계로 개방체계 혹은 폐쇄체계에 대해 정의하거나, 세상만사와 만물의 옳고 그름에 대해 정의를 내리고자 하는 욕망을 더 배제해 나가야 한다. 이런 욕망은 우리들에게 이 세상에 어떤 절대적이고 순수한 물건이 존재하고 있음을 믿도록 부추기지만, 이런 절대적이고 순수한 것이 인류의 주관적인 추측에 불과하다는 것을 이해하지 못한다. 개방성생태철학은 개방적이고 복잡한 우주라는 새로운 관념을 제시해 줄 것이다. 그것에는 중심이 없기에 ○○주의라는 그림자를 포기했고, 그것은 개방화와 폐쇄화라는 쌍방향 운동이므로 그 변화과정을 묘사할만한 정확한 좌표축을 찾을 수 없다. 이것이 바로 모랭Edgar Morin이 '단일-다중'이라고 칭한 우주Uniplurivers이다. 이 초안에서는 인류와 자연의 역할이 각자 새

---

66) 王耘：《復雜性生態哲學》, 北京, 社會科學文獻出版社, 2008年.

로운 신분을 획득하게 된다. 한편으로 인류는 더 이상 생태세계의 유일한 구원자 역할을 맡는 주체가 아니라 자연우주라 불리는 전체체계 속의 동등한 요소이다. 또 한편으로는 환경도 더 이상 객체로서 인류의 구원을 기대하는 피동자가 아니라 전체 자연우주의 구성 세력이다. 그 다음으로 복잡성생태철학은 개체성을 수용하는 철학이기도 하다. 복잡성생태철학은 개체존재에 대해서 적극적으로 이해한다. 단순히 개체존재를 위해 개체존재를 추구하는 것은 전혀 의미가 없다. 그래서 인류가 반드시 개체존재와 체계존재 사이의 복잡한 관계를 이해하는 것이 더욱 중요하다고 생각한다. 이런 복잡한 관계가 비로소 복잡성생태철학이 최종적으로 해결하고자 하는 이론이다. 우리는 반드시 새로운 관념을 받아들여야 한다. 만약 등락의 확대가 체계의 격발요소로서 체계변화의 원동력이 된다면 생태체계의 미래는 필연적으로 밸런스와 멀어지는 우연의 미래일 것이다. 실질적으로 복잡성생태철학의 등락원리는 결정론에 대한 근본적인 비판이다. 복잡성생태철학은 결코 등락으로 인해 혼란에 빠지지 않을 것이고, 등락이 가져다 준 것은 결코 혼란이 아닌 혼돈이고 우연이며, 과학이성이 예지하고 선결한 균형상태와 멀어진다. 우리가 기대하는 생태철학은 적어도 다음과 같은 내용을 포함한다. 우선 등락에는 평등하게 존재하는 권한이 있다. 등락은 반드시 인류가 가져다 준 관념이 아니라는 것을 확립해야 한다. 다음으로 서브시스템으로서의 자주성을 끊임없이 강화해야 하는 것이 인류에게 있어서 개체자아의식을 확실하게 실천하는 길이다. 그 다음으로는 복잡성생태철학은 반드시 환원론을 비판하는 사고방식이어야 한다. 그래야 인류가 근원과 비근원의 사이에서 자신들에게 유리한 이기적인 취사선택을 피할 수 있다. 인류는 왜 근원을 찾고 싶어 할까? 호기심은 이미 인류의 본능적인 충동의 하나가 돼 버린 이런 정서를 설명하지 못한다. 복잡성이론은 본원으로서의 원자는 존재하지 않는다. 이런 원자가 물질적이든 정신적이든— 물, 불, 하느님 혹은 알라이든 말이다. 복잡성이론의 본원론은 조직체계 관계에서 구성됐다. 어떤 측면에서 볼 때 이것을 '본원'으로 보기는 어렵다. 표현의 편의상 만약 이론의 체계에 반드시 하나의 본원을 확립해 줘야 한다면 자조직체계의 본원이 바로 조직체계 내부의 복잡한 관계이다. 이러한 환원론을 초월한 생태학적 사색 속에서 자조직 이론체계의 체계단원에 대한 사색은 다음과 같은 이중적 특징을 드러낸다. 첫째로 자조직적인 생태철학은 단원 조직체계에 대한 거대한 의미를 배척하지 않는다. 둘째로 복잡성생태철학에서 생태체계의 자조직성은 생태체계의 미래가 인류의 안목으로 예측할 수 없음을 야기했다— 끌개attracter 사이에서 지극히 모순적인 심지어 알 수 없는 관계의 발생이 가능하다. 이런 관계의 발전도 비선형적이고, 또한 의도적으로 어떠한 기정불변의 모식으로 미래를 예측하고자 하는 것은 실제와도 부합하지 않는다. 여기서 우리는 자조직생태체계 존재의 비가역성을 특히 강조하고 싶다. 자조직이론은 단지 단원과 단원 사이의 논리적인 공간에서의 복잡한 관계를 추송하는 공간적 이론일 뿐만 아니라 시간적 이론이기도 하며, 사람들이 체계의 유기적 발전과정을 이해하는데 도움이 된다. 마지막으로 복잡성생태철학에서 체계구조의 안정과 분기는 상부상조해 분리될 수 없는 것이다. 안정성은 분리로 인해 깨지게 되고, 체계는 분리를 거쳐 새로운 안정적인 상태가 될 것이다. 이러한 새로운 안정적인 상태는 분리 이전의 요소의 합으로 환원할 수는 없다. 분리를 경험하고 체계가 실현되는 것은 자아 발전의 논리적 비약이다. 인류와 자연의 공존— 생태계도 마찬가지로 창발성創發性의 결과이다. 창발성은 복잡성생태철학의 중요한 범주 중의 하나이며 인류와 자연의 상호작용에서 '생명력'과 같은 신비한 파워의 형성을 효과적으로 설명할 수 있다. 그렇다면 생명력은 무엇일까? 바로 창발성이며 동시에 부분의 합보다 클 수도 작을 수도 다를 수도 있다. 창발성은 부분자체에서도 작게 혹은 크게 변하는 차이가 존재하면서 체계 안에 있을 때와 밖에 있을 때가 다르다. 그래서 "우리는 복잡성, 다의성 및 체계 다양성적인 시야에 들어갔다. 이제부터 우리가 체계를 직면할 때는 창발성 측면에서의 수확만 보는 것이 아니라 그것이 규제, 억제, 속박 작용 하에서 얻는 손실도 확인해야 한다. 이것은 체계분화를 야기한 요소가 그들을 구성한 물질성분과 조직 유형일 뿐만 아니라, 마찬가지로 규제와 창발성으로 형성된 유형임을 설명해 주고 있다. 같은 유형 체계라도 어떤 체계는 거시적 및 미시적인 창발성이 지배적인 위치를 차지하고, 어떤 체계에서는 억압과 속박이 지배적인 위치를 차지하므로 체계들 사이에도 큰 차이가 있다."[67]

강남의 건축 문화 관념이 어떻게 생태미학 범주에 포함될 수 있었을까? 만약 현재 유행하는 생태문화관념에 의거해 주관적 판단으로 강남 건축문화 가운데에 자연경관이 충분히 많다고만 강조한다면 오히려 세속의 편견이라는 오해만 조장할 것이다. 앞서 서술했듯이 현재 유행하는 생태문명관념은 서구 전통문화의 자연관이다. 즉, 이러한 관념이 '중심'주의 사고방식 기반에서 끊임없이 확장하다가 막다른 길에 몰리자 상식에서 벗어난 '불효자'로 '분열'돼 관념 속에 기탁된 선성논리 자체의 붕괴를 감당할 수 없다. 문 앞에 나무 한 그루를 심거나 백 그루를 심거나, 집 뒤에 새 한 마리를 키우거나 백 마리를 키우거나, 더 나아가 나무와 새를 모두 방 안으로 옮겨 창문에 나무와 새의 그림으

---

67) [法]埃德加·莫蘭:《復雜性理論與教育問題》, 陳一壯譯, 北京, 北京大學出版社, 2004, 第108頁.

로 가득 채우더라도, 이것이 생태라고 심지어 생태미학의 세계라고 증명하기 어렵다. 그렇지 않으면, 문 앞에 한 명의 남자나 백 명의 남자가 서 있거나, 집 뒤에 한 명의 여자나 백 명의 여자가 누워 있거나, 혹은 남자와 여자를 모두 방 안으로 불러들여, 창문을 남자와 여자의 그림으로 가득 채우면 생태가 아니라는 심지어 생태미학의 세계가 아니라는 질문에 답해야 한다. 나무, 새, 남자, 여자는 생태권의 각기 다른 생물체로서 실질적인 차이가 없다. 수량의 차이는 특별한 의미를 갖지 않는다. 르네상스 계몽운동 이후의 도구적 이성Instrumental Reason은 단지 유럽 근현대 신교파에서 특히 칼뱅주의 문화에서는 인간성이 자아에 대한 실증과 자아검증의 숙명을 모색하는 것이지 결코 극동에 있는 정원 및 원림에 반드시 적합한 것은 아니다. 이러한 모순을 이 책의 논제로 정하자면 바로 무엇 때문에 강남 도회 건축이 생태건축인가 하는 것이다. 도성 건축을 비롯한 이탈리아의 교회, 독일의 성곽, 프랑스의 광장, 영국의 장원을 생태건축이라 볼 수 없을까? 강남 고대 도회 건축에는 화초로 가득 채워졌는가? 화초가 없는 도시가 어디 있겠는가? 화초들은 모두 식물인데 어떤 차이가 있을까? 차이가 없다. 양적으로 보면 남송 시기의 소주원림에 식수된 나무는 백여 그루에 불과하다. 대영제국에도 원림이 있고 잔디밭은 헥타르로 계산해야 하는데, 둘 중 어느 것이 좋고 나쁠까? 좋고 나쁨이 없다면, 왜 소주의 원림이 생태건축 및 생태미학건축의 대표라고 할 수 있을까? 따라서 어떤 사물에 대해 양적인 분류원칙을 고집하고, 서구 전통적인 자연주의나 중심주의 관념에 국한돼서 이것이 아니면 저것이고, 주인이 아니면 객이라는 대상화 사고방식으로써 경험물을 인지하고 예설하고 한정하며, 물자체物自體[68])를

---

(68) 역주: 독일 철학가 임마누엘 칸트가 창조한 용어이며 인식 밖의 절대적으로 인식되

참용한다면, 생태세계의 존재는 하나의 거짓 명제로 변질될 수가 있고, 생태미학도 역시 본질이 상실되는 길로 들어 설 것이다.

특히 종교색이 없으면서 신선 숭배와 거리가 먼 강남 민가와 같은 생활건축에 대해 '선성線性' 자연관념으로 생태적인 미를 발굴하려면 더욱 힘이 부치고 변통하기 어려울 것이다. 칼슨은 다음과 같이 말했다. "건축감상에 있어서 존재라는 문제의 핵심지위는 존재를 어떻게 천명을 하느냐와 연관돼 있다. …… 이런 문제를 통해 얻은 수많은 인식은 작품특징의 외적인 질문에 대한 답에서 얻은 인식과 마찬가지로 중요하다. …… 수많은 다른 예술형식의 감상과 비교했을 때에 건축감상은 필연적으로 더욱 광범위한 기본지식과 더욱 고립된 경험을 갖추고 있어야 한다. 예를 들어 풍경화와 이런 관념 사이의 경계와 달리 건축과 세계 사이 및 건축과 이 세계의 심미관념, 윤리적, 사회적, 정치적 심지어 경제적 관념 사이의 경계도 이처럼 엄격하지 않다. 게다가 건축감상에 있어서 존재라는 문제의 핵심적인 지위를 고려할 때는 모종의 핵심적 관념이 존재해야 한다고 답해야 한다. 그러나 건축과 세계의 관계에는 통상 엄격한 경계가 결핍돼 있기에 이런 관념을 발견하는 것은 당연히 매우 어려울 것이다."[69] 진정 옳은 말이다. 건축이란 무엇일까? 건축은 순수예술이 아니다. 건축은 혼돈의 의식복합체이고, 사람의 심미욕구와 생존욕구 사이에서 끝없이 옮겨 다니는 탄력적인 경계를 가지고 있다. 건축은 사람이 자연물을 활용하되 자연물의 본질을 완전히 훼손하지 않으면서 창조해 낸 것이며, 사람이 완전체로 존재

지 않은 존재물을 의미한다.

69) [加]卡爾松:《環境美學 : 自然, 藝術與建築的鑒賞》, 楊平譯, 成都, 四川人民出版社, 2006, 第286-287頁.

하는 데에서 필수적인 의존품이다. 집을 지을 때에 쓰이는 나무로 예를 들어 보자. 그 나무는 자연적인 것인가? 한편으로 나무는 가공을 거쳤기 때문에 뿌리를 내릴 수도, 싹이 틀수도, 꽃을 피워 결실도 맺을 수 없고, 더 이상 성장이나 번식도 하지 못하기 때문에 자연물은 아니다. 다른 한편으로 나무는 일정한 시간 동안 경도를 유지하고 우뚝 서 있으며 한 더미의 분말이 되지 않았기에 자연물로서의 자질을 배반하지 않았다. 그리고 계속 바람과 비에 침식되고, 개미들에게 좀이 먹혀 결국 부식돼 붕괴될 것이다. 이는 나무가 아직은 자연물의 노화와 사망 과정에서 완전히 벗어나지 않았음을 의미한다. 즉, 프리고진이 말하는 산일구조의 본질이다. 그래서 나무 한 그루에는 두 번의 생명이 있다. 한 번은 토양에서 자랄 때이고 한 번은 방 안에 서 있을 때이다. 물론 인류가 방안의 나무를 조작하고 창조한 것이며 나무는 스스로 장인의 손 안에서 재료가 될 수 없기 때문이다. 그러나 집의 기둥은 이미 만들어낸 완성품이다. 사람들은 그 나무가 지붕을 지탱해 주길 원하고, 바람과 비를 피해 주기를 원하며, 인류의 현실존재를 심지어 죽음을 유지해 주길 바란다. 인류가 나무에 의지하고 나무는 일종의 정신기탁의 모델과 가옥이 될 수도 있다.[70] 그래서 건축의 특수의미는 그것의 복잡함에 있다. 아직도 종류, 수량, 주객 등의 측면에서 건축에 잠재된 생태성을 분해 및 분리하고, 추상적으로 설명한다면 효과는 반 밖에 얻지 못할 것이다.

---

70) 《世說新語·賞譽》에서는 "유태위가 젊었을 때 왕미자王眉子의 환심을 받았다. 나중에 유량庾亮이 강남으로 피난와서 왕미자를 칭찬하기를 '그의 집에서 보호를 받으니 세월 가는 것조차 잊게 한다.'"(劉義慶著, 劉孝標注, 余嘉錫箋注:《世說新語箋疏》, 上海, 上海古籍出版社, 1993, 第440頁.)

그러나 실생활에서 사람들은 타성 때문에 종종 강남 건축의 생태성 문제를 습관적으로 고대 현인의 검소함을 숭상하는 생활습관이 건축문화 관념에 반증됐다고 단순화한다. 그리고 논리상 중국건축이 '생태'적인 것은 중국 건축이 검소함을 숭상하는 데에 있고, 강남 건축도 검소함을 숭상하기에 당연히 '생태'적이라고 여긴다. 중국건축문화 관념에서 욕망을 억제한 예는 쉽게 찾아 볼 수 있다. 춘추전국시대 묵자墨子는 황궁의 화려함을 국가의 '칠환七患' 중 첫 번째로 정한 바가 있다. 묵자가 《墨子 · 七患》에서 말했다. "나라에는 일곱 가지의 우환이 있다. 일곱 가지의 우환이란 성곽과 해자를 지키지 못하면서 왕궁을 화려하게 짓는 것이 그 첫 번째이다."71) 《墨子 · 辭過》에는 "'집터를 높여 습기와 한기를 피하고 주변은 바람과 추위를 막을 수 있으며, 지붕은 서리, 비, 눈, 이슬을 막고, 궁궐의 담은 남녀를 분리할 수가 있으면 족하다'고 했다. 이 정도면 된다. 무릇 재물을 낭비하고 백성을 고생시키는 것으로 이로움을 더하는 일은 하지 않는다. …… 지금의 군주는 궁실을 지을 때에 이와 다르다. 백성에게 무거운 세금을 징수하고 백성의 의식衣食을 위한 재물을 탈취해 궁실을 짓는다. 왕궁에 누각을 짓고 청색과 황색으로 화려하게 장식한다. 궁실을 이렇게 지었으니 신하들도 모두 그것을 본받는다. 그로 인해 재물이 부족해지면 흉년의 굶주림에 대처할 수도 없고, 고독한 백성을 구제할 수도 없다. 그래서 나라가 궁해지고 백성을 다스리기 어렵게 된다. 군주가 진실로 천하를 잘 다스리고 나라가 혼란해지는 것을 싫어한다면 궁실을 축조함에 있어서 검소하게 하지 않으면 안 된다"72)라고 기록돼 있다. 대다수의 서

---

71) 孫诒讓撰, 孫啓治點校 :《墨子閑詁》, 北京, 中華書局, 2001, 第23頁.
72) 孫诒讓撰, 孫啓治點校 :《墨子閑詁》, 北京, 中華書局, 2001, 第31頁.

구 건축이념과 다른[73] 것이 묵자는 나라를 다스리는 것과 건축예술을 대립시켰다는 점이다. 왕실의 검소한 여부를 나라의 안정차원으로 높인 것은 그의 건축에 대한 지나친 배척과 반감을 드러냈다. 《淮南子·本訓經》에서는 "반란이 일어나는 이유는 망명과 도피 때문"이라고 했다. 망명과 도피가 생기는 이유는 다섯 가지가 있는데 첫 번째는 나무, 두 번째는 물, 세 번째는 흙이며, 이 모두가 궁실이 나날이 사치해짐을 말한다. 그리고, 네 번째는 금, 다섯 번째는 불이다. 이는 음식기물이 갈수록 사치스러워짐을 의미하며, 궁실의 사치와 함께 진행됐다. 이것으로 봐서 건축이 정교해질수록 사치에 대한 욕구도 심해짐을 알 수 있다. 상고해 보면, 옛 요임금이 머문 집은 초가지붕에 흙으로 만든 계단이었고, 우임금은 왜소한 궁실에 거주했다. 춘추시기 진문공은 경치를 관상하는 누대가 없었다. 송향술宋向戌이 맹헌자孟献子의 집을 보니 아름답고 진문공의 집보다 좋았다. 제경공齊景公이 안자晏子의 집을 바꿔주겠다고 하자 안자는 거절했다."[74] 여사면은《淮南子》에서 유순流遁을 해석할 때에 왕궁의 사치가 음식기물의 사치보다 심하다고 강조했다. 《史記·蕭相國世家》에서는 "소하蕭何는 토지와 가택을 반드시 외진 곳에 마련했고, 집을 지을 때는 담을 쌓지 않았다. 사람들에게 말하기를 '후세 사람이 현명하면 나의 검소함을 본받을 것이고, 현명하지 않더라도 권세가 있는 집안으로부터 약탈당하지 않을 것이다'"[75]라

---

73) 데얀 수딕Deyan Sudjic은 "건축은 문화영역에서 복잡하고 미묘한 위치에 처해 있다. 모든 문화형태에서 건축은 문화가치와 서민가치의 가장 솔직한 표현방식이며 빛나는 역사를 지니고 나라를 다스리는 핵심지위였었다."([英]迪耶·薩迪奇:《權力與建築》, 王曉剛, 張秀芳譯, 重慶, 重慶出版社, 2007, 第234頁.)
74) 呂思勉:《中國制度史》, 上海, 上海教育出版社, 2002, 第234頁.
75) 司馬遷撰, 裴駰集解, 司馬貞索引, 張守節正義:《史記》, 北京, 中華書局, 1982, 第2019頁.

고 했다. 그래서 건축의 검소한 정도는 사람의 외적인 공적뿐만 아니라 내적인 현명함과도 관련이 있다. 이런 소박한 기풍이 역사 속에서 침적돼 점차 미덕에 대한 자발적인 추구로 발전될 수 있다. 이어李漁는 "토목 공사에 있어서 가장 기피해야 할 것은 사치이다. 일반 백성이 검소함을 숭상할 뿐만 아니라 왕궁귀족도 풍습으로 여겨야 한다. 집을 지을 때에 중요하게 여기는 것은 화려함이 아닌 정교함이고, 섬세하고 낭만적인 것이 아닌 우아하고 창의적인 것이다"[76]라고 주장했다.

그러나 더욱 복잡한 상황은 중국 건축문화관념 속의 검소함이 금욕주의와 유사한 법규로서 관리가 제왕으로부터 은혜를 입었음을 과시하려는 이에게 제공하는 제한적이고 효력이 없는 건의사항이란 것이다. 이는 법적 구속력이 없을 뿐만 아니라, 보편적으로 모든 사람들이 스스로 따르고 동의하는 모범적 효과를 나타내기도 어렵다. 일부 드러난 반례에서는 어떤 사람이 건축으로써 자신의 권력, 지위, 명망 등 특수한 신분을 견고히 하고 드러내고 싶을 때에 건축은 항상 반검소적이다. 《三輔黃圖》에는 "신新왕조 왕망王莽이 성의 서쪽 화원에 위치한 건장建章, 승광承光, 포양包陽, 견대犬臺, 저원궁儲元宮과 평락平樂, 당로當路, 양록관陽祿館 등 십여 곳을 철거하고 그 자재와 기와를 가져와 구묘九廟를 지으며, '내가 선택한 파수波水 북쪽과 낭지郎池 남쪽은 양택이고, 금수金水의 남쪽과 명당明堂 서쪽도 역시 양택이다. 내가 친히 개축할 것이다'라고 말하고 장안 남쪽에 짓기 시작했다. …… 각종 공예기법을 사용하고, 고지대를 낮추고 저지대를 메웠으며, 공력과 비용으로 수 만

---

76) 李漁著, 江巨榮, 盧壽榮校注：《閑情偶寄·居室部》, 上海, 上海古籍出版社, 2000, 第181-182頁.

금을 사용하니 마침내 죽은 사람이 수만 명에 달했다"[77]라는 기록이 있다. 이런 정황은 아무리 봐도 검소한 기풍과는 거리가 멀다. 왕망은 자신의 이러한 행동이 역사적으로 악명이 높고 무능한 군주로 낙인이 찍혀 많은 사람들에게 혐오감을 살 수 있다는 것을 모르는 어리석은 사람일까? 전혀 그렇지 않다. 왕망은 자신이 이렇게 해야만 어느 정도 군왕으로서의 신분과 위엄을 증명할 수 있음을 아는 것이다. 만약 군왕으로서의 신분이나 권력이 확인되지 않는다면, 자신이 혼군昏君인지 아닌지의 문제가 아예 존재하지 않음을 잘 알고 있다. 즉, 왕망의 관심사는 자신이 군주로서의 지위여부에 있는 것이지 유능이나 무능에 있는 것이 아니므로 임금이 되는 것이 비로소 혼군이 되는 전제 조건이다. 이러한 이유로 건축의 검소한 원칙의 효력을 잃은 것이다.[78] 여사면은 우리들에게 이런 재미있는 이야기를 해 줬다.

《晉書·會稽王道子傳》에 이르기를, 비위를 맞춰 사랑 받는 조아趙

---

77) 何清谷撰:《三輔黃圖校釋》, 北京, 中華書局, 2005, 第318頁.
78) 그 밖에 진정한 제왕 건축의 사치함은 그들의 '대臺'에 대한 지나친 요구에서 나타난다. "이런 상황에 대한 옛 기록에 다음과 같은 내용이 있다. 걸왕桀王과 주왕紂王은 옥으로 된 집과 대, 상아 장식 회랑, 옥침대, 주지육림이 있었다. 이는 아마도 지나친 소문일 것이다. 그러나 진晉나라는 '구리와 가죽으로 장식한 궁궐이 몇 리에 달하고, 제후는 노예에게도 베풀었다.' 제齊나라는 '누대가 높고 연못이 깊었는데 궁실을 매일 고쳤다.' 오吳나라 부차는 '차례대로 대, 정자, 방죽, 연못이 있었다.' 이는 모두 사실이다. 그들의 궁 이름도 고증할 수 있다. 제선왕齊宣王은 큰 궁궐도 있고 설궁雪宮도 있으며 위왕威王은 요대瑤臺가 있었다. 진은 사기궁虒祁宮, 양혜왕梁惠王은 범대范臺, 연소왕燕昭王은 황금대黃金臺가 있었다. 초楚나라는 장화대章華臺가 있었는데 영왕靈王이 다시 건계대乾谿臺를 지었으나 삼년간 완성하지 못했다. 오나라에는 고소대姑蘇臺가 있었다. 심한 경우로 양백梁伯은 건축을 좋아해서 나라를 망하게 했으니 그 풍습을 볼 수 있다."(呂思勉:《中國制度史》, 上海, 上海教育出版社, 2002, 第234頁.)

牙가 회계왕 도자道子를 위해 저택을 지었다. 산을 쌓고 연못을 파고 공을 들여 수만금을 썼다. 황제가 그 집을 돌아보고 도자에게 말하기를 '댁내에 산이 있어 노닐며 바라보기에 매우 좋지만, 꾸밈이 지나쳐 천하 사람들이 검소하게 보지 않을 것이다.' 도자는 예! 예! 라고 할 뿐이었다. 좌우에서 모시는 신하들도 감히 말하는 자가 없었다. 황제가 궁으로 돌아가자 도자가 조아에게 말했다. '폐하께서 판축으로 산을 쌓은 것을 알아챘으면 너는 죽은 목숨이었다.' 그가 일꾼들을 얼마나 고생시켰는지 알 수 있다. 그러나 이렇게 하는 귀척貴戚이나 폐행嬖幸과 같은 자가 실로 적지 않다. …… 이로써 여러 왕의 저택에 석가산이 있고, 도자가 인부를 괴롭히는 것도 그리 드문 일이 아님을 알 수 있다. …… 은거해 편안한 생활을 하는 선비들도 다수가 원림을 지었다. 예를 들어, 남조 송나라의 대옹戴顯은 동려桐廬가 외지고 멀어서 요양하기 어려워 다시 나와 오하吳下에 거주했는데, 오하의 선비들이 대옹을 위해 집을 지어줬다. 돌을 모아 연못을 만들고 나무를 심어 골짜기에 물을 흐르게 했다. 얼마 지나지 않아 나무가 무성해지면서 자연에 가까운 풍경이 됐다. 심도건沈道虔은 현 북쪽 석산 아래에 은거했는데 손은孫恩이 반란을 일으킨 후에 흉년이 들자, 현령 유숙지庾肅之가 현 남쪽으로 모셔 와서 소택을 지어 줬다. 계곡과 가깝고 유람할 산수도 있었다. 유혜비劉慧斐는 가문을 일으켜 안성왕安成王의 법조행참군法曹行參軍이 됐다. 일찍이 환도해 심양尋陽을 거쳐 광산匡山에서 유람했다. 처사 장효수張孝秀와 왕래하다가 뜻이 맞아 그곳에서 일생을 마칠 뜻이 있었다. 벼슬길에 오르지 못하자 동림사東林寺에 거주했고 산의 북쪽에 원림을 지어 이구원離垢園이라 이름했다. …… 79)

이것은 현재의 생태문명을 가장 난감하게 하는 사실史實일 것이다. 한편으로 원림에 산을 만들고 연못을 파서 나무와 대나무를 줄지어 심고, 많은 비용을 마다하지 않았다. 황제가 행차해 겉만 보고도 사치스럽다고 여겨 불만을

---

79) 呂思勉：《兩晉南北朝史》, 上海, 上海古籍出版社, 2005, 第1040頁.

표했는데, "황제가 저 산이 판축으로 만든 사실을 알면 너는 필히 죽는다"라고 한 것은 원림의 건축 비용이 만만치 않았음을 말해준다. 또 한편으로 이렇게 "돌을 모아 연못을 만들고, 나무를 심어 골짜기에 물을 흐르게 하고, 얼마 지나지 않아 나무가 무성해지며 자연에 가까운 풍경이 된" 거금을 투자한 원림을 '이구원'이라고 편액을 했으니 참으로 덧없는 풍자이다.

일정한 정도에서 건축이 표현하는 것은 덕성이 아닌 권력이다. 《歷代宅京記》가 《王彪之傳》에서 인용하기를, "표지彪之가 사안謝安과 함께 정사를 보게 됐다. 사안이 왕궁을 다시 지으려 하자 왕표지가 말했다. '중흥 초기 동도東都에서 즉위했는데, 그곳은 아주 검소하고 누추함에도 원제元帝, 명제明帝는 새로 짓지 않았소. 소준蘇峻의 난 때는 성제成帝는 난대蘭臺에서 취침하고 정무를 봤고, 추위를 피할 수 없어서 다시 지었소. 한위漢魏와 비교해 궁이 협소하고 검소하지만 다시 건설해 백성을 귀찮게 할 필요가 없소이다.' 사안은 궁이 화려하지 않으면, 후대인들은 조정이 무능하다고 말할 것이라고 답했다. 왕표지가 말했다. '천하의 중책을 맡으면 나라를 보호하고 안정시키고 조정의 일만 생각해야지 어찌 집을 짓는 것을 기준으로 능력을 평가하는가!' 사안은 왕표지의 주장을 꺾을 수 없어서 그가 죽기 전까지 왕궁을 새로 짓지 못했다."[80] 여기서 왕표지가 건축의 검소한 기풍을 고집할 때에 사안이 한 말에 유의해야 한다. "왕궁이 화려하지 않으면 후세가 조정을 무능하게 여긴다." 경험물에 대한 해석은 해석학 원리인 선입견이 결정적인 역할을 하는 바를 따랐다. 왕궁은 하나의 외적인 경험물일 뿐이고, 건축이 무엇을 의미하고 어떻게 해석해야 하는지의 여부나 해석의 지나침과 결핍함은 모두 해석의 주체로부터 결정된다. 사안이 한 말의 의

---

80) 顧炎武著, 于傑點校:《歷代宅京記》, 北京, 中華書局, 1984, 第193頁.

미는 검소함이 건축의 의미 지향 중의 하나일 뿐이지, 이런 의미 지향이 모든 사람으로 해금 모든 구체적인 건축에 대한 심리적 체득을 대체하고 장악하게 할 수는 없다는 것이다. 사실상 건축의 사치풍조는 중단된 적이 없다. "양효왕梁孝王이 궁궐과 화원을 만들기 좋아해서 요화궁曜華宮을 짓고 토원兎園을 만들었다. 토원에는 백령산百靈山, 부촌석肤寸石, 낙원암落猿岩, 서용수栖龍岫가 있고, 안지雁池도 있다. 안지 가운데에 학주鶴洲, 부저鳧渚가 있다. 그 저渚에는 궁궐과 화원이 이어져 수십 리에 달하고, 기괴한 과일과 신기한 나무, 진귀한 새와 짐승들이 두루 갖추어져 있다. 왕은 매일 궁인이나 빈객들과 그곳에서 사냥하고 낚시한다."81) 건축 경험물의 존재는 제왕의 신분을 상징한다. 오작궁五柞宮은 "한나라의 행궁이며 부풍扶風현 주질盩厔에 있다. 궁에는 다섯 그루의 상수리나무가 있어서 오작궁이라고 이름했다. 다섯 그루의 상수리나무는 몇 사람이 팔을 벌려야 안을 정도로 굵고, 나뭇가지 그늘은 수 묘에 달한다."82) 그늘이 수 묘에 달하는 상수리나무에는 검소함이 내포돼 있다고 상상하기 어려울 것이다. 비슷한 상황은 사찰도 예외가 아니다.83) 그래서 건축기풍의 검소여부는 주체인 사람의 품행과 관련이 있고, 자연물의 객관적 존재와는 무관하다. 이는 어느 정도의 권력의 장악과 피장악 관계를 암시할 뿐이다.84) 이것으로 검소원칙의 확립

---

81) 何淸谷撰:《三輔黃圖校釋》, 北京, 中華書局, 2005, 第222頁.

82) 何淸谷撰:《三輔黃圖校釋》, 北京, 中華書局, 2005, 第211頁.

83) 《歷代宅京記》에서《魏書・蕭衍傳》의 내용을 인용했다. "소연은 불교를 숭상해 건업建業에 동태사同泰寺를 건축했고 고택에 왕택사, 종산鍾山에 대애경사大愛敬寺를 지었으며 장천長千 두 개의 사찰 공사도 동시에 진행했다. 모두 공예가 정교하고 많은 재력을 투자했으니 백성들은 매우 고생했다."(顧炎武著, 于傑點校:《歷代宅京記》, 北京, 中華書局, 1984, 第201頁.)

84) 러스킨의 말처럼 "인류의 모든 일에 관한 영원한 법칙은 기타 노력의 법칙과 비슷하다. 그뿐만 아니라 우리가 이런 실제법칙을 간소화하듯이 이들은 이미 연결관계나

은 중국건축문화 관념이 반드시 생태, 생태미학 체계에 속해 있다고 직접적으로 증명할 수 없음을 알 수 있다. 즉, 검소함을 숭상하는 관점으로만 원림이 정말 생태건축에 속하는지 아닌지를 판단내리기 쉽지 않다. 마치 "옛날 요임금이 머문 집은 초가지붕에 흙으로 만든 계단이고, 우임금은 왜소한 궁실에 거주하며, 춘추시대 진문공은 경치를 관상하는 누대가 없는" 시대를 동경하는 한편에 반드시 "태호 지역의 양저문화를 번성에서 쇠퇴로 이끈 근본 원인인 태호 유역의 자연환경의 악화와 함께 나날이 날카로워지는 사람과 토지의 모순"[85]이라는 사실을 받아들여야 하는 것과 같다.

그 다음으로 중국 건축문화사에서 토지의 의미에 대한 이해도 생태주의자를 난감하게 하는 주제이다. 현대 사회에서 인류의 토지에 대한 무리한 사용은 건축 자체의 의미공간 창조에 많은 영향을 미친다. 건축이 높이로 도전하고 고공으로 발전하는 것은 인류 욕망의 끊임없는 팽창과 한정된 토지면적 사이에 모순이 생긴 필연적 결과이다. 건축은 갈수록 땅에서 하늘로 솟아 올라가고, 사람에게 넓은 실내공간을 가져다 주는 동시에 거대한 심리적 압박도 느끼게 한다.[86] 더 비참한 것은

유사관계를 초월해 도덕세계를 통치하는 위대한 법칙의 일부 말초신경 혹은 섬유의 실제 표현방식이 돼 버렸다. 이런 법칙이 아무리 가치가 없어도 그 속에는 늘 최고형식의 남성 도덕적 소양과 연관되는 무언가가 존재한다."([英]約翰·羅斯金:《建築的七盞明燈》, 劉榮躍編, 張璘譯, 濟南, 山東畵報出版社, 2006, 第201頁.)

85) 王海明:《浙江史前考古學文化之環境觀》, 浙江省社會科學院國際良渚文化研究中心:《良渚文化探秘》, 北京, 人民出版社, 2006, 第80頁.

86) 데얀 수딕은 우리에게 이런 심리체험을 묘사해 줬다. "세계 무역 쌍둥이 빌딩이 맨해튼에 미치는 영향을 무시하고 쌍둥이 빌딩 사이의 중심광장을 지나가려 할 때에 가장 인상 깊은 것은 머리 위로 밀려오는 거대한 무게이며 그에 대항하려면 일정한 결심과 용기가 필요하다. 광장에 서서 양쪽 하늘로 솟아오르는 두 개의

인류가 높은 건물을 세우는 동기가 때로는 그리 단순하지 않은데, '필수'가 아닌 '자랑'이라는 것이다.

인류는 건축으로써 권력, 덕망, 심미정취 등 다양한 상징적 의미를 자랑할 수 있지만 대지의 '우주'와 건축 본래의 의미에 파괴성을 가져다 줄 수도 있을 것이다.[87) 지금 이 순간에 사람들은 강남의 건축문화 관념이 생태성 — 구체적인 건축목적과 특정적인 토지유형의 결합을 강조하고 지역에 맞도록 건축하는 원칙을 강조하는 — 을 지니고 있다는 예상을 하고 있을 것이다. 원림의 구도가 바로 이와 같다. 계성計成은 "무릇 가정주택은 세 칸 혹은 다섯 칸으로 순차적으로 지었다. 오직

빌딩이 가져오는 압력은 질식하는 느낌을 갖게 한다. 광장을 가로지르는 것은 마치 두껍고 무거운 돌담 사이의 비좁은 공간을 통과하는 것 같고, 주변 공기조차도 쌍둥이 빌딩의 무게로 압축된 것처럼 근육이 자기도 모르게 긴장된다. 북쪽 건물 입구에 다가갈수록 압력은 더 커진다. 심지어 건물자체가 당신 앞에서 점점 투명해지고 당신이 정면에서 건물전체를 관통하는 빛나는 알루미늄 조각을 봤을 때도 머리 위의 그 무게감은 여전히 커지고 있다. 입구의 대문이 마치 전체 건물의 무게를 책임지고 있는 것 같아 이 문을 들어서는 데는 아주 많은 심리적 노력이 필요하다. 문은 당신이 걸음을 멈추고 심호흡하며 용기를 내야 계속 앞으로 나아갈 수 있다."
([英] 迪耶·薩迪奇:《權力與建築》, 王曉剛, 張秀芳譯, 重慶, 重慶出版社, 2007, 第261頁.)

87) 데얀 수딕은 다음과 같이 말했다. "아시아 도시는 가장 빠른 속도로 고층빌딩을 건축하는 방식으로 최대한 빨리 현대화 사회가 되기를 희망한다. 그 뒤를 바짝 따르지 않는 유럽도시는 어느 측면에서 낡고 오래된 것으로 보인다. 좋은 면에서 말하자면 마천루는 웅장하고 우아하고 기술이 복잡해서 도시의 미래를 대표한다. 하지만 이들의 출현은 원시적이고 품격 없는 자아표방의 부산물에 불과하다. 정치가들은 마천루로 가득 찬 도시풍경에 심취하기 시작했고, 켄 리빙스턴의 런던도 이런 범주에서 벗어나지 못한다. 런던시장으로서 리빙스턴은 새 건물을 많이 건설하려고 최선을 다했다. 겉으로는 다국적기업들이 프랑크푸르트나 뉴욕으로 이전하는 것을 방지하기 위해 비위를 맞추는 것으로 보이지만 사실상 가장 크고 제일 높이를 추구하는 것은 가장 중요한 저속상징주의이며 모든 것을 지배하는 진정한 원인이다."
([英]迪耶·薩迪奇:《權力與建築》, 王曉剛, 張秀芳譯, 重慶, 重慶出版社, 2007, 第264頁.)

원림의 서재만이 한 칸이나 반 칸으로 환경에 따라 정한다. 건축방향은 장인의 의견을 따른다. 가정주택은 규칙에 맞아야 하고 원림은 실제 조건을 따라야 한다"[88]라고 말했다. 계성은 가정주택은 순서대로 지어야 한다고 말했고, 이 순서는 사회논리와 법도의 질서를 드러냄이 분명하다. 이와 반대로 원림의 서재는 환경에 따라 건축해야 하며 건축할 당시의 시공간과 결부시켜야 한다. "원림은 실제의 조건을 따라야 한다"는 것은 토지를 포함한 구체적 환경을 말한다. 이는 한보덕漢寶德의 중국건축의 이상적 상태에 대한 발언과 우연히 일치한다. "중국건축은 사람을 위주로 하며 이론이 없는 인본人本건축이다. 쉽게 말해 중국문화는 이런 면에서 늘 원시적이고 순박한 정서를 유지하며 건축을 일종의 도구나 상징으로 보았다. 이것은 예술도 과학도 아니기에 문인에 의해 왜곡되지 않았으며 처음부터 생존을 위해 존재했다. ……중국인은 한번도 건축을 어떻게 해야겠다는 데에 신경을 쓴 적이 없다. 그래서 정사正史에서는 예제 건축을 논하는 진지한 문자기록 외에 건축은 공기처럼 우리 주위에 자연스럽게 존재하고 우리가 부담이 없이 누릴 수 있으며 우리 생활에 있어서 당연한 존재이다."[89] 건축이 사람을 근본으로 하는 만큼 사람이 그 속에서 생활하면 땅으로부터 벗어날 수 없으며, 반드시 구체적인 대지 위에 존재해야 한다.

그러나 문제는 중국의 건축문화관념에서 토지는 '이치' 속의 '대지'가 아니고, '곤坤'도의 정신적인 대지가 아니라는 것이다. 그것은 스스로 설명할 수 없는 해석이 필요한 것이며, 반드시 인류의 규훈을 받아들여야 한다. 서구 건축과 비교했을 때에 중국 건축은 면적이 광활할 뿐만

88) 計成著, 陳植注釋, 楊伯超校訂, 陳從周校閱:《園冶注釋》, 北京, 中國建築工業出版社, 1988, 第79頁.
89) 漢寶德:《中國建築文化講座》, 北京, 生活・讀書・新知三聯書店, 2006, 第181-182頁.

아니라 토지에 대한 관념도 역시 독특하다. 중국 고대인의 토지관념에는 '토지중심주의'가 존재하지 않는다. 토지는 사람의 전유물이었고 이러한 관념은 그것이 황야철학으로 나갈 수 없음을 결정했다. 《周禮》에는 옛날에 "도시를 건설하기 위해 토지를 측량하고, 물품을 분별해 지역을 확정"[90]하는 현사縣師라는 관직이 있었다고 기록돼 있다. 이 말의 뜻은 분명하다. 도읍을 분봉하려면 토지를 측량해야 하고, 도시를 건설하는 것은 실질적으로 지역을 확정하는 것이며 토지의 측량과 물품의 분별은 마찬가지로 인류가 지역을 확정하는 전제이다. 《周禮》에 이런 구절도 있다. "재사載師는 토지의 법을 담당한다. 토지의 기능을 구분하고 땅에 용도를 정해 세금 징수를 완성한다."[91] 재사는 어떤 관직이었을까? 바로 전문적으로 각기 다른 땅을 용도에 따라 맞는 자에게 줘서 세금 징수 임무를 완성하는 사람을 지칭한다. 이렇게 보면 사람과 땅은 관리하고 관리 받는 상호 구직과 임명의 관계이다.

《墨子·號令》에서는 "나라를 안정시키는 길은 토지의 활용에서 비롯된다. 토지가 그 소임을 다하면 그 공이 이뤄지고, 토지가 그 기능을 다하지 못하면 수고롭기만 하고 그 공은 없다"[92]라고 정확하게 제기했다. 토지에는 나름의 기능이 있다. 그 기능을 감당하고 실천하면 공효를 이뤘다고 볼 수가 있고, 그 기능을 감당하지 못하고 실천하지 못했다면 수고만 하고 공을 이룰 수가 없다. 그렇다면 묵자가 말하는 토지의 기능은 무엇일까?《史記·春申君列傳》를 보자. "수수隨水 오른 쪽 지역은 넓고 큰 하천과 산림 계곡이라 농사를 지을 수 없는 곳입니다. 그러므로 대왕께서 그곳을 점령한다 해도 토지를 얻었다고

90) 楊天宇撰：《周禮譯注》, 上海, 上海古籍出版社, 2004, 第194頁.
91) 楊天宇撰：《周禮譯注》, 上海, 上海古籍出版社, 2004, 第189頁.
92) 孫詒讓撰, 孫啓治點校：《墨子閑詁》, 北京, 中華書局, 2001, 第586頁.

할 수가 없습니다."[93] 이 말은 우리들에게 옛사람의 토지기능에 대한 관점을 이해하는 데에 도움을 준다. 토지에는 잠재적 토지와 현실적 토지 두 종류가 있다. 잠재적 토지를 소유하더라도 그것이 현실적 토지로 현실화 되지 않으면 잠재기능을 발휘할 수 없다. 그렇다면 토지의 기능은 어떻게 실천하고 발휘하는 것인가? 바로 인류에게 곡식을 제공하는 것이다. 즉, 생존요건을 만족시키는 가장 전형적인 공리이다. 토지가 인류에게 곡식을 제공해 줄 수 없다면 '불식의 땅'이 돼 진정한 토지라 할 수 없다. 따라서 결론적으로 토지는 전답과 유사한 개념이다. 《史記·魏其武安侯列傳》에 "무안武安이 위기후魏其侯와 관부灌夫가 노여움 때문에 논을 양보하지 않는다는 이야기를 듣고 그 역시 노해서 말했다. '위기후의 아들이 사람을 죽인 적이 있는데 내가 그를 살렸다. 내가 위기후를 모실 때는 그의 말을 거역한 적이 없는데, 어찌 논 몇 이랑을 아낀다는 말인가? 그리고 관부는 또 무엇 때문에 간섭하는가? 나는 더 이상 감히 이 전답을 원하지 않는다'"[94]라는 기록이 있다. 사실 분쟁을 일으킨 쟁점은 전답이다. 전답은 땅보다 더욱 성숙된 개념이다. 《史記·淮南衡山列傳》에 이런 내용이 있다. "삭방군朔方郡은 전답이 넓고 물과 초목이 풍요롭지만, 그곳으로 이주한 백성이 적어 개발 능력이 충분치 않았습니다. 신의 어리석은 계책은 승상과 어사의 상서를 위조해서 군국의 호걸, 임협 및 내죄 이상의 죄수를 변방으로 옮기어 사면령을 내리고, 재산이 50만 이상인 자는 가족도 함께 삭방군으로 보내고 더 많은 병사를 보내 제때에

---

93) 司馬遷撰, 裵駰集解, 司馬貞索引, 張守節正義:《史記》, 北京, 中華書局, 1982, 第2391頁.
94) 司馬遷撰, 裵駰集解, 司馬貞索引, 張守節正義:《史記》, 北京, 中華書局, 1982, 第2849頁

모이도록 재촉하는 것입니다."[95] 전답은 경작이 가능하고 인류에게 곡식을 제공할 수 있는 토지를 말한다. 토지의 의미는 충분히 개발하는 데에 있고, 백성을 위해 봉사를 원칙으로 구체화할 수 있다. 분명한 것은 이러한 토지관념을 바탕으로 건축을 바라본다면 황야철학적 사고방식으로 중국 고대 건축의 생태성을 발굴, 해석, 구축할 가능성을 포기하게 된다.

그 다음으로 강남 고대 도회 건축은 많은 자연 소재를 사용했지만 생태미학이 기대하는 시야를 지녔다고 증명하기는 어렵다. 러스킨은 다음과 같이 판단했다. "가장 사랑스러운 형상과 사상은 모두 자연물에서 나왔다는 사실을 독자들 누구나 알고 있다고 나는 믿어 의심치 않는다. 그러나 나는 이와 상반된 사실이 존재한다는 것을 가정하고 싶다. 즉, 모든 자연물체에서 비롯되지 않은 형상은 반드시 추한 것이다."[96] 러스킨의 판단에 의하면 자연물체는 물론 아름다움을 내포한다. 그렇다면 자연물체란 어떻게 정의할 수 있을까? 원시 강남 민가는 돌을 포기하고 나무를 선호했다. 그것은 벽돌이 무생물이자 비생명체이므로 무덤, 사찰, 화려한 궁궐에만 사용된다고 여겼기 때문이다. 후세 원림에서 돌을 좋아하는 기풍도 역시 돌을 감상하는 데에 그친다. 돌을 예술품 — 특별한 준건축자재 — 으로 여겨 사람은 그곳에 거주할 수 없다. 그러나 돌은 서구 일상생활에 보편적으로 사용되고 있다. 예를 들어 돌로 광장 바닥을 까는데, 광장은 전형적인 공공장소로서 사람

---

95) 司馬遷撰, 裴駰集解, 司馬貞索引, 張守節正義：《史記》, 北京, 中華書局, 1982, 第3090頁.
96) [英]約翰・羅斯金：《建築的七盞明燈》, 劉榮躍編, 張璘譯, 濟南, 山東畵報出版社, 2006, 第90-91頁.

들에게 수백 년의 단체 기억을 남겨줬다.[97] 광장 바닥을 깐 돌은 자연
소재라 할 수 있을까? 사실상 자연소재의 본질은 물리적인 개념이 아
니고 문화적인 개념이며 심지어 역사적, 심리적 개념으로 절대적인 독
립자족적인 자연소재가 아니다. 물론, 러스킨은 자연소재를 사용하기
만 하면 아름다운 건축이라고 여겨 천박하지 않다고 했다. 그가 말한
자연은 자연세계의 구성원칙을 의미한다. 그는 "건물 장식으로 족자와
끈을 남용하는 것과 연관되는 것은 화환과 꽃 장식의 남용이다. 자연
스럽지 않은 배열은 자연스럽지 않은 형상처럼 누추하다. 건축이 자연
물체를 빌리고자 할 때는 최대한 그 기원을 나타낼 수 있도록 알맞게
설계해야 한다. 건축은 자연을 직접 모방해서는 안 된다. 건축은 원형
기둥 위의 꽃장식을 부각시키기 위해 기둥에 규칙적이지 않은 덩굴 조
각을 새겨서는 안 되고, 자연처럼 우거진 덩굴 잎을 가장 적절한 곳에
배치해 자연이 덩굴에 부여한 기본적이고 연관성 있는 구조를 힌트로
제시해야 한다."[98] 생태미학에서 봤을 때에 앞서 언급한 규칙은 연구
할 가치가 있다. 인류가 자연에게 규칙을 정할 권한은 없기 때문에 어
떤 물질이 자연소재이고 어떤 물질이 자연소재가 아닌지는 엄격하게

---

97) 《劍橋藝術史》에서 관련 서술이 적지 않게 보인다. "'광장(시 의회광장)'은 1330년에
   돌을 깔았다. 1376-1382년 사이에 로지아를 만들었다. 이곳에서 사람들이 중요한
   연설을 하고 종교계 중요한 지도자와 전세계의 전권대사를 접견하며 당시의 오락
   프로그램으로 그들을 환대했다. 예를 들어 시합 개최나 종교 퍼레이드를 하고 국가
   경축행사를 열거나 간단히 패션 전시회를 여는 등이다. 14세기 후기에는 메디치가
   가 협찬해 카니발축제와 체육행사를 개최했고, 플로렌스 시정부, 귀족 및 예술가의
   지도하에 결혼식이나 공적, 사적인 축제를 개최하기도 했다."([英]蘇珊 · 伍德福特,
   安尼 · 謝弗 ― 克蘭德爾, 羅莎 · 瑪麗亞 · 萊芙:《劍橋藝術史(一)》, 羅通秀, 錢乘
   旦譯, 北京, 中國靑年出版社, 1994, 第399頁.)
98) [英]約翰 · 羅斯金:《建築的七盞明燈》, 劉榮躍編, 張璘譯, 濟南, 山東畵報出版社,
   2006, 第99頁.

정의할 수 없고, 자연 질서의 합법여부도 현실적으로 규정할 수 없다. 그러나 앞서서 기둥과 덩굴 이야기에서 왜 그래서는 안 된다고 했을까? 왜 수의 비례를 어긴 자연은 허용되지 않을까? 그리고 어째서 자연은 무질서해서는 안 되는 것일까? 인류는 하느님이 아니다. 그래서 근거도 없이 날조할 수는 없다. 자연소재란 소재 중에 자연적 요소가 반드시 존재해야 하고, 컴퓨터칩이라도 자연소재를 바탕으로 만들어 냈다는 것을 아무도 부인할 수 없다. 하지만 인류는 자연질서가 어떤 것인지에 대해서는 이성에 대해 보류하되 논하지 않고, 경위적이거나 알 수 없는 심정을 유지해야 할 것 같다. 지금까지 인류는 믿을 만한 기준과 잣대를 찾아내지도 추측해 내지도 못했다. 질서감은 결국 인류의 주관적인 선성사유가 자연과 호응해 형성된 착각일 뿐이지 이런 착각은 어느 정도는 환각이고, 서구 이성정신은 심지어 로고스중심주의[99]가 그리스부터 점차 발전해 아리스토텔레스가 정형화하고 헤겔이 극대화시킨 '결과물'이라 할 수 있다. 이로 인해 사실상 "각종 자연 혹은 인공사물은 모두 다른 종류의 감상과 부합한다. 그리고 변증법적 관계에서 크로포드가 지적했듯이 '두 종류의 파워가 작품 속에서 독립적으로 식별되는 부분으로 각자의 특성을 보류한다면' 최종적인 감상대상은 감상할 수가 없다. 심미감상은 쉽지 않은 일이다. 자연물과 인공물은 각각 독립적으로 존재하며 서로 다른 종류의 감상이 필요하기에 이들은 감상자에게 다른 종류의 감상을 강제로 학습하게 한다. 예를 들어, 감상자는 자연적인 부분 혹은 인공적인 부분을 각각 다른 종류에

---

99) 역주 : 로고스중심주의logocentrism는 로고스logos라는 개념을 중심으로 서구 형이상학의 전통이 전개돼왔음을 의미하는데 즉 로고스가 서구의 사회, 문화, 사상 등 모든 영역을 지배해 왔음을 의미하는 것으로 자크 데리다Jacques Derrida가 처음으로 사용한 용어이다.

포함시키는 감상방식을 강요당하거나 두 가지 감상방식을 혼합시키는 방식을 시도하게 된다. 물론 이런 심미는 어렵고 심미불안이나 헛갈린 꼬리표를 달게 된다."[100] 인공적인 건축에 직접 '자연성'을 실증하려는 시도는 필히 불안과 혼란을 초래하는 심리적 모험일 것이다.

세상 사람들이 보기에 강남의 건축은 늘 '자연'과 가까운 소재를 사용해서 자신만의 '자연' 스타일을 완성했다고 생각한다. 그렇다면 강남 문화 곳곳에는 시의 향기가 넘쳐나는가? 전부가 다 그렇지는 않을 것이다. 다시 말하자면 강남 건축은 모두 '자연'의 결과인가?[101] 이 역시 그렇지 않다. 앞서 《漢書·地理誌》의 내용을 인용한 적이 있다. "회하와 대해大海 사이는 양주이다. 팽彭과 려蠡가 합쳐져 큰 웅덩이가 만들어지니 태양조들의 서식지가 됐다. 삼강의 물이 바다로 흘러들어가 진택도 평온을 찾았다. 소죽과 대죽이 도처에서 자라고 풀은 무성하고 나무 높게 자라며 토양은 진흙이다. 이곳의 논은 9등이고 납부하는 세금은 7등이다. 조공하는 물품은 금, 은, 동, 옥, 대나무, 치, 피혁, 깃털이며, 이곳 조이鳥夷 사람들은 풀로 엮은 옷을 입고 조개를 천으로 싸서 상자에 넣고, 귤과 유자를 싸서 조공한다. 모든 강과 바다는 회하 및 사수와 통한다."[102] 이 문헌에서 유의해야 할 것은 '치齒'와 '혁革'의

---

100) [加]卡爾松:《環境美學:自然、藝術與建築的鑑賞》, 陽平譯, 成都, 四川人民出版社, 2006, 第244-245頁.

101) 조지프 니덤은 다음과 같이 언급했다. "'계연計然'이란 상당히 오래된 문헌이 있는데 이것은 현재 이미 실전된 계예자計倪子와 월왕 구천句踐의 대화로 보인다. 내용으로 보아 남부 연해지역의 자연주의 전통을 대표한 것 같고, 추연鄒衍과 같은 시대인 것으로 보인다. 당시 월왕 구천은 이웃 나라인 오를 침략하고자 책사에게 자문을 구했다. 하지만 계예자는 군사를 전혀 논하지 않고 구천에게 자연현상을 관찰해 농업생산을 증진시켜 백성들의 생활을 부유하게 하라고 권했다."([英]李約瑟:《中國古代科學思想史》, 陳立夫譯, 南昌, 江西人民出版社, 1999, P345.)

특별한 의미이다. 여기서의 '치'와 '혁'은 보통 개의 치아와 소가죽이 아니다. 안사고顔師古의 주석에서 알 수 있듯이 "치齒란 상아이고, 혁革은 코뿔소 가죽이다." "모든 새의 깃털은 모旄라 할 수 있다." 자연을 통해 사치를 행하는 흔적을 같은 문헌의 다른 주석에서도 그 증거를 찾을 수 있다. 《漢書·地理誌》에서는 "주나라에는 방씨方氏라는 관직이 있는데 천하의 토지를 관장하고 구주九州의 경계를 판단한다. 동남쪽은 양주인데 산 이름은 회계이고 늪은 구구具區, 내천은 삼강이며 연못은 오호라고 한다. 금, 구리, 대나무가 많이 나고, 백성의 남녀 비례는 남자 2명 여자 5명이다. 새와 짐승이 사육되기에 적합하고, 곡식농사는 벼가 적합하다."[103] 안사고는 "조鳥는 공작이나 물총새 따위이고 수獸란 코뿔소와 코끼리 같은 것이다"라고 말했다. 그러니까 새와 짐승이라고 하는 것은 결국 사람들이 일반적으로 이해하는 인류가 길들인 가축이 아닌 최소한 자연에서 진귀한 공작새, 코뿔소, 코끼리이다.

이것은 한대漢代의 이른바 특산물과 공물은 비인공제품을 포함하고 있으며, 자연에서 얻은 진기한 보물을 의미한다. 이런 진기한 보물은 왕후장상의 음식물, 진귀한 음식, 의복과 장신구인데, 이것들은 귀족에게 제공된다. 이를 생태미학 측면에서 바라볼 때에 생태라 할 수 있을까? 공작새가 산채로 노리개가 돼서 궁중에서 죽는 것이 생태적인가? 코뿔소는 죽었다. 하지만 사람들은 양주에만 코뿔소가 있다고 생각한다. 왜냐하면 코뿔소를 가둬 키울 수 있다고 믿지 않기에 코뿔소는 지방적인 존재이다. 사람들이 코뿔소가 제왕의 은총을 얻었다고 코뿔소를 숭배한다면 이는 생태적이지 않을까? 이 모든 것을 말하기도 이해

---

102) 班固撰, 顏師古注:《漢書》, 北京, 中華書局, 1962, 第1528頁.
103) 班固撰, 顏師古注:《漢書》, 北京, 中華書局, 1962, 第1539頁.

하기도 설명하기도 어렵다. 이 세상은 의미의 복합체이므로 자연의 근원을 찾는 방식으로는 쉽게 판단을 내릴 수 없게 한다.

건축에 있어서 사람들은 자연의 소재를 임의로 사용하는 동시에 가능한 한 희귀한 소재를 수집하게 된다. 이런 수집은 다음과 같은 결과를 초래할 수 있다. "부여궁扶荔宮은 상림원上林苑에 있다. 한무제 원정元鼎 6년 남월南越을 패배시킨 후에 부여궁을 지었고, 기화요초를 심었다. 창포 백 그루, 산강山薑 열 그루, 감초廿蕉 열두 그루, 유평자留平子 열 그루, 계수 백 그루, 밀향密香, 지갑화指甲花 백 그루, 용안龍眼, 여지荔枝, 빈랑檳榔, 감람橄欖, 천세자千歲子, 감귤廿橘이 도합 백여 그루였다. 좋은 나무는 남북의 기후 차이 때문에 일년이 채 안돼서 대개 고사했다. 여지 백 여 그루를 교지交趾(지금의 하노이)에서 왕궁으로 옮겨 심었지만 한 그루도 살아남지 않았으나 해마다 옮겨 심는 일을 그치지 않았다. 수년 뒤 한 그루에서 가지가 조금 우거지다가 끝내 결실을 맺지 못했으나 왕은 여지의 진귀함을 아꼈다. 나무가 고사하면 관리 수십 명이 처형을 당하게 되고 다시는 심지 않았다. 기실은 해마다 공물을 전달하는 사람이 노곤해서 길에서 죽는 일이 생기니 백성들의 걱정거리였다. 이후 한안제漢安帝 때에 이르러 교지군수 당강唐羌이 이런 폐단에 대해 상소를 하고 나서야 조공을 멈추게 됐다."[104] 또한《東昏侯本紀》에는 "3년 여름 열무당閱武堂에 방락원芳樂苑을 지었는데 산석에 오색 물감을 칠하고 연못을 지나 여러 화려한 누각이 보이며 벽에는 남녀의 음란한 그림을 그렸다. 귀한 나무와 아름다운 대나무를 심었는데, 때가 한 여름이라 며칠 되지 않아 모두 고사했다. 그래서 나무를 찾으려고 민가로 나가는데, 나무가 보이기만 하면 집과 담을 부수고

---

104) 何清谷撰 :《三輔黃圖校釋》, 北京, 中華書局, 2005, 第208-209頁.

화원으로 옮겼다. 아침에 심어 저녁에 뽑고 길에 줄을 지었으며 화초와 약재 등도 같은 상황이었다"[105]라고 기록돼 있다. 원림에 식물을 사용하는 것이 문제가 되는가? 그렇지 않다. 다만 양과 정도를 적당히 지켜야 한다. 그렇지 않고 분위기를 조성하기 위해 자연 초목을 대량으로 옮겨 심으면 주인이 추구하는 생태와 어긋날 것이다. 옮겨 심을 당시에 주인은 이런 기화요초가 인위적인 건축물에서 살고, 건축물의 일부가 되길 기대했지만, 초목의 이식은 "백여 그루를 옮겨 심고도 단 한 그루도 살아남지 않았지만, 해마다 꾸준히 옮겨 심었다", "며칠도 되지 않아 고사했다", "나무가 보이면 집과 담을 부수고 옮겼고, 아침에 심어 저녁에 뽑고, 행렬이 도로에서 이어졌다"와 같은 상황이 됐고, 심지어 "고사하면 연루되는 관리가 수십 명에 달할" 정도였으니 생태의 공정성 문제까지 제기됐다. 결론적으로 말해 자연소재의 속성은 사람으로부터 결정된다. 식물을 식물로만 보면 식물을 건축물에 옮겨 심어도 여전히 식물일 뿐이다. 식물이니 당연히 시들고 죽을 수 있고, 옮겨 심으면 살아남는 확률이 낮은 것은 자연의 이치이다. 그러나 식물을 식물이 아닌 특수의미를 지닌 문화적 상징으로 보면 식물은 더 이상 식물이 아니고 최대한 식물의 특이한 면을 보여 주기를 끝없이 요구하게 될 것이다. 비단과 같은 아름다움, 영생불멸, 풍부하고 다채로운 모습을 말이다. 식물은 자연물이 아닌 인류사회의 구성원이 된다. 사실상 건축은 최종적으로 인간에 종속된다. 소주 반유潘儒 골목에는 임회원지任晦園池(진나라 벽강원辟疆園)가 있는데, 당나라 육구몽陸龜蒙의 《白鷗詩序》에 "물에는 고래의 근심이 있고, 육지에서는 여우의 근심이 있으며, 동반자의 목숨 때문에 울부짖고, 먼지를 씻어내지 못

105) 顧炎武著, 于傑點校 :《歷代宅京記》, 北京, 中華書局, 1984, 第200頁.

한다. 사람으로부터 귀여움을 받지만 천지 아래에서는 가난한 새일 뿐이네"[106]라는 말이 있다. 여기서 말하는 생태는 단지 여우를 피하고 고래를 우려하는 것이지 황량한 들판과는 무관하다. 자연에 대한 '사랑'은 격차를 전제로 여기는 안정감이 필요하다. 한보덕은 다음과 같이 말했다. "중국의 건축정신은 실생활적인 것이고 이론을 중시하지 않는다. 그래서 예술로 보이지 않으면서 우리 생활의 양면성을 직접 반영한다. 우리의 주거에 대한 이상에 '후원'이 포함돼 있는 것은 균형, 대칭, 예전, 규율 등이 필요가 없이 어떠한 문화에도 없는 마음 내키는 대로 하는 특징을 나타낸다. 심삼백沈三白이《浮生六記》에서 묘사한 생활 및 환경은 사실상 명청 문인의 이상적인 생활이다. 중국인의 후원은 자연형식의 정원이지만 '자연'에 대한 정의는 결코 향리의 자연이 아니라 자연을 핑계로 속박을 받지 않는 심령의 상태를 표현한 것이다. 명청의 정원은 전족한 여인처럼 고통스러운 의도적인 생활 속의 방종과 아름다운 사상을 나타낸다."[107] 중국문인이 자연의 소재로써 임의로 고통스러운 생활 속의 방종과 아름다운 사상을 묘사할 때, 러스킨의 선성사유모식은 이미 후원에 내포된 복합성에 적응하지 못했다.

그렇다면 강남 고대 도회 건축문화관념의 생태성을 어떻게 봐야 할까? 강남 고대 도회 건축이 어떻게 생태미학의 본보기가 됐을까? 복잡성생태미학 측면에서 시작해 전개하면 아마도 새로운 길을 개척해 낼 수 있을 것이다. 복잡성 생태미학측면이란 관조주체 및 대상을 개방적이고 창발적인 복잡체계에서 함께 고찰하는 방법이다. 본고는 기계적인 적용을 피하기 위해 주제 개입에 있어서 복잡성생태철학의 논리 프

---

106) 王稼句:《蘇州園林歷代文鈔》, 上海, 上海三聯書店, 2008, 第1頁.
107) 漢寶德:《中國建築文化講座》, 北京, 生活·讀書·新知三聯書店, 2006, 第204頁.

레임을 엄격히 따르지 않았다. 하지만 적어도 현재의 생태중심주의 관점은 장차 퇴출될 것이다. 필자는 본고에서 인류중심주의와 함께 자연중심주의 경향도 동시에 회피하고 싶다. 복잡성생명체계가 개체존재에 대한 존중성이 강조되는 것을 강조함을 기반으로 개체생명행위가 등락이 생산한 생태체계로서 우연성 역사를 끊임없이 나타내기를 믿는다.

건축문화관념에 있어서 인류중심주의자는 건축을 단지 부호라고 생각한다. 인류가 부호를 만들 때는 자연을 직접적으로 접촉할 수도 있고, 자연물을 간접적으로 사용할 수도 있다. 어쨌든 인류가 만든 부호의 근본적 특징은 부호가 추상적이고 복제할 수 있어야 인류로부터 부여받은 깊이를 심지어 의미를 구현할 수 있다는 것이다. "부호형식의 추상성은 특별한 의미가 이미 특정한 지리적 위치에 국한되지 않음을 의미한다. 유사 건축이 다른 곳에 세워졌을 때는 의미도 그에 따라서 이동되고 마치 하나의 언어가 다종의 정보에 적응할 수 있는 것과 같다. 이렇게 해서 문화의 전파는 가능해진다. 건축문화관념 속의 인류중심주의자는 건축은 단지 부호에 불과하다고 주장한다. 인류가 부호를 만들어 낸 것은 자연을 직접 접촉할 수도 있지만 간접적으로도 사용할 수 있다는 것이다. 어쨌든 인류가 만든 부호의 근본 특징은 부호는 추상적이고 복제할 수 있으며, 인류가 자신에 부여한 심도를 심지어 의미를 나타낼 수 있다는 것이다."[108] 부호 형식의 추상성은 특수 의미가 더 이상 특정한 지리위치에만 국한되지 않음을 의미한다. 유사한 건물이 다른 장소에 건축될 때는 마치 하나의 언어가 다양한 소식에 적응하듯이 의미도 옮기게 된다. 이렇게 해서 문화적 전파가 가능해

---

108) [挪克裏斯蒂安·諾伯格 —— 舒爾茨:《西方建築的意義》, 李路珂, 歐陽恬之譯, 北京, 中國建築工業出版社, 2005, 第228頁.

진다. 원형적인 해결방안이 더 이상 직접 혹은 완전히 특정 구간에 의해 결정되지 않을 때는 하나의 인공환경이 만들어진다. 비록 형식은 우선적으로 자연현상의 경험에서 견고한 주체를 흡수하지만 말이다. 그래서 건축의 부호체계는 사람들이 어디에서든 풍부한 의미를 지닌 환경을 체험할 수 있게 하고, 존재할 수 있는 발판을 찾는 데에 도움을 주기도 한다. 인류존재에 의미를 부여해 주는 것이 건축의 진정한 목적이 됐다. 이곳에서 자연이 건축에게 제공해 준 것은 단지 인간의미를 실천하는 기준점일 뿐이고, 자연은 인류가 의미를 창조하는 욕망에 복종해야 한다. 이런 창조력의 무한 확장은 건축의 주체인 인류가 초월적인 신비한 빛을 띠게 한다. 바로크건축이 이러한 유형의 대표라고 할 수 있다.109) 그러나 도시건축 범위에서 인류는 건축환경의 결정자이며, 도시구조 및 중심점은 개체인격과 생명경험 형성에 원천을 제공해 준다. 크리스티안 노르베르그 슐츠가 말하기를 "도시의 구조는 사람의 자체 행위로부터 결정된다. 이런 측면의 기본형식은 '우리의 장소 our place'이다. 자체발전에서 개체는 다른 사람과 공유할 수 있는 구축된 완성체를 발견할 수 있으며, 이는 개체에게 그 어떤 물건보다도 일

---

109) 노르베르그 슐츠는 "바로크시대에 이르러 사람들은 사람과 자연이 일체라는 것을 인식하게 됐다. 육체와 영혼이 여기서 삼라만상을 망라하는 동적인 총체의 두 부분이라고 이해하고 의미에 대한 체득도 역시 종종 극한 미련상태와 연결된다. 통상적으로 우리는 바로크시대의 육체와 영혼의 관계 문제에 대한 해결은 참여에 있다고 말한다. 이 시기의 예술은 환경, 현실 및 초현실에 대한 생동적인 묘사에 집중돼 있고 절대적인 형식은 아니다. 르네 데카르트는 '신화의 매력은 사람의 인식을 자각시켰다'라고 말했다. 바로크건축의 특징은 신인동형동성론神人同形同性論 요소를 동태적 공간시스템에 참여시키는 데에 있다. 참여는 사람이 자신의 존재를 더욱 또렷하게 의식했음을 의미하고, 오랜 세월이 지나서는 시스템을 더욱 안전하게 해야 할 요소들이 그의 와해를 초래했다."(挪克裏斯蒂安 · 諾伯格──舒爾茨 : 《西方建築的意義》, 李路珂, 歐陽恬之譯, 北京, 中國建築工業出版社, 2005, 第168頁.)

체감identity을 줄 수 있다. 역사 속에서 오랜 시간 동안 도시는 도시국가civitas이기도 하며 사람들이 미지의 환경 속의 안전한 기지였다. 그 기본 속성은 간단함과 가식별성可識別性이다. 이런 속성은 거처가 경관에 비해 도형적인 특징figural character을 지녔다. 도시구조에는 하나의 내부조직도 포함하고 있다. 이점에 대해 케빈 린치는 이미 연구를 진행했다. 린치의 이론에 의하면 사람은 인상이 생길 수 있는 도시환경, 즉 개성이 있고 독특한 구역districts, 어디론가 인도하는 통로paths, 그리고 확실하고 잊을 수 없는 장소로서의 중심점nodes이 필요하다."110) 도시 도형의 본질은 인류가 창조한다. 인류는 이상적인 도형을 창조하는 동시에 자신들에게 안도감, 자신감과 함께 필요한 심미분위기를 부여하기도 한다.

비인류중심주의는 자연중심주의라고 부르기도 한다. 인류중심주의와 비교할 때에 비인류중심주의 관념이 건축문화관념에서 더 쉽게 '유사생태미학'적인 심리적 착각을 야기할 수 있다. 생태소구는 바로 자연으로의 회귀이다. 문제는 어떻게 회귀하고 어떻게 구체적으로 실시하는가에 달린다. 앞서 소주뿐만 아니라 유럽에도 원림이 있다고 말한 적이 있다. 서구 건축문화에서 서구 원림은 본보기로서 바로 고향에 대한 그리움을 건축하고, 들판으로 회귀해 비인류중심주의를 보여준 걸작이다. 이런 원림에서 인류의 거주공간은 자연이란 황량한 사막에 잠겨있으며 동준의 "서구 원림은 황량한 사막 분위기를 성공적으로 없애지 못했다"111)는 말과 일치한다. 이런 '자연' 속에서 인류는 일부러

110) [挪克裏斯蒂安 · 諾伯格 —— 舒爾茨 : 《西方建築的意義》, 李路珂, 歐陽恬之譯,
     北京, 中國建築工業出版社, 2005, 第226頁.
111) 童寯 : 《園論》, 天津, 百花文藝出版, 2006, 第3頁.

자신의 권력을 없애고 인위적인 방식으로 인류의 주체성을 포기했으나 결과적으로 중국의 원림과 현저한 차이를 보였다. 한보덕은 다음과 같이 주장했다. "영국식 자연정원은 서방국가가 18세기부터 중국문화의 영향을 받아 생겨났다고 생각하는 이가 있을 것이다. 그렇다면 이런 정원은 서구건축과 일체화될 수 없지 않은가? 맞는 말이다. 그러나 대다수 중국학자는 자연정원이 영국에서 생겨났고 영국본토 문화에서 성장했다는 것을 이해하지 못한다. 영국은 전원문화를 중요시하고, 자연정원의 출현을 전원의 연장으로 간주하고 있으며 건축 실내 공간의 연장으로 여기지 않는다. 그래서 규모가 매우 크고 말을 타고 달릴 수도 있을 정도이지만, 건축의 배경일 뿐이지 건축의 일부분은 아니다. 왕실건축과 맞물린 정원은 여전히 기하학적인 형식을 채택했다. 현대에 이르러 서구 건축에는 유기주의사상이 생기고, 개인 생활건축환경으로 구체화해보면 라이트Frank L. Wright[112]의 작품처럼 자연으로 돌아가는 것이다. 그러나 라이트가 말하는 자연은 대자연이다. 인조정원의 정취를 최소화해서 건축은 완전히 자연에 의존함으로써 질서관념을 완전히 말살을 당했다. 물론 이도 역시 관념적인 통일이지만, 다만 자연과의 통일일 뿐이지 르네상스 관념과는 완전히 대립되며 본질적으로 모두 서구적인 것이다. 이런 종류의 발전상을 중국 건축사상과 연관 짓는 것은 전혀 타당치 않다."[113]

동준이 보기에 이런 난감함은 영국만이 아니라 일본원림도 마찬가지다. "일본원림은 중국에서 기원했지만 구도적 면에서 중국보다 제한은 많고 변화가 적다. 일본의 원림사들은 돌 하나를 사용할 때도 돌이

112) 역주 : 미국의 건축가로서 대표 작품으로 낙수장(1936), 존슨 왁스 빌딩(1936~1938) 등이 있다.
113) 漢寶德 : 《中國建築文化講座》, 北京, 生活·讀書·新知三聯書店, 2006, 第204頁.

상징하는 의미를 생각하며 심지어 물이 없이도 폭포 저수지를 모방할 수 있다. 나무는 묶어서 낮게 만들거나 가지런히 손질한다. 일본원림은 내향방식을 추구하지만 전체는 여전히 개방적이다. 다만 원형인 중국원림과 달리 일본원림은 뜰과 회랑이 서로 둘러싸인 미궁형식으로써 양자를 구분하지 않았다. 사실상 일본원림에는 서구와 비슷한 '원시 숲' 분위기를 지니고 있다. 하지만 일본원림은 '원시 숲'에 신비함을 부여해서 하나의 축소된 세계를 성공적으로 구성했다."[114] 과연 황량한 사막은 존재할 수 있을까? 존재할 수가 있다. 이런 존재는 생태가 이미 존재함을 증명할 수 없고, 이러한 존재만이 생태계의 유일한 존재라고 더더욱 규정할 수는 없다. 필자가 보기에 생태세계란 사실상 하나의 원만하고 조화로운 세계이자 인류존재를 원만하고 조화롭게 한 세계이다. 이는 인류가 존재하는 배경뿐만 아니라 소외도 아니고 중심이나 주변은 더더욱 아니다. 서구의 심지어 일본원림의 자연경관은 인류존재의 배경일 뿐이다. 배경은 전경이 될 수도 있지만, 배경이든 전경이든 둘 사이의 장벽을 없앨 수는 없다. 그렇다 보니 중심과 변두리의 구분도 없어지지 않는다. 이런 이유로 여기서 말하는 자연은 사람과 분리되고 대치되는 관계이며, 설령 인류가 자발적으로 자연에게 공간을 제공하더라도 원만하고 조화로움으로 인한 개방적인 생태세계는 여전히 형성될 수 없다. 동준은 이런 말을 했다. "개인원림은 상아탑으로서 단지 소수인에게 제공해 관상하도록 하며 일반인은 먼 곳에서 바라만 볼 뿐이다. 굽은 교량과 구불구불한 길, 거문고를 나르는 동자와 차 마시는 정자 등은 모두 세월을 보내는 매개체이다. 나무를 다듬는 것, 울타리를 칠하는 것, 돌로 된 배 등은 모두 자연을 어긴 것이고

---

114) 童寯 :《園論》, 天津, 百花文藝出版, 2006, 第4頁.

억지스럽다. 귀한 새와 길들인 짐승, 오래된 나무와 호수에 있는 돌, 장식이 된 단애와 빈터는 주인의 여유와 우아한 정취를 보여주는 한편으로 매우 퇴폐적인 인생관도 함께 드러내고 있다."[115] 참으로 간절하고 폐부를 찌르는 말이다. 황야철학과 대조해 보면 강남원림은 생태의 본보기는 커녕 생태와는 완전히 반대되는 모델이다. 동준의 표현이 지나치게 격하고 극단적이었을까? 앞서 한보덕의 말에도 이와 같은 뜻이 포함돼 있었다. '온화'파로 볼 수 있는 진종주陳從周도 "산림의 아름다움은 자연이기에 귀하게 여기는데 있고 자연이란 진실이 존재하기 때문이다. 건축물의 기능은 '점경'에 있기에 원림과 차이가 있다. 즉, 비단에 꽃을 더할 수 있지만 꽃이 비단을 뛰어넘어서는 안 된다고 말했다."[116] 진종주는 여기에서 일부러 원림의 자연물이나 건축물을 가치관적 측면에서 구분한 것 같지만, 사실상 원림의 자연 형상, 종류, 색조, 사람들에게 보이는 화초, 산수 등 모든 부분은 다 인위적으로 가공되고 꾸민 결과이다. 한마디로 '가짜'이다. 이른바 자연물이나 자연형태란 인위적인 의지력의 흔적에 불과하고 가차, 공구, 수단, 중보中保, 운반체이며, 인류의 영혼 요구를 목적으로 하는 공리적 판단을 배태하고 있다. 사실이 이렇게 명백한데 강남 고대 도회 건축이 어찌 생태적일 수 있는가?

그래서 필자 생각에는 강남 고대 도회 건축이 생태와 연관이 있는 것이 사실이라면, 이 명제는 원인에서 비롯된 것이 아니라 결과론적일 수 밖에 없다. 이것은 건축이 이미 어떤 결과가 된 이후에 언급된 것이며 본질은 미학적 명제이지 사회학적 명제가 아니다. 이것은 보류돼

---

115) 童寯 :《園論》, 天津, 百花文藝出版, 2006, 第47頁.
116) 陳從周 :《梓翁說園》, 北京, 北京出版社, 2004, 第33頁.

건축의 유래가 되는 역사주의의 근원을 보류하고 논하지 않는다. 본질은 미학 명제이지 사회학 명제가 아니다. 건축의 의미는 건축이 '가짜'에 있다. 그러나 이런 '가짜'는 '진실'의 변의, 단장, 잔류 혹은 대립이 아닌 사람이 '참'을 향해 '진실'을 터득하는 방법이자 바탕이며 탄탄대로이다. 그래야 건축이 아름다운 것이고, 미학의 생태모델이 될 수 있는 것이다. 강남 고대 도회 건축의 대표인 원림이 어떻게 생태미학의 모델이 됐을까? 이유는 아래와 같다. 원림은 인류중심주의 욕망의 극도적 확장도 아니고 인류가 주체성을 포기하고 황량한 사막으로 돌아가는 방법과 법칙을 예측하지도 않았다. 그 매력은 이미 생명을 지닌 완전한 복합체계를 모의해 인류와 자연이 그곳에서 동등하게 공존하도록 하는 데에 있다.

여기에서 인류와 자연 사이의 주종 관계는 중요하지 않고, 중요성을 구분하는 것은 주객 관념차이의 산물이다. 인류와 자연 사이에서 정말 중요한 것은 진실한 체계를 구성하는 데에 있다. 이 체계는 원만하고 조화로움으로 인해 개방적이고, 개방적임으로 인해 생태적인 세계가 생겨났다. 일련의 유기체계가 유기적인 것은 그곳에 영혼의 품격으로서의 '엔텔레케이아'가 포함돼 있는 것이 아니라, 그 자체가 생명의 복잡한 조직이기 때문이다.

종성鍾惺은 《梅花墅記》에서 다음과 같이 묘사했다. "장강을 지나 삼오三吳117)에 가 보니 더 이상 강이 있는지 모른다. 배를 타든지 배에서 내리든지 외관으로 봐서는 대부분이 원림이었다. 과연, 원림이라고 해야 할까? 원림에는 물이 많았다. 물 주변에는 높은 것은 누각이고, 깊

---

117) 역주 : 삼오三吳는 장강 중하류 강남의 지역 명칭이며 일반적으로 오군吳郡, 오흥군吳興郡, 회계군會稽郡을 가리킴.

은 것은 집이고, 희미하게 보이는 것이 정자이고, 구불구불한 것은 회랑이고 가로로 돼 있는 것이 나루이며, 세로로 돼 있는 것은 돌이다. 동식물로는 꽃과 새가 있고, 오가는 자는 노니는 사람들이며, 원림이 아닌 곳이 없었다. 그러나 사람들은 각자의 원림을 소유할 필요가 없다. 원림에 몸담고 있으면 그곳을 원림이라고 생각하지 않고, 원림 내에 각각의 또 다른 원림이 있는데 나중에서야 그것도 원림임을 알게 된다. 이것이 인지상정이다. 내가 삼오를 유람할 때는 원림을 거닐지 않은 날이 없었고, 원림 내의 원림을 거닐면서도 두루 물어볼 겨를이 없었다."118) 원림이란 무엇일까? 바로 실상이다. 원림에는 어떤 것이 있는가? 누각, 방, 정자, 회랑, 나루, 돌, 꽃, 새, 노니는 사람도 있다. 이런 요소들이 경험적인 존재로서 '원림이 아닌 곳이 없음'을 느끼게 된다. 하지만 이것이 요점은 아니다. 종성은 우리들에게 더욱 중요한 깨우침을 주고 있다. 즉 원림자체에 높음, 깊음, 희미함이 있고, 가로, 세로, 동식물, 오가는 형세가 있고, 원림자체에 여러 종류의 동향이 있어 원림자체가 살아 있는 물체이고 생명적인 특징을 지닌 생명태生命態이며, 이런 생명태는 단일적인 독립 사고방식으로 스스로 구성된 것이 아니라 그 생명태 자체가 하나의 복잡하고 다원적인 원만하고도 조화로운 다중체계이다.

'나'는 한편으로 주체자의 신분을 포기하고, 또 한편으로 원림을 건축하는 능동적이고 자발적인 참여자이기에 이 체계에서의 역할은 복잡하고도 중요하다. 그래서, '나'는 반드시 존재해야 한다. 그리고, "원림을 짓는 학문에서는 일을 주관하는 자가 반드시 자신이 의견을 내야

---

118) 王稼句:《蘇州園林歷代文鈔》, 上海, 上海三聯書店, 2008, 第196頁.

한다. 그래야 생각이 확고하고 유연한 구상을 도출할 수 있다. 성공하면 칭찬하고 실패하면 비하한다. 내가 없는 원림은 생명력이 없는 원림이다."[119) '나'의 의견, '나'의 의도, '내'가 이 세계를 만들어야 비로소 이 세계가 존재한다. 왕세정王世貞의《養餘園記》에 이러한 기록이 있다. "허자許子는 자신의 거소에 대해 거듭 유중위兪仲蔚 선생과 의논했다. 누각 뒤에 많은 대나무가 있어 때때로 맑은 바람이 불어오니 목여穆如라고 이름을 지었고, 산에서 생긴 구름이 동쪽으로 가고 때때로 이곳에 멈추기에 누의 편액은 서운栖雲으로, 정자 옆에는 계수나무를 많이 심어서 회남소산淮南小山의 초은어招隱語에서 본떠 총계叢桂라고 이름했다. 암자는 허자가 가끔 조용히 앉아 명상에 잠기는 곳이라 정관靜觀으로 명명했다. 별관 이름은 저춘貯春이며 다양한 봄꽃을 배열해 심어 놓았다. 왕씨에게 원림의 이름을 양여養餘라고 명명한 이유를 물었더니 허자가 구슬을 한데로 모았다는 뜻이라고 설명했다."[120) 어찌해 허자와 유중위가 양여원을 건축하고, 원림의 정자, 별관, 누락 등에 이름을 지어 줄 수 있었을까?

그것은 사람이 원림을 건설한 '주인'이고, 원림은 '나'의 걸작이기 때문이다. 그러나 '나'의 건립은 자아의식의 내세움과 강요가 아니라 참된 자연에 대한 생명적 체득을 바탕으로 한 것이다. 사람의 생명은 솔직한 것이 아니라 완곡하고 굴곡이 있고, 시화되고 풍경화되고 자연과 동화된 것이며, 동등한 세상 속의 모든 생명이 갖춘 공통적인 감정의 표현이다. 진종주가 말했다. "원림의 건설을 일명 구원構園이라고 하는데, 핵심은 구성에 있어서 지극히 깊은 뜻이 내포돼 있다. 깊다는 것은

119) 陳從周:《梓翁說園》, 北京, 北京出版社, 2004, 第32頁.
120) 王稼句:《蘇州園林歷代文鈔》, 上海, 上海三聯書店, 2008, 第234頁.

생각의 치밀함에 있고, 오묘함은 정취에 있으며, 토목공사나 조경사업에만 있는 것이 아니다. 두보杜甫의《陪鄭廣文游何將軍山林十首》, 《重過何氏五首》는 여정에 따라 써낸 시들이다. 원림에는 경관이 있고, 경관 속에는 사람이 있으며, 사람과 경관이 하나가 되고, 경관은 사람에 따라 달라지기도 한다. 시구는 원림구도와 호흡이 서로 통했다. '유명 원림이 물가에 가까이 있고, 총총한 대나무는 하늘로 솟아오르네', '푸른 죽순은 바람에 부러지고, 붉은 매화는 비로 인해 풍성하구나', 모두 원림의 풍경에 대한 묘사이다. '흥취가 높아지니 청소할 필요가 없이 마음대로 이끼 위에 앉는다', '돌난간에 기대어 붓을 비껴들고 오동나무 잎에 시를 쓰네', 이것은 풍경 속의 사람에 대한 묘사이다. 이런 경지에 이르러야 원림을 구상하는 신비로운 이치를 터득할 수 있다."121) 원림을 구성하는 것은 일종의 문화이지 조경은 아니다. 구성과 조경은 천양지차로 완전히 별개의 일이다. 식목은 나무를 심을 뿐으로, 아무리 많이 심어도 자연의 이치를 이해할 수 없으면 한갓 헛수고일 뿐이다. "원림이 단지 식물원과 같다면 중국적인 원림이라 할 수 없다."122) 인공물은 포기할 필요도 두려워할 필요도 없다. 중요한 것은 사람이 그것을 만드는 과정에서 터득했는지 여부에 달려있다. 강남의 원림에는 "자연의 유도를 따름으로써 인공물을 자연물에 종속시켰다. 이는 인공물을 이용해 이상화된 자연모방을 창조했고, 이런 모방은 본질적인 것을 강조한다. 인공물은 이 때문에 필연적으로 이런 이미지를 얻게 됐다. 원래 이런 외관이 아닌데 이런 외관을 얻게 된 것이다. 이것은 원시자연처럼 비평판단의 밖에 존재한다. 그래서 어느 정도에서

---

121) 陳從周:《梓翁說園》, 北京, 北京出版社, 2004, 第12頁.
122) 童寯:《園論》, 天津, 百花文藝出版, 2006, 第56頁.

어려운 심미감상 문제는 감상 과정에서 비평판단의 합당한 기능으로 정확하게 분석되고 있다."[123] 칼슨은 주체가 되는 인간이 어떻게 해야 자연에 대한 참된 체득을 더 할 필요 없는 필연적인 높이에 이를 수 있는지에 대해 밝혔다. 결론적으로 원림의 정수는 곧 참된 자연이 아니다. 이는 자연과 닮아야 하고, 자연보다 더 자연스럽고 필연적인 자연이며 참된 생태의 자연이다. 동준과 달리 칼슨은 일본원림을 매우 추앙했다. 하지만 칼슨의 일본원림에 대한 분석은 중국원림의 원리를 설명할 수 있게 했다. 그가 말하기를 "영국의 자연원림은 많든 적든 자연의 복제이며, 일반적으로 자연과 똑같지 않더라도 자연과 어느 정도 닮아 보인다. 확실히 이것은 특정적 관찰방식인 자연적이고 필연적인 관찰방식을 설명했다. 일본원림에서 이런 방식을 얻어 냈고, 이런 관찰을 실현시키는 과정에서 원림에 대한 판단 문제를 해결했다. 일본원림의 이런 관찰방식을 이해할 뿐만 아니라 또한 그것이 어떻게 얻었는지도 알게 됐으며 이러한 형태의 해결방식을 이해하는 것과 연관성이 있다. 나는 이러한 관련된 관찰 방식을 얻는 관건은 이상화 방식이며, 그 목적은 그러한 본질적인 것을 고립시키고 게시하는 데에 있다고 생각한다. 요컨대, 이러한 판단문제의 해결방식은 일본원림이 필연적 관찰방식을 얻었다는 사실에 있다. 이런 방식은 자연을 단순히 복제하는 방식을 통해서가 아니라 자연을 통한 이상화적 창조를 통해 그 본질적 특징을 제시하고자 한다."[124]

이를 기반으로 강남 고대 도회 건축은 원만하면서 드러난 개방으로

---

123) [加]卡爾松:《環境美學: 自然, 藝術與建築的鑒賞》, 楊平譯, 成都, 四川人民出版社, 2006, 第251-252頁.

124) [加]卡爾松:《環境美學: 自然, 藝術與建築的鑒賞》, 楊平譯, 成都, 四川人民出版社, 2006, 第248頁.

인해 중국 고대 생태미학의 실천을 순조롭게 해 줬다. 왕세정의 《弇山園記》 7편에 다음과 같은 글이 있다. "마루에는 3개의 기둥을 세웠는데 행랑채가 특히 시원하고, 사방의 벽이 열려 있어서 바람이 통하지 않는 곳이 없다. 중간에 여름 햇빛을 막기 위해 푸른 오동나무 몇 그루를 심었기에 양풍당涼風堂이라 이름을 지었다. 오동나무가 자라자 최제남崔濟南이 이름한 봉조관鳳條館이라고 했다."[125] 바람은 일종의 형태일 뿐만 아니라 또 하나의 존재이기도 하다. 사람들이 강남원림에서 자유롭게 유람하고 있을 때에 칼슨은 체험을 일컬어 신비스럽게 '이상화적 창조'의 체험이라 불렀고, 이것이 바로 '신비스러움'이다. 진종주는 다음과 같이 말했다. "중국 고대원림은 대개 밀폐적이다. 제한된 면적으로 무한한 공간을 만들어야 하기 때문에 '신비스러움'은 원림을 짓는 요체가 된다. 화목은 자태를 중요시하고, 산과 돌은 심산유곡으로 만들며 적은 수량으로 승부하려면 개괄하고 정련해야 한다. 일찍이 희극무대에서 이러한 대련을 본 적이 있다. '서너 걸음으로 천하를 두루 행보하고, 예닐곱 사람으로 천군만마를 연출한다.' 원림을 조성하는 것도 마찬가지이다."[126] 유한함이 어떻게 무한으로 전개될 수 있을까? 바로 개방성 때문이다. 계성은 '강호지江湖地'를 언급할 때는 "강가 호반, 버드나무가 풍성한 곳, 갈대가 드문 곳에 작은 원림이나 집을 지으면 큰 효과를 볼 수 있다'라고 했다.[127] '작은 건축으로 큰 경관을 이루다.'가 바로 개방성의 실천이다. 이런 경지에 확실하게 도달할 수가 있다면, 원림을 짓는 자가 "자연풍경과 같은 객관적 존재를 부르면 바로

---

125) 王稼句：《蘇州園林歷代文鈔》, 上海, 上海三聯書店, 2008, 第246頁.
126) 陳從周：《梓翁說園》, 北京, 北京出版社, 2004, 第14頁.
127) 計成著, 陳植注釋, 楊伯超校訂, 陳從周校閱：《園冶注釋》, 北京, 中國建築工業出版社, 1988, 第69頁.

오고, 마음대로 부릴 수 있다면 경지는 스스로 드러낸다. 소주 망사원網師園에 '월도풍래月到風來'라고 편액한 정자가 있다. 연못을 마주해 서쪽을 바라보면 분장한 담장이 병풍처럼 이곳 경치의 정수를 모아 바람과 달을 마치 내가 소유하고 있는 것 같다. 서호의 삼담인월三潭印月은 깊은 못이 없으면 경관이 존재하지 않기에 그것을 포인트 경관이라 한다. 그림 속의 용에 눈동자를 찍었더니 벽을 뚫고 날아갔다는 것과 같은 이치이다."[128] '풍월이 내 소유가 됐다'라는 말에 사람의 풍월에 대한 소유욕이 내포되지 않았음을 아무도 의심하지 않겠지만, '나'라는 존재가 어느 순간 갑자기 출현한 그러한 풍경과 마주한다는 것을 방해하지 않는다. 이런 체험은 명백히 사적으로 자연과 마주하는 즐거움이다. 이어는 의기양양하게 말했다. "나는 다른 사람들에게 '평생 두 가지 뛰어난 재주가 있는데 스스로 쓸 수도 없고 다른 사람이 쓸 수도 없어서 정말 유감스럽다'고 말한 적이 있다. 사람들이 뛰어난 재주가 무엇이냐고 묻자 '하나는 음악을 구분해 분석하는 것이고, 하나는 원림과 정자를 만드는 것이다'라고 답했다. …… 원림을 건축하고 정자를 짓는 것은 지형에 맞게 해야 하고 선입견에 구애되지 않아야 하며 서까래 하나라도 반드시 자신의 결정에서 나와야 한다. 그 곳을 지나고 방에 들어가는 사람으로서 호수에 배를 띄우고 삿갓을 쓰고 낚시하는 노인을 책으로 읽는 것처럼 자연에 동화돼 있어야 한다. 비록 뛰어난 재능은 필요가 없으나 자못 특별한 정취를 많이 느끼게 한다. 이것이 현명한 세상이고 문물의 나라이며 태평을 장식하는 도구가 아닌가?"[129]이어의 겸손함 속에 세속의 객기가 느껴지지만, 유토피아가 사람에게 정신적

---

128) 陳從周:《梓翁說園》, 北京, 北京出版社, 2004, 第12頁.
129) 李漁著, 江巨榮, 盧壽榮校注:《閑情偶寄·居室部》, 上海, 上海古籍出版社, 2000, 第181頁.

91

인 힘을 줄 수 있음을 증명하기도 했다. 동준은 우스갯소리로 "중국원림은 사실상 사람을 속이는 화원이고 진실한 환상의 경지이며 작은 가상세계이다. 만약 어느 동방 철학자가 그림에 넣을 수 있는 정자와 산 때문에 고민하지 않는다면 정자와 산이 바로 자신의 화원에 절대 필요한 것임을 의심치 않는다"라고 했다.[130) 진주眞州의 동원을 한번 보자. 구양영숙歐陽永叔이 이런 평범하고도 비범한 아름다운 풍경을 기술하기를 "진眞이 주州가 된 것은 동남쪽의 물이 합쳐지는 곳이기 때문이다. 동원이란 흐르는 물이 화원 앞을 가로지르고, 맑은 연못이 오른쪽에 있으며 높은 누대는 화원 북쪽에 지었다. 대는 내가 바라볼 때는 구름을 스치는 곳이고, 연못은 내가 굽어보며 마음을 맑게 하는 곳이며, 물은 내가 화방畵舫을 띄우는 곳이다. 개방된 부분은 한가롭게 연회를 여는 방이고, 뒤에 숨긴 부분은 빈객들이 활을 쏘는 들판이다. 연꽃의 아름다움, 유란 백지의 향기, 아름다운 꽃과 나무를 줄지어 심어 그림자가 서로 섞인다. 이곳은 이전에 연무와 이슬이 가득한 가시나무로 된 지대였다. 높은 서까래, 물의 빛과 햇살이 위아래로 흔들리고, 넓고 고요하며, 저 먼 곳에서 소리쳐도 맑은 바람처럼 메아리로 화답할 수 있다. 이곳에는 이전에 담이 무너지고 도랑마저 끊긴 황폐한 곳이었는데, 지금은 삼춘가절에 주민과 처녀 총각들이 휘파람을 불고 노래하며 악기를 연주한다. 이곳은 이전에 어두운 밤에 비바람 소리나 족제비와 날다람쥐 등 새와 짐승들의 울부짖는 소리만 들렸던 곳이다. 나는 이 원림에 힘을 기울였다."[131) 이러한 조화로운 세계가 바로 생태의 미가 충만한 세계임을 누가 부인할 수 있겠는가!

---

130) 童寯:《園論》, 天津, 百花文藝出版, 2006, 第55頁.
131) 祝穆撰, 祝洙增訂, 施和金點校:《方輿勝覽》, 北京, 中華書局, 2003, 第807-808頁.

제1장
강남 고대 도회의 다원적 품격

강남문화는 일종의 양보와 관용의 문화이며 강남 도회는 양보와 관용의 내적 정신과 자연 생태기풍을 지니고 있다. 본 장에서는 남경南京, 항주杭州, 소주蘇州, 양주揚州 및 각각의 주변 도회의 건축문화관념을 집중적으로 탐구하고, 유명한 도시의 편제형식에서 이들의 역사 속의 '그림자'까지 살핌으로써 강남 건축에 내포된 생태요소를 고찰하고자 한다.

제1절 완곡한 서화

지난 날들을 회상해보면, 남경의 역대 도시 건축에 대한 정성은 종종 하나의 화제를 둘러싸고 전개된다. 그것은 바로 남경이 제왕의 어가를 영접하는 일국의 수도가 될 수 있는지 여부이다. 중국 문화의 정수가 중원에서 점차 동오東吳, 동남으로 이동하는 배경에서 이 문제를 논하는 것은 세인들이 건축과 정권을 연관시켜 갖다 붙이고, 견강부회하는 상상력을 특히 유발하고 시험할 것이다.

물론 풍수학이 이런 의문에 대해 당연한 존재론적 기반을 제공했다. 물활론[1]은 풍수의 본질이 아니고, 풍수는 간단히 풍과 수로 나눠서 볼 수 없으며 바람을 숨기고 물을 모으는 기세를 추구해야 한다. 남경은 풍수의 땅으로서 제왕의 기세를 지니고 있다. 《洪武京城圖誌》에서는 "금릉金陵은 오吳와 초楚를 제어하고 천연 요새가 서북쪽에 둘러싸여 있고, 연산連山이 동남쪽을 껴안고 있으며 용반호거 지세를 지니고 있다. 옛 사람의 말이 전혀 과장되지 않다"[2]라고 했다. 역대 풍수사들이 보기에 남경은 패기가 충만해 족히 나라를 세우고 수도를 짓는 천당이다. 해당 지역은 용호와 부합되는 조건들을 매우 강하게 드러냈다. 동남쪽에 산이 있고 서북쪽에 물이 있을 뿐만 아니라, 동남쪽의 산은 연속된 아치모양을 하고 있고 서북쪽의 물은 천연 요새이다. 여러 자연 요소를 조합하면 남경은 풍수사들이 꿈에 그리는 신선의 땅이다. 하지만 바로 이러한 '신학' 색채를 띤 해석으로 인해 남경은 기성 제국이나 현행 정권을 모두 안절부절하게 하는 심복대환이 돼 버렸다. 정권 밖의 역당들은 누구나 할 것 없이 남경에 와서 '땅의 기운'을 받고 싶어했고, 집권하는 제왕장상들이 애써 방범하는 지역으로 남경이 그 첫 번째가 됐다. 비록 남경이 육조의 수도였고, 짧은 시간 내에 좁은 범위에서 정권의 중심이었지만, 본래 하늘이 주신 풍수의 땅에서 비주류화된 도회로 진력돼 버린 난감한 결과를 초래했다. 《新定九域誌·江寧府》에서 언급한 내용으로 "《郡國誌》에서 기록하기를, 금릉은 옛날 초위왕楚威王이 이곳에 왕의 기운이 있다고 해서 그 기를 누르기 위해

---

1) 역주: 즉 애니미즘. 하늘이나 자연계의 모든 대상들이 비인간적인 놀라운 힘과 영혼을 지니고 있다고 믿는 원시 신앙의 한 형태. 우리 조상들은 이것들을 숭배하는 의식을 통해 복을 빌고 불안과 두려움을 해소하고자 했다.
2) 馬蓉等點校:《永樂大典方誌輯佚》, 北京, 中華書局, 2004, 第433頁.

금을 묻었다고 해서 금릉金陵이라 불렸다."3) 초위왕이 금을 묻어 남경이 지닌 왕의 기운을 누르려는 것은 별로 효과를 보지 못한 것 같다. 《歷代宅京記》에서 《張紘傳》의 글을 인용하기를 "장굉張紘이 말릉秣陵에 도읍지를 세우자고 건의하자 손권孫權이 그의 의견을 따랐다. 《江表傳》의 글을 인용해 주석하기를 말릉은 초무왕楚武王이 설치한 곳이며 금릉이라고 이름을 지었다. 지세는 능선과 언덕이 돌로 이어졌다. 노인에게 묻자 옛날 진시황이 동쪽 회계를 순시할 때에 이곳을 경유했는데, 기를 보고 나서 금릉의 지세에 왕의 기운이 있으니 이어지는 능선을 파헤치고 말릉秣陵으로 이름을 고쳤다고 답했다. 지금 이 땅에 그 기운이 있는 것이 하늘의 뜻이니 도읍지로 적당하다. 손권은 그의 건의가 훌륭하다고 하면서도 따르지 않았다. 훗날 유비가 동부에 왔을 때에 말릉에서 숙박했는데, 지세를 둘러보고 손권에게 수도로 하라고 권했다. 손권은 '지혜로운 자의 의견에 동의한다'고 말했다. 그 후 수도로 삼았다."4) 이런 일화는 《元和郡縣圖誌·江南道》의 '상원현上元縣'5) 등 여러 문헌에서 볼 수 있다. 이것으로 보아 남경의 제왕 기운에 대한 적시와 파괴는 일찍이 진시황 때부터 시작했다. 그러나 초위왕과 진시황의 예상을 벗어나 금을 묻든 능을 파헤치든 금릉 혹은 말릉으로 이름을 바꾸든 상관없이 사람들이 이곳에 나라를 세우고 도회를 구축하는 열정을 위축시키지는 못했다. 이런 이유로써 남경의 이중성격이 만들어졌다. 한편으로 분명히 하늘로부터 받은 운명적인 자신감을 느끼고, 또 한편으로는 이런 자신감을 알게 모르게 숨겨 화를 피하기 위한 등용할 수 없는 문인식 인내를 보여 주면서 서민적, 여성적, 건달적

---

3) 王存撰, 王文楚, 魏嵩山點校:《元豊九域誌》, 北京, 中華書局, 1984, 第633頁.
4) 顧炎武著, 于傑點校:《歷代宅京記》, 北京, 中華書局, 1984, 第190頁.
5) 李吉甫撰, 賀次君點校:《元和郡縣圖誌》, 北京, 中華書局, 1983, 第594頁.

인 기질이 생겨났다. 이런 모순된 양면성이 남경의 건축문화관념에 제왕의 기풍이 내재된 완곡한 문사 품격을 지니게 했다.

남경의 화려함은 위진남북조시대부터 시작됐고 당시에는 건강建康이라고 불렸다. 건강의 규모는 매우 컸으며 강남 지역의 중요 도회 중하나였다.[6] 그러나 유감스러운 것은 옛 건강 도성의 모습은 역사서에 상세히 기록돼 있지 않아서 오늘날 남아 있는 자료를 통해서만 당시의 상황을 대략적으로 유추할 수 밖에 없다. 노해명盧海鳴은 "건강 도성의 구체적인 모습은 사史적인 기록이 없고, 손오孫吳 시대의 무창성武昌城과 위진시기의 낙양성洛陽城의 외관을 참조하면 건강 도성은 사각형이나 직사각형일 가능성이 크다. 사각형일 경우에 한 변의 길이는 약 5리일 것이다. 손오 때부터 남제南齊 고제高帝 건원建元 원년(479년)까지 도성의 성벽은 보편적으로 대나무로 울타리를 만들었다"[7]라고 지적했다.

---

6) 진정상은 다음과 같이 말했다. "《資治通鑑》(162권)에서 양梁나라 태청太淸 3년 (549) 호삼성胡三省의 주석은 《金陵記》의 내용을 인용했다. '양나라 때는 28만가구였다. 서쪽은 석두성石頭城이고, 동쪽은 예당倪塘까지, 남쪽은 석자강石子崗까지, 북으로는 장산蔣山을 지났으며 남북이 각각 40리이다.' 이것으로 봐서 당시 건강의 범위가 매우 넓었다. 성 내에는 대시大市, 동시東市, 북시北市 및 말릉 두전시斗戰市가 있다. 《通典》의 식화전食貨典 잡세 조항에서 건강의 진회하秦淮河 북쪽에는 큰 시장이 있고, 기타 작은 시장도 십여 개라고 했다. 시장이 많다는 것은 그 지역의 상업 발달 정도를 반영했다. 《宋書 · 五行誌四》(433권)에 의하면 동진 이후 건강은 '조공하는 사신과 상인이 많았고, 배의 수를 만 단위로 계산하는' 큰 항구였으며 분명히 강남의 상업 중심지였다. 《隋書 · 地理誌》에서도 건강은 '옛 수도이고 사람과 물산이 본래 풍부했다. 서민은 상업에 종사하는 자가 많고, 군자는 녹봉을 받는다. 시장의 가게가 줄을 지었고, 성벽은 두 개의 경성(장안과 낙양)과 비슷했다. 건강의 동, 서쪽의 방산方山 과 석두石頭 나루터가 바로 오가는 사람을 검사하고 왕래하는 상인에게서 세금을 징수하는 곳이었다."(陳正祥:《中國文化地理》, 北京, 生活 · 讀書 · 新知三聯書店, 1983, 第89頁.)

7) 盧海鳴:《六朝都城》, 南京, 南京出版社, 2002, 第80頁.

이것은 우리에게 '정사각형'과 '대나무 울타리'란 두 개의 핵심어를 제공했다. 오량용은 건강의 내부구조를 소개한 바가 있다. "동진 중기 건강성은 조위曹魏의 업성鄴城과 위진의 낙양성의 제도를 모방해 개조했고, 나중에 남조 여러 시대의 개조와 확충을 거치면서 정연한 중축中軸 대칭 구도를 이뤘다. 가로로 뻗은 거리가 동서를 관통하고, 도성을 남쪽으로는 좁게 하고 북쪽으로는 넓게 해서 두 부분으로 나누었고, 남쪽은 조정 각 상서성尙書省의 소재지이고, 북쪽은 위진 낙양궁전을 모방한 왕궁이다. 선양문宣陽門에서 진회하秦淮河까지의 어로가 도성 전체를 연결시켜 궁전 앞에 가로로 된 거리와 '정丁'자 구조를 이뤘다. 어로 양쪽은 중앙행정기구와 중요한 상업지역이 자리를 잡았고, 민사 및 권세가 있는 신하의 저택도 자리했다. 도시의 구조가 엄숙하고, 장엄하고, 규모가 크고 화려했으며, 자연과도 결부돼 가히 질서정연한 걸작이라 할 수 있다. 그리고 당시 사회환경에 적응하기 위해 건강성에서는 지리환경에 맞는 사찰불당과 원림을 대량으로 건축하기도 했다."[8] 대나무 울타리로 둘러싸인 사각형에 가까운 도성이 중축 대칭하고 구도가 정연한 것은 의식형태가 도시 건축에 결정적인 영향을 미쳤음을 충분히 드러냈다. 게다가 어수선한 난세에 건강의 왕궁건축은 휘황찬란했다. 왕진복王振復은 다음과 같이 말했다. "남조의 네 왕조는 모두 건강을 수도로 했다. 송대에 송무제宋武帝는 건국 초에 검소함을 숭상하고 지킬 수 밖에 없었다. 문제文帝에 이르러 새로운 왕궁을 건축했고 효무제孝武帝시대는 정광正光, 옥촉玉燭, 자극紫極 등 여러 궁전을 건축했고, 현무호玄武湖에 상림원을 만들었고, 입천관立蚕觀을 지었으며, 7칸에 달하는 큰 궁전을 건축하기도 했다. 제齊나라 왕실의 사치는 이전

---

8) 吳良鏞:《建築·城市·人居環境》, 石家莊, 河北教育出版社, 2003, 第350頁.

왕조보다 더 심했다. 화재로 3천 여 칸의 왕궁이 전소되자 여러 궁전을 다시 건축했다. 단지 반비潘妃의 향락을 위해 신선神仙, 영수永壽, 옥수玉壽 세 개의 화려한 궁전을 지었고, 벽은 금화로 장식했다. 각종 꽃 모양 창문에는 신선 그림을 그려 넣어 매우 아름다웠다. 양梁대에는 무제武帝가 동궁東宮을 건축하는 한편 단문端門과 대사마문大司馬門 밖에 신룡인수神龍仁獸 망루를 세우고, 태극전太極殿의 편제도 바꾸어 13칸으로 지었다. 그리고 태묘太廟도 건축했는데 기초를 9척으로 늘렸다."9) 극도의 사치라 해도 과언이 아니다. 제왕의 기는 건강에 이미 남김없이 드러났다.

그러나 《世說新語·言語》편의 대화가 우리의 주의력을 '애써 벗어남', '배반'이라는 또 다른 시각으로 이끌었다. "선무제宣武帝가 남주南州로 진영을 옮기고 나서 거리를 곧고 평평하게 만들었다. 사람들이 왕동정王東亭에게 '승상께서 처음 건강을 관리했을 당시에는 따를 법도가 없어 구불구불하게 만들었기에 이처럼 저열합니다'라고 말하자 왕동정이 답했다. '이것이 바로 승상이 내린 교묘한 결정이다. 강남은 땅이 좁아 중원과는 비교할 수가 없다. 길을 종횡으로 곧게 하면 모든 것이 한 눈에 들어오기에 일부러 예측할 수 없게 구불구불하게 만들었다.'"10) 이런 기록은 《歷代宅京記》11)등 여러 문헌에 상세히 기록돼 있다. 그렇다면 여기서 언급한 '구불구불'을 어떻게 설명해야 할까? 물론 '따를 법칙이 없었다'는 외적이고 객관적이면서도 받아들이기가 가장

---

9) 羅哲文, 王振復:《中國建築文化大觀》, 北京, 北京大學出版社, 2001, 第177頁.
10) 劉義慶著, 劉孝標注, 余嘉錫箋注:《世說新語箋疏》, 上海, 上海古籍出版社, 1993, 第155-156頁.
11) 顧炎武著, 于傑點校:《歷代宅京記》, 北京, 中華書局, 1984, 第192頁.

좋은 이유이다. 따를 기존의 법칙이 없으니 구상할 여지가 생기고 계획하는 자유가 생기며, 직설적이지 않고도 완곡하게 표현할 수가 있었다. 하북성河北省 형대邢臺의 업성鄴城과 비교해보면,[12] 건강의 초기제도는 원시적이고 거칠었으며 심지어 임의적이다. "동진東晉의 원제元帝가 종묘사직을 건강에 세웠다. '동부東府에서 즉위했는데 검소하고 누추했다. 원元, 명明 두 황제 때도 제도를 바꾸지 않았다.' 성제成帝때는 '소석蘇碩이 대성臺城을 공격해 태극太極을 불태우고 동당東堂과 비각祕閣이 전소됐다.' 그래서 '평원平園을 지어 왕궁으로 사용했다.'"[13] 이것이 앞서 왕진복이 언급했던 "송무제가 건국 초에 검소함을 숭상하고 지킬수 밖에 없었다"의 뜻이다. 검소함은 사치할 수 없어서 어쩔 수 없이 행한 것이다. 그러나 왕동정의 대답은 사람들에게 깊은 깨달음을 줬다. "강남은 땅이 좁아서 중원과 다르며", "이것이 승상의 기발한 아이디어이다." 이 말의 뜻은 건강의 조건 제한과 풍부한 물자로 인해, 산수에 따라 결정된 지세가 북방 중원의 광활한 평원에 위치해 넓게 펼치는 도성과 달라서 건강에는 완곡하고 불편한 제도를 취했다는 것이다. 더나아가 자연 요인등의 이러한 특수 지형은 사람들을 어쩔 수 없게 하는 것이 아니라 오히려 제작자로 해금 교묘하게 구상할 수 있는 계기를 제공했다. '길을 곧게 만들면 모든 것이 한 눈에 들어오기에 일부러 불가측하도록 길을 구불구불하게 했다.', '불가측하도록'은 자아 신비화를 추구할 뿐만 아니라 복잡한 체험에 대한 몽롱한 기대이기도 하다.

---

12) 양사성梁思成은 "진晉 왕조가 남쪽으로 옮기고 오대五代는 각자 지역을 차지해 각각 건물을 세웠다. 그 중 가장 사치스럽고 역사적으로 자세히 전해 내려온 것은 후조後趙의 석씨石氏이다. 석륵石勒은 양국襄國을 수도로 삼았고 석호石虎에 이르러서 업鄴으로 도읍지를 옮겼다"라고 말했다.(梁思成 :《中國建築史》, 百花文藝出版社, 天津, 2005, 第62頁.)

13) 梁思成 :《中國建築史》, 天津, 百花文藝出版社, 2005, 第62頁.

구불구불하고 불편해 보여야 한 눈에 들어오지 않으니 일종의 생소한 효과를 야기할 수 밖에 없다. 건강은 '중축'적 의식형태의 건강만이 아니라 권력에서 벗어남을 나타내기도 한다. 이런 구상의 출발점은 외적이고 객관적인 자연 제한의 재촉이라기보다 문인화, 심미화된 내적인 사색의 결과라고 하는 편이 낫다. 이는 우리에게 경험조건이 인간 '생활세계'의 기묘한 조합으로 이어지는 것을 보여준다. 자연환경의 특수성으로 인해 건강의 도회 건축제도가 한편으로 '혁명자' 혐의를 피하기 위해 서슬을 숨기고, 자연이 인류에 대한 제한을 일부러 강화시키면서 '무위'의 뜻을 표현한다.

다른 한편으로 자연조건은 다른 측면에서 사람의 생각세계에 영향을 미쳐 사람의 존재로 해금 의식형태상 단일적 실용 윤리수요의 고집에서 벗어나 더 넓은 심리적인 공간에서 더욱 복잡한 심미 정서를 찾게 한다. 자연 형태의 특별한 요구와 인류의 도회에 대한 상상 사이는 대화로 인해 서로 보완이 된다. 예를 들어, 왕진복은 "어도御道와 달리 건강의 '이里' 방坊은 상대적으로 자유롭다"라고 말했다. "자연지형을 바꾸는 힘들기에 예로부터 남경에 '이里'라는 행정과 거주방식이 있었지만 그다지 정연되지 못했다. 황성과 궁성이 비교적 반듯하고, 황성 앞의 주작대로(어도)가 곧고 직선적인 것에 비해 다른 구역과 도로의 개통 및 배치는 비교적 자유로웠다. 이 역시 남방도시의 특색이다."[14] 또 다른 예로는 건강성 수도水道의 설치가 후세 교통에 큰 영향을 미쳤다. "조구漕渠가 도시를 연결시켰다. 육조六朝 때는 수도를 건강健康으로 정하고 무릇 삼오三吳의 배가 경강京江의 험난함을 피하기 위해 운양云阳 서성西城에서 수로를 개척해 수도까지 내려온다. 수隋나라가 진

---

14) 王振復:《中華意匠:中國建築基本門類》, 上海, 復旦大學出版社, 2001, 第28頁.

陳나라를 멸망시킨 후에 운양에 있는 두 개의 수로를 폐지했다. 왕조 말기에는 황하 서쪽의 경강을 개통해 여항余杭까지 팔백여 리에 달했고, 수면의 넓이가 10장이면 용주龍舟를 띄워 동쪽으로 유람할 수 있게 준비했다. 이것은 우임금이 지난날에 개통한 개천이고 당나라가 이를 인습했다. 백거이白居易의 '평평한 하천이 칠백 리에 달한다'라는 시구에서 언급한 하천이 바로 이것이다."15) 결국 이것이 이영李零이 말한 외적인 예제요구는 반드시 사람의 고증을 거쳐야 한다는 것이다. "중국 고대의 지리적 사고방식은 실제로 경계가 분명치 않고 내부 격차가 매우 큰 사물들을 네모반듯하고 기하대칭적 구도에 억지로 욱여넣는 경향이 있다. 이러한 경향은 발을 깎아 신발에 맞추려는 것처럼 몹시 억지스럽다. 하지만 옛사람들이 진실된 것과 모식화된 것조차 구별할 수 없을 정도로 단순하지는 않다. 실제로 옛사람들의 의도는 단지 추상적인 사물을 통해 차이를 간소화시키고, 변화를 통제하고, 사물들의 직관성과 전체성을 통일시키고자 하는 것이었다. 그래서 옛사람들은 마음속에 이상적인 설계를 품고 있더라도 실제로 다룰 때는 원칙대로 하며 결국 양자를 동일시하지는 않는다."16) 이런 문화패턴의 결과가 남경의 특별한 문화품격을 양성했다. "육조 시대에 가장 먼저 발전한 강남도시로서 건강의 진정한 기여는 문화집산지 역할을 해 기존의 간단하고 분산돼 규모와 체계를 이루지 못한 강남문화(도시문화 포함)를 응집시켜 훗날 강남 심미체계의 성숙에 일조한 것이다."17)

---

15) 祝穆撰, 祝洙增訂, 施和金點校：《方輿勝覽》, 北京, 中華書局, 2003, 第59頁.
16) 李零：《中國方術續考》, 北京, 中華書局, 2006, 第205頁.
17) 朱逸寧：《江南都市文化的源流及发生》, 南京, 《江蘇社會科學》, 2006 4집, 第92頁.

문화관념에 대한 토론으로 확대시켜볼 때에 남경은 여섯 개의 왕조를 거쳤기에 그 경력은 매우 화려하다. 하지만 정치권력의 실세를 장악하지 못했고 문화차원의 강한 자신감도 역시 누차 위협을 받았다. 진정상은 다음과 같이 말했다. "중앙정부가 경제적으로 이토록 강남에 의지하니 강남의 문인들도 경제의 번영과 함께 대두될 것이다. 이런 상황에서 남방인의 지지를 얻기 위해서는 그들에게 정권을 열어 두지 않을 수 없었다. 북송北宋 태조太祖와 태종太宗 두 왕조의 중신은 거의 북방인이었는데 진종眞宗과 인종仁宗 두 부자가 왕흠약王欽若(임강臨江 출신)과 정위丁謂(소주 출신)를 재상으로 등용하면서 남방인이 재상이 될 수 없는 전통을 깨뜨렸다. 진종은 '조정에서 인재를 등용할 때는 재능이 유일한 기준이다. 천하가 모두 한 가족이니 어찌 지역을 가릴 수 있는가?'라고 말했다. 그러나 지역 간의 이해충돌은 결국 장기적 당파 분쟁이란 인재人災를 가져왔다. 진종 때 중신인 구준寇准은 남방을 시골이라고 비웃으며 남방인의 참정을 강력히 반대했다. 그는 무주撫州 사람 안수응晏殊應이 진사에 합격했을 때에 반대의사를 표했고, 임강 출신 소관蕭貫의 장원급제에도 '남방은 시골이니 많은 선비를 줄 필요가 없다'라며 제지했다. 목적을 달성하자 그는 사람을 볼 때마다 '중원을 위해 장원을 쟁취했다'라고 자랑했다. 왕안석王安石의 개혁을 강력히 반대 했던 북파北派 지도자 사마광司馬光은 신종에게 '민閩 지역 사람들은 속이 좁고 성격이 사나우며, 초지楚地 사람은 쉽게 배신합니다. 현재 두 명의 재상이 모두 복건사람이고, 두 명의 참정參政은 모두 초 지역의 사람이니 필히 자신의 지역인사를 발탁해 조정에 들어올 텐데 조정의 풍속이 어찌 순박할 수 있겠습니까?'"[18]라고 상주했다. 이것으

---

18) 陳正祥:《中國文化地理》, 北京, 生活·讀書·新知三聯書店, 1983, 第17頁.

로 봐서 강남은 경제적으로 국가 자본의 물질적 기초로 부단히 성장하지만, 중앙정부의 겉과 속이 다른 문화차별 정책은 강남을 비주류화시키고자 했다. 이는 강남 도회 모습에 직접적인 영향을 미쳤다. 남경의 건축 풍격은 소주와 유사하며 문인화적 완곡한 정서를 지니고 있다.[19] 이 밖에 완곡한 품격과 상부상조한 것은 바로 남경에 불교신앙이 유행해 불교건축이 번성한 것이다.[20] 남경은 강남불교의 심지어 남방불교의 중진이며, 그 응집 효과는 다음과 같다. 북방불교는 수행과 불교의 '가르침'으로 제왕의 총애를 받는 것을 원칙으로 했으나, 강남불교는 그의 대립면으로 불교의 '배움'성을 연구함으로써 자신이 지닌 문인화

---

19) 진종주가 지적하기를 "전반적으로 봤을 때에 소남蘇南의 원림의 색채는 아담하고 조용하며 북방 황실 원림의 화려함과 비교된다. 개인 소견으로는 첫째로 소남 건축에 사용된 색감은 들보, 각목, 기둥 등에 모두 밤색을, 문틀 장식은 녹색을 사용하고, 때로는 기둥 끝의 광을 없애기 위해 검정색을 사용하기도 한다. 이 모든 색채는 모두 차가운 색조이며 흰 벽면과 강렬하게 대비된다. 무성한 꽃 그림자가 벽면의 강한 흰색을 적당히 희석시켜 좋은 과도를 형성하니 가경이 많아졌다. 또한 소주원림은 모두 주택과 연결돼 있고, 심신을 수양하고 독서하는 장소이니 당연히 조용함을 위주로 해야 하며 이런 특징을 가질 수 밖에 없다. 이는 북방의 황실 화원의 자신의 위엄을 널리 알리고 부귀영화를 자랑하는 기풍과 전혀 다르다."(陳從周 : 《梓翁說園》, 北京, 北京出版社, 2004, 第81-82頁.)

20) 엄경망嚴耕望이 말했다. "초기에 스님의 경서해설은 대개 개인이 제자를 가르치는 성격이었다. 승려의 자전에서 보인 대규모의 공개적인 경서 강설은 법태法汰스님이 건강에 도착해 간문簡文 황제의 요청으로 한《放光經》의 강설이 가장 이르다. 그 후 법회에서 경문을 강의하는 것이 승려들의 불교 선양 업적을 나타내는 가장 중요한 장소가 됐다. 속삼십續三十《雜科立身傳》에서는 '강남의 문인들은 법회를 자주 연다. 유명한 스님이 모일 때마다 밤샘 집회를 한다.' 두 전기의 기록으로 보아 문인뿐만 아니라 황제, 귀족부터 사대부까지 모두 법회를 자주 열어 유명 스님을 초청해 공개적으로 경서를 강설했으며 스스로 법회를 개최하는 승려들도 많았다. ……《寶琼傳》하문의 서문에서 '금릉 도회는 …… 사찰 사원이 숲처럼 많고 경서를 듣기 위한 자리는 마치 시장과 같다'라고 했다. 이는 진陳의 풍경이고 남조의 도읍은 세기 말까지 법회경서 현상이 줄지 않았다."(嚴耕望 :《魏晉南北朝佛教地理稿》, 上海, 上海古籍出版社, 2007, 第208-209頁.)

경향의 자기반성을 고증하는 것이 사상의 원줄기로 삼는다. 게다가 건강 시기에 제왕은 현학불교를 매우 중요시했기에 강남에서 불교를 연구하고 배우는 풍습이 성행했다. 이러한 불교를 숭상하는 분위기 속에서 불교건축은 매우 번성했다.[21] "남조의 사원 수량은 전대미문일 정도였다. 관련 기록에 의하면 불교사원과 승려는 송宋에 1,913곳의 3만6천 명, 제齊에 2,015곳의 3만2천5백 명, 양梁에 2,846곳의 8만2천7백 명, 진陳에 1,232곳의 3만2천 명이었다. 남조의 불교사원 중에는 양무제梁武帝가 건조한 동태사同泰寺가 가장 크고 화려했다. 《歷代三寶紀》 11권에 '(동태사의)누각과 대전, 선사회랑에는 화려한 장식이 있고, 하늘을 찌를 듯한 높이는 위魏나라의 영녕사永寧寺와 마치 한 쌍 같다'라는 기록이 있다. 그리고 《續高僧傳》1권에서 대애경사大愛敬寺에 대해 '규모와 조각의 화려함이 마치 천궁과 같다'라고 서술했고, 대지도사大智度寺에 대해서는 '대전과 법당은 웅장하고 탑은 7층이다'"[22]라고 기록

---

21) 엄경망은 다음과 같이 말했다. "건강은 여섯 왕조가 3백여 년 동안 수도로 삼았으며 다른 곳으로 옮기지 않았다. 당시 각 나라 도읍지 중에서 가장 안정적이었고 또한 동진 남조 사대부가 현학을 숭상했고, 불교의 의학義學은 의리를 바탕으로 하는 논변을 중요시했기에 사대부들의 현학숭상과 부합했다. 이들이 서로 도우며 발전하는 것은 당시의 풍습이 됐다. 황제와 황실은 그것을 따르고 스님을 예우하거나 특별히 초청하기 위해 사찰사원을 건설하고 친히 강설을 듣기도 했으며, 심지어 제자로 자칭하기도 했다. 그러나 거만한 고승이 빈도라고 자칭하는 자는 아마도 동진 남조 승려였을 것이다. 왕에게 절을 해야 하는가의 문제는 승, 속 간에서 번번히 의논됐다. 고로 남조 승려가 이러한 대우를 받는 것은 전국戰國의 제국齊國이 학자를 존경하는 것과 같았다. 그래서 남조 이후 불교가 갈수록 흥하고 건강이 특히 전국 불학의 최대 중심이 됐으며, 승려들이 경쟁하며 강설 및 연구를 하고 불교도의를 선양하다 보니 불교이론이 역시 갈수록 정밀해져 사방의 승려들이 동경하게 됐으며, 더욱 무리를 지어 건강을 찾게 됐다."(嚴耕望:《魏晉南北朝佛教地理稿》, 上海, 上海古籍出版社, 2007, 第118頁.)
22) 王振复:《宮室之魂:儒道释与中国建筑文化》, 上海, 复旦大学出版社, 2001, 第135-136页.

했다. 그 중 양무제가 불교건축에 대해 큰 공헌을 했다.[23] 불교사원의 신비한 느낌은 수도 건강의 매서운 왕가 분위기에 색다른 느낌을 불어넣어 이 도시의 완곡한 품격이 더욱 희미해졌다.

제2절 거리의 천당

항주杭州의 매력은 거리에 있다. 거리의 출현은 시민사회가 싹이 트고 근대사회의 맹아가 조금씩 보임을 의미한다. 항주에는 본래 왕궁, 성벽, 사찰, 수상골목이 있지만 이 모든 것은 그곳의 거리와 견줄 수 없다. 이 도회의 도시문화관념 속으로 깊숙이 들어가면 거리는 독보적이고 다른 요소에 영향을 미치는 기본과 원색임에 손색이 없다.

'시市'의 뜻은 옛날과 지금은 다르다. '市'의 옛 뜻 중에서 오늘날 우리를 의아하게 한 대목은 아마도 사람을 죽이는 형장일 것이다. 《史記·李斯列傳》에 "(진나라 이세)가 대신 몽의蒙毅와 공자公子 열두 명을 함양 시장에서 죽이고 열 명의 공주를 두우杜郵에서 육시했으며, 재

---

23) 왕진복은 "양무제梁武帝가 불교에 미혹을 당해 세 번이나 동태사同泰寺에 들어갔고, 또한 옛 집에다 왕태사光宅寺를 짓고, 종산에 대애경사大愛敬寺를 세워 장간사長干寺와 같이 두 개의 사원을 동시에 관리해 왔으며 매우 독신했다. 진陳 나라에 멸망당하고서 무제武帝는 또 태극전太極殿을 건축하고 왕궁을 다시 수리했다. 584년 즉, 후주 지덕2년에 광희전光熙殿 앞에 임춘臨春, 결의結綺, 망선望仙 세 개의 누각을 지었다. 누각마다 방이 수 십 칸이고 높이가 수 장에 달했다. 박달나무와 향나무로 창문을 만들고, 소재가 좋은 데다가 금과 옥을 장식하고, 중간 중간에 진주와 비취를 사용하기도 했다. 귀한 침대와 침장은 매우 화려하며 산들 바람이 불 때마다 향기가 수리까지 퍼진다."(羅哲文, 王振復:《中國建築文化大觀》, 北京, 北京大學出版社, 2001, 第177頁.)

물은 모두 황제가 소유하고 연관된 자가 많아 수를 셀 수 없었다"[24]라는 기록이 있다. 시장에서 처형한다는 것은 대개 죄수를 채찍질을 해서 이는 것을 말한다. 사형이 아니면 시장에서 처형하지 않는다. 또한 "길을 걷는 이의 절반이 죄수이고, 시장에는 매일 형에 처해 죽은 자의 시체가 쌓여 있으며, 사람을 많이 죽일수록 충신이다"[25]라는 내용도 있다. 여기서 알 수 있듯이 길에서도 처형을 할 수 있지만 시체는 반드시 '시장에 쌓아놓는다.' 또 다른 경우로 죄수는 당장 처형하지 않더라도 시신을 대중에게 보여주기 위해 반드시 시장에 걸어놓고 사람들이 그를 혐오하고 백성들을 각성하게 한다. 《史記·酷吏列傳》에서는 "승도공勝屠公은 죄값을 치러야 하나 도의를 지키려고 형을 받지 않고 자살했지만, 주양유周陽由는 시장에서 처형을 당했다"[26]라고 했다. 《史記·酈生陸賈列傳》에 이런 기록이 있다. "원수元狩 원년에 무수후武遂侯 여평좌酈平坐가 형산왕衡山王에게 금 백 근을 사취해서 마땅히 시장에서 처형해야 하는데 병에 걸려 죽자 그의 영토는 없어졌다."[27] 시장은 처형 장소일 뿐만 아니라 옛 사람들이 상업활동을 하는 곳이기도 하다. 《漢書·食貨誌》에서는 "백성들이 혼란스러워서 이런 화폐는 유통시키지 않고 사적으로 오수전五銖錢으로 시장에서 물건을 사고팔았다"[28]라고 했다. 관청에서 사람이 처형되는 것을 구경하는 것과 장사

---

24) 司馬遷撰, 裴駰集解, 司馬貞索引, 張守節正義:《史記》, 北京, 中華書局, 1982, 第2552頁.
25) 司馬遷撰, 裴駰集解, 司馬貞索引, 張守節正義:《史記》, 北京, 中華書局, 1982, 第2557頁.
26) 司馬遷撰, 裴駰集解, 司馬貞索引, 張守節正義:《史記》, 北京, 中華書局, 1982, 第3136頁.
27) 司馬遷撰, 裴駰集解, 司馬貞索引, 張守節正義:《史記》, 北京, 中華書局, 1982, 第2696頁.
28) 班固撰, 顏師古注:《漢書》, 北京, 中華書局, 1962, 第1179頁.

하는 것이 옛사람들의 공공생활에서 주된 내용이었다. 오늘날에는 이 것이 황당한 조합으로 보이지만, 옛 사람들에게는 당연지사였다. 인생 은 원래 관객이므로 천칭을 마주 보듯이 시장에 오가는 많은 사람들은 생에 대한 속된 선택과 어쩔 수 없이 받아들이는 죽음 사이에서 나름 대로 비교와 생각을 가질 것이다. 《洛陽伽藍記》의 기록에 의하면 "위 魏나라 창니사昌尼寺는 영주자사瀛州刺史를 지낸 환관 이차수李次壽가 세운 것이며, 건양리建陽里 동남쪽의 중조中朝 우마시장이 있는 곳이며 혜강嵇康을 처형한 곳이기도 하다."29) 이로써 시장은 하나의 장소이자 동시에 여러 기능을 겸하고 있음을 알 수 있다.30) 세월이 흐르고 경제 활동이 빈번해지면서 처형장소로서의 영향이 시장의 기능에 훨씬 못 미치자 처형장소라는 뜻이 점차 사라지고, 그 표상도 잊혀지게 됐다.

옛날 사람은 '시장'에서 물품교역을 해왔지만 적어도 북송 이전까지 이러한 교역행위에 많은 제한이 있었다. 《周禮》에는 '질인質人'이라는 직책이 나오는데 "질인은 시장의 화물, 구성원, 우마, 병기, 기이한 보 물을 관리한다"31)라고 했다. 시장에서 교역활동을 하려면 반드시 질인 의 관리를 받아야 한다. 감사관과 유사한 직책은 역사적으로 줄곧 존 재해 왔다. 《三輔黃圖》에도 "시장에는 상인과 화물을 사고파는 무역

---

29) 楊衒之撰, 周祖謨校釋：《洛陽伽藍記校釋》, 上海, 上海書店出版社, 2000, 第78頁.
30) 또한 "장형張衡이 《西京賦》에서 말한 '성에는 아홉 개의 시장이 있다. 거리마다 서로 통하고 근처에는 성문이 있다. 기정旗亭은 다섯 층이고, 위에서 백 개의 길을 내려다 볼 수 있다'가 바로 그것이다. 또한 《郡國誌》에서 기록하기를 장안 협객 만자하萬子夏가 유시柳市에 거주했고, 사마계주司馬季主는 동시에서 점괘를 봤으며, 조착晁錯은 관복차림으로 동시에서 참수를 당했고 서시는 예천방醴泉坊에 있다."(何 淸谷撰：《三輔黃圖校釋》, 北京, 中華書局, 2005, 第97頁.)
31) 楊天宇撰：《周禮譯注》, 上海, 上海古籍出版社, 2004, 第212頁.

행위를 감독하는 관리가 있는데 '삼보도위三輔都尉'가 그 업무를 담당했다"32)라는 기록이 있다. 이곳의 '삼보도위'는 '질인'과 비슷하다. 감찰관리가 감독하는 범위가 매우 넓다. 예를 들어 '언갑堰閘'33) 같은 수리시설을 관리하고 시장의 개방시간을 정한다. 《洛陽伽藍記》의 기록을 보자. "양거陽渠 북쪽에 건양리가 있는데 그곳에 10미터 높이의 토대土臺가 있다. 그 위에 정교하게 지어진 2층 건물이 있다. 조일趙逸이 말하기를, 이 토대는 당시의 기정旗亭이었다. 위에 2층 건물이 있었는데 북을 걸어 놓고 북을 치면 장이 파한다."34) 그 밖에 《禮記》에 따르면 시장의 교역 물품은 엄격한 제한이 있다. 《禮記・王制》에서 말하기를 "규圭, 벽璧, 금金, 장璋은 시장에서 팔 수 없고, 관복 및 천자가 하사한 수레는 시장에서 팔 수 없으며, 제기와 제물 및 무기도 시장에서 팔 수 없다. 기물이 규격에 맞지 않고 군용 수레가 기준에 맞지 않으면 시장에서 팔 수 없고, 천과 비단의 질, 폭, 넓이가 기준에 맞지 않아도

---

32) 何清谷撰:《三輔黃圖校釋》, 北京, 中華書局, 2005, 第95頁.

33) 《宋史・河渠誌》를 참고하면 "철종哲宗 원우元祐 4년 윤주潤州 자사 임희林希가 여성呂城 둑을 다시 회복하고, 위아래에 두 개의 수문을 설치해 시간을 정해 열고 닫자고 상소했다. 그 이후 경구京口, 과주瓜洲, 분우犇牛 등에도 둑을 설치했다. 그 해에 항주 자사 소식蘇軾이 묘산茆山, 염교鹽橋를 깊게 파서 장강의 조수와 서호의 물을 분리하고, 둑과 수문을 만들어 시간에 맞춰 열고 닫았다. 처음에는 항주가 바다와 가까워서 물과 샘이 짜고 쓴맛이 났다. 당唐 자사인 이필李泌이 최초로 서호를 관리했고, 여섯 개의 우물을 파서 주민들에게 식수를 제공했다. 백거이에 이르러서는 다시 서호를 깊게 파고 물을 운하로 인도해 논밭 천 경을 관개했다. 호수에는 순무가 많아 당唐에서 전씨錢氏까지 방치해 다스리지 않았다. 그래서 순무만 25만 장에 달하고 물은 거의 찾아 보지 못했다. 운하는 호수의 이득을 받지 못해 장강 조수로부터 물을 공급받았다. 조수가 강을 막히게 하고 범람하게 했으니 삼 년에 한 번씩 파내야 해서 도시의 큰 근심이 됐다. 여섯 개의 우물도 거의 폐기됐다. 소식이 두 개의 강을 깊게 파고, 우물 여섯 개를 복원해 백성들이 그 이득을 다시 보게 됐다."(脫脫等撰:《宋史》, 北京, 中華書局, 1985, 第2382-2383頁.)

34) 楊衒之撰, 周祖謨校釋:《洛陽伽藍記校釋》, 上海, 上海書店出版社, 2000, 第71頁.

시장에서 팔 수 없다. 그리고, 천과 비단을 염색해 좋은 것으로 둔갑한 것과 함께 무늬 있는 비단, 구슬, 정교한 기물도 시장에서 팔 수가 없고, 의복과 음식도 시장에서 팔 수가 없다. 또한, 익지 않은 곡식과 과일, 아직 재목으로 쓸 수 없는 나무, 자라지 않은 가축, 금수, 생선, 자라 등을 역시 시장에서 팔 수 없다. 게다가 검문하는 자가 검사를 철저히 하고 기이한 복장을 금하며 각 지역 방언을 구별해야 한다."35) 이것으로 당시 시장의 무역활동에 많은 제한이 있었음을 알 수 있다. 그런데 왜 이와 같은 제한을 했을까? 바로 농업문명에 있어서 농사를 중시하고 상업을 업신여겼기 때문이다. 《史記·貨殖列傳》의 내용을 보자. "그러나 이러한 부유함은 시장에 나가서 살필 필요도 없고 객지로 나가지 않아도 되며 집에 앉아서 얻을 수 있으니 처사의 명분으로 풍족하게 생활한다. 가난한 집안에서는 부모가 연로하고 처자식이 허약하며 명절이 다가와도 돈이 없어 조상과 신령에 제사를 올릴 수가 없다. 나그네에게 여비를 줄 수 없고, 함께 모일 때는 음식을 마련할 수도 없으며, 음식과 의복도 자족할 수 없다. 이렇게 가난해도 부끄러워하지 않으면 이보다 더 한 것이 없을 것이다. 그래서 돈이 없으면 품을 팔 수 밖에 없고, 돈이 조금 생기면 기교를 부리게 되며, 이미 풍족해지면 이익을 추구하는 것이 상식이다. 현재의 생계를 도모할 때에 위험을 무릅쓰지 않고도 필요할 물품을 얻을 수 있는 자는 마땅히 현인의 칭찬을 받아야 한다. 그러므로 농업에 종사해 부를 얻으면 최상이고, 상업과 수공업에 종사해 얻은 부는 그 다음이며, 기교를 부려서 얻은 심지어 법을 어겨가며 얻은 부는 최하이다. 벼슬을 거부하기 위해 깊은 산골에 은거하지 않으면서도 오랫동안 빈곤에 처해 있으면 함부로 인

---

35) 王文錦譯解 : 《禮記譯解》, 北京, 中華書局, 2001, 第184頁.

의를 논하는 것이 족히 부끄러울 줄 알아야 한다."36) 부에 대한 배열은 바로 사람들이 특정 토지에 대한 의존성이 점차 약해진 결과이다. 유동적인 상인이 해당 지역 농민의 이익을 침해할 때의 사회문화의 주도적 입장은 매우 확실하다.37) 한마디로 시장이란 단지 농업논리도덕체계에 종속되는 정치적 단위일 뿐이고 일반적 의미의 지역구분과 거의 비슷하다.38) 《周禮》에 다음과 같은 기록이 있다. "무릇 나라를 세우고 나면 왕후를 도와 시장을 만들고, 시장을 주관할 관리가 업무를 볼 장소와 순서를 정하며 가계를 합리적으로 배치하고 판매할 물품을 분류한다. 길이, 용량, 포목의 폭과 길이의 표준 단위를 제시하며, 부인의

---

36) 司馬遷撰, 裵駰集解, 司馬貞索引, 張守節正義 : 《史記》, 北京, 中華書局, 1982, 第3271頁.

37) 《漢書 · 食貨誌》에서는 "자신이 소유한 풍부한 재물로 귀족과 친분을 쌓고, 그 세력은 관원을 초월했으며 재산을 이용해 서로 배척했다. 그들은 각지로 유람을 떠나고, 수레들의 왕래가 끊이지 않았다. 견고한 수레를 타고 튼튼한 말을 몰며 비단신과, 비단옷을 착용했다. 이것이 바로 상인들이 농부의 토지를 점유하고 농부들이 밖으로 유랑하는 원인이다"라고 밝혔다.(班固撰, 顔師古注 : 《漢書》, 北京, 中華書局, 1962, 第1132頁.)

38) 《漢書 · 食貨誌》에서 이르기를, "백성을 다스리는 방법은 땅을 정확하게 정하는 것을 기본으로 해야 한다. 그래서 반드시 평수를 재고 밭두렁을 만들어 경계를 똑바로 해야 한다. 여섯 척尺이 한 보步, 백 보가 한 무畝, 백 무가 한 부夫, 삼 부가 일 옥屋, 삼 옥이 한 정井이며, 가로 세로 1리의 정은 아홉 부가 된다. 여덟 가구가 함께 사용하며 가구 당 개인 전답 백 무, 공공 전답 십 무를 나누면 팔 백 팔십 무이며 나머지 20무는 집터이다." 안사고顔師古가 "무畝 자는 옛 무畆자이다"라고 말했다.(班固撰, 顔師古注 : 《漢書》, 北京, 中華書局, 1962, 第1119頁.) 또한 "집이 들에 있으면 여廬이고, 도시에 있으면 인隣이다. 다섯 가구가 인隣이고, 다섯 인이 리里가 되고, 네 개의 리가 족族이 되고, 다섯 족이 당黨이 되고, 다섯 당이 주州가 되며 다섯 주가 향鄕이 된다." 향이란 만 이천오백 가구를 뜻한다. 인장隣長은 하사下士이고, 그 다음부터 한 급씩 올라 가면 향장鄕長이며, 경卿급이다. 그러므로 리에는 학당이 있고, 향에는 학교가 있다. 학당에는 교를 밝히고, 학교에서는 예를 행함으로써 교화됐다고 본다." 안사고는 "여는 각자 전답에 있고, 리는 모여서 사는 곳이다"라고 말했다.(班固撰, 顔師古注 : 《漢書》, 北京, 中華書局, 1962, 第1121頁.)

예의로 시장의 신에게 제사를 올린다."[39]

어쨌든 교역활동은 존재했고, 옛사람의 공동생활도 이에 의존했다. 그래서 인구가 점차 증가하고 교역활동이 빈번해짐에 따라 시장은 인 파가 상대적으로 집중되는 구역이 됐다. 《史記 · 刺客列傳》에 이런 내 용이 있다. "형가荊軻는 술을 즐겨 마셨다. 어느 날 개를 도살하는 친구 인 고점리高漸離와 연燕나라 시장에서 술을 마셨다. 고점리는 취하자 축을 두드리고 형가는 그에 맞춰 노래를 불렀다. 마치 주변에 아무도 없듯이 함께 즐거워하다가 이윽고 울기도 했다."[40] 고점리와 형가가 방약무인한 포부와 기량을 가진 사람이라 하더라도 시장에는 다른 사 람도 있었고, 그 수가 또한 적지 않다는 사실을 부인할 수가 없다. 그 렇지 않으면 방약유인과 방약무인은 별반 차이가 없을 것이다. 《洪武 京城圖誌》에서는 "사방의 성문이 열리자 여러 역관이 조공하러 온다. 광廣시장의 행인들은 어깨가 서로 맞닿고, 관교關橋에는 배들이 머리와 꼬리가 맞닿아 줄지어 있다"[41]라는 기록이 있다. 행인들이 어깨가 맞 닿을 정도이니 매우 붐볐을 것이다. 《史記 · 魏其武安侯列傳》에서도 "무안후武安侯는 그 후에 더욱 교만해졌고, 주택을 지었는데 규모와 호 화로운 정도가 귀족들 사이에서 가장 컸다. 전답도 매우 비옥하고, 각 군현에 물건을 사러 가는 사람들이 길에서 줄을 지었다"[42]라고 했다. 비록 비열한 수법으로 부자가 된 혐의가 있지만, 당시의 물품교역 활동 은 분명히 다양해진 추세였다. 더욱 주목해야 할 것은 시장은 문화가

---

39) 楊天宇撰:《周禮譯注》, 上海, 上海古籍出版社, 2004, 第110頁.

40) 司馬遷撰, 裴駰集解, 司馬貞索引, 張守節正義:《史記》, 北京, 中華書局, 1982, 第2528頁.

41) 馬蓉等點校:《永樂大典方誌輯佚》, 北京, 中華書局, 2004, 第458-459頁.

42) 司馬遷撰, 裴駰集解, 司馬貞索引, 張守節正義:《史記》, 北京, 中華書局, 1982, 第2844頁.

교류되고 충돌하는 장소이기도 했다. 《洛陽伽藍記》에서 이르기를 "벽사辟邪하는 자와 그의 제자가 앞에서 인도하고, 칼을 삼키고 불을 내뱉을 수 있는 자도 있으며 기예를 하는 사람도 있다. 기둥처럼 생긴 밧줄을 타고 올라가는데 그 괴상함은 쉽게 볼 수 없는 광경이다. 기괴한 기술과 이상한 의복은 모두 도시에서 으뜸이다. 불상이 머무는 곳마다 관중들이 무리를 지어 구경한다. 압사 사고가 일어나고 종종 죽는 사람도 생겼다."[43] 불교 포교는 어떻게 제왕을 알현할지를 제일 먼저 고려하겠지만, 가장 방대한 신앙부대이자 대다수의 추종자인 대중들은 시장에서 사찰로 발걸음을 옮겼을 것이다.

시장의 끊임없는 개방과 맞물린 항주의 거리는 바로 시민문화가 역사무대로 올라선 증거이다. 본래 "거리의 설치는 도시 주민들을 나누기 위한 정읍제井邑制였다."[44] 이방里坊[45]의 주목적은 무리를 지은 사람을 분리하기 위한 것인데, 거리가 생긴 이후는 행정명령이 권력을 장악하고 독점하는 것을 바꿔놨다.[46] 제왕의 집권통치하에서 민간 거

---

43) 楊衒之撰, 周祖謨校釋:《洛陽伽藍記校釋》, 上海, 上海書店出版社, 2000, 第52頁.
44) 俞希魯撰, 楊積慶, 賈秀英等校點,《至順鎭江誌》, 南京, 江蘇古籍出版社, 1999, 第12頁.
45) 역주: 이방里坊은 서주西周의 여리閭里제도를 인습한 중국 고대의 중요 도시와 마을을 계획하는 기본 단위와 거주관리제도의 복합체이다.
46) 왕진복이 말하기를 "당唐 이전의 현縣, 주州 단위 이상의 도시는 상업무역 활동에 여전히 엄격한 시간제한이 있었다. 일률적인 여론을 갖춘 나라에서 상업활동도 '일률'을 강구한다. 그 당시 장안의 동시東市, 서시 西市 도 이방里坊처럼 규칙에 따라 시간을 정해 열고 파했다. 정오가 되면 북을 수백 번을 쳐서 시장을 열고, 저녁이 되면 수백 번 북을 쳐서 장의 파함을 알려 융통성이 없었다. 북 소리만 듣고 시장을 열고 파하는 것은 전쟁터에 나가 진을 포하고 적과 맞우고 싸우고 나서 깃발을 뒤로 해 후퇴하는 것과 같다. 물론 당나라 때 근교에 '초시草市'라는 것도 있었는데 당나라 사람들은 그것이 규범적이지 않다고 여겼다. 북송부터 변량卞梁 같은 중국의 일부

리의 지위는 궁궐이 운집하는 도회에서 늘 가장자리에 처하는 작은 역할이었다. "성벽과 궁전의 건설을 우선시하기에 시장, 가게 및 수제공방의 건축은 중요시하지 않았다. 그러나 바둑판 모양인 당나라 장안을 보면, 장려한 궁전이 빼어나고 눈부시며 매우 큰 면적을 차지했지만, '동시東市', '서시西市'로 불리는 거리는 전체 장안 건축문화에서 너무 하찮았다. 《周禮·考工記》에는 '면조후시面朝後市'라는 제도가 있다. 전체 공간구도에서 '조朝'(궁전 바깥쪽의 정실)를 도시의 앞쪽에 설계하고, '시市'를 눈에 잘 보이지 않는 도시 뒤쪽에 배치한다. 이러한 강한 대비가 바로 중국 고대 도성이 지닌 동방문화 특색이다."47) 그러나 임안臨安은 특별한 케이스이다. 임안이 특별한 까닭은 무엇일까? 그것은 임안에 '안安'자가 들어 있고 그것도 임시적인 '안'이기 때문이다. "우리나라 모든 도성 중 아마도 남송 임안의 구도가 가장 특별할 것이다. 첫째는 규칙적이지 않고 대칭이 되지 않으며 산, 호수, 강의 형세를 따랐다. 둘째는 황궁의 위치가 도시의 가장 남쪽에 있고 황궁 북쪽은 도성인데 이것이 아주 어색해 보인다. 셋째는 황궁, 태묘 및 기타 관청의 위치도 규칙이 없어서 매우 번잡스럽다. 아마 '임시적인 안착'이다 보니 그다지 신경쓰지 않았을 것이다."48) 장난으로 한 말이 아니다. 《興服誌》에 의하면 "궁궐에 있어서 변송汴宋의 제도가 난잡해서 기준으로 할 수가 없다. 중흥中興시기에는 황제의 의복과 탈것이 간략하고 궁전도 유난히 소박하다. 황제의 거처가 궁전이고, 총괄적으로 대내大內 또

주요 도시는 이미 '격고이집擊鼓而集'제도를 폐지했다. 많은 옛 이방이 철거되고 상점가가 흥기했다. 거리와 마주 보는 곳에 가게, 공방, 기루, 극장, 귀족 저택 등이 생겨나 도시의 새로운 경관이 됐다."(王振復:《中華意匠:中國建築基本門類》, 上海, 復旦大學出版社, 2001, 第11頁.)

47) 王振復:《中華意匠:中國建築基本門類》, 上海, 復旦大學出版社, 2001, 第2-3頁
48) 沈福煦:《中國古代建築文化史》, 上海, 上海古籍出版社, 2001, 第129頁.

는 남내南內라고 부른 것은 본래 항주의 제도였다. 소흥紹興 초년에 만들었고, 전쟁이 중지된 후에 숭정崇政, 수공垂拱 두 궁전을 건축했으며, 나중에 천장天章 등 여섯 개의 누각을 지었다. 침전은 복녕전福寧殿이다. 순희淳熙 초기에 효종孝宗이 비로소 사전射殿을 건축해 선덕전選德殿이라고 불렀다. 순희 8년에 후전后殿의 작은 방을 별전別殿으로 고치면서 옛 이름을 따 연화전延和殿이라 하고, 그곳에서 나라의 일을 처리했다. 자신紫宸, 문덕文德, 집영集英, 대경大慶, 강무講武와 같은 곳은 수시로 들렀고, 이름을 바꾼 것이다. …… 궁전 뒤의 작은 방 7칸이 바로 연화전인데 매우 누추했다. 계단은 단 하나뿐이고 일반인이 거주하는 방처럼 작다."[49] 임안의 궁실은 대개 항주의 제도를 따랐고, 제왕의 궁전은 도읍에서 재건축한 것이다. 때로는 재건조차 할 수 없어서 효종이 거주할 때에는 이름만 바꿨을 뿐이다. 아쉬운 대로 사용했으니 당연히 '일반인이 거주하는 방처럼 작았다.' 이러한 마지못해 어쩔 수 없음이 항주의 거리에 넓은 생존 공간을 남겨줬다.

심복후沈福煦는 또 다른 측면에서 독자들을 위해 다음과 같은 소식을 전했다. "남송의 임안은 자연형태의 비대칭 도성이지만 성 내부의 구도는 일정한 규칙과 위엄이 모두 있으며, 거리나 하천이나 골목도 비교적 질서가 있다. 거리와 수도로 구성된 그물 형태 가운데는 9채 80여개 공방이 있다. '방坊'은 도시 내부구도의 기본단위이며, 사방에 높은 담이 있고 2개 혹은 4개의 외부와 연결되는 문이 있다. '방' 내부는 두 개의 거리가 십자로 교차되고, 이어서 항巷(혹은 곡曲)이라고 불리는 작은 길이 있고, 주택의 출입구는 바로 항에 있다. 이런 구도는

---

49) 顧炎武著, 于傑點校:《歷代宅京記》, 北京, 中華書局, 1984, 第245-246頁.

이후에 계속 보존돼 생활정서가 가득한 공간형태가 됐다. 남송의 유명한 시인 육유陸游의《臨安春雨初霽》에서 '한밤에 작은 누각에서 봄비소리가 들리니 내일 아침 골목의 깊은 곳은 살구꽃을 팔겠지'라는 대목은 당시 시민의 골목생활을 생생하게 그려냈다."[50] 임안의 거리가 출현하게 된 결정적 원인 중의 하나가 바로 임안이 물산이 풍부해 경제가 번창해서 전례가 없는 성황을 이뤘기 때문이다.《方輿勝覽》에서는 "나부羅浮, 천대天臺, 형악衡岳, 여부盧阜, 동정洞庭이 광활하고 삼협이 험준해서 동남쪽의 기이하고 빼어난 곳이라고 하는데, 이는 하주下州의 작은 도읍이자 사악함을 피할 수 있는 수도이기 때문이다. 이곳은 은사와 추방된 신하들의 낙토이다. 사방의 물건이 모여들고 수많은 물품이 교역되며 물산이 풍부하고 사람이 많은 도회이다. 게다가 산수의 아름다운 운치까지 겸비해 즐거움을 더하는 곳으로는 오직 금릉金陵, 전당錢塘뿐일 것이다"[51]라고 했다. 그 중 "사방의 물건이 모여들고 수많은 물품이 교역되며 물산이 풍부하고 사람이 많은 도회로서 산수의 아름다운 운치까지 겸비해 즐거움을 더한 것"은 시민문화 및 거리문화가 출현하게 된 가장 기본적인 원인이다. 또한 "전당 지역은 오대五代 때부터 중국에서 유명했다. 그 이유는 전錢 왕조의 지방관원이 정세에 따르기 때문이다. 그 나라가 망하자 절을 하며 송나라 조정에 명을 청해서는 전쟁을 일으키지 않았다. 그 지역 백성들은 풍족하고 편안한 생활을 했다. 또한 그 지역 사람들의 풍습으로 손재주가 좋아서 도시의 집이 화려했는데 이런 집이 수 십 가구였다. 도시는 호수와 산으로 둘러싸여 있다. 복건에서 온 상선들이 전당강의 넓고 아득한 안개 속

---

50) 沈福煦:《中國古代建築文化史》, 上海, 上海古籍出版社, 2001, 第130頁.
51) 祝穆撰, 祝洙增訂, 施和金點校:《方輿勝覽》, 北京, 中華書局, 2003, 第13-14頁.

에서 바쁘게 드나드니 참으로 번화하다."52) 더구나 임안 주변 지역의 풍부한 물산과 백성의 풍요로움이 이 도회에 내적으로 더욱 강하고 지속적인 지원을 보탰다. 신시행申時行의 《湖防公署記》에서 말하기를, "오나라는 물이 풍부한 나라이다. 진택이 그곳으로 합쳐지고 거센 물줄기도 잔잔해진다. 삼주三州53)의 요충지이며 습윤한 토지가 수 백리에 달한다. 생선, 조개, 땔감, 과일등의 생산물이 풍부하고, 백성들이 그곳에서 먹고 입고, 물고기를 잡고 나무했으므로, 재물의 밀집지라고 칭한다."54) 바로 이런 점 때문에 임안은 비로소 "야시장의 수많은 불빛이 푸른 구름을 비춘다"는 성황이 존재한다. 왕건王建의 시구에는 "높은 누각에는 여인이 곱게 단장하고, 손님은 끊이지 않네. 요즘은 태평성대가 아니건만 악기와 노랫소리가 밤새 들리는구나"55)라는 대목이 있다. 북을 치면 시장을 파하는 옛 제도는 더 이상 상관하지 않는다! 어쨌든 시대의 발전에는 거리가 필요하고, 거리는 천명에 따라 생겨난다. 왕권조차 안정적이지 못하니 사치를 누릴 궁전 건축에만 전념할수는 없다. 하지만 일대 제왕의 생은 반드시 온화하고 귀하며 물욕이넘치는 무역을 기반으로 해야 하기에, 거리는 건축문화의 새로운 형식으로서 시대를 잘 만난 영웅처럼 역사적인 기회를 잡고 신속히 흥기했다. 왕진복은 "중국 도시문화역사에서 내성이 주가 되고 외부 윤곽(시를 포함)이 종이 되는 관계는 한번도 바뀌지 않았다. 외곽구역의 가장전형적인 건축은 이방里坊이다. 통치계층은 많은 도시 주민 및 그들의 경제활동을 이방에서 진행하도록 했다. 이런 제도는 춘추시대부터 수

---

52) 祝穆撰, 祝洙增訂, 施和金點校 : 《方輿勝覽》, 北京, 中華書局, 2003, 第14頁.

53) 역주 : 삼주三州란 소주蘇州, 호주湖州, 상주常州를 가리킨다.

54) 金友理撰, 薛正興校點 : 《太湖備考》, 南京, 江蘇古籍出版社, 1998, 第486頁.

55) 祝穆撰, 祝洙增訂, 施和金點校 : 《方輿勝覽》, 北京, 中華書局, 2003, 第802頁.

당隋唐까지 예외가 없었다. 다만 양주揚州, 소주蘇州 등 일부 강남 지역
은 상업 및 수공업이 유난히 발달해 이러한 제도를 어느 정도 없앴다.
이런 제도는 북송에 이르러서야 폐지되고 거리제도로 대체됐다"56)라
고 지적했다. 오량용은 이에 대해 더욱 정확한 서술을 했다. "부府에서
수도로 승급한 후의 임안의 거주 인구는 더욱 증가했다. 경제가 나날
이 번성하고 고종高宗도 대규모 토목공사를 시작해 황궁을 증축하고
성곽을 넓혔다. 최종적으로 남쪽으로 오산吳山을 넘어, 북쪽에는 무림
문武林門(여항문余杭門)까지, 왼쪽은 전당강錢塘江 앞, 오른 쪽은 서호까
지 이르는 웅장한 도성을 만들었다. 역대 도성과 비교했을 때도 임안
의 도로망 구도와 기능 구분이 가장 규칙적이지 않다고 할 수 있다.
궁전은 남쪽 언덕 지역에 있고 도시는 사방으로 뻗었으며, 황궁에서
무림문으로 통하는 어가御街가 도시 전체를 하나로 연결시켰다. 어가
중심으로 수륙의 중요한 도로가 사방으로 뻗어 임안의 기본 틀을 구성
했다. 어가 양쪽에는 점포가 빼곡히 들어섰고 도심의 상업중심지역이
다. 수많은 점포가 골목마다 분포돼 이전의 엄격한 이방경계와 옛 규
칙을 깨뜨렸다. 심지어 성벽의 제한까지 돌파해 지역으로 확산되기도
하며 '사람들이 성의 남, 서, 북에 이르는 세 곳의 각각 수십 리 지역에
서 모여 살기도 하고, 수일간을 걸어도 도시와 골목의 끝이 보이지 않
으며, 외부의 작은 주 혹은 군과 비슷한' 현상을 이뤘다. 이런 구도형태
는 지역에 따라 생기고 현재 상황에 맞췄으며, 정치 및 경제적 요소가
공동으로 작용한 결과임이 분명하다."57) 이로써 임안은 거리의 천당이
된 셈이다. 특히 이 거리의 천당에서 반드시 구경해야 할 유명한 경치

---

56) 王振復 :《中華意匠 : 中國建築基本門類》, 上海, 復旦大學出版社, 2001, 第7頁
57) 吳良鏞 :《建築 · 城市 · 人居環境》, 石家莊, 河北教育出版社, 2003, 第351頁.

가 있다. 하나는 서호이다. "《湖州誌》에서 서호西湖는 현 서남쪽 5리에 위치하며 둘레가 70리이고, 《山墟名》에서는 오월호吳越湖라 하는데, 옆에 관개할 논 3만 묘와 수문 24개가 있으며, 방산원方山源의 물을 끌어다 댄다"고 했다.[58] 진교역陳橋驛은 서호가 인공기질을 지니고 있으며[59], 서호에서 사람들은 아름다운 자연경치를 감상할 뿐만 아니라 풍부한 인문역사적 식견도 느낄 수 있다고 말했다. 물론 서호는 사람의 다스림을 필요로 한다. 《宋史·河渠誌》의 내용을 보자. "임안의 서호 주변 30리의 수원은 무림천武林泉이다. 오월국吳越國 때는 처음으로 호수를 다스리는 병사 천명을 배치해 전문적으로 준설했다. 송대 이래 관리를 잠시 멈췄더니 물이 마르고 풀이 나면서 풀뿌리 가득한 논이 됐다."[60] 사람의 다스림으로 인해 서호는 항주에 없어서는 안 되는 일부분이 됐다. 이는 도시문화의 본질과 부합한다. 시민들은 쉽게 다가갈 수 있고, 쉽게 다스리고, 쉽게 얻을 수 있는, 시를 읊으며 상처를 치유할 공간이 필요하다. 그곳이 바로 고요하고 부드러운 서호이다. 또 다른 장소는 전당이다. "한나라 군의조郡儀曹 직을 맡았던 화신華信의 말을 따르면, 《史記》에서 이르기를 '시황제가 전당에 와서 절강을 구경했다'. 당시 진秦은 이미 유명한 상태였으니 잘못된 기록일거라 의심한다. 수隋가 진陳을 멸망시킨 후에 고을을 자주 옮겼는데 정관貞觀 4년에 지금의 위치에 정착했다."[61] 전당도 인위적 작용과 영향을 받았다. 《新定九域誌·杭州》에서 말하기를 "전당이란 처음에 조수로 인

58) 馬蓉等點校:《永樂大典方誌輯佚》, 北京, 中華書局, 2004, 第707頁.
59) 진교역은 "9세기 초 유명한 시인 백거이가 항주 자사로 부임했다. 그는 서호의 저수량을 늘리기 위해 서호 북동쪽 연안에 둑을 건축했다. 그래서 서호는 자연호수에서 인공댐으로 바뀌었다."(陳橋驛:《吳越文化論丛》, 北京, 中華書局, 1999, 第455頁.)
60) 脫脫等撰:《宋史》, 北京, 中華書局, 1985, 第2397頁.
61) 李吉甫撰, 賀次君點校:《元和郡縣圖誌》, 北京, 中華書局, 1983, 第603頁.

해 손해를 입었는데, 항주 사람 화신이 사비를 들여 방죽을 쌓고 바닷물을 막아 냈기에 전당이라고 불렀다."[62] 인력을 빌린 경관에서 사람들이 감상할 수 있는 것은 대자연의 위력이다.[63] 칸트의 '역학적 숭고'[64] 경지와 같으며, 보는 이에게 하늘과 인간이 서로 통한다는 소식을 전달해 준다. "조수는 흡주歙州 경계에서 기원해 항주를 경유해 동북쪽 바다로 흘러든다. 파도는 매일 밤에 다시 북상하며, 통상 매월 10일과 25일에 가장 적고, 3일과 17일에 극에 달한다. 적을 때는 수위가 조금씩 오르고 수 척에 불과하나, 조수가 클 때에는 파도가 치솟아 높이가 몇 장에 달한다. 매년 8월 18일에 수백 리에 달할 대열을 이룬 선남선녀가 함께 조수를 구경하고, 뱃사공과 어부들은 물결을 거슬러 올라가며 파도와 부딪친다. 이것을 조수를 맞이한다고 한다.《高麗圖經》에서는 '조석이 오가고 시간을 정확히 맞춰 어기지 않는 것은 천지와 지상의 신용이다'라고 말하고 있다."[65] 이렇게 사람의 영향으로 사람들은 서호와 전당으로 인해 아주 쉽게 정적인 것과 동적인 것, 편안함과 격동함을 경험하게 됐다. 사람의 주체적인 힘이 인위적 자연의 도움을 받아 거리와 결부돼 마침내 의식형태의 속박에서 벗어나게 됐다.

62) 王存撰, 王文楚, 魏嵩山點校:《元豊九域誌》, 北京, 中華書局, 1984, 第616頁.
63) 유우석劉禹錫의 시구에 "팔월의 파도 소리가 포효하며 밀려오니, 몇 장에 달하는 큰 물결이 산에 부딪쳐 돌아오네. 잠시 후 바다 쪽으로 흘러가며 일으킨 모래더미는 마치 눈 더미 같구나"가 있다. 이백李白의 시구에서는 "파도가 천문산天門山을 치니 석벽이 갈라지는 듯하고, 해조가 채 물러나지 않았는데 거센 바람이 또 불어오네. 절강의 팔월은 어찌 이런가? 조수가 산더미처럼 눈을 뿜으며 달려오는구나"라고 했다.(祝穆撰, 祝洙增訂, 施和金點校:《方輿勝覽》, 北京, 中華書局, 2003, 第6頁.)
64) 역주: 역학적 숭고는 관계범주와 양상범주를 따른 숭고 규정을 말한다. 수학적 숭고가 대상의 양적 크기를 그 중심 계기로 삼았다면, 역학적 숭고는 대상의 힘의 크기가 관건이 된다. 즉 역학적 숭고는 대상의 힘의 크기가 무한한 것처럼 판정되는 것을 말한다.
65) 祝穆撰, 祝洙增訂, 施和金點校:《方輿勝覽》, 北京, 中華書局, 2003, 第5頁.

제3절 수향(수상 골목)의 뱃노래

소주를 말하면 우리는 항상 물을 떠올리게 된다. 소주의 작은 다리 밑으로 흐르는 물은 자욱한 물안개 속의 흰 담장이나 검은 기와와 함께 대다수 사람들의 상상 속에 그려진 수향(물의 고장)의 이미지를 연상케 한다. 소주의 품성과 이미지는 마치 수향(수상 골목)의 뱃노래와도 같다.

수계水系는 소주의 명맥이다. 《方興勝覽·浙西路·平江府》에서는 소주의 형태에 대해 "북으로 장강을 베개를 삼고 있으니 수국 중의 최고이며 옆은 호수와 바다에 연결돼 있다. 강을 베고 바다와도 연결돼 있으니 동남쪽의 으뜸이다"[66]라고 묘사했다. 물은 특히 태호의 물[67]은 소주의 뛰어난 자연자원이며 '베다', '연결'은 사람의 편안하고 고요한 의존감과 만족감을 잘 드러냈다. "소주를 언급할 때마다 물이 풍부하다고 말한다. 태호, 누강婁江 및 대운하가 성을 둘러싸고 있어 성곽 밖의 수계체계를 구성했다. 성내에는 가로 세 개, 세로 네 개의 물줄기가 뚜렷한 날줄과 씨줄로 도시의 기본 구도를 만들었다. '수로의 맥락은 뱃길을 따라 순서대로 잘 구분돼 있고, 성내의 마을은 바둑판처럼 배치돼 성 전체가 네모나다(백거이).' 이는 전형적인 수상도시의 구도이고 수로와 육로가 한 벌을 이룬 교통체계이며 사람들의 칭찬을 받아왔다.

---

66) 祝穆撰, 祝洙增訂, 施和金點校:《方興勝覽》, 北京, 中華書局, 2003, 第31頁.
67) 《元和郡縣圖誌》에서는 "태호는 현 서남쪽 50리에 있다. 《禹貢》에서는 진택震澤, 《周禮》에서는 구구具區라고 한다. 호수 중간에 산이 있으면 동정산洞庭山이다"라고 했다.(李吉甫撰, 賀次君點校:《元和郡縣圖誌》, 北京, 中華書局, 1983, 第601頁.)

그 밖에 소주는 낮은 부두와 특출한 언덕을 교묘하게 활용해 '도시산림'을 조성했다. '구름이 호구사虎丘寺를 가리고 산색이 어두워진다. 달이 관와궁館娃宮을 비추니 물에 반사돼 반짝인다(백거이).' 도시가 산수와 조화를 이루니 정취는 끊임없이 나타난다."[68] 예로부터 소주 사람들은 강가에 거주하고 물에 의존해 생활해 왔으며 밀집한 수로가 물과 가깝게 하는 품성을 갖게 했다. 육로운송과 비교할 때에 소주는 고대부터 수로교통이 발달해 수로운송이 더욱 편리했다. 산업혁명 이전은, 배와 물의 마찰력이 차가 육로에서 운행할 때보다 훨씬 작고 배의 화물 부하량이 차보다도 많으며, 배를 운항할 때는 풍력을 이용할 수 있어서 수로는 강남사람의 화물과 여객수송의 최선이었다. 여사면은 다음과 같이 말했다. "수로 운송이 육로보다 저렴하다는 것은 역대로 모두 같다. …… 오자서伍子胥가 오왕吳王에게 자신이 강릉江陵의 나무를 베어 배를 만들었다고 아뢰으니 수로운송의 편리함을 알 수 있다. 그래서 진秦나라때에 이미 감어사監御史인 녹祿에게 수로를 파서 식량운송을 했다. 한대에는 수로를 통해 왕래하는 일이 유난히 많았다. …… 오吳는 요동遼東과 왕래가 빈번했을 때는 대체로 바닷길을 많이 이용했고 오의 사신인 장미張彌 등이 연淵에 의해 피살당하자 손권이 직접 연을 정벌할 정도였으므로, 그때의 항해는 그리 어려운 일은 아니었다. 위魏가 연을 토벌하려고 했을 때에도 청주靑州, 연주兗州, 유주幽州, 기주冀州 네 개의 주州에 배를 만들라는 명을 내렸다. 그리고 약장리略長吏 상림賞林이 남녀 2백여 명과 함께 바다를 통해 구장句章성에 가기도 했다. 바다를 항해하며 남북으로 모두 편리하게 갈 수 있다."[69] 그러나

68) 吳良鏞:《建築·城市·人居環境》, 石家莊, 河北敎育出版社, 2003, 第354頁.
69) 呂思勉:《秦漢史》, 上海, 上海古籍出版社, 2005, 第550-552頁.

물은 변덕이 심하다. 그것이 유통의 근원이기는 해도 언제나 사람의 마음에 드는 것은 아니다. 인류는 물을 이용하지만 물에 대해 설령 바닷물보다 부드러운 강물에 대해서라도 함부로 해서는 안 된다.[70] 물의 운송능력보다 더욱 중요한 사회학적 의미는 물을 다스리는 것이며, 이것은 바로 인류가 물을 우호적으로 대하는 태도 중의 하나이다. 수계가 일단 파괴되면 그 '업보'가 인류에게 큰 재앙을 가져올 수 있다. 소주는 특히 그렇다. 역사기록에 의하면 "북송 경력慶歷 2년(1042)에 오강에 수로 공사를 했다. 태호의 배수가 제한을 받았고 하유에도 대량의 위전圍田으로 일부 배수로를 침범했기에 오송강吳淞江은 갈수록 얕아지면서 저수와 배수 체계가 엉클어졌다. 이로 인해 소주와 송강 지역의 침수피해가 가중됐다. 원元이 남송을 멸망시킨 후에 장수, 왕공, 승려들이 다퉈 태호 유역 및 강회江淮사이의 비옥한 토지를 탈취해 점거하고 계획이 없는 호수 간척 행위를 계속해왔다. 연우延祐 4년(1317)의 통계로 평강平江(소주)로에 속하는 오현吳縣, 장주長洲, 사천四川(상숙常熟, 오강吳江, 곤산昆山, 강정嘉定)의 위전이 모두 9929개에 달했으며 수계의 혼란상황은 더욱 심각해지고 가뭄과 침수피해가 빈번했다. …… 원 이후는 부득이 개울과 물가를 깊이 파는 공사를 실시했고 명대에 특히 수해가 끊이지 않아서 …… (관리하는)공사는 적어도 천여 번 진행했다."[71] 그러므로 물에 대한 사람의 이해는 마치 생명에 대한 이해

---

70) 고고발굴 자료에 의하면 "7천 년 전부터 녕소寧紹평원은 육지로 확대되는 과정에 있었으며 더 이상 대규모로 해침海侵된 고고학 증거가 없었다. 연구에 의하면 하모도문화가 몰락한 이유는 요강 물길의 변형, 염조鹹潮, 홍수, 침수 피해 등 수문환경으로 인한 것이지 해침 때문은 아니다."(王海明:《浙江史前考古學文化之環境觀》, 浙江省社會科學院國際良渚文化研究中心編:《良渚文化探秘》, 北京, 人民出版社, 2006, 第84頁.)

71) 孟昭華:《中國災荒史記》, 北京, 中國社會出版社, 1999, 第498頁.

와 같았으며, 그러한 이해의 정도가 행복지수와 비례한다. 물은 절대 죽은 사물이 아니며 생명력이 있다. 인류가 생명에 대한 마음으로 물을 대해야만 생명의 복지를 누릴 수 있다. '호수개척'은 인류의 경지 농작물을 재배하는 실익을 만족시켰으나 흐름을 생명으로 삼고 갈수록 위축되는 물에 대해서는 분명히 반생명적 행위이다. 따라서 '수해가 끊이지 않는'것은 사실상 자업자득인 셈이다.

물 때문에 소주의 도회 및 건축은 활발하고 날렵한 분위기를 지니게 됐다. 소주의 도성인 평강성平江城의 구조에는 물이 흐르는 자유분방한 생동감이 있다. 왕진복은 "평강성의 평면도는 정사각형으로 남북이 길고 동서가 좁으며 깊은 느낌이 있다. 거리는 종횡으로 평평하고 곧지만 당나라 장안의 '바둑판' 모양은 아니다. 반듯하면서도 매우 '자유'로우며 봉건사회의 수공업과 무역경제문화의 전형적인 특징을 반영했다. 평강의 평면구도는 보편적인 고대 도성과는 상당한 차이를 보였다"72) 라고 말했다. 물의 정수는 움직임에 있고 잘 전해 내려오는 데에 있으며, 물이 이 세상에서 가장 중요하다. 물이 생명에 준 깨달음은 통달과 빼어난 우아함이고, 소주성이 의식형태의 통섭에서 성공적으로 벗어나게 했다. 건축이 왕권과 연관되고 이곳도 제왕의 기를 받았다면 이른바 제왕은 중원에서 도망쳐 온 '오태백'73)일 수밖에 없다. 그는 소주에게 의식형태의 속박을 주지 않을 뿐만 아니라 오히려 물이 흐르는 운

---

72) 王振復:《中華意匠: 中國建築基本門類》, 上海, 復旦大學出版社, 2001, 第30-31頁
73) 《史記 · 吳太伯世家》에서는 "태백이 오吳를 세운 후 5대를 지나자 무왕武王이 은殷을 멸망 시키고서는 두 개의 나라로 봉했다. 하나는 우虞이며 중국에 위치하고, 다른 하나는 오吳이며 이만夷蠻에 위치했다. 12대 때에 진晉이 중국의 우를 멸망시켰다. 중국의 우는 2대에서 망했지만 이만의 오는 흥했다."(司馬遷撰, 裴駰集解, 司馬貞索引, 張守節正義:《史記》, 北京, 中華書局, 1982, 第1448頁.)

치로써 강남을 변화시켰다. 상숙常熟을 한 번 살펴보자. "우산虞山 동쪽이 성 안으로 들어가 있고 서쪽은 20리나 이어지며, 상숙성은 '산을 타고 우뚝 섰다'. 남쪽은 상호尙湖와 서로 기대어 강남의 기이한 경관이 됐다. 또한 하나의 강이 성을 관통하고 가로로는 일곱 개의 시냇물이 흐른다. 산성의 아름다움과 물 고장의 빼어남이 서로 빛을 더하면서 '일곱 개의 시냇물이 모두 바다와 통하고, 십 리 청산은 반이 성안에 있는'(沈以潛) 구조를 이뤘으니 가히 도시 설계의 가작이라 할 수 있다."74) 물과 도시의 결합은 바로 생태적인 구상이자 결과이다. 소주 시민은 늘 '집집마다 강을 베개로 삼는' 광경을 보이면서 자유자재로 원하는 방식대로 생활하며 물과 떼려야 뗄 수 없는 인연을 맺었다. 두순학杜荀鶴의 《送人游吳》에 다음과 같은 내용이 있다. "그대 소주에 가면 보게나.(중략) 옛 궁전의 빈터는 적고 수항에는 다리가 많네. 밤 시장에서 연뿌리와 마름 열매를 팔고, 물 위의 배는 수놓은 비단을 실어 나른다네. 저 멀리 있는 자네 생각이 나네. 잠들지 못하는 밤에 뱃노래가 들리니 고향이 생각나네."75) 어쩐지 학자들이 "도시 전체를 조화롭게 하기 위해 광의적 건축설계 관점으로 도시를 바라봐야 하고, 도시계획을 건축설계와 결합시켜야 한다. 또한 도시를 자연과 결합시켜야 하며 도시, 원림, 건축을 공예미술과도 결합시켜야 한다. 그래야 도시전체가 조화로운 경지를 이룰 수 있다. 이러한 중국 도시계획체계의 특징은 강남 도시건축에 잘 반영됐으며 또한 극치로 발전시켜 산수에 스며든 조화로운 설계체계를 구성하고, 중국 도시건축사상 가장 특별한 성취를 이뤘다"76)라고 말했다. 인류 건축과 자연생태요소의 '환상적인

---

74) 吳良鏞:《建築·城市·人居環境》, 石家莊, 河北敎育出版社, 2003, 第354頁.
75) 祝穆撰, 祝洙增訂, 施和金點校:《方輿勝覽》, 北京, 中華書局, 2003, 第49頁.
76) 吳良鏞:《建築·城市·人居環境》, 石家莊, 河北敎育出版社, 2003, 第354頁.

결합'은 이 도회의 건축문화가 다원적인 복합체계임을 결정했다.[77)]

오량용은 수로 구조를 근거로 해 소주의 수상 마을 구조유형을 다음과 같이 정리했다.

소주의 강남 마을은 대다수 평원에 위치하며 이들의 발전은 물과 밀접한 연관이 있다. 이는 판교板橋, 오계烏溪, 사저社渚, 양탄楊灘, 횡당橫塘, 남갑南閘, 목독木瀆, 장포張浦, 성택盛澤, 능호菱湖, 남심南潯 등의 마을 이름에서 알 수 있다. 마을의 구도는 더욱 물의 기세에 따라 "산은 평평하고 물은 광활하며 다리의 그림자가 마을 사이사이의 시냇물에 비춰진다.(이유방李流芳)", "물가에는 여러 채의 초가집이 있고, 버들잎이 대문에 푸른 색을 비춘다.(손적孫規)"와 같이 물과 연관된다. 수로의 구조특징에 따라 마을의 구도는 다음과 같은 몇 가지 유형이 있다.

첫 번째는 밀집형이다. 귀안현歸安 능호진菱湖鎭처럼 도시의 밖은 강물로 둘러싸이고, 성 내는 수로가 밀집돼 있다. "마을은 배로 장사를 하고, 육지가 사라진 곳에서는 물이 이웃이 된다.", "많은 산이 멀리서 띠를 이루고, 마주 보는 바위들은 푸른 빛을 띠며 우뚝하다." 오강현의 동리진同里鎭, 귀안현의 쌍림진雙林鎭, 청포현靑浦縣 등도 수로로 그물모양의 구도를 구성했다.

두 번째는 십자형이다. 마을에는 두 개의 강물이 서로 겹치면서 십자 혹은 정丁자 구도로 돼 있고, 수로가 겹치는 곳이 마을의 중심이다. 가정현嘉定縣의 마육진馬陸鎭은 "동쪽과 서쪽에는 사람들이 많아 시끌벅적하고, 남쪽과 북쪽 거리는 십자로 나눠졌다." 오정현烏程縣 남순

---

77) 오량용은 다음과 같이 말했다. "강남 건축문화(심지어 다른 문화까지)는 강남의 '본토문화' 혹은 '초민初民문화'가 아니라 중원문화를 심지어 해외문화를 도입, 흡수, 융합시켰다. 그래서 '개방성'과 '이질 문화를 잘 받아들임'이 강남 건축문화의 중요 특징이라 할 수 있고, 이도 강남 지역이 문화가 번창하고 본토문화를 뛰어넘은 중요한 원인이다."(吳良鏞 :《建築·城市·人居環境》, 石家莊, 河北教育出版社, 2003, 第368頁.)

진南潯鎭은 "도시 누각의 밝은 불빛이 물가를 붉게 물들이고, 십자로 나눠진 거리는 곳곳으로 통한다". 이러한 유형으로 곤산현昆山縣 녹직진甪直鎭, 오정현 오진烏鎭, 가정현 남상진南翔鎭 등이 있다.

세 번째는 일자형이다. 강 하나가 도시 중간을 관통하고 마을은 수상운송으로 인해 강을 따라 뻗어 나간다. 예를 들어, 오강현 여리진黎里鎭, 화정현華亭縣 칠보진七寶鎭, 그리고 오강현 진택진震澤鎭, 이런 마을의 규모는 대체로 크지 않다.78)

'소주'는 소주성蘇州城 안의 구역만 가리키는 것이 아니라 일종의 문화도회의 관념이고, 마을은 소주라는 문화도회관념에 있어서 없어선 안 되는 부분이다. 바둑알처럼 밀집된 마을에서 일자형 구도가 단순한 선성배열이고 십자형 구도가 종횡으로 교차된 조합이라면 밀집형 마을은 전방위적인 입체구도라 할 수 있다. 이것으로 소주의 물 문화는 다원적 요소로 인해 매우 발달했음을 알 수 있다.

이와 맞물려 소주의 건축에도 물의 섬세한 정서로 가득 차 있다. 진종주는 오강 동리진에 대해 재미난 서술을 했다. "오강 동리진은 강남 수향 중의 으뜸이다. 마을의 사방으로 강물이 흐르고, 가구마다 서로 마주보고 있고, 집집마다 강을 사이에 두고 있다. 물로 인해 거리가 되고, 시장이 되고, 원림이 된다. 임씨任氏의 퇴사원退思園은 강남원림 중에서 독창적이며 첩수원貼水園의 특별한 사례이다. 산, 정자, 객사, 회랑, 행랑, 사정 등 모두 바로 물에 바싹 붙어 있어 원림 전체가 마치 물 속에서 나온 것 같다. 이는 물가에 지은 소주 망사원과 비교할 때에 사뭇 다른 경관을 선사했다. 전자는 물에 바싹 붙어 있고 후자는 물가에 있다. 의수依水(물가에 가까이 있음)는 석가산과 건축물이 모두 물

---

78) 吳良鏞:《建築・城市・人居環境》, 石家莊, 河北教育出版社, 2003, 第3546-357頁.

을 둘러싸고 있지만 건축물과 물의 높낮이와 멀고 가까운 차이로 인해 첩수원과 의수원依水園으로 구분됐다. 두 구조는 모두 물을 따라 건축 했다. 다만 기발한 구상에 차이가 있고, 차별화되게 디자인했기 때문에 이와 같은 결과를 내게 됐다."[79] 참으로 기발하고 정교한 생각이다! 물과 가까이 한다는 것은 그리 어려운 일이 아니다. 누군가 바다와 마주하고 따스한 봄에 활짝 핀 꽃을 바라보는 것이 물과 가까이 하는 것이고, 누군가 격물치지해 솔개가 날고 물고기가 뛰어 오르는 것을 바라보는 것도 물과 가까이 하는 것이고, 심지어 호수의 물을 다 퍼내어 고기를 잡고, 정위조精衛鳥에게 바다를 메우게 하는 것도 물과 가까이 하는 것이다. 어려운 것이 있다면 건축물을 통해 사람과 물 사이의 미묘한 변화와 섬세한 차이를 어떻게 표현하는지의 여부에 달렸다. 첩수와 의수의 구분은 건축물과 수면 간격의 높고 낮음의 차이가 아니라 사람과 물의 은밀한 대화공간의 미학적 표현이다. 물에 바싹 붙어 있는 건축물은 사람과 물이 일체임을 나타내며, 사람이 곧 물이고 물이 곧 사람이며, 사람의 생명과 물의 생명 사이에서의 직접적인 대체와 화답이다. 물 옆의 건축물은 사람이 물을 감상하고 평가하는 과정을 철저히 보여준다. 사람은 사람이고 물은 물이며, 사람이 물을 감상하기 위해서는 반드시 육지에서 안도감이 어느 정도 보장되는 상황에서 물을 감상한다. 물의 생명은 거울에 비춰진 이미지 형식으로 기억 속에 남는다. 건물에 바싹 붙은 물은 고요해야 하며 그렇지 않으면 물은 육지로 넘친다. 건물 옆의 물은 동적이어야 하나 베네치아의 바닷물이 건물의 기초부분을 침몰하는 것과 같은 풍랑과 조수가 있어서도 안 된다. 동과 정을 모두 겸비해야 한다. 여기저기의 원림에서 사람과 물, 인성과

---

79) 陳從周 : 《梓翁說園》, 北京, 北京出版社, 2004, 第36頁.

수성이 어떤 특별한 계기로 각기 다른 형식의 생명과 자연 깨달음을 실천하게 되는지를 보라. 더군다나 수향은 골목까지 이색적이다. 수항은 단순히 물 가까이에 거주하는 것이 아니라 여러 유형이 있다.[80] 게슈탈트 심리학[81]중에서 특히 예술적인 시지각원리에 의하면 사람들은

---

80) 구체적으로는 다음과 같다. "수상 골목 형. 강가 양 쪽의 민가는 호안제 위에 지어 깊숙한 수상 골목을 이뤘다. 배들이 오가며 물에 비친 그림자가 흔들리고, 노 젓는 소리가 여기저기서 삐걱거린다. 민가의 외벽은 흰색이고 기와는 검푸르며 높낮이가 다른 집들이 빽빽하게 수상 경관을 조성했다. 수상 골목에는 정해진 간격으로 각양각색의 돌다리와 강을 건널 수 있는 개인용 다리, 통로, 물가의 누각 등이 설치돼 있다. '동서남북 어디든 다리가 보이고'(백거이), 상점, 찻집, 주점, 부두(강가의 부두) 등은 모두 교량과 연결돼 있다. 그곳은 사람들이 활동하는 집중지역이 됐고 수상 골목의 경관을 다채롭게 했으며 도시의 조용하고 아늑한 거주분위기를 조성했다. 또한 '그대 소주에 오면 보게나. 옛 궁전의 빈터는 적고 물의 고장에는 다리가 많네(두순학)' 라는 수상 마을의 운치를 나타냈다. 거리 형. 강남의 도시는 경제가 번창해서 주민들은 늘 앞면은 거리와 마주하고 강을 등지고 있다. 앞이 거리이고 뒤가 강가인 것은 수상과 육로 교통시스템의 편의를 겸하게 된다. 길가의 주택이 단층이면 앞이 가게 뒤가 주택이고, 다층이면 아래층이 가게이고 위에는 주택이며 구도에 맞게 배치했다. 청색 석판으로 바닥을 깔고, 높은 벽 사이의 강남 골목은 민가와 서로 연결돼 있다. 골목 입구, 생정문, 목탑, 사찰, 정자, 우물 등 랜드마크 기능을 하는 건축들이 민가와 조합을 이뤘다. 건축 요소가 많고 설계가 정교하며 배치가 잘 짜여있지만 붐비지 않으며, 거주환경에 정취를 더해 사람의 눈길을 사로잡는 예술적 화면을 구성했다. 물가 옆 거리 형. 거리는 강물과 평행하며 '작은 강은 각기 다른 물줄기이고 그 사이 사이에 크고 작은 거리가 있다'. 민가는 물가에 위치하고, 강물과 마주보는 민가는 몇 걸음이면 바로 물가로 갈 수 있다. '곳곳의 건물 앞에는 음악 소리가 들리고, 집집마다 문 앞에 배가 정박돼 있다(백거이).' 대문을 나서면 수상 육로 모두 편리하다. 물가와 마주 보는 거리는 가지런한 굽은 돌로 쌓은 강가이고, 강에는 다양한 부두와 계단이 설치돼 있다. 강물이 서로 교차되고 거리가 굽은 곳이면 2, 3개 작은 다리를 설치해 교통에 편리를 제공하고 강가 거리에 수향의 자태도 더했다. 옛날에 유명한 창문間門에서 호구虎丘로 통하는 칠리산당七里山塘거리는 강가, 거리, 호안제가 서로 어울려서 하나가 돼 '은 고삐로 애마를 이끌고, 꽃으로 장식한 배에는 미인을 실어 나른다'. '호수 제방에 머물기를 좋아하고, 봄의 풍경을 오래 간직한다'와 같은 아름다운 시구가 바로 대표작이다."(吳良鏞:《建築·城市·人居環境》, 石家莊, 河北教育出版社, 2003, 第360-361頁.)
81) 역주: 게슈탈트 심리학은 인간은 자신이 본 것을 조직화하려는 기본 성향을 가지고

한 폭의 그림에서 늘 선험적으로 전경前景 — 배경背景을 찾아내서 전경이 되는 이미지가 배경인 바탕색에서 부각됨을 통해 그림의 주제를 결정한다.[82] 그러나 소주의 도시 평면도에서 전경 — 배경이 끊임없이 바뀌는 것을 발견할 수 있다. 때로는 수로가 건축의 바탕이 돼서 물이 들쭉날쭉한 호안제와 다리를 돋보이게 하고, 때로는 수로가 땅의 차트가 돼서 건축이 배경으로서 자욱하다가 자취를 감췄다가 사라진다. 이리해서 사람과 물의 대화는 원림뿐만 아니라 일반 서민 가정생활의 주제가 돼서 마침 생태미학이 추구하는 경지와 부합하다.

소주의 구불구불한 골목과 뱃노래 소리 속에 강조할 만한 점이 두 가지가 더 있다. 우선, 문은 수항의 특별한 추억 중의 하나이다. 성문은 건축에 있어서 밖으로부터 외적의 침입을 막기 위해 설치한 것이며, 안과 밖의 대항관계를 드러내는 기본요소이다. 문은 방문자가 경외심을 가지도록 주인의 주체적 존엄성을 보여 준다. 하지만 소주의 성문은 외적을 방어하는 기능보다 물이 자유롭게 드나들기 위해 설치한 것이다. 《吳地記》에는 "소주의 유명한 지표가 열 개이고 토지 크기는 여섯 번째이며 일곱 개 현과 여덟 개 성문은 모두 수로와 육로로 통한다. 성곽에는 3백 여 개의 골목이 있고 오吳와 장長 두 현에는 60개 마을이 있으며 무지개 모양의 다리가 3백 여 개이다. 땅이 넓고 인구가 많으며

있으며, 전체는 부분의 합 이상이라는 점을 강조하는 심리학을 가리킨다.

82) 아시하라 요시노부는 다음과 같이 말했다. "우리는 늘 무의식적으로 육지를 '도형', 수면을 육지의 '배경'으로 본다. 바꿔서 수면을 주인공으로 보고 육지를 그 배경으로, 즉 수면을 '도형'으로 삼고, 육지를 '배경'이라 생각한다면 도시에서 수면의 경관은 상당히 개선될 것이다."([日]蘆原義信：《街道的美學》, 尹培桐譯, 天津, 百花文藝出版社, 2006, 第194頁.)

백성들은 다수가 부유하다"[83])라는 기록이 있다. 성문인 만큼 전쟁을 대비할 기능도 있어야 한다. "평문平門 북쪽에 비릉毗陵으로 통하는 수로와 육로가 있다. 오자서가 제齊를 평정할 때에 군대가 이 문에서 출발해서 평문平門이라 이름지었다."[84]) '일곱 개의 현과 여덟 개의 성문이 모두 수로와 육로로 연결돼 있는 것'은 바로 강남 및 소주 성문의 특징이다.[85]) 성문의 더욱 중요한 기능은 수로를 소통하는 것이다. 그렇지 않으면 성 안의 물은 죽은 물이 될 것이다.[86]) 일반적으로 성문에는 수로와 육로가 모두 있지만 역사적인 이유로 하나만 남기게 된다면 육로를 폐지하고 수로를 남길 것이다. 예를 들어, "서문胥門은 오자서의 저택 때문에 이름을 얻었으며 돌로 된 비석이 아직도 남아 있다. 태호로 나가는 수로와 육로 중에서 현재는 육로가 폐기됐다. 성문 남쪽 3리 정도에 저성儲城이 있는데 그곳은 월왕이 식량을 저장하는 장소였다."[87])그러므로 성문의 본래 뜻은 백성에게 편의를 제공하기 위해서

---

83) 陸廣微撰, 曹林娣校注:《吳地記》, 南京, 江蘇古籍出版社, 1999, 第111頁.

84) 陸廣微撰, 曹林娣校注:《吳地記》, 南京, 江蘇古籍出版社, 1999, 第31頁.

85) 진정상은 "부성府城과 주성州城은 성문이 비교적 많다. 남방의 성은 수로에 걸쳐있기에 수문을 별도로 설치해야 한다. 수문은 남방 도시의 또 다른 지리적 특징이다. 강소, 절강 지역의 많은 성은 수문이 육로의 성문처럼 많다. 예, 절강 소흥부의 옛 성에는 모두 아홉 개의 문이 있다. 육로 성문 3개, 수로 성문 3개, 또 다른 3개는 수륙 겸용이다"라고 말했다.(陳正祥:《中國文化地理》, 北京, 生活·讀書·新知三聯書店, 1983, 第80頁.)

86) 《吳興續誌》에 다음과 같은 기록이 있다. "수로는 다섯 개이다. 구지舊誌에서 이르기를, 영희문迎禧門의 수로에는 지금 성벽을 쌓아야 해서 막아 버렸다. 동쪽 영춘문迎春門을 나가면 소주부 경계이며 바로 운하이다. 남으로 안정문安定門을 나서면 항주부 경계이고, 서쪽으로 청원문清源門으로 나가면 광덕주廣德州에 갈 수 있고, 북으로 봉승문奉勝門과 북동쪽 임호문臨湖門을 나가면 태호에 갈 수 있다."(馬蓉等點校:《永樂大典方誌輯佚》, 北京, 中華書局, 2004, 第711頁.)

87) 陸廣微撰, 曹林娣校注:《吳地記》, 南京, 江蘇古籍出版社, 1999, 第19頁.

이지 적을 방어하기 위한 것은 아니다.[88] 성문은 성 안의 사람을 지향하고 백성의 생활에 영향을 미친다.[89] 이 때문에 소주 사람들은 물속의 움직이는 용에 비유해 성문에 이름붙이기를 선호한다. 반문盤門이 바로 그 예이다. 《吳地記》의 기록에 "반문은 옛적에 반문蟠門이라고 했다. 나무로 몸을 서린 용을 조각해서 월을 지켰고, 또한 수로와 육로가 반반이고 물이 돌고 돌며 흘러서 반문盤門이라고 이름했다."[90] 그 다음으로 소주의 원림도 물을 주체로 삼았다.[91] 원림에 있어서 물은 아름다운 풍경의 주제이다. 물이란 주제는 미학에서 상당히 높은 수준으로 요구된다. "원림은 면적이 작다 보니 호수를 넓게 보이게 하려면

---

88) 《吳興續誌》에서 이르기를, "나성羅城은 구지舊誌의 기록에 의하면 둘레가 24리이고 원元 초에 평평하게 없앴다고 한다. …… 수륙 성문이 모두 여덟 개이고, 그 위에 성루를 짓고 참호를 개조했으며 옛 터의 모습을 복원한 것이 아니다. 왕실에는 손익이 없었다. 홍무洪武 6년에 백성의 편리함을 위해 지부인 초악楚岳이 다시 청원 육로 성문과 봉승 수로 성문을 새로 만들어 도합 열 개가 됐다."(馬蓉等點校 :《永樂大典方誌輯佚》, 北京, 中華書局, 2004, 第719頁.)

89) 진정상은 "지역과 가깝거나 가로지른 교통요도는 수로를 포함해 도시 발전에 매우 큰 영향을 미친다. 대운하가 소주성 서쪽을 통과해서 서문 밖의 상업이 유난히 발달했다"라고 말했다.(陳正祥 :《中國文化地理》, 北京, 生活·讀書·新知三聯書店, 1983, 第80頁.)

90) 陸廣微撰, 曹林娣校注 :《吳地記》, 南京, 江蘇古籍出版社, 1999, 第21頁.

91) 진종주가 말하기를 "졸정원拙政園의 구도 개념은 물이다. 연못 면적이 전체의 5분의 3를 차지했고, 중요 건물의 8, 9할을 물가에 건축했다. 문정명文徵明의 《拙政園記》에서는 '도시 동북쪽 끝에 루문婁門과 제문齊門 사이에 놀리는 땅이 많은데, 그곳에 물이 고이고 조금만 관리해 나무를 둘러 심었다. ……' 이로써 원래의 지형을 따라 설계했음을 알 수 있고, 이는 명말 계성의 《園冶》의 《相地》에서 말한 '높은 곳에는 정자를 세울 수 있고, 낮은 곳에는 연못을 팔 수 있다. ……'라고 하는 지세에 따르는 방법과 같다. 따라서 해당 원림이 물을 주제로 했다는 것은 일리가 있다. 소주에서 이 원림뿐만 아니라 괄계두항闊阶頭巷의 망사원도 물이 전체 면적의 5분의 4를 차지했다. 평문의 오무원五亩園도 연못이 꼬불꼬불 길게 이어졌는데 멀리서 물이 깊게 보이며 모두 원래의 지형에서 만들어진 것이다."(陳從周 :《梓翁說園》, 北京, 北京出版社, 2004, 第59-60頁.)

설계가 적절해야 한다. 그 방법은 두 가지이다. 첫 번째 방법은 연못의 평면을 불규칙으로 하고 그 사이에 인공 섬을 만들어 작은 다리로 연결하는 것이다. 이렇게 하면 공간적으로 모든 경관이 한 눈에 들어오지 않게 된다. 두 번째 방법은 구불구불한 물가와 출구 설계에 신경을 쓰는 것이다. 일부러 물에 굽이를 많이 줘서 멀리서 수원지가 많아 보이게 한다. 이렇게 되면 끝없이 물이 흘러들고 흘러나가 깊은 골짜기에 숨어 있는 느낌을 받게 한다."[92] 원림의 물은 의미심장하다. 망망대해가 아닌데도 끝없이 펼쳐지는 모습을 보여야만 원림 주인이 여유와 품격을 갖추고 심성을 체득하는 방법이라 할 수 있다. 여기서 중요한 포인트는 '장藏'에 있다. 경관이 '한 눈에 들어오면'실패작이다. 원림의 물은 필히 '끝없이 흘러들고 흘러나가서 마치 깊은 골짜기에 숨어 있는 느낌을 받아야 한다.' 사람들은 항상 양주揚州의 원림을 소주원림과 비교한다. 진종주는 "나는 소주의 건축과 원림의 품격은 마치 오어吳語에서 말하는 '糯(나)'의 뜻처럼 부드럽고, 양주의 건축과 원림의 품격은 우아하고 튼튼하다고 본다. 송대 강기姜夔의 사詞는 '강직한 필력으로 부드러움을 써냈다'. 이는 아름다운 경치를 표현해 내고자 하는 것이며 품격이 각기 다르지만 진실을 추구하는 것은 같다"[93]라고 했다. 한마디로 소주의 원림은 짙은 문인의 품격을 지니고 있다.[94] 어진 자는 산

---

92) 陳從周:《梓翁說園》, 北京, 北京出版社, 2004, 第71頁.

93) 陳從周:《梓翁說園》, 北京, 北京出版社, 2004, 第45頁.

94) 오량용은 다음과 같이 말했다. "오늘날 소주와 양주는 자연조건이 비슷하고 물산과 풍습도 비슷해 모두 원림도시에 속하지만 자세히 생각해 보면 두 도시 원림 건축에 있어서 상당한 문화적인 차이가 있다는 것을 어렵지 않게 발견할 수 있다. 송대부터 청말까지 소주의 문인기질은 줄곧 번성했고, 그 사이에 관료와 지주 및 상인들이 모였지만 도시 원림 건축이 기본적으로 소박하고, 청명하고, 우아한 자연적 문인원文人園 품격을 유지한 것은 문화의 영향을 받았기 때문이다. 양주는 그렇지 않았다. 성당盛唐에 이르러 양주는 이미 변화한 상업도시였으며 '양주가 제일, 익주가 제이'

을 좋아하고 지혜로운 자는 물을 좋아한다. 원림의 물이 구불구불하니 마치 말을 꺼낼 듯 말 듯한데, 일종의 성공 후 은퇴의 상실감이나 경치에 살짝 도취돼 있는 느낌을 말한다. 이 도회에서 물은 담체擔體뿐만 아니라 영혼이기도 하다.

제4절 촘촘한 기억

강남도회의 또 다른 품격은 마을의 밀집이다. 많은 마을이 마치 밤하늘의 별처럼 잘게 빛나는데, 해와 달의 눈부신 빛은 아니지만 강남 대지에 뿌려진 빛나는 진주와 같다. 강남의 향鄕 및 진鎭급 도회는 숫자가 많고 '실력'도 두둑하며, 중앙집권의 '억압'을 받은 북방의 외진 시골—시골마을은 도성, 도시, 대도회와는 경제적인 실력, 사회적인 지위, 신분에 있어서 격차가 매우 큼—과는 다르다. 강남 마을은 종종 백성들이 재물을 소지하고 있다. 이것은 주류와 변두리 사이가 서로

라는 말이 있었다. 중당, 만당 시기의 양주는 더욱 '천하의 가장 부유한' 도회였으며 상업경제가 도시 발전에 있어서 매우 중요했다. 청대 양주는 제염업으로 번화했다. 염상은 서민의 중요 계층였다. 이들은 문인과 상인의 일체로서 관계官界에 드나들며 문화를 지원했다. 그래서 양주 역시 강남의 중요한 문화도시이며 그 당시에 많은 문인들과 예술가들이 모였다. 서화에는 '양주팔괴揚州八怪'가 있었고, 공예 미술이 비교적 번성했다. 이런 상황에서 상인들은 양주의 편리한 수상운송으로 휘주徽州, 소주 및 북방에서 장인을 데려오고 석재를 운반했으며, 석가산을 만드는 전문가를 초빙해 다투어 원림을 조성했다. 그러다 보니 '양주는 원림으로 유명해지고, 원림은 석가산으로 인해 유명하다'라는 말까지 생길 정도였다. 이는 양주의 원림이 남북의 특색을 융합했고 문인과 상인의 기질이 섞여 있다는 특징을 보였으며, 경제적인 요소가 원림 건축에 미친 영향이 컸다."(吳良鏞:《建築·城市·人居環境》, 石家莊, 河北教育出版社, 2003, 第367頁.)

소식을 소통하고 모이고 흩어지는 것이 자유롭고, 스스로 즐거움을 느끼면서 자연스럽고 멋진 느낌을 갖게 된다.

《漢書》의 기록에 의하면, 기원전 2세기부터 기원후 2세기까지 강남 지역에는 이미 많은 현과 서가 조밀하게 분포돼 있어서 회계군會稽郡 및 단양군丹揚郡이 총괄해왔다.[95] 《吳地記后集》만 봐도 다음과 같은

---

95) 《漢書·地理誌》에 다음과 같은 기록이 있다. "회계군會稽郡은 진秦이 설치했다. 고제高帝 6년에 형국荊國이었고, 12년에 오군吳郡으로 이름을 바꿨다. 경제景帝 4년 강도江都에 속하고 양주자사부揚州刺史部에 속했다. 223,380가구에 인구는 132만 6천 4백명이며 총26개 현이 있었다. 오현吳縣(옛 나라이름. 주태백이 만든 것이다. 구구택具區澤는 서쪽에 있고 양주의 숲이며 옛 문서에 진택이라고 기록돼 있다. 남강南江은 남쪽에 있고, 동쪽으로 바다로 흘러갔으며 양주의 하천이다. 왕망王莽 왕조에 태덕현泰德縣이라고 했다), 곡아현曲阿縣(옛 운양현雲陽縣. 왕망 왕조에는 풍미현風美縣), 오상현烏傷縣(왕망 왕조에는 오효현烏孝縣), 비릉현毗陵縣(계찰이 머물던 곳. 장강은 북쪽에 있고 동쪽으로 바다로 흘러 들어가며 양주의 하천이다. 왕망 왕조에는 비단현毗壇縣), 여기현余暨縣(반수潘水가 소산蕭山에서 흘러 내려와 동으로 바다로 흘러들어 간다. 왕망 시기에는 여연현余衍縣), 양선현陽羨縣, 제기현諸暨縣(왕망 왕조 소로현疏虜縣), 무석현無錫縣(역산歷山이 있고 춘신군春申君이 매년 소로 제사를 올린다. 왕망 왕조의 유석현有錫縣), 산음현山陰縣(회계산이 남쪽에 있고 위에는 우임금의 생가와 우물이 있고 양주의 산릉이다. 월왕 구천의 본국이며 영문원靈文園이 있다) 단도현丹徒縣, 여요현余姚縣, 누현婁縣(합려가 월을을 감시하기 위해 만든 남무성南武城이 있다. 왕망 왕조에는 누치현婁治縣), 상우현上虞縣(구정仇亭이 있고 가수柯水는 동쪽으로 바다로 흘러들며 왕망 왕조에는 회계현), 해염현海鹽縣(옛 무원향武原鄉이고 염관鹽官이 있으며 왕망 시기의 전무현展武縣), 섬현剡縣(왕망 왕조의 진충현尽忠縣), 유권현由拳縣, 채벽현柴辟縣(바로 이향李鄉이다. 오와 월이 전쟁을 벌인 곳), 대말현大末縣(곡수谷水가 동으로 전당현錢唐縣을 거쳐 장강으로 흘러 들어간다. 왕망 왕조의 말치현末治縣), 오정현烏程縣, 구양정歐陽亭이 있다. 구장현句章縣(거수渠水가 동쪽으로 동해에 흘러들어 간다), 여항현余杭縣(왕망 왕조에는 진목현進睦縣), 은현鄮縣(진정진鎮亭과 길육정鮚埼亭이 있다. 동남쪽의 천문수天門水가 바다로 흘러든다. 월나라 때의 천문산天門山이 있으며 왕망 왕조에 근현謹縣이라고 함), 전당현錢唐縣(서부도위西部都尉가 다스린다. 무림수武林水가 830리에 달하며 무림산武林山에서 흘러내려와 동쪽으로 바다에 들어간다. 왕망 시기의 천정현泉亭縣), 등현鄧縣(왕망 왕조에는 해치현海治縣), 부춘현富春縣(왕망 시기의 주세현

사실을 알 수 있다.

　　오현에는 오문吳門, 이와利娃, 영안永安, 이인履仁, 봉황鳳凰, 영암靈岩, 횡산橫山, 태평太平, 오원吳苑, 지덕至德, 서대胥臺, 남궁南宮, 서화西華, 동정洞庭, 장수長壽, 채선蔡仙, 고소姑蘇, 진택震澤, 장산長山, 존례遵禮 등 스무 개, 장주현長洲縣에는 상원上元, 악안樂安, 봉지鳳池, 청파淸波, 도의道義, 대운大雲, 동오東吳, 무구武邱, 오궁吳宮, 진공陳公, 소대蘇臺, 금아金鵝, 습의習義, 의인依仁, 유교儒敎, 윤산尹山, 팽화彭華, 익지益地, 동오하향東吳下鄕 등 열아홉 개가 있었고, 곤산현昆山縣에는 주당朱塘, 적선積善, 금오金吳, 협수浹水, 영안永安, 무원武元, 안정安亭, 임강臨江, 호천湖川, 춘신春申, 혜안惠安, 초당醋塘, 신안新安, 왕악王樂 등 열네 개, 상숙현常熟縣에는 적선積善, 개원开元, 태평太平, 감화感化, 남사南沙, 숭소崇素, 단위端委, 귀정歸政, 쌍봉双鳳, 사정思政, 곽행郭行, 승평升平 등 열두 개가 있었으며, 그리고 오강현吳江縣 오향五鄕에는

주세현誅歲縣), 야현冶縣, 회포현回浦縣(남부도위南部都尉가 다스린다), 단양군丹揚郡(옛 장군부鄣郡. 강도江都에 속한다. 무제武帝 원봉元封 2년에 단양군으로 바뀌어 양주자사부에 속한다) 17만 7,541가구에 인구가 40만 5,171인이다(동을 관리 하는 관원이 있다). 아래에 17개의 현이 있다. 완릉현宛陵縣(팽택彭澤이 서남쪽에 모여 있다. 청수淸水가 서북쪽 무호蕪湖를 거쳐 장강으로 흘러든다. 왕망 왕조의 무완현無宛縣), 어체현于替縣, 강승현江乘縣(왕망 왕조에는 상무현相武縣), 춘곡현春谷縣, 말릉현秣陵縣(왕망 왕조에는 선정현宣亭縣), 고장현故鄣縣(왕망 왕조의 후망현候望縣), 구용현句容縣, 경현涇縣, 단양현丹陽縣(초나라 선조 웅역熊绎의 봉지였다. 18대 이후 문왕文王이 영郢으로 옮겼다.), 석성현石城縣(분강分江의 물이 가장 먼저 장강으로부터 수원을 공급받고 동쪽인 여요현을 거쳐 바다로 흘러간다. 두 개의 군을 경유하고 길이가 1천2백 리이다), 호숙현胡孰縣, 능양현陵陽縣(상흠桑欽은 회수가 동남쪽에서 흘러내려오고 북으로 장강에 들어간다고 했다), 무호현蕪湖縣(중강中江이 서남쪽으로 흘러나가고 동쪽인 양선현陽羨縣에서 바다로 들어가면 양주의 하천이다), 유현黝縣(절강이 남쪽 만이蠻夷에서 내려와 동쪽으로 바다로 흘러 들어간다. 성제成帝 홍가鴻嘉 2년에 광덕왕국廣德王國이었으며 왕망 왕조에는 서로현恕虏縣), 율량현溧陽縣, 흡현歙縣(도위都尉가 다스린다), 선성현宣城縣."(班固撰, 顔師古注 : 《漢書》, 北京, 中華書局, 1962, 第1591-1592頁.)

원징源澄, 진택震澤, 감화感化, 구영久咏, 범우范隅 다섯 개 도회가 있
었다.96)

　　남경, 항주, 소주 등 도회의 선도 하에 강남 마을의 발전은 매우 급
격했다.97) 성택盛澤은 "비단의 이윤이 갈수록 확대되고 남북의 상품이
모두 이곳으로 모여들어 거대한 마을이 됐다". 성택 마을의 유래처럼
수상교통이 발달한 마을에서 일상생활의 필요에 따라 끊임없이 발전하
고 성숙해지면서 번성했다. 하지만 이런 마을의 성장은 행정지역의 구
분결과가 아니며, 객관적으로 봤을 때는 오히려 그 반대인 중앙집권에
대한 '해구'라 할 수 있다. 중앙의 토지소유권에 대한 강제관리에 비해
흩어져 있는 마을들이 설령 자발적으로 예제를 따르고 도덕윤리 관념
을 알려서 관할 지역주민을 교육시킨다 하더라도98) 특정한 환경에 적

---

96) 陸廣微撰, 曹林娣校注 : 《吳地記》, 南京, 江蘇古籍出版社, 1999, 第115-116頁.
97) 오량용이 다음과 같이 말했다. "소주의 도시 상품경제 발전은 주변 농촌지역에 큰
　　영향을 미쳤다. 도시의 연결체로써 작은 도시 역시 번성기에 들어섰으며 작은 도시
　　수가 신속히 증가하는 것이 가장 눈에 띄었다. 그 예로 오강현은 북송 이전에 송릉진松
　　陵鎭 하나뿐이었는데 남송 때 평망平望, 진택震澤, 명대는 동리同里, 이리黎里, 청대는
　　성택盛澤, 노허 蘆墟, 장연당章練塘 등이 생겼으며 오강의 7대진이 모두 형성됐다(현재
　　의 7대진에는 장연당章練塘이 포함되지 않음). 또한 오현은 북송 때 목독진木瀆鎭
　　하나였는데 남송 때는 호서滸墅, 서구胥口, 명대는 육모陸慕, 이정藜亭, 당포唐浦, 이구
　　藜口 등 네 개, 청대는 횡당橫塘, 횡금橫金, 망정望亭 등 세 개의 진이 생겨났다. 동시에
　　도시 규모도 신속히 커졌다. 예를 들어, 오나라 때의 강성택江盛澤은 명초에 오륙십
　　가구의 작은 마을이었는데 명 중엽에 약 백 가구가 돼 그 후 '비단의 수익이 나날이
　　확대되고 남북의 상품들이 이곳으로 모여들자 거진巨鎭이 됐다.' 청 강희康熙 연간에
　　이미 5만 인구의 큰 진이 됐다. 그 밖에 목면, 누에와 뽕나무 등 경제작물의 재배,
　　가공, 교역은 많은 전문 도시와 성진에 흥기와 번창을 가져다 줬다. 대표적인 것은
　　비단직조로 유명한 성택盛澤, 진택震澤, 광복光福, 식량 무역으로 유명한 허관許灷, 월교
　　月橋, 풍교枫橋, 송릉松陵, 이리黎里, 평망平望 등 이다. 이런 도시의 상업이 매우 번성했
　　다."(吳良鏞 : 《建築 · 城市 · 人居環境》, 石家莊, 河北敎育出版社, 2003, 第352頁.)
98) 《新定九域誌 · 婺州》에 기록한 내용을 보면 "의오현義烏縣은 한대의 오상현烏傷縣

응함으로 인해 "청산은 나라의 흥망에 관심이 없다"[99]라는 사고방식을 가지게 된다. 자연조건은 교역이 빈번하고 교통이 편리하게 해 욕망을 약화시키고 실익을 강구하는 욕구를 낮추는 데에 도움이 되면서 자연과 연관되는 생태미학분야에 개입하게 됐다. 《方輿勝覽·浙西路·安吉州》에서는 호주湖州풍습에 대해 "사람의 성품이 부드럽고 인자하다."《三朝國史誌》에서는 '(전략) 불교를 숭상한다'라고 했고 사치스럽고 모으는 습관을 잃었다. 또한 '(전략) 급히 이익을 추구하며 독특한 기술을 발명한다'라는 기록이 있다. 욕구가 적으면 분쟁이 없다. 소자첨蘇子瞻의 《墨妙亭記》에서 이르기를 '오흥吳興은 동진東晉부터 좋은 지역이며 산이 멀고 물이 맑기로 유명했다. 그 곳의 백성은 물고기, 쌀, 창포에 만족하고 (중략) 손님은 특별한 볼일이 없이는 오지 않았다. 그래서 마을의 사도는 모두 문장이 출중하고 술 마시면서 노는 것이 일이었다.'"[100] '사치스럽고 모으는 습관을 잃고', '욕구가 적으면 분쟁이 없다'가 바로 호주가 '좋은 지방이고, 산이 멀고 물이 맑은 것으로 유명해진' 전제조건이다. 진소유秦少游는 《蔣公唱和集序》에서 "회계會稽가 요충지가 된 지가 오래됐다. 이는 단지 산이 높고 물이 많아서가 아니라 동남쪽을 장악하고 통제하기 때문이다. 이곳의 경관은 뛰어나

이다. 《異苑》에서는 동양東陽 안오顏烏가 효심이 지극하기로 유명했다. 아버지가 죽자 흙을 짊어져 무덤을 만들었다. 까마귀들이 흙을 물어 도와 주다가 입이 모두 헐었다고 해서 현 이름이 됐다."(王存撰, 文楚, 魏嵩山點校 : 《元豊九域誌》, 北京, 中華書局, 1984, 第619頁.)

99) 승중수僧仲殊의 시 참조. "지난 날 단양의 왕기가 사라지고 모든 사치가 세간의 번잡함과 멀어졌구나. 의관이 당대唐代 모습이 아니나 어르신들은 여전히 진晉대의 이야기를 할 수 있네. 만세루萬歲樓 옆에서 누군가 달을 보며 노래하고 천추교千秋橋 위에서 홀로 통소를 분다.(중략) 오직 수양버들과 함께 해조海潮와 벗하네."(祝穆撰, 祝洙增訂, 施和金點校 : 《方輿勝覽》, 北京, 中華書局, 2003, 第68頁.)

100) 祝穆撰, 祝洙增訂, 施和金點校 : 《方輿勝覽》, 北京, 中華書局, 2003, 第77頁.

다. 단풍, 녹나무, 대나무가 마주서 있고, 물가에는 물풀과 연꽃이 넓게 펼쳐지고, 눈 내리는 달밤에 여유를 누리며 세월이 가는 것조차 잊게 한다. 이런 경관은 다른 주州가 따라 올 수 없었으며 그 중에서 와룡산 卧龍山, 감호鑑湖가 특히 좋은 곳이다. 관청의 소재지, 누각, 성곽 담장, 높은 대 및 정사에 기대는 사람은 커다란 절벽과 골짜기에서 사슴과 돼지를 구경하는 것이 아니라 금붕어와 용을 집에서 키우는 신분으로서 백성들과 함께 즐길 수 없다"101)라고 묘사했다. 진소유의 마음은 '관청이 차지한' 토지에 대한 부정이다. 이런 생각은《方輿勝覽‧淮東路‧滁州》에서 읊은 것으로도 알 수 있다. "옛 나라 군서群舒는 권한을 부여받아 남초南譙를 지킨다. 외진 곳은 한가하고 관리들은 언덕 옆에서 몰래 좌사左司의 문장을 읊는다. 파초 잎에 홀로 시를 적고 종종 푸른 산 옆으로 농부를 방문한다. 그대는 한가할 때에 숲과 샘에 가기를 좋아하고 마음은 늘 물과 하늘 사이에 있다. 늙은이라 부르지만 실은 소년이고 저주滁州 사람들은 나를 잊지 않고 기억하고 있다. 각 지역에 풍년이 들어 정사가 적으니 저주 사람들에게 시를 읊고 해석하는 것을 가르친다."102) 청산이 농부를 만들었는지 도련님이 유독 숲과 샘물을 좋아했는지는 때로는 그다지 중요하지 않다. 중요한 것은 소년이 물과 구름 사이에 있고 구름과 물 사이에 소년이 있다는 것이다. 강남의 광활한 수역의 많은 섬들이 도회로 만들어지는 동시에 사람과 자연이 가깝게도 혹은 멀게 느껴지기도 하며 떼려야 뗄 수 없는 연관성을 만들어냈다. 강남 마을의 진면목은 물 한 가운데에 서 있는 여자처럼 흘러가고 흘러오는 강물에서 '합쳐짐'으로 인해 형성됐다.《方輿勝

---

101) 祝穆撰, 祝洙增訂, 施和金點校:《方輿勝覽》, 北京, 中華書局, 2003, 第105頁.
102) 祝穆撰, 祝洙增訂, 施和金點校:《方輿勝覽》, 北京, 中華書局, 2003, 第838-839頁.

覽·浙西路·嘉興府》에서 가흥嘉興의 뛰어난 지세를 표현하기를 "수秀[103]는 물의 나라다. 마치 한漢의 수도를 지키는 요충지와 같다. 바다를 등지고 강을 제어하며 사방으로 통하는 곳이다"[104].《方輿勝覽·淮東路·通州》에서는 통주通州에 대해 다음과 같이 서술했다. "바다와 가까이 있고 강을 제어하며 오월과 통하고 북동쪽은 해구 역할을 한다. 끝은 회하 남쪽까지 이르며 거침없는 뱃길이다."[105] 절강 서쪽에서 회하 동쪽까지 수향의 함축적이면서도 무시할 수 없는 품격은 강남마을의 본질임을 알 수 있다.

실용적 측면에서 물의 흐름이 사람의 존재에 무엇을 가져다 줄 수 있을까? 그것은 바로 안전이다. 물은 천연 장벽을 조성해 도성의 자아 방어적 군사수요에 도움을 줄 수 있다.《三國誌》에서 이르기를 "위문제魏文帝가 동쪽을 징벌하고자 했다. 광릉廣陵을 떠나고서 장강을 마주하니 수십만 군사와 수백 리에 달하는 군기가 감히 건너지 못했다. '파도가 세차니 하늘이 남북의 한계를 정했구나. 위魏에는 많은 무장이 있지만 무슨 소용이 있는가?'라고 탄식했다."[106] 사실 장강만이 천연 '요새'가 돼서 행군에 영향을 주는 것은 아니다. 다수의 강남마을은 대개 마을 앞의 물을 이용해 스스로를 보호한다. 왕중汪中은《廣陵通典》에서 다음과 같이 서술했다. "척발도拓跋燾[107]는 해릉에 호수가 많아

---

103) 역주 : 수秀는 가흥嘉興의 별칭이며 가화嘉禾, 화성禾城, 장수長水, 유권由拳, 화흥禾興, 수주秀州라고도 한다.
104) 祝穆撰, 祝洙增訂, 施和金點校 :《方輿勝覽》, 北京, 中華書局, 2003, 第69頁.
105) 祝穆撰, 祝洙增訂, 施和金點校 :《方輿勝覽》, 北京, 中華書局, 2003, 第811頁.
106) 祝穆撰, 祝洙增訂, 施和金點校 :《方輿勝覽》, 北京, 中華書局, 2003, 第58頁.
107) 역주 : 척발도拓跋燾(408-452)의 자는 불리佛狸이고 선비족鮮卑族이며 명원제明元帝 척발사拓跋嗣의 장자이다.

감히 가지 못하고 돌아와 우이旴眙를 공격했지만 이기지 못했다. 병진丙辰년 2월 초하루에 철수해 팽성 북쪽을 통과했다."108) 군사뿐만 아니라 물의 운송능력은 민생에도 아주 이롭다. 여사면이《食貨誌》의 글을 인용해 말하기를 "서주徐州와 양주가 귀순 이후에 수년 간 여전히 장강과 회하를 관리했고 변방 마을을 충실하기 위해 중주中州를 거쳐 운송했다. 백성들이 길에서 힘들어하자 수비하는 병사에게 주둔지에서 경작하라고 명했다. 또한 변방을 지원하기 위해 내군內郡에서 군비를 걷고 백성과 함께 쌀을 비축했다. 편리에 따라 창고를 지어 순서대로 수상 운송을 진행하는 관리가 있었다. 그래서 소평小平, 석문石門, 백마진白馬津, 장애漳涯, 흑수黑水, 제주濟州, 진군陳郡, 대량大梁 등 여덟 곳에 창고와 관아를 짓고 군수 필요시에 즉시 조달했다."109) 그러나 물의 흐름은 본질상 인위적으로 이용되는 경험존재만이 아니다. 인간이 물을 실용의 대상으로만 보고 계속 물의 흐름을 규제한다면 물은 인간에게 해를 끼칠 수도 있다. 역사자료에는 강남 마을의 수문환경이 파괴된 사실이 대량 기록돼 있다. 실제로 인류는 수계에 대한 관리110) 및 수계에 대한 인위적 파괴도 멈춘 적이 없고,111) 마찬가지로 물을 통해

---

108) 汪中等撰,《廣陵通典等三種》, 揚州, 廣陵書社, 2004, P47 第47頁.

109) 呂思勉:《兩晉南北朝史》, 上海, 上海古籍出版社, 2005, 第1086頁.

110) 맹소화孟昭華가《中國災荒史記》에서 다음과 같이 언급했다. "송대 강남의 운하는 남쪽 항주부터 시작해 북으로는 북경에서 장강으로 흘러 들어갔다. 태호 지역을 관통하고 강남지역의 주요 조운 통로이다. 북송 왕안석王安石이 개혁기간 동안 이전 둑의 수문을 고치고 관리를 강화했다. 1089년 다시 여성呂城 둑을 수리해 위아래에 수문을 설치하고, 경구京口, 분우奔牛 등에도 수문을 건설했다. 소성紹聖 5년(1089) 여성둑 두 개의 수문을 강을 가로 막는 수문으로 고치고 3일에 한 번 개방하는 제도도 만들었다. 남송이 임안으로 수도를 옮기고 조정은 강남 운하를 생명선으로 여겨 북송이 변거汴渠를 관리할 정도로 중요시 했다."(孟昭華:《中國災荒史記》, 北京, 中國社會出版社, 1999, 第366頁.)

111) 《宋史·河渠誌》에 의하면 "명주수明州水란 …… 건도乾道 5년 수신 장진張津이

자신과 자연의 관계에 대한 깊은 반성도 역시 멈춘 적이 없었다. 이화 李華는 연호練湖를 칭송하고 서문까지 쓴 적이 있었다. "흙은 원래 있던

'동전호東錢湖는 12개의 계곡 물을 수용하고 면적은 8백 경이다. 산과 인접해 견고하고 돌을 겹겹이 쌓아 80리에 달하는 제방을 만들었다. 당 천보天寶 3년부터 현령 육남금陸南金이 더 넓혔다. 국조國朝 천희天禧원년 군수 이이경李夷庚이 다시 정비했다. 중간에 4개의 수문과 7개의 둑이 있으며 가뭄 때 수문을 개방해 논 50여만 묘를 관개했다. 호족들이 호수와 얕은 물가를 점차 점령해 연꽃을 재배 하고 호수의 흐름을 방해했다. 소흥 8년 자제해달라고 고발했지만 수사가 끝나자 다시 사람을 사서 재배했다. 오랜 시간이 지나 연꽃의 뿌리가 사방으로 퍼져 수맥 을 막히게 하고 저수에 방해했다. 또한 호안제의 낮은 곳과 가라앉은 곳을 보수하 지 않으면 수리시설에 지장을 줄 뿐만 아니라 연못의 제방도 잇따라 파괴될 우려가 있다. 농한기 틈을 타서 연못을 파낸 흙으로 제방을 수리하면 양쪽 모두 이득이 된다.라고 했다. 그의 말을 따랐다. 윤주수潤州水는 …… 건도 7년 신하의 말을 따르면 '단양 연호練湖는 면적이 40리이고, 장산長山의 여러 개의 강물을 받아들 이고 용수도 도왔다. 고로 옛날에 '호수 한 마디가 용수의 한 척이다'라는 말이 있다.' 당나라 때 규범이 매우 엄격했으며 사적으로 자르는 자는 살인죄와 같았다. 현재의 조정은 백성에게 은혜를 베풀기 위해 규범을 완화했지만 보수에는 엄격했 다. 봄 여름 비가 많이 올 때에 물을 가득 저장하면 가을에 비가 오지 않아 용수도 가 얕아져도 한 마디 높이의 호수 물을 방류하면 강물은 한 척이 높아진다. 병변兵 變 이후에 대다수 시설이 관리 되지 않아 제방이 무너지고 뚫리고 더 이상 물을 저축하지 못했다. 세력 있는 집안은 권세를 이용해 논으로 사용하고, 갈수록 침전 이 됐다. 시간이 지나자 그 피해가 더 커졌다. 관리들이 못을 깊게 파고 둑을 쌓고 막아 주고, 사적으로 침점해 경작하는 행위를 처벌하는 법을 세우기를 바란 다. 얼마 지나지 않아 연호가 점차 옛 모습을 되찾아 백성의 논은 관개의 이익을 보고 용수도 물이 마르는 우려가 사라졌다. 월주수越州水 — 감호鑑湖는 둘레가 358리, 산을 둘러싸고 36개의 수원이 있다. 한漢 영화永和 5년부터 회계 태수 마진馬臻이 못을 만들었고 논 9천여 경을 관개했으며 송 초기까지 8백 년 동안 백성들이 이득을 봤다. 시간이 흐르고 관리가 제때 이루어지지 못하자 갈수록 황폐해졌다. 호수 옆에 주민들이 침거해 논으로 만들어 경작했고, 희녕熙寧에 이르러 사적인 논이 9백 여 경에 달했다. 노주盧州 관찰추관觀察推官 강연江衍을 파견해 상황을 살피고 호수와 논을 분리해 비석을 세워 경계를 정했다. 비석 이내 는 논이고 비석의 밖은 호수이다. 정화政和 말 군수로 재임시에 조공을 바치는 방법을 구하기 위해 호수를 폐하고 논으로 만들어 수도로 조공품을 보냈다. 그때 이기적인 자는 사적으로 점거해 논으로 경작하니 호수는 거의 다 사라졌다."(脫脫 等撰 :《宋史》, 北京, 中華書局, 1985, 第2403-2407頁.)

곳으로 돌아가고, 물은 골짜기로 흘러간다. 선왕은 그것을 소통해 구천九川이라 하고, 물의 발원지는 지세 때문에 합쳐져 섬이 돼 구택九澤이라 했다. 제방으로 하늘과 땅의 기를 소통하고 백성에게 이용하도록 한다. 숭백崇伯은 오행五行에서 머물다가 우산羽山에서 처형당했고 대태臺駘는 큰 호수를 관리해서 분천汾川을 하사받았다. 《洪范》 맨 앞부분에 기록이 있고, 《春秋》에도 실렸다. 토지에는 광협이 있고 일에는 예와 지금이 따로 없다. 대강大江, 구구具區[112]에서는 오직 윤주潤州의 늪을 연호라 부른다. 면적은 40리이고, 향초, 창포, 연이 많이 나고 물고기, 소라, 자라 등의 출하량이 풍부하며, 장강과 회하 지역을 먹여 살리는 등 그 혜택은 여러 주에 파급된다. 그 옆의 명문호족들은 물을 빼서 논을 만들고 오로지 비옥한 토지만 차지하니, 생산량은 배로 늘고 재산이 넘칠 정도로 급격히 늘어났다. 단양丹陽부터 연릉延陵, 금단金壇까지 삼 백리 구역에 오만 가구가 산다. 날이 가물면 보습을 걸어 놓고 장마에는 배를 띄워야 했는데 사람들이 90여년간 이런 피해를 당했다. 고소告訴를 하며 자신들이 맞다고 의견이 분분해 81번의 고소 만에 결단을 얻었다. 오호! 굽은 것이 곧은 것을 가리고, 강자가 소송에서 이기고 말았다. 남녀노소가 원통해 하지만 숨죽여 고할 곳이 없다."[113]

이화의 문장은 우리에게 두 가지 깨우침을 줬다. 첫째, 이화의 머릿속은 물의 존재조건에 대해 정확히 알고 있다. "선왕은 그것을 소통해 구천이라 하고, 물의 발원지는 지세 때문에 합쳐져 섬이 돼서 구택이라고 했다." 이 말의 두 개의 키워드는 '흐름'과 '지역에 맞게'이다. 물은 필히 흘러야 하고 '골짜기로 돌아가야' 비로소 물이다. 또한 인간의 존

---

112) 역주 : 태호太湖의 별칭.
113) 祝穆撰, 祝洙增訂, 施和金點校:《方輿勝覽》, 北京, 中華書局, 2003, 第58頁.

재는 '지역에 맞게' 다스린 물이 합쳐져서 섬을 만들어 내야 마을은 비로소 존재한다. 인간의 환경에 대한 의존은 무조건적이며 생태체계 속에 존재해야 한다는 점도 분명하다. 그 다음으로는 이화의 귀족에 대한 단호한 비판 속에 생태논리가 일관돼 있다. "그 옆에 명문호족들은 물을 빼서 논을 만들고 오로지 비옥한 토지만 차지하니 생산량은 배로 늘고 재산이 넘칠 정도로 급격히 늘어났다. …… 날이 가물면 보습을 걸어 놓고 장마에는 배를 띄워야 했으며 사람들이 90여 년 간 이런 피해를 당했다." 쉽게 말해 인간은 물에 스며들 수 있지만 물을 낭비해서는 안 된다. 호족들의 과대한 수역 사용은 자신들의 사욕을 만족시키는 동시에 심각한 환경쇠퇴를 초래했다. 이화의 예봉은 귀족계층을 겨냥해 강권적 의식형태를 반박하는 취지도 있지만, 그의 문장을 앞뒤 문맥으로 보면 옛날 문인은 자연환경과 선천적인 친화력을 지니고 있고 물은 선험적인 존재로서 인간 내면에 존재하고 있음을 알 수 있다. 이방직李方直은《白苹堂記》에서 다음과 같이 말했다. "오강 이남은 진택震澤, 이북은 호주湖州라 한다. 면적은 1천 리이고 9개의 읍성이 바둑알처럼 분포돼 있다. 변산弁山이 굴곡져서 도회가 되고 다섯 개의 계곡이 합쳐져 기를 소통한다. 토지가 비옥하고 기후가 청명해 사람은 장수하며 기풍이 성실하다."114) 오강 이남이 어찌 도회가 됐을까? 그 기는 또 어떻게 소통됐을까? 그것은 '변산弁山이 굴곡지고', '다섯 개의 계곡이 합쳐짐' 때문이다.《元和郡縣圖誌》에서 구용현句容縣의 명명에 대해 이렇게 서술했다. "구용현句容縣은 한漢의 옛 현이고 진원제晉元帝가 강남에서 흥기하고 기내畿內의 두 번째 현이었다. 구용현의 모산茅山은 본래 구곡句曲이라 불렸는데, 산의 형태가 '己'자 모양과 닮았다고 해서

---

114) 祝穆撰, 祝洙增訂, 施和金點校 :《方輿勝覽》, 北京, 中華書局, 2003, 第77頁.

구곡이라고 지었고 용납할 바가 있어 구용句容이라고 불렀다."[115] 구용이라 하는 것은 그곳에 산이 있고 '산 모양이 '己'자 모양이기 때문이라고 하지만 '용납한 바가 있어서 구용이라 했다'가 포인트이다. 바다의 수많은 강물을 받아들이는 자태와 산수를 품에서 배태해야만 강남 마을의 기본 조건이다. 《方輿勝覽》에서는 "경호鏡湖는 주 남쪽 2리쯤에 있다. 후한의 마진馬臻이 순제順帝 영화永和 5년에 태수가 돼 회계 및 산음山陰 두 현에서 둘레가 310리의 물을 비축하는 제방을 쌓았다. 《興地誌》에서는 '남호南湖는 성 남쪽 백여 걸음에 있다. 동서는 20리, 남북은 수리에 달한다. 근교와 성곽이 띠처럼 연결돼 있고, 산 봉우리가 이어지며 깨끗한 물과 푸른 바위가 서로 비추며 빛을 반사하니 거울 같기도 하고 그림 같기도 하다. 왕일소王逸少가 말하기를 '산음山蔭 길에서 걸으면 마치 거울 속에서 노니는 것과 같다'. 호수가 논밭보다 한 장 가량이 높아서 예방차원에서 제방을 건축했다. 제방을 열고 물을 배출하고 물이 적당하면 멈추니 산음에는 허비하는 토지가 없다.' 이백의 시에도 '거울 같은 호수가 삼백 리에 펼쳐지고, 연꽃은 봉우리가 피어난다. 5월에 서시西施가 연꽃을 따러 나오면 그녀를 보러 나온 사람으로 가득 차 있다'라고 했다."[116] 경호가 마치 강남 특유의 생태이미지를 그려낸 것 같다.

　더욱 복잡한 문제는 강남 마을의 품격이 순수 자연품격은 아니라는 것이다. 경우에 따라 강남 마을은 '열등'하고 '취약'하면서 관념형태적인 언어체계에 대한 아첨을 자랑스러워하기도 한다. 《方輿勝覽·浙東路·紹興府》에서 소흥紹興의 풍습을 언급할 때에 "배를 차로 삼는

115) 李吉甫撰, 賀次君點校：《元和郡縣圖誌》, 北京, 中華書局, 1983, 第598頁.
116) 祝穆撰, 祝洙增訂, 施和金點校：《方輿勝覽》, 北京, 中華書局, 2003, 第108-109頁.

다. 《越絶書》에서는 '월越의 품성이 약하고 어리석다. 수로를 통해 출행하고 산에서 거주한다(중략)라고 했다.'"[117] '배를 차로 삼는' 것이 어떤 잘못으로 이런 질책을 받았을까? 또한 《方輿勝覽·浙東路·紹興府》에서 소흥의 지세를 묘사할 때에 "바다를 옷깃으로 삼고 강을 두르고 있다. 《圖經》은 '진원제晉元帝가 지금의 관중에서 강남은 여러 현과 견줄 때에 호현鄂縣과 두현杜縣 사이가 될 수 있었다. 아마 (중략) 그 지역은 주변이 천리에 달하면 동남의 대도회라 할 수 있다'"[118]고 기록돼 있다. 도회인데 도회라고 부를 것이지 남을 따라서 "지금의 관중關中"이라고 불렀다. 왕질王銍이 《壁記》에서 기록하기를 "그 지역은 사방으로 통하는 나루터인지라 성읍이 번화해 소송과 분쟁이 생기고, 배와 차가 오가고, 손님들이 교역을 빨리 진행하도록 하고, 물건을 사고 파는데도 신속히 성사되길 요구하고, 큰 소리를 외치며 거의 헛되게 보내는 날이 없다."[119] 물론 다원적인 정보가 모이는 장소에서 관념형태로부터 생긴 발언권이 곳곳에 존재한다. 재미있는 것은 강남 마을에도 남경처럼 마치 실제 존재한 듯한 제왕의 '빛'이라는 참위 예언에 얽혀있다. 《方輿勝覽》에서 이르기를 "단양산丹陽山은 옛 운양현雲陽縣 지역이다. 진秦 시기에 해당 지역이 천자의 기운이 있다고 해서 시황제가 그 세력을 파괴하고자 북쪽에 구덩이를 팠다. 그러다 보니 직선 도로를 구불구불하게 만들어 곡아曲阿라고 불렀다."[120](이는 《元和郡縣圖誌·江南道》의 '단양현' 조항에서도 확인할 수 있다.[121]) 그리고 석산

117) 祝穆撰, 祝洙增訂, 施和金點校:《方輿勝覽》, 北京, 中華書局, 2003, 第105頁.
118) 祝穆撰, 祝洙增訂, 施和金點校:《方輿勝覽》, 北京, 中華書局, 2003, 第105頁.
119) 祝穆撰, 祝洙增訂, 施和金點校:《方輿勝覽》, 北京, 中華書局, 2003, 第69頁.
120) 祝穆撰, 祝洙增訂, 施和金點校:《方輿勝覽》, 北京, 中華書局, 2003, 第56頁.
121) 李吉甫撰, 賀次君點校:《元和郡縣圖誌》, 北京, 中華書局, 1983, 第591頁.

錫山도 마찬가지이다. 《圖經》에서 옛날 그 지역에 대한 예언으로 '무석無錫이 조용하며 천하가 태평이다. 유석有錫에 싸움이 일어나면 천하를 다투게 된다.' 그래서 현의 이름을 무석으로 했다."[122] 단양과 무석이 뜻밖에 '천자의 기운'이 돌면서 중앙집권에 잠재적인 위협을 주는 곳이 됐다. 어째서 이런 근거가 없는 소문이 돌았을까? 소문내는 사람들의 의도는 또 무엇일까? 이는 아마 관념형태 발언권의 변칙적 실천일 것이다. 거의 불가능한 일이 소문으로 돈다는 것은 사람들이 내심 해당 사건의 실제 일어날 확률에는 전혀 관심이 없고, 상상 속의 자아가 허구된 세계에서 어떠한 역할인지에만 신경을 쓴다. 예언가들의 예언 속에서 단양과 무석은 이미 이야기의 주인공이 됐고, 제국의 전복과 중건은 그곳에서 이미 펼쳐졌다. 비록 이런 게임과 같은 분쟁은 스스로 즐기는 해프닝으로 마무리되겠지만, 제왕과 민권의 언어체계는 더 깊은 차원에서 사람 마음속의 사회구성에 대한 이해와 가상을 정립했다. 백거이가 《聞元微之除浙東觀察喜得相鄰》에서 말하기를 "기산稽山과 경수鏡水는 즐겨 노는 곳이다. 물소 뿔로 장식한 의대와 금으로 된 무늬는 부귀한 신분을 말해 준다"[123]라고 했다. 사람들이 회계를 언급할 때는 우임금과 시황제를 생각할 수 밖에 없다.[124] 회계는 옛날 제왕의

---

122) 祝穆撰, 祝洙增訂, 施和金點校 : 《方與勝覽》, 北京, 中華書局, 2003, 第86頁.
123) 祝穆撰, 祝洙增訂, 施和金點校 : 《方與勝覽》, 北京, 中華書局, 2003, 第116頁.
124) "회계산은 양주 서쪽 20리에 있다. 《周禮》에서 이르기를 '양주를 지키는 산이 회계산이다.' 이는 또한 형산衡山, 묘산苗山라고 부르기도 한다. 《龜山白玉上經》에서는 '회계산의 둘레가 350리이며 양명동천陽明洞天라고 부르기도 한다. 또한 극현태원지천極玄太元之天라고 부르기도 하며 36경관 중 열한 번째이다'라고 했다. 《史記·封禪書》에서는 '우임금이 태산에서 책봉되고 회계에서 왕권을 물려줬다.' '진시황이 회계에 가서 우임금에게 제사를 올리고 남해를 바라보는 곳에 석비를 세워 진의 공덕을 찬양했다'라고 했다."(祝穆撰, 祝洙增訂, 施和金點校 : 《方與勝覽》, 北京, 中華書局, 2003, 第106頁.)

행적을 잊지 못할 것이다. 그렇다면 사람들이 과연 금산金山을 어떻게 생각할까? "금산은 장강 중에서 하류에 위치하고 도성에서 7리가 떨어져 있다. …… 정화政和 연간 금산 용유사龍游寺를 신소궁神霄宮으로 개조한 적이 있다. 왕언장汪彦章의 기록에 의하면, '그 앞은 창해滄海와 마주보고 있지만 장강에 기대어 있어서 뚜렷한 단독 표기가 없다. 하늘을 경계로 삼고 바람과 파도로 인해 밀물 썰물이 번갈아 바뀌면 그곳이 잠겼다가 드러났다가 한다. 날이 저물 때에 그 주변을 둘러보면 순식간에 여러 개의 섬이 빼어남을 한 눈에 볼 수가 있다. 하반下盤의 용궁과 신령의 집은 아마도 우주의 오묘한 구분이며, 옛날과 오늘날의 뛰어난 경관이다.'"[125] 금산을 바라보는 것은 위에서 언급한 "날이 저물 때 …… 뛰어난 경관이다"의 기세를 봐야 한다. 이런 기세가 바로 제왕의 기세가 아니겠는가? 또한 《新定九域誌 · 潤州》에서 "금산사金山寺는 양자강 물속에 있다. 《寺記》에서는 금산의 옛 이름이 부옥산浮玉山였는데, 당대唐代에 어떤 행각승이 이곳에다 지팡이를 걸어놨기에 두타頭陀암이라고 했다. 이후 행각승이 사찰을 건축하기 위해 단수斷手를 했는데, 어느 날 강가에서 금 수 일鎰을 얻어 주인을 찾아 달라고 상소하자 금산이라는 이름을 하사받았다."[126] '지팡이를 걸어놓는' 것은 중앙정권으로부터 인정과 책봉을 받기 위해서이고 물론 이도 역시 금산사가 징표될 전제조건이다.

이로 인해 사람들은 한편으로 선험적으로 수문의 운치를 경험하고, 다른 한편으로는 현실 권력에 대한 보답과 영합을 포기하기 싫어하는 것이 강남 수향의 이중적인 성격을 만들어 냈다. 이런 성격은 강남 마

---

125) 祝穆撰, 祝洙增訂, 施和金點校 : 《方輿勝覽》, 北京, 中華書局, 2003, 第56-57頁.
126) 王存撰, 王文楚, 魏嵩山點校 : 《元豊九域誌》, 北京, 中華書局, 1984, 第618頁.

을의 건축품격에서도 나타났다. 양주를 예로 들어 보자.《宋書·割荊
江置郢州儀》에서는 "강남지역은 양주를 본보기로 한다"[127)라고 기록
했다. 양주는 강남 마을의 요지이자 강남문화의 핵심지역이기도 하다.
《唐書·李襲譽傳》에서는 "양주는 강남 및 오吳 지역의 대도회이다.
(중략) 농사에 종사하지 않았다"[128)라고 했다. 수운水運과 조운漕運에
의한 상업 교통의 발달은 양주가 일찍이 '농사에 종사하지 않는' 능력
을 갖춰 농업 생산 속박에서 벗어나 교통이 주된 도회가 되게 했다.
그 중 한구邗溝가 양주에 큰 영향을 미쳤다. "《左傳》에서 애공哀公 9년
에 '오吳 나라의 한邗은 장강과 회하를 연결했다'라는 내용이 있는데,
이는 '한강邗江에서 성을 만들고, 북동쪽에 도랑을 파서 사양호射陽湖와
연결하고, 서북은 말구末口를 통해 회하에 흘러들어 갔으며 식량을 운
반하는 통로이다'라고 주석돼 있다. 이곳이 바로 지금의 광릉廣陵 한강
邗江이다."[129) 이것으로 보아 수운과 조운의 관통이 양주에 거대한 자
신감과 우월감을 부여했음을 알 수 있다. 심존중沈存中이 말한 바로는
"회남의 서쪽, 장강의 동쪽부터 남으로 오령五嶺, 촉蜀, 한漢 십일로十一
路까지 곳곳에는 양주에서 온 사람이 있고, 오갈 때도 모두 양주를 경
유한다. 배와 수레들이 밤낮으로 수도를 통해 운송되며 전국의 7할을
차지했다."[130) 하지만 양주의 품격은 무엇일까? 바로 양면성이다.《方
輿勝覽·淮東路·揚州》에서 양주의 풍습에 대해 서술하기를 "강남의
기는 초조하면서 세고, 풍속은 가볍고 소박하며, 남들과 다투지 않는
다. 재물은 갑천하甲天下이고 풍습은 상업에 종사하기를 좋아하는데 이

---

127) 祝穆撰, 祝洙增訂, 施和金點校:《方輿勝覽》, 北京, 中華書局, 2003, 第791頁.
128) 祝穆撰, 祝洙增訂, 施和金點校:《方輿勝覽》, 北京, 中華書局, 2003, 第791頁.
129) 祝穆撰, 祝洙增訂, 施和金點校:《方輿勝覽》, 北京, 中華書局, 2003, 第793頁.
130) 祝穆撰, 祝洙增訂, 施和金點校:《方輿勝覽》, 北京, 中華書局, 2003, 第791頁.

동하면서 무역하는 사람은 모두 양주 출신이다."[131] '초조하면서 기가 세고', '가벼움과 소박함', 그리고 '남과 다투지 않음'이라는 내용은 어찌 보면 논리적으로 서로 모순된다. 설령 이런 모순함이 '부유한' 겉모습에 덮여 있더라도 말이다. 이러한 일부 환경과 수로교통으로 이뤄낸 마을의 기질에는 양주원림의 건축언어가 묻어있다.

진종주가 다음과 같이 말했다. "양주는 중국 남북 사이에 위치하고 건축에 독특한 업적과 품격이 존재해 중국 전통건축을 연구하는 중요 지역이다. 확실한 것은 양주 건축은 북방의 '관식' 건축과 강남 민간 건축 사이의 일종의 매개체이다. 이는 청 황제의 '남방 순시' 및 도처에 있는 상인들이나 교통의 원활함과 연관되지만, 중요한 것은 장인들의 기술 교류이다."[132] 그래서 양주 및 양주의 건축은 강남 물안개의 몽롱한 분위기를 지닌 한편으로 짙은 중앙집권적인 색채도 띠고 있다. 동준은 《園論》에서 재미있는 예를 들었다. "청 초기의 양주는 전례가 없는 방대한 원림도시가 돼 강희康熙와 건륭乾隆 두 황제는 남방 순시 때에 누차 행차했다. 예술가 겸 감상가인 건륭황제가 낙원에 빠져 걸핏하면 시를 썼고, 떠날 때도 대량의 석제 가공품을 가져갔다. 양주에는 다른 지역과 비교할 수 없는 특징이 있다. 운하의 양안은 모두 원림이고 시내부터 숲까지 끊임없이 이어졌다. 화폐유통이 자유로운 시대라서 황제의 욕망을 채워 주기 위해 모든 이들이 투자했다. 대다수 원림의 유일한 목적이 황제의 환심을 사기 위해서였다. 한 번은 황제가 운하를 유람할 때에 갑자기 경치의 완성도를 위해 어느 사찰 옆에 탑이 하나 있어야 한다고 했다. 다음날 놀랍게도 정말 하나의 탑이 생겨 자연경치에

131) 祝穆撰, 祝洙增訂, 施和金點校:《方輿勝覽》, 北京, 中華書局, 2003, 第791頁.
132) 陳從周:《梓翁說園》, 北京, 北京出版社, 2004, 第97-98頁.

멋을 더해 줬다. 말할 필요도 없이 황제는 매우 기뻐했다. 하지만 그 탑은 지금은 무너지기 일보직전이다. 만든 자가 당시에 얼마나 대충 했는지 유감스러울 정도이다."[133] 양주 건축이 중앙집권과 가까이 하려는 열망과 적극성에 비해 소주원림은 그것을 따라갈 수가 없다. 소주원림이 강남 문인들 은퇴 후에 스스로에 대한 해조와 안착이라면, 양주원림은 남방과 북방 사이에서 갈피를 잡지 못하는 가치관으로 인해 강남 마을인 듯 아닌 듯한 복잡한 심리상태를 설명하고 있다. 어쨌든 역사는 물처럼 흘러갔고 "무성한 곡식은 더 이상 아무 것도 남지 않고, 황량한 연기와 이슬은 아늑하기는 해도 사라지니 사람의 상상도 바뀌게 하네. 산색이 유무와 같은 시구를 읊으며 여러 번 탄식할 뿐이다"[134]와 같은 아늑함만이 남을 것이다. 결국 수많은 양주, 수많은 수향은 마치 촘촘한 기억처럼 희미하게 우리의 꿈속에 머물러 있다.

133) 童寯:《園論》, 天津, 百花文藝出版, 2006, 第10頁.
134) 祝穆撰, 祝洙增訂, 施和金點校:《方輿勝覽》, 北京, 中華書局, 2003, 第794頁.

제2장

강남 고대 도회 건축에 내재된 심오함

강남 건축에 내재된 심오함은 어떤 것들이 있을까? 강남건축이 강남의 대표적 건축이 된 이유는 단지 강남에 위치했기 때문만은 아니다. 건축의 영혼은 시공간과 같은 경험적 요소의 제한을 받아서는 안 된다. 그러나 이것이 강남건축이 복제가 가능한 예술임을 의미하지는 않는다. 사자림獅子林을 그리워하는 관광객이 승덕承德이나 뉴욕에서 똑같은 비례로 사자림 복제모형을 만들 수는 있지만 소주蘇州의 사자림은 영원히 대신할 수는 없는 존재이다. 건축은 대지에서 만들어 낸 세상이다. 이 세상은 대지를 능가해야 하지만 대지를 벗어나서도 안 된다. 세상이 대지를 능가하면서도 대지를 벗어날 수 없기에 비로소 지상의 세계가 된다. 그래서 본 장章에서는 강남건축에 심오함이 내재된 까닭이 도대체 무엇인지를 탐구하고, 권력, 전쟁, 문화 등의 측면에서 강남건축에 남아 있는 생태의 모습을 포착해 보려고 한다.

제 1 절 중축中軸의 변화 : 권력 쟁탈의 약화

건축의 본질은 권력의 상징이자 의지의 표현이다. 이것은 질의를 일으킬 수도 있다. 건축이란 본래 비바람을 막아 주고 사람에게 심신의 안전을 제공하는 은신처가 아닌가?

이처럼 사람에게 안전함을 느끼게 하는 것이 건축의 천직이다. 문제는 사람의 안전감이 참으로 복잡한 명제라는 것이다. 한 사람이 도대체 어떤 전제조건하에 비로소 안전감을 느낄 수 있을까? 이것은 인간의 생리욕구와도 관련되고, 사람의 감정, 의지, 가치관, 판단력, 상상력 및 자아실현 등 순식간에도 바뀌며, 종합할 수 없는 조건과도 관계된다. 극단적으로 말하자면 인생은 본래 부평초와 같고, 사람은 심지어 자신이 안전감을 가질 수 있다는 보장조차 할 수 없다. 따라서 사람들은 객관적인 방식으로 어떠한 안전감을 만들어 내기를 갈망했고, 그러다 보니 건축사라는 직업이 생겨났다. 건축사는 건축을 설계한다. 건축사의 사업 성취감은 주인이 자신이 만든 건물에 머물 때에 안전함을 느낄 수 있다는 데에 있다. 하지만 바로 이러한 과정에서 권력적인 요소가 나타난다. 데얀 수딕Deyan Sudjic은 이런 말을 한 적이 있다. "규모로 보든 복잡한 정도로 보든 건축은 압도적인 우세를 지닌 문화형식이라 할 수 있으며 세상 사람의 세계관 및 사회적인 행동방식에 영향을 미친다."[1) 사람이 건축사가 '결정'한 건물에 머물고 있을 때에 안전하다고 느낀다면 그가 다른 사람이 구상해 낸 문명형식을 받아들였음을 의미한다. 그런데 건축사가 정말 건물을 '결정'할 수 있을까? 결정할

---

1) [英迪耶・薩迪奇:《權力與建築》, 王曉剛, 張秀芳譯, 重慶, 重慶出版社, 2007, 第170頁.

수 없다. 결정하는 자는 이미 결정됐지만 인류문명의 본질은 권력제약에 있다. 누군가가 인류사회라는 문명체계에 들어서면 권력의 감시와 처벌은 마치 그림자처럼 그를 따라다니게 된다. 그래서 "건축의 즐거움은 담장이 점점 높아지고 공간의 모양이 천천히 바뀌는 것이 아니다. 권력을 갈망하는 자에게 건축의 매력은 그것이 의지의 표현이라는 데에 있다. 건물을 설계하거나 건축 설계를 위탁하는 이 두 가지 행위가 모두 세상 사람들에게 다음과 같이 암시하고 있다. 이것이 바로 내가 원하는 세상이고, 내가 원하는 방이며, 나는 이곳에서 나라, 금융왕국, 도시 혹은 가정을 다스릴 것이다. 이것은 사상 혹은 감정 물화物化의 방식이자 자신의 소망에 따라 마음대로 현실을 바꾸는 행위이기도 하다."2) 수딕의 이른바 건축의 암시작용은 건축주가 스스로 조종하는 것처럼 보인다. 즉, 건축주가 자신이 원하는 모든 것을 만들어 낼 수 있는 것처럼 말이다. 하지만 건축주의 설계도에 어쩔 수 없이 문명의 흔적을 나타내야 할 때에 권력의 그림자는 건축주 자신의 주체성이 팽창한 후에 스스로 자부하는 착각 속에 분포하게 된다. 제3자는 어떤 사람이 아니라 문명에서 권력을 대표하는 힘이다. 이러한 힘 때문에 이 세상의 우연처럼 보이는 모든 것은 필연적이고 합리적인 것이다.3)

---

2) [英迪耶·薩迪奇:《權力與建築》, 王曉剛, 張秀芳譯, 重慶, 重慶出版社, 2007, 第170頁.

3) 수딕은 다음과 같이 말했다. "국가 건축에는 필연적인 특징이 빨리 나타나 자신이 성공했음을 증명한다. 건축은 나라를 최초로 세운 자에게 매우 중요하다. 고대 로마인은 픽트족을 방비하는 북방 변경의 성보에서 리비아인을 방비하는 남방 성보까지 모두 같은 도시 계획을 채택했으며, 그 때 당시의 사람들이 이미 이런 점을 인식했다. 영국도 같은 전략을 사용했다. 다만 그 방법이 상대적으로 온화했을 뿐이다. 그들은 발을 디딘 모든 땅에 독특한 시정건축과 빨간 주물 우체통을 남겼다. 상해에 남아 있는 영조계, 혹은 보존된 뉴델리 영조계, 호주 우체국을 살펴보자. 그 곳의 건물들은 여기가 중앙정권의 일부분이었으며 비록 먼 변두리이지만 중앙에 속해

중원의 도성 건축이 특히 이렇다. 여기서 두 가지로 나누어 설명하겠다. 우선은 도성자체가 왕권의 상징이다. 《史記·晋世家》에는 "사위土蔿가 말하기를 '세자는 더 이상 왕위를 이어 받을 수가 없다. 도성을 나눠 받았고 지위가 경卿이며 이미 세자의 위치를 최고에 올려놨는데 더 이상 어떻게 올릴 수 있는가? 차라리 도망가서 화를 피하는 것이 낫다. 오태백처럼 해도 괜찮지 않겠는가, 좋은 평판도 받을 수 있다.'"[4]라고 기록돼 있다. 유사한 문헌은 적지 않다. 중요한 것은 이 조항에서 복건服虔의 "도읍에는 선군先君의 신위神位가 있으면 도성都城이라 한다"[5]는 말을 인용했다는 것이다. '도都'는 무엇일까? '선군의 신위가 있는 도읍'을 의미한다. 읍의 본래의 뜻은 봉지封地이며 강한 중앙집권 분봉제도의 뜻을 내포한다. 《禮記·王制》에서 "무릇 주민을 배치하려면 토지를 측량해 읍을 만들고, 탁지度地해 백성을 거주하게 하며 토지, 읍, 민가를 서로 적당히 배치해야 한다. 황폐한 토지가 없어야 하고 노니는 백성이 없어야 한다. 음식은 소박하게 만들고, 백성들은 모두 안정된 생활을 누리고, 일을 적극적으로 하며, 군주를 존경하고 관리를 따른다. 그러고 나서 비로소 학교를 세울 수가 있다."[6] 《周禮》에는 봉읍을 전문적으로 주관하는 관직도 있다. 예를 들자면, "형방씨形方氏는 나라의 국토를 관리한다. 국경을 바르게 해서 정확하게 구분돼 있는지를 관리한다. 소국이 대국을 섬기고, 대국이 소국과 나란히 하도록 한

록 있음을 힘없이 하소연하고 있다."([英]迪耶·薩迪奇:《權力與建築》, 王曉剛, 張秀芳譯, 重慶, 重慶出版社, 2007, 第78頁.)

4) 司馬遷撰, 裴駰集解, 司馬貞索引, 張守節正義:《史記》, 北京, 中華書局, 1982, 第1641-1642頁.
5) 司馬遷撰, 裴駰集解, 司馬貞索引, 張守節正義:《史記》, 北京, 中華書局, 1982, 第1642頁.
6) 王文錦譯解:《禮記譯解》, 北京, 中華書局, 2001, 第177頁.

154 제2장 강남 고대 도회 건축에 내재된 심오함

다."[7] '원사原師'는 "사방의 지명을 관리해 구丘, 릉陵, 분墳, 연衍, 원原, 습隰과 같은 이름과 도읍지로 정할만한 토지를 구분한다."[8] '봉인封人'은 "왕의 제단을 세우는 것을 주관하고 국경을 정해 나무를 심는다. 무릇 봉국封國할 때는 제단의 담을 설치하고 봉지의 영토를 정한다. 도읍을 건설해 봉지를 하사할 때도 마찬가지다."[9] '도都'란 '읍邑'에서 '선왕의 신위를 모시는' 기능이 있다. 선왕의 신위가 없으면 도덕 교화로서의 일부 영향력이 사라지며, 산읍散邑이나 폐읍敝邑이 되고, 도라고 칭할 수 없다. 《至順鎭江誌》에는 "향도鄕都는 도시 근교에 호적이 기록돼 있는 주민을 관리하고 농사에 관한 업무를 중요시하기 위해 설치했다"[10]고 기록돼 있다. 통치자들이 향도를 설치한 이유는 바로 통치에 목적이 있다. 도읍의 백성들이 집권 형태에 복종하고 '농업의 경작'을 통치자에게 당연히 복종해야 하는 사회생활로 만들었다. 《史記·龜策列傳》에서는 다음과 같이 말했다. "백성을 다스리려면 성곽을 건설해야 하고, 성 내에는 거리를 조성해야 하며, 성 밖에는 논밭과 통로를 만들어야 한다. 부부 및 남녀를 근거로 논을 나눠주고 살 집을 마련해 주며, 호적을 만들어 일일이 성명을 등기한다. 그리고 관아를 설치해 관직으로 백성을 독려한다. 뽕과 삼을 심어 옷을 만들어 입고 오곡을 경작해 밥을 지어 먹는다."[11] 이중에서 성곽과 통로는 제왕이 백성을 다스리는 정책수단일 뿐이다. 또한 《漢書·食貨誌》에서 말했다.

---

7) 楊天宇撰：《周禮譯注》, 上海, 上海古籍出版社, 2004, 第489頁.
8) 楊天宇撰：《周禮譯注》, 上海, 上海古籍出版社, 2004, 第490頁.
9) 楊天宇撰：《周禮譯注》, 上海, 上海古籍出版社, 2004, 第180-181頁.
10) 俞希魯編纂, 楊積慶, 賈秀英等校點：《至順鎭江誌》, 南京, 江蘇古籍出版社, 1999, 第19頁.
11) 司馬遷撰, 裴駰集解, 司馬貞索引, 張守節正義：《史記》, 北京, 中華書局, 1982, 第3232頁.

"고로 현명한 왕이 백성을 제한하려면 성곽을 만들어 거주하게 하고, 논을 간척해 균등하게 나눠주고, 시장을 만들어 물건을 유통하게 하며 학교를 만들어 교육을 시킨다. 선비, 농부, 장인, 상인이 모두 직업을 갖게 해준다."[12] 건축의 의미가 권력과 연관성이 있다는 것은 명백하다. 이 때문에 진정상은 "중국 도시의 발전은 정치의 영향을 가장 많이 받았고, 군사 방어가 그 다음이며, 상업과 교통의 수요는 모두 보조수단일 뿐이다. 한 곳이 행정중심으로 선정되면 성곽을 건축할 수 있다. 정부가 돈을 대주고 백성이 힘을 보태면 성곽은 매우 빨리 만들어진다. 훼손됐으면 다시 건축하기도 한다. 중국을 연구하는 국제 전문가가 보유한 자료에 의하면, 현재 중국은 적어도 2천5백 개의 성城이 있으며 그 중 대다수가 각급 행정구역의 관청이다"[13]라고 말했다. 따라서 도성의 존재가 정치적인 필요에 의해 왕이 권력을 행사한 결과임은 분명하다.

그 다음으로 도성의 건물은 더더욱 왕권의지의 표현이다. 《禮記·禮運》의 기록을 보자. "옛날 왕들은 궁전이 없었다. 겨울에는 동굴에서 지내고, 여름에는 나무 위의 둥지처럼 생긴 곳에서 거주했다. …… 후세에 성인이 나타나 불의 용도를 발견하고 나서야 틀로 금속 기물을 만들고, 흙을 섞어 벽돌을 만들어 누대, 궁실, 창문을 만들었다(昔者先王未有宮室, 冬則居營窟, 夏則居橧巢. …… 後聖有作, 然後修火之利, 范金合土, 以爲臺榭, 宮室, 牖戶.)"[14] 이 말의 키워드는 "聖有作"의 "작作"이다. 왕진복은 "곽말약郭沫若의 《卜辭通纂》와 《甲骨文字研究·釋封》에서 '作'은 '封'이라고 해석하고 '작읍作邑', '사읍乍邑'이란

12) 陳正祥:《中國文化地理》, 北京, 生活·讀書·新知三聯書店, 1983, 第72頁.
13) 陳正祥:《中國文化地理》, 北京, 生活·讀書·新知三聯書店, 1983, 第72頁.
14) 王文錦譯解:《禮記譯解》, 北京, 中華書局, 2001, 第291頁.

'봉읍封邑'을 의미한다"15)고 주장했다. "'작作'의 본의에 '봉封'의 뜻이 있다면, '성인이 나타남'으로 인해 '누대, 궁실, 창호가 만들어짐'은 건물을 건축할 때에 성인은 권력을 행사하고 건물에 권력의식을 부여했다"는 깊은 뜻을 설명하고 있다. 또한 《周禮》에 이런 구절도 있다. "지혜로운 자는 사물을 창조하고, 영민한 자는 그것을 기록하며, 이전의 공법을 이어 받은 자는 장인이다. 여러 장인이 만들어 낸 물건은 모두 성인의 걸작이다."16) 건축은 백공百工 중의 하나로서 성인의 걸작 범위에 속한다. 즉, 건축은 '창작'도 '저술'도 아닌 선조의 가르침을 지켜내는 데에 의지했을 뿐이다. 여사면은 "고대에는 땅이 넓고 인구가 적어 나라를 만드는 것이 황야에서 토지를 선택해 머문 것과 같으니, 계획을 할 때는 법도를 정하기가 쉽다"17)라고 말했다. 망망한 대지 혹은 끝조차 보이지 않는 광야에서 성인은 도대체 어떻게 머물렀을까? 계획과 법도에 그 근거가 있을 것이다. 《禮記·王制》에서는 "사공司空은 도량형으로 토지를 측량하고, 백성을 안치하고, 산림과 소택지의 지세를 관찰한다. 사계절의 변화를 관측하고 토지의 거리를 측량하고 나서야 토목공사를 시작해 백성을 징용한다"18)고 했다. '도度'를 근거로 규칙을 만들어야 비로소 시간을 합리적으로 배치하고 지역이 구분됨으로써 건축이 성립된다.

현세의 제왕이 옛 성인의 영예로움을 추월해 신령의 빛을 띠고 왕실을 건립하고자 할 때에 건축은 세속 정치권력의 실천이 돼 버렸다.19)

---

15) 王振復 : 《中國美學的文脈曆程》, 成都, 四川人民出版社, 2002, 第57頁.
16) 楊天宇撰 : 《周禮譯注》, 上海, 上海古籍出版社, 2004, 第600頁.
17) 呂思勉 : 《中國制度史》, 上海, 上海教育出版社, 2002, 第217頁.
18) 王文錦譯解 : 《禮記譯解》, 北京, 中華書局, 2001, 第175頁.
19) 왕실 원유에 있는 동물을 연구한 학자가 있었다. "《世說新語·言語》편의 기록으로 동진 간문제簡文帝가 화림원에 들어가자 '새와 금수와 물고기들은 처음부터 사람과

"중국 고대 도성이 국가의 경제중심이 아니라 군사 및 정치의 '장치'였으므로 예로부터 중국의 도성 건축 중에서 가장 눈부신 것은 궁전과 성의 담벽이었다. 궁전은 용지가 반드시 넓고 풍수가 좋아야 한다. 도성의 정중앙에 위치해야 하며, 웅장하고 화려하지 않으면 천하에 위엄을 드러낼 수가 없다. 이것이 정치권력에서 가장 이상적인 물화상징이다. 아방궁阿房宮, 한말漢末의 앙궁央宮, 건장궁建章宮, 당唐의 대명궁大明宮, 태극궁太極宮 및 명明, 청淸의 자금성紫禁城이 모두 예외가 아니다."[20] 중국 건축이 권력의 상징체로서 특별한 점은 '가정'에 있다. 고대 제왕은 종종 궁실과 도성 등 건물에 '가천하家天下'라는 개념이 일괄돼 있다. 중국 건축은 개인 및 조합 건축이 아니라 가정건축이다. 왕가의 궁실이 특히 그렇다. 왕궁으로서 자금성의 본질은 일반 가택 정원과 크게 다르지 않다. 《禮記 · 大學》에 "나라를 다스리려면 반드시 집안을 먼저 정제해야 한다. 가정을 다스리지 못하고 사람을 가르칠 수 있는 사람은 없다. 고로 군자는 집안을 나서지 않고도 나라를 가르친

가까이 하는 것을 좋아한다고 느꼈다.' 이 점은 심미 역사상의 중요한 전환점으로 볼 수 있다. 이런 심미적 친화감이 원림을 지배하고부터는 원림 속의 동물은 공격이나 사냥의 대상에서 심미적 친화대상으로 바뀌었다. 생태미학 측면에서 분석하자면, 우선 사람은 동물을 적대적인 존재로 인지하고 공격 혹은 소멸시켜야만 자신의 본질적인 파워를 확증할 수 있고, 만족스런 기분을 즐길 수 있으며 주체와 객체의 통일을 실현할 수 있다고 생각한다. 이것은 비생태적인 혹은 반생태적인 입장을 나타냈다. 하지만 지금은 반드시 동물을 사지로 몰아넣어야만 기분이 좋은 것은 아니다. 사람과 동물의 관계는 적대에서 친화적인 조화가 돼 사람은 객체 대상에서 직접 자신의 본질적 힘을 인정해 민감한 풍부성을 직접 펼칠 수 있다."(金學智 : 《中國園林美學》, 北京, 中國建築工業出版社, 2005, 第42頁.) 하지만 필자가 보기에 동물 순화는 생태와 무관하고, 오히려 다른 측면에서 인류가 건축의 도움으로 자연사물의 이화적인 발전을 증명했다. 이는 일종의 권력의 은유이며 나를 세계중심으로 하는 인류주의 상상을 키우고 있다.

20) 王振復 : 《中華意匠 : 中國建築基本門類》, 上海, 復旦大學出版社, 2001, 第2-3頁.

다"[21]라는 말이 있다. 제가치국평천하齊家治國平天下는 본디 유가가 성인의 덕을 바탕으로 만든 왕도를 실천하는 철학이다. 이점은 현세 제왕의 언사에서 더욱 정확히 알 수 있다. 《史記·匈奴列傳》의 기록을 보자. "짐은 하늘이 한 쪽만 가리지 않고, 땅은 어느 일부분만 덮지 않는다고 들었다. 짐과 선우單于는 사소한 일을 버리고 큰 뜻을 바라보며, 선인의 원한을 버리고 먼 미래를 바라봄으로써 두 나라 백성들이 한 집 식구처럼 지낼 수 있도록 한다."[22] 자신의 강산을 집으로 여길 뿐만 아니라 심지어 '두 나라 백성들이 한 집 식구처럼 지내기를' 갈망한다. 가정건축과 왕실건축을 잇는 두 개의 포인트는 '실室'과 '종묘사직宗廟社稷'이다. 우선, '실'은 가정건축과 왕실건축에 있어서 공통된 건축 용어이다. 《史記·樂毅列傳》에는 "제왕齊王이 거莒로 도망가서 몸만 피했다. 주옥, 보물, 수레, 진귀한 기물은 모두 연燕이 가져갔다. 제齊나라의 제사 기물은 영대寧臺에 설치돼 있고, 대려종大呂鍾은 원영전元英殿에 있었다. 제나라에 빼앗긴 옛 연나라의 보정寶鼎은 다시 역실歷室로 돌아왔고, 계구薊丘의 식물인 대나무를 제나라 문수汶水에 심었다"[23]고 기록돼 있다. 색인의 내용은 다음과 같다. "제나라에 빼앗긴 옛 연나라의 보정은 다시 역실로 돌아왔다. 역실 또한 왕궁의 이름이며 《戰國策》에서는 '歷室'이라 쓰기도 했다." 《括地誌》의 말을 인용해 정의하자면 "역실은 연 왕궁의 이름이다." 이것으로 봐서 '실'은 가정과 왕궁 사이의 자연스러운 연결고리이다. 그런데 왜 '실'을 가정과 왕궁

---

21) 王文錦譯解:《禮記譯解》, 北京, 中華書局, 2001, 第901頁.

22) 司馬遷撰, 裴駰集解, 司馬貞索引, 張守節正義:《史記》, 北京, 中華書局, 1982, 第2903頁.

23) 司馬遷撰, 裴駰集解, 司馬貞索引, 張守節正義:《史記》, 北京, 中華書局, 1982, 第2431頁.

의 논리적 기준점으로 선택했을까? 이것은 '실'이 가정 단위에서 상대적으로 사적인 공간이기 때문이다. 《史記‧樂毅列傳》에 이런 말이 있다. "연나라 백성들이 무질서하지만 은殷나라 백성만큼 심하지 않았다. 방에서 한 말은 이웃에게 모두 전하지 않는다."[24] 정의에서 기록하기를 "집안에 해결하지 못하는 분쟁이 생기면 반드시 이웃에게 말한다. 그래서 지금 편지로 알린다"고 했다. 비록 중국식 가정은 개체존재를 배척하지만, 개인적 행위에 '화해'의 여지를 남겨 줬다. 다른 한편으로 '실'은 하늘과 인간을 연결해주는 장소이기도 한다. 《禮記‧祭統》에서는 "자리를 깔고 탁자를 설치한다. 같은 탁자에 있게 해주고 신에게 의지한다. 첫날은 실내에서 제사를 지내고 그 다음 날에 밖에서 제사를 지낸다. 이것은 신명과 접촉하는 방법이다"[25]라고 했다. 신명과 접촉하는 방법에서 '실'은 매우 특별한 의미를 갖는다. 그래서 《史記‧酷吏列傳》에는 이런 기록이 있다. "고황후高皇后 때 혹리酷吏는 후봉侯封한 사람뿐이었다. 그는 왕실을 유린하고 공신을 모욕했다."[26] 종실宗室은 일찍이 건축 용어에서 제왕의 권력중심과 연관된 정치적인 용어로 승급했다. 《史記‧李斯列傳》에서 "옛 진목공秦穆公이 패자霸者였을 때는 왜 동쪽의 여섯 나라를 통일하지 않았을까? 그것은 제후국이 많고 주周나라의 덕망도 아직 쇠퇴하지 않았기 때문이며, 이에 다섯 나라가 번갈아 패권을 쥐어도 주나라를 높이 받들었다. 효공秦孝公이후에 주가 점차 쇠약해지고 제후는 서로 병탄하며 함곡관函谷关 동쪽은 여섯 개의

---

24) 司馬遷撰, 裴駰集解, 司馬貞索引, 張守節正義 : 《史記》, 北京, 中華書局, 1982, 第2435頁.

25) 王文錦譯解 :《禮記譯解》, 北京, 中華書局, 2001, 第715頁.

26) 司馬遷撰, 裴駰集解, 司馬貞索引, 張守節正義 : 《史記》, 北京, 中華書局, 1982, 第3132頁.

나라로 나뉘었다. 진은 승세를 몰아 제후국을 노예처럼 부린지 벌써 6대代가 됐다. 지금의 제후국이 진나라에 복종하는 것은 마치 군현郡縣이 조정에 복종하는 것과 같다. 진의 강대함과 대왕의 현명함 덕분에 제후를 멸망시켜 패업을 성취해 천하를 통일하는 것은 부뚜막의 먼지를 닦듯이 쉬운 일이다. 이는 만년에 한번 있을까 말까 하는 기회이다. 만약 지체해 제후가 강해지고 합종合纵 연맹이 다시 체결되면, 황제黃帝처럼 현명해도 다시 제후를 삼키기 어려울 것이다."[27] 여기서 주목할 것은 주나라 왕권의 대명사인 주실周室이다. 그 다음으로 종묘사직은 가정건축과 왕실건축을 연결하는 또 하나의 건축어휘이다. 《史記·蕭相國世家》에 "한漢나라 2년에 한왕이 제후국과 함께 초楚나라를 공격했다. 소하蕭何가 관중關中을 수비해 세자를 도와 역양櫟陽을 다스렸다. 법령을 만들고 종묘, 사직, 궁실, 현읍을 세웠다"[28]는 기록이 있다. 종묘와 사직, 궁실, 현읍을 세우는 목적은 법령의 약속 때문이다. 그렇다면 종묘사직은 어째서 사람의 행위를 제약하는 약속을 이행할 수 있을까? 그것은 종묘, 사직이 생사의 한계를 초월한 혈연관계 및 신명과 인간의 연결을 나타낼 수 있기 때문이다. 《禮記·祭義》에는 "나라의 신위는 오른쪽이 사직이고 왼쪽이 종묘"[29]라고 기록돼 있다. 《歷代宅京記》는 《禮》의 글을 인용했다. "왼쪽이 종묘이고, 오른 쪽이 사직이다. 대대로 이를 따랐기에 낙양洛陽의 사직이 종묘의 오른쪽에 있고, 강남도 마찬가지였다. 오나라 때에 왕궁의 동문인 우문雩門을 보면, 오

27) 司馬遷撰, 裴駰集解, 司馬貞索引, 張守節正義 :《史記》, 北京, 中華書局, 1982, 第2540頁.
28) 司馬遷撰, 裴駰集解, 司馬貞索引, 張守節正義 :《史記》, 北京, 中華書局, 1982, 第2014頁.
29) 王文錦譯解 :《禮記譯解》, 北京, 中華書局, 2001, 第704頁.

나라의 사직도 왕실 동쪽에 위치해 종묘와 같은 장소에 있다. 송나라도 이를 따르며 고치지 않았다."30) 사실상 종묘사직에는 사람과 조상, 신령 사이에 선험적이어서 비록 알 수는 없지만 서로 통하는 것이 있기에 종묘사직은 어느 정도에서 현실 세계를 설명하고, 더 나아가 현실 세계를 형상화할 수 있는 성지가 됐다. 《史記·太史公自序》에서 다음과 같이 말했다. "한漢이 흥하고 현재의 현명한 천자에 이르기까지 상서로운 징조를 얻고, 하늘과 땅에 제사를 올리고, 역법을 수정하며, 의복의 색깔을 바꿨다. 하늘에서 명을 받고 덕택을 멀리 전파하니, 외국과 풍속이 다른 민족들도 분분히 관문으로 들어와 선물을 바치고 천자를 뵙고자 했다. 이런 사례가 많아 일일이 말을 다 할 수가 없다."31) "역법을 수정하고, 의복의 색깔을 바꾼다", 이런 제왕의 집권을 신비스러운 중세기로 보낼 수 있는 사회적 원동력은 중국에서 바로 종묘사직과 얽히고 설키는 매우 복잡한 관계에 있다. 요컨대 가정건축과 왕실건축은 중국 건축에서 매우 큰 유사성을 보인다. "가장 이상적인 양식은 황성과 왕궁이 도시의 정중앙에 위치하는 것이다. 군사적으로 볼 때는 중앙이 가장 안전하고 공격받기 어렵다. 그러나 실제로 많은 황성과 왕궁이 도시 중부에서 약간 북쪽에 위치한다. 이는 도시의 공간배치가 중국 정원문화의 영향을 받았기 때문이다. 중국인이 보기에 도시(수도)가 아무리 커도 제왕의 거대한 '가택'에 불과하다. 황성과 왕실을 약간 북쪽에 건축해 앞쪽에 남겨둔 넓은 구역은 마치 제왕 가택의 대형 정원과도 같다."32)

---

30) 顧炎武著, 于傑點校:《歷代宅京記》, 北京, 中華書局, 1984, 第195頁.

31) 司馬遷撰, 裴駰集解, 司馬貞索引, 張守節正義:《史記》, 北京, 中華書局, 1982, 第3299頁.

32) 王振復:《中華意匠:中國建築基本門類》, 上海, 復旦大學出版社, 2001, 第6頁.

경험형식에 있어서[33] 북방 도성건축의 특징을 개괄할 수 있는 개념은 중축中軸이다. 한보덕漢寶德은 다음과 같이 말했다. "중국처럼 배치에 있어서 주축主軸을 강조하는 문화는 세상에서 둘도 없다. 중국인이 생각하는 이런 선형 주축은 때로는 무시무시하며 길수록 좋다고 여겨진다. 도시계획이란 무엇을 의미할까? 중국의 고대 도시계획은 바로 이 선의 위치를 결정하는 것이다. 선이 그려지면 계획은 대체로 완성됐다. 이 선을 어디에 얼마나 길게 그리는가 하는 것이 바로 도시계획이며 의외로 매우 간단하다."[34] 왕진복은 "이런 바둑판 양식에서 중축선의 배치와 강조가 매우 적합하다"고 강조했다.

중국의 도시 구도에서 중축선 관념을 나타내지 않는 경우는 거의 없다. 이런 관념은 건물의 배열 혹은 도로의 설치를 통해 나타난다. 예를 들어 명, 청의 북경처럼 그러하다. 철학에서 중축선의 출현은 '절반折半'사상과 연관된다. 정사각형 혹은 둥근 모양의 종이를 반으로 접으면 접힌 자국이 바로 종이의 중축선이다. 중국 도시 구도의 중축선은 중국인의 강한 우주균형의지를 나타냈고, 천지의 균형과 연관된 '정靜'의식의 반영이다. 정치윤리에 있어서 도시의 중축선은 봉건계급제도와 인륜관계의 상징이기도 하다. 천하의 중심에 있는 자가 제왕이며, 도시의 구도도 이와 같다. 심미문화에서 도시의 중축선은 중국 도시에서 보이지 않지만 거대한 '문화의 축'이며, 도시 전체를 주목받게 하는 중

---

33) 《周禮》에 수도의 편제에 대한 구체적인 규정이 있다. "장인이 도성을 건설할 때는 도성의 크기는 길이가 9리의 정방형이고, 한쪽에 문을 세 개씩 낸다. 수도 안에는 남북으로 통하는 도로 9개, 동서로 통하는 도로가 9개이며 모두 아홉 대 차량이 병행하는 넓이로 한다. 왼쪽은 종묘, 오른 쪽은 사직, 앞에는 조정, 뒤는 시장이다. 조정와 시장의 크기는 한 변이 백 포의 정방형이다.(楊天宇撰:《周禮譯注》, 上海, 上海古籍出版社, 2004, 第665頁.) 이 규정이 비록 구체적이지만 형상적이지 않다."
34) 漢寶德:《中國建築文化講座》, 北京, 生活·讀書·新知三聯書店, 2006, 第90頁.

심이다. 그 미적 감각은 윤리의 포근하고도 엄격한 기운을 풍기고 있으며, 냉혹하면서도 정취가 가득한 아름다움이다."[35] 다른 형식의 도시와 비교해보면 중축식 도시 구도는 세계에서도 매우 보기 드물다. 극동 외에 서구 건물도 의지를 나타내고 권력을 과시하지만 도시 중심의 확립에서만 나타난다.[36] 중심으로부터 사방으로 확산되거나 중심으로 모이는데는 모두 공간의 등질성이란 선제조건이 필요하다. 이와 반대로 가정건축기능의 분산이 만들어 낸 공간기능의 다원성이 중국의 왕궁과 도성을 '중심' 주의 구도로 나갈 수 없게 했다.[37] 크로포드 Harriet Crawford는 수메르 성보城堡를 다음과 같이 묘사했다. "하부라 카비라Habuba kabira 유적지의 삼면은 거대한 방호성벽이고, 네 번째 면은 유프라테스강을 장벽으로 삼았다. 성벽 내의 면적은 약 18헥타르이고, 성벽에는 방어 시설이 잘 돼 있는 입구 두 개가 있다. 성벽 안쪽의 도자기 파편으로 깐 간선도로는 벽체의 장축과 평행을 이뤘다. 간선도로와 연결된 좁은 골목길은 건물구역으로 통한다. 건물구역에는

---

35) 王振復:《中華意匠 : 中國建築基本門類》, 上海, 復旦大學出版社, 2001, 第5頁.
36) Christian Norberg-Schulz가 로마를 묘사하기를 "로마성은 도로와 영역 체계에서 그 자체가 중심이고 세계의 으뜸이다. 도시를 유사성을 지닌 작은 우주로 간주하는 경향이 있고, 건축단위는 같은 모델의 반복이다. 이렇게 함으로써 모든 건물은 완전성을 나타내고 있으며, 모든 장소는 로마 시민에게 자신은 이런 세계 질서에 속해 있음을 일깨워준다. 그러나 이것은 로마의 공간이 연속적이고 개방적임을 의미하지 않으며 로마는 사실상 정확한 정의와 구조를 지닌 단원으로 구성된 것이다."(|挪克裏斯蒂安·諾伯舒爾茨:《西方建築的意義》, 李路珂, 歐陽恬之譯, 北京, 中國建築工業出版社, 2005, 第57頁.)
37) 우탁운은 다음과 같이 말했다. "중국 고대 건축의 배치방법은 여러 개의 건물을 조합하는 것이다. 단위 건물로 원림을 구성한다. 설계할 때는 중축선을 우선 결정하고, 정방(혹은 정전)은 거의 중축선 중간에 위치하며, 정방 앞에 좌, 우로 마주보는 방은 사랑채(혹은 곁채)이다. 이 세 동과 앞의 담장은 삼합원三合院을 구성하고, 북향 방 혹은 복도까지 합치면 간단한 사합원四合院이 된다."(于倬雲:《中國宮殿建築論文集》, 北京, 紫禁城出版社, 2002, 第92頁.)

각기 특징이 다른 구역들이 있고, 구역마다 기능도 다르다. 아크로폴리스는 도시 전체를 바라볼 수 있고, 그 위에는 사찰이 있다."[38] 간선도로는 성벽과 바싹 붙어 있으며 두 지역을 연결하는 기능만 한다. 이점은 중국 도시의 주축인 천자가 다니는 길과는 천양지차이다. 그 밖에 해당 도시 건축의 중심은 높은 곳에 위치한 아크로폴리스이며, 이아크로폴리스는 유럽 및 중동 도시에 널리 분포돼 있다. 중국 역시 유사한 고지高地인 '경京'이 있다. 《方興勝覽》에서 《圖經》의 내용을 인용해 기술하기를 "해당 도시는 산을 성벽으로 삼고 강을 경계로 여긴다. 《爾雅》의 '언덕이 높으면 경이다'를 근거로 이름을 얻었다."[39] 그러나 '경'으로 불리는 언덕이 중국 도성의 필수품은 아니다. 결론적으로 중국 도성 및 중축 구도는 현세에 속하고 가정의 연장이다.[40] 이는 서구에서 도성을 실용적인 측면의 그 '이상以上'에 건축해 이상理想세계로 보는 것과 전혀 다르다.[41] 물론 이것은 중국이 경험물에 대한 초월적 표현력에 자신감을 잃었음을 의미하지는 않는다. 사실 중국인도 기물에다 신비스러운 무술巫術적 의미를 부여하는 데에 능숙하다. 곰브리

---

38) [英]哈裏特·克勞福德:《神秘的蘇美爾人》, 張文立譯, 杭州, 浙江人民出版社, 2000, 第60頁.

39) 祝穆撰, 祝洙增訂, 施和金點校:《方興勝覽》, 北京, 中華書局, 2003, 第55頁.

40) Christian Norberg-Schulz는 "고딕 스타일의 형식에 대한 종합적인 요구는 지금 이순간 신성의 진리에 대한 체험을 나타내는 기능에 있다. 중심과 경로는 성당 전체에 통일되고, 이전에 독립됐던 탑의 주제도 건물전체의 세로방향에 합쳐졌다. 고딕시기와 로마풍 시기의 성당에는 유일한 지배적인 목표가 있다. 바로 성당으로서 중세기 말기의 구체적인 이미지를 제공하고 이 시기에 존재하는 의미를 종합시킬 수 있어야 한다. 성당에서 기독교 신도들은 더 이상 길을 떠나지 않고 정착하면서 하나님의 도시를 기성의 사실로 체험한다."([挪]克裏斯蒂安·諾伯格-舒爾茨:《西方建築的意義》, 李路珂, 歐陽恬之譯, 北京, 中國建築工業出版社, 2005, 第112頁.)

41) [英]E. H. 貢布裏希:《秩序感 —— 裝飾藝術的心理學研究》, 範景中, 楊思梁, 徐一維譯, 長沙, 湖南科學技術出版社, 2006, 第289頁.

치Ernst Gombrich는 다음과 같이 말했다. "지난 문명이 남긴 문화유물 중에서 중국 제사에 사용된 화려한 청동기보다 초자연적인 힘을 가진 것은 매우 드물다. 이런 청동기에 새겨진 정교한 장식의 의미에 관한 수많은 쟁론 및 도철의 기본 문양이 사악함을 쫓는 기능을 지녔을 가능성에 대해 언급한 적이 있다. …… 이런 기풍과 여러 가지 형식이 중국에서 아시아 평원을 넘어 유럽까지 전해졌고, 유럽에서 켈트족을 비롯한 게르만족과 앵글로색슨족에 의해 발전하고 흥기했다." 그리고 "실론에서 출토한 검의 손잡이에서 호신적인 생명화 기법이 끝부분에만 사용됐지만 중국의 장인은 뛰어난 위력으로 수많은 기이한 용의 문양을 하나의 완전체로 만들 수 있었다." 예를 들어, 건축단위의 형태로서 당堂은 접객뿐만 아니라 신학적 의미도 지니고 있다. 범성대范成大는 《范村記》에서 말했다. "화원의 규성奎星에 해당하는 곳에 당을 지어 지존무상의 황제와 그 황제가 하사한 신한神翰을 모시고, 홀을 걸어 놓아 수장한다."[42]

하지만 강남의 건축 기풍은 중축의식에 대한 다분히 의도적인 약화이다. 예를 들어보자. "평강부平江府 소재지인 자성子城이 도시의 중심인데도 통상적인 중부에서 약간 북쪽이 아닌 성의 동남쪽에 위치하고 있다. 이는 《考工記》의 나라 운영제도의 기본규칙을 지키지 않은 것이다. 이렇게 중앙에 위치하지 않으면서도 대칭을 추구하는 것은 아마도 지리조건 때문일 것이다."[43] 사실상 《禮記・王制》에 이런 기록이 있었다. "백성을 안치시킬 때는 반드시 백성의 생활습관과 아울러 해당 지역의 기후나 지리조건에 맞춰야 한다. 골짜기에 사는 사람과 강가에

---

42) 王稼句:《蘇州園林曆代文鈔》, 上海, 上海三聯書店, 2008, 第24頁.
43) 王振復:《中華意匠:中國建築基本門類》, 上海, 復旦大學出版社, 2001, 第31頁.

서 자란 사람의 외모가 다르고 풍습도 다를 것이다. 성격이 급하거나 부드럽고, 선호하는 음식의 맛도 다르고, 사용하는 기구도 다르며, 의복도 좋아하는 바가 따로 있다. 그들을 교육시키되 풍습을 바꾸지 않고, 정책을 통일하지만 그들의 습관을 고칠 필요는 없다."[44] 도시를 다스림에 있어서도 마찬가지로 지역에 따라 달리해야 한다. 하물며 강남 도회는 자발적으로 형성된 것이다. "고대 성읍과 촌락의 분포는 원래 자연발전의 과정이다. 그 때문에 종종 산천이나 도로의 방향을 따라 뻗어 나가고, 처음에는 분산돼 있다가 점차 밀집된 것이다. 도시의 계획도《考工記》의 기술처럼 아홉 개의 경선과 아홉 개의 위선 및 열두 개의 성문이 있고, 네모반듯하고 가지런하지 않을 수 있다."[45] 《史記·春申君列傳》에는 "황헐黃歇이 회북淮北 열두 개 현을 한꺼번에 바쳐 강동에 봉해달라고 청했다. 고열왕考烈王이 허락했고 춘신군春申君은 옛 오나라 터에 성을 짓고 스스로 도읍으로 정했다"[46]고 기록돼 있다. 정의에서 말하기를 "지금의 소주이다. 합려闔閭가 성내 작은 성의 서북부에 다른 성을 짓고 거주했으며, 지금은 이미 무너졌다." 춘신군의 '스스로 도읍으로 정함'은 소주 발전사에서 없어서는 안 되는 중요한 획이다. 이러한 자발적인 '도읍 설정'은 심리적이든 객관적이든 모두 의식형태에 대한 해구解構이며, 정치권력 외의 자연적인 요소를 도성 및 도성건축에 부여했다. 진정상은 다음과 같이 해석했다. "중국의 성城은 주로 행정과 문화의 상징이고, 도성과 향촌은 그다지 큰 차이가 없다. 성의 내부와 외부 백성들의 이해관계도 조화로우며 성벽으로 인

44) 王文錦譯解:《禮記譯解》, 北京, 中華書局, 2001, 第176頁.
45) 李零:《中國方術續考》, 北京, 中華書局, 2006, 第201頁.
46) 司馬遷撰, 裴駰集解, 司馬貞索引, 張守節正義:《史記》, 北京, 中華書局, 1982, 第2394頁.

해 분리되지 않았다. 이론적으로 중국의 성의 주요 기능은 백성을 보호하는 것이다. 《說文》에서는 '성이란 백성을 흥성하게 한다'고 했다. 그래서 중국의 성은 모두 크게 건축하고 성내의 면적은 1, 2킬로미터에 달하는 것이 지극히 정상적이다. 이는 유럽 및 일본 등의 성보城堡와 크게 다르다. 유럽 봉건시대의 성보는 주로 상업 및 군사 목적으로 생긴 것이다. 유럽의 성보는 교회를 핵심으로 하지만, 중국의 큰 사찰과 유명 서원은 다수가 깊은 산속에 흩어져 있다. 일본의 성은 요새라고 할 수 있다. 성의 가장 중요한 곳인 천수각天守閣은 성주의 저택이다. 평민들은 성의 아래에 거주하며 거리는 성하정城下町이라 부른다. 마르코 폴로Marco Polo는 중국의 성이 많기도 하지만 그 크기가 굉장히 크다는 점에 상당히 감탄했다."[47] 아마 강남에 물의 기질이 존재했기에 '중국성'은 같은 권력의 상징임에도 불구하고 다소나마 자유로워 보였을 것이다. 따라서 "원시적인 모색 끝에 '존재의 공간'이 만들어진 후는 사람간의 행위특징이 공간분류를 구분하는 기점이 돼 버렸다. 그래서 공간에는 서로 다른 권력으로 구분된 영역이 생겨났다. ⋯⋯ '권력'은 공간의 판도를 구분하고, 공간의 의미를 구성한다. 그러므로 존재공간의 상징이 구축될 수 있었을 뿐만 아니라 인류의 행위 및 언어적 '생활공간' 도 구성됐다. 그것의 번성과 쇠퇴 혹은 그 속에서 일어난 '이야기'나 '전설' 및 '역사' 가 모두 공간과 권력이 상호작용한 결과이다."[48]

47) 陳正祥:《中國文化地理》, 北京, 生活 · 讀書 · 新知三聯書店, 1983, 第59頁.
48) 褚瑞基:《建築曆程》, 天津, 百花文藝出版社, 2005, 第31頁.

제2절 치첩雉堞 : 전쟁 수요의 타협

도성의 본래 기능은 무엇일까? 바로 전쟁을 대비하기 위해서이다. 중국 문화의 시점에서 춘추부터 전국시대까지 역사에게 남긴 인상은 예법의 파괴이다. 점차 물욕이 넘치고 도덕이 부패하는 시기에 지방 제후들이 사방에서 봉기를 일으키고 각자 나라를 세웠으므로, 도성은 중원 여기저기에 우후죽순처럼 건축됐다. 중원지역의 원시 도성은 기원전 4, 5세기에 급격한 발전기에 들어섰다. 이러한 과정의 필연적인 결과로 도시의 물화 경향 및 실용적인 기능이 갈수록 짙어졌다. 정치나 군사가의 눈에는 도성의 종교적인 함의와 정신적 의미는 이미 완전히 사라지고 권력을 다투는 요건으로 변해버렸다. 《史記·廉頗藺相如列傳》에서 기록하기를 "조나라 혜문왕惠文王 때에 초나라의 화씨벽和氏璧을 얻었다. 진소왕秦昭王이 그 소식을 듣고 조왕에게 서신을 보내 열다섯 개의 성곽과 화씨벽을 바꾸자고 했다."49) 잘 알려진 '완벽귀조完璧歸趙' 이야기 속에 나오는 화씨벽의 가치를 예측하자면 '열다섯 개의 성곽'에 해당한다. 성곽 하나의 시가가 고작 벽 하나의 십오 분의 일이라니 정말 초라하다. 그러므로 군인 혹은 군대의 전적은 점령한 성곽과 강탈한 토지의 수로서 평가된다. 《史記·魏豹彭越列傳》에는 다음과 같이 기록돼 있다. "한나라 5년 가을에 항왕項王이 남쪽 양하陽夏로 도망갔다. 팽월彭越이 또 다시 창읍昌邑 옆의 20여 개 성곽을 함락시켜 식량 10여만 곡을 얻어 한왕에게 식량으로 바쳤다."50) 성곽의 개

---

49) 司馬遷撰, 裴駰集解, 司馬貞索引, 張守節正義 : 《史記》, 北京, 中華書局, 1982, 第2439頁.
50) 司馬遷撰, 裴駰集解, 司馬貞索引, 張守節正義 : 《史記》, 北京, 中華書局, 1982,

별적 차이가 사라지고 단지 군대의 업적을 나타내는 숫자에 불과했다. 성곽은 공격할 수 있고, 함락될 수 있으며, 읍성은 하사할 수 있다.《史記·傳靳蒯成列傳》에는 "한왕이 관寬에게 공덕군共德君이라는 칭호를 내리니 한왕을 따라 한중漢中에 가서 우기장右騎將 직을 맡았다. 또한, 한왕을 따라 삼진三秦을 평정해 조음雕陰을 식읍食邑으로 하사받았다"[51] 라는 내용이 있다.

읍성이 정치권력의 상징으로서 가지는 의미는 단조로움에 가깝다. 그래서 도성의 건축은 종종 전쟁 수요에 따른다.《史記·平津侯主父列傳》에서 이르기를 "옛 진나라 황제가 승리의 위엄으로 천하를 잠식하고 전국을 병탐하니 천하가 통일됐다."[52] 나라가 바로 도성이고, 전국戰國이란 실은 전쟁 수요에 따라 건축된 도성이다.《史記·廉頗藺相如列傳》의 기록을 보자. "이목李牧이 기이한 진을 치고 좌우 날개를 펼쳐 흉노의 십만 대군을 물리쳤다. …… 그 이후 십여 년간 흉노가 감히 조나라 변경의 도성을 가까이하지 못했다."[53] 도성이란 무엇일까? 바로 무장武裝실력의 상징이다.《史記·魯仲連鄒陽列傳》에서는 다음과 같이 말했다. "그로부터 20여년 후에 연燕의 장수가 요성聊城을 함락했는데, 요성 사람이 연왕 앞에서 그 장수를 모함하자 연나라 장수는 처형당할까 두려워 요성을 지키고 감히 돌아가지 못했다. 제나라 전선田單이 수년간 요성을 공격했는데 병사를 많이 잃었으나 요성을 함

第2593頁.

51) 司馬遷撰, 裴駰集解, 司馬貞索引, 張守節正義:《史記》, 北京, 中華書局, 1982, 第2707頁.

52) 司馬遷撰, 裴駰集解, 司馬貞索引, 張守節正義:《史記》, 北京, 中華書局, 1982, 第2594頁.

53) 司馬遷撰, 裴駰集解, 司馬貞索引, 張守節正義:《史記》, 北京, 中華書局, 1982, 第2450頁.

락시키지는 못했다. 그러자 노연魯連이 편지를 화살에 묶어 성 안의 연 나라 장수에게 보냈다."[54] 그 이후에 연의 장수가 어떻게 할 수가 없어 결국 자살했다. 요성이 혼란에 빠지자 전선이 요성을 함락시켰다. 또 한 이런 기록도 있었다. "지금 진秦은 군사력이 강한 나라이고 양梁도 역시 강하다. 모두 강국이고 각자 왕이 될 명분이 있는데, 전투에서 한번 이긴 것을 보고 바로 복종해 왕으로 모신다면 삼진三晉의 신하를 추鄒, 노魯의 노예만도 못하게 만든 격이다."[55] 국도國都의 가치는 어떻 게 평가될까? '만승萬乘'은 경험물의 양이다. 이러한 상황은 만이蠻夷 지 역과 비교해볼 때에 지나침은 있어도 모자람은 없다. 《漢書·食貨誌》 에서는 "쇠퇴는 전국戰國에 있어서 속임수와 폭력을 지향하고 인의를 무시하게 됐으며, 부유해지는 것이 우선시되고, 겸손과 양보는 뒷전으 로 밀렸다"[56]고 했다. 덕행을 행하고 분열되는 문화의 변천 과정에서 도성에 내포된 심층적인 함의는 점차 사라지고 있다.

도성 건축에 있어서 전쟁의 수요를 만족시킬 수 있는 것은 바로 성 벽이다. 치첩의 벽으로 둘러싸인 구간이 변경을 형성하고, 성곽 안과 밖은 성벽으로 구분한다. 진정상이 말하기를 "고대의 성곽에는 뚜렷한 방어기능이 있다. 성곽으로써 소수민족의 침입을 막는 것이 가장 효과 적이다. 따라서 성곽의 건축이 재력과 인력을 소모해도 끊임없이 진행 됐다. 중국 역사상 성곽을 지켜낸 영웅들이 많았다. 성곽의 존재가 백

54) 司馬遷撰, 裴駰集解, 司馬貞索引, 張守節正義:《史記》, 北京, 中華書局, 1982, 第2465頁.
55) 司馬遷撰, 裴駰集解, 司馬貞索引, 張守節正義:《史記》, 北京, 中華書局, 1982, 第2463頁.
56) 班固撰, 顔師古注:《漢書》, 北京, 中華書局, 1962, 第1124頁.

성과 주둔부대에 안전감을 줬다."[57] 이 중에서도 가장 효과적인 것은 성벽을 꼽아야 한다. 도성에는 필히 성벽이 있어야 하는데, 이는 대개 동서고금이 공통이며 오직 재질과 형식의 차이일 뿐이다. 서구의 성벽은 대다수가 벽돌로 쌓아진다. 고대 이집트도 역시 그랬다.[58] 하지만 중국의 성벽은 대다수가 판축版築 형식으로 만들어졌다. 《周禮》에서는 "무릇 줄로 판축을 묶을 때는 밧줄이 판축을 지나치게 묶으면 그 효과가 묶지 않은 것과 같다"[59]고 했다. 이것이 바로 판축의 방법이다. 두 개의 판을 양쪽에서 조이고 밧줄로 묶어 그 사이를 흙으로 메우고 단단히 다진다. 효과의 유무는 밧줄의 묶는 힘의 적당함에 있다. 지나치게 단단하거나 느슨해서는 안 되며, 흙을 다지는 힘도 적합해야 한다. 중국에서 돌로만 쌓은 성벽은 매우 드물고 그 출현시기도 상대적으로 늦다. 성벽을 거의 판축으로 쌓은 데에는 이유가 있었다. 우선, 돌로 쌓은 성벽은 견고하지만 돌을 자르고 틈새를 메우는 기술의 정확도에 대한 요구가 높고 공사 기간이 길며, 무엇보다 중국 석공이 이러한 실력과 능력을 미처 아직 갖추지 못했기 때문이다. 그리고 더욱 중요한

---

57) 陳正祥:《中國文化地理》, 北京, 生活·讀書·新知三聯書店, 1983, 第68頁.
58) 배리 켐프는 평원 유형의 누비아 요새에 대해 이렇게 묘사했다. "성보의 벽은 도랑에 의해 보호받을 뿐만 아니라 벽돌 보호벽 있는 요새도 있다. 보호벽은 비교적 얇은 벽돌 벽인데 벽면에 화살을 쏠 수 있는 사격구가 있다. 사격구는 세트로 돼 있는데 한 세트에 세 개이다. 일정한 거리 및 코너에는 반원형 탑 모양으로 보호벽을 넓히는데, 위에도 사격구가 있다. 성보 서쪽 벽면에 보존된 사격구는 아래 쪽 도랑을 향해 있고, 북쪽 벽면 상단의 사격구는 앞으로 향해 있다. 다른 쪽도 마찬가지일 것이다. 북쪽과 남쪽 벽면의 차이는 담벽 기초에 따라 궁수가 무릎을 꿇은 자세를 취할 때에 사용하는 특별한 계단이 있다. 도랑은 물이 없고 바위에서 바로 팠으며 넓이는 7.3미터, 깊이는 3.1미터이다. 도랑 바깥쪽에는 완충작용을 한 호안제도 만들었다."([英]巴裏·克姆普:《解剖古埃及》, 穆朝娜譯, 杭州, 浙江人民出版社, 2000, 第207-209頁.)
59) 楊天宇撰:《周禮譯注》, 上海, 上海古籍出版社, 2004, 第673頁.

것은 흙은 오행의 하나로서 이른바 적군이 공격해 오면 장수가 나가서 막고, 물이 밀려 오면 흙으로 막는다(兵來將挡, 水來土掩)라는 속담 때문에 옛 사람들은 흙이 돌보다 더 강한 생명력이 있다고 믿었다는 것이다. 여기서 말하는 흙은 토양 자체만이 아닌 어떠한 생명적 메시지를 담고 있다. 게다가 판축공법에 대한 요구는 돌을 쌓는 것과 달리 묶고, 꼬고, 세우고, 끼고, 다지는 등 여러 종류의 힘의 조합이 요구되는 또 하나의 복잡하지만 믿을 만한 건축개념이다. 그리고 중국 도성의 성벽에 대한 규칙은 매우 엄격하다. 《周禮》의 규정을 보자. "왕궁의 문은 다섯 치, 궁궐의 벽은 일곱 치, 성벽은 아홉 치이다. 성 내의 남북향 길의 넓이는 아홉 퀘, 순환도로도 아홉 퀘, 일반 도로가 다섯 퀘이다. 왕궁의 문이 귀족의 성곽 기준이 되고, 궁궐의 벽이 제후의 성곽 기준이 된다. 제후들의 성곽 내의 도로는 순화도로의 기준을 따르고, 일반도로는 귀족 성곽 내의 도로의 기준이 된다."[60] 《史記·孔子世家》의 기록에서 "정공定公 13년 여름에 공자가 정공에게 '신하의 가정에 무기를 둘 수 없고, 사대부土大夫의 봉읍은 높이 한 장, 길이 삼 백장의 성벽을 쌓을 수 없다'고 진언했다. 그래서 중유仲由를 계씨季氏의 집사로 보내 계손季孫, 맹손孟孫, 숙손叔孫 세 집의 성벽을 철거하려 했다. 이때 숙손씨는 이미 후읍郈邑의 성벽을 철거했고, 계손씨도 비읍費邑의 성벽을 철거할 준비하고 있었으며, 공산公山이 따르지 않자 숙손이 비성의 군대를 인솔해 노魯를 쳤다."[61] 왕숙王肅이 집해集解에서 기술하기를 "높이와 길이가 한 장의 벽은 도堵라 하고, 이어 세 도堵는 치稚"라 했고, 복건服虔은 "삼도三都는 세 집의 읍성"이라고 했다. 물론 규모

---

60) 楊天宇撰：《周禮譯注》, 上海, 上海古籍出版社, 2004, 第670頁.
61) 司馬遷撰, 裴駰集解, 司馬貞索引, 張守節正義：《史記》, 北京, 中華書局, 1982, 第1916頁.

가 가장 큰 성벽은 중국의 만리장성이다. 왕진복은 "서구에서는 만리장성을 'The Great Wall'이라고 부르며 본래의 뜻은 위대한 벽이다. 중국인은 예로부터 창공을 커다란 집으로 보았고, 이는 모든 민족 및 행정적 의미의 나라를 하나의 큰 집으로 간주하는 것과 같다. 이것이 중국인의 가장 훌륭한 대건축관이자 우주의식과 천하의식이다. 형태를 갖춘 변경邊境에 대해서는 종종 일정한 건축물로 표시하는데, 만리장성이 바로 국가의 외벽이었다"[62]고 언급했다.

판축식 성벽에 사용된 흙은 이른바 생명적 표현이며, 이런 사고방식은 성벽에 생명 ─ 물질적, 군사적 수요라는 특수 의미를 지닌 ─ 이 흐르고 있음을 내포하고 있다.《史記·田單列傳》에서는 "전선田單이 사람을 시켜 이간질했다. '나는 연나라 사람들이 우리 조상의 무덤을 팔까 봐 두렵다. 그것은 우리의 조상을 모욕하는 짓이니 매우 참담하다.' 연나라 군대가 그 이야기를 듣고 제나라 사람의 무덤을 모두 파내어 시신을 불태웠다. 즉묵卽墨 사람들이 성 위에서 이를 보고 눈물을 흘리며 성 밖으로 나가 싸우기를 청하고, 분노는 열 배가 됐다"[63]라는 기록이 있다. 위 내용을 자세히 보면 무덤이 성 밖에 있음을 알 수 있다. 즉, 생과 사는 이미 성벽으로 분리되고 차단됐다. '각각으로 귀속'은 불변의 진리가 아니다. 크로포드가 수메르족의 장례를 묘사할 때에 다음과 같이 말했다. "초기 왕조 말기에는 거처 아래쪽에 위치한 무덤이 가정생활의 중심 위치에 있는 주택을 부각시켰다. 이로써 더욱 이른 전통으로 돌아가게 됐다. 주택 아래의 무덤에는 각 연령층의 남녀 백골이 있었다. 이것은 이보다 더 이른 시기에 보통 아이들만 이런 식으

---

62) 王振復:《中國建築藝術論》, 石家莊, 山西教育出版社, 2001, 第316頁.
63) 司馬遷撰, 裴駰集解, 司馬貞索引, 張守節正義:《史記》, 北京, 中華書局, 1982, 第2454頁.

로 매장하는 모습과 사뭇 달랐다. 무덤의 수는 집 한 채에서 거주하는 모든 거주자를 수용하기에도 부족하다. 그러므로 가정구성원의 일부가 이런 방식으로 매장되고 다른 이들은 아마 부락 밖의 무덤에 매장됐을 것이다. 거처 아래에 묻힌 사람은 주택건축과 연관되거나 가족 중에서 특히 사랑받거나 존경받은 자였을 것이다."[64] 이는 수메르족의 거주환경에서 죽음의 세계인 장지는 생활영역의 바로 아래에 있으며 그곳에 매장된 자는 사랑받고 존경받는 자라는 것이다. 이 점은 중국의 상황과 많이 다르다. 중국 건축에는 조상의 선위를 모시는 종묘와 사당이 있다. 하지만 절대로 역대 조상들의 시신을 장기간 동안 그곳에 안치하지 않고, 더욱이 수메르의 풍습처럼 산 사람의 거처 아래에 매장하지 않는다. 《禮記·坊記》에서 말한다. "공자가 말씀하셨다. '빈례는 문을 들어서고 당에 오를 때마다 행하고 서로 사양해야 하며, 상례는 매 번 의식을 지낼수록 망자가 점점 멀리 떠나감을 의미한다. 실내에서 시신을 목욕시키고, 남쪽 창문 아래서 망자 입에 밥을 머금게 하고, 문 안에서 소렴하며, 당에서 대렴한다. 서쪽에 시신을 안치하고, 가족 종묘에서 제사를 올리고 무덤에 매장하면 망자는 산 사람과 점점 멀어진다. 은나라 사람은 묘지에서 망자의 가족을 위로하고, 주나라 사람은 유족이 집으로 돌아 온 후에 비로소 조문할 수 있다. 이는 망자를 잊지 않게 교육시키는 것이다.'"[65] 조상은 이미 우리 곁을 떠났기 때문에 의식을 지낼수록 산 사람과 점점 멀어지며, 생과 사의 세계가 분리된다. 《禮記·雜記》에는 이런 기록도 있다. "삼년상을 치르는 동안 상사喪事 외의 말을 하지 않고 질문에 대답만 한다. 초가집이나 흙집에 머물며

---

64) [英]哈裏特·克勞福德:《神秘的蘇美爾人》, 張文立譯, 杭州, 浙江人民出版社, 2000, 第121頁.
65) 王文錦譯解:《禮記譯解》, 北京, 中華書局, 2001, 第766頁.

다른 사람과 함께 앉지 않는다. 1년이 지나면 초가에서 흙집으로 옮기고 어머니에게 문안을 드리는 것 외에 중문에 들어가지 않는다. 마 상복을 입은 자는 초가집이 아닌 흙집에 머문다. 초가집은 슬프고 정중한 곳이니 그런 감정이 없으면 머물지 않는다."[66] 상복을 입는 동안 그 사람은 생의 세계에서 엄격하게 격리된다. 물론 이런 격리는 상을 당한자의 자발적인 반성으로 해석된다. 그는 자발적으로 고인에 대한 추억과 숭배에 빠져들지만, 객관적으로 그러한 특정 기간에 그는 생사의 경계에서 떠돌고 있는 것이기에 생자의 세계와 차단된다. 위의 내용을 종합해 볼 때에 서구의 성벽이 매우 견고하고 성벽이 막아 낸 것이 강적의 침략이라면, 그 침략은 현실의 인물에게 당한 것이며 죽음의 세계는 그들의 발밑에 묻혀 있다. 반대로 중국의 성벽은 그다지 견고하지 않을 수 있지만, 성벽이 막아 낸 것은 살아 있는 적 이외에 망혼도 포함돼 있다. 중국의 성벽은 생生의 세계를 보호한다.

세월의 흐름에 따라 성벽의 전쟁 색채가 점차 약화되고 타협됐으며 점차 민가로 확대됐다. 이 점은 강남건축에서 매우 뚜렷하게 드러난다. 계성이 《園冶》에서 언급했다. "《釋名》에서 방에 대한 설명은 방어이고 내외의 비밀을 방어하는 것이 침실이라고 했다."[67] 방어적 조치가 실제에 적용된 것이 바로 담장이다. 한보덕은 다음과 같이 말했다. "당대의 날개 지붕은 송대의 제도화와 금金, 원元의 수정을 거쳐 명대에 이르러서는 날개가 사라졌다. 그 시기의 건축의 주된 형태는 벽이고, 주요 장식 요소는 용마루이다. 송대 이전의 민간 건축은 대개 목제골조에 헐산歇山지붕을 올렸는데, 이때는 산장山牆에 경산硬山지붕을 올

66) 王文錦譯解：《禮記譯解》, 北京, 中華書局, 2001, 第600頁.
67) 計成著, 陳植注釋, 楊伯超校訂, 陳從周校閱：《園冶注釋》, 北京, 中國建築工業出版社, 1988, 第85頁.

리는 형식으로 바뀌었다. 건축환경의 분위기는 송대 장택단張擇端의 《淸明上河圖》와 청대 왕실의《淸明上河圖》를 비교하면 그 차이가 일목요연하다. 개방적인 중국건축에 드디어 하드커버가 더해져 우리도 담장을 만드는 민족이 됐다."[68] 성벽은 적을 방어할 수 있지만 민가의 사이는 열린 상태로 담장이 없어 '천하'로 통일된 세상이다. 담장을 쌓는 것은 도덕의 퇴화 이후의 어쩔 수 없는 행위이다. 김학지金學智는 고대 문인의 상상에 관심을 가져보라고 일깨워 줬다. "'도시'란 다양한 장점을 가지고 비생태적 단점을 지닌 현실적 공간이지만, '숲' 혹은 '깊은 산속', '산야', '시골집'은 …… 전혀 다르게 고요하고 한가해 가장 생태적 장점을 갖춘 현실적 공간이다. 두 공간은 우열이 적대적이고, 물불처럼 서로 수용하지 않는 이율배반적 현상을 보이면서도 조화롭게 '도시숲'이란 유기적 완전체를 결성했고, 도시의 시끄러움에 둘러싸인 고요한 녹지이자, 세속에 있으면서도 탈속하는 생태적 예술공간을 구성했다. 이러한 특정적인 생태예술공간이야말로 중국 문인이 여태껏 갈망했던 '인세에서 초가집을 짓고 살지만 차마車馬의 시끄러운 소리는 없는' 최고의 미학경지를 실현했다."[69] 도시 숲이란 담장으로 둘러싸이고 보호를 받아야 할 뿐만 아니라 중요한 것은 담장 내외의 세계는 실체와 응용이 같고, 처음과 끝이 한결같은 관계를 유지한다는 점이다. 바로 이러한 실체, 응용, 처음, 끝의 자유로운 분출이 자연스럽고도 각종 생명의 형태를 벗어나지 않는 심미세계를 구성했다. 그래서 설령 중국 건축에 담장이 생겼다 해도 이런 담장은 대개 방어보다 미학적 의미를 표현할 뿐이다.

---

68) 漢寶德 : 《中國建築文化講座》, 北京, 生活·讀書·新知三聯書店, 2006, 第74頁.
69) 金學智 : 《中國園林美學》, 北京, 中國建築工業出版社, 2005, 第13頁.

비교를 하자면, 담장은 서구 건축사에서 혁혁한 위치에 있고, 생명구조에 대한 모방 형식을 취하고 있다.70) "프랑스 건축에서 벽면에 대한 표현은 프랑수아 망사르François Mansart(1598-1666)의 작품에서 가장 성숙하게 드러났다. 그의 걸작은 파리 근처 고딕 양식의 가파른 지붕을 가진 샤트 드 메종Château de Maisons(1642-1646)이다. 르보LeVau는 거의 동시에 단열적인 맨사드 지붕mansard roof을 발명해 건물에게 육감적인 풍만함almost sensual voluminosity을 부여했고, 이것은 말기 바로크 건축의 특징이 됐다. 투명한 골격구조는 쥘 아르두앙 망사르Jules Hardouin-Mansart의 작품에서 절정에 달한 후에 바로 포기돼서 담벽을 하나의 연속적이고 다공적인 모습인 로코코식 처리법으로 대체하게 됐다."71) 망사르의 고딕풍 가파른 지붕이나 르보의 맨사이드 지붕은 모두 벽체와 밀착돼 있다. '벽체를 연속된 다공 형태'로 간주하는 것은 건축이 인간 피부를 모방하는 데에 그 의도가 있다.

반대로 강남원림의 벽체는 예술적 경지를 조성하기 위해 주로 흰색과 회색을 사용했다. 벽체 한 면에는 고정된 양식과 색채가 있다. 하지만 강남원림의 가장 뚜렷한 특징은 오히려 양식에서 거의 벗어난 단일화된 흰색이다.72) 동준童寯이 말했다. "중국 남방원림의 벽면은 늘 희

---

70) Christian Norberg-Schulz는 로마신묘에 대해 이렇게 묘사했다. "일반적으로 로마신묘는 독립된 건물이 아닌 뒤쪽의 보드와 연결돼 보드로 둘러싸인 중심선이 있는 공간이며 신묘는 그 공간의 주역이다. 그래서 공간의 첫 번째 기능은 매우 뚜렷하고, 공간의 발전 결과도 논리와 부합한다. 비너스-로마묘(BC135)처럼 말기 신묘의 내전에는 둥근 지붕을 사용해 우주를 상징하는 공간이미지를 완성시켰다."([挪]克裏斯蒂安・諾伯格-舒爾茨: 《西方建築的意義》, 李路珂, 歐陽恬之譯, 北京, 中國建築工業出版社, 2005, 第47頁.)

71) [挪]克裏斯蒂安・諾伯格-舒爾茨: 《西方建築的意義》, 李路珂, 歐陽恬之譯, 北京, 中國建築工業出版社, 2005, 第157頁.

72) 러스킨은 다음과 같이 말했다. "색채는 영원히 형태를 따르지 않고 스스로 체계를

게 칠한다. 이는 태양과 달에 반사된 대나무 그림자를 돋보이게 할 수 있기 때문이다. 흰색 벽, 푸른 나뭇잎, 청색 기와, 나무로 된 작품들이 중국원림의 기조를 구성했다. 담장 윗부분이 구불구불하면서 기복을 이루고, 유리나 종이를 사용하지 않는 기와로 만든 창이 무게감을 덜어준다. 심지어 머리와 꼬리를 더해서 꿈틀거리는 용처럼 만드는 사람도 있었다."[73] 이런 흰색은 이물질이 섞이지 않아 순수하고 장식을 거부하는데, 심지어 일부러 도료 사용을 피하기도 한다. 이어李漁가 《閑情偶寄》에서 말했다. "서재의 벽은 자연스럽고 품위가 있어야 한다. 그러려면 절대로 기름과 칠을 사용해서는 안 된다. 기름과 칠은 속물이다. 이전 사람들은 어쩔 수 없이 도료를 사용했지만 만족스러워 하지 않았다. 비바람을 피하기 위해서는 문과 창문 난간에 반드시 기름과 칠을 사용해야 한다. 마루의 기둥과 서까래에도 반드시 기름과 칠을 사용해야 하는 것은 얼룩을 방지하기 위해서이다. 서재는 사람이 자주 가지 않고, 비에 젖지 않아 침수가 되지도 않는다. 이런 걱정이 없는데도 기름과 칠을 택하는 것이 항상 기름과 칠의 냄새 속에 잠겨있는 것과도 같다. 그렇다면 온몸에 칠을 하고 있는 것이 더 낫지 않겠는가? 석회로 벽을 칠하고 반들반들하게 문지르는 것이 가장 좋고, 그 다음은 종이를 바르는 것이다. 종이를 사용하면 집안의 기둥과 창문틀이 같은 색깔이 된다. 즉 흰색으로 벽을 칠하고 기둥에도 종이를 발라놓으면 종이와 석회의 색깔은 크게 차이가 나지 않는다."[74] 계성도 흰색 석회

이룬다. …… 색채와 형태는 계층이 다른 두 개의 장식 라인처럼 우연히 같을 수 있지만 각자의 방향을 가지고 있다."([英]約翰·羅斯金:《建築的七盞明燈》, 劉榮躍編, 張璘譯, 濟南, 山東畫報出版社, 2006, 第121頁.)

73) 童寯:《園論》, 天津, 百花文藝出版, 2006, 第5頁.

74) 李漁著, 江巨榮, 盧壽榮校注:《閑情偶寄·居室部》, 上海, 上海古籍出版社, 2000, 第208頁.

담장의 제작과정을 상세히 묘사했다. "석회로 벽을 칠할 때는 석회 모르타르를 사용한다. 경사가 있으면 반들거리는 효과를 위해 밀랍으로 문지르기도 한다. 지금은 호수 속 황사黃沙에 좋은 석회를 조금 섞어 초벌을 하고, 그 후에 석회를 더 섞어서 빗자루로 살살 문지르면 사람을 비칠 수 있을 정도의 자연스러운 빛이 난다."75) 여기서 의문이 생긴다. 왜 벽을 흰색으로 칠할까? 이어는 기름과 칠이 속물이고, 흰 벽에 그 어떠한 기름과 칠을 할 필요도 없고 칠해서도 안 된다고 했다. 이는 무엇 때문이고 또한 어떤 심미심리일까? 쉽게 설명하자면 벽의 흰색을 이른바 배경으로 이해하는 것이다. 흰 벽면 앞에서 자연물의 형태, 색깔, 빛, 그림자는 화폭의 전경에 해당하고, 자연물인 전경이 배경인 벽면과 어우러지면서 이질적이지만 생동적이고 자연스러운 한 폭의 그림을 그려낼 수가 있다. 《洛陽伽藍記》에 이런 기록이 있다. "정광正光년에 원옹元雍이 재상이 돼 …… 저택은 황제의 왕궁과도 견줄 만했다. 흰색 벽면에 붉은 기둥으로 이루어졌고, 지붕 기와는 높고 처마는 날아갈 듯 했으며, 교통도 매우 편리했다."76) 흰색 벽면은 붉은 기둥의 배경으로 출현한 것이다. 또한 문진형文震亨의 《長物誌》에서 당堂의 형식을 언급했다. "당은 넓고 화려해야 하며, 앞뒤로 겹겹이 행랑과 넓은 원림이 있어야 하고, 곁채와 사랑채에서는 모두 연회를 열 수 있어야 한다. 네 면의 벽은 좁은 벽돌로 쌓는 것이 가장 좋지만 그렇지 못하면 석회로 도색한다."77) 흰 벽면은 바로 바탕색으로서 사물을 부각시키는 기능을 한다. 그러나 더 깊은 측면에서 벽면의 의미는 여기서 그치지

---

75) 計成著, 陳植注釋, 楊伯超校訂, 陳從周校閱 : 《園冶注釋》, 北京, 中國建築工業出版社, 1988, 第186頁.
76) 楊衒之撰, 周祖謨校釋 : 《洛陽伽藍記校釋》, 上海, 上海書店出版社, 2000, 第137頁.
77) 文震亨著, 陳植校注 : 《長物誌校注》, 南京, 江蘇科學技術出版社, 1984, 第27頁.

않는다. 벽면이 보여준 것은 예술적인 경지이다. 흰 벽면 외에 계성은 벽돌로 쌓은 벽면을 광나게 문지르기를 권장했다. "안 보이는 문이 있는 벽면과 청당의 벽면은 모두 문지르거나, 혹은 네모난 벽돌로 매다는 장식을 하거나, 네모난 벽돌을 팔각으로 깎아서 넣거나, 벽돌 한 장을 쌓고 반장의 공간을 남겨 꽃모양으로 만든다. 마무리는 네모난 벽돌을 여러 층으로 쌓아서 한다. 꽃, 새, 신선, 짐승 등의 조각은 그림의 분위기를 잘 내지 못하니 거의 사용하지 않는다."[78]

　광을 낸 벽돌로 '꽃 모양'을 만들거나 기하 도안으로 벽면을 장식하더라도 계성은 벽에 '꽃, 새, 신선, 짐승을 조각하는 것을' 허용하지 않았다. 그 이유는 무엇일까? 그것은 벽면이 속되게 보이기 때문이다. '꽃, 새, 신선, 야수'는 '그림의 분위기'를 내기가 어렵다. 계성은 벽면과 전경의 이질성, 심미주체가 벽면의 그림과 마주볼 때에 스스로의 재구성을 기대한 것이다.[79] 물론 벽은 소극적이고 피동적인 배경만은 아니다. 시지각이론에 의하면 벽은 '커질' 수도 있다.[80] 벽면의 흰색은 주동

---

78) 計成著, 陳植注釋, 楊伯超校訂, 陳從周校閱：《園冶注釋》, 北京, 中國建築工業出版社, 1988, 第187頁.
79) 이것은 러스킨의 생각과 매우 다르다. 러스킨이 말했다. "흑백 작품에서 발견한 신기한 생명과 정신으로 인해 나는 이런 흑백 인물을 매우 좋아한다. 하지만 흑백 작품에 함축돼 있는 지나친 추상 때문에 우리는 어쩔 수 없이 이것을 발전 중 혹은 완벽하지 못한 예술 계열로 귀속시켜야 했다. 완벽한 건축은 가장 고급스러운 조각으로 구성하고(유기적인 형태 주가 되고 두 번째가 된다) 평면 혹은 광선을 넓히는 표면적인 색채도안과 함께 사용해야 한다."([英]約翰・羅斯金：《建築的七盞明燈》, 劉榮躍編, 張璘譯, 濟南, 山東畵報出版社, 2006, 第127頁.) 그는 벽과 벽면의 흰색 자체를 객체로 간주했으며 그의 논리에 의하면 벽은 이차원적인 것이고, 벽면의 흰색도 이차원에 속하니 당연히 삼차원적인 조각만 못하다. 러스킨은 벽이 순수한 배경이 될 수 있고, 순수한 예술경지가 될 수 있다는 점을 인식하지 못했다.
80) 아른하임은 "색채로 말하자면, 붉은 색이 파란 색보다 조금 강하고, 밝은 색채는 어두운 색채보다 강하다. 흰색과 검은색이 균형을 이루게 하려면 검은색의 면적은 조금 커야 한다. 이는 방사효과 때문이다. 방사효과 때문에 밝은 표면은 어두운

적이고 살아 있는 것이고 생명이 있는 것이며 심미적 시야에서 자신보다 더 '크게' 보일 수도 있다. 원림의 주인이 벽 한 면만 배경으로 삼는다면 벽은 단색 중에서 임의의 한 가지의 색상일 수도 있지만, 짙은 색조는 통제력이 더 강해 배경으로 더 적합할 것이다. 강남 외에 다른 원림의 벽면은 반드시 흰색을 사용해야 하는 것은 아니다. 예를 들어 왕실원림과 사찰 불당의 벽은 노란색으로 자연사물의 배경인 동시에 귀족의 자부심, 자폐, 패기와 오만함을 드러내기도 한다. 하지만 강남 원림의 벽은 자신만의 깊은 뜻이 내포돼 있다. 흰색 벽면 자체는 원림의 주인과 문인들이 현실의 기회와 인연을 초월할 수 있도록 스스로 성찰하기를 재촉한다. 이때의 벽은 선사가 묵묵히 바라보고 수행하는 벽과 내재적 연관성이 있으며 모두 깨닫게 하는 대상이다. 진종주는 다음과 같이 말했다. "원림의 벽은 죽담 벽, 광을 낸 벽돌로 쌓은 벽, 구멍이 뚫린 벽, 흰 석회를 도색한 벽 등 여러 종류가 있다. 지금의 소주에는 흰색 석회로 도색한 담벽이 가장 많다. 외벽 윗부분에 화창花窓이 있는 것도 있고(누창은 벽 윗부분에 있음), 내벽에 누창漏窓 및 벽돌로 만든 틀도 있는데 이것이 바로 사람들이 말하는 도색된 벽면에 비춘 꽃 그림자이다."[81] 벽은 본질적으로 틈이 있어야 한다. 벽을 배경이라고 하기보다 매개로 보는 편이 더 낫다. 사람들은 벽의 누창과 벽돌 틀을 통해 또 다른 자연적이고 변환하는 참된 세상을 깨닫고자 한다. 문진형이 말하기를 "옛 사람들은 벽에 시문을 쓰는 것을 중요시했지만 현재는 설령 고개지顧愷之[82], 육탐미陸探微[83], 종요鍾繇[84]와 왕희

표면보다 면적이 조금 넓어 보인다고 지적했다."([美]魯道夫·阿恩海姆:《藝術與視知覺》, 滕守堯, 朱疆源譯, 北京, 中國社會科學出版社, 1984, 第20頁.)

81) 陳從周:《梓翁說園》, 北京, 北京出版社, 2004, 第77頁.
82) 역주 : 고개지(348~409), 한족, 진릉晉陵 무석無錫 출신이며 동진東晉 유명한 화가,

지王義之[85])가 붓을 적신다 해도 흰색 벽만 못하다"[86]) 고 했다. 그 이유가 무엇일까? 그것이 바로 심미주체로 해금 자신을 강제로 돌아보게 하는 계기이다. 이에 대해 동준의 견해는 이러하다. "중국의 원림예술은 과시하는 것을 일삼지 않는다. 담장으로 내면적 빼어남을 감췄지만 벽에 뚫린 구멍과 꽃처럼 만든 창을 통해 훑어보는 방식으로 관광객을 부른다. 이러한 텅 빈 흰색 벽면에는 종교적 의미가 내포돼 있다. 선종禪宗에서 말하는 종결과 극한이다. 원림 전체가 은거하고 조용히 사색하는 장소이다."[87]) 진정 옳은 말이다. 흰 벽면은 흰 것으로만 보일수도 있지만 실은 '공空'의 뜻이 내포돼 있다. 선정禪定하는 마음이나 순화하는 마음으로만 이런 신비로움을 터득할 수 있다. 그래서 문진형은 산재山齋에 대해 "맑고 깨끗해야 하며 너무 넓어서는 안 된다. 맑고 깨끗함이 심신을 편안하게 할 수 있지만 너무 넓으면 시력을 낭비한다....... 사철나무를 담장 밑에 심고, 삼백초 물을 뿌려 넝쿨을 키우는 사람도 있었다. 은은한 운치는 있지만 흰 담장만은 못하다"[88])고 말했다. 어쨌든 이 시기의 벽은 군사와 안전 목적이 아닌 엄연히 생태미학의 경지를 나타내는 미학범주가 됐다. 진종주는 다음과 같이 비탄하며 그리워했다. "옛 성벽 길의 양 쪽에는 버드나무가 심어져 있고 물가에

회화이론가, 시인이다.

83) 역주 : 육탐미(？-약485), 한족, 오현吳縣(현재 소주) 출신이며 魏晉南北朝 시대 유명한 화가이다.

84) 역주 : 종요(151-230), 영천장사潁川長社(현재 하남河南 허창許昌 長葛東) 출신이며 삼국三國시대 위魏나라 유명한 서예가, 정치가이다.

85) 역주 : 왕희지(303-361), 한족, 동진東晉 유명한 서예가이며 '서성書聖'이란 명예로운 칭호를 얻었다.

86) 文震亨著, 陳植校注 :《長物誌校注》, 南京, 江蘇科學技術出版社, 1984, 第36頁.

87) 童寯 :《園論》, 天津, 百花文藝出版, 2006, 第5頁.

88) 文震亨著, 陳植校注 :《長物誌校注》, 南京, 江蘇科學技術出版社, 1984, 第28頁.

는 연꽃이 흐드러지며 높고 낮은 성벽이 들쭉날쭉하니, 저 멀리서 바라볼 때는 건축과 자연의 아름다움이 서로 어우러졌다. 왕사정王士禎의 시詩처럼 '푸른 백양나무가 있는 성곽 양주揚州'는 이미 철거돼 이와 같은 경관은 더 이상 볼 수 없게 됐다."[89]

제3절 사원의 탑 : 문화 주류의 융섭

건축 풍격은 특정한 문화 형식으로서 종종 문화 풍조의 영향을 받게 된다. 강남건축과 그것이 의존하는 강남문화도 역시 마찬가지이다. 그렇다면 강남문화 풍조는 어떠한 의미를 지니고 있을까? 한마디로 주류문화의 이질문화에 대한 융섭이다. 즉 유가문화가 불교문화에 대한 흡수와 수용이다.

불교문화의 강남지역 전파는 세인들의 상상을 초월할 정도로 매우 일렀다. 인도에서 들어 온 불교가 실크로드를 통해 중원에 가장 먼저 정착했고, 강남으로 들어온 것은 불교가 북방에서 입지를 굳힌 후의 금상첨화 같은 '후기작품'이라고 일반적으로 생각한다. 그러나 엄경망嚴耕望은 우리에게 이런 실마리를 제공해 줬다. "팽성彭城은 초왕楚王 유영劉英의 고향이다. 하비下邳는 임회臨淮의 바뀐 이름이며 바로《支讖傳》의 승려인 엄불조嚴佛調의 고향이다. 이를 근거로 하며 초왕 유영의 이야기를 참고해 동한 말에 낙양 동쪽인 서토徐土에서 불교 숭배는 이미 상당히 보편적이었음을 알 수 있다. 또한 착용笮融은 단양丹陽 사람

이니(군 소재지는 원릉苑陵이며 지금의 안휘성 선성현宣城縣) 아마도 단양에서 불교신앙이 먼저 존재했을 것이다. 유영은 죄를 지어 단양 경현涇縣(지금의 안휘성 경현 서부)에 유배됐다. 바로 자살했지만 그의 친족들은 여전히 단양에 남아 있었기에 특히 단양에 일찍이 불교신앙이 존재했다는 단서가 됐다. 즉 불교는 이미 강남 이남까지 전파됐음을 의미한다."[90] 엄경망은 도교의 고장인 단양의 불교 전파는 중원과 동시에 시작됐다고 분명히 밝혔다. 그렇다면 불교가 중원에서 뿌리를 내린 이후에야 비로소 강남으로 전파됐다고 할 수는 없다. 더 나아가 북방의 빈번한 전쟁과 군사충돌에 인한 격상에 따라 불교의 중심지가 북에서 남으로 전이된 것은 정치적 식민문제가 아니라, 오히려 우세문화의 자발적인 이동과 능동적인 집합이다[91]. 엄경망은 동진남북조 시대 고승高僧의 행적지 분포를 종합해보고 다음과 같은 불교전파 현상을 설명했다.

---

90) 嚴耕望:《魏晉南北朝佛敎地理稿》, 上海, 上海古籍出版社, 2007, 第3頁.

91) 엄경망이 말했다. "《僧祐錄》권13인《支讖傳》에서는 헌제 말 한나라 황실이 많이 어지러워지자 동향 수십명과 오나라로 망명해 경서 36부 48권을 번역했다. 해당 경서는 건강에 있고 연대는 강승회康僧會 보다 앞섰다. …… 이때의 오나라는 건국 초기라서 무창武昌에 도읍을 정했기에 유지난維祇難 두 사람만 무창에 도착했다. 그 이후 5년이 지나고 오가 도읍을 건업으로 옮기자 두 고승도 역시 따라서 동쪽으로 이동해 건업에 머물게 됐다."《三國誌・吳書》《孫綝传》에서는 "민간에서 모시는 신을 능멸하고 대리 어귀에 있는 오자서묘伍子胥廟를 불태웠다. 또한 부도사를 태우고 도인들을 도살했다'고 기록돼 있다. 아마도 오나라 말기 건업의 승도는 이미 적지 않았다. 그 밖에《开元释敎錄》2권의 기록에 의하면 "지강량支强梁은 서역 사람이며 손량孫亮 오봉五鳳 2년 乙亥(255) 교주交州에서《法華三昧經》을 번역했는데 불문자제인 축도형竺道馨이 필기했다. 오나라 때 교주에 이미 불교가 존재했고 아마도 이전부터 전해 내려왔다."(嚴耕望:《魏晉南北朝佛敎地理稿》, 上海, 上海古籍出版社, 2007, 第10頁.)

① 황하와 회하 사이의 남양南陽, 영천穎川, 여남汝南, 양송梁宋은 옛 예주豫州 지역이며 고승이 없다. 이것은 한나라의 경제가 번성하고 인물이 많이 배출된 상황과 비교된다.

② 북방의 승려는 장안, 낙양, 업성鄴城과 태항산맥太行山脈 동쪽의 회랑지대 및 진산秦山 남부지역에 집중돼 있었다. 장안에 기거한 승려는 동진東晉 전후에는 진이 가장 많았고, 남북조시대 말기에는 서위西魏와 북주北周가 많았다. 업성 이동은 동위東魏와 북제北齊가 많았다. 낙양은 서진 말기부터 황폐해져 위魏 효문제孝文帝가 낙양으로 읍성을 옮긴 후에 40년간 번성했다. 북방 대도시의 불교의 성쇠가 안정적이지 않은 것은 정치가 안정되지 않은 탓이다.

③ 남방은 건강建康, 회계會稽, 형주荊(남군南郡 강릉江陵), 익益(촉蜀의 도성인 성도)과 노산廬山이 번성하고 안정적이었다. 그 중 건강은 작게나마 번성하다가 나중에 크게 번영했으며, 《僧傳》에 기록된 남북조 고승들은 거의 절반 이상이 건강에 거주했으므로 남조 국도國都의 불교 번성을 보여줬다. 이는 《僧傳》의 저자 혜교慧皎가 강남사람인 것과 연관성이 있다.

④ 동진 때에 남방의 고승은 북방보다 훨씬 많았다. 남북조시대에 이르러서 이런 현상이 더욱 현저했다. 대략적으로 북방은 4분의 1을 차지했고, 남방은 4분의 3을 차지했으며, 그 중에서 건강과 회계가 전국의 절반이상을 차지했다. 이는 남조의 정국이 비교적 안정되고 경제가 번성해 인문이 모이는 곳이 됐음을 말해준다.

요컨대 북방의 고승 수가 나날이 적어지고 있었으며 특히 옛 예주豫州에서는 이미 고승을 찾아 볼 수가 없었다. 장강 유역 및 절강 동쪽의 회계는 갈수록 번성했다. 이는 정치의 안정 여부가 경제에 영향을 미치고 고승과 승려의 집산을 좌우하는 데에서 비롯된다. …… 남방에 거주하고 있는 승려의 대부분은 북쪽으로부터 옮겨 온 것이다. 혜교慧皎의 《高僧傳》의 기록을 통계한 결과로 건강에는 모두 85명이었다. 기록된 출생지로는 외국인이 11명, 롱산隴山 서쪽인 지금의 감소성 출신이 10명, 회하와 한수 이북 출신이 30명, 회남이 5명, 사천, 호남, 강서가 각 1명, 건강이 10명, 건강 이외의 강남 지역 출신은 16명이었다. 이와 같이 건강에 거주하고 있는 고승의 수는 많지만, 본고장 사람은 지극히 적고 강남 전체(건강을 포함한)를 합쳐도 26명에 불과하며, 또한 대다수가 북방에서 강남으로 온 사람이다. 또한, 장강 중상류 지역의 출신자도 매우 적었지만 회하, 한수 이북, 롱산 이서 지방 출신의 승려들이 남쪽에서 타향살이를 했다는 사실은 사서의 기록보다 더욱 구체적이고 현저했다는 것을 알 수 있다.[92]

이런 점에 비춰 보아 적어도 두 개의 정황을 알 수 있다. 하나는 강남불교 성직자의 수가 중원을 훨씬 추월한 것이고, 두 번째는 건강의 승려 계층 중에서 본고장 출신만 있는 것이 아니라 그 구성이 매우 복잡하다는 것이다. 이는 각지의 신도들이 건강으로 모여들며 하나의 이질문화가 주류문화에 참여하는 사회현상이 됐고, 주류문화가 넓은 흉금으로써 자신들과 다른 부류를 광범위하게 받아들이고 수용하기를 요구했음을 의미한다. 더욱 구체적인 상황은 불교신앙에는 비단 강남과 중원의 구분이 존재할 뿐만 아니라 도시와 산림의 차이도 아울러 고찰 범위 내에 들어가야한다.[93] 지리환경이란 남북문제뿐만 아니라 도시

---

92) 嚴耕望 :《魏晉南北朝佛敎地理稿》, 上海, 上海古籍出版社, 2007, 第57-58頁.

93) 엄경망은 "의해義解는 경서의 이치를 연구하고 강론하는 것이 중요시하니 외향적 변론으로 치우치게 됐다. 습선習禪은 수행을 중요시하고 스스로 확립하고 수행하는 내면적인 조예이니 변론을 중요시 여기지 않고 일부러 밖으로 선전하지 않는다. 의해와 습선이 취지가 다르니 풍격도 각기 다르다. 이런 차이는 각기 형성된 지리배경과 사회배경이 있으며 또한 각기 적합한 지리환경과 사회환경을 찾아간다. 그러므로 승려의 기풍에도 지리환경과 사회환경 및 인과관계가 존재한다. 이전 학자들은 남북의 지역차이만 강조했으나 사실상 도시와 향촌의 차이가 매우 현저했다. 대략적으로 남북의 불교 기풍이 다르다는 점은 말할 필요가 없다. 그러나 사실을 고찰했을 때에 강남의 의해는 물론 매우 번성했지만 선행이 뛰어난 사람도 적지 않았다. 상대

와 향촌문제도 포함한다. 이 점은 강남불교에 있어서 매우 중요하다. 강남지역의 향진鄕鎭은 매우 발달돼 있어서 도시와의 차이가 중원지역만큼 그렇게 심하지 않아서 강남불교는 보편적인 도시화 경향을 띠게 됐다. 이런 보편적으로 도시화된 강남불교에는 어떤 특별한 점이 있을까? 이중二重의 해답이 있다. "남북조의 승려인 의해義解와 그 승도들은 경서를 강설하고 법회를 개최한다. 이것은 동진 초기의 모습과 매우 다르며 제齊와 양梁이 특히 그러했다. 의해 승도들이 정치적인 수도 및 기타 대도시에 집중됐다는 점은 동진의 의해 승도가 모두 산과 숲속에 기거한 것과 크게 달랐다. 승도가 군주 및 사대부와의 관계가 매우 돈독했고, 도시의 강경講經 풍습도 성행했다. 경전을 경청하는 승도가 수천 명에 달했고, 법회는 승도들의 명성과 명예를 추구하는 장소로 변했으며, 앞 다퉈 …… 관직의 부귀영화를 숭상했다. 자신의 수행과 수양에 소홀하고 소양마저 전혀 보이지 않았다. 나쁜 품행은 물론이고 경박함과 사악함이 이루 다 말로 표현할 수 없었으며, 승도의 품격이 이토록 타락할 줄은 상상조차 못했다!"[94] 이것이 아주 중요한 단어이다. 엄경망은 실망했지만 사실상 '남북조의 의해 승도들이 군주나 사대부와 매우 깊은 관계를 맺은' 것은 '도시의 경전강설 풍조가 성행하고, 경전을 경청하는 승도가 수천 명에 달하고, 법회는 승도들의 명성과 명예를 추구하는 장소로 변한' 상황을 간접적으로 야기했다. 이를 바탕으로 종교적 건축이 강남지역에서 빠르게 발전해 강남 건축 전체에 영향을 미쳤다.

불교건축의 흥기는 두 가지 측면에서 나타났다 — 불교 사찰의 규모

적으로 북방에는 습선 기풍이 번성했으나 도시에서 의해 역시 손색이 없었다."(嚴耕望:《魏晉南北朝佛敎地理稿》, 上海, 上海古籍出版社, 2007, 第197頁.)

94) 嚴耕望:《魏晉南北朝佛敎地理稿》, 上海, 上海古籍出版社, 2007, 第205頁.

와 불탑의 수를 보면 알 수 있다. 일찍이 《洛陽伽藍記》에서 양현지楊衒之가 낙양 보광사寶光寺를 언급한 적이 있다. "원림의 한 가운데에 함지咸池라는 연못이 있다. 갈대가 물가를 뒤덮고, 마른 꽃과 연꽃이 수면을 덮으며, 푸른 소나무와 대나무는 나란히 그 옆에서 자란다. 수도의 사대부들은 좋은 날이면 휴가를 내고 친구를 초대해 이곳으로 유람을 나온다."95) 이 사찰은 양현지가 묘사한 것처럼 '수도의 사대부', '친구를 초대'해 모이는 장소일 뿐만 아니라 바로 서양문西陽門 밖의 어도御道 북쪽에 위치하고 있어서 중앙정권과의 왕래관계를 드러내기도 했다. 따라서 불교 사찰의 건축은 종종 지방정권의 지지와 연관돼 있다. 또한 건강의 주류문화의 이질문화에 대한 자발적인 융섭이 불교사찰의 발전 공간을 충분히 제공했다. 강남의 불교 사찰은 수가 많을 뿐만 아니라 규모도 방대하다.96) "남조가 불교에 대해 심취한 시대였기에 건강 시내에는 많은 사원이 생겼다. 진조陳朝 말기까지 총 1232개였다. 심증식沈曾植은 《南朝寺考序》에서 《釋迦氏譜》를 인용해 말했다. '동진이 안거한 104년 동안 모두 1768개의 사찰을 건립했는데 사치스럽기도 하고 그 숫자도 사뭇 많다고 할 수 있다. 방지方誌에는 금릉金陵 사찰 개수에 대한 기록이 없다. 송宋대부터 양梁대까지 대대로 증가했

---

95) 楊衒之撰, 周祖谟校釋：《洛陽伽藍記校釋》, 上海, 上海書店出版社, 2000, 第152頁.
96) 《吳郡圖經續記》에 의하면 "불교가 중원에 들어오자 동남까지 파급됐다. 오 지방에는 오나라 때에 이미 사찰을 건축했다. 그 이후 양무제가 불교를 믿자 오나라 명승지에 정교한 사찰을 많이 지었다. 진과 수를 거쳐 당까지 번성했다. 당무종이 그것을 없앴지만 이후 당선종이 다시 복원시켰다. 당나라 말기 봉기가 일어나자 오 지방의 사찰은 다수 불에 탔고 강탈당했다. 전씨가 오나라를 통치하고 나서 명성을 높이고 번성기가 다시 찾아왔다. 그래서 옛 것을 고치고 새 것을 다시 짓고, 여러 가지 일을 동시에 실행하면서 모든 힘을 써서 따라갔다. 군의 안과 밖에 유명한 사찰들이 보이고, 남아 있는 미풍양속이 오랜 세월 지나도 쇠퇴하지 않았다."(朱長文撰, 金菊林點校：《吳郡圖經續記》, 南京, 江蘇古籍出版社, 1999, 第30頁.)

는데, 양왕조는 모두 2864개 사찰이 있었고 수도에만 7백여 개였다. 진陳왕조는 양梁의 전란을 이어갔고 …… 말년에는 사찰 수가 1232개 였다.' 그러나 《南史·郭祖深傳》(권70)에서 양왕조 초기는 '수도에 절 이 5백여 개였으며 매우 웅장하고 화려했다. 승려는 10여만 명에 달했 고 자산도 풍족했다.' 양무제梁武帝가 대대적으로 불교를 제창했기 때 문에 수도인 건강의 사찰이 7백 여 곳으로 증가했다. 당나라 시인 두목 杜牧의 《樊川文集·江南春》(권3)의 시구 '남조가 480개 사찰을 남겼 으니 정자와 누각은 모두 몽롱한 안개비 속에 있네'처럼, 대개 후경의 난侯景之亂 이후에는 건강의 사찰이 4백여 곳이 남았다."97)

사찰의 수뿐만 아니라 그 규모도 역시 놀랍다. 고염무顧炎武가 양나 라 수도 건강을 기술할 때에 다음과 같이 말했다."대동大同 7년 가을 12월 병신일丙辰日에 궁궐 서쪽에 사림관士林館을 세워 학자들을 모집 했다. …… 공부하는 사이 사이에 중운전重云殿과 동태사同泰寺에서 강 설을 하는데 유명한 승려, 대학자, 사부四部의 청중들이 종종 만여 명 에 달했다."98)

사원건축의 기세와 웅장함을 충분히 엿볼 수 있었다. 또한 엄경망이 다음과 같이 언급했다. "《續傳》 16권 《法京傳》을 보면, 형주의 장사사 長沙寺에 거주하고 있었는데 '전당에는 크고 작은 방이 5백 칸이고 한 꺼번에 수도에서 수련하는데 승려가 천여 명이 모였다. 장사사가 모시 는 성인상이(《一統誌荊州府》권에 의하면 이 사찰에 아소카 불상이 있 다) 천하의 으뜸이고, 동화東華의 제일'이었다. 《法苑珠林》(《四部叢 刊》120권본)21권 《敬佛篇》에도 장사의 한 사찰에 천여 명의 승려가 있

97) 陳正祥: 《中國文化地理》, 北京, 生活·讀書·新知三聯書店, 1983, 第89頁.
98) 顧炎武著, 于傑點校: 《曆代宅京記》, 北京, 中華書局, 1984, 第201頁.

었다고 기록돼 있다. 이는 아마 《僧傳》에 기록된 것으로서 규모가 가
장 큰 사찰일 것이다. 하동사河東寺에는 만 명 …… 이 역시 천축의 나
란타사의 규모와 맞먹는다."99) '천하의 으뜸, 동화의 제일', '천축의 나
란타사의 규모'라 칭할 정도이니 굳이 다른 곳에서 큰 사찰을 찾을 필
요가 없다.

이와 동시에 강남의 불탑 숫자도 우후죽순처럼 비약적으로 늘어났
다. 강남 지역의 불탑 건립에는 유구한 역사가 있다. 진정한 의미의
중국의 탑은 착융笮融이 서주徐州에서 세운 누각식 목탑에서부터 시작
됐다.100) 인도의 불탑은 죽음의 예술이다. '솔도파窣堵坡', 산기탑山奇塔
에 '사리舍利' 및 부처의 유물을 매장한다. 중국의 불탑은 인도 불탑의
엄숙한 분위기를 없앴고, 반원형 지붕을 누각으로 바꿨으며 사람들이
난간에 기대어 멀리 바라볼 수 있고, 높은 곳에서 경치를 감상할 수
있게 하는 등 생기발랄한 세상을 만끽하도록 독려했다. 불탑은 강남에
널리 분포돼 있다. 소주만 예를 들어도 불탑의 매장기능이 여전히 훼손
되지 않았지만101) 매장된 자는 종종 고승이 아니다. "수성교사壽星敎寺

---

99) 嚴耕望:《魏晉南北朝佛教地理稿》, 上海, 上海古籍出版社, 2007, 第131頁 .
100) 왕진복은 "당초 백마사의 건립은 기록이 있는데 사찰 내에 탑을 세웠는지는 결론을
    내리지 못했다는 것이 일부 학자들의 견해이다. 우리는 인도 불교건축이 탑과
    사찰을 모두 중요시하는 전통에 근거해 불교가 처음 중국에 들어왔을 때는 모방이
    많고 창의성이 적어서 사찰을 세우는 동시에 탑도 세우는 것이 도리에 맞다고
    생각한다. 그리고 얼마 지나지 않아 삼국시대에 착융笮融이 서주에 부도사浮屠寺를
    세웠는데 누각식 목탑을 중심으로 한 건축이라는 것은 분명한 사실이다."(王振復
    :《中國建築藝術論》, 石家莊, 山西敎育出版社, 2001, 第216頁.)
101) 《百城煙水》의 내용을 보면 "계당율원戒幢律院은 야방빈冶坊浜 동쪽에 있다. 옛날에
    서태부徐太仆의 서쪽 화원였는데 그의 아들인 공부랑 서용徐溶이 그곳을 복고귀원
    사復古歸原寺로 만들었다. 숭정崇禎 8년 보국사報國寺의 무림율사茂林律師를 주지로
    초빙했고 지금의 이름으로 바꾸었다. 무림이 죽자 이곳에 전신탑을 세웠다."(徐崧,
    張大純纂輯, 薛正興校點:《百城煙水》, 南京, 江蘇古籍出版社, 1999, 第207頁.)

의 반당半塘에는 치아탑稚兒塔이 있다. 진도생晉道生의 동자 중《法華
經》을 읊을 수 있는 아이가 있었는데 죽은 후 여기에 매장했다. 의희義
熙 11년 상인인 사본謝本이 한밤중에 경 읽는 소리를 들었는데 아침에
일어나 보니 무덤에 청색 연꽃이 피어 있었다. 이런 이야기를 듣고 탑
을 세우자고 청했다. 송대 위헌魏憲의《重修稚兒塔記》에서는 법화원
法華院이라고 불렀다. 송나라 치평治平 연간에 지금의 편액을 하사하고
소흥紹興 7년에 다시 건축했다."[102] 세상 사람들이 숭배하는 것은 동자
의 능력보다 치아稚兒의 이야기이다 ― 사람들이 사망이란 공포에 굴복
될 수 있지만, 사랑에 관한 전설에 빠지고 싶은 바람은 분명하다. 다시
말해 사람이 '높은 곳'에 있으면 그가 원하는 것은 내려다보는 능가凌駕
의 기세이지 엎드리는 비천한 감정이 아니다. 그리고 탑은 다시 세울
수 있다. 현존하는 불탑은 대개 다시 만든 작품이다. 예를 들어, "쌍탑
선사雙塔禪寺는 성의 남동쪽에 있는데 당나라 함통咸通 연간에 주민 성
초盛楚가 세워 반약원般若院이라고 이름지었으며 오월시대 전錢씨가 나
한원羅漢院으로 바꿨다. 송나라 옹희雍熙 연간 왕문한王文罕이 벽돌로
마주보는 두 개의 탑을 세워 쌍탑이라 불렀고 대전과 처마를 다시 건
축했다."[103] 또한 "보은사報恩寺는 장주현長州縣 북서쪽에 있으며 오왕
吳王의 모친 사택에 건축한 통현사通玄寺의 기반이었다. …… 탑은 11
층이고 전쟁에 전소됐으나 행자 금대원金大圓이 모금해 다시 세웠다.
단지 9층만 복원했지만 비용은 총 10만 관이 들었다."[104] 그러나 모든

---

102) 徐崧, 張大純纂輯, 薛正興校點 :《百城煙水》, 南京, 江蘇古籍出版社, 1999, 第
     208頁.
103) 徐崧, 張大純纂輯, 薛正興校點 :《百城煙水》, 南京, 江蘇古籍出版社, 1999, 第
     220頁.
104) 範成大撰, 陸振嶽點校 :《吳郡誌》, 南京, 江蘇古籍出版社, 1999, 第472頁.

불탑이 다시 세워지는 것은 아니다. 《吳郡誌》에서는 "경덕사景德寺는 황우방黃牛坊 다리 동쪽에 있는데, 사원 내에 폐기된 탑이 있으나 다시 세우지는 않았다"고 기록돼 있다.[105] 이것으로 봐서 탑의 역사에는 단계가 있다. 그것은 각기 다른 시간 단면에 위치해 때로는 시간이 흘러감을 증명하고 때로는 어려움을 극복해, 점차 세월의 선물이 돼서 우리가 깊이 깨닫도록 우리 앞에 놓이기도 한다.

불교신앙 및 건축요소는 강남건축 기풍에 어떠한 이질적인 요소를 가져다 줬을까? 주류문화의 이질적인 문화에 대한 흡수가 건축 외관에 어떻게 표현됐을까? 그것이 폐원廢園이다. 부처에 대한 깊은 이해가 있었기에 강남 건축은 퇴폐에서 신비함으로 나아가는 심미적 감정이 생겨나 시간의 연결고리에서 한 폭의 찰나적 온전한 세계를 그려냈다.

심복후沈福煦가 아주 대표적인 말을 한 적이 있다. "건축형식으로 중국의 고유 문화관념을 표현한다면, 바로 이미지의 완전무결이며 정확함을 뜻한다. 즉 건축물을 새로 짓거나 허물고 다시 짓는다. 낡은 건축은 결국 아름답지 않다. 이는 서구 건축관념 상의 옛것이 옛것이고 훼손돼도 무방하다고 주장하는 이른바 '불완전한 아름다움'과는 다르다. 로마 콜로세움 경기장은 파손돼도 아름답고 비너스는 팔이 없어서 오히려 더 아름다워 보인다. 탑은 외부에서 온 사물이기에(인도문화는 서구 문화의 영향을 많이 받았다) 소안탑小雁塔 상부의 두 층이 없어도 보기 싫지 않다. 소주의 호구탑虎丘塔은 파손됐을 뿐만 아니라 기울어져도 여전히 아름답다. 우리는 건축이 활용의 대상일 뿐만 아니라 문화를 나타내고 사람의 관념 형태에도 영향을 미친다는 점에 유의해야 한다."[106] 진정 옳은 말이다. 그러나 필자가 보충하고자 하는 것은 인

---

105) 範成大撰, 陸振嶽點校:《吳郡誌》, 南京, 江蘇古籍出版社, 1999, 第479頁.

도문화의 퇴폐적 아름다움과 서구문화의 불완전한 아름다움은 미세한 차이가 있다는 것이다. 플라톤의 '이성적 분유分有'에서는 예술품은 신에 대한 모방이다. 한편으로 모방은 신의 이성을 지향하는 것이지 현실적 기물은 아니다. 다른 한편으로 예술은 본래 신의 이식이 쇄변한 결과이기에 서구 예술에서는 불완전함을 받아들이고 심지어 의도적으로 만들어내기까지 한다. 그러나 불교에서는 연기성공緣起性空을 주로 제창하고 생사의 한계는 이미 해체됐으며 예술이 표현하고자 하는 것은 생명이란 결국 사라지게 될 환멸과 슬픔이다. 이 때문에 불교예술은 다음 두 개의 축을 중심으로 여길 것이다. 즉 생명력 존재의 선양과 생명력 소멸의 신속함이다. 고로 불교예술은 불완전함이 보존돼 있을 수 있지만 그것이 더욱 퇴폐적인 것이다.

폐원의 퇴폐함은 세월의 흐름에서 비롯됐다. 강남건축은 영원함을 갈구한 적이 없었고 원림의 승계는 항상 마음고생을 시키지 않는 어려운 과제였다. 심덕잠沈德潛은《蘭雪堂圖記》에서 말했다. "원림의 승계라는 것은 돌이켜보면 그 주인의 지위와 함께 하지 않는가? 서쪽의 졸정원拙政園은 변방을 지키는 장수의 소유에서 재상의 소유가 됐다. 극에 달한 사치스러움이 마치 주나라 무왕의 읍성과 비슷했다. 그러나 하늘까지 치솟는 화염은 순식간에 진화됐고 주인이 다시 서너 번 바뀌다보니 숲은 폐허가 되고, 늪지대가 한연寒煙으로 되덮였다. 이 광경을 그림으로 표현하고자 해도 여우와 토끼들이 쉴 없이 돌아다녀서 차마 붓을 들 수가 없다. 이것이 지나친 사치는 빨리 망하고 부귀영화가 영원하지 않음을 보여주는 것이 아닌가?"[107] 졸정원은 아름다운가? 아름

---

106) 沈福煦:《中國古代建築文化史》, 上海, 上海古籍出版社, 2001, 第103頁.
107) 王稼句:《蘇州園林曆代文鈔》, 上海, 上海三聯書店, 2008, 第48頁.

답지만 순식간에 지나가는 아름다움이다. 심덕잠이 《復園記》에서 졸정원의 흥망을 기록하기를 "백여 년 동안 무성한 숲에서 여우와 토끼들이 혈거穴居하는 지저분한 곳으로 바뀌었다."[108] 번성하다 폐허가 되는 것이 원림의 공통된 운명이며 유사한 예는 얼마든지 더 들 수 있다. 서방徐枋이 《思樂亭記》에서 말했다. "옛날 소자미蘇子美가 군성 남원南園에 집을 지어 창랑정滄浪亭라고 이름했다. 수백 년이 지나고 몇 차례 변화를 거쳐 절이 됐으나 후세 사람들이 적막하고 황량한 곳에서 창랑정의 옛 터를 찾아 복원시켰다."[109] 창랑정은 복원됐지만 소자미는 더 이상 존재하지 않는다.

항수자亢樹滋는 《五畝園誌序》에서 감탄하며 말했다. "천하의 맑고 깨끗한 곳은 종종 연못과 식물원으로 만들어 사대부들이 은퇴 후에 시를 읊고 술을 마시고 관상을 하기 위한 장소가 된다. 한 번만 머물고 황폐된 곳도 있고 두세 번만 들리고 찾을 수 없는 곳도 있으며, 도적의 약탈과 전쟁으로 사라진 곳은 얼마나 되는지 모른다. 이는 예나 지금이나 같다."[110]

'예나 지금이나 같다'라는 것은 세상의 이치가 그렇다는 뜻이다. 원학란袁學瀾은 《游息園記》에서 눈앞의 상황을 묘사했다. "기와, 벽돌 조각 때문에 제대로 걸을 수 없고 정자는 망가졌으며 누대는 쓰러졌다. 나지막한 관목 숲에 황폐한 연못 속의 연꽃은 말라비틀어져 있고, 반쯤 고사된 교목만이 묘엄대妙嚴臺에 곧추섰다."[111] 원림은 광야가 아니기에 원림 내의 여러 가지 인공적인 '사물'은 깊은 문화적 이해로 보살펴

---

108) 王稼句:《蘇州園林歷代文鈔》, 上海, 上海三聯書店, 2008, 第43頁.
109) 王稼句:《蘇州園林歷代文鈔》, 上海, 上海三聯書店, 2008, 第140頁.
110) 王稼句:《蘇州園林歷代文鈔》, 上海, 上海三聯書店, 2008, 第125頁.
111) 王稼句:《蘇州園林歷代文鈔》, 上海, 上海三聯書店, 2008, 第87頁.

야 한다.112) 그런데 대부분 개인 재산인 강남원림을 누가 나서서 유지하는 것일까? 후손들이 하는 것일까? 113) 원림 건축자는 아마도 건축에 대한 지속적인 보존을 자신의 가족114) 혹은 수백 년 후에 뜻이 통하는 사람에게 기대할 수 밖에 없었을 것이다.115) 골치가 아픈 일이 있다. 즉 원림의 주인이 죽은 후에 그 후손이 그의 뜻을 어겼고 낙포樂圃를 소유하는 것을 기뻐하지 않아, 오월吳越 전錢씨의 금곡원金谷園을 경영하는 것이 더더욱 가치가 없다고 여긴 것이다. 이를 어떻게 해야 하는가? 딱히 방법도 없고 어떻게 할 수도 없다. 낙포에 대한 기억이 점차 사라지는 것은 매우 자연스럽기 때문이다. 원림은 필히 폐원이 돼

---

112) 문진형이《王文恪公怡老園記》에서 밝혔다. "평천, 녹야는 기이한 무늬의 돌이고, 길 옆의 대나무는 처음에는 높은 명성으로 초목을 보호했지만 결국 나무꾼과 목동 손에 모욕을 당한다. 황량하고 무너진 담벼락, 남겨진 언덕과 옛 객사들은 이전의 상황을 상상할 수 없다."(王稼句 :《蘇州園林歷代文鈔》, 上海, 上海三聯書店, 2008, 第62頁.)

113) 문진형의《王文恪公怡老園記》에 말하기를 "원림이 금빛찬란으로 유명하는 것이지 문장으로 유명해지는 것만 못하고, 문장으로 인해 유명해진 것은 자손으로 유명해지는 것만 못하며, 자손의 부귀함으로 인해 유명해 진 것은 자손의 충효로 인해 유명해 지는 것만 못하다."(王稼句 :《蘇州園林歷代文鈔》, 上海, 上海三聯書店, 2008, 第62頁.)

114) 주장문朱長文이《樂圃記》에서 말하기를 "무릇 나의 제자들은 아들이나 손자 같아서 아직 그들을 지켜 줄 수 있다. 그 집이 무너지지 않고, 그 숲을 베지 못하게 하며, 그곳에서 공부하고 식사한다. 그것으로 족히 즐거워할 수 있지만 어찌 이런 낙을 혼자서만 즐길 수 있는가!"(王稼句 :《蘇州園林歷代文鈔》, 上海, 上海三聯書店, 2008, 第19頁.)

115) 옛 사람들이 집을 선택할 때는 새로운 자리를 찾는 것보다 여러 차례 주인이 바뀐 땅에 다시 짓는 것을 개의치 않는다. 풍계분馮桂芬의《汪氏耕蔭義庄記》는 왕조汪藻의 경음의장耕蔭義庄을 위해 쓴 것이다. "현재 사당을 세운 곳은 송나라 때 악포樂圃였는데, 나중에는 경덕사景德寺, 학도서원學道書院, 병순도서兵巡道署, 신문정申文定 공택였고, 건륭제 이후 형부 장즙蔣楫, 상서 필원畢沅, 문정공文靖公 손사의 孫士毅 등이 번갈아 거주했다."(王稼句 :《蘇州園林歷代文鈔》, 上海, 上海三聯書店, 2008, 第23頁.)

몇 세대가 지난 후에 다시 알아줄 사람을 기다릴 수 밖에 없다. 강영과 江盈科가《敕賜重建獅子林聖恩寺記》에서 탄식했다. "천여天如가 입적하자 제자들이 모두 흩어졌다. 사찰의 물과 돌, 꽃과 대나무가 나날이 거칠어져 조정에서 사찰을 통폐합할 때에 이미 황폐했다. 옛 함휘含暉, 토월吐月, 입설立雪, 앙소昂宵, 서봉정栖鳳亭, 소비홍小飛虹, 지백指柏, 문매問梅와 같은 경치는 모두 들풀과 석양 속에 묻혀버렸다."[116]

폐원을 아쉬워하는 것은 사람이 흘러간 시간에 대한 통찰에 있다. 불교신앙이 깊이 스며들자 강남 건축은 결국 황량하고 신비로운 근거 없는 퇴락頹落적 아름다움을 받아들였다. 원림의 주인은 낡은 것을 그리워하고, 옛 것을 그리워하며 천백 년 역사를 지닌 골동품을 그리워한다. 유번劉蕃의《千畞潭記》에 다음과 같은 기록이 있다. "천하의 두공과 대들보, 세상의 아름다운 의복은 모두 손상돼 비록 수습하지 못하지만, 사람이 살지 않고 의복이 버려진 곳에서는 종종 기이한 돌과 나무가 자라나며 인적이 없는 곳에 천년간 방치돼 있다."[117] 어떻게 그 오랜 세월을 견뎌냈을까? 그것은 바로 돌이고 나무이기 때문이다.

고대전顧大典의《諧賞園記》에는 "높은 돌에는 부드러운 등나무가 엉켜 있고, 낮은 곳의 돌에는 이끼가 앉아 푸른 윤기가 나면서 접힌 흔적이 보이지 않는다. 모두가 백여 년 된 물건들이다"[118] 라고 기록돼 있다. 돌은 반드시 오래 된 것이어야 한다. 왕세정의《弇山園記》6편을 보자. "처음에는 승려가 땅을 팔고 이 나무도 같이 베어서 네 비위에 맞추려 했다. 네가 산과 물, 누대와 정자는 사람이 쉽게 만들 수 있지만 나무는 쉽게 키울 수 없다며 금 20천을 추가하고 나서야 승낙

116) 王稼句:《蘇州園林曆代文鈔》, 上海, 上海三聯書店, 2008, 第34-35頁.
117) 王稼句:《蘇州園林曆代文鈔》, 上海, 上海三聯書店, 2008, 第202頁.
118) 王稼句:《蘇州園林曆代文鈔》, 上海, 上海三聯書店, 2008, 第205頁.

했다. 나무를 받들기 위해 정자를 지어 가수嘉樹라고 불렀다."119) 나무
는 반드시 오래돼야 한다. 다른 한편으로 '후래자'로서의 원림 주인으
로서 '폐기물을 보배로'120) 만드는 데에 더욱 애정을 쏟았다. '폐기물을
보배로' 만들기에 내재된 논리에는 창의성과 안목 및 주체 능력의 실천
이 있어야 한다.121) 고견顧汧의 《鳳池園記》에서 "그래서 깊은 곳을 더
깊게 파고, 공허함과 더러운 것을 없애며 옆에 원림과 함께 개척하고
넓은 집을 지어 이주했다. 봉지鳳池로 인해 원림이 유명해지고 원림의
이름은 노포老圃였다."122) 원래 있는 여건을 그대로 따랐기에 오래됨의
의미가 생긴 것이고, 이것이 老圃 이름 중 '老'의 기원이다. 이는 송나
라 이미대李彌大가 《道隱園記》에서 말한 것과 같다. "회일포會一圃 안
에 있는 오래된 넝쿨을 베어내니 기이한 화초들이 자라났다. 사찰을
지어 거주했는데 이름을 무애無碍라 하고 방에는 역로易老라는 이름을
붙였다."123) 이런 의미에서 퇴락은 더 이상 폄의어가 아닌 세월을 증명
하고 나아가 시간 관통에 대한 찬양이다. 진종주가 다음과 같이 기술
했다. "동준은 졸정원에 대해 '이끼가 길을 뒤덮었지만 산과 연못이 자
연적이고 칠이 약간 벗겨진 것이 오히려 흥미를 더해 준다'고 했다. 진

---

119) 王稼句 : 《蘇州園林曆代文鈔》, 上海, 上海三聯書店, 2008, 第246頁.

120) 명나라 왕행王行이 《何氏園林記》에서 "사대부 같은 유람자들은 하나같이 폐쇄된
구역이 좋은 자리에 위치했다고 말했다."(王稼句 : 《蘇州園林曆代文鈔》, 上海, 上
海三聯書店, 2008, 第84頁.)

121) 귀장歸庄의 《跋姜給諫扁額後》에서는 내양萊陽 강가농姜加農의 원림을 만들 때의
심리를 기록했다. "감옥에서 나오자 곧바로 강남으로 피신했다. 전란이지만 다행
히도 무사히 수묘에 달하는 원림에서 은둔하게 됐다. 세상사에 관심을 기울이지
않고 손님도 거의 없어 은거할 수 있고 만년을 즐겁게 보낼 수 있으니 도원桃源과
상산商山도 부럽지 않다."(王稼句 : 《蘇州園林曆代文鈔》, 上海, 上海三聯書店,
2008, 第70頁.)

122) 王稼句 : 《蘇州園林曆代文鈔》, 上海, 上海三聯書店, 2008, 第94頁.

123) 王稼句 : 《蘇州園林曆代文鈔》, 上海, 上海三聯書店, 2008, 第173頁.

정 퇴락적인 풍격이란 심산유수가 홀로 남아 있는 것이다. 이것이 원림의 옛스러운 운치라 할 수 있으며 일부러 꾸민 것보다 낫다. 그러나 소주의 유원留園은 화려하지만 마치 퇴폐 기풍의 칠보누대七寶樓臺[124]를 철거하면서 작은 조각만 남아 있듯이 약간 훼손되고 쇠락한 모습을 보일 듯 했다. 근대의 유명한 원림들은 보수를 안 하면 몰라도 수리를 했다 하면 그 정도가 지나쳤다. 소주 졸정원 연못의 호안제護岸堤는 원래 흙과 돌을 번갈아 가며 쌓은 것인데, 지금은 마치 입 속의 가득한 금니처럼 흙은 조금도 보이지 않는다. 무석無錫 기창원寄暢園의 팔음간八音澗은 조화를 잃어 이전의 경관보다 훨씬 못하다. 이것은 신중하지 못한 탓이 아닌가?"[125] 원림이란 종종 약간의 '퇴락적인 풍격'이 있어야 하고 '약간의 훼손에도 쇠락한 모습이 보이며' 새로 수리해 '입 속에 가득한 금니', '이전의 경관보다 못한' 현상을 피해야 한다. 문진홍의 《長物誌》에서도 이런 점을 강조했다. "장소에 맞게 경관을 만들고, 고풍스럽되 유행을 따르지 않고, 소박하되 정교함을 추구하지 않으며, 검소하되 속되지 않게 한다. 적막함과 고상함은 본래 성질에 따라 생기게 마련이며 해석자가 함부로 논해서는 안 된다."[126] 그가 제의한 여러 요소에는 모두 소박한 퇴락적 아름다움이 있다. 예를 들어보자. "거리와 원림에 대해서 말하자면, 차도와 넓은 원림에는 무강석武康石으로

---

124) 역주: 아마도 장염張炎의 《詞源》에서 최초로 출현했을 것이다. "오몽창吳梦窗의 사詞는 칠보의 누대처럼 현목하지만 하나하나 분해하면 단락이 되지 않는다." 오몽창은 남송 후기 문인 오문영吳文英의 자字다. 오문영은 새로운 작사법을 창조했다. 즉 의식의 흐름처럼 머리 속의 단락 단락을 나열하는 것이다. 그래서 그의 사는 단지 경치의 나열로서 시공간적인 도약이 매우 크고 종종 독자들로 해금 말한 바를 이해 하지 못하게 했다. "분리하면 단락이 되지 못하다"란 "문사가 화려하지만 장법章法없이 체계를 이루지 못했다."

125) 陳從周:《梓翁說園》, 北京, 北京出版社, 2004, 第19頁.

126) 文震亨著, 陳植校注:《長物誌校注》, 南京, 江蘇科學技術出版社, 1984, 第37頁.

바닥을 까는 것이 가장 화려하고 반듯하다. 화단과 연못 호안제 옆은 돌 혹은 기와 조각을 비스듬하게 깔면, 비가 온 뒤에 이끼가 생기고 자연스러운 색이 돼 돈을 들이지 않아도 울타리 효과를 얻을 수 있으니 이곳을 명소라고 할 수 있지 않을까?"127) 그리고 "불실은 우뚝 솟은 소나무가 자란 동굴에서 채취한 돌로 석상을 조각하는 것이 가장 좋고, 탁자는 오래된 도자기 물병에 헌화하고 도자기 그릇에 물을 따르는 것이 좋다. …… 원림에는 배식대 하나를 놓고, 깃대 하나를 설치한다. 깃대 아래 부분은 고석으로 만든 연꽃 모양 석당石幢을 놓고, 석당 아래에 다양한 화초를 심는다. 돌은 오래된 것이어야 하고, 그러지 못하면 물로 침식시킨다."128) 원림의 주인은 고색창연한 느낌을 추구하고 있다. 《吳郡誌》에서 말했다. "호구사 대웅전 앞에 오래된 삼나무가 있다. 진晉나라 왕민王珉이 심었다고 전하는데 당唐 말기까지 있었고, 외형이 기이해서 그릴 수가 없었다. 피일휴皮日休는 그 삼나무가 기이함만 고수하고 비와 이슬을 맞으면 성장할 수 있다는 것을 몰라서 고사했다고 했다. 피일휴가 시에서 말했다. '훗날 불문의 뜻을 따른 것으로 봐서 애당초 승려가 심었을 것이다.'"129) 그의 시구에는 퇴락적 건축의 슬픈 아름다움에 대한 한탄이 가득하다. 그 예로 소주 임돈로臨頓路에 대해 시에서 언급했다. "병상에서 일어나 영수靈壽를 붙잡고 유연하게 문까지 간신히 걷는다. 삼나무의 썩은 잎을 떼어주고, 돌을 위협하는 뿌리를 정리한다. 무성한 넝쿨이 벽을 덮고 연꽃 줄기가 분재에 기대고 있다. 내일 바쁜 일이 있으니 오동나무에 새로 자란 가지를 치도록 사람을 불러야겠구나."130) 퇴락적 색채를 띠는 건물은 거의 문인들이

127) 文震亨著, 陳植校注:《長物誌校注》, 南京, 江蘇科學技術出版社, 1984, 第34頁.
128) 文震亨著, 陳植校注:《長物誌校注》, 南京, 江蘇科學技術出版社, 1984, 第357頁.
129) 範成大撰, 陸振嶽點校:《吳郡誌》, 南京, 江蘇古籍出版社, 1999, 第115頁.

심신을 맑게 하고, 스스로 성찰하며 생명을 체득하는 방법이다. 백거이의《西湖留別詩》를 보자. "먼길 떠나는 모습은 전쟁의 두려움에 차있고, 장막 속 이별하는 소리는 현악의 울음과 같구나. 아리따운 여인들은 태수太守를 붙잡지 말게, 황제께서 이곳에 3년만 머물라 하셨네. 푸른 등나무 그늘에 자리를 깔고, 붉은 연꽃은 기생의 선박에 머물고 있네. 돌아보면 곳곳이 그리울 터이나, 가장 떠나기 아쉬운 곳은 서호로구나." 소식蘇軾의 시《懷西湖寄美叔詩》의 내용을 살펴보자. "천하 절경인 서호를 누가 그것을 모두 차지할 수 있을까? 360개의 사찰이 있으니 그것을 찾아다니며 세월을 다 보내네. 사자의 신표를 든 자네의 풍채는 구름과 연기처럼 빛나는구나. 어찌 수행원들을 숨겨두고 잠시 승려의 침탁을 빌려 잠을 청하지 않는가? 내 방안 벽의 시를 읽으며 고요함으로 세속의 번뇌를 씻어낸다."131) 그리고 다음의 학림사鶴林寺를 함께 보자. "황학산黃鶴山에 있다. 이전에 죽림사竹林寺라고 했는데 송고조宋高祖가 이곳에 유람와서 홀로 강당 앞에서 잠을 청했다. 강당 위에 오색의 용 문양이 있어서 즉위 후에 학림으로 이름을 바꿨다. 소식의《游鶴林招隱》에서도 학림사를 언급했다. '교외에 비가 그치니 봄날의 아름다움은 여전히 남아있구나. 고찰에는 키가 큰 대나무가 가득하고 깊은 숲에는 두견새의 노래 소리가 들려온다. 잠에서 깨어나니 버들개지 날리고 산의 벚꽃은 눈부시게 하는구나. 서쪽 창가에 아픈 손님은 바르게 앉아 향불 연기를 바라보고 있네.'"132) 서쪽 창가와 아픈 손님이나 아늑한 향불 연기가 강남 고대 문인의 꿈속에 들어가 나란히 했다는 것을 아무도 부정할 수 없다. 가치관에 있어서 강남건축

---

130) 範成大撰, 陸振嶽點校 :《吳郡誌》, 南京, 江蘇古籍出版社, 1999, 第116頁.
131) 祝穆撰, 祝洙增訂, 施和金點校 :《方輿勝覽》, 北京, 中華書局, 2003, 第8頁.
132) 祝穆撰, 祝洙增訂, 施和金點校 :《方輿勝覽》, 北京, 中華書局, 2003, 第65-66頁.

은 고대 문인이 가졌던 영혼의 나약함은 초래하지 않았을 뿐만 아니라, 건물의 쇠락한 모습이 오히려 문인으로 해금 생명에 대한 더욱 숙련된 체험을 솟구치게 하고, 또 하나의 생사의 한계를 뛰어넘는 시적인 인생을 빚어내게 했다.

더 나아가 원림은 신분의 높낮이나 지위 고하와 내외의 결탁 및 부유함을 드러내지 않을 뿐만 아니라, 오히려 스스로 격리, 방출, 소모함으로써 스스로 인정하고, 실천하고, 초월하는 공간이 됐다. 탕전영湯傳楹은 청나라 순치順治 원년에 25세의 나이로 사망했다. 그가 스스로 '폐쇄'했던 황황재荒荒齋는 "비록 문을 설치해 놓았지만 종종 한낮에도 닫혀 있었고, 이끼가 가득한 계단에는 발자국이 극히 드물었다. 귀한 손님이 복도로 지나가도 문지기가 없어서 알리는 사람조차 없었다."[133] 황폐한 서재는 마치 무덤과도 같아서 시간이 지나지 않았지만 이미 옛것이 됐다.[134] 필자는 이 글을 볼 때마다 눈시울이 촉촉해진다. 강영과江盈科의 《小漆園記》에서는 "안에서 경영한 바가 없고 밖에서는 바라는 바가 없다. 퇴식退食할 때에 이 재당에 앉아 바닥을 쓸고 향을 피우며 세속의 근심을 풀면, 넋을 잃어 자신은 초나라 사람인데 지금 오원吳園에 거주한다는 사실조차 잊게 된다"[135]고 했다. 이 사람이 내가 맞는가? 나이기도 하고 내가 아니기도 하다. 육구몽陸龜蒙이 《幽居賦幷序》에서 말했다. "육자陸子가 오동吳東 전체를 차지하고 있는데 장주長州 고원故苑과 1리정도 떨어져 있다. 관문이 닫히면 인간사를 소통하지

---

133) 王稼句:《苏州园林历代文钞》, 上海, 上海三联书店, 2008, 第74页.
134) 또한 요옥옥姚玉钰의 《月湖丙舍圖記》에서 "친구인 왕평망王平望군의 盫庭은 보니 가족을 월호에 매장하고 무덤 옆에 집을 지어 끝없는 그리움을 기탁한다"라는 글이 있다.(王稼句:《蘇州園林歷代文鈔》, 上海, 上海三聯書店, 2008, 第218頁.)
135) 王稼句:《蘇州園林歷代文鈔》, 上海, 上海三聯書店, 2008, 第67頁.

않고 오로지 본성을 읊조리고자 한다."[136] 여기서 말하는 본성은 구별이 없는 본성이고 만물의 본성일 것이다. 필자는 종종 팽계풍彭啓豊이 《春草閑房記》에서 한 말이 생각난다. "옛날 염계濂溪가 '창가 앞의 풀은 뽑지 않고, 구름은 나와 뜻이 같다'고 한 것은 봄풀의 무성함과 시들음은 하늘의 변화에서 볼 수 있고, 나는 새와 뛰어오르는 물고기에서 유추할 수 있으며, 때가 되면 생물이 자라나는 것이니, 그곳에 가면 어찌 얻는 것이 없겠는가?"[137] 팽계풍의 뜻은 순수의 뜻이고 봄풀의 뜻이다. 풀을 뽑는 것은 당신의 뜻이고, 뽑지 않은 것은 그의 뜻이다. 풀을 뽑든 뽑지 않든 모두 생명의 뜻이고 나의 뜻이고 무無의 뜻이며 공空의 뜻이다. 강남의 원림을 통해 주인은 이러한 도리를 깨닫게 됐다. 서개임徐开任은 《半繭園記》에서 "원림을 노니는 이는 마치 숲속의 선실禪室에 들어간 듯하고 그곳이 도시임을 잊었다"[138]고 했다. 핵심은 '잊음'에 있다. 원학란袁學瀾은 《游息園記》에서 "그래서 나는 흥망성쇠가 돌고 돈다는 이치를 깨달았다"[139]고 말했다. 원림을 쉽게 하는 것이 깨달음의 근본이다. 장가상張家相이 서서徐瑞의 거처인 호구虎丘 서계西溪 남쪽의 낙산루樂山樓에 대해 다음과 같이 묘사했다. "산과 마주하고 물을 굽어보니 그 경관이 특히 빼어나다. 난간에 기대어 저 멀리 바라보면 불교사찰이나 푸른 언덕과 절벽이 바로 눈앞에 펼쳐진다. 게다가 아침저녁으로 들리는 종소리와 북소리가 놀잇배 악기소리와 조화를 이루니, 참으로 심기를 가라앉히고 긴 세월을 보낼 수 있을 것이다."[140]

---

136) 王稼句:《蘇州園林歷代文鈔》, 上海, 上海三聯書店, 2008, 第193頁.
137) 王稼句:《蘇州園林歷代文鈔》, 上海, 上海三聯書店, 2008, 第92頁.
138) 王稼句:《蘇州園林歷代文鈔》, 上海, 上海三聯書店, 2008, 第238頁.
139) 王稼句:《蘇州園林歷代文鈔》, 上海, 上海三聯書店, 2008, 第87頁.
140) 王稼句:《蘇州園林歷代文鈔》, 上海, 上海三聯書店, 2008, 第115頁.

전겸익錢謙益의《西田記》에는 이런 기록이 있다. "깨어 있는 사람과 자는 사람이 한 방에 있으면 깨어 있는 사람의 방이 곧 자는 사람의 방이다. 어찌 꿈 밖의 변화를 주인의 근심으로 삼을 수 있을까? 삼재가 생길 때는 나쁜 힘이 사선四禪에 도달하지 않는다. 서전西田에 있는 일묘에 달하는 궁궐이 겁화劫火에 소진돼 병사들이 돌아가니, 이것이 바로 세상의 사선이다. 사리불舍利佛이 불토의 깨끗함을 알지 못하고 나계범왕螺髻梵王이 봐도 마치 천궁에 있는 것 같다. 주인이 서구의《觀經》에 통달하니 교묘하게 원만함에 이르렀다. 부처님 말씀처럼 불토가 존재하며 원림과 누대를 통해 불사를 하면, 이곳이 적광토寂光土가 사토四土를 빌어서 나타낸 것인지 누가 알 수 있겠는가?"[141]

강영과는《敕賜重建獅子林聖恩寺記》에서 말했다. "생각하건대 조화의 이치는 없다가도 생기고, 있다가도 사라지면서 끝없이 순환한다. 요점은 성공도 하고 실패도 하고 쇠락도 있고 번창도 하다가 또다시 성공, 실패, 쇠락, 번성한다는 것이다. 그런 성공과 실패와 번창과 쇠락이 사람을 기쁘게도 슬프게도 만든다. 그러나 모든 것이 다 끝나고 뒤를 돌아보면 하나의 자취뿐이다. 지나간 기쁨과 슬픔은 모두 환경으로 인해 감정이 생겨난 것이다. 나의 본성이 또한 성공도 실패도 번성도 쇠락도 없고, 슬픔이나 기쁨도 없다."[142] 손진호孫晉灝의《啞羊庵記》에서는 다음과 같이 기술했다. "연못과 마주해 건축하는 것을 물고기 등의 세상이라고 하는데, 세상은 순환되면서 번뇌를 견제한다. 인연으로 인해 사람이 있고, 높은 물고기 등에 서 있는 것이 바로 구품연화대이다. 이는 학문이 월등히 뛰어나지 않고서는 도달할 수 없는

---

141) 王稼句:《蘇州園林曆代文鈔》, 上海, 上海三聯書店, 2008, 第255頁.
142) 王稼句:《蘇州園林曆代文鈔》, 上海, 上海三聯書店, 2008, 第35頁.

자리이다. 손진호는 반평생 열심히 분주했으니 허망을 없애기 어려웠다. 아양암啞羊庵 주인이 문을 닫고 불경을 읽는 모습을 멍하니 앉아 보고 있노라니 참으로 대단한 혜업이며 말을 하든 안 하든 상관없었다."[143] 하나하나의 원림과 마주하면 사람들의 마음속은 침묵과 신비로움으로 가득 차 있을 것이다. 그것이 바로 슬픔과 즐거움을 다스리는 자유로움이다.[144] 강남의 어렴풋한 안개비 속의 가옥은 낡았지만, 시간과 공간은 생멸이 일어나는 그 순간에도 우연과 같은 필연으로 만난다. 서로 마음이 통해야 건축의 참뜻이라 하겠다. '반 이상 황폐해진' 낡은 가택에 '정자와 누대를 짓고 대나무를 심는' 것이 아마 강남 문인들의 바람 중의 하나일 것이다. 시간은 빨리 흘러가기 때문에 사람은 자연의 이치 속에 스며들어야만 순식간에 사라지는 정착과 휴식을 느낄 수 있을 것이다.

---

143) 王稼句:《蘇州園林歷代文鈔》, 上海, 上海三聯書店, 2008, 第221頁.
144) 《書許中秘梅花墅記後》에서 말했다. "월나라 원림의 구도는 오나라와 약간 다르다. 월나라는 바위와 골짜기가 많아 경치가 한 눈에 들어오는 장점이 있고, 오나라는 맑은 샘과 기이한 돌이 많아 원림에 들어놓기 좋다. 그래서 우리 고장에서 원림을 지을 때는 개자芥子가 수미須彌를 받아들이는 수용이 특징이고, 오나라 원림 지을 때는 호공壺公의 조롱박에 색다른 경치가 있듯이 변화에 승부수를 둔다." 전겸익錢兼益의 《雲陽草堂記》에서는 "사찰 입구에 들어서면 둥근 지붕의 소곡모양 건물은 진생공晉生公이 설법하는 곳이다. …… 만물의 감정처럼 바뀌기에 돌은 사람을 만들기도 하고 사람은 돌을 변화시킬 수도 있으니 어찌 경서를 설명 듣는 것과 다르겠는가?"라고 했다. 시유장施閏章의 《春及軒記》에서 말했다. "참으로 슬프다. 사대부들은 동굴에서 거주하고 계곡에서 휴식하며, 농부들이 경작한 작물을 모두 자신들이 차지하고, 지신들이 배불리 먹는다. 나는 다른 사람의 일을 상관하지 않고 다른 사람도 나를 질투하지 않는다. 문장과 응대에 방해를 받지 않고 거문고를 잡고 문장으로 고취하면 어찌 만족할 정도로 기뻐하지 않겠는가?" (王稼句:《蘇州園林歷代文鈔》, 上海, 上海三聯書店, 2008, 第199, 113, 236頁.)

제3장

중국 고대 건축의 생태적 선택

생태 미학의 본보기로서 중국 고대 건축에는 생태미학에 대한 선택이 내포돼 있다. 이러한 선택은 총체적이며, 자재와 부지의 선택뿐만 아니라 건축의 전 과정을 포함한다. 이 여러 종류의 선택은 최종적으로 중국 고대 건축의 형식을 결정했다. 본문은 아리스토텔레스의 사인설四因說로 분류 및 서술하지 않았다. 그 이유는 그의 '형식' 개념과 비교해 볼 때에 중국 고대 건축의 형식이란 특히 강남 고대건축의 문화 형식이란 개념은 온전함에 더 가깝고, 형상구성 면에서 서로 연관성이 크며, '모든 것이 하나'라는 본원의 뜻이 담겨있기 때문이다.

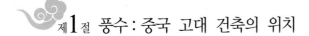
제1절 풍수 : 중국 고대 건축의 위치

《世說新語 · 術解》에 다음과 같은 내용이 있다.

왕승상王丞相이 곽박郭璞에게 점괘를 한번 보도록 했다. 괘가 나오자 곽박은 좋지 않은 안색을 하면서 말했다. "승상께 재앙이 있습니다!" 왕승상이 "해결할 방법은 없는가?"라고 묻자 곽박은 "수레를 몰고 서쪽으로 몇 리를 가보면 측백나무 한 그루가 있는데, 승상의 키만큼 베어 와서 항상 취침하는 곳에 두면 재앙을 면할 수 있을 겁니다"라고 답했다. 승상이 그의 말을 따랐고, 며칠 후에 정말 측백나무가 산산조각이 났다. 왕승상의 제자들이 모두 그에게 축하했다. 대장군이 말했다. "승상은 그 죄를 나무한테 전가한 것이군요."[1]

이런 이야기는 우화로만 볼 수 있지만 경세警世의 뜻을 갖고 있다. 건축의 이치는 풍수와 연관된다. 곽박은 이런 면에 능하고[2] 저서인 《葬書》로 인해 유명해졌으며 그의 풍수학에 대한 기여는 말로 다 할 수가 없다. 하지만 앞에서 명시했듯이 모순은 인류의 그 어떤 행위 및 세상 만물에 대한 해석공간은 항상 무한적이며, 개인의 소행에 대한 다른 측면 혹은 같은 측면에서 볼 때에 모두 재앙을 불러일으킬 수도 있으니 일종의 잘못을 저지르는 것이다. 그렇다 보니 그에 따라 재앙과 화를 물리치는 방법도 무궁무진하다. 측백나무와 같은 경험적 예언을 도대체 어떻게 마주해야 할까? 곽박 같은 자가 스스로 해석한 징조를 믿어도 되는가? 이런 예언이나 징조가 지성의 범위를 벗어나 이성理性인 듯한 무술巫術 형태로 나타날 때는 진실일 수도 있고 거짓일 수도 있다는 판단을 어떻게 해봐야 할까? 현실은 사람이 이런 문제를 고려

---

1) 劉義慶著, 劉孝標注, 余嘉錫箋注 :《世說新語箋疏》, 上海, 上海古籍出版社, 1993, 第706-707頁.
2) 《丹午筆記》에서 《湖州城風水》의 글을 인용하기를 "호주부성은 영원히 전쟁이 없을 것이라고 곽박郭璞이 풍수를 봐주었다고 전했다. 부서에 있는 연못에는 물고기 괴물이 갇혀있다. 물 수水 변이 있는 성씨에게 이 도읍을 전해주지 못한다. 심沈, 왕汪 등의 성씨는 모두 선택하지 않았으며 택하게 되면 물고기 괴물이 나타나 수해를 입힌다."(顧公燮撰, 甘蘭經等點校 :《丹午筆記》, 南京, 江蘇古籍出版社, 1999, 第63頁.)

하지 않을 수 없게 한다. 《史記·日者列傳》을 보자. "복희가 팔괘를 만들고 주문왕이 384효爻로 천하를 다스렸다. 월왕 구천은 문왕의 팔괘를 본받아 적을 물리치고 천하를 제패했다. 이것으로 봐서 점괘에는 부정적인 영향이 없다!"3) "점괘에는 과연 부정적인 영향이 없을까?" 점괘에 의지할 만한 그 무엇이 존재할까? 설령 팔괘를 현실을 뛰어넘은 실체적 경험물의 범주에 귀속시키고, 그것이 인류주체가 관찰하고 비교를 통해 얻은 사물의 특징이라 인정하더라도 부정할 수 없는 것은 점괘 자체에 여전히 짙은 경험적 분위기를 지니고 있다는 것이다. 같은 《史記》인데도 《史記·封禪書》에서는 다음과 같이 말한다. "노나라 사람 손신孫臣이 상서하기를 '진秦이 물의 덕德을 입었고 지금은 한漢나라도 그 혜택을 받았다. 덕을 헤아리고 끝까지 전해 내려가려면 한나라는 흙의 덕을 받아야 하는데, 그 징조는 황룡이 나타나는 것이다. 책력을 수정하고 의복의 색도 바꾸며 황색을 숭상해야 한다.' 마침 승상 장창張蒼이 율력에 정통해 한나라가 물의 덕을 입는 징조는 제방이 금제金堤에서 터진 것이라고 주장했다. 지난해 10월을 역법의 시작으로 정하고 밖에는 검정색을 숭상하고 안에는 붉은색을 숭상하면 오행의 덕에 부합할 것이다."4) '진이 물의 덕을 받았으니' '한나라는 흙의 덕을 받아야 한다'. 이러한 결론이 나온 근거는 무엇일까? 결론보다 더 터무니없는 것은 객관적 근거를 제시하지 않은 상황에서 '역법을 수정하고 의복의 색을 바꾸는' 신비주의를 감히 추진, 확대, 실행했다는 점이다. 칸트의 이원론에서 경험과 초경험은 당연히 현상과 물物 자체에

---

3) 司馬遷撰, 裴駰集解, 司馬貞索引, 張守節正義:《史記》, 北京, 中華書局, 1982, 第3218頁.
4) 司馬遷撰, 裴駰集解, 司馬貞索引, 張守節正義:《史記》, 北京, 中華書局, 1982, 第1381頁.

속하고, 이들 사이에 경계가 분명해 서로 넘나들 수 없다. 하지만 참위술讖緯術이 풍수 관념을 건축 담론의 장으로 끌어들인 것이 해석의 혼란성과 다중의미를 만들어낸 것을 제외하고서는 긍정적 의미가 조금이나마 생겼을까?

그러나 우리는 이런 질문에 답하기를 거부한다. 왜냐하면 이런 질문 자체가 이미 답변자에게 '이것 아니면 저것'이라는 '함정'을 만들었기 때문이다. 의미의 유무에 상관없이 누구에게는 의미가 있고 누구한테는 의미가 없는지가 '함정'일뿐, 여기서 '벗어나거나' 적어도 잠시 '내버려 두면' 문제는 자연스럽게 해결될 것이다. 필자는 결국 풍수가 얼마나 영험한지를 논하지 않고, 풍수를 믿는 옛사람의 미련 여부에 야유를 보내지 않는다. 영험이든 미련이든 모두가 지나간 일일 따름이다. 현재의 시시비비로 지난날을 평가할 필요는 없다. 시비는 역사가 판단할 것이며 우리는 단지 사실이 어떻게 형성될 수 있는지에 관심을 기울이게 될 뿐이다. 부지를 선택하는 과정에서 형성된 풍수관념적 사고방식이 강남 건축에는 어떻게 실현됐을까? 이러한 사고방식으로 사람과 자연이 하나의 복잡한 체계에서 공생공멸할 수 있는지의 여부를 유추해낼 수 있을까? 물론 시각을 전환해 본다면, 하나의 완전하고 끝없이 성장하는 자연의 이치로 가득한 세계가 솟아나올 것이며, 풍수사風水師 눈에 바로 이런 다채로운 세계가 보인 것이다. 예를 들어, 풍수사들은 나무를 베는 것은 죄악이라고 생각한다. "풍수에서는 나무를 베는 것을 반대한다. '마을에 오래된 교목이 있었는데, 마을 운명과 연관되기에 함부로 베어서는 안 된다. …… 혹은 높고 무성한 나무가 있는데 자란 위치가 길하지 않아 베어야 할 때 …… 해가 바뀔 때마다 조금씩 베어내야 하고 한꺼번에 베어서는 안 된다. 길한 위치에 있는 나무를 베어내면 길한 기운을 없애는 것이고, 흉한 곳에 위치한 나무를 베어내면 흉악함을 불러올 수도 있다.' 나무에 짙은 신성함을 부여하고, 나무로 사람 운명의 길흉을 상징하는 것은 상고시대의 자연을 숭배하는 유풍이었지만 객관적으로 자연환경을 보호했다. 이런 관념은 수많은 족보 규칙에 반영돼 있다."[5] 문득 듣기에는 미신처럼 들리지만, 왕진복은 다음과 같이 말했다. "풍수'술에는 물론 미신이 존재하지만 역대 훌륭한 방사 중에 풍수를 믿지 않는 자가 일부 존재했다. 하지만 '풍수'에도 합리적 문화요소가 포함돼 있으며 중국 고대에 미신 색채를 띤 건축환경학, 도시생태학인 셈이다."[6] 사실상 풍수는 중국 농업사회의 발전과 긴밀한 관계가 있다. 하효흔何曉昕의 고증에 의하면 풍수술은 '청오자靑烏子' 혹은 '청조자靑鳥子'라고 불리기도 했는데, 이는 오기誤記가 아니다. "'청오자'는 지리를 보고, '청조자'는 시간과 역법을 잘 본다. 이것은 풍수가 처음부터 천문지리와 떼어놓을 수 없음을 설명하고 있다. 천문지리는 농업 생산 수요에 맞춰 생긴 것이며, 풍수도 역시 일상생활과 농업 생산의 필요에 따라 시작됐다. '청오', '청조'라는 호칭이 마침내 풍수의 양대 특징을 나타냈다. 즉, '천문 관측'과 '지리 관찰'이다. 중국 고대의 건축활동도 이로 인해 항상 기후 및 지역과 긴밀한 관계를 가졌다."[7] 농업문명을 바탕으로 해 중국 고대 도시와 도회 건축은 모두 풍수를 중요시했다.[8] 스티븐 가드너가 다음과 같이 언급했

---

5) 何曉昕著:《風水探源》, 南京, 東南大學出版社, 1990, 第92頁.

6) 王振復:《中華意匠:中國建築基本門類》, 上海, 復旦大學出版社, 2001, 第12頁.

7) 何曉昕著:《風水探源》, 南京, 東南大學出版社, 1990, 第7頁.

8) 진정상이 다음과 같이 지적했다. "도시는 천천히 발전한 것도 있고, 특정한 목적으로 인해 갑자기 생긴 것도 있다. 후자는 도시의 부지선택이 매우 중요하다. 주周가 은殷을 멸망시킨 이후 동방 통치의 편리를 위해 낙양에 성을 건축하기로 결정했다. 낙양을 선택한 이유는 전국에서의 위치가 적당하기 때문이다. 그러나 어떤 장소에 지을 것인지는 지형환경을 관찰해야 하므로 소공召公과 주공周公을 파견해 현지조사를 실시했다. 《尚書》의 《洛誥》에서 서주 초기 성왕成王이 주공 단旦에게 점을 보고

다. "도시계획에서 풍수학이 간단한 지도기능을 발휘하고 있다. 도시 중앙에 위치한 가장 큰 주택은 황제의 궁전이며 그곳이 전체 도시의 중심이며 국가의 중심을 상징하기도 한다. 도시 계획은 바로 이 중심부터 시작된다. 북경의 자금성을 보면, 그 삼대 궁전의 중심 지붕이 바로 도시 전체 십자축의 교차점이다. 이 점을 중심으로 수많은 직사각형 주택이 사방으로 확산돼 성벽 아래까지 이르렀다. 각 주택에서 겹겹의 뜰 마저도 하나의 중심점으로부터 확산된 것이다."9) 가드너의 판단이 반드시 정확하다고 할 수는 없다. 앞서 중축선의 중국 도성 건축에서의 핵심지위에 대해 이미 언급한 바가 있다. 가드너는 중축선의 세로 방향으로의 확산을 무시했다. 그는 서구 도시 건축의 중심개념을 전제조건으로 삼아서 중국 도시 건축의 구도를 분석했고, 건축물의 중심에서 사방으로의 확산효과를 풍수의 기능으로 이해해 풍수의 본의와 크게 달랐다. 비록 이렇다 해도 가드너의 관점은 풍수가 중국 도시계획에서의 위치를 측면에서 증명해 줬다. 노베르그 슐츠Christian Norberg-Schulz는 다음과 같이 말했다. "하나의 건축작품은 항상 어떠한 특정 조건과 연관돼 있지만, 반드시 그 조건을 추월해 더 이해하기 쉽고 더 많은 의미를 지닌 전체 중의 일부분으로 바뀌어야 한다. 건축이 시작된 초창기라도 알맞은 자연지역의 선택이 이미 후부 대상에 대한 평가를 의미했다. 즉 유사성, 차이성, 연관성에 대한 인식이다. 선택의 목적은 인류의 필요를 충족시키는 것이며, 인류의 행위 및 의도와도 연관되

낙양성을 짓는 과정을 기록했다. 주공이 현지 고찰을 통해 부지를 선택한 후, 점을 통해 선정된 부지 결과를 지도로 그려서 점을 친 과정과 함께 성왕께 올렸다."(陳正祥:《中國文化地理》, 北京, 生活·讀書·新知三聯書店, 1983, 第64頁.) 주공의 부지선택은 점을 쳐서 얻은 결과이다.

9) [英]斯蒂芬·加得納:《人類的居所: 房屋的起源和演變》, 汪瑞等譯, 北京, 北京大學出版社, 2006, 第96頁.

는 것이다. 사실상 지방건축vernacular architecture에서 부지선택은 건축물의 기능을 매우 신중하게 고려하고, 이런 기능은 각기 특별한 건축유형에 의해 만족된다. 그래서 '생명형식'으로 구성된 존재의미는 항상 적당하고 체계적이고 조직된 환경부호와 공생한다."[10] 진정 맞는 말이다. 슐츠가 비록 풍수의 본원을 직접 언급하지 않았지만 건축, 기능, 환경 공생에 대한 관점은 마침내 풍수학 본연의 뜻과 완전 부합된다. 실질적으로 풍수학은 산천에 관한 학문이 아니라 산천에 대한 더욱 깊이 있는 이해이다. 산천은 실체에 잠긴 경험물일뿐으로서 풍수는 유동적인 세계에 대한 서술이다. 사람은 산이 있고 물이 있는 곳을 선택해 거주할 수 있다. 그러나 그에게 필요한 것은 실제의 산과 물이기도 하지만 산천에서 부는 바람과 흐르는 물을 더욱 원한다. 《歷代宅京記》에서 다음과 같이 서술했다. "황제가 도술에 빠지자 무당이 말하기를, 뒤쪽에 있는 호수가 궁을 지나가서 황제를 병들게 한 것이다. 황제가 직접 태관太官에 도랑을 시찰하러 갔다. 신하들이 태관에 대고 이 물이 없으면 입지가 서지 않는다고 고했다. 그래도 황제가 연못을 메우기로 마음을 먹고 남쪽에서 회하 물을 끌어들이려 했다. 회會가 죽자 이 일도 보류됐다."[11] 이것으로 보아 흐르는 물이 있어도 물의 형태는 역시 기氣의 장을 따라야 하며 자연의 존재와 동일하다. 그래서 풍수는 거침없는 상상이 아닌 사람이 자연 생태와 끝없이 순환함을 내포한 '실천이성'이다.[12] 바로 이런 생태세계의 장에서 중국 건축이 생겨났다.[13]

---

10) [挪]克裏斯蒂安·諾伯格-舒爾茨:《西方建築的意義》, 李路珂, 歐陽恬之譯, 北京, 中國建築工業出版社, 2005, 第227頁.
11) 顧炎武著, 于傑點校:《歷代宅京記》, 北京, 中華書局, 1984, 第199頁.
12) 이영李零은 사상사 측면에서 음양오행설의 일차성에 대해 논하기를 "중국사상사 연구에 있어서 사람들은 습관적으로 음양오행설을 늦게 출현한 지류로 간주한다. 거슬러 올라가보면 추연鄒衍 집단의 황당무계한 주장에 불과하고 그 흐름을 살피면

단지 한대에서 성행한 황당한 미신뿐이다. 이런 주장은 고대 역사 배경의 모호함과 관련해 서적의 결핍에서 비롯됐을 뿐만 아니라, 한 이후 사람들이 역사인식에 대한 '역수오류' 특히 중국 근대 역사학이 '고사논파古史辨派' 논쟁에서 받았던 중요한 '세례'와도 연관된다. …… 지금 우리의 고고 발견에 대한 인식으로 볼 때 음양오행설이 중국 사상사에서 한 역할은 다음과 같이 정정해야 할 것 같다. (1)이런 학설은 전국 진한 시기에 절정에 이르렀다. 비록 새로운 사상계기를 만나고 많은 과장과 정열화, 체계화도 포함됐지만 이것은 추연 일파의 괴상한 주장이 포괄할 수 있는 것은 결코 아니며, 많은 '천관' 및 '옛 학설'이 이전의 근거를 얻고 원시적인 사고방식을 배경으로 삼으며 원고遠古부터 이어 내려온 것이다. (2)제자諸子 학설이 동주와 서주 사이에서 성숙되고, 칼 야스베스의 이른바 문명발전의 보편성 돌변 혹은 장광직張光直이 반복 강조한 '인신이계人神異界'에 대해 가장 알맞은 해석은 그 자세가 음양오행학설의 배경 혹은 함께 출현한 형태가 아니라 오히려 이런 학설의 공통적인 발원지에서 파생된 것이며, 처음에는 아주 작았다가 나중에 크게 발전된 것이다. (3)제자학설이 진일보하게 분열 및 융합되고, 한 이후 유가儒家만 중시하는 상층문화가 형성된 뒤에도 음양오행학설은 여전히 중국 실용문화(산수, 방술, 용병학, 농학, 공예학)와 민간사상(도교와 연관된 민간종교)에서 막대한 세력을 유지하고 있으며 충분히 전자와 장기적으로 맞설 수 있다."(李零:《中國方術正考》, 北京, 中華書局, 2006, 第139-140頁.)

13) 가드너가 다음과 같이 말했다. "우리가 중국의 주거와 도시계획을 이해하고자 할 때는 아래와 같은 문제에 유의해야 한다. 그리스 건축에서는 건물의 위치가 다르다. 우리는 각 구성성분간의 관계를 분석할 수 있지만 정의를 내릴 필요는 없다. 혹은 로마건축의 각 부분을 분해해 그들이 어떻게 조합됐는지를 살필 수도 있다. 하지만 중국 건축에 대해서는 위와 같은 방법은 통하지 않는다. 중국의 가옥은 분해할 수 없으며 그 어떤 부분도 독립적으로 존재하지 못하기 때문이다. 이 점을 이해한 후에 우리는 가장 실제적인 문제부터 시작할 수 있다. 바로 중국 건축의 우주위치 선정문제이며 일종의 건물의 위치 방법으로 쉽게 이해할 수도 있다. 사실상 많은 문화에서 이런 이론이 존재하지만 세계 나아가 인류 기원을 보편적으로 의심하지 않는 중국에서는 우주의 위치선정 문제가 특히 복잡한 것 같다. 아마도 생활의 우월함이 건축과 외부환경의 관계에 대해 더 많이 생각하게 하는 것 같다. …… 중국의 많은 건물에는 우주 위치를 선정하는 원칙이 숨어 있다. 일부 건물의 형태도 이런 영향을 받았으며 우주 위치선정 원칙에 따른 건물 형태 탐구가 가장 많다. 예를 들어, 주거를 직사각형으로 설계한 것, 한 마을에서 각기 형태가 다른 건물을 짓는 것, 마을마다 구도를 달리하고 해당 지역의 자연환경과 조화를 이루는 것이다. 그러나 도시계획에서도 우주 위치선정 원칙의 매우 이성적인 측면이 반영됐다."(英)斯蒂芬·加得納:《人類的居所:房屋的起源和演變》, 汪瑞等譯, 北京, 北京大學

구체적으로 풍수의 가치는 건축물을 위해 부지를 선택하는 데에 있다. 건물을 어디에 세울 것인지는 객관적인 판단에 따르지 않고, 인류가 지상에서 어떤 자아의 자리배치를 갖는 지와 연관된다. 이러한 배치 절차에서 사람의 주체성은 자유롭다. 본인이 원한다면 바다에 자리를 정할 수도 있다. 물론 본인이 원했기에 그는 자신의 자유로운 선택에 상응하는 대가를 치러야 한다. 그러나 풍수사들은 사람들에게 "산을 기대고 물에서 가까운" 곳에 거주하라고 권한다.[14] 서구 건축에서도 부지를 선택하지만 중국과는 본질적인 차이를 보인다.[15] 서구 건축문화 개념에서 사람과 자연을 고려한 적이 있었다. 그들이 암석을 보

出版社, 2006, 第87-88頁.)

14) 왕진복이 말했다. "역사상 곽박은 온주성溫州城의 위치를 선정 할 때에 '풍수'이론을 이용해 온주성을 산을 기대고 물과 가까이 하는 형태를 갖게 했다. 남경은 여섯 왕조의 수도로서 '종산鐘山은 용이 서려있고 석성石城에는 범이 버티고 있어' 산천의 형세가 매우 아름다워서 '풍수'사 들이 입을 모아 칭찬했다."(王振復:《中華意匠 : 中國建築基本門類》, 上海, 復旦大學出版社, 2001, 第13頁.)

15) 노베르그 슐츠는 "일부 터전의 조건이 인류 건축에 있어서 지배적 위치를 차지하고, 또 다른 일부는 '우주' 중앙을 정하는 느낌이다. 일부 지역에는 뿔 모양 암석horned rocks이나 동굴 혹은 우물 모양 등 형태와 기능이 아주 특별한 건축요소들이 존재하고 있다. 이러한 특징은 모두 자연질서의 표현이며 사람과 환경의 어떤 관계를 야기시키기도 했다. 이런 속성을 설명하기 위해 그리스인들은 그곳을 신이 모습을 드러내는 곳으로 인격화했다. 그리고 뚜렷한 특징이 있는 곳은 모두 신이 모습을 나타내는 곳이 됐다. 이렇게 자연이 주도가 된 곳은 오래된 신인 데메테르Demeter 와 헤라에게 바치고 인류의 지혜와 파워가 신의 파워와 상호 보충 혹은 저항할 수 있는 곳은 아폴론에게 바쳤다. 생명의 체험이 조화로운 완전체로 변한 일부 장소는 제우스에게 바치고 인류가 한 곳에 모인 지역사회인 폴리스polis는 아테나에 게 바쳤다. 신묘神廟를 건설하기 전에 '신성하고 의미가 있는 환경 전체를 제어할 수 있는 가장 이상적인 위치'에 노천 제단을 짓는다. 이렇게 부지선택이 결정됐고 함부로 정한 곳은 없었다. 이것은 자연환경의 체험으로 결정된 것이 더 많고 특정한 형식은 단지 확정과 해석을 하기 위해서이다."([挪]克裏斯蒂安·諾伯格-舒爾茨: 《西方建築的意義》, 李路珂, 歐陽恬之譯, 北京, 中國建築工業出版社, 2005, 第 25-26頁.)

게 되면 그 돌이 대표하는 자연질서를 생각한다. 하지만 관건은 그들이 곧바로 이런 자연물을 신격화해 여러 신으로 구체화시킨다는 것이다. 아테나와 아폴론이 영험을 나타내는 것처럼 말이다. 이렇게 해서 장소는 어떤 특정한 신령에 속하게 되고 대상은 귀속성을 갖게 된다. 중국의 풍수학도 자연물을 신격화하긴 하지만 그것은 구체적인 귀속이 아니라 추상적인 이해이다. 신은 특정한 신분과 속성을 지니지 않는다. '신기함'은 끝없이 생성되고 쉼 없이 흐르는 자연의 이치이다. 이 때문에 건물이 있는 산천과 그 산천에서 부는 바람 혹은 흐르는 물은 반드시 이런 끝없이 생성하고 쉼 없이 흐르는 자연기질을 갖춰야 한다. 한 보덕이 말했다. "형가形家는 산수의 형상을 관찰하고 그것으로 길흉을 판단하는 사람이다. '길흉'이란 곧 생인지 사인지 무성인지 고사인지를 말한다. 풍수는 중국에서 일찍이 생겨났다. 초기의 순수한 형가는 산과 물의 자체 이미지를 가리킨 것이고 나중의 형가는 산과 물의 관계를 말한다. 초기의 풍수는 단순히 형상만 보며 깊은 이론이 없었다. 풍수사가 산수의 형상을 보고 그 속의 생기를 알아내거나 느낀다. 형태가 다르며 생겨난 생의 이미지도 다르다. 생기발랄일까? 의기소침일까?"16) 이것이 바로 기론氣論이며 자연의 기질이다.

그래서 그 다음으로 풍수학은 점성술이나 기론과 결부돼 공통적으로 천, 지, 인이 화합된 3차원의 입체공간을 구성했다. 《三輔黃圖》에서는 "청룡, 백호, 주작, 현무는 하늘의 4대 영물이므로 네 개의 방향을 정한다. 왕이 궁궐과 전각을 지을 때는 이를 따른다"17)고 했다. 천문과 건축―인위적인 '지리'―은 서로 호응하는 속성이 있다. 그 예로《史

---

16) 漢寶德：《中國建築文化講座》, 北京, 生活・讀書・新知三聯書店, 2006, 第153頁.
17) 何淸谷撰：《三輔黃圖校釋》, 北京, 中華書局, 2005, 第160頁.

記·秦始皇本紀》을 보자. "시황제는 함양에 사람이 많아서 선왕의 궁궐이 작다고 여겼다. 나는 주문왕이 풍豊에, 무왕이 호鎬에 도읍을 정했다고 들었다. 풍과 호는 모두 제왕의 도읍지이다. 그래서 위수 남안의 상림원上林苑에 조궁朝宮을 지었다. 우선 전전前殿인 아방궁阿房宮을 건축했는데, 동서로 5백보와 남북으로 50장丈에 달한 전당에는 만 명이 앉을 수 있고, 전당 지붕 아래는 5장에 달하는 깃발을 세울 수 있다. 주변에는 각도閣道를 만들어 대전 앞으로부터 남산까지 통하게 했다. 남산 정상에 표지를 만들어 대문으로 삼았다. 이층 도로를 가설해 아방궁에서 위수를 지나 함양과 연결함으로써 천하의 각도가 은하수를 건너 바로 영실營室에 도달할 수 있음을 상징했다."[18] 색인에서《天官書》를 고증하기를 "천극天極 자궁紫宮 뒤에 있는 열일곱 개의 별이 은하수를 넘어 영실까지 도달해 각도라고 한다"고 했다. 남산 정상에 표지를 세워 대문으로 삼는 것은 높은 의미만 나타낸 것이 아니라, 더욱 중요한 것은 각도와 매칭해 "천하의 각도가 은하수를 넘어 바로 영실에 도달할 수 있다"[19]는 것이다. 이것은 점성술이 건축과정에서 풍수학과 서로 호응했음을 설명한다. 점성술은 옛사람의 해석학에서 상당히 보편적였다.[20] 이는 풍수학과 함께 고대인의 천지 세계를 구축했

---

18) 司馬遷撰, 裴駰集解, 司馬貞索引, 張守節正義:《史記》, 北京, 中華書局, 1982, 第256頁.

19)《三輔黃圖》의 기록에 의하면 "시황제는 매우 사치스러워서 함양궁咸陽宮을 건축했다. 북릉北陵에 대전을 건설하고 단문端門은 상제가 거주하고 있는 자미궁紫薇宮까지 통했다. 위수渭水가 도성을 관통하는 것은 은하수를 본보기로 한 것이고, 횡교橫橋를 통해 남쪽으로 강을 건널 수 있는데 이는 견우성을 본 딴 것이다."(何淸谷撰 :《三輔黃圖校釋》, 北京, 中華書局, 2005, 第22頁.)

20)《史記孝景本紀》에 "삼년 정월 을사일乙巳日에 사면을 했다. 기다란 빛이 나는 별이 서쪽에 나타났다. 천불이 낙양雒陽 동궁의 대전과 성루를 불태웠다. 오왕吳王 유비劉濞, 초왕楚王 유무劉戊, 조왕趙王 유수劉遂, 교서왕胶西王 유인劉卬, 제남왕濟南王 유비

다.[21] 《歷代宅京記》에서 《謝安傳》을 인용하기를 "때마침 궁실이 파손돼 사안謝安이 수리하려고 했다. 상서령 왕표지王彪之 등이 외구外寇를 핑계로 간언했으나 사안은 따르지 않고 도리어 스스로 결정했다. 궁실이 완공되자 모두 천상을 따랐고 북극성의 자리와 부합되니 복역했던 일꾼들도 원망하지 않았다."[22] '복역했던 일꾼들도 원망하지 않았다'는 것은 하늘의 뜻이 인위적인 일에 크게 영향을 미쳤음을 설명한다. 그러므로 풍수로 부지를 선택하는 것에는 확실히 생태적 논리가 숨어 있다. 더 나아가 자연의 지리나 인위적 지리는 모두 정치사회 및 인류 권력의 '기氣'의 표징이다. 《周禮》에서 말하기를 "무릇 점을 칠 때는 군주가 징조를 관찰하고, 대부는 기를 관찰하고, 사관은 굵은 무늬를 관찰하며, 점치는 사람은 미세한 무늬를 관찰한다"[23]고 했다. 그 중에서 '색色'은 정현鄭玄의 해석을 따르자면 바로 기운이며 '체體'인 징조와 결합돼 있다. 사서의 기록에 의하면, 풍수학은 땅의 기운이 정권 교체와 왕조 변환의 잠재적 원인이 될 수 있음을 부단히 예언하고 있다. 《歷代宅京記》에서 《周書 · 王褒傳》의 말을 인용해 말했다. "원제 이후에 건업建業이 너무 낡아서 복구하려 했는데 강릉江陵에 물산이 풍

　　광劉辟光, 치천왕菑川王 유현劉賢, 교동왕胶東王 유웅거劉雄渠가 반란을 일으켜 군사를 이끌고 서쪽으로 출발했다"는 기록이 있다.(司馬遷撰, 裵駰集解, 司馬貞索引, 張守節正義:《史記》, 北京, 中華書局, 1982, 第440頁.)
21) 《新定九域誌婺州》에서 이르기를 "옛 동양군東陽郡은 수나라 때는 무주婺州라고 불렸는데, 해당 지역이 무주와 여주의 분계이므로 그러한 이름을 얻었다."《新定九域誌洪州》에는 "옛 풍성豊城은 《豫章記》에 따르면 뇌환雷煥이 두斗와 우牛 사이에 붉은 기운을 보고 보물의 기라고 해서 고을의 옛 옥터를 팠더니 용천검龍泉劍과 태아검太阿劍을 얻었다"는 기록이 있다.(王存撰, 王文楚, 魏嵩山點校:《元豊九域誌》, 北京, 中華書局, 1984, 第619, 639頁.)
22) 顧炎武著, 于傑點校:《歷代宅京記》, 北京, 中華書局, 1984, 第193頁.
23) 楊天宇撰:《周禮譯注》, 上海, 上海古籍出版社, 2004, 第355頁.

부해 그곳으로 이전하려고 했다. 또한 그의 신하들이 모두 초나라 사람이라서 형영荊郢을 도읍으로 삼는 의견에 모두 동의했다. 나는 신하들과 이에 대해 상의했다. 영군 장군인 호승우胡僧祐, 이부상서 종름宗懍, 태부경 황나한黃羅漢, 어사 중승 유각劉珏 등이 말했다. '건업이 비록 옛 도읍이지만 왕기가 이미 다했고, 북쪽 외구와 강 하나를 건너 마주보고 있으니 일이 생기면 후회해도 소용없습니다. 신들이 형남荊南 땅에 천자의 기운이 있다고 들었는데 지금 폐하의 패업霸業이 한창이니 마땅히 그에 따라야 합니다. 천시天時와 인사人事가 상서로운 징조이니 신들의 소견으로는 지금 옮기는 것이 적합하지 않다고 봅니다.' 황제도 그렇다고 했다."[24] 아주 재미있는 대화이다. 앞서 서술했듯이 남경은 항상 풍수사에게 인정받은 제왕의 땅이었고 심지어 근거가 있다.[25] 그러나 형초荊楚 사람들은 그렇게 생각하지 않고 '제왕의 기운이 없어졌다'고 했다. 시대가 변하니 '형남의 땅에 천자의 기운이'생겨났다. 문제는 '길한 징조'의 근거가 어디에 있느냐이다. 이것을 경험물적인 객관적 측면에서 고증할 수는 없다.[26] 사실상 기의 세계는 생태의

---

24) 顧炎武著, 于傑點校:《歷代宅京記》, 北京, 中華書局, 1984, 第202頁.

25)《元和郡縣圖誌》에서 "방산方山은 현의 동남 70리에 있다. 진나라가 금릉을 파서 그 지역의 기세를 끊었는데 방석산方石山이 바로 맥이 끊긴 곳이다."(李吉甫撰, 賀次君點校:《元和郡縣圖誌》, 北京, 中華書局, 1983, 第595頁.)

26) 강남의 많은 마을에도 제왕의 기가 있다고 했다. 전해 오는 예언에서 이르기를, "천목산天目山이 두 개의 유방을 길게 늘어뜨리고, 용은 앞을 다투고, 봉은 춤을 추며 전당까지 왔다. 산이 청명하고 물이 빼어나도 알아줄 사람이 없지만 오백 년 안에 제왕이 나타날 것이다. 전錢씨라는 나라가 있었는데 신하가 조정을 섬기고 이런 예언을 믿지 않아 마지막 문장을 왕王씨라고 고쳤다. 그러나 예언은 사실이 아니다. 건염建炎 원년과 2년 재해가 있을 때에 황제가 남쪽을 순시하고 네 개의 왕조가 그곳에 수도로 정했으니 제왕의 진실은 예언과 들어맞았다. 동쪽에는 망선교望仙橋가 있는데 저 멀리 오산吳山을 바라보면 마치 높은 말이 서있는 듯하다. 소흥紹興 연간에 풍수사가 울창한 기세가 있다고 했다."(顧炎武著, 于傑點校:《歷代宅京

제1절 풍수 : 중국 고대 건축의 위치 219

세계이다. 생명의 주체가 기가 흐르는 세계에서 자아 직감으로 생명을 체득하게 하는 것이지 증명할 필요는 없다. 《史記·龜策列傳》을 보자. "내가 강남에 갔을 때에 그 일(구시龜蓍)에 관해 알아봤다. 연세가 지긋하신 분에게 물어보니 거북이는 천 년을 살고 연잎 위에서 헤엄칠 수 있으며, 가새풀의 줄기가 백 개이나 뿌리는 하나이다. 또한 구시가 자라는 곳에 호랑이나 늑대와 같은 맹수나 독초는 없었다. 강변의 주민들은 종종 거북이를 키웠다. 호흡을 조절하고, 원기가 강해지며 노화 방지에 도움이 된다니 어찌 안 믿을 수 있겠는가?"[27] 키워드는 '호흡을 조절하고, 원기가 강해지다'이다 — 역사는 자연물이 단순히 존재하는 것이 아니라 인생을 인도할 수 있으며, 인도하는 과정에서 천지와 나의 기가 원활해지기 시작한다.[28] 사실을 말하자면 산수는 부차적인 것이고, 중요한 것은 산수의 장에서 기가 순환하는 것이다. 심지어 사람들은 필요에 따라 허구와 인공 산 및 인공 물을 만들기도 한다. 그러나 산수의 장이 존재하지 않는다면 사람이 산수 속에 있어도 실질적 의미

記》, 北京, 中華書局, 1984, 第248頁.) 또한 《원화군현도지》에서는 "단도현丹徒縣이란, 초기에 진秦이 그곳에 왕가의 기운이 있다고 해서 시황제가 저의도赭衣徒 삼천 명을 보내 장롱長隴을 파헤치게 했기에 단도丹徒라고 불렀다."(李吉甫撰, 賀次君點校:《元和郡縣圖誌》, 北京, 中華書局, 1983, 第591頁.) 이 역시 증거가 될 만한 자료는 없다.
27) 司馬遷撰, 裴駰集解, 司馬貞索引, 張守節正義:《史記》, 北京, 中華書局, 1982, 第3225頁.
28) 《南史·齊和帝紀》에서는 "영명永明 중기에 풍수사가 신림新林, 누호婁湖, 청계青溪에 모두 천자의 기운이 있다고 해서 그 곳에 건물, 화원, 궁전, 사찰을 지었는데, 무제武帝가 여러 번 행차해 유람했으니 예언과 들어맞았다. 또한 그 기운을 더 받기 위해 청계에 구궁舊宮을 세웠다. 명제明帝는 동부성東府城 서쪽에 거주했는데, 연흥延興 말기에 명제가 즉위하자 양무제梁武帝가 이끈 군대가 있는 신림에 도착하고 무제의 옛 자택도 징벌 범위에 포함됐다."(顧炎武著, 于傑點校:《歷代宅京記》, 北京, 中華書局, 1984, 第198頁.)

가 없다.[29] 생태세계는 바로 기가 흐르는 결과이다.[30]

그 다음으로 풍수학에 의하면 건축물의 방향도 매우 중요하기 때문에 자세히 선별하고 신중히 결정해야 한다. 풍수학은 나침반 등을 이용해 건축물의 부지를 선택하며, 건축물의 방향에도 영향을 미친다.[31]

---

29) 산수 사이의 문은 기류를 보장하는 중요한 단위이다. 하효흔何曉昕은 다음과 같이 말했다. "풍수에서 대문은 숨통이고, 해당 주택의 길한 방향에 위치해야 할 뿐만 아니라 흉악함을 피하고 길함을 맞이할 수 있어야 길한 기운을 주택으로 인도할 수 있다. 산수는 자연계의 가장 길한 사물이니 주택의 대문은 항상 산봉우리나 산 어귀(가까이 있는 산 어귀와 마주 볼 수 없으면 그것을 기가 샌다고 함) 혹은 물과 마주해야 한다. 사실상 문을 통해 건물과 자연의 좋은 관계를 맺고자 하는 것이다." "풍수개념에서 '기'의 원활함을 보증하기 위해 '문의 방향'과 '숨통'의 관계는 연관성이 있다. 즉, 문은 항상 '숨통'을 향해야 한다. '숨통'이란 사찰 앞에 첩첩산의 열린 곳이나 주변보다 낮은 곳을 뜻한다. 풍수에서는 바로 이곳이 사찰의 희망 중의 희망이라고 한다. 이런 희망을 추구하기 위해 가장 편한 방법은 문의 방향을 빗나가게 해서 문을 이런 열린 곳과 마주보게 한다. 그 예로 안휘 구화산九華山의 고배경대사古拜經臺寺는 천대봉天臺峰을 등지고 왼쪽은 응봉鷹峰, 오른쪽은 금구봉金龜峰, 앞은 관음봉觀音峯과 마주보고 있으며 사방이 산으로 둘러싸여 있는데, 관음봉과 금구봉 사이에 좁은 출구 하나가 있을 뿐이다. 지세의 제약으로 해당 사찰의 평면은 좁고 기다랗고 골짜기의 출구와 마주볼 수 없다. 이럴 때는 '풍수'설에 따라 사찰의 문을 살짝 빗나가게 해서 골짜기의 출구(숨통)와 마주보게 한다. 또한 구화산 뒤쪽에 위치한 육묘전六廟田 광안선원廣安禪院의 대웅보전 입구도 저 멀리 위치한 나지막한 산('숨통')과 마주보기 위해 살짝 비껴있다. 문의 방향을 바꾸는 방법은 산에 둘러싸인 승려들에게 경관을 감상할 수 있는 입각점을 마련해 주었고, 이러한 열림을 통해 무궁한 계시를 얻어내어 건축, 자연, 사람의 조화를 이루게 됐다."(何曉昕著 : 《風水探源》, 南京, 東南大學出版社, 1990, 第140頁.)
30) 원학란은 《雙塔影園記》에서 말했다. "옆 사찰 쌍탑의 그림자는 남쪽 정위丁位에 비춘다. 풍수가의 말에 의하면 탑의 빼어난 기운이 모였기에 거주자는 대거 장수하고 문예에 능할 것이다."(王稼句 : 《蘇州園林歷代文鈔》, 上海, 上海三聯書店, 2008, 第83-84頁.)
31) 하효흔이 나침반 설치법을 정리해 말했다. "나침반 설치에 대한 방법과 의견이 많은데 보통 정택靜宅과 동택動宅 두 부류로 나눈다. 정택은 일진식一進式 정원 주택을 말하고 동택은 이진식二進式 이상 오진식五進式 이하의 주택을 말한다. 정택일 경우는 나침반을 정원 십자의 정중앙에 두면 되고, 동택은 대문 안 두 번째 문 밖의

어탁운於卓雲은 자금성紫禁城을 예로 들었다. 그는 풍수란 대체로 건축물의 방향이라고 했다.[32] 방향은 중국 고대문화에서 아주 중요한 단서이다. 이영이 다음과 같이 말했다. "중국 고대의 방향은 '위가 남쪽이고 아래가 북쪽'이라는 설이 있는데, 엄밀히 말해 이는 새로운 발견이 아

뜰 정중앙을 십자로 나눈 후에 나침반을 설치한다. 설치할 때는 주변의 금속물질을 없애고 엄숙한 의식을 동반해야 하며 나침반 밑에 세 치 정도 두께의 쌀이 담긴 접시로 균형을 잡는다. 그리고 나침반을 움직이며 천지天池 내의 자침이 천지 아래의 해저선海底線과 서로 겹치게 한다. 바늘이 안정되면 사각판 안의 십자선과 상응하는 원반의 수치가 생긴다. 이 수치를 근거로 나침반의 일련의 원리로 정한 방향의 길흉을 유추할 수 있다. 흉이 나오면 길이 나올 때까지 나침반의 방향을 다시 조절한다. 가끔 몇 도의 차이가 생기는데 이런 경우는 가옥 정면의 방향을 바꾸지 말고 문의 위치만 살짝 옆으로 한다. 주택의 방향이 결정됨에 따라 주택의 모든 속성도 결정된다. 《八宅周書》에 근거하거나 유사한 방법으로 주택의 평면 구도 및 문의 방향이나 심지어 대청, 침실, 주방, 화장실 등의 위치를 조성하거나 어디가 높고 낮은지 등을 유추할 수 있다."(何曉昕著:《風水探源》, 南京, 東南大學出版社, 1990, 第98頁.)

32) 어탁운은 다음과 같이 말했다. "바람과 물은 건축 설계에서 마땅히 고려해야 할 과제이며 일조, 풍향에 따라 건물 방향을 결정한다. 겨울에는 바람을 피하고 햇빛을 받고, 여름에는 바람이 잘 통하고 선선해야 비로소 좋은 위치이다. 그래서 부지를 선택할 때는 산을 등지고 물과 마주보는 곳을 많이 선택하게 된다. 자금성의 뛰어난 지세가 바로 이와 같다. 거시적 계획에서 볼 때에 북경은 북쪽으로 태항(燕山)을 기대고, 동쪽은 창해(발해)와 가까우며 북쪽이 높고 남쪽이 낮아 일조와 배수에 모두 유리하다. 자금성 자체는 북쪽의 지평선이 남쪽보다 1미터나 높다. 궁전은 뒤쪽으로 산을 등지고, 앞은 물과 마주하는 지형을 연출하기 위해 자금성 뒤에 만세산(景山)을 만들었고 성 앞에는 금수하金水河를 팠다. 궁전 앞의 환경을 미화했을 뿐만 아니라 빗물의 배설에도 도움이 된다. 이는 중국 고대 건축에서 물의 흐름을 중요시하는 환경 설계사상과도 부합한다. 즉 풍수에서 물은 건방乾方에서 흘러들어 와 손방巽方으로 흘러 나가야 한다. 때문에 자금성의 내하는 서쪽(건방)에서 끌어들이고 궐벽 바깥 쪽을 따라 남으로 흐르다가 무영전武英殿 서쪽에서 동쪽으로 방향을 꺾고, 외조外朝인 태화문太和門 앞을 경유해 서에서 동으로 흘렀다. 출구는 자금성 동남쪽이며 팔괘 중의 손방이다. 이 내하의 명명도 오행과 연관된다. 오행에서 금은 서쪽을 뜻한다. 이 강이 자금성 내에 있어서 금수하라고 불렀다."(于倬雲著:《中國宮殿建築論文集》, 北京, 紫禁城出版社, 2002, 第136-137頁.)

니다. '위아래'는 줄곧 '앞뒤'와 연관돼 있다. 중국의 건축물은 주택이든 성곽이든 늘 북쪽을 등지는 형태로 남향이다(중국의 위도, 채광과 연관됨). 서주 책봉 금문을 읽을 때에 왕이 '어떤 사찰이나 방에서 남쪽을 바라보고', 명을 받은 관원이 '문 안으로 들어가 뜰에 서서 북쪽을 향하고 있다'라는 글이 종종 보인다."[33] 방향을 고려하는 것은 옛날 사람들이 음양에 대한 이해를 나타낸 것이다. '북쪽을 등지고 남쪽을 바라보는' 건물은 옛날 사람이 음양을 조화롭게 하는 태도를 설명한다. 여기서는 조화가 음양이론의 본질이다. 이약슬李約瑟이 말했다. "음과 양이 선과 악을 내포하고 있다면 마니교 이론과 매우 흡사하다. 마니Mani의 페르시아 후계자는 인간의 책임은 선악이 혼잡한 세상에서 악을 없애고 선을 구하는 것이라 믿는다. 하지만 이는 영원히 완성될 수 없는 임무일 것이다. 앞서 우리는 중국의 음양학설은 페르시아인의 이원종교론의 영향을 받았다고 한 적이 있다. 사람들로 해금 이런 주장을 믿게 하는 가장 어려운 점은 중국 음양학설에는 선악 관념이 없다는 것이다. 반대로 그들은 음양의 조화가 균형을 이룰 때가 비로소 행복하고 건강하며 양호한 질서에 도달할 수 있다고 생각한다. …… 지금은 중국 음양학설이 오히려 이란의 이원론에서 비롯됐다는 경향도 있다."[34] 논리적인 추리를 해 본다면 음양이론은 본래 존재한 이론이므로, 이원론이 형성되는 토양만 될 수 있는 것이지 이원론에서 파생돼 생길 수는 없는 것 이다. 이런 바탕에서 《周禮》에는 "제후국을 세울 때는 먼저 가축과 화폐로 제사를 올리고 공사를 진행한다"[35]고 기록돼

33) 李零：《中國方術續考》, 北京, 中華書局, 2006, 第208頁.
34) [英]李約瑟：《中國古代科學思想史》, 陳立夫譯, 南昌, 江西人民出版社, 1999, 第347頁.
35) 楊天宇撰：《周禮譯注》, 上海, 上海古籍出版社, 2004, 第365頁.

있다. 제후국을 세우는 행위자체는 정치적인 의미를 피할 수가 없다. '제사'는 '공사'를 실행하기 이전에 올려야 하고, 또한 '가축과 화폐'를 사용하며 제사의 방향과 위치는 반드시 고려해야 한다. 《禮記》에서도 비슷한 예의를 볼 수 있는데, 방향과 위치를 정하는 문제는 늘 함께 논하며, 이는 단순한 '남향 혹은 '시원함'에 대한 갈망이 아니라 도덕적이고 상징적인 배치이다.36) 《禮記·燕義》에서 말했다. "제후 연례燕禮의 예의는 군주가 계단 동남쪽에 서서 남쪽을 향하고, 사대부들은 약간 북쪽으로 서 있는다. 이것은 군주와 신하의 자리를 정하는 것이다. 군주의 자리는 조계 위에 있으니 주인임을 시사한다. 군주는 홀로 자리에서 서쪽을 바라보고 선다. 이는 아무도 자신과 맞설 수 없음을 의미한다."37) 《禮記·禮器》를 보자. "하늘은 지고의 교화이고 성인은 덕행이 높다. 종묘에서 술잔은 동쪽에 자리하고, 고기 담은 그릇은 서쪽에 자리한다. 계단 아래는 현고가 서쪽에 있고, 응고는 동쪽에 배치시킨다. 군주는 조계 위에 서 있고 부인은 방 안에 있다. 이는 해가 동쪽에서 뜨고 달이 서쪽에서 뜨는 것과 같으며, 음양의 구분이자 부부의 위치이다."38) 스티븐 가드너가 풍자하기를 "이런 풍수관념의 영향을 받은 고대 중국인은 건축의 구조보다 공간을 더 중요시했고 사람의 위치에 가장 관심을 기울였다. 사람은 처음부터 공간의 중심으로 설정되고,

---

36) 이런 배치는 최상의 선택이 아니므로 지나친 해석의 여지를 줄 수 있기에 후세 사람들에게 다음과 같은 착각을 야기할 수 있다. "중국 주택의 서북쪽은 항상 가장 신성한 곳으로 여겨졌다. 이는 많은 신지식이 중국 서북쪽에 위치한 그 신비롭고 미지의 세계로부터 비롯됐다고 생각했기 때문일까? 아마 이런 이유로 중국인은 서북쪽이 좋은 운이 모인 곳이라 생각하는 것 같다."([英]斯蒂芬·加得納: 《人類的居所: 房屋的起源和演變》, 汪瑞等譯, 北京, 北京大學出版社, 2006, 第92頁.)

37) 王文錦譯解: 《禮記譯解》, 北京, 中華書局, 2001, 第940頁.

38) 王文錦譯解: 《禮記譯解》, 北京, 中華書局, 2001, 第327頁.

기본 공간으로부터 구분된 주변 공간은 사람의 활동을 중심으로 전개된다. 이런 관념은 기술의 진보나 건축 재료의 발명 때문만은 분명히 아니며, 사람과 사회관계를 이상화한 적으로 이해했다는 데에서 비롯됐다. 주택 공간의 분배와 방과 방의 관계도 이런 사회관계의 설명이다. 개인 주택에서 도시계획까지 모두 이런 관계를 보여준 것이다."[39] 위치뿐만 아니라 방향도 마찬가지이다. 도시의 거리라든지 건물에 있어서 방향에 대한 선택도 함께 고심한다. 왕진복이 다음과 같이 언급했다. "북송부터 도시의 이방里坊 제도를 없앴지만 당시 거리의 모습이 지금과 비슷하다고 생각해서는 안 된다. 동서향의 거리로 예를 들자면, 근현대에서는 길가에다 가게, 공방, 주점을 개설해 남북이 마주보는 구도를 이룰 수 있다. 이것은 근현대인이 풍수개념을 타파해 가게의 대문은 북쪽을 향해도 불길하지 않다고 생각했기 때문이다. 하지만 북송의 동서향의 거리에 있는 가게들의 구도는 이와 다르다."[40] 사실상 중국에서 보편적인 풍수방향이론이 형성되려면 대개 두 가지 조건이 필요하다. 나라 전체가 북반구에 위치하고, 강물의 흐름 방향이 대략 일치해야 한다. 중국의 풍수이론을 브라질에 적용한다면 어떤 반대 효과를 야기할지 상상하기조차 어렵다. 마찬가지로 중국의 '모든 강물은 동쪽으로 흐르는데', 이는 서쪽이 높고 동쪽이 낮은 지세로 인한 수문체계의 방향과 일치한다. 강남건축에 있어서 후자는 매우 중요하다. 바로 이런 점 때문에 풍수학이 중원과 강남지역에서 동일하게 유행했다.[41]

---

39) [英]斯蒂芬·加得納:《人類的居所 : 房屋的起源和演變》, 汪瑞等譯, 北京, 北京大學出版社, 2006, 第90-91頁.
40) 王振復:《中華意匠 : 中國建築基本門類》, 上海, 復旦大學出版社, 2001, 第11-12頁.
41) 조려군趙麗君이 말했다. "양저良渚 유적군이 있는 고대 해만海灣 침강지역의 지형윤

일정 정도에서 강남건축은 건축의 도덕적 현실 해석에 대한 배신이다. 강남 문인이 건축에 대해 도덕적 해석을 가진 적이 있었을까? 물론 있었다. 원학란의 《吳下名園記》에서 말했다. "명원名園은 천하가 잘 다스려졌는지 검증할 수 있을 뿐만 아니라 사치와 검소의 여부도 알 수 있다. 조각한 벽과 높은 지붕은 초가지붕과 항아리의 창만큼 오래 가지 않고, 조각한 서까래나 칠한 기둥은 흙 계단과 초가집보다 쉽게 지켜내지 못한다. 선비가 한 묘 크기의 집이 있으며, 담장으로 둘러싸인 그 집에서 소쿠리와 표주박으로 소식하며 하루하루를 지낸다. 맑은 샘물이 문 앞에서 졸졸 흐르니 도를 닦을 수 있다. 이것으로 족하니 원림이 주는 만족함에 무엇이 더 필요하겠는가?"[42] 이것은 건축도덕화에 대한 이상적 해석이다. '한 묘의 집, 담으로 둘러싸인 집'이 있는 선비는 원학란 마음속의 이상적 선비이며 현실정치와는 무관하다. 이어 역시 방향을 중요시했는데, 그가 말하는 방향은 '자유'로운 '현실'의 방향이며 도덕 호소에 대한 반박이다. "집은 남향을 바른 방향으로 삼

곽과 수계水系도 대략 남서 — 북동향이며 화하華夏 구조 체계와 일치한다." "현대 과학적인 풍수이론으로 봤을 때에 양저 유적군의 생태환경은 뚜렷한 가장자리 효과를 지니고 있다. 반 봉쇄적인 U자 구역은 산지, 계곡, 평원의 과도지역에 위치하며 구역 내의 평원의 형성 원인도 각기 다르다. 산 앞에 홍수 토적평원과 계곡평원이 있고, 하구 삼각주평원도 있으며 여러 가지 주변 우세를 지니고 있다. 첫 번째, 기후다양성, 생물다양성, 경관다양성을 지니고 있다. 두 번째, 지리 경관 주변지대가 동물들이 이동할 때는 반드시 경유하는 곳이며 밀도가 높은 에너지와 물류 및 정보를 지니고 있다. 세 번째, 주변지대는 전망 — 보호의 유리함을 지니고 있으며 분지 옆의 계곡 입구에 위치한다. 산을 의지하며 물과 가까이하니 드나들기도 쉽고, 높은 곳을 올라가서 멀리 바라볼 수도 있으니 생산력 수준이 상대적으로 낮은 원시인에게는 아주 중요하다. 그래서 양저 선조들이 이런 풍수지를 선택해서 양저 왕국을 세웠다."(趙麗君:《浙江余杭良渚遺址群的環境背景與良渚文化的興衰》, 浙江省社會科學院國際良渚文化研究中心編:《良渚文化探秘》, 北京, 人民出版社, 2006, 第100-101頁.)

42) 王稼句:《蘇州園林歷代文鈔》, 上海, 上海三聯書店, 2008, 第287頁.

는다. 하지만 그럴 수 없다면 북쪽을 향하고 뒤에 문을 내어 남향의
영향을 받게 한다. 동향은 오른쪽에 문을 내고, 서향은 왼쪽에 문을 내
는 것도 마찬가지이다. 동서남북 모두에서 여지가 없으면 창을 내어 하
늘을 빌려서 아쉬움을 채운다."[43] 건축물 방향의 본의로 돌아가 보면
계성의 생각과 같다. "부지 선택에 있어서 원림의 터는 방향의 구애를
받지 않으며 지세는 높낮이가 있게 마련이다. 문을 들어서면 정취가 있
고 지형에 따라 경관을 만든다. …… 부지의 선택은 적당히 하고 원림의
구성은 적절하게 한다."[44]

　이런 배경에서 강남건축이 일반적인 풍수관념과 구별되는 특별함은
기의 세계에서 물이라는 유동적인 개념을 강조하는 데에 있다. 즉 '물'
을 통해 기를 실천한다. 명대 심주沈周의 《草庵紀游詩幷引》에서 이르
기를 원대 지정至正연간의 승려 선경善慶이 세우고 명대 가경嘉靖 초기
의 승려 일봉숭一峰嵩이 대운암大雲庵을 보수했다고 말했다. "암자는 남
성南城과 가깝다. 솟아 오른 숲이 깊고 무성하며 토지가 그 사이에 낙
하한 것과 같으며 물가 맞은편에서 바라보면 땅이 물 속에 잠긴 것 같
다."[45] 물이 육지를 대체해 건축 군락의 시각평면이 됐다. 주장문朱長
文은 《樂圃記》에서 다음과 같이 말했다. "언덕 아래는 연못이 있고,
시내가 서남쪽으로 흐르는데 문은 물 위에 걸쳐 있으며 강물이 구불구
불한 언덕의 옆으로 흐른다. 동쪽은 계곡이고 동남쪽과 가깝다."[46] 원
림건축에 있어서 유수는 풍수찰사察砂[47] 체계와 긴밀하게 연관돼 있

43) 李漁著, 江巨榮, 盧壽榮校注 : 《閑情偶寄·居室部》, 上海, 上海古籍出版社, 2000,
　　第182-183頁.
44) 計成著, 陳植注釋, 楊伯超校訂, 陳從周校閱 : 《園治注釋》, 北京, 中國建築工業出
　　版社, 1988, 第56頁.
45) 王稼句 : 《蘇州園林歷代文鈔》, 上海, 上海三聯書店, 2008, 第16頁.
46) 王稼句 : 《蘇州園林歷代文鈔》, 上海, 上海三聯書店, 2008, 第18頁.

다. 강남 자연환경의 특성은 물에 있다.[48] 높은 산이 드문 강남에서 물의 중요성은 바로 용맥龍脈이다. "용맥이 가장 중요하며, 그것은 마을이 기대고 있는 산을 말한다. 산세가 구불구불해 움직이는 용과 같으니 그 마을 터에 생기가 있고 비로소 번창할 수 있다. 일부 종택의 종보에는 '우리 마을의 맥은 …… 부터' 혹은 '마을의 맥은 …… 에서 시작됐다'라고 자랑스럽게 첫머리에 적어 놓기도 한다. 맥은 마을 생명의 근원으로서 매우 큰 관심을 끌게 되며 대다수 마을에서는 사규祠規로 신성한 용맥을 보호한다. '용맥의 기원은 마을의 명맥이며, 산에 있는 나무를 베어서는 안 된다.' 그러나 위에 서술한 형식은 산간지역 및 구릉지대에 적합하다. 그러면 산(용맥)이 없는 평원지역은 어떨까? 어떤 이는 '산간지역에서 맥을 관찰하면 맥의 기운이 물보다 강하고, 평지에서 물을 관찰하면 물의 신기는 맥보다 왕성하다'고 한다. …… 그래서 동남 평원지역의 마을에는 또 다른 기준이 형성됐다. 물을 용맥으로 삼고 물이 마을의 보호신이며, 주택은 강물을 등지어 짓는다. 강소와 절강 일대의 수상 마을이 바로 전형적인 예이다. 예를 들어, 강소 오강현吳江縣의 동리진同里鎭, 절강 오흥현吳興縣의 오청진烏靑鎭과 쌍림진雙林鎭 등은 모두 '주변에 호수가 있고 진은 중간에 둘러싸여' 있으며 집집마다 강에 기대어 있는 구도이다."[49] 소주의 경우는 《吳越春秋·

---

47) 역주 : 찰사는 풍수학 용어로 길한 지역 주변의 산에 대한 고찰을 가리킴.

48) 오량용吳良鏞이 말하기를 "강남의 자연환경은 강남의 도시 건축과 마을의 공간적 운반체이며 건축문화의 자연적 뿌리이다. 강남 건축이란 나무가 땅에 뿌리를 내리고 적절한 지역환경에 따라 무성하게 성장한다. 강남의 건축문화는 시간이 축적한 결과이기도 하며 강남 지역사회 경제환경의 변천과정이 건축문화의 인문적 뿌리이며, 전체 사회경제 발전과정에서 여러 요인이 공통적으로 작용함으로써 강남 건축문화는 풍격이 다양해지고 풍부하고 다채로워졌다."(吳良鏞:《建築·城市·人居環境》, 石家莊, 河北敎育出版社, 2003, 第368頁.)

49) 何曉昕著:《風水探源》, 南京, 東南大學出版社, 1990, 第73頁.

闔閭內傳》에서 다음과 같이 기록했다. "합려闔閭가 말했다. '군자를 편안하게 하고 백성을 잘 다스리는 기술은 어떤 것이 있는가?' 자서子胥는 '군자를 편안히 하고 백성을 잘 다스리고 패업을 이루는 사람은 가까운 자를 따르게 하고, 먼 곳에 있는 자를 견제하는 사람은 반드시 성곽을 세우고 수비를 정비하고 창고를 가득 채우며 무기를 정비합니다. 이것이 바로 방법입니다'라고 답했다. 합려가 말하기를 '좋아, 그럼 성곽을 세우고 창고를 짓고 지역에 맞게 대책을 세우면 하늘의 기를 받아 이웃 나라로부터 권위를 세울 수 있는가?' 자서가 '그렇다'라고 답하자 합려는 '과인이 자네에게 맡기겠네'라고 말했다. 자서는 사람을 시켜 땅과 물의 풍수를 보고, 하늘과 땅의 이치를 따라 둘레가 47리에 달하는 큰 성을 지었다. 하늘의 팔풍八風을 본받기 위해 육로와 연결되는 문 여덟 개를 내고, 땅의 팔총八聰을 본받기 위해 수로와 연결되는 문 여덟 개를 만들었다."[50] 오자서는 '흙과 물의 풍수를 보고 하늘과 땅의 이치를 따르는' 생태경험으로 성곽을 건축했다.[51] 그가 자신의 구

---

50) 趙曄撰, 徐天祜音注, 苗麓校點, 辛正審訂:《吳越春秋》, 南京, 江蘇古籍出版社, 1999, 第31頁.

51) 이는 도성의 설계자로서 그다지 크게 방해를 받지 않는다.《吳越春秋 · 句踐歸國外傳》에서 "월왕이 다음과 같이 말했다. '과인의 계략은 아직 결정되지 않았으니 성을 건축하고 성곽을 세우고, 이려里閭를 나누고 설치하는 것은 재상에게 맡기고자 한다.' 그래서 범려范蠡가 천문을 관찰하고 자미원紫微垣을 모방해 작은 성을 건축했다. 둘레가 천백이십일 보에 한쪽은 둥글고 세 면이 각졌다. 북서쪽에 나는 용 모양의 누각을 세워 천문天門을 상징하고 동남쪽은 쪽문을 내어 땅의 문을 상징했다. 능문陵門은 사방으로 통하며 팔풍八風을 상징하며 바깥 성곽은 오吳를 섬기는 의미로 북서쪽을 남겨 두고 감히 막지 않았다. 안쪽으로는 오를 취하고자 북서쪽을 남겨뒀으나 오는 알지 못한다. 북쪽으로 향하여 신하로 자칭하며 오나라에 목숨을 맡기고, 좌우가 쉽게 바뀌어 그 자리를 얻을 수 없으니 신하의 지위를 확실히 한다." (趙曄撰, 徐天祜音注, 苗麓校點, 辛正審訂:《吳越春秋》, 南京, 江蘇古籍出版社, 1999, 第126-127頁.) 또한 이런 설계에 군사, 정치 면에서 날카롭게 맞서는 뜻도 포함돼 있다.《郡國誌》에서 말하기를 "뇌문雷門은 구천句踐이 만든 것이다. 원래

상에 대해 해석한 바가 풍수 상의 부지 선택, 점성술과 기론氣論의 조화 및 음양, 방향 등과 부합했다. 또한 '땅의 팔총을 본받기 위해 수문 여덟 개를 만든 것'은 바로 중원의 도성과 구별되는 특징이다. 그래서인지 《吳地記》[52], 《吳郡圖經續記》[53]에서 여덟 개 문의 이름에 대한 뜻과 유래를 자세히 설명했다. 한편으로 물은 강남 도회건축에서 방어

오나라의 사문蛇門이었는데 천둥소리를 듣고 영감을 얻어 오를 섬긴다는 뜻으로 바꾼 것이다. 오는 월이 진사辰巳의 자리에 있어서 사문을 만들었다. 뱀의 모양은 미치 용과 같아 용의 위엄을 뛰어 넘었다."(樂史撰, 王文楚等點校：《太平寰宇記》, 北京, 中華書局, 2007, 第1931頁.)

52) 《吳地記》에서 말했다. "합려성闔閭城 은 주경왕周敬王 6년 오자서伍子胥가 건축했다. 큰 성의 둘레는 사십삼 리 삼십 보, 작은 성의 둘레는 여덟 리 육십 보이다. 육로 여덟 개의 문은 하늘의 팔풍을, 수로 여덟 개의 문은 대지의 팔괘를 상징한다. 《吳都賦》의 '수로와 육로가 서로 연결되는데 모두 열 여섯 개의 문이 있다.' 바로 이를 말한 것이다."(陸廣微撰, 曹林娣校注：《吳地記》, 南京, 江蘇古籍出版社, 1999, 第15頁.)

53) 《吳郡圖經續記》에서는 "팔문이란 남쪽은 반문盤門이고 종종 반룡蟠龍 문양을 조각한다. 혹은 수로와 육로가 반반이며 구불구불해서 반문이라고 불렸다. 사문蛇門이란 열두 방향에서 사巳에 해당하며 월나라가 사지에 있기에 나무 뱀을 만들어 북향해 월이 오나라에 속함을 나타냈다. 서쪽의 창문閶門은 천문天門과 같다. 서문胥門은 오자서伍子胥가 그 옆에 거주해서 백성들이 그렇게 불렀다. 부차夫差가 제를 치는 전쟁에서 서문소胥門巢가 군대를 통솔했는데 서문소의 거처로 이름을 붙인 것 같기도 하다. 동쪽은 누문婁門이다. 누는 현의 이름인데 아마 현으로 인해 그렇게 불렸을 것이다. 진나라는 류嘍, 한나라는 누婁라 하고, 지금은 곤산昆山이라 불리는데 같은 곳이다. 봉문封門은 봉우산封禺山에서 이름을 땄다. 봉산은 오군에 속하며 지금의 오흥吳興에 있다. 방언으로 봉을 풍葑이라고 발음한다. 풍은 줄기를 흙에 심으면 넝쿨이 얽히며 자라서 재배할 수 있다. 아마도 그것을 성문 이름으로 정한것 같다. 장문將門이란 오왕이 간장干將에게 보검을 만들게 한 곳이다. 지금은 장匠이라고 발음하는데 음이 바뀌기 때문이다. 북쪽 제문齊門은 오나라 세자에게 시집간 제경공齊景公의 딸이 여기에 올라가면 제를 바라볼 수 있다고 해서 이름을 붙인 것 같다. 또한 남쪽에 적문赤門, 북쪽에 평문平門이 있는데 여덟 개가 넘는다. 평문은 무문巫門인데 무함巫咸을 매장한 곳이다."(朱長文撰, 金菊林點校：《吳郡圖經續記》, 南京, 江蘇古籍出版社, 1999, 第11-12頁.)

의 기능은 물론 상징적인 기능을 가졌을 뿐만 아니라 교통 기능도 담당하고 있다. 수문은 바로 이런 기능으로 설계됐다. 또 한편으로 육로의 문이 상징하는 천풍天風이 수문이 상징하는 팔괘와 결합하는 것은 곧 천지가 인위적인 건축에서의 일치이다. 이는 강남 고대 도회건축이 생태적이고 완전한 체계성을 더욱 갖추게 했다.[54]

제2절 목재 : 중국 고대 건축의 소재 선별

여사면이 《中國制度史》에서 말하기를:

> 왕궁이 없었을 때의 옛 사람들의 거처는 세 종류였다. 첫째는 나무
> 로 집을 짓는 것, 둘째는 땅을 파서 동굴을 만드는 것, 셋째는 흙을
> 쌓아 3척까지 높이는 것이다. 나무로 만든 집은 원숭이가 나무 위에서
> 사는 것에서 영감을 얻었을 것이고, 도자기로 동굴을 만드는 것은 자

---

54) 《洪武京城圖誌》에서 이르기를 "오와 월이 처음 지도에 들어간 것은 신선과 의논해 이곳을 도읍으로 했다. 방향을 정하고 대업을 세우고 나서 겹욕정郟鄏鼎을 결정했다. 산은 더 높아지고 물은 더 깊어졌으며 두 팔을 벌려 끌어안은 듯 기이함을 선사했다. 영광의 기운과 견우성이 태미太微와 북두성 사이에서 함께 빛을 내니 얼마나 훌륭한가!"(馬蓉等點校 : 《永樂大典方誌輯佚》, 北京, 中華書局, 2004, 第433-434頁.)《吳郡誌》에서 말했다. "이 성이 이산을 주재하고 금국金局의 법을 따라야 하는 것은 건乾과 해亥가 대오행大五行에서 금에 속하기 때문이다. 산이 이렇다보니 물도 역시 산과 호응해야 한다. 이 지역의 물의 형세는 동남의 탐랑貪狼성부터 서남, 정서쪽의 곡무武曲, 북서쪽의 거문巨門 등에서 흘러와 모두 태호로 유입된다. 정북의 염정廉貞에서 정동, 북동의 녹존祿存을 지나 강으로 바다로 흘러 들어가는데, 물의 오고 감이 일치하지 않아 금국의 규칙에 맞지 않는다. 고로 예전에는 대국이었는데 현재는 도반보都藩輔이다."(范成大撰, 陸振嶽點校 : 《吳郡誌》, 南京, 江蘇古籍出版社, 1999, 第24-25頁.)

연의 구릉에서 유래했다. 동굴에서는 땅의 습기를 피하기 위해 땔나무를 깔고 그 위에 거주했다. 이것이 흙을 쌓아 제단을 만들게 된 시초였고, 복층 동굴에서 빛을 받기 위해 윗부분을 팠는데 이것이 창의 시작이다. 지붕이 있는 집은 나무 위에 가지가 덮인 것을 모방한 것이고, 기둥은 나무 가지가 서로 얽힌 것을 모방했다. 담장은 벼랑의 암벽을 모방한 것이다.[55]

여사면의 말에 의하면, 선민들은 아주 먼 옛날에 집을 처음 지을 때부터 '나무로 집을 짓고', '땅굴을 파고', '흙을 높게 쌓는' 세 가지 주거형식을 택했다. 나무로 집을 지을 때에 사용한 재료는 나무이고, 땅을 파고 흙을 쌓는 데에 사용한 것은 흙이며, 두 가지를 합하면 '토목'이다. 흙과 나무는 돌이나 콘크리트와 무관하다.

서구 건축은 돌의 건축이다. 서구 건축은 사람의 힘으로 해결되는 것이며 추구하는 건축 품격을 영원이라는 한 단어로 개괄할 수 있다. 서구 건축문화 개념에서 사람이 건축한 것은 현실뿐만 아니라 완벽하고 순수하며, '영원히 변치 않는 꿈'이기도 한다. 건축은 '꿈을 가공하는 공장'이다. 건축물이 세상에서 영원히 무너지지 않거나 변형되지 않고 퇴색하지 않으며, 영원불멸하고 갈수록 새로워지길 스스로 갈망한다. 이는 사람이 영원히 천지에 존재해 우주의 질서를 표현하면서 불후하기를 바라는 것과 같다. 이 때문에 자아를 건축으로 여기고 자아와 건축 사이에 연관성을 만드는 건축이념을 만족시키기 위해 서구 건축은 돌을 광범위하게 사용한다. 그 이유는 견고함에 있다. 일상에서 볼 수 있는 사물 중에서 돌이 가장 안정적인 성능을 지니고 있다. 그것은 견고하고 완강하며 건축물이 오래도록 존재하는 요구를 만족시킬 수 있

---

55) 呂思勉:《中國制度史》, 上海, 上海敎育出版社, 2002, 第215頁.

다. 이 말은 즉 서구 건축에 석재를 주재료로 사용했기에 사람들은 비로소 영원에 관한 꿈을 하나하나 건축에 주입했다. 그래서 사람들은 서구 건축의 역사를 돌로 창작한 아름다운 악장이라고 생각한다. 러스킨John Ruskin은 매우 긍정적으로 말했다. "건축의 진정한 색채는 천연 돌의 색채이며 이런 색채가 충분히 이용되길 바란다. 연노랑색부터 보라색까지 중간 색채인 오렌지색, 붉은 색, 갈색 등 다양한 색채를 모두 이용할 수 있다. 각종 녹색과 회색도 얻을 수 있다. 여기에 순백까지 더하면 우리가 표현할 수 없는 조화로움이 과연 존재할까? ······ 화사한 색채가 필요한 곳에는 유리와 유리로 보호되는 황금을 박아 넣는다. 이런 작품은 견고한 돌처럼 시간이 지나도 퇴색하지 않을 것이다."56) 러스킨이 바라는 건축은 '시간이 지나도 퇴색하지 않는' 불후의 작품이다. 이런 바람은 사람이 건축에 대한 심미과정에서 돌에 화려한 상상을 부여하고, 건축에 사용된 돌에 아름다운 감정을 지니게 했음을 시사한다.57) 기술면에서 서구 장인은 자연계의 돌을 채취했을 뿐만 아니라 돌과 유사한 신제품인 콘크리트도 개발했다. 로마에서 콘크리트를 사용하기 시작한 시기는 놀라울 정도로 일렀다. "기원전 2세기부터 로마

---

56) [英約翰・羅斯金 :《建築的七盞明燈》, 劉榮躍編, 張璘譯, 濟南, 山東畫報出版社, 2006, 第42頁.
57) 러스킨이 감동적인 표정으로 돌에 대한 깊은 애정을 적었다. "인류에 대해서 돌과 점토벽돌이 벽면을 마치 지평선처럼 끝없이 펼쳐져 마치 저 하늘과 이어질 듯 했다. 이것은 매우 고상한 일이다. 설령 이렇게 웅장한 규모가 아니더라도 하늘의 빛과 구름의 그림자가 넓은 벽면에 비춘 것을 보고, 수많은 기교 및 색채와 그림자의 점차적인 변화가 세월과 비바람으로 인해 벽면에 야망의 사인을 남기는 것을 보고 일출과 일몰 무렵의 길고 끊이지 않는 붉은 빛이 높고 평평한 이마에 상서롭게 비추고서는 줄줄이 서있는 수많은 난잡한 돌 사이로 종적을 감춰버렸다. 이도 역시 사람을 매주 즐겁게 했다."([英約翰・羅斯金 :《建築的七盞明燈》, 劉榮躍編, 張璘譯, 濟南, 山東畫報出版社, 2006, 第67頁.)

인이 콘크리트를 사용하기 시작했다. 콘크리트는 저렴하고 견고하고 적응성능이 강해 프라이네스테의 운명의 여신 신전처럼 거대한 공사에 사용될 수도 있었다. …… 콘크리트 건축의 형태는 모형 벽의 형태에 의해 결정되며 골재는 모형 벽의 사이에 넣는다. 로마사람은 종종 상당히 작은 벽돌이나 나무로 이런 모형 벽을 만들었기에 창의적이면서 구애받지 않는 굽은 모양을 만들 수 있었다. 그 밖에 콘크리트는 건조하기 전에 압착해 그 어떤 형상이든 만들어 낼 수 있다."58) 어떻게 보면 콘크리트가 바로 석재의 파생소재이다. 돌의 견고하고 완강한 품성을 유지했고 석재보다 더 편리하고 저렴하다. 주입과정에서 임의의 형태를 만들어내고, 설계자의 생각을 정확하게 표현해 낼 수 있다.

돌은 중세 건축의 휘황찬란함을 정립했다. 인류의 힘은 자아존재를 건축으로 충분히 전달하는 동시에 건축으로 신성한 제국을 모방할 수 있다. 중세 성당이 하늘로 높이 치솟은 것은 인류가 천국에 대한 상상을 원하는 대로 선양한 것이며, 하늘로 높이까지 올라갈 수 있었던 비밀은 바로 석질石質 구조의 지탱에 있다. "중세 고딕식 성당은 고대 로마건축의 '벽돌과 돌 예술'의 정수를 계승했고, 벽돌과 돌을 쌓는 데에 상당히 높은 조예가 있었으며 벽돌의 무늬구조를 고려하는 쌓기 기술이 매우 높았다. '인격화된 자연'이든 '자연의 인격화'든, 이런 정교한 돌은 분명히 뛰어난 공예이며 사람 '몸'의 온기를 나타내고 사람의 신체를 은유하고 있다."59) 1155년 착공하고 12세기 하반기까지 지속된 파리 북동쪽 135킬로미터에 위치한 랑Laon 성모원 주교당은 초기 프랑스 고딕건축의 시험적 모델로 "건축 구조력의 '도감 표기 방식'이다. 이

---

58) [英]蘇珊·伍德福特, 安尼·謝弗-克蘭德爾, 羅莎·瑪麗亞·萊茨:《劍橋藝術史(一)》, 羅通秀, 錢乘旦譯, 北京, 中國青年出版社, 1994, 第166-167頁.
59) 尹國均:《西方建築的7種圖譜》, 重慶, 西南師範大學出版社, 2008, 第59頁.

는 수직의 지지대 및 그 지지대가 지탱하고 있는 리브 아치의 돋보임을 통해 그에 의지하고 있는 벽체와 지붕의 표면을 구분되게 하는 방식으로 이루어졌다. 돌로 보이는 골격구조가 성당 내부의 공간을 결정했다."[60] '구조가 공간을 결정한다는' 것은 빈 말이 아니다. 석재가 없었다면 인류의 건축은 구조를 통해 높이 올라갈 수가 없다. 고딕 건축에서 플라잉 버트레스Flying Buttress[61]는 가장 중요한 요소 중 하나이고 빛을 통과시키는 '하늘'을 만들어 냈다. 노트르담 성당은 1163년에 착공했으며 가장 큰 고딕식 주교당 중의 하나이다. 그 길이가 150.20미터, 메인 아치 높이가 32.5미터이며, 1175년 중전의 둥근 지붕을 올릴 때는 유리와 함께 플라잉 버트레스 기법을 사용했다. 유리에는 콘크리트와 유사한 성질이 있다. 모양내기 쉽고 잘 손상되지 않아 서구 건축자재의 새로운 인기 재료가 됐다. 근대, 현대, 당대에 이르러서도 서구 건축의 콘크리트 및 유리에 대한 기호와 열정은 식지 않았다.[62]

---

60) [英]蘇珊·伍德福特, 安尼·謝弗-克蘭德爾, 羅莎·瑪麗亞·萊茨:《劍橋藝術史 (一)》, 羅通秀, 錢乘旦譯, 北京, 中國青年出版社, 1994, 第256-257頁.

61) "플라잉 버트레스는 아치가 하나 혹은 반 개이며 벽 위쪽 둥근 부분의 측면 압력을 바깥 쪽에 있는 지지물 혹은 버트레스에 전달한다. …… 로마식 배열의 불리함은 건물 위쪽에 창을 내는 것을 허락하지 않는 점인데 이렇게 하면 실내가 계속 어둡게 된다. 그러나 플라잉 버트레스를 통해 고딕 건축은 측면 압력 문제를 해결하고 무게를 몇몇 지점에 집중시켰다. 플라잉 버트레스를 건물 바깥쪽의 작은 방 지붕에 설치하면 그 지붕이 로마식 건축의 옆 건물에서 끌어당긴 것처럼 지붕 아래쪽에 있는 반 개의 아치가 드러난다. 건축의 바깥쪽 부피가 골격과 같은 주간이 돼 마치 내부의 지지물이 대대적으로 삭감된 것 같다. 이전에 견고한 벽이었던 곳이 지금은 색유리로 대체돼 고딕 건축은 돌로 된 골격에 색유리 벽을 더한 건축이 됐다."([英]蘇珊·伍德福特, 安尼·謝弗-克蘭德爾, 羅莎·瑪麗亞·萊茨:《劍橋藝術史(一)》, 羅通秀, 錢乘旦譯, 北京, 中國青年出版社, 1994, 第260-261頁.)

62) "풍격이 다양화된 동시에 건축의 진정한 개성과 원칙에 대한 탐구 역시 계속되고 있다. 가장 먼저 이 분야에서 공헌한 사람이 바로 18세기 마지막 10년간 활약했던 프랑스 혁명 건축가인 르두Ledoux와 브뢰Boullée였다. 그들 작품의 특징은 간결한

아무튼 건축물은 유기적 존재이고 인류가 각종 수단으로 건축할 때는 그곳에 자아적인 생명 메시지를 불어넣기에 건축에는 생명이 있다. 즉 건축의 생명은 사람이 만들어 낸 것이어서 사람의 바람이고, 사람의 그림자이며, 사람의 대변인이다. 또한 건축에 생명이 존재하더라도 그 것은 반드시 사람에 속한다.

중국 건축은 토목구조이며 특히 목조가 주가 된다. 상술한 바와 같이 중국 건축에는 흙이 꼭 있어야 하며 성벽을 쌓을 때는 역시 흙을 사용했는데 바로 판축版築이다. 중국 고대 사람들은 판축이 돌로 쌓는 것보다 더 견고하다고 생각했다. 여사면이 고대 사람들의 이런 생각에 대해 서술한 바 있다. "집을 지을 때도 판축을 많이 사용하고 성곽 건축에도 벽돌을 사용하는 것이 극히 적었다. 이숭李崇이 낙양의 왕궁은 벽돌로 지었다고 기록한 것이 바로 이 때문이다. 하지만 벽돌로 건축했다 하더라도 꼭 판축보다 견고한 것은 아니다. 《宋書·臧質傳》에서 말하기를 오랑캐가 우이肝眙를 공격할 때에 충차衝車[63]로 성을 공격했지만 쌓인 흙이 견고하고 조밀해서 충차의 충격으로 떨어진 흙이 몇

공간부지와 장식되지 않은 외부 표면의 활용이고, 가장 중요한 것은 그들이 기능주의 건축에서 중요한 역할을 한 철근콘크리트를 예견했다. 철근과 유리구조의 도입에 따라 과거에 표현하고 싶은 상상속의 골격 구조가 비로소 가능해졌다. 19세기 말에 이르자 이런 가능성은 엑토르 기마르Hector Guimard와 빅토르 오르타Victor Horta 같은 천재 건축가에 의해 발굴돼 민감하고 변화무쌍한 새로운 예술풍격의 탄생을 촉진시켰다. 이런 풍격은 자연 성질과 인류현상에 대한 뛰어난 해석으로 현대기술, 새로운 건축유형과 개방공간에 대한 기본적 요구를 결합시켰다. 최종 결과로는 시대 의식의 최고 사상을 표현할 수 있는 새로운 종합예술을 구성했다. 사실상 판코크Pankok는 이런 작품의 의도를 '이미 죽은 사물의 유기적 존재로의 전화'라고 정의를 내렸다. 여기서 우리는 현대기술의 인성화를 동시에 나타냈다고 말할 수 있다."(l挪克裏斯蒂安·諾伯格-舒爾茨:《西方建築的意義》, 李路珂, 歐陽恬之譯, 北京, 中國建築工業出版社, 2005, 第178頁.)

63) 역주: 대루對樓라고도 하며, 충돌하는 힘으로 성벽이나 성문을 공격하는 무기.

되에 불과했다. 이것이 아리阿利가 발명한 흙을 구워 성곽을 짓는 방법이며 자랑할 만큼 견고했다. …… 이것으로써 돌로 쌓은 성곽이 오히려 판축 성곽보다 견고하지 못함을 알 수 있다. 그러나 건축할 때는 판축보다 훨씬 인력을 절감했을 것이다."[64] 판축이 정말 석재보다 견고할까? 객관적으로 봤을 때에 꼭 그렇지는 않다. 하지만 석재나 벽돌로 성곽을 보강하는 것은 중국 건축사에서 최근의 일이다. 진정상은 다음과 같이 말했다. "초기의 성곽은 모두 흙을 다진 판축 방식으로 만들었으며 아주 빨리 완공했고 나라의 수도도 예외가 아니었다. 하지만 흙으로 쌓은 담벽은 비바람에 침식되기 쉽기에 비교적 중요한 성곽은 외벽을 벽돌 혹은 돌을 사용해 보강시켰다. 방지方誌의 기록을 보면 당대에 몇몇 큰 성곽은 이미 벽돌과 돌로 보강했으나 대다수 성곽의 보강은 14세기 이후에야 비로소 보편적으로 이뤄졌다. 북경의 성곽도 1421년 이후에 전부 커다란 벽돌로 강화됐다."[65] 이것으로 성벽 건축의 흙에 대한 의존도를 짐작할 수 있다. 흙에는 생명이 있기에 의지할 수 있다.

중국 고대 건축의 특히 강남 건축의 형식과 영혼은 모두 목조구조에 스며있다. 목조건물은 중원지역에서 일찍이 출현했다. 어탁운은 다음과 같이 언급했다. "중국의 가옥 건축은 주로 목조구조를 사용한다. 상조商朝 수도의 왕실 유적지에 일정한 간격과 직선으로 배열된 석주 기초가 남아 있다. 석주 기초에 구리로 된 모루가 있고, 옆에는 나무 기둥이 타다 남은 흔적도 있다. 이것은 당시에 이미 상당한 규모의 목조건물이 있었음을 의미한다. 《考工記·匠人》에 '은나라 사람들은 ……

64) 呂思勉:《兩晉南北朝史》, 上海, 上海古籍出版社, 2005, 第1049頁.
65) 陳正祥:《中國文化地理》, 北京, 生活·讀書·新知三聯書店, 1983, 第78-79頁.

사아중옥四阿重屋'[66]이란 기록이 있는데 그 당시에 이미 이층과 사중 모임지붕이 있었음을 알 수 있다. 서주西周의 청동기에는 기둥에 노두櫨斗[67]가 설치된 목조구조의 그림이 새겨져 있었다. 이것은 들보와 기둥 사이에 '두斗'를 과도 부분으로 사용했고, 기둥 사이의 연결재인 '액방額枋'이 이미 만들어 졌다는 것을 의미한다."[68] 강남의 건축도 마찬가지이다. 목조구조는 여요余姚 하모도河姆渡 시기에 이미 상당히 성숙됐다. "고증에 의하면, 당시(칠천 년 전의 여요 하모도 문화)의 주거는 주로 목조 간란식干闌式[69] 건축였다. 놀랍게도 이 건축에는 이미 순묘榫卯[70]를 사용했다. 순은 사개이고 묘는 홈이다. 순과 묘가 결합해 틀을 구성한다. 고고 발굴에 의하면, 하모도 한곳에서만 이런 목조부속이 대량으로 발견됐다. …… 그 당시에 들보, 기둥, 처마 및 기구판企口板[71] 등 다양한 결합형식이 이미 존재했고 이것은 세계 건축사에서 빛나는 기적이다. 수천 년 동안 중국 목조건축물의 부재는 이런 형식에 의지해 왔다."[72] 사람들은 목조구조의 발전과정에서 이런 구조의 장단점을 두

---

66) 역주 : 지붕이 네 면이고 겹 처마인 지붕을 말한다.

67) 역주 : 고대 건축 용어. 두공의 가장 아래층이며 무게가 가장 큰 두에 집중된다.

68) 于倬雲著:《中國宮殿建築論文集》, 北京, 紫禁城出版社, 2002, 第244頁.

69) 역주 : 간란식은 중국 남방의 비 많은 지역과 운남, 귀주 등 소수민족 지역의 민가형식이다. 아래 층을 공중에 떠있게 가설하는 방법을 선택해 통풍, 방습, 맹수 예방 등의 장점이 있으므로 기후가 고온다습하고 비가 많은 중국 서남부 아열대 지역에 적합하다.

70) 역주 : 순묘는 두 개의 나무 부속에 적용되는 요철 결합식 연결방식을 말한다. 돌출된 부분이 순(혹은 순두)이고 들어간 부분이 묘(혹은 순안, 순조)이며 순과 묘가 서로 맞물려 연결기능을 한다. 이것은 중국 고대건축, 가구 및 기타 목제제품에 사용되는 중요한 구조방식이다.

71) 역주 : 은촉 붙임용 합판. 한쪽에 홈이 있고, 다른 한쪽은 거기에 맞게 혀를 낸 널빤지. 주로 바닥 재료로 쓰이며, 연결이 견고해 들뜨지 않는다.

72) 沈福煦:《中國古代建築文化史》, 上海, 上海古籍出版社, 2001, 第30頁.

루 고려했다. 대나무 숲이 울창한 일부 지역에서는 나무 재질과 유사한 대나무 조각으로 기와를 대신해 대나무 누각을 지어 대나무의 장점을 최대화했다.[73] 나무의 천적은 불이기에 건축 어휘에서 일부러 소화消火에 관한 '신학神學' 가설[74]을 보류했다. 그러므로 목조 및 목조의 실제 응용은 중국 건축의 특징을 다졌다.

하지만 나무를 소재로 삼는 것이 바로 생태일까? 나무에도 생명이 있는데 나무를 베어 거처를 만들면 죄악이 아닌가? 숲이 빠르게 파괴되는 것은 지금의 인류가 당면한 재앙뿐만 아니라 아득한 고대문명사에서도 심한 재앙이었다. 조사한 바에 의하면 "양저문화良渚文化 유적지에서 발굴된 나무 소재 유물로 봐서 많은 유적지에서 목기와 목조 토굴 및 건축에 사용됐던 나열된 기둥이 발견됐다. 올해 발굴된 여항余杭 변가산卞家山 유적에서도 목재 유물이 상당한 비중을 차지했다. 대량의 질서 있게 배열된 나무기둥 외에 생활용품, 노동기구, 건축도구, 장례 도구, 수륙 교통 기구, 오락기구 등을 포함한 나무 신, 나무 망치, 나무 삽, 나무 노, 나무 손잡이, 나무 덮개, 나무 공, 나무 팽이 등도 다량 출토됐다. 이는 목재가 양저 시기의 실생활에서 이미 중요한 자

---

73) 《方輿勝覽 · 淮西路 · 黃州》(루정樓亭)의 기록에 의하면 "대나무 누각이다. 왕원지王元之가 기록하기를 '황강黃岡에는 대나무가 많다. 큰 것은 서까래와 같으며 대나무 장인이 대나무를 쪼개 마디를 없애고 도자기 기와를 대신해 사용했다. 모든 가옥에 다 사용했으니 가격이 저렴하고 인공을 아낄 수 있다. 자성子城 서북쪽 성가퀴는 이미 무너져 풀이 우거지고 어둡고 지저분한데, 그곳에 작은 대나무 누각 두 칸을 짓고 달빛과 소통한다.'"(祝穆撰, 祝洙增訂, 施和金點校:《方輿勝覽》, 北京, 中華書局, 2003, 第889頁.)

74) 심복후가 말하기를 "민간 건축은 진회색 기와 지붕을 많이 사용하며 검을수록 좋다. 이른바 '흰색 벽에 검은 지붕'은 심미적 측면에서 고려한 것 같지만 실은 지붕에 검은색을 사용하는 것은 일종의 개념이다. 중국 전통문화에서 '흑黑'은 물이고 '물은 불을 이기므로' 쉽게 화재가 나지 않는다."(沈福煦:《中國古代建築文化史》, 上海, 上海古籍出版社, 2001, 第375頁.)

리를 차지했음을 알려준다. 양저 시기에는 목재의 광범한 사용으로 인해 구릉과 산에 있는 숲을 대대적으로 베어내야 했다. 이로 인해 큰 면적의 토양유실을 초래했고 산간지역의 생태환경이 파괴됐으며 산사태를 악화시켰다. 양저 유적군의 당산塘山 토원土垣이 바로 양저 선민들이 폭우로 인한 홍수를 막기 위해 건축한 것이다. 양저 시기의 인류는 생산력의 수준이 매우 낮았고 자연재해 대처능력도 미미했으며, 자연자원에 대한 약탈식 개발로 인해 막심한 대가를 지불했다."[75] 사람들은 목재로 집을 지을 뿐만 아니라 각종 생활기물을 제작하는 것도 역시 목재에 의존하다 보니 그 소모량을 짐작할 수 있고, 그 대가는 극심했다. 그러므로 목재의 사용은 '환경보호'를 추구하는 건축과는 직접적 관련성이 없다. 즉, 이것이 서구 건축에서 석재를 사용한 성보가 반드시 생태를 파괴했다고 할 수 없는 것과 같다.

중요한 것은 목조구조란 반드시 나무로 제작한 것이 아니라는 것이다. 목재는 생명의 근간이며 탄생 혹은 사망과 같은 생명적 특징을 지니고 있다. 석재에는 생명이 없지만 목재에는 있다. 중국 건축에서는 석재를 '멸시'한다. 문진형의 《長物誌》에서 난간을 설명하기를 "석재 난간이 가장 오래됐고 이어서 순서대로 도관, 사찰, 백성의 무덤에 사용됐다. 그리고, 연못 옆에 사용해도 되지만 연꽃을 새긴 석재기둥 두 개를 세우고 나무로 난간을 하는 것보다 못하다"[76]고 했다. 석재는 도관, 사찰, 무덤 등 차갑고 엄숙한 이른바 '생기'가 없는 '죽음'의 구역에 사용되며 일상생활 속에서 사용되는 난간은 나무로 만드는 것이 낫다. "중국인은 단순하고 순박한 민족이기에 벽돌을 쌓아 집을 만들 수 있

75) 趙麗君:《浙江余杭良渚遺址群的環境背景與良渚文化的興衰》, 浙江省社會科學院 國際良渚文化研究中心編:《良渚文化探秘》, 北京, 人民出版社, 2006, 第107-108頁.
76) 文震亨著, 陳植校注:《長物誌校注》, 南京, 江蘇科學技術出版社, 1984, 第25頁.

다고 생각해내지 못했다. 우리는 기와를 발명해 그것을 지붕에 얹어 비를 막을 수 있는 것으로 이미 만족했다. 목재는 당연히 자연스럽게 필연적인 건축자재로 여겨왔기에 더 이상 재고할 필요가 없었다. 벽돌과 석재는 토土에 속하니 당연히 발에 밟혀야 한다. 중국인은 자신들 머리 위에 벽돌로 백 척에 달하는 높은 건물을 지을 수 있다는 자체를 믿을 수 없었다. 산 사람은 생기가 필요한 반면에 죽은 사람이어야 비로소 흙으로 돌아가서 벽돌과 돌로 덮인다. 또한, 우리의 거주환경은 생명을 상징하는 목재와 함께 해야 한다. 목木은 오행에서 동쪽 혹은 남동쪽에 위치하며 생을 상징하고 색깔은 청색 및 녹색이며 용을 이미지로 하고 천둥을 소리로 삼는다."[77] 이런 견해는 참으로 괜찮다.[78] 그러나 이를 근거로 해서 중국 건축이 생태속성을 지니고 있다고 단정하기에 적합하지 않다. 중국에만 나무가 있는 것은 아니다. 숲이 존재하는 곳이라면 나무가 있기 마련이다. 나무에 어떤 차이가 있을까? 전혀 없다. 그렇다면 톰아저씨의 숲 속 오두막은 당연히 생태적 건물이라고 스스로 칭찬할 수 있다. 그 목재는 생산된 숲에 사용했고 운송절차도 없었으니까 더욱 그러하다. 한보덕이 매우 중요한 말을 했다. "숲이 많은 곳에서는 집이 모두 나무로 지어졌다. 그러나 중국 건축의 기둥 들보 체계는 기타의 목조 건축문화에서 보지 못했다. 북유럽에서도

---

77) 漢寶德:《中國建築文化講座》, 北京, 生活·讀書·新知三聯書店, 2006, 第249頁.
78) 왕기균王其鈞도 다음과 같이 언급했다. "목조구조 위주의 건물에서 벽돌담장은 호위와 내외를 분할하는 역할을 할 뿐이다. 이런 건물 벽돌담장의 안정성은 목조구조에 의지하는 것이지 벽체를 두껍게 하거나 수분법收分法을 통해 실현되지 않는다. 예를 들어, 명청 시기에 남방의 일부 벽돌로 싼 담장의 높이는 십여 미터에 달했지만 모퉁이는 0.5미터도 되지 않았다. 자체의 안정성은 약하지만 담장과 목조구조가 연결 및 통함으로써 벽체를 쉽게 고정시킬 수 있다. 즉 그때의 벽의 안정성은 벽체 내부의 목조구조에 의지했다." 王其鈞:《中國古建築語言》, 北京, 機械工業出版社, 2007, 第117頁.)

목재를 사용하지만 기둥과 들보는 중간 중간에 보충자재로만 사용됐을 뿐이지 체계적이지 못하다. …… 미국인이 개척시기에 지은 목조건물은 나무를 층층이 쌓아 올려서 벽을 만들고, 모퉁이에서 나무를 교차한 것이 일본의 정창원正倉院[79]과 같다. 이것이 바로 가장 자연스러운 목조구조이다. 우리처럼 기둥 몇 개를 세우고 위에 들보를 올리는 것은 고생을 자초한 것이다. 세계적으로 이런 복잡한 체계를 발전시킨 다른 민족은 없었다. 그들도 나무기둥을 사용할 줄 알지만 체계를 이룬 민족은 극히 드물었다. 이런 체계는 기둥과 일정한 비율의 들보로 구성됐다. 이렇게 하면 많은 어려움이 따르지만 중국은 예로부터 다른 방법을 생각하지 않았고 우리가 단일한 선으로 조합해낸 구조를 믿기 때문이다. …… 건축 상의 큰 행사는 '들보 올리기'인데 송대에 유명한 상량문上梁文도 있었다. 이것이 중국인이 예로부터 끈질기게 지켜온 생각이었으며 들보를 올려야 기본공간과 유통공간 개념이 비로소 생길 수 있다. 이런 유통적인 개념으로 인해 기둥과 들보 설치 후의 각종 공간의 안과 밖의 관계 혹은 부분과 전체의 관계는 자연스럽게 생기게 된다."[80] 확실한 공간조합 개념이 확립돼야 나무를 쌓아서 벽을 만드는 것이 아닌 들보기둥체계를 구성해 낼 수 있고, 중국식 목조구조와 숲 속 목조구조와의 차이를 최종적으로 형성할 수 있다. 양자의 본질적 차이는 전자는 복합적 조합공간을 만들 수 있고 후자는 선성사고방식線性思考方式으로 인한 평면적 조합만을 이룰 수 있다는 것이다. 필자는 이런 차이가 생기게 된 이유는 초기 강남 건축의 지표에 함수량含水量이

---

79) 역주 : 일본 나라시대의 창고이며 지금의 나라시에 위치한다. 8세기 후반에 건축됐고 동대사東大寺 대불전 서북쪽에 있다. '교창조校倉造'구조에 속하며 기둥을 사용하지 않고 삼각형 목재로 '井'자 모양을 만들어 끊임없이 포개는 건축양식이다.

80) 漢寶德 : 《中國建築文化講座》, 北京, 生活 · 讀書 · 新知三聯書店, 2006, 第89-90頁.

높은 것과 연관된다고 생각한다. 강물의 침식으로 형성된 장강 중하유 평원의 토질은 습하고 부드러워 미국인처럼 경질의 숲 속에서 나무를 쌓고 벽을 만들 수 없었다. 그래서 선조들은 더욱 기발한 발상으로 기둥과 기초, 기둥과 들보가 서로 협력하는 면에 신경을 써서[81] 소거巢居에서 영감을 얻은 간란식干欄式 건축을 만들어 냈다. 간란식 건축의 가장 중요한 부분은 간란干欄구조의 공간에 대한 조직과 구성이다.[82]

강남 건축의 목조구조는 생명을 지닌 나무를 조합해 형성된 공간 개념이 있기에 생태건축으로 볼 수 있다. 조합을 중요시했기에 목조구조의 가장 위대한 발명은 단순히 더 굵고 튼튼한 나무를 찾는 것이 아니라 순묘 기법을 창조해낸 것이다.[83] 이른바 '견고'의 뜻은 여기서 생겨

---

81) 유군劉軍이 가리키기를 "하모도 선민들은 습도가 높은 소택지 가장자리에서 생활했고, 이런 환경에 적응하기 위해 소거巢居 형식에서 힌트를 얻어 중국 남방 건축풍격을 지닌 목조 간난구조를 처음으로 발명했다. 2천년에 달하는 발전 과정에서 하모도 선민의 거처는 기둥을 기초로 하는 목조구조 건축에서 벗어나지 않았다. 그들은 아래와 같은 삼 단계 발전과정을 경험했다. 순묘와 묶음을 결합한 간란식 건축, 하부에 목판을 받치는 대형 기둥을 골격으로 하는 지상 건축 및 아래 부분이 보이지 않는 감과坩堝 모양의 기초를 기둥의 기초로 하고 그 위에 기둥을 세우는 지상건축이다."(劉軍:《河姆渡文化》, 北京, 文物出版社, 2006, 第96頁.)

82) 왕해명王海明이 말하기를 "여항余杭 안계安溪 석전우石前圩 유적지에 있는 마교馬橋 문화 퇴적의 아래쪽 경계표시가 약 2미터에 달했다. 간란식 건축의 기초는 도랑을 깊게 파고 도랑 안에 통나무를 넣어 기둥의 기초로 삼고 필요에 따라 기둥을 세운다. 이는 양저시기의 기둥 아래에 나무 판을 대는 기초보다 훨씬 발전됐고, 주택의 완성도도 강화됐다. 이것은 습하고 연한 토양환경에서 기초 함몰 방지에 중요한 개선이자 틀림없는 간란식 건축 제조기술 향상의 표현이기도 하다."(王海明:《浙江史前考古學文化之環境觀》, 浙江省社會科學院國際良渚文化研究中心編:《良渚文化探秘》, 北京, 人民出版社, 2006, 第80頁.)

83) 어탁운이 말했다. "지세가 낮은 하천이나 호수 근처에는 나무로 거처를 만드는 것에서 나뭇가지와 나무줄기로 공중에 떠있는 원두막이나 지상 원두막 및 기둥을 가설하는 간란식 건축으로 발전해 왔다. 중국 절강성 오흥 전산양錢山漾 유적(기원전 3천년)에서는 빽빽히 세운 기둥과 들보 위에 바닥을 깔았다. …… 절강 여요 하모도 신석기시대 유적(대략 기원전 5천-기원전3천3백 년)에는 기둥 사이의 거리가 5-6미

났을 것이다. 순묘고정법은 구조가 복잡하기로 세계 건축사에서 유명하다.[84] 그 역사는 유구하며 지금까지 이미 6천년 남짓이 됐다.[85] 순묘의 견고 정도는 단위체 자재의 경도에 의지하지 않고 재료간의 배합작용에서 비롯됐다. '조합'의 정수는 그것이 변하지 않고 영원히 훼손

터이고, 6-7칸이 줄지어 배열된 가옥이 있었는데 아래 쪽은 공중에 떠있고(난간식 건축 형식에 속함), 각 부분의 연결은 주로 묶음이지만 개별 건물에 이미 순묘를 사용했다. 금속 공구가 없이 석제 공구로 각종 순묘를 조각하기는 그 자체가 매우 어려운 일이다. 이런 순묘 결합법이 대대로 전해 내려 와 목조구조가 주류인 중국 고대건축의 선례를 창조했다."(于倬雲著:《中國宮殿建築論文集》, 北京, 紫禁城出版社, 2002, 第242頁.)

84) 유군이 말하기를 "순묘의 가공은 비교적 복잡하다. 순두榫头는 사다리꼴 모양의 도끼로 깎아야 하고 묘구卯口는 돌로 만든 정이나 길쭉한 자귀로 구멍을 내야하며 뼈로 만든 정이나 뿔로 만든 정을 사용할 수도 있다. 작업효율을 높이기 위해 묘구를 뚫을 때 아마 불로 나무를 건조시키는 기술로 먼저 나무를 딱딱하게 만들어 시간과 힘을 절약했을 것이다. 묘구를 뚫을 때는 두 개를 마주 대고 작업하는 방법을 택했고 그래서 묘구가 가지런하지 못해 입구가 크고 안쪽이 작거나 묘구가 한 쪽으로 치우쳤다. 하지만 석재공구를 사용해 이렇게 가지런한 순묘 부품을 만들었다는 것은 기적이 아닐 수 없다. …… 함구판의 한 쪽 혹은 양쪽에 V자형의 홈을 파서 다른 한쪽 가장자리에 얇게 깎은 목판과 이어 맞춘다. 이런 연결선이 통째로 보이지 않는 정밀한 조판 이음공법은 나중에 광범위하게 사용되는 '자웅판雌雄板'의 기초가 됐다."(劉軍:《河姆渡文化》, 北京, 文物出版社, 2006, 第82-83頁.)

85) 어탁운이 다음과 같이 말했다. "가장 이른 순묘는 하모도 유적 제4문화층에서 출토된 부속이며 지금으로부터 6천 년이 지났다. 가옥에서 순묘 결합기술을 발견한 것은 고대 건축의 목조구조 체계 발전에 굳건한 기초를 다져줬다. 근대 목조구조 설계에서 실제 경험을 근거로 조치결합(순묘결합)을 할 때 기둥 모양의 부속이 접촉면에서 눌림 현상이 발생해야만 견고하게 결합할 수 있는 반면에 연결 점에서 당기는 힘이 생기면 순묘가 쉽게 벌어진다. 이것은 근대 목조구조 설계의 경험이다. 중국은 6천여 년 전 이미 목조구조의 이런 현상을 인식하고 일부 조치를 취했다. 예를 들어, 하모도 건축의 기둥은 압박을 받는 부속이며 기둥의 머리부분을 만두모양의 순으로 만들었고 기둥 밑부분을 관각순管脚榫으로 만들었으며, 기둥과 들보를 삽입하는 부분에 결합부분의 당기는 힘을 없애기 위해서 늘 무쇠와 나무못으로 기둥 모양의 부속이 벌어지고, 순이 탈출되는 문제를 해결했다."(于倬雲著:《中國宮殿建築論文集》, 北京, 紫禁城出版社, 2002, 第201頁.)

되지 않는 경험적인 독립체가 아니라 생명적인 구조라는 데에 있다. 수덕은 서구 건축의 정밀함을 자랑스레 칭찬한 적이 있다. 86) 오늘날 생태미학 측면에서 볼 때, 중국인은 오히려 목조구조에서 정밀함의 부족을 '자랑'할 수 있다. 목조 건물이 부속으로 구성했기 때문에 오래되면 약화되고 낡을 수 있다. 목조건물은 살이 있는 것이기에 생명의 특징을 지니고 있다. "이런 건물은 완성된 이후에 미세한 변형이 생길 수 있다. 그러나 이런 변형은 건물의 사용, 미관, 견고함에 의외로 전혀 지장을 주지 않고 오히려 구조 결합의 가변성으로써 외부에서 가해진 힘을 조절할 수 있어서 지진 같은 재난을 두려워하지 않는다."87) 《太平廣記 · 絕藝》에《蘇州游僧》이야기가 있다. "중현사重玄寺 누각의 한 귀퉁이가 주저 앉았다. 이를 바로 잡을 비용을 계산하니 수천 관이 든다. 어느 행각승이 말했다. '사람을 구할 필요 없이 일꾼에게 나무로 쐐기를 만들게 하면 내가 바로 세울 수 있소.' 이에 사찰 주인이 그의 의견을 받아들였다. 행각승은 식사가 끝나자 쐐기 수십 개와 도끼를 들고 누각에 올라가 여기저기를 두드렸다. 열흘이 채 되지 않아 누각의 기둥이 모두 제자리로 돌아왔다."88) 행각승의 경지가 바로 자연 만물의 경지이다. 순묘원리로 나무 쐐기로 위험에 처한 누각을 '부활'시켰다. "목조 건물의 연결부분은 절대적으로 견고한 것이 아니다. 기초는 지

---

86) 수덕이 말하기를 "건축의 고전풍격은 바로 하나의 정교하고 엄격한 체계이며 기둥 윗부분의 장식부터 높이와 넓이의 비례에서 기둥 하나하나의 세부사항을 정확하게 알아 낼 수 있다. 이 체계는 마찬가지로 기둥이 어떻게 배치되고 건물의 모서리는 어떻게 처리되며 기초의 형식, 외관의 모양 및 전체구성에서 위치가 각기 다른 기둥의 비례 등을 결정했다. 대칭은 고전주의 질서의 핵심이며 화합과 운율 개념도 역시 중요하다."([英]迪耶 · 薩迪奇 :《權力與建築》, 王曉剛, 張秀芳譯, 重慶, 重慶出版社, 2007, 第167-168頁.)

87) 沈福煦 :《中國古代建築文化史》, 上海, 上海古籍出版社, 2001, 第31頁.

88) 李昉等編 :《太平廣記》, 北京, 中華書局, 1961, 第1745頁.

상에 놓인 기둥이기에 전체 구조는 인체처럼 탄력적이다. 장인들은 자신의 경험과 전습된 구결로 공사하기 때문에 구조물은 짙은 유기체적 의미를 지니고 있다. 그래서 중국 건축의 구조는 '움직이는' 것이다. 외부에서 강한 외력이 가해질 때에 중국 건물은 강체剛體로 저항하는 것이 아니라 '유술'로 연결부분의 움직임과 구조의 이동으로 외력을 해소시킨다."[89] 건축이 살아 있다. 그래야 살아 있는 유기체로서 생태시야에 들어갈 수 있다. 이것을 이해한 후에 일부 외국 학자의 독단적인 결론을 살핀다면 더 정확한 판단이 설 것이다. 가드너가 다음과 같은 말을 했다. "목재가 벽돌보다 응용범위가 넓은 것은 목재를 더 가공할 수 있기 때문이다. 중국인은 이를 즐기기에 벽돌의 건축적 기능이 등한시됐다. 목재에서 비로소 복잡한 무늬장식을 조각할 수 있다. 중국인은 건축 장식에 매우 심취해 베란다의 디자인과 예쁘게 조각된 기둥의 윗부분처럼 향후의 벽돌건물도 이런 특징을 지니게 됐다. …… 이런 열광도 쉽게 설명할 수 있다. 사람들이 목재에 장식을 조각하기를 포기하지 못하는 것은 중국인이 건축의 이차원적 이해와 부합하기 때문이다."[90] 이런 합리적으로 보이는 해석은 자신이 삼차원적 공간을 만들어 냈다는 착각 이외에 해석자의 '단순함'만 보여 줬을 뿐이다.

이런 의미에서 강남 건축의 목조구조는 생태건축의 대표라 할 수 있다. 이는 한 그루의 나무처럼 자연스럽게 생사를 받아들인다. 어느 날 건물 한 채가 훼손되고 무너지면 어떻게 할까? 상관없다. 그리고 사람들은 그것이 치명적인 재앙이라고도 생각하지 않는다. 건물도 사람처럼 언젠가 '죽는' 날이 올 테니 말이다. 《墨子·小取》에 이런 말이 있

---

89) 漢寶德:《中國建築文化講座》, 北京, 生活·讀書·新知三聯書店, 2006, 第248頁.
90) [英]斯蒂芬·加得納:《人類的居所 : 房屋的起源和演變》, 汪瑞等譯, 北京, 北京大學出版社, 2006, 第85頁.

다. "사물에 있어서 어떤 것은 그렇다하면 맞고, 어떤 사물은 그렇다고 해도 틀리다. 어떤 것은 어느 한 방면에서는 보편적이지만, 또 다른 방면에서는 보편적이지 않다. 어떤 것은 어느 한편으로 맞지만 또 다른 한편으로는 틀리다. 그래서 상식적인 이론으로만 사물을 유추해서는 안 된다."[91] 생사는 무상이니 시비라는 감정에 집착할 필요가 없고, 지나간 것에 넓은 도량과 태연함을 가져야 한다. 건물의 생명을 연장하기 위해 옛 사람들이 택한 방법은 위치이동과 재건이다. 건축문화에서 위치이동과 재건은 새로 건축하는 것보다 더 중요하다. 《丹午筆記》에서 《朝眞觀》의 기록을 인용하기를 "조진관朝眞觀은 면적이 오백 묘이다. 명태조明太祖가 소주를 포위할 때에 주둔하기 위해 자재를 빌려가면서 나중에 제위에 오르면 갚겠다고 약속했고, 훗날 남경에 도교사원을 지어줬다"[92]고 했다. 명태조는 '자재를 빌려간' 후에 다시 돌려줬고, 그것으로 다시 건축을 했다. 이것은 건축자재도 빌려서 사용할 수 있음을 알 수 있다. 위치를 옮기는 것은 예사이다. 《太湖備考》의 기록에 의하면 "집현포集賢圃는 동산 제일의 명원이며 옹긍환翁亘寶이 지었기에 옹원翁園라고 칭했다. 또한 태호 옆에 위치해 호정湖亭이라고도 불렀다. 왕래하는 대다수가 사방의 선비이니 남긴 글이 매우 많았다. 긍환亘寶이 죽자 그의 동향인 안정安定이 원을 사들였고 장인의 말에 혹해 다른 곳으로 자리를 옮겼다. 그것이 바로 동원東園이다."[93] 사람들은 이미 죽은 건물을 잊지 못해 현실적인 필요에 따라 원래 자리에서 재건하기 마련이다. 《龍江船倉誌》에서는 "28년에 불이 나 건물과 집이 모두 타버리고 희간당希侃堂만 남았다. 31년 주사인 이소상李昭祥

91) 孫詒讓撰, 孫啓治點校:《墨子閑詁》, 北京, 中華書局, 2001, 第417頁.
92) 顧公燮撰, 甘蘭經等點校:《丹午筆記》, 南京, 江蘇古籍出版社, 1999, 第84頁.
93) 金友理撰, 薛正興校點:《太湖備考》, 南京, 江蘇古籍出版社, 1998, 第564頁.

이 재건해 원래 규모에서 약간 넓히고 남향으로 바꿨다"[94]고 했다. 이
와 유사한 문헌은 아주 많다. 재건 과정에서 '후래자後來者'는 원래 건
물의 방향을 바꿀 뿐만 아니라 옛 규모에서 넓히는 현상이 보편적이다.
북쪽의 예를 보자. 《三輔黃圖》에서 미앙궁未央宮을 기술할 때에 《漢
書》의 말을 인용했다. "고조 7년 소하蕭何가 미앙궁을 건축해 동궐東闕,
북궐北闕, 전전前殿, 무고武庫, 태창太倉을 지었다. 황제가 과하게 화려
한 것을 보고 '천하가 어지럽고 고생을 몇 년이나 했는데, 성패가 아직
미지수이거늘 어찌 왕궁을 화려하게 지을 수 있는가'라며 노여워했다.
그러자 소하가 답했다. '천하가 아직 정해지지 않았으니 왕실로 이뤄야
합니다. 또한 천자는 사상四象을 집으로 여기기에 화려하지 않으면 명
망을 떨칠 수 없으니 후세가 따라올 수 없게 해야 합니다.' 황제가 기뻐
하며 역양櫟陽으로부터 옮겨왔다."[95] 또한 "건장궁建章宮은, 무제 태초
원년에 백양전柏梁殿이 불에 타자 월의 지방 무당이 '월의 풍습에서는
화재 이후에는 다시 큰 건물을 지어 기를 눌러야 한다'고 했다. 무제가
건장궁을 건축하기로 했는데, 그 기준이 천문만호이며 미앙궁 서쪽인
장안 성 밖에 위치를 정했다."[96] 건장궁은 바로 재건으로 이름을 날렸
다.[97] '명망'을 떨치기 위해서든 '기를 누르려' 했든 새로 지은 건물은
재건의 명분으로서 원래의 공간을 확대해 현실적인 필요를 만족시켰
다. 남쪽으로는 한보덕이 우리에게 이런 단서를 제공했다. "대다수 강

---

94) 李昭祥撰, 王亮功校點:《龍江船廠誌》, 南京, 江蘇古籍出版社, 1999, 第103頁.
95) 何清谷撰:《三輔黃圖校釋》, 北京, 中華書局, 2005, 第112頁.
96) 何清谷撰:《三輔黃圖校釋》, 北京, 中華書局, 2005, 第122頁.
97) 《歷代宅京記》에 이런 기록도 있다. "경화景和 원년8월 경신일에 석두성石頭城을
    장락궁長樂宮으로, 동부성東府城을 미앙궁未央宮으로 이름을 바꾸고, 갑신일는 북쪽
    저택을 건장궁建章宮으로, 남쪽 주택을 장양궁長楊宮으로 정했다."(顧炎武著, 于傑
    點校:《歷代宅京記》, 北京, 中華書局, 1984, 第196-197頁.)

남 명원은 송대부터 이미 존재해 전해 내려왔으며, 그 사이에 수많은 가족의 흥망이합을 증명했다. 유명한 사람 손에 들어가면 이전의 성황을 다시 볼 수 있도록 보수하고 경관을 늘린다. 수백 년이 지나도 명원은 여전하지만 그 안의 건물은 낡고 옛 모습을 잃게 돼서 명원 자체가 역사를 기록하는 서사시가 된다. 몇몇 원림이 항일전쟁 시기에 펴낸 《江南園林誌》의 실측도와 《蘇州古典園林》의 도면과 비교해보면 현저하게 바뀌어 있는데 그 기간은 30여년에 불과하다."[98] 이것으로 강남원림의 건축과정이 중국건축의 수리한 변화와 맞물려 있음을 알 수 있다. 동준이 《園論》에서 말했다. "현존하는 강남원림은 누대에 걸친 보수로 다수가 이미 원래의 모습이 아니다. 그 예로 양주의 미루迷樓는 수당 시기에, 평산당平山堂은 북송, 소주 창랑정滄浪亭과 환수산장環秀山莊, 가흥의 연우루煙雨樓는 모두 오대五代(10세기)에 건축됐고, 낙범정落帆亭은 송대에 지어졌다. 사자림은 원 말기에 불교 사찰이었고 규모는 현재보다 작았다."[99] 중국 제국시대의 진秦을 살펴보자. "시황제 26년 천하의 부호 12만 가구를 함양咸陽으로 이주시키고 여러 종묘, 누대, 원림은 모두 위수 남쪽에 있었다. 진이 제후를 굴복시키고 함양 북쪽 언덕에 왕궁을 지었다. 남쪽은 위수와 가깝고 옹문雍門 동쪽부터 경수 및 위수까지 왕궁과 사방의 누각은 이중 잔도로 연결돼 있으며, 제후가 바친 미인들의 음악소리가 거리를 가득 채웠다."[100] 시황제는 함양 왕궁의 독창성에 대해 개의치 않아 보인다. 건물은 건물일 뿐이고 사람이 사용하도록 제공하는 것이며 실용성이 첫 번째 목적이다. 이는 서구 건축문화에서 건물을 우주에서 영원히 변치 않는 악장으로

---

98) 漢寶德：《中國建築文化講座》, 北京, 生活・讀書・新知三聯書店, 2006, 第200頁.
99) 童寯：《園論》, 天津, 百花文藝出版社, 2006, 第39頁.
100) 何清谷撰：《三輔黃圖校釋》, 北京, 中華書局, 2005, 第18-19頁.

바라보는 것에 바란다면 존중이 약간 부족한 측면도 있지만 만족감을
더했으며 초월적 목적론과 더 멀어지고 생태적인 자연과 더 가까워졌다.

제3절 사방 : 중국 고대 건축의 형상

곰브리치는 《秩序感》에서 다음과 같이 말했다.

> 2세기에 클라우디오스 프톨레마이오스Ptolemy가 《光學》이란 책을
> 펴냈다. 그 중 재미난 이야기가 있었는데 바로 지각知覺습관이 우리가
> 건물에 대한 반응에서 맡는 역할을 다소 어렵게 증명했다는 것이다.
> 저자는 잘못된 추리로 인한 착각을 논하기를, 건축에서 비교적 높은
> 곳이 실제보다 약간 넓어 보이기 때문에 가까이서 표준 직사각형 대문
> 이나 건물을 볼 때는 위로 갈수록 넓어지는 것 같다. 이런 착각의 원
> 인은 우리가 위로 갈수록 좁아지는 배치를 기대하기 때문이다. 일반적
> 으로 건물의 하부가 위보다 넓어야 건물이 점점 원추형이 될 수 있다.
> 프톨레마이오스가 이집트인이기 때문에 이런 기발한 생각을 했을 것
> 이다. 고대 이집트에서 피라미드가 원추형이고 사원의 탑문조차 이런
> 모양이기 때문이다. 잘 아는 사물의 외형을 표현한다는 것은 아주 어
> 려운 일이기에 이런 추론이 모든 상황에 적용할 수 있는지는 확실하지
> 않다.(파르테논 신전의 시각교정도 이런 추리에서 얻은 것이다). 비록
> 프톨레마이오스와 같은 알렉산드리아 시대의 사람들이 받은 시각훈련
> 이 그들로 해금 반드시 이런 착각을 생기게 한다고 장담할 수는 없지
> 만, 지각습관이 사람의 시각적 즐거움과 불쾌감을 결정한다는 점을
> 확실히 알 수 있다.[101]

---

101) [英E. H. 貢布裏希:《秩序感 —— 裝飾藝術的心理學研究》, 範景中, 楊思梁, 徐

정말 재미있는 예시이다. 그것은 지각습관과 시각 인상의 대응관계를 나타냈다. 즉, 특정한 지각습관이 경험한 시각인상에 개념적인 영향을 미친다. 이런 영향은 중국 고대인이 거주형식을 받아들일 때도 마찬가지로 존재했다. 프톨레마이오스가 피라미드에 대한 다년간 연구를 통해 그가 잘 알고 있는 원추형에 대해 시각습관을 축적해 직사각형 대문이 위로 갈수록 넓어진다는 '착각'이 있다고 단정했다. 이처럼 중국 고대인들도 세월 속에서 자신들이 습득한 건축양식을 끊임없이 강화하고 자신의 시각에 심지어 심리체험에도 깊이 작용시켰을 것이다. 그렇다면 중국 고대인들은 어떤 건축양식을 습득했을까? 원추형도 포함됐을까? 원추형은 없었다. 뿐만 아니라 광범위하게 사용했던 사선 자재를 배척하고 사선斜線받침, 사치斜置구조를 점차 없앴다. 중국 고대인의 시각습관을 다진 건축양식은 네모와 원이다.[102] 한보덕이 말했다. "중국 건축의 기본 구조개념은 직사각형구도이다. …… 우리가 진정한 트러스truss체계를 발명하지 않았지만 실제로는 사선 받침을 광범위하게 사용했다. 이것은 한대 건축 부장품에서 확인할 수 있다. 후기 건축에서는 사선 받침이 점차 두공斗栱[103]체계로 대체됐다. …… 육조부터 당대에 이르기까지 사선자재는 점차 대체됐다. 우리는 삼각형 지붕을 짓는 데에 수평 수직 목재를 전부 사용했다. …… 건축계획측면에서도 대각선은 더 이상 존재하지 않았다. 우리는 네모를 좋아했고 네모난 것으로 경사면을 대체했다. 중국 전통 건물군은 직사각형의 조

一維譯, 長沙, 湖南科學技術出版社, 2006, 第176-177頁.

102) 여기서는 협의의 화하華夏 건축형식만을 가리키며 서역의 초목과 청장고원지역의 건축요소는 예를 들어 포탈라궁과 티벳식 건축의 사다리꼴 창틀은 여기에 포함되지 않는다.

103) 역주 : 중국 목조 건축의 중요한 부속으로 대들보와 기둥 사이에 하중을 견디기 위해 돌출된 부분이므로 지붕의 무게를 두공을 통해 기둥으로 전달한다.

합이며 고대 그리스 신전이나 고대 로마 광장의 전당처럼 비스듬한 건물이 없을 뿐만 아니라 비뚤어진 도로조차 없다. 바로크식 계획에 대해 중국인은 이해를 어려울 것이다."[104] 중국 고대인들이 경사를 없앤 것이 건물의 생동감과 장력을[105] 약화시킬 수 있다는 점을 인식한 적이 있는지는 확실히 알 수 없지만, 네모와 원이 중국 고대 건축 구조의 기본 형식임은 틀림없다.

중국 건축 구도에서 왜 네모와 원을 선호하고, 특히 네모를 편애했을까? 그것은 중국 건축의 영향을 받은 주체가 네모와 원에 대한 시각 습관이 고대인의 우주도형에 대한 상상과 밀접한 관계가 있기 때문이다. 옛날 개천설蓋天說에서 하늘은 둥글고 땅은 네모나다고 했다. 즉 하늘은 둥근 덮개처럼 땅을 덮고 있고 대지는 네모난 들판이다. 네모와 원이 크든 작든 재질이 어떻든 상관없이 우주를 표현하고 형상화하는 언어부호가 됐다. 그래서 '방원方圓'이 함께 사용될 때는 어떤 지역의 '범위'를 뜻한다. 《墨子·天地》에서 "묵자는 천지를 설정해 법도의 기준으로 삼았다. 이것은 바퀴 만드는 장인의 그림쇠나 목수의 곱자와 같다. 지금은 수레 장인의 그림쇠와 목수의 곱자로 네모와 원의 차이

---

104) 漢寶德：《中國建築文化講座》, 北京, 生活·讀書·新知三聯書店, 2006, 第158-160頁.
105) 아른하임이 말하기를 "어떤 양식에 경향성 장력을 포함시키려면 가장 효과적이고 기본적인 방법은 그것을 정해진 방향으로 기울이게 하는 것이다. 경사는 눈으로 자발적으로 인지되는 기본적인 공간 방향인 수직과 수평 등에서의 벗어남이며, 이런 벗어남은 정상적인 위치와 기본방향에서 벗어난 위치 사이에 장력을 조성하게 된다. 그 정상적인 위치에서 벗어난 물체는 마치 정상적인 위치의 정지된 상태로 돌아올 수 있도록 노력하는 것 같다. 해당 물체는 기본공간 방향과 부합되는 구조로 유도되거나 배척되든지 혹은 아예 벗어난다. 아동이든 원시인류든 일단 기울인 방향을 그리는 기교를 파악하게 되면 정지와 운동을 구별하는 기교도 파악했다고 본다."([美]魯道夫·阿恩海姆：《藝術與視知覺》, 滕守堯, 朱疆源譯, 北京, 中國社會科學出版社, 1984, 第583頁.)

를 알 수 있다."106) 수레장인과 목수가 규구로 네모와 원을 만드는 것은 바로 사람이 자연을 위한 입법이다. 《周禮》에서 "장인이 도성을 건축할 때는 물을 매다는 방법으로 수평을 측정하고 끈을 매다는 방법으로 수직을 설정하며 태양의 방향을 관찰하는 법으로 방향을 정한다. 원을 그릴 때는 해가 뜨고 질 때의 그림자의 위치를 기록하고, 방향을 정할 때는 낮에는 정오의 그림자를, 밤에는 북극성의 그림자를 참고한다."107) 이는 거짓이 아니다. 그러나 더욱 복잡한 것은 우주의 이미지를 네모와 원의 조합으로 생각한다는 것이 중국 고대인만이 아닌 인류가 공통으로 가지고 있는 생각이라는 것이다. "인류가 최초로 인정한 우주의 모습은 네모와 원이며, 다만 각 민족이 원과 네모에 부여한 상징적인 의미는 다소 차이가 있다. 예를 들어 중국인은 '하늘은 둥글고 땅은 네모나다'고 생각하고, 인도문화에서는 '땅은 둥글고 하늘은 네모나다'라고 생각하며, 로마인은 '하늘과 땅은 모두 둥글다'고 여긴다. 하지만 이 두 개의 도형이 대표하는 뜻이 무엇인가와 상관없이 이들은 모두 대우주의 형상이며 인류가 '신성'한 공간을 인지하는 상징적 부호이다."108) 예를 들어 6세기 말 밀레투스의 헤카다이오스와 이름을 나란히 하는 지리학자 아낙시만드로크의 지도에 이런 내용이 있다. "지중해는 폐쇄적인 분지이다. 사람이 거주하는 세계(지구와 구별됨)의 주변은 바다로 둘러싸여 있다. 이것은 신화 속의 원형 대양의 이미지인 지브롤터 해협과 수에즈 지협 바깥쪽에 존재하는 외해와 일치한다. 그 육지는 원형 지구 내부에 위치하기에 역시 원으로 그려졌다. 유럽은 그 위쪽(북부)에, 아시아는 그 아래(남부)에 그려져 있다."109) 이런

---

106) 孫诒讓撰, 孫啓治點校 :《墨子閑诂》, 北京, 中華書局, 2001, 第213頁.

107) 楊天宇撰 :《周禮譯注》, 上海, 上海古籍出版社, 2004, 第664頁.

108) 褚瑞基 :《建築曆程》, 天津, 百花文藝出版社, 2005, 第14頁.

구상은 결국 지도학사에 이오니아 지리학파의 출현을 촉진했다. "4세기 역사학자 에플러의 잔존한 저서에는 《愛奧尼亞地圖》에서 기원된 《世界圖》 한 장이 첨부돼 있었다. …… 평평한 원 모양의 대지와 고정된 지평선을 기초로 삼았다."[110]

천원지방天圓地方, 천방지원天方地圓, 천지개원天地皆圓이라는 세 가지 우주 형식에서 중국의 천원지방과 인도나 로마의 형식에서 가장 큰 차이는 땅이 네모나다는 것이다. 이런 특징이 중국 건축의 지각습관에 심원한 영향을 미쳤다. 중국고대 건축 개념에서 '땅이 네모나다'의 흔적을 늘 발견할 수 있다. 예를 들어 "한나라 때는 원형 건물의 존재가 거의 불가능했다. 당시에는 네 방향을 매우 중요시했고, 심지어 많은 상징적인 의미에서 후기 종교신앙을 통해 실천됐다. 동서남북과 청룡, 백호, 주작, 현무는 그들의 정신생활의 일부가 됐다. 네모는 땅뿐만 아니라 사람의 생활환경까지 대표했다. 자연현상을 하나의 도형으로 귀납시켰을 때에 원은 개념이고 네모는 실제이다. 감정세계에 있어서 네모가 비로소 진실한 것이다. …… 원은 구체적으로 존재하는 물건이 아닌 참고하는 틀일 뿐이다."[111] 그리고 건물은 실생활의 수요를 만족시켜야 하고 실물측면에 존재하는 경험실체이다. 네모난 땅에 건축됐으니 네모 및 네모난 외관이 건축의 테마가 됐다. 또한 원은 어디까지나 하늘이고 네모가 비로소 땅에 속한다. 바로 이 때문에 "중국의 도시 형태가 대부분 사각형이다. 평원지대는 특히 비교적 작은 도시는

---

109) [法]保羅·佩迪什:《古代希臘人的地理學 —— 古希臘地理學史》, 蔡宗夏譯, 北京, 商務印書館, 1983, 第31頁.
110) [法]保羅·佩迪什:《古代希臘人的地理學 —— 古希臘地理學史》, 蔡宗夏譯, 北京, 商務印書館, 1983, 第33頁.
111) 漢寶德:《中國建築文化講座》, 北京, 生活·讀書·新知三聯書店, 2006, 第129頁.

종종 정사각형의 모양을 띠고 있다. 2만 5천분의 1의 지형도를 통하면 화북평원에서 많은 예를 찾을 수 있다. 정사각형 도시의 면적은 가장 크다. 중국인이 성을 건축할 때는 최저 원가로 최대한 면적을 얻는 것을 추구했기에 정사각형은 중국 도시의 전통 구조가 됐다. 고대 도읍지를 살펴보면 서안, 낙양, 개봉에서 북경에 이르기까지 모든 성곽은 사각형이다. 북경은 전국시기 연燕나라의 계薊부터 규모가 큰 다섯 개의 성을 건축했는데 모두 사각형이었다."112) 비교해보면 원형 도시도 있었지만 수량은 비교적 적었다.113) 그리고 원형건물의 출현은 불교가 들어온 후의 일이다.114) 네모는 직선적인 구조를 합친 후의 추상적인 구조의 결과이며 사람들에게 환영을 받았다. 사람이 건물에서 직선적이고 추상적인 결과를 체험하고 응용할 수 있다는 것은 그들의 마음가짐이 성숙했다는 것을 설명한다.115) 그래서 이런 마음가짐으로 인해

112) 陳正祥:《中國文化地理》, 北京, 生活 · 讀書 · 新知三聯書店, 1983, 第77頁.
113) 진정상이 말하기를 "중국에는 적지 않은 원형 성곽이 있다. 그 예로 1553년 건축된 상해성上海城이 바로 원형이다. 원형은 역시 중국인이 좋아하는 형태이다. 명태조 주원장朱元璋이 자신의 고향인 봉양부鳳陽府에 큰 성을 지었는데 원형으로 지어달라고 주문했다. 봉양부 서북쪽의 봉양현은 오히려 사각형으로 지었다."(陳正祥:《中國文化地理》, 北京, 生活 · 讀書 · 新知三聯書店, 1983, 第78頁.)
114) 왕진복이 말했다. "문화 전승과 유, 불교의 상호 영향을 볼 때에 원형은 불교의 '원원해圓圓海', '원적圓寂'을, 팔각형은 불교의 '팔정도八正道'를, 육각형은 불교의 '육계윤회六道輪廻'와 같은 것을 상징한다. 이런 상징문화의 함의는 중국 불탑에서 많이 보이는데, 이것은 항상 불교 영향을 받아온 제왕 무덤의 평면 개념 변화에도 영향을 미쳤을 지도 모른다."(王振復:《中國建築的文化曆程》, 上海, 上海人民出版社, 2000, 第181頁.)
115) 아른하임이 말하기를 "직선양식은 사실상 성년인이 창조해 낸 것이고, 이는 건축에서 역학 차원의 우월성과 시각차원의 간소성을 지니고 있기 때문이다. 들라크루아가 자신의 일기에서 직선, 규칙적인 나선형, 서로 평행을 이룬 직선이나 곡선 등은 '자연에서 영원히 볼 수 없으며 오로지 사람 뇌에 존재한다. 그들이 정말 누군가에 의해 채택됐다면 주변 자연환경에 의해 침식될 것이다'"라고 적었다.([美]魯道夫 · 阿恩海姆:《藝術與視知覺》, 滕守堯, 朱疆源譯, 北京, 中國社會科學出版社,

중국 고대인의 건축 형태에 대한 인식은 당연히 네모이다.

중국 건축의 네모와 서구 건축의 네모는 과연 어떤 차이가 있을까? 비교를 통해 서구 건축의 네모는 중심을 둘러싸면서 전개된 것이고, 중국 건축의 네모는 사각 개념을 체계화한 결과임을 알 수 있다.

상대적으로 중심은 둘러싸인 구역이라면 반드시 존재하고, 또한 존재할 필요가 있는 '위치'이며, 이는 서구의 건축 구도에서 결정적 기능을 한다. 슐츠는 다음과 같이 말했다. "조기 문명 및 그의 부호체계에 대한 연구에서 이런 발견을 증명했다. 중심의 개념은 원시적 존재공간의 기본요소라고 볼 수 있으며 임의의 뜻을 나타낼 수 있는 장소가 바로 하나의 중심이다. '많은 전통에서 볼 수 있듯 세계의 형성은 하나의 중심에서 비롯됐다. 이 때문에 도시의 건축은 반드시 하나의 중심을 둘러싸서 건축해야 한다.' 성벽은 방어공사가 되기 전에 이미 마력魔力 있는 부호였다. '성벽이 혼란이나 귀신과 유령으로 가득 찬 공간으로부터 벗어나서 일종의 둘러싸이면서도 조직적으로 질서정연한 장소를 표기했기 때문이다.' 즉 하나의 '중심'을 구성했다는 것이다. 만약 '세계중심centre of the world'이 하나의 이상적인 공공목표를 대표했다면, '가정home'은 누군가의 개인 세계에도 자신만의 중심이 있음을 말해준다."[116] 그리고 중심은 가장자리의 상대적 표현이며, 집중된 구역이 있어야 중심의 존재를 논할 수도 있다. 다시 말해 중심은 일종의 힘이고, 분산적인 성분에 대한 통제와 통솔을 의미하며, 전체 구역의 영혼이다. 곰브리치는 "틀 혹은 가장자리는 자기장의 범위를 고정시켰다. 틀에서 자기장의 의미기능은 중심으로 향할수록 증가된다. 이런 조합

1984, 第246頁.)

116) [挪]克裏斯蒂安·諾伯格-舒爾茨:《西方建築的意義》, 李路珂, 歐陽恬之譯, 北京, 中國建築工業出版社, 2005, 第25-26頁.

의 견인력은 매우 강해서 심지어 우리는 도안의 구성 성분이 당연히 중심을 향해야 한다고 생각한다. 즉, 자기장 자체가 하나의 만유인력의 장을 형성했다."117) 이런 원리는 건축118)과 도시에119)모두 똑같이 적용된다. 그러나 주의해야 할 것은 이런 중심주의 사고방식을 따르다가 건물 및 도시 간의 경계가 사각형이 아닌 원형이 된다는 점이다. 아른하임이 다음과 같이 말했다. "구별 법칙에 따르면 어떠한 지각특징이 아직 구별되지 않을 때는 가장 간단한 형식으로 묘사된다. 그러나 회화에서 가장 쉬운 모양은 원이다. 그래서 전체 발전과정 중에서 각종 형태를 구별하지 못하는 단계에서 원은 둥근 특징을 지닌 개별 모양을

---

117) [英]E. H. 貢布裏希:《秩序感 —— 裝飾藝術的心理學研究》, 範景中, 楊思梁, 徐一維譯, 長沙, 湖南科學技術出版社, 2006, 第172頁.

118) 저서기褚瑞基가 말했다. "중심의 확립 및 감정 차원에서 천지와 소통하는 수직적 루트를 건립한다는 것은 인류에게 원시적이고 순진한 안정감을 제공해 줬다. 그러나 어떤 구역의 출현이 비로소 생리적으로나 심리적으로 사람의 존재성을 진정으로 보호해 줄 수 있다. 구역은 특정한 영역을 구축했고, '영역의 구축은 마치 우주화된 집을 짓는 것과 같다.' 구역개념의 형성은 원시인류에게 '나'와 '그'를 구별하는 귀속의미를 확립했을 뿐만 아니라 사회, 부류, 언어, 사람과 자연 사이에서 여기까지 혹은 여기부터 시작이라는 경계도 정해 줬다."(褚瑞基:《建築曆程》, 天津, 百花文藝出版社, 2005, 第9頁.)

119) 노베르그 슐츠가 말하기를 "17세기에 역사상 첫 번째 진정한 대규모 자연경관 개조가 나타났다. 지금까지 자연은 확실하게 '도시' 밖에 가로막혔다. 1740년의 파리 및 그 주변 지역의 지도를 살펴본 결과, 전체 지역이 이미 이론적으로 끝없이 뻗는 집중체계의 그물망 구조가 됐고 이들은 대부분은 17세기 산물이다. 더 큰 배경에서 파리는 프랑스를 뒤덮는 유사체계의 중심이 됐다. 우리가 확대경으로 같은 지도에서 파리를 관찰해보면 건축도 역시 같은 패턴으로 계획돼 있었다. 이것으로 봐서 세계 전체가 일련의 기하질서의 확장으로 이해됐다. 체계마다 하나의 '의미중심' 주변에 집중돼 있고, 그것을 둘러싸고 있어야 인류의 존재자체가 비로소 의미를 갖게 됐다. 공간 용어로 말하자면 의미는 세트로 구성된 교차된 경로에 의해 표현된다. 전체 체계의 중심은 수도이다."([挪]克裏斯蒂安·諾伯格-舒爾茨:《西方建築的意義》, 李路珂, 歐陽恬之譯, 北京, 中國建築工業出版社, 2005, 第152頁.)

대표하는 것이 아니라 아마 모든 모양을 대표할 것이다. …… 고대인의 지구와 우주에 관한 서술에서 지구와 우주는 구형이나 원형 혹은 고리 모양으로 묘사됐다. 이런 묘사는 관찰로 얻은 것이 아니라 사람들이 알 수 없는 형태나 공간관계를 묘사할 때는 최대한 쉬운 모양과 관계로 서술했기 때문이다."120) 아른하임이 정확한 지적을 했다. 즉 사람에게는 양식에 대한 간략화 본능이 있다. 원형은 제일 간단한 모양이므로 건물 및 도시에 대한 계획에서 원형이 주도적 지위를 차지할 것임을 유추할 수 있다. 물론 여기서 말하는 원은 물리학적인 원형이 아닌 형식감이 간소화된 총체적 표현이다. 그래서 서구에도 일부 사각형 건축이 존재할 수도 있다. 이런 사각형은 네 개의 변으로 합쳐져 있다기보다 원과 구분되는 모양으로서 중심으로부터 확산해 왔으며, 원형적인 인류의 고유한 사고방식의 간소화로 얻은 결과라고 할 수 있다. 중심이 주도세력이 된 둘러싸인 구역에서 구역의 분포는 균질적이다. 균질적 공간에서 차이를 없애는 등 중심에 충실하기 위해서는 공간의 각 요소가 자아주체성을 스스로 해체한다. 다시 말해 공간에서 중심을 부각시키고 중심과 가장자리의 권리 등급관계를 이루기 위해 여러 요소의 생명성은 반드시 약화돼야 한다. 노베르그 슐츠는 다음과 같이 말했다. "이집트 건축에서 어떤 일정한 역사적인 변천을 알 수 있지만, 간단한 입체 형태와 엄격한 기하 형태가 주도하는 의도는 근 3천 년 동안 변한 적이 없었다. 이런 의도의 가장 설득력 있는 표현이 바로 피라미드이며, 이는 이집트 건축의 전형적인 표현으로서 세상 사람들의 인정을 받았다. 피라미드의 안정적인 구조는 수직과 수평의 힘

---

120) [美]魯道夫·阿恩海姆:《藝術與視知覺》, 滕守堯, 朱疆源譯, 北京, 中國社會科學出版社, 1984, 第240頁.

이 어떻게 결합하는 지를 나타냈고, 비할 데 없이 거대한 크기와 조밀한 구조는 영원히 변치 않는 질서를 표한 것 같다. 또한, 피라미드를 통해 '질서감'과 '영원함'이라는 이집트 건축의 기본목표를 잘 설명했다. 그들이 돌을 선택한 것은 견고하고 썩지 않기 때문이며 돌의 자연속성은 매끈한 표면과 날카로운 가장자리의 대비로 나타난다. 부피와 무게도 역시 이런 이유로 광범위한 부호체계 중 일부분이 됐다. 그중에서 수직선과 수평선은 통일돼 직선적으로 교차되는 공간 및 기본적으로 전체가 균질적인 공간을 구성했다. 우리는 이것을 '절대공간 absolute space'이라 부른다. 그러나 단순한 건물은 돌의 물질화의 표현이다."121) '단순한' 건물은 무엇을 의미할까? 바로 전체적 통일을 뜻한다. '단순'이라고 하니 균질에서 통일로 넘어가야 하고 중심과 가장자리의 권력등급에서 하나가 돼야 한다. 이런 측면에서 피라미드는 반드시 돌로 건축해야 했다. 그것은 돌이 무생명체이고 '자연 속성이 매끈한 표면과 날카로운 가장자리와 대비돼' '질서감'과 '영원함'을 표현해낼 수 있으며 '절대공간'이 될 수 있다. 이 때문에 돌의 생명감은 영원히 깨어날 수 없으며, 그 견고함과 불후는 생명의 대가이다.122)

---

121) [挪]克裏斯蒂安·諾伯格-舒爾茨:《西方建築的意義》, 李路珂, 歐陽恬之譯, 北京, 中國建築工業出版社, 2005, 第8頁.

122) 이런 건축관이 16세기 수법주의手法主義 시기에 유례없는 해구를 조우했다. "수법주의 시기의 건축은 르네상스적인 균질공간 개념을 기초로 삼았지만 어떤 의미에서 그와 저촉되기도 한다. 15세기 기풍은 각종 등방성isotropic적이고 정지된 질서를 강조했지만 16세기 기풍은 차별된 동태적인 공간교체 가능성을 발전시켰다. 상호 작용하는 장소 혹은 영역이 공간의 일반적인 확장 하에 확신을 얻었지만 양자는 질적으로 다르다. 다시 말하자면 공간은 '직접'표현 방식으로 간주돼 감정경험의 대상이 됐다. 수법주의 건축을 구성하는 기본 요소는 추상적인 부호공간의 현상화phenomenization이다. 따라서 공간은 자신의 구체적이고 현상화적인 특징을 다시 얻게 됐고, 개체장소individual places측면에서 이해할 수 있다. …… 식스투스 5세가 로마를 위한 계획에서 중심선은 도시의 교차점을 연결시키고 도시를 동태적

중국 건축의 네모도 '중심'을 둘러싸고 전개되지만, 전개의 결과는
사방에 대해 체계화된 결과이다. 중국이란 '중심'에 위치한 나라이다.
중국 고대인 및 중국 건축은 '중심'을 가장 중요시한다. 생활에서 유사
한 말들을 많이 볼 수 있다. 예를 들어, "그(석개)는 하늘을 바라보면
28개 별자리의 분포구역이고, 땅을 내려다보면 하늘의 28개 별자리와
대응하는 것이 '중국'이라 여겼다. '중국'은 하늘의 '중심'에 위치하고 소
속민족들은 구석진 곳에 거주하며 처한 환경이 남달랐다. 그래서 '중
국'의 윤리도덕과 예의문명은 위로는 천리天理와 통하고 아래로는 지리
에서 출현했으며, '인도人道'는 '중심'에 있다. 이렇지 않으면 '중국은 중
국이 아니다.'"123) 하지만 중국의 '중'은 서구의 '중심'과 달리 특별한
의미가 있다. 왕진복은 다음과 같이 언급했다. "'중'은 중화 원시주민의
'귀경晷景'이며 원시 무속의 지혜와 연관된 문화개념이었다. '귀경'124)은
원시주민의 일정한 시공에 대한 측량이므로, '중'이 공간적 지리개념으
로 발전됐다. '귀경'이 동서남북을 측량해 냈기에 '귀경'이 있는 곳이
'가운데'가 됐다."125) '중'의 출현은 중화 원시주민의 무속행위에서 생겨
났으며 두 가지 의미가 있다. 첫째, '중'의 확립은 사람이 시공을 측량
하기 위해서이다. 둘째, '중'이 측량한 것은 동서남북의 방향이다. 측량
이라 하면 반드시 움직임이 생기기 마련이며, 갑甲 지역에서 네 방향을

인 체계로 바뀌는데 사용됐다. 요컨대 중심선은 사람들의 공간에서의 운동에 대한
새로운 흥미를 나타냈다. 공간은 더 이상 하나의 '용기'만이 아니라 행위를 통해
점유해야 할 물건이기도 한다."([挪]克裏斯蒂安·諾伯格-舒爾茨:《西方建築的
意義》, 李路珂, 歐陽恬之譯, 北京, 中國建築工業出版社, 2005, 第148頁.) 이 때
문에 수법주의 건축개념은 일정한 정도에서 서구 고대건축 문화개념에서 벗어났
다.

123) 王振復:《中國文化"原典" ——《周易》》, 沈陽, 沈陽出版社, 1997, 第92頁.
124) 역주 : 중국 고대의 해시계.
125) 王振復:《中國文化"原典" ——《周易》》, 沈陽, 沈陽出版社, 1997, 第91-92頁.

측정해 갑의 중심을 확정할 수도 있고, 을 지역에서 네 방향을 측정해 을의 중심을 결정할 수도 있다. 즉, 중이란 변동 가능한 곳이다. 그 밖에 중을 측량하는 목적은 자아를 확정하는 것이 아니라 사방을 이해하는 것이며 중과 사방은 상호관찰, 탐문, 이해의 관계이다. 그래서 이 모든 것은 "고대의 수도 계획은 '사방의 극極'을 나타내며 (《詩‧商頌‧殷武》) 그 중의 '극'이 바로 동, 서, 남, 북, 중의 '중'이다. 고대인들은 도읍(옛날에는 '국國'이라고 칭함)이 국토(옛날에 '방邦'라고 부름)의 '중'에 위치하고 바깥에 사교四郊와 사야四野 뿐만 아니라 사토四土와 사방四方도 있으며, 그 자체가 '커다란 십자'의 중심점이라 여겼다."126) 여기서 이점이 매우 중요하다. 이는 중과 사방이 서로 연결되고 통하는 관계임을 설명한다. 동, 서, 남, 북, 중, 오극五極에 해당하며 중이 마지막 극이다. 그러므로 중국 건축문화 개념에서는 서구 건축의 '중심'주의 영향을 받는 초점투시원리127)가 존재하지 않고 상대적으로 '산점'128)투시 법칙에 더 가깝다. 이영이 말하기를 "우리가 하늘을 관찰할 때는 고개를 들고 있기에 시야가 비교적 넓고 초점투시도 한결 더 편하다. 그러나 땅을 관찰할 때는 지면에 서 있어서 멀리 볼 수 없기에 일부만 볼 수 있다. 큰 면적의 관찰은 추상적 개념의 도움을 받지 않으면 한 조각씩 붙어서 산점투시를 이용해야 한다. …… 산점투시는 다르다. 하나의 십자좌표를 수많은 십자좌표로 바꿀 수 있고, 반면에 많은 십자좌표도 하나로 바꿀 수 있다. 그리고 분할과 합체가 모두 쉽고, 계산하기도 편하다. 그것의 특징은 선을 면으로 바꾸고 원을 네모로 바꾸는 것이다. 중국 고대의 네모난 도형은 위에서 언급했던 십자도十

---

126) 李零:《中國方術續考》, 北京, 中華書局, 2006, 第202頁.
127) 역주: 서구 회화의 투시법.
128) 역주: 서구 회화기법 중의 하나로 초점을 없애는 원칙.

字圖나 미자도米字圖에서 발전해 온 것이다. 그 예로 십자도에서 면 그림으로서 선 그림을 대체한 것은 '사방'에 '중앙'을 합친 오위도五位圖이고, 미자도米字圖에서 면 그림으로서 선 그림을 대체한 것은 '팔위八位'와 '중앙'으로 구성된 구궁도九宮圖이다. 후자는 전자를 포함하며 아주 전형적인 도면이다."[129] 이러한 '산점' 투시법칙을 따라 끊임없이 확대해 나가면, 동서남북과 상대되는 '중'이 불확실할 뿐만 아니라 동서남북 자체도 불확실함을 알게 될 것이다.[130] 이에 대해 왕진복이 설명했다. "고대인이 그림을 그릴 때의 방향 개념은 지금과 정반대였다. 도형의 서쪽이 북, 위가 남, 왼쪽이 동, 오른쪽이 서이다. 이런 방향의 개념은 다음과 같다. 하도河圖[131]의 평면도는 대지를 상징했다. 사람을 남쪽을 향해 서게 하고 그곳을 기준으로 양팔을 펴서 대지에 엎드린다. 그렇게 되면 하체가 가리킨 곳은 하도의 북쪽이고, 머리부분(위쪽)이 하도의 남쪽이 되고, 왼팔(왼쪽)은 하도의 동쪽이고, 오른팔이 서쪽을 가리킨다."[132] 그리고 고개를 들고 바라본 천상, 고개 숙여 관찰한 지

---

129) 李零:《中國方術續考》, 北京, 中華書局, 2006, 第196-197頁.

130) 이영이 말했다. "나의 발견에 의하면 상대商代 갑골문甲骨文 중의 방향은 보통 동, 남, 서, 북을 따라 배열됐고, 서주의 위정盂鼎 같은 동기銅器는 북, 동, 남, 서로 배열됐으며,《左傳》,《國語》,《戰國策》등의 서적에는 동, 서, 남, 북, 그리고 서, 동, 남, 북, 남, 서, 북, 동, 동, 서, 북, 남 등 다른 배열이 있어 각각 '상북하남上北下南'과 '상남하북上南下北' 두 개 유형에 속한다. 그러나《管子》의《玄宮》과《玄宮圖》, 그리고《山海經》각 편에도 두 가지 방향이 있다. 특히 감소성 천수방마탄天水放馬灘의 전국말기 진묘秦墓에서 출토된 목판지도에는 아래에 '上'자 표기가 있는데, 고증에 의하면 북쪽을 상으로 여겼다. 이 모든 것은 선진先秦의 방향 개념이 한 가지가 아니라는 것을 의미한다. …… 상북하남은 천문과 계절에 사용됐고, 상남하북은 지형에 사용됐는데 두 가지 모두 유래가 일렀으며 나중에 하나로 병합됐을 뿐이다."(李零:《中國方術正考》, 北京, 中華書局, 2006, 第107-109頁.)

131) 역주: 중국 상고시대의 한족 신화 전설 속에 복희가 그린 황하에 나타난 용마의 무늬.

132) 王振復:《中國文化"原典"——《周易》》, 沈陽, 沈陽出版社, 1997, 第64頁.

리는 우리에게 입체적이고 동태적인 다원세계를 가져다 줬다. 또한 선민의 방향감각이나 방위개념은 처음부터 다원적이었으니 동서남북도 역시 끊임없이 순환된다. 이런 개념의 확립으로써 건축작품의 프레임은 상대적으로 결정될 수 있게 된다.[133] 요컨대 중국 고대 건축이 만들어낸 것은 사방이 흐르고 모이는 복잡한 체계이며 생태미학적인 선택과 궤를 같이한다.

제4절 동태 : 중국 고대 건축의 구상

한보덕은 다음과 같이 말했다.

중국인은 생명만이 생명을 연장할 수 있다는 것을 알고 있기에 후세의 연속을 중요시 하고 가족의 번영과 흥성을 중시한다. 건축은 생명의 공구일 뿐이다. 인생의 영원한 가치를 기탁할 수 없고, 단지 우리가 이 순간 여기에서 비바람을 피하고 화목한 사회생활을 할 수 있게 의지하며, 우리의 심리 수요를 만족시키는 기구일 뿐이다. 시공간

---

133) 아른하임이 말했다. "물체에 일정한 방향을 지닌 것은 상대적 현상이며 절대적 현상은 아니다. 광활한 공간 속의 물체는 거꾸로 서거나 기울어짐이 없다. 이것은 기타 물체의 방향이 그 자체의 방향과의 비교가 존재하지 않기 때문이다. …… 하나의 예술작품에서 임의의 작은 단위의 방향이라도 전체 작품의 주축으로부터 결정된다. 예를 들어, 정사각형의 수직중심과 수평중심이 바로 그것의 주요 중심이다. 이 틀에서 종종 약간 기울어진 작은 단위가 존재해야 한다. 이런 작은 단위는 종종 스스로 하나의 체계를 이루면 자신만의 부분적인 틀이 있다." "수직 — 수평관계 모델은 기타 모든 회화양식처럼 처음에는 상대 고립적인 단위에서 추출해낸 것이며 이후에 다시 전체 회화공간에 적용됐다."([美]魯道夫·阿恩海姆:《藝術與視知覺》, 滕守堯, 朱疆源譯, 北京, 中國社會科學出版社, 1984, 第116-119, 249頁.)

이 바뀌면 이 모든 것은 더 이상 존재하지 않는다. 중국인은 사물이 끊임없이 변하고 고정된 형태가 없다는 이치를 알고 있다.[134]

진정 맞는 말이다. 하지만 사람에 비해 건물은 기구이면서 동시에 사람의 생명존재를 견디고 감싸고 있다. 건물 자체는 순식간에 지나가는 세월 속에서 시공간의 왕래하는 자아 존재자이다. 건물은 일찍이 나무 한 그루, 흙 한 덩어리에 불과했다. 건축으로 제작돼 복합적 시공간 속에 세워져 무너지고 파괴되고 죽게 된다. 이 역시 생명의 무無에서 유有, 생生에서 멸滅의 과정이다. 그렇다면 건물은 정말 기물일 뿐일까? 물론 아니다. 건물은 기물 — 인류에게 용기처럼 제공되는 거처 — 만이 아니라 더 나아가 생명이다. 하늘과 땅의 혈맥을 연결하고 멈추지 않는다. 건물 생명의 가장 기본적인 특징은 정靜으로 동動을 나타내는 것이다. 동은 절대적이고 정은 상대적이다. 들보 하나도, 기와 한 조각도, 흙에서 왔다가 흙으로 돌아간다. 그리해 건물의 생명과정은 그 속에 사는 사람보다 길고 오래간다. 그리고 중국 고대인은 사물이 끊임없이 변하고 고정된 형태가 없다는 이치를 알고 있기에, 건물 자체만이 존재한 적이 없고 앞으로도 존재하지 않음을 터득할 수 있다. 이것이 바로 비재즉재非在即在이다. 사람이 건물 한 채를 구상할 때는 동태적인 존재를 구상하고 싶어하는 것이지 썩은 물건인데도 불후라는 정신적 부담을 억지로 등지게 하고 싶지는 않을 것이다. 그리고 지나친 부담은 건물에게 거부당할 것이다.

그렇다면 건물은 어떻게 자신의 동태를 구체화할까? 그 방법으로서 음양부합이나 허실상생의 법칙을 이용하면 가능하다. "공간의 정부正負

---

134) 漢寶德:《中國建築文化講座》, 北京, 生活·讀書·新知三聯書店, 2006, 第188頁.

관계는 다른 각도로 보면 음양의 개념이다. 음양은 어느 한쪽이 결핍되면 완전한 물건이 아니다. 한편, 외국인에게는 음양개념이 없으니 반대되는 두 물건을 함께 볼 줄을 모른다. 그런데 중국인이 이렇게 생각하는 이유는 아주 적은 투자로써 설계를 완성해야 하기에 지혜롭게 공과 실의 사이에서 독특한 관계를 만들어 내야 하기 때문이다. 그래서 저의 개인소견으로는 하나의 문화에서 삼차원적인 설계를 할 수 있는지 여부는 그다지 중요하지 않다. 우리는 평면적 공간과 정부正負 공간의 측면에서 특별한 창의성을 만드는 데에 적응돼 있다."[135] 과연 이것이 쉬울까? 좋은가? 답은 쉽고 좋다. 더 나아가 건물은 도대체 어떻게 음양허실이 상생하고 상합되는 관계를 나타낼 수 있을까? 하모도 고대 건축문화에서 단서를 얻을 수 있을 것 같다. "하모도 간란식 건축은 직사각형이며 상중하 삼층으로 나뉜다. 상층은 지붕이고, 중간은 거주 공간이 자리잡고 있으며, 하층은 물건을 보관하거나 가축을 기르는 지상이다. 상층의 풀로 덮인 인人자형 지붕은 경사진 등과 흡사해 햇빛과 비를 피하게 한다. 중간의 주거공간은 높이가 3미터, 깊이는 7미터에 달한다. 실내는 네 면 모두가 기구판企口板 방식의 나무 벽면이며, 방바닥에는 삿자리 깔고, 방문은 복도 쪽을 향했다. 복도 바깥쪽은 직선형의 격자 난간을 설치하고, 건물 입구는 복도 끝에 양쪽으로 냈다. 아래층은 네 면 모두를 기둥과 판자로 둘러쌓는다. 지금의 광서廣西 용승현龍勝縣 평등향平等鄕 동족인侗族人의 주거와 비슷하다."[136] 간란식 건축이란 한 마디로 개괄하자면 허공虛空이다. 지붕은 경사지고 긴 지붕 아래는 허공이다. 이런 빈 공간이 있어야 경사지붕이 비를 피할 수 있다.

---

135) 漢寶德 :《中國建築文化講座》, 北京, 生活・讀書・新知三聯書店, 2006, 第104-105頁.
136) 劉軍 :《河姆渡文化》, 北京, 文物出版社, 2006, 第84-85頁.

방은 기구판으로 둘러싸고 중간부분이 빈공간인 이런 공간이 있어야 사람을 거주하게 할 수 있다. 심지어 기초인 아랫부분도 물건을 저장하게끔 빈 공간으로 돼 있다. 그래서 하모도 간란식 건축이 우리한테 남긴 인상은 허공이다. 서구 건축문화 관념에서 볼 때 이런 건축은 매우 불안정하다. 가드너가 비꼬아 말했다. "조기의 들보구조는 가옥의 처마까지 발의 현수선과 엄격히 맞아야 한다. 즉, 각 적재공간의 들보 크기가 모두 다르다. 차이가 크지 않더라도 기둥의 크기도 또한 다르다. 중심과 가까울수록 기둥의 지름이 커지고 양쪽의 기둥은 중간으로 살짝 기울인다. 이렇게 되면 처마가 밖으로 기우는 느낌을 낼 수 있다. 이런 구조가 비록 안정적이고 견고하더라도 돌과 벽돌로 된 기둥에 비교해 볼 때는 여전히 임시적이다. 그럼에도 불구하고 중국인이 이렇게 많은 공을 들여 약한 소재로 매우 안정적으로 보이는 구조를 만드는 것에서 그들이 매우 자신감과 안전감을 가졌음을 알 수 있다."[137] 가드너는 중국인의 자신감과 안전감을 일종의 착각이라고 봤다. 그가 이런 극단적인 생각을 한 이유는 그가 중국 고대 건축에서 안정성을 유지하는 유일한 요소가 단지 기둥 — 나무기둥 뿐이라고 생각했기 때문이다. 기둥에는 굵고 가늠이 있으니 당연히 힘을 균형적으로 받지 못한다. 이 역시 중국과 서구 건축문화의 가장 근본적인 차이와 연관된다. 서구건축이 추구하는 것은 스스로 생각하는 영원이고 실實에 치우치는 경향이 있으며, 반면에 중국 건축문화가 추구하고자 하는 것은 기가 세상에서 흐르는 유연성이며 허에 가깝다. 한보덕이 말했다. "동서 목조건축에는 본질적인 차이가 존재한다. 다시 말해 서구 건축의 벽면은

---

137) [英]斯蒂芬·加得納:《人類的居所 : 房屋的起源和演變》, 汪瑞等譯, 北京, 北京 大學出版社, 2006, 第94頁.

지붕의 지지대이므로 벽면 상단이 지붕의 아랫부분과 연결돼 있지만, 동방 건축의 벽면은 더 이상 지지기능을 하지 않기에 지붕과 벽면 사이에 공간이 존재하는 것이다. 사실상 동방건축의 벽면은 병풍에 더 가깝다. 즉, 공간을 계획하는 기능을 하면 어떤 위치에 설치해도 무방하다. …… 기둥과 들보는 더 이상 벽면의 지탱을 필요로 하지 않으니 공간 형태의 다양성과 공간 계획의 융통성이 증가되고, 이로 인해 중국 건축의 아름다운 늘어진 처마가 생겨났다."138) 쉽게 말하자면 서구 건축의 견고함은 돌로 된 벽면 따위의 실체 경험물에 의한 것이며, 곧 조진趙辰의 이른바 단체單體의 '입면立面'139) 예술이다. 이에 비해 중국 건축의 확립은 각기 다른 부속 간의 조합에 의지하는 이른바 구조간의 '조합'예술이다. 그래서 중국의 벽이 서구만큼 견고하지 않더라도 전혀 건물에는 영향을 미치지 않는다. 어떤 의미에서는 벽이란 것은 중국 건축에서 무시해도 되는 요소이다. 어탁운은 다음과 같이 말했다. "중국 고대 궁전은 대개 목조건물이다. 공사 순서는 기초를 닦은 후에 기둥의 기초를 질서 있게 배열하고 나서 기둥을 세우고 끝으로 들보를 올린다. 두공이 있는 주택은 한 칸 한 칸씩 들보를 세우면서 틀을 장착하고, 틀에 보이지 않는 지지대를 더해 평반방을 깔고 나서 두공과 큰 들보를 설치한다. 큰 들보 위에는 층별로 기둥, 들보, 연조橡條를 고정시켜 골격을 만들고, 서까래와 지붕 널을 설치하고, 벽을 바르고 기와를 고정한다. 기와 지붕을 완성한 후에 벽을 쌓고 나서 내장內裝을 하고 바닥을 미장한다. 이로 인해 고대 건축 특징에 대한 두 가지 설이 있다. 첫째는 공사할 때는 지붕 먼저 올린 다음에 벽을 쌓는데, 즉 위

---

138) [英]斯蒂芬・加得納：《人類的居所：房屋的起源和演變》, 汪瑞等譯, 北京, 北京大學出版社, 2006, 第92-93頁.
139) 역주: 건축용어로 건축물의 여러 측면의 설계요소, 조합 및 조화로움을 가리킴.

에서부터 아래로 공사하는 방법이고, 둘째는 벽이 넘어져도 가옥이 무너지지 않는다."[140] 벽을 쌓는 것은 중국 건축에서 공정의 마무리 단계인 내장 공사와 비슷하다. 그러므로 이런 건물의 영혼은 기둥구조와 구조 사이의 개별 부속을 조합하는 공법에 있다. "목조 위주의 중국 궁전건축은 평면구도 측면에서 간결한 조합규칙이 있다. 즉 약간의 칸이 좌座(동 혹은 채)를 구성하고, 약간의 좌가 정원을 구성한다. 중국 고대 건축은 독특한 구성제도가 존재하기에 수직 기둥과 가로 들보로 골격을 만든 후에 지붕과 벽체를 만든다. 그래서 기둥의 분포가 평면 배치에 있어서 가장 중요한 요소가 됐다. 일찍이 상대商代의 왕궁에는 이미 정렬된 기둥이 존재했다."[141] 어탁운은 '부합'이 중국 고대 건축의 법칙임을 재차 강조했다. 그래서 오늘날 '상대의 왕궁에 이미 정렬된 기둥이 존재했음'을 다시 고증할 때는 당시에 기둥으로 사용된 소재가 돌인지 나무인지에 중점을 두지 말고, 이런 기둥이 질서 있게 규칙적으로 배열됐다는 점을 잘 살펴야 한다. 이런 배열에서 가장 정교한 조합은 한보덕이 언급했던 '지붕과 벽 사이의 공간' 즉, 두공이다. "고대 건축의 두공은 가장 간단한 일두이승두공一斗二升斗栱에서 아주 복잡한 팔포작쌍초삼하앙八铺作双杪三下昂(청대는 십일선두공十一踩斗栱과 비슷함)까지 모두를 지렛대와 천칭 원리로 설계했고, 두공은 지붕의 하중을 집중시켜 기둥을 통해 기둥기초까지 전달한다. 일두이승두공一斗二升斗栱의 좌두坐斗[142]는 천칭의 좌대에 해당하고, 횡공横栱[143]은 천칭의

---

140) 于倬雲著：《中國宮殿建築論文集》, 北京, 紫禁城出版社, 2002, 第98頁.
141) 于倬雲著：《中國宮殿建築論文集》, 北京, 紫禁城出版社, 2002, 第92頁.
142) 역주：한 세트로 된 두공의 가장 아래 부분이 좌두이며 단독으로 사용할 수도 있음.
143) 역주：횡당 아치. 송대 두공 부속의 명칭이며 공의 한 종류이다.

양팔에 해당한다. 양쪽의 삼재두三才斗는 저울추와 사물을 올리는 쟁반처럼 좌우의 균형을 잡는다. 고대 건축의 품品자 두공이 바로 이런 경우다."[144] 이것이 얼마나 위대한 창조인가! 지렛대의 균형 원리로 지구인력을 이용해 지붕의 하중을 두공을 통해 조금씩 대지에 돌려줌으로써 건축의 틀을 완전히 하나로 연결하고, 허구를 거부하는 공간을 구상해냈다. 이것이 중국 고대 건축의 정교하고 뛰어난 부분이다. 이런 창조는 중국 고대 건축사에서 역사가 매우 유구하다.[145] 일본학자 아시하라 요시노부蘆原義信는 일찍이 유럽의 건축은 벽 스타일의 건축이고 일본의 건축은 마루 스타일의 건축이라고 말한 적이 있었다.[146] 마루 스타일의 건축이란 '막힘이 없이 서로 연결되는' 건축을 의미하며, 이것이 바로 중국 고대 건축의 영향을 받은 허공을 건축하는 것이다.

이와 동시에 중국 고대 건축에서 '실實'도 존재하며 이른바 지붕으로

---

144) 于倬雲著 :《中國宮殿建築論文集》, 北京, 紫禁城出版社, 2002, 第165頁.
145) 어탁운이 말했다. "고대 문헌에서 알 수 있듯이 춘추전국 시대에 이미 두공에 관한 시구가 있었다. 오늘날 출토된 문물에서 아래와 같은 내용을 확인할 수 있다. 전국시대의 감鑒, 동방銅鈁에 조각된 가옥의 기둥 윗부분에 이미 노두櫨斗와 유사한 받침 조각이 보였다. 모양이 위가 크고 아래가 작은 방두方斗와 같으며 처마의 높낮이를 높이고 도리의 접촉면적을 넓혔으며 도리받침의 기능을 했다. …… 이것으로 봐서 기원전 4세기부터 두공 중의 노두櫨斗, 산두散斗, 직두直斗 및 가로 형태의 공栱, 방枋 등이 이미 형성됐고, 구조상에서 일두이승두공一斗二升斗栱의 선례가 됐다."(于倬雲著 :《中國宮殿建築論文集》, 北京, 紫禁城出版社, 2002, 第167頁.)
146) 아시하라 요시노부가 말했다. "철학자 볼노프와 하이데거는 존재주의 입장에 입각해 건축 중의 벽의 중요성을 강조했다. 그들은 견고하고 인위적인 벽으로 보호기능을 지닌 내부공간을 만들어 냈으며 사람이 그곳에 거주해야만 자신만의 본질에 도달할 수 있다고 여겼다. 이런 관점은 서구 벽돌건축의 두꺼운 벽체로 표현됐다. …… 일본 전통 목조주택에서는 들보와 기둥으로 구성된 유동적 실내공간은 자연을 향해 개방됐으며 벽의 개념이 매우 약하다. 방을 구분하는 기능은 칸막이, 미닫이 문, 대나무 발, 커튼 및 병풍으로 충분히 담당할 수 있다. 어떤 부분을 걷어내도 매우 편리하며 공간을 막힘없이 통하게 한다."([日]蘆原義信 :《街道的美學》, 尹培桐譯, 天津, 百花文藝出版社, 2006, 第161-164頁.)

표현된다.[147) 한보덕의《中國古代建築屋頂一單體術》의 통계를 따르면 지붕의 형식은 적어도 "단파單坡, 평정平頂, 돈정囤頂, 경산硬山, 풍화벽風火山墻, 현산懸山, 장족평정藏族平頂, 전포식氈包式 원정圓頂, 공정栱頂, 궁륭정穹隆頂, 무전廡殿, 헐산歇山, 권붕卷棚, 중첨重檐, 반정盤頂, 원찬첨圓儹尖, 녹정盝頂, 삼각찬첨三角儹尖, 삭각찬첨四角儹尖, 선면扇面, 팍각찬첨八角儹尖 등 21가지가 있는데",[148) 그 종류가 정말 많아서 눈이 모자랄 지경이다. 이런 '실'은 천지가 보여준 자유를 나타낸 것이며 의미는 개방적인 곳에 있다. 지붕이란 다름 아닌 하늘의 상징이다. "중국의 삼단식三段式은 천, 지, 인이라는 삼재개념으로 이해할 수 있다. 지붕이 하늘, 기초가 땅이며 기둥 배열이 사람이다. 일반적으로 사람이 거주하는 건물은 사람을 위해 봉사하는 것이기에 당연히 사람을 중요시해야 하니 아무래도 중단中段의 기둥 배열이 차지한 비중이 가장 크다. 예를 들어 평민의 주택일수록 중단의 비중이 크고, 기초가 차지하는 비중이 작으며, 기둥과 창문의 무늬가 외관의 중요한 요소가 된다. 반대로 중요한 건물일수록 지붕과 기초가 차지하는 비중이 크다."[149) '삼단'은 단조로워 보여서 사람들에게 종종 2차원적인 인상을 준다. 그렇다 하더

---

147) 한보덕은 다음과 같이 언급했다. "중국 건축가들은 건축에 있어서 지붕의 중요성을 낮춘 적이 한번도 없었다. 우리의 민간건축에 많은 벽을 사용했지만 대다수는 공간을 분리하기 위해서이다. 그 어떤 중요한 건축이든 지붕은 항상 뚜렷하고 두드러지는 존재이다. 이것은 지붕만이 원래의 건물 모습을 표현해 낼 수 있기 때문이다. 즉 피신처란 이미지다. 중국 건축가의 임무는 지붕을 화려하게 장식하는 것이지 숨기는 것이 아니다. 중국 문화 영향권의 건물은 거의 지붕 위주의 건물이다."(漢寶德:《中國建築文化講座》, 北京, 生活·讀書·新知三聯書店, 2006, 第233頁.)

148) 參見漢寶德:《中國建築文化講座》, 北京, 生活·讀書·新知三聯書店, 2006, 第231頁.

149) 漢寶德:《中國建築文化講座》, 北京, 生活·讀書·新知三聯書店, 2006, 第241頁.

라도 중국의 지붕이 가벼운 것은 확실하다. 모서리가 위로 올라간 비우飛宇도 있고 날개가 달려 바람을 타고 날아갈 듯한 기세도 있는 중국의 지붕이기에 정취가 없는 석재에 빠지기를 결코 원하지 않는다.[150] 그래서 전체적으로 봤을 때에 건축은 여전히 우주에서 자유자재하고 막힘없이 잘 통하는 개방적 체계이다. 건축의 본질은 허虛인데, 실實이 곧 허이고, 허에서 자연을 기다리니 이것이 바로 생태의 커다란 정신이다. 한편 개방적인 건축의 대표로서 '당堂'의 의미는 현저하다. 계성이 말하기를 "예로부터 당은 큰 방의 앞쪽, 창문과 칸막이가 없는 부분을 말한다. 당의 뜻은 담당이므로, 남향의 방을 가리키며 당당히 드러내는 뜻을 취했다."[151] 당이란 무엇일까? 정정당당하고 넓고 개방돼야 당이라 부를 수 있다. 그래서 당의 면적은 비교적 크다.《周禮》를 보자. "하후씨夏後氏 종당은 앞뒤의 깊이가 열네 보, 넓이는 깊이의 네 배이다. 당에는 방이 다섯 개가 있는데 각각 서너 보 크기의 정사각형이다. 사면에 벽이 있고 벽의 두께가 삼척에 달한다. 아홉 개의 계단이 있고, 사면에 각각 문이 하나씩 있으며, 문의 양쪽에 창이 하나씩 있다. 벽은 흰색으로 칠했다. 문당門堂은 당 크기의 3분의 2이고, 방은 당 크

150) 한보덕이 말했다. "한대에 돌로 건물을 짓지 않은 것은 돌이 너무 무겁고 우아함이 없기 때문이다. 목재를 사용하고 기둥지지체계를 응용해야만 당시 주류문화가 원하는 느낌을 건축해 낼 수 있었다. 그래서 나는 육조시기 중국 건축의 처마 끝에 날개모양이 생긴 것이 바로 이런 생동적 운치의 표현이라고 생각한다. 건축은 회화나 조각처럼 자유롭게 표현할 수 없으니 반드시 구조적인 방법으로 느낌을 표현해야 한다. 지면에서 짧은 기둥으로 지탱하고 처마는 곡선으로 위로 올리면 아주 지혜롭게 건물의 무게감을 없애는 방법이다. 일련의 크기와 높이가 다른 건물들이 처마 끝이 모두 위로 올라가면 확실히 생동감을 줄 수 있다."(漢寶德 :《中國建築文化講座》, 北京, 生活·讀書·新知三聯書店, 2006, 第30頁.)

151) 計成著, 陳植注釋, 楊伯超校訂, 陳從周校閱:《園冶注釋》, 北京, 中國建築工業出版社, 1988, 第83頁.

기의 3분의 1이다."[152] 당이 건물 전체에서 차지하는 비중이 매우 크다는 것을 알 수 있다. 또한 《周禮》에 "은나라 사람의 이층집은 당의 깊이가 일곱 보이고 당의 높이가 삼척이며 당에는 기둥이 네 개인 방이 있고, 그 위에 이층이 있다"[153])는 기록도 있다. 이로써 온갖 형상을 위해 준비한 당은 그 면적이 넓고도 높아야 하며 힘도 있어야 한다. 그러므로 어느 정도에서는 중국 고대 건축이 내포한 본연의 뜻을 일종의 토납吐納[154]이라 할 수 있다. 이는 사람에게 거주공간을 제공해주는 실체뿐만 아니라, 허구적인 융통성의 공간으로서 천지를 토납하는 장이기도 하다.[155] 허와 실이 상호 침투하고, 부단히 이어지고 통달하면서도 날렵하므로, 사람으로 해금 기둥과 들보 사이에서 맴돌게 하며 눈앞에 펼쳐진 아름다움에 시간이 가는 것을 잊게 만든다. 이뿐만 아니라 동과 정의 복잡한 관계는 강남 고대 도회건축의 내면적인 생태구상이다. 세월의 흐름에 따라 도가의 경지는 구체적인 경험세계에서 실천됐고, 위진 선비의 자연을 즐기는 정취도 점차 발전했으며, 당송에 이르러 문인화 된 원림이 이에 맞춰 생겨나 사람들이 스스로가 자연에 존

---

152) 楊天宇撰:《周禮譯注》, 上海, 上海古籍出版社, 2004, 第666頁.
153) 楊天宇撰:《周禮譯注》, 上海, 上海古籍出版社, 2004, 第667頁.
154) 역주. 입으로 묵은 기운을 내뿜고 코로 새로운 기운을 들이마시는 도가 호흡법의 한 종류.
155) 중국 건축은 문양과 같은 기묘함이 있다. "재현 범위에서는 기하 형태의 틀과 연결선이라도 '구체화돼 매끈함이나 거침, 민첩함이나 경직함, 유연함이나 견고함과 같은 감각적 특징을 부여받을 수 있다. 나선형의 중단은 탄성적인 소재의 구부러짐을 의미하고, 모서리는 날카롭고 부러지기 쉬운 느낌을 준다. 중국 항아리 표면의 유약은 마치 한 구역에서 다른 구역으로의 확산 및 침투와 같다. 다시 말해 생명이 없는 문양도 우리의 운동경험과 촉각경험에 개입하기 시작했다. 우리는 기브슨의 이른바 문양의 제공성 — 처리되거나 만지작거릴 때의 잠재적인 반응 — 이 느껴졌다."([英]E. H. 貢布裏希:《秩序感 —— 裝飾藝術的心理學研究》, 範景中, 楊思梁, 徐一維譯, 長沙, 湖南科學技術出版社, 2006, 第176-177頁.)

재하고 있음을 증명하는 '장소'가 됐다. 진종주가 말했다. "남방 건축은 장막식이며 대개 열려 있고 북방 건축은 둥지식이며 다수가 밀폐돼 있다. 전자는 소거巢居에서, 후자는 혈거穴居에서 기원됐다. 열린 건축은 무성한 숲이나 긴 대나무 경관과 어울린다. 그리고 원림은 바로 여기에서 싹이 텄다. 원림은 변화무쌍함이 주가 되고 건축도 같은 기능을 하므로 북방의 원림은 남방의 원림보다 약간 뒤처졌다. 대개 건물을 지을 때는 문과 창을 많이 내는 것을 훌륭하다고 여기고 밀폐된 공간으로 명성을 떨치며, 오묘함을 적게 드러낸다. 거인의 집은 더욱 친밀감이 있어야 한다. '새들은 의지할 곳이 있고, 나 역시 내 집을 좋아한다'라는 시구가 바로 이를 읊은 것이다."156) 열림의 효과는 원활이고, 원활의 효과는 흐름이고, 흐름의 효과는 변화무쌍함이며, 생태는 바로 변화무쌍함의 결과이다.

한편 서구 건축에도 동動으로 정靜을 나타내는 속성이 있는데 그 '동'은 구조의 장력으로 표현된다. 건축 본연의 뜻은 흐르는 음악이고 모두 동으로써 정을 표현해 내는 면이 있으며, 절대적이고 경직되고 정지된 건물은 상상할 수 없다. 사람은 살아있는 물체이고 그 생활도 끊임없이 변하고 있기에 건물은 장력으로써 자신이 견디고 있는 생명의 흔적을 만족시켜야 한다. 서구 건축은 단체單體 건축의 변형으로서 건물의 생명력을 표현하는 데에 익숙하다. 타원형과 직사각형은 힘의 구조에서 천연의 곡도와 각도를 지니고 있기 때문에 서구 건축구조의 주류 양식이다.157) 예를 들어, 로마의 카피톨리움 광장의 타원형 곡선은 장

---

156) 陳從周 : 《梓翁說園》, 北京, 北京出版社, 2004, 第23頁.
157) 아른하임이 말했다. "건축 예술에서 좋아하는 형태는 원형과 사각형에서 바뀐 타원형과 직사각형이다. 이렇게 '비례의 변화를 통해 장력을 바꾼다' …… 원형에서는 운동력이 각 방향으로 균등하게 작용되기에 힘이 상쇄돼 원형 양식의 정태靜態

력을 지닌 이미지를 만들어 냈으며, 개체건축의 중심이 바로 이런 장력의 발원지이다.[158] 장력은 그 주체가 타원 중심에 위치한다는 전제하에서 원에 관한 상상으로부터 왔다. 이런 전제는 건물의 구성성분이 앞서 서술한 '균질공간'에 절대적으로 복종하기를 요구하며, 다원적이거나 기능성의 '개체'가 이질적 모습으로 건물 전체로부터 벗어나는 것을 허락하지 않는다. 이와 반대로 진종주는 졸정원 보수를 비판할 때에 중요한 말을 했다. "본래 중국의 목조 건물은 형태에 있어서 개성과 한계가 있다. 전당, 청, 정자 등이 모두 각각 비례가 있어 일정한 크기로 제한돼 있다. 그것들의 확대 및 축소는 일정한 범위 내에서 해야

특징을 야기했다. …… 정사각형에서는 수직축과 수평축의 힘과 두 대각선상의 힘이 모두 균형적이기에 정태적 특징을 지닌 것으로 보인다. 그러나 타원형과 직사각형은 다르다. 이들의 비교적 긴 축선에는 일정한 경향성의 장력이 있다. 이렇게 그 운동은 어느 특별한 방향에 따라 발산하는 것이며 여러 방향에서 동시에 주변 환경으로 침투하는 것은 아니다."([美]魯道夫 · 阿恩海姆:《藝術與視知覺》, 滕守堯, 朱疆源譯, 北京, 中國社會科學出版社, 1984, 第578-579頁.)

158) 노베르그 슐츠는 다음과 같이 말했다. "해당 설계는 밀폐된 사다리꼴과 확장된 타원 사이의 장력을 기초로 했다. 사실상 그것은 동적인 감각의 풍부한 타원이 광장 표면을 뚫고 나오는 것처럼 보였다. 톨나이Tolnay는 돌출된 타원형을 지구표면을 대표하는 곡선으로 해석하고 세계의 중심을 상징한다고 결론을 내렸다. 그 밖에 애커먼Ackerman이 별 모양의 지면 표현방법은 우주의 상징이며 델포이의 세계의 배꼽과 같다고 했다. 로마인은 세계의 배꼽으로 포룸 로마눔 광장을 비유했는데 중세기의 승려들은 이것을 캄피돌리오와 연결시켰다. 그러나 미켈란젤로는 자신이 부득이하게 만들어낸 특별한 장소로 수천 년의 의미를 상징하고자 했다. 황제는 우주의 주재자로서 종합체 중앙에 위치하게 됐다. 하지만 캄피돌리오는 상징적인 건축의 대표뿐만 아니라 공간의 동시 확장성 및 모순성으로 인해 인류가 사물을 창조하는 역사에서 장소개념에 대한 가장 위대한 표현 중 하나가 됐다. 캄피돌리오에 서 있으면 우리는 중심에 서게 된다. 이것은 세계의 중심뿐만 아니라 개체생명에 의미와 내재적 함의를 부여하는 출발점과 반환점이기도 하다. 이곳에서 사람들은 자신의 존재를 경험했다. 그것이 바로 개인과 그가 종속된 세계 사이의 곤혹스럽지만 의미가 있는 관계이다."([挪]克裏斯蒂安 · 諾伯格-舒爾茨:《西方建築的意義》, 李路珂, 歐陽恬之譯, 北京, 中國建築工業出版社, 2005, 第143頁.)

하며 자칫 잘못하면 오히려 웃음거리가 된다. 만약에 평면 사용이 부족하면 몇몇 건물을 이을 수도 있다. 그 예로 이슬람교 사원의 예배용 대전은 구연탑句連搭[159] 기법으로 연결하거나 건물 몇 채를 복도를 통해 하나의 건물로 연결시켰다. 졸정원 동쪽 정자는 확대됐는데, 누각도 아니고 정자도 아니었기에 사람들이 많은 불만을 터뜨렸다."[160] 진종주의 어투에 근심이 묻어난다. "전당, 청, 정자에는 각각의 비례가 있어서 일정한 크기로 지어야 하며 그 비례를 초과할 수 없는"것은 일종의 한계이기보다는 건축 개체의 기능성에 대한 표현이라 할 수 있다. 솔직히 건축에 있어서 전체라 하더라도 개체존재를 말살할 수 없으며, 개체는 자신의 기능존재를 인정해야 한다. 즉, 전체를 위해 자신을 희생할 필요가 없다.[161] 중국 고대 건축에서 개체성분의 '간소화' 정도는 전체보다 훨씬 높다. 이렇게 되면 중국 건축의 전체는 사실상 개체 분립을 기초로 하는 '반反전체'적인 '비非동일성'구조이다. 그렇다면 중국 고대 건축은 개체존재가 전체존재보다 우선인 전제하에서 과연 어떻게 자신의 전체성을 이뤘을까? 아시하라 요시노부가 노자의 "집을 지을 때는 창과 문을 만들어야 한다. 사람이 출입할 수 있고 공기가 통해야 집은 비로소 거주의 기능을 할 수 있다"를 돌이켜 보면서 이런 말을 했다. "노자는 기물의 '유무有無'만을 언급했다. 기물이 하나만 있을 때는 기

---

159) 역주 : 앞뒤로 연결되는 두 동 혹은 여러 동 건물의 연결된 곳에 낙수 홈통을 설치해 빗물이 양쪽으로 배수되는 지붕 연결법.

160) 陳從周 :《梓翁說園》, 北京, 北京出版社, 2004, 第8頁.

161) 아른하임은 "이런 분리활동을 지배하는 원칙은 매우 뚜렷하다. 분리 효과는 전체의 간소화 정도와 각 구성 부분의 간소화 정도의 비례에 달려있다. 전체의 간소화 정도가 각 구성 부분의 간소화 정도보다 높다면 전체는 하나로 보이게 되고, 각 구성 부분의 간소화 정도가 전체의 간소화 정도보다 높다면 부분이 전체에서 독립된 경향을 띠게 된다"고 했다.([美]魯道夫・阿恩海姆 :《藝術與視知覺》, 滕守堯, 朱疆源譯, 北京, 中國社會科學出版社, 1984, 第89頁.)

물에 확실히 '유'라는 P공간이 형성되고, 기물의 밖에는 '무'라는 N공간이 존재한다. 하지만 기물이 한 개에서 두 개로 바뀔 때는 각각의 기물에 P공간이 있고, 두 기물 사이에 단순한 '무'보다 '유'에 더 가까운 중간영역인 PN공간이 구성된다. 기물이 대량으로 증가해 하나의 원형이 됐을 때는 해당 무리 자체도 하나의 기물 내부와 외부로서 즉 '유무'가 같은 상태를 구성했다. 기물의 무리로 둘러싸인 내측 공간이 새로운 P공간을 구성하고, 기물 무리의 외부는 N공간이 됐다. 기물 하나하나를 건물로 바꿔보면 중심의 P공간은 바로 건물군으로 둘러싸인 이태리 광장처럼 게슈탈트식 성질을 지닌 외부공간이다."[162] 아시하라 요시노부의 추리대로라면 건물의 전체성은 개체 건물들의 형식, 색채, 기능과 같은 동일성 및 공통성에 의지하지 않고 개체 건물간의 공생으로 인해 형성된 공간에서 생겨나며, 이런 공간이 존재해야 개체 기능을 지닌 건물이 비로소 하나의 전체가 될 수 있다. 이런 맥락에서 아래의 두 가지 역설적 현상을 이해할 수 있다. 첫째, "꽃의 성모 마리아 대성당의 돔은 피렌체를 영광스러운 최고봉에 이르게 했고, 지금은 중세기의 시티 스테이트City State일 뿐만 아니라 토스카나 대공국이라는 새로운 역할도 맡게 됐다. 피렌체는 1420년대에 이런 지위를 얻었는데, 그 당시의 피스토이아, 아레초, 피사, 시에나 같은 이웃도시를 정복했다. 예술가 알베르티Alberti는 브루넬레스키의 깊은 정치적 의미를 알기에 홀이 '모든 토스카나 사람을 수용할 수 있을 만큼 크다'고 말했다. 피렌체 사람들은 완공된 성당을 보면서, 지오토의 종루에서 브루넬레스키의 돔에 이르는 과시적인 각각의 부분이나 웅장한 외벽의 흰색과 녹색이 엇갈린 기하도형 및 주변의 광활한 공간을 보면서 자신들의 도시가

---

162) [日]蘆原義信 :《街道的美學》, 尹培桐譯, 天津, 百花文藝出版社, 2006, 第192頁.

이미 고도 문명의 사회임을 굳게 믿는다."¹⁶³⁾ 둘째, "중국 도시의 규모
가 특히 성벽으로 둘러싸인 토지면적은 유럽 및 일본의 성보다 훨씬
넓다. 중국 도시는 주거뿐만 아니라 논, 원포, 숲, 시냇물까지 포함한
다. 이는 온전히 백성을 보호하기 위해서가 아니라 지구적인 방어 구
상을 위해서이다. 성곽 안에 논과 수리가 있으면 포위당할 위협을 해
소할 수 있다. 몇몇 큰 성에는 넓은 공터가 있는데, 수원과 어우러져
공원이나 유희 지역으로 개척됐다. 고대 장안의 곡강曲江, 낙양의 천연
지天淵池, 개봉의 용지龍池, 남경의 현무호玄武湖, 북경의 삼해三海, 그리
고 제남齊南의 대명호大明湖 등이 좋은 예이다. 이런 구조야 말로 백성
들이 '큰 전쟁에는 성에 머물고, 작은 전쟁에는 고향에 머문다'는 생각
을 갖게 한다. 복건의 천주성泉州城은 1945년 항공으로 측량해 정정한
지도에서 여전히 4분의 1정도가 공터이다. 중화민국 초년에 완성된 2
만분의 1의 소주蘇州 지도에서 성 안쪽에는 여전히 적지 않은 논이 있
다."¹⁶⁴⁾ 대성당 돔의 홀이 '모든 토스카나 사람을 수용할 수 있을 정도'
로 크다 해도 이런 공간은 실질적인 것이다. 이 홀에 있는 '모든 토스카
나 사람'이 '자신들의 도시가 이미 고도 문명 사회임을 굳게 믿는'인상
을 갖게 되므로, 이러한 휘황찬란한 건물에서 낙후됨을 느낄 수 없다.
황량함을 회피해 야만을 거부했으니 생태개념도 그들의 시야에 들어올
수 없었다. 물론 이 지구상에서 유라시아 대륙의 또 다른 한쪽에 있는
중국 성내 주민들은 논농사를 짓고 있고, 모든 중국 성내에는 토지면적
의 4분의1 혹은 3분의 1의 공터가 있으며 원포, 숲, 시냇물 등도 있다.
이런 거대한 건축은 수천 수만 명의 체험을 포용하고 있고, 그들의 자

---

163) [英]蘇珊・伍德福特, 安尼・謝弗-克蘭德爾, 羅莎・瑪麗亞・萊茨:《劍橋藝術史
    (一)》, 羅通秀, 錢乘旦譯, 北京, 中國青年出版社, 1994, 第398頁.
164) 陳正祥:《中國文化地理》, 北京, 生活・讀書・新知三聯書店, 1983, 第74頁.

연에 대한 복잡한 감정도 포용하고 있으며 자신들의 마음속의 '자만'과 자신에 '가려'지지 않는다. 그래서 한편으로 중국 고대 건축의 뛰어남은 전체가 아닌 개체에 있다.[165] 전체 건축은 개체 건축의 조합으로 이뤄졌지만 절대로 개체 건물의 희생은 아니다. 다른 한편으로 이런 개체 건물의 조합은 사람들 마음속의 조합규칙이 건축기능 측면에서 나타난 자신감이다.[166] 건물의 전체성은 현실적인 것이 아니라 심리적인 것이며, 주체가 개체 건물의 조합을 철저히 이해한 결과이다. 《太平寰宇記》를 보자. "소산蕭山은 현 서쪽 1리쯤에 있다. 《漢書·地理誌》에서 '소산은 반천潘泉이 흘러나오는 곳'이라 했다. 진晉나라 허순許詢은 자주 산에 올라 숲을 바라보며 집을 지을 생각을 했다."[167] 생각은 왜 꼭 숲을 바라보면서 했을까? 이는 허순이 생명을 자연에 귀화시키려는 뜻을 보여 준 것이다. 《吳越春秋·闔閭內傳》에서는 다음과 같이 말했다. "합려가 관광하고 잠을 잘 때에 가을과 겨울은 성 안에서, 봄과 여름은 성 밖에서 머물렀다. 고소姑蘇를 도읍으로 하고 ……

---

165) 한보덕이 말했다. "한대 이전의 건축은 기본적으로 중국의 특징을 지녔으며 단위 건축은 간단하다. 하지만 예제禮制 건축과 같은 중요한 건축은 간단한 건축의 조합으로 구성된 외형이 복잡한 건축이다. 이런 경우는 외국과 매우 비슷하다. 나는 중국 건축이 춘추전국 이후부터 후세까지 복잡함에서 간소함으로 발전했고 갈수록 더 간소화됐다고 생각한다. 이것은 조합된 건물을 분해해 단위 건물로 환원시키는 것이며 아마 간단한 기둥 들보체계로 복잡한 공간을 구성할 수 없다는 것과 연관될 것이다."(漢寶德 : 《中國建築文化講座》, 北京, 生活·讀書·新知三聯書店, 2006, 第137頁.)

166) 한보덕은 "정원의 형성으로 인해 중국 전통 문인들의 행동이 자기반성 쪽으로 더 치우치게 됐다. 그래서 성실한 수양과정과 안정된 정원공간은 분리할 수 없는 관계가 됐다. 한대의 화상에 반영된 주택공간에서 정원이 바로 천지天地라는 생활관념을 알 수 있다. 주인은 본체 중앙에 단정하게 앉아 정원을 마주보고 마음의 행동과 세속의 활동이 정원에 집중된 형태를 나타냈다"고 했다(漢寶德 : 《中國建築文化講座》, 北京, 生活·讀書·新知三聯書店, 2006, 第194頁.)

167) 樂史撰, 王文楚等點校 : 《太平寰宇記》, 北京, 中華書局, 2007, 第1936頁 .

석성石城에서 풍악을 즐기고 장주長洲에서 사냥을 했다"[168] '성城'은 생활의 장애가 되는 것이 아니라 오히려 사람과 자연이 상호 역할을 전환하는 거리감이 내포돼 있다. 전체 건물에도 동과 정을 고려했다면 원림園林이 바로 좋은 예시이다. 원림이란 동적이기도 하고 정적이기도 하다. 큰 원림은 동적이고 작은 것은 정적이지만, 큰 원림과 작은 원림에 적용된 규칙은 공히 같다.[169] 큰 원림의 요점을 체득하는 것은 정적으로 보이는 대상을 모델로 삼고, 그것이 주는 융통성이 없는 화면감을 추월하고, 화면감 밖에서 걷고, 거주하고, 유람한다는 데에 있다.[170] 중요한 것은 이것이 개입을 허락하고, 참조가 가능한 기성세계라는 것이다.[171] 회원會園이 정적인 분위기를 주로 자아내고, 그 규모

---

168) 趙曄撰, 徐天祜音注, 苗麓校點, 辛正審訂:《吳越春秋》, 南京, 江蘇古籍出版社, 1999, 第56-57頁.

169) 진종주는 다음과 같이 말했다. "원림의 크고 작음은 상대적이지 절대적이지 않다. 대가 없으면 소가 없고 소가 없으면 대도 없다. 정원 공간이 분할될수록 더 크게 느껴지고, 제한된 면적으로 무한한 공간을 만들어 낼 수 있다. 그래서 큰 원園으로 작은 원을 둘러싼다는 것은 바로 이런 원리에서 생긴 것이다(큰 호수가 작은 호수를 둘러싼다 그 예로 서호의 삼담인월三潭印月이 있다). 이런 예가 많은데 거의 정원을 만들 때에 중요한 처리방법이 됐다. …… 유명한 정원의 담장을 철거하며 정원이 커지기는 했지만 얻은 것은 없다. 서호의 평호추월平湖秋月, 서령인사西泠印社 모두 이런 예의 결과이다."(陳從周:《梓翁說園》, 北京, 北京出版社, 2004, 第7頁.)

170) 김학지는 곽희郭熙의 '사가四可'기준으로 회화와 원림의 예술 개성을 구별한 적이 있다. "중국 고전 정원은 대부분 산수사의山水寫意정원에 속하지만 산수화는 '사가' 중의 일 '가', 즉 '가망可望'만을 실천할 수 있으며 다른 점은 상상에 맡겨야 한다. 그러나 원림은 그렇지 않다. '가망' 외에 사람으로 해금 실감나게 '가행可行'할 수 있을 뿐만 아니라 각지에 있는 산수의 '절경'을 집중시켜 사람에게 '가거가유可居可游'할 수 있도록 해 준다. 그러므로 진정 '사가'적 미학 소망을 실현할 수 있게 하는 점이 생태예술 본보기로서 중국 고전원림의 가장 큰 장점이다."(金學智:《中國園林美學》, 北京, 中國建築工業出版社, 2005, 第12頁.)

171) 진종주가 다음과 같이 말했다. "원림에는 정관靜觀, 동관動觀의 구분이 있으며 원림을 만들기 전에 우선 고려해야 한다. 정관이란 정원에서 관상하는 자에게 발걸음을

제4절 동태 : 중국 고대 건축의 구상 279

도 작음으로 인해 유명한 것은 아닐까?[172] 하지만 이곳의 '정'이 보여준 것도 마찬가지로 적절하고 끊임없이 숨쉬고 자라는 생태세계이다.[173] 그러므로 강남 건축의 전체적인 존재는 생태의 미와 밀접한 관련이 있음이 확실하다.

강남원림은 건축의 세밀한 부분까지 자유롭고 활발한 경지에 이르

멈추고 관상하는 포인트를 제공해 주는 것이고, 동관은 비교적 긴 동선이 있어야 한다. 이 두 가지를 말하자면, 작은 원림은 정관 위주로 하고 동관을 보조적으로 해야 한다. 앞 뜰은 정관 위주로 해야 한다. 큰 원림은 동관 위주로 하고 정관을 보조적으로 한다. 전자는 소주의 '망사원網師園', 후자는 소주의 '졸정원拙政園'의 차이라고 볼 수 있다. 사람들이 망사원에 들어가서 앉고 머무는 건물이 많고 연못 한 바퀴를 돌고 …… 마치 그림처럼 조용함 속에 정취가 생겨난다. 졸정원은 길이 연못을 따라 빙 둘러 있고, 회랑은 사람이 따라 오기를 이끈다. …… 기묘함은 걸음을 움직이면 눈 앞에 펼쳐진 경관이 다르다는 곳에 있으며 이것이 동관이다. 구상이 우선이고 문장은 구상을 따라 나타난다."(陳從周:《梓翁說園》, 北京, 北京出版社, 2004, 第1頁.)

172) 진종주가 말하기를 "소주 망사원은 작은 원림 중의 으뜸으로 인정받았으며, 소위 '작고 정교하고 적음으로 많은 것을 이긴다.' 설계원칙은 아주 간단하다. 석가산은 건축과 마주하면서 서로 전환하는 원칙을 응용하고(소주원림은 거의 이런 방법을 사용했다. 망사원 동쪽을 새로 지을 때에 와 반대로 했는데 결국 성공하지 못했다), 배 모양의 집이 없고, 큰 다리나 큰 산이 없다. 건물의 크기를 약간 축소하고, 수량은 적당히 했으며 작은 원림의 구도와 같다. 반대로 사자림에는 큰 배를 추가로 설치했지만 수면과 어울리지 않아서 어딘가 어설프게 느껴졌다. 청대 왕춘전汪春田이 문원文園을 다시 보수하고 '꽃 울타리를 돌난간으로 바꾸고 정원을 고치는데 시를 수정하는 것보다 어렵구나. 마침내 한 글자 한 글자 읊을 때처럼 신중하다보니 정자와 누대가 작아도 싫증나지 않네'라는 시를 지었는데 참으로 일리가 있는 말이다."(陳從周:《梓翁說園》, 北京, 北京出版社, 2004, 第6-7頁.)

173) 진종주가 말했다. "정지된 사물에도 동動이 존재한다. 산봉우리와 마주하니 투명함과 모퉁이를 모두 갖추고 준법이 명쾌하고 윤곽이 높고 뛰어나니 정적이지만 동적으로 느껴진다. 수면은 정적으로 보이나 잔잔한 물결은 스스로 움직이고, 화면은 정지된 것 같지만 동적인 느낌이 절로 나타난다. 정적인 사물에 생동감이 없으면 약동의 자태가 없다. 그래서 정관과 동관은 원림을 만들고 효과를 낼 때의 관건이다. 이런 이치를 이해하면 경관의 이치도 조금 이해될 것이다."(陳從周:《梓翁說園》, 北京, 北京出版社, 2004, 第42頁.)

고자 했다. 우선 위치가 적합해야 한다. 문진형이 《長物誌》에서 언급하기를 "위치를 정하는 것은 복잡함과 간단함이 다르고 겨울과 여름이 다르며, 높은 당과 넓은 집, 음악실과 조용한 방 등에서 각각 적합한 자리가 있다. 마치 서화와 술잔과 같은 물건을 제자리에 배치해야 그림같이 보이는 것처럼 말이다."[174) 원림은 마치 한 폭의 그림과도 같다. 그림 속의 사물은 자신만의 자리에 위치하며 자의적이면서도 다원적이다. 사물들이 각자의 다른 점을 바탕으로 자리를 정하며 자연 속에 내제된 유기적인 활력을 대동시킬 수 있다. 이런 그림은 주체의 표면적인 투시에 복종하지 않은 이른바 기운생동의 결과이다. 다음은 형식의 초점화를 없애는 것이다. 문진형은 면적이 넓은 연못에 대해 다음과 같이 묘사했다. "크기가 묘畝나 심지어 경頃정도의 연못을 만드는 데는 면적이 넓을수록 좋다. 가장 넓은 곳의 가운데에 누대를 짓거나, 제방을 가로로 만들 청포, 갈대 등을 연못에 심어 매우 넓어 보이게 하면 거침巨浸이라고 부른다. 화려함을 원하면 돌로 호안제를 만들고 붉은 난간으로 빙 두르고 제방에는 흙을 남기면 안 되는데 흙이 보이면 마치 전어돈戰魚墩[175)과 같아진다. 혹은 금산金山[176)과 초산焦山[177)을 모방한 것과 같다. …… 가장 넓은 곳에 수상 정자를 건축하면 마치 그림 속에 있는 것처럼 아주 좋다. 물에 띄울 작은 집이 있는 뗏목을 만드는 것을 피해야 한다. 호안제 옆에 연꽃을 심을 수 있지만 널리 퍼지지 않도록 자른 대나무를 사용해 막아 준다. 연잎이 너무 많으면

---

174) 文震亨著, 陳植校注:《長物誌校注》, 南京, 江蘇科學技術出版社, 1984, 第347頁.
175) 역주 : 어부가 그물을 쳐 물고기를 잡을 수 있도록 설치한 강물 가운데에 있는 흙더미.
176) 역주 : 진강鎭江 서북부에 위치해 중국 명승지 중의 한 곳이다.
177) 역주 : 진강鎭江의 명승지 중의 하나이다. 장강에서 유일하게 사면이 물로 둘러싸인 섬이며 강남의 '수상 공원'이라고 비유된다.

수면 전체를 덮어버려 물이 보이지 않는다."[178] 넓은 연못의 거침에 '흙을 남기는 것이 금기사항이다.' 연못 중심에 흙을 남기면 지나치게 강한 '중력'[179]이 생겨 사람의 시선이 그곳에 집중돼 '전어돈 혹은 금산, 초산 모방' 같은 졸필이 될 수 있다. 자연형식의 분포는 중심을 없애고 주제를 없애는 데에 있는데 넓은 연못의 구도가 바로 이런 의미를 포함했다. 그 다음은 규칙적인 도형에 대한 해구이다. 작은 연못을 살펴보자. "계단 앞에 작은 못을 만드는데 사방에 돌을 두르고 샘물은 바닥까지 볼 수 있게 맑아야 한다. 못에 붉은 물고기와 푸른 해초를 넣어 물속에서 헤엄치면서 놀 수 있게 한다. 주변에는 등나무나 가는 대나무를 심고, 땅을 조금 깊이 파서 샘물을 끌어당길 수 있으면 더욱 좋은데, 네모, 원, 혹은 팔각 등의 형태는 금물이다."[180] '네모나 원과 혹은 팔각 등의 형태는 금물이다'라는 세밀한 부분을 소홀히 해서는 안 된다. 왜냐하면 '네모, 원, 팔각'은 추상적인 원칙이며, 이런 원칙이 중복되면 쉽게 상규로 굳어져 자연과 동떨어진 규칙이 될 수 있기 때문이다. 그리고 네모, 원, 팔각이 규칙으로써 인위적인 '압력'[181]을 만들어 자연의

---

178) 文震亨著, 陳植校注:《長物誌校注》, 南京, 江蘇科學技術出版社, 1984, 第102-103頁.

179) 아른하임이 가리키기를 "구도 위쪽의 사물의 중력은 구도 아래쪽의 사물보다 크다. 마찬가지로 구도 오른쪽 사물의 중력은 구도 왼쪽에 있는 것보다 크다. 그 밖에 …… 지렛대 원리에 의해 회화 요소로서 균형적인 중심과 멀리 떨어질수록 중력은 더 커진다."([美]魯道夫・阿恩海姆:《藝術與視知覺》, 滕守堯, 朱疆源譯, 北京, 中國社會科學出版社, 1984, 第19頁.)

180) 文震亨著, 陳植校注:《長物誌校注》, 南京, 江蘇科學技術出版社, 1984, 第104頁.

181) 아른하임은 "형상과 방향도 역시 중력에 영향을 미치는 것으로 보인다. 무릇 규칙적인 형상(간단한 기하도형 같은)의 중력은 불규칙한 형상의 중력보다 크다. 그리고 '집중성'인 물체가 중심으로 모이는 정도도 역시 중력을 생성할 수 있다'고 했다.([美]魯道夫・阿恩海姆:《藝術與視知覺》, 滕守堯, 朱疆源譯, 北京, 中國社會科學出版社, 1984, 第21頁.)

막힘없는 기를 파괴할 수 있기에 원림 구도의 금기사항이 되는 것이다. 네 번째는 풍수의 임의성이다. 계성은 원림의 기초에 대해 다음과 같이 말했다. "원포의 기초를 정할 때는 대청을 정하는 것을 우선으로 한다. 경관을 선택하는 것보다 먼저 결정해야 하고, 남향이면 더 훌륭하다. 교목이 몇 그루가 있으면 정원 가운데에다 한두 그루 정도를 심는다. 담장은 넓게 쌓고 공터를 많이 남겨 정원의 취지를 잘 유지할 수 있게 하고, 경관을 합리적으로 배치할 수 있도록 한다. 적당한 위치를 선택해 관사를 짓고, 여유가 있는 곳에 정자나 누대를 짓는다. 건축 양식은 원림의 전체 분위기와 맞아야 하며 꽃과 나무도 정취와 부합해야 한다. 방향을 선택할 때는 풍수의 구애를 받지 않고 원림의 대문 위치는 대청의 방향과 일치해야 한다."182) 기초를 정하는 것이 '경관 선택보다 먼저 결정돼야'하고, '공터를 많이 남겨서' '원림의 취지에 맞도록'하며, 자연의 배열에 따라야 '건축 양식이 원림 전체 분위기와 부합' 할 가능성이 존재한다. 이 중에서 관건은 '원림의 방향 선택은 풍수에 구애를 받지 않기'이다. 왜냐하면 원림의 풍수란 임의로 이뤄져야 내부 세계가 인위적 분해와 파괴를 당하지 않을 수 있기 때문이다.183) 이점은 남향, 채광, 통풍, 남방 등 건물이 북쪽을 등지고 남쪽을 향하는 실용성에 대한 초월이다. 다섯 번째는 환상적인 경지를 이루는 반 칸

182) 計成著, 陳植注釋, 楊伯超校訂, 陳從周校閱:《園冶注釋》, 北京, 中國建築工業 出版社, 1988, 第71頁.
183) 아른하임이 말하기를 "방향은 중력과 마찬가지로 균형에 영향을 미칠 수 있다. 방향은 중력처럼 위치의 영향을 많이 받기 때문이다. 구도의 요소로서 보이는 물체든 구조 속에 숨겨져 있는 구성요소든 그것이 지니고 있는 중력은 반드시 주변 물체를 끌어 당기고 주변 물체의 방향에 영향을 미친다"고 했다.([美]魯道 夫·阿恩海姆:《藝術與視知覺》, 滕守堯, 朱疆源譯, 北京, 中國社會科學出版 社, 1984, 第23頁.)

이다. 《園冶》에서 청당의 기초에서 언급하기를 "청당의 기초는 옛날에는 세 칸 혹은 다섯 칸을 기준으로 했다. 면적의 넓고 좁음에 따라 네 칸도 되고 네 칸 반도 되지만 더 이상은 넓을 수 없으며 경우에 따라 세 칸 반도 가능하다. 심오하고 구불구불하며 앞뒤로 통하며 환상적인 경지를 만들어 내는 것은 오로지 반 칸에 있다. 원림을 건축하려면 반드시 이런 원칙과 형식을 따라야 한다."[184] 이 대목이 중요하다. "앞뒤로 통하고 환상적인 경지를 만들어 내는 것은 오로지 반 칸에 있다." 건축의 경계는 그림과 바탕을 구별하는 역할을 하기에 매우 중요하다.[185] 만약 건물을 '그림'으로 본다면 건물은 자연이란 '바탕'에 세워졌다. 반 칸이란 바로 그림 바탕에서 서로 겹치고 변환하는 중개요소이며 그곳에서 사람과 자연이 융합된 자유와 편리함을 얻을 수 있다. 여섯 번째는 특이한 구조를 숭상하는 것이다. 계성이 서재 기초를 정할 때에 다음과 같이 언급했다. "서재의 기초는 원림 내 경관지구의 안팎과 상관없이 약간 외지고 원림이 각처와 통할 수 있는 데에 정해야 하며 관람객으로 해금 서재의 위치를 모르게 한다. …… 별개로 짓는다면 사각형, 원형, 직사각형의 모양을 정하며 납작하고, 넓고, 좁고, 굴곡 지는 등의 기초 형태부터 정한다. 서재의 형태는 청당의 남은 반 칸처럼 심오하고 은밀해야 하며 재齋, 방房, 관館, 실室 등의 형식으로 지을 수 있으며 상황에도 맞춰야 한다."[186] 서재는 살아 있는 물체이기

184) 計成著, 陳植注釋, 楊伯超校訂, 陳從周校閱 : 《園冶注釋》, 北京, 中國建築工業出版社, 1988, 第73頁.
185) 아시하라 요시노부는 다음과 같이 말했다. "건축이란 그것을 에워싼 '외부'에 대응하는 '내부'로 체험되는 것이며 공간을 제한하는 경계선을 구성하는 기술이다. 즉, 매우 넓은 '배경'에서 경계선을 설정하고 그 속에서 사람의 의도를 만족시키는 '도형'공간을 만드는 기술이다."([日]蘆原義信 : 《街道的美學》, 尹培桐譯, 天津, 百花文藝出版社, 2006, 第190頁.)

에 일괄적인 정사각형이 아니라 직사각형, 납작한 모양, 굽은 모양, 좁은 모양 등 규칙적이지 않은 형식으로 지을 수 있다.[187] 일곱 번째는 생소화 이론[188]의 응용이다. "화원의 문은 일반적으로 원형이고 원림 내의 도로는 구불구불하며 원림의 형태도 규칙적이지 않다. 이것은 마치 사람의 동선에 장애물을 설치하는 것처럼 원림 내 원형의 공터에도 울타리를 쳐 경관이 한 눈에 들어오지 못하게 한다. 사람들이 직선 혹은 직각으로 자신들의 세계를 계획하고 창조할 때에 원림에서 더욱 방대하고 복잡한 자연 질서를 느낄 수 있다. 하지만 이런 질서는 인류의 시각으로 볼 때는 여전히 온통 혼돈이다."[189] 이것이 미학의 생소화 원리를 받아들인 것이고 원림은 주체 스스로가 여백을 '발견'하기를 원한다. '구조화 과정'[190]은 건축에 응답하는 가장 기본적인 심미요소 중 하나이다. 어디까지나 "산을 바라보는 것은 마치 그림책을 보는 것과 같고, 산행하는 것은 책을 펼치는 것과 같다. 하나는 경관을 돋보이게 하는 데에 있고, 하나는 경관의 연속성에 있다. 정과 동이 다르니 흥취

---

186) 計成著, 陳植注釋, 楊伯超校訂, 陳從周校閱:《園治注釋》, 北京, 中國建築工業出版社, 1988, 第75頁.

187) 아른하임은 "양식 곳곳에 보이는 경사의 각도 관계는 사람으로 해금 활기차면서도 성장하고 있는 사물의 인상을 받게 한다"고 지적했다."([美]魯道夫·阿恩海姆:《藝術與視知覺》, 滕守堯, 朱疆源譯, 北京, 中國社會科學出版社, 1984, 第252頁.)

188) 역주 : 낯설게 하기 이론은 예술창작에서 기원했으며 러시아 형식주의의 핵심개념이다.

189) [英]斯蒂芬·加得納:《人類的居所 : 房屋的起源和演變》, 汪瑞等譯, 北京, 北京大學出版社, 2006, 第98頁.

190) 게슈탈트 이론은 다음과 같이 믿는다. "사람들이 물리학에서 기계활동 외에 구조화 과정도 인식한다면 인과적인 혹은 물리학적인 설명은 여전히 가능하다. 하지만 우리는 이미 물리법칙은 일부 구조에 대해 설명을 제공하지 않고, 그들이 대표하는 것은 그런 구조를 사용하는 모종의 설명이라는 것을 알았다."([法]梅洛·龐蒂:《行爲的結構》, 楊大春, 張堯均譯, 北京, 商務印書館, 2005, 第284頁.)

도 이에 따라 다르다. 중요한 것은 내가 존재해야 한다는 것인데, 이른바 '내가 청산을 보고 아름답다고 느끼면 청산이 나를 보고 같은 생각을 할 것'이라는 점이다"[191]

여기서 인수引水의 예로 강남원림의 동태적 존재로서의 생태풍격을 설명하고자 한다. 진종주가 말하기를 "원림의 특징으로 산수가 서로 의지하고 연못을 만들어 물을 이끌어 오는 것은 매우 중요하다. 소남蘇南 원림의 연못은 대다수가 구불구불하고 경관이 부드럽다. 영소寧紹 원림의 연못은 대다수가 사각형이며 경관이 평평하다. 그래서 물은 본래 형태가 없지만 호수의 모양으로 정해진다. 똑바른 것도 좋고 구불구불한 것도 좋으며 물꼬와 둑은 수면 형태를 구성하는 중요한 기법이다. 수류가 부드럽거나 급하거나 혹은 물이 정지하거나 흐르거나 하는 모두가 둑에 의해 좌우된다."[192] 그리해서 물의 형태는 둑으로 인해 결정되고, 수면의 똑바름과 굴곡은 원림에서는 모두가 생명의 흔적이다.[193] 그런데 똑바름을 추구하기 위해 똑바르게 만들고 굴곡을 원해서 굴곡

---

191) 陳從周 : 《梓翁說園》, 北京, 北京出版社, 2004, 第21頁.
192) 陳從周 : 《梓翁說園》, 北京, 北京出版社, 2004, 第43頁.
193) 진종주가 가리키기를 "정원의 곡曲과 직直은 상대적인 것이며 곡은 직을 내포해야 하고 융통성이 있게 응용해야 곡과 직의 사용이 자유로워진다. 화가가 나무를 그릴 때 구불구불하지 않은 획이 없으니 그 이치는 지당하다. 구불구불한 다리, 길, 회랑은 통행할 때에 한 곳에서 다른 한 곳까지 가기 위해 설치한 통로이다. 원림의 양쪽에 모두 경관이 있을 경우는 살짝 굴곡을 두면 행인이 경관을 따라 이리저리 둘러보고 원림에서 한가롭게 거니는 거리를 연장시켰으며 취미를 더해 줬다. 이것으로 보아 구불함은 직선에서 생겨난 것이며 굽은 정도가 중요하다. 어떤 곡선이 있는 다리는 수면 위에 설치된 것도 아니면서 (원림의 다리는 양안보다 낮아야 물결 위를 걷는 느낌을 가진다) 구곡九曲만을 고집한다면 굴곡이 어색해지고, 다리를 걷고 있으면 벌을 받는 느낌이 든다. 이것은 이런 이치를 잘 알지 못했기 때문이다(상해 예원 앞의 구곡교九曲橋는 바로 나쁜 예이다)."(陳從周 : 《梓翁說園》, 北京, 北京出版社, 2004, 第5頁.)

지게 만든다면 결국 속되기 짝이 없는 구곡교九曲橋가 될 것이다. 한편 무대 위의 무용수는 끊임없는 변화 속에서 움직여야 하는데, 원림이 표현하고자 하는 것이 바로 이런 운동의 궤적이다. 진종주는 누차 후세 사람을 비평하기를 "후세가 원림을 보수할 때는 종종 선인의 의도를 잘 이해하지 못했다. 나는 옛 원림에 대해 '복원復園'과 '개원改園' 두 가지 방법이 있다고 생각한다. 만약 유명한 원림이면 반드시 문헌과 도해를 수집해 원래의 모습을 되찾게 해야 한다. 그러지 않고 자신의 의도대로만 한다면 그것이 개원이다. 이는 마치 옛 그림을 표구할 때에 결필缺筆된 곳에는 반드시 원본의 필법과 색채처럼 똑같이 보정해야 비로소 완벽한 작품이 되게 하는 것과 같다."[194] 과연 선인先人의 의도는 도대체 무엇일까? 바로 생명이다. "그곳에 거주하는 자로 해금 시간 가는 걸 잊게 하고, 그곳을 만난 자가 시간이 가는 것을 잊게 하며 그곳을 유람하는 자가 피곤함을 잊도록 한다. 그리고 더위가 기승을 부릴 때는 서늘한 바람이 불어 시원하게 해주고 매서운 추위가 다가올 때는 따뜻하면서 더워지게 해준다. 만약 토목공사를 무리하게 하고 도색만 숭상한다면 우리는 갇힌 동물과 별반 다르지 않다."[195] 생명의 움직임이 없으면 굳이 애써 다른 것을 논할 필요가 없다. 예컨대 대비가 가장 강렬한 것은 일본까지 전해진 '고산수枯山水'[196] ― 물이 없는 산수이다. 흔적 없는 물이나 사막의 물은 모두가 존재하지 않는다.

---

194) 陳從周:《梓翁說園》, 北京, 北京出版社, 2004, 第24頁.

195) 文震亨著, 陳植校注:《長物誌校注》, 南京, 江蘇科學技術出版社, 1984, 第18頁.

196) 동준은 "고산수枯山水의 요점은 석조石組에 있으며 거대한 돌을 벽립壁立하고 틈새는 폭포를 상징하지만 실제로 물은 없다. 움푹 파인 지대에 하얀 모래나 솔잎이끼를 깔아 흰 파도를 상징한다. 교토의 대덕사大德寺 대선원大仙院의 석정石庭이 가장 전형적이고, 가장 이른 축산정築山庭은 조망원眺望園이며 소아미相阿彌가 만들었다"고 말했다.(童寯:《園論》, 天津, 百花文藝出版, 2006, 第117頁.)

물이란 심미주체의 머릿속에 떠오르는 생명의 흔적일 뿐이며 현실세계에는 실존하지 않지만, 그 물은 당신의 생명으로부터 흘러가버렸다. 이런 경지가 중국식 생태미학을 이해하게 한다. 강남에 있는 한 채 한 채의 깊은 저택의 자연은 비록 원시적이지는 않지만 더 없는 진실이다.197) 진실한 생태는 사람이 반드시 참여해야 하는 한편에 사람과 자연이 순간 마주치게 하는 개방적인 장소이다.198) 짙은 선의禪意가 이런 산수에 흘러갈 때가 바로 '내'가 이러한 석가산과 흐르지 않는 물에 있어서 잠깐이나마 진리를 지니게 됐고, 인류에게는 드디어 '영원함'을 해석하게 하는 또 하나의 언어가 생겨났다.

---

197) 칼슨이 감동하며 말하기를 "그것은 (일본원림) 일종의 패러독스이다. 한편으로 순수 예술이나 그 어떤 원시자연처럼 이런 원림들은 쉽게 심미차원의 감상을 받을 수 있다. 하지만 다른 한편으로 그것이 순수예술도 아니고 원시자연도 아닌 심지어 예술과 자연 사이의 관계를 조화롭게 한 실에도 아니다. 예를 들어, 프랑스의 형식 원림과 영국의 자연원림이다. 물론 그들도 대지예술, 장치예술, 정형원림처럼 자연과 인공 사이의 변증관계와 연관되기에 이들도 마찬가지로 어렵고 헷갈린 심미 감상대상이어야 한다."([加]卡爾松:《環境美學 : 自然, 藝術與建築的鑒賞》, 楊平譯, 成都, 四川人民出版社, 2006, 第243-244頁.)

198) 동준이 가리키길 "화원이 준공한 후의 건물은 기타 인공물과 아주 빨리 성숙해 보이지만 많은 식물은 아직 장성하지 않았다. 나무가 창건하고 멋스러워질 때쯤이면 건물은 수리할 때가 된다. 물론 산석은 시간이 더 오래 걸린다. 동방의 지혜로운 사람은 이런 세상의 변화를 태연하게 대한다. 그들의 비범함은 이해할 수 있다. 그들은 마치 자신이 보기 드문 고화와 소장품을 감상한 듯이 오랜 시간의 간격을 두고 원림을 한 번 관상하기 때문이다. 원림과 수장한 고화는 모두 시기를 기다리면 세월이 오래될수록 더 진귀하다."(童寯:《園論》, 天津, 百花文藝出版, 2006, 第57頁.)

제4장
강남 고대 도회 건축문화사상의
생태미학적 표현

    강남 건축은 생태미학 체계의 개방성을 잘 보여준 모델이라 할 수 있다. 이런 점은 강남 건축 요소 형태의 표현에서 잘 드러났다. 만약 어도御道가 왕권의 구축이라면 강남 도회의 수교水橋는 사람과 자연의 연결 고리이고, 망루가 덕성德性의지의 위엄이라면 강남 도회의 정자와 회랑은 사람의 자연에 대한 답습이다. 만약 대기臺基가 정신적 요구를 바라보는 것이라면 강남 도회의 바닥은 사람이 자연만물을 고개 숙여 관찰하는 것이고, 원유園囿가 극에 달한 사치의 상징이라면 강남 도회의 원림은 사람과 자연이 상호 융합되는 시적 의미를 내포한다고 할 수 있다.

제1절 어도御道와 수교水橋 : 구축과 접목

    중원 도성의 어도는 지금 보기에도 매우 웅장하다. 《史記 · 梁孝王世家》에서 언급하기를 "효왕孝王은 두태후竇太后의 작은 아들로서 태후가 그를 매우 사랑해 많은 것을 하사했다. 그래서 효왕은 동원東苑을 건축했는데 면적이 3백리에 달했고 수양성睢陽城을 70리까지 확장했다. 그리고 궁실을 많이 건축하고 복도를 가설해 궁실에서 평대平臺까지 30여 리에 달했다. 또한 천자의 깃발을 하사받고 외출시에는 수레 천 량과 말 일만 필이 수행한다. 곳곳에서 사냥을 하니 그 모습이 마치 천자와 같다."[1] 언급한 궁실과 평대를 잇는 복도가 있다는 것은 도로와 궁실이 동시에 건축됐음을 의미하고, 거리가 먼 두 곳을 연결시켜 수레와 말이 원활하게 통행하도록 제공함과 동시에 사람의 왕래도 편리하게 했다. 이런 의미의 도로는 여러 문화 건축에서도 흔히 볼 수 있는 현상이다.[2] 그러나 도로가 특히 어도는 절대로 평범한 도로가 아니라 바로 왕권의 징표이다. 어도의 최우선의 목적은 교통을 편리하게 하는 것이 아니라, 제국의 권위를 세우기 위한 위엄에 있었다. 《爾雅·釋宮》에 "로路, 여旅 는 도途이다. 로路, 장場, 유猷, 행行은 도道이다"[3]

---

1) 司馬遷撰, 裵駰集解, 司馬貞索引, 張守節正義:《史記》, 北京, 中華書局, 1982, 第2083頁.
2) 배리 컨리프Barry Cunliffe의 서술을 통해 다음과 같은 사실을 알 수 있다. "아마르나 성이 비교적 평평한 사막에 위치하고 있지만 더 이상의 발전 가능성은 크지 않다. 특수 배경을 창조하는 정부당국의 건축물에 주로 국한돼 있는데 이런 건물에 대해 하나하나 언급할 필요가 있다. 건물의 주간은 크고 긴 어도이며 중성과 북성을 연결한다. 어도의 시점과 종점의 선택은 아마도 지형의 영향을 받았을 것이다. 고찰자 입장에서 '아마르나 평원'은 그리 평평하지 않으며 북에서 남으로 현저한 기복이 몇 개가 있다. 이쪽 끝에서 저쪽 끝으로 지나간 관광객들은 그것을 느낄 수 있다. 어도가 그 중의 두 개의 기복을 연결하면 이는 중성이 하나의 기복 위에 위치함을 의미한다. 기복의 지고점은 왕궁이고 동으로 뻗는 등선마루에 건축됐으며 파출소도 그곳에 있다. 다른 한쪽의 북성은 '조용히' 벼락 아래쪽 강가의 비탈진 언덕 아래에 위치해 있다."([英]巴裏·克姆普:《解剖古埃及》, 穆朝娜譯, 杭州, 浙江人民出版社, 2000, 第341頁.) 아마르성에서 길고 곧은 어도는 이 도시의 웅장함을 나타낼 수 있을 뿐만 아니라 다른 지역 특색의 건축요소도 돋보이게 할 수 있다.
3) 胡奇光, 方環海撰:《爾雅譯注》, 上海, 上海古籍出版社, 2004, 第212頁.

라는 기록이 있다. 이것으로 보아 도道는 로路, 도途와 비슷한 것 같지만 실은 큰 차이가 있다. '도途'는 일반 의미상의 거리이고, '도道'는 고대 신에게 제사를 올릴 때에 사용되는 평지인 '장場'이며 도道의 존재는 제사와 관련된 특별한 '목적'이 있다. 《爾雅·釋宮》에서는 다음과 같이 말했다. "한 곳에 도달할 수 있는 길은 도로道路, 두 곳에 도달할 수 있는 길은 기방歧旁, 세 곳에 도달할 수 있는 길은 극방劇旁, 네 곳에 도달할 수 있는 길은 구衢, 다섯 곳에 도달할 수 있는 길은 강康, 여섯 곳에 도달할 수 있는 길은 장庄, 일곱 곳에 도달할 수 있는 길은 극참劇驂, 여덟 곳에 도달할 수 있는 길은 숭기崇期, 아홉 길에 도달할 수 있는 길은 규逵라 한다."[4] 즉 하나의 목적지로 통하는 길이 도道이고, 두세 곳으로 통하는 길이라면 그 어떤 것도 모두 도道라 하지 않는다. 한편 하나의 목적지로 통하는 도로는 교통을 위한 존재가 아니며, 그 목적지는 바로 제왕의 황궁이다. 《爾雅·釋詁》에는 "적迪, 요繇, 훈訓은 도道"[5]라고 기록돼 있다. '요繇'는 '유猷'와 통하며 '적迪', '훈訓'처럼 천하의 이치를 설교해 하늘 아래의 백성을 교화하는 뜻이 있다. 그래서 '도道'라는 것은 중앙제국이 실시한 사회성 도덕원칙의 추진과 떼려야 뗄 수 없는 관계이다. 이로써 왜 양효왕이 외출할 때는 '천자와도 같은' 위엄을 보였고 아마르나성의 어도도 해당 성의 가장 높은 지점인 왕궁으로 직통하는지 알 수 있다. "조착晁錯이 말하기를 '옛날에 먼 곳으로 옮겨 가서 그곳의 공허함을 보강해야 한다고 들었다. 음양의 조화를 살피고 샘물의 맛을 보며 토지의 적당성을 보고 초목의 자라는 기세를 관찰한다. 그리고 나서 성읍을 세우고 마을을 만들고 택지를 나눠주고 전답

---

4) 胡奇光, 方環海撰:《爾雅譯注》, 上海, 上海古籍出版社, 2004, 第212頁.
5) 胡奇光, 方環海撰:《爾雅譯注》, 上海, 上海古籍出版社, 2004, 第79頁.

으로 향하는 길을 개통하며 지계를 정한다. 우선 주거할 집을 먼저 짓는데 당 한 개와 방 두 개, 문과 창이 있으며 기물을 장만한다. 백성이 오면 살 곳이 있고 경작에 쓸 농기구도 있다.' 이것이 백성들이 즐겁게 고향을 떠나 새로운 성읍으로 이주하는 이유일 것이다."6) 여기의 '정正'은 동사이다. 도로로 지계를 '정' 하는 것이며 '성읍을 세우고 마을을 만들며 거주 구역을 나눌'수도 있다. 이것으로 성읍, 주택, 도로, 지계에 덕화된 왕권이 스며들어 있고, 도로에는 특히 깊은 사회적 '배경'이 있음을 알 수 있다. 여사면은 《秦漢史》의 《三國誌·吳誌·孫權傳》을 인용해서 말했다. "적오赤烏 8년에 교위 진훈陳勳이 주둔지에서 경작하고 병사 3만 명을 구용중도句容中道를 짓도록 파견했다. 구용은 국경과 가까운데 그가 군대를 동원해 여기까지 오게 한 것은 멀리 떨어져 있기 때문일까?《後漢書·順帝紀》에는 연광延光 4년에 익주자사益州刺史에게 자오도子午道를 폐쇄하고 포사로褒斜7)를 개통하라고 명했다는 기록이 있다. 《注》에서는 자오도가 평제平帝 때에 왕망王莽이 개통한 길이라고 했다. 《三國誌·王肅傳》을 보자. 조진曹眞이 촉蜀을 정벌하자 왕숙王肅이 상소했다. '출병한지 한 달이 지나자, 행낭에는 곡식을 반만 지니고 있는데, 병사들은 길을 닦는 법을 모두 잘 알고 있습니다.' 그들이 경유한 곳은 자오도이다. 아마 그 길은 자주 다니지 않아 이미 폐기됐고 개척은커녕 유지도 쉽지 않을 것이다."8) 여사면의 마지막 말이 매우 중요하다. 도로의 사용 빈도는 그리 높지 않지만 개척과 유지의 대가는 매우 높다는 점이다. 이러한 모순이 바로 어도의 현실에 대한 가장 좋은 해석이다. 어도는 제왕의 필요로 닦는 것이지 백성의 수

---

6) 呂思勉:《秦漢史》, 上海, 上海古籍出版社, 2005, 第527頁.
7) 역주: 옛날 진령秦嶺을 가로지르는 산간대로.
8) 呂思勉:《秦漢史》, 上海, 上海古籍出版社, 2005, 第544頁.

요가 아닌 것이다. 대가를 아끼지 않고 도로를 개척하고 유지하는 것은 모두 정치적 '야망'때문이다. 도로는 어떤 면에서는 권력의 통달 혹은 쇠퇴를 드러내는 직접적인 기준과 다를 바가 없다. 역사적으로 수많은 제왕들이 도로를 닦는 것으로써 전대보다 더 발전했음을 드러내려고 했다. 《三輔黃圖》에서 언급하기를 "아방궁은 아성阿城이라 부르기도 한다. 혜문왕惠文王이 지었는데 궁궐이 완공되기 전에 사망했고, 그 후 시황제는 그 궁궐의 면적을 3백 리로 넓혔다. 이궁별관離宮別館은 산과 골짜기 너머에 있지만 80리에 달하는 각도閣道9)로 여산驪山과 연결돼 있다. 남산 꼭대기를 망루로 삼고 번천樊川을 연못으로 생각한다."10) 아방궁 안팎의 어도는 없어서는 안되는 존재이다. "황제가 미앙궁未央宮을 지어 날로 넓어지니 성이 작다고 여겨 궁궐 서쪽에 성을 걸쳐 비각飛閣을 만들어 건장궁建章宮과 통하게 하고 어도를 구축해 오르내리게 했다."11) 구체적으로 말하자면 "비각은 공중에 가설된 각도閣道이다. 각도는 목조구조의 육교에다 지붕과 난간을 설치한 공중 회랑이다. 이러한 각도를 통해 건장궁부터 장안성의 서쪽 성벽과 해자를 넘어 미앙궁에 도달하고, 미앙궁에서 통계궁通桂宮, 북궁北宮, 명광궁明光宮, 장락궁長樂宮으로 통하는 복도와 연결돼 며칠이나 걸을 수 있는 어도를 건축했다. 이 어도는 한대 문인의 작품에서도 묘사됐다. 《文選》8권, 사마상여司馬相如의 《上林賦》에서는 '어도가 끝없이 이어지고 사방에는 처마가 달린 회랑이 있으며 거리가 멀기 때문에 중간에서 숙박할 수 있다'고 했다."12) 이런 어도는 당시의 건축규모로 봤을

---

9) 역주 : 누각 혹은 낭떠러지 사이에 위, 아래의 이층으로 된 통로를 가리키면 복도라 하기도 한다.

10) 何清谷撰 : 《三輔黃圖校釋》, 北京, 中華書局, 2005, 第49頁.

11) 何清谷撰 : 《三輔黃圖校釋》, 北京, 中華書局, 2005, 第123頁.

때에 한 번 보기만 해도 깊은 인상을 남길만한 기적이 아닐 수 없다. 그러므로 도시편제에서 도로의 의미는 늘 정권과 긴밀한 이익관계를 같이하고 있다.13)

시각적으로 도로에는 도식화적 미적감각이 있다.14) 아시하라 요시노부는 이탈리아와 일본의 거리를 자세히 비교해 보고서 말했다. "거리 형성에 있어서는 건축 외벽이 매우 중요하다. 이탈리아와 그리스의 벽돌구조 건축은 반대로 건축의 외벽이 거리를 결정했다. 반면 일본의 상업거리 등을 관찰해보면 외벽에 간판과 같은 돌출물이 빽빽하게 걸

---

12) 何淸谷撰 :《三輔黃圖校釋》, 北京, 中華書局, 2005, 第123頁.

13) 노베르그 슐츠가 예를 들어 설명했다. "베르사유의 도시 발전은 루이 르보Louis LeVau(1612-1670)의 황궁 확장건축에 따라 1661년에 시작됐다. …… 궁전은 도시의 정중앙에 위치하고 긴 날개부분이 전체 구역을 원림과 도시로 나눴다. 두 공동의 특징은 궁전을 중심으로 하고 방사선 모양으로 이어지는 파리 대도, 쏘he Avenue de Sceaux, 그리고 쌩끌루the Avenue de Saint-Cloud같은 가로수 길이다. 기타 이차적인 도로와 광장은 순서대로 직각의 격자모양으로 계획했다. 원림 디자인은 방사선형 도로와 원형 중심 기초부터 진행됐으며 주변의 전체 경관은 무한적으로 보이는 체계속에 포함됐다. 뻗는 효과를 더욱 돋보이게 하기 위해 자연지형은 일련의 평평한 대臺와 큰 면적의 반사수면反射水面으로 개조됐다. 중심을 강조하기 위해 망사르가 황궁에 둥근 지붕을 더해 '왕권신수王權神授'를 선양했다. 베르사유는 17세기 도시의 본질은 독재성과 정확성뿐만 아니라 동태적인 감각과 개방성도 가득했다." ([挪]克裏斯蒂安·諾伯格-舒爾茨 :《西方建築的意義》, 李路珂, 歐陽恬之譯, 北京, 中國建築工業出版社, 2005, 第162頁.

비로 베르사유가 '동적인 느낌과 개방성'을 지녔지만 우리는 '독재성과 정확성'을 더 강하게 느끼며 이런 '독재성과 정확성'이 나타낸 것이 바로 '군왕의 권한은 신으로부터 부여 받았다'라는 영광과 위엄이다.

14) 아시하라 요시노부는 다음과 같이 말했다. "이탈리아의 거리와 광장은 뚜렷한 '도형'적 성격을 지니고 있다. 이런 윤곽을 형성하기 위해 거리 양쪽에 건물을 배열시키고, 건물을 길과 마주보게 하는 것이 매우 필요했다. 건물이 고립된 것이거나 기념성을 지니고 있다면 건물은 자연스럽게 주체가 되고 거리는 공간을 연결시키는 '배경'이 된다. 이탈리아 거리에서 건물 하나하나를 자세히 관찰해보면 비록 각기 다르지만 긴 세월 끝에 '다양한 통일'을 이뤘으며 거리를 '도형'의 구성방식으로 볼 수도 있다." ([日]蘆原義信 :《街道的美學》, 尹培桐譯, 天津, 百花文藝出版社, 2006, 第45頁.)

려있어 시각적으로 거리를 결정한 것이 외벽이 아닌 이런 돌출물이다. 이런 돌출물은 임시적인 것도 있고, 심지어 나풀거리는 것도 있어 안정적인 거리의 시각이미지를 형성하기가 더욱 어렵다. …… 건축의 외벽은 일본 거리에서는 거의 볼 수 없지만 거리를 제약하는 데에 있어서 전혀 영향을 미치지 않는 것은 아니다. 그래도 외벽에 돌출된 물건들이 거리를 형성했다고 보는 편이 더 낫다. 여기서 건축 본래의 외관 형태를 건축의 '첫 번째 윤곽선'이라 하고, 건축 외벽의 돌출물과 임시 부가물로 구성된 형태를 건축의 '두 번째 윤곽선'이라고 한다. 서구의 도시 거리는 건축의 '첫 번째 윤곽선'으로부터 결정됐고, 상대적으로 한국, 중국, 일본 등 아시아의 여러국가와 지역의 거리는 대다수가 '두 번째 윤곽선'으로부터 결정됐다."15) 오늘날의 사람들은 중국 고대 중원의 도성 거리의 진정한 경관을 볼 수가 없고, 구체적인 도식화에서 비교할 기회도 없지만 거리 양 쪽의 건축을 통해 '색다른' 메시지를 얻을 수 있을 것이다. 외래문화의 '식민'때문에 위진 남북조 이후의 어도에는 강한 자아 '해체'적인 힘이 내포돼 있다. 《洛陽伽藍記》에서는 "영녕사永寧寺는 희평熙平 원년에 영태후靈太后 호씨胡氏의 세종비世宗妃를 세웠는데 궁궐 앞 창합문閶闔門 남쪽으로부터 1리쯤, 어도의 서쪽에 있다"16)고 했다. 영녕사에는 "화상 북쪽에는 불전 하나가 있는데 태극전太極殿과 유사하다. 태극전에는 높이가 1장 8치 되는 금상이 하나, 구슬로 수놓은 불상이 세 개, 금선으로 짠 불상이 다섯 개, 옥불상이 두 개가 있다. 이들의 제작 공법이 정교하며 당대에서 최고이다. 그리고 승려의 방과 누각은 천여 칸에 달한다. 또한 조각한 대들보, 희게 칠한

---

15) [日]蘆原義信 : 《街道的美學》, 尹培桐譯, 天津, 百花文藝出版社, 2006, 第71-72頁.
16) 楊衒之撰, 周祖謨校釋 : 《洛陽伽藍記校釋》, 上海, 上海書店出版社, 2000, 第20-21頁.

벽면, 문에는 청색 그림, 창문에는 예쁜 무늬가 있는데, 이는 말로 다 표현하기 힘들 정도이다. 게다가 편백, 측백, 참죽, 소나무가 어우러지고 대나무와 향기로운 풀들이 계단 옆에 심어져 있다."[17] 그 밖에 "경락사景樂寺는 태부太傅 청하문헌왕淸河文獻王 원역元懌이 세운 것으로서 창합문 남쪽, 어도 동쪽에 있다. …… 원열元悅은 문헌왕의 아우로서 악사를 모집해 사찰에서 연극를 펼쳤다. 기이한 동물들이 정원에서 춤을 추고, 공중에서 날고 사람을 미혹하니 세간에서 보지 못한 것들이다. 기이한 환술이 모두 모였는데, 나귀의 가죽을 벗기고 우물에 던지거나 대추 씨앗을 심자 순식간에 결실을 맺어 먹을 수 있게 되니, 보고 있던 선비와 부녀자들은 눈이 혼란해지고 정신이 혼미해졌다."[18] 이 두 가지만으로도 그 당시 어도의 화려함과 복잡한 광경을 엿볼 수 있다. 사찰은 황궁의 부속품만이 아닌 사교를 위한 집합구역이 됐으며, 바로 도로 옆에 지었다. 이뿐만 아니라 도로 양쪽에는 사찰 외에 각 지역의 회관도 있다. "영교永橋 남쪽, 원구圜丘 북쪽, 이수伊水와 낙수洛水 사이에 어도를 가운데 두고서 동쪽에는 네 개의 지역관청이 있다. 첫째는 금릉金陵, 둘째는 연연燕然, 셋째는 부상扶桑, 넷째는 엄자崦嵫이다."[19] 이것으로 이질적 문화가 모두 이곳에 모였음을 알 수 있다. 《三輔黃圖》에서 기록하기를 "향실香室거리, 석음夕陰거리, 상관전尙冠前거리가 있다. 《三輔舊事》에서는 '장안성에는 여덟 개의 거리와 아홉 개의 도로가 있다'고 했고, 《漢書》에서는 유굴리劉屈氂의 아내가 화양華陽거리에서 효수형을 당했고 경조윤京兆尹 장창張敞은 마장대馬章臺거리를 뛰어 다녔으며, 진탕陳湯이 질지왕郅支王의 머리를 베어 호蒿거리

17) 楊衒之撰, 周祖谟校釋:《洛陽伽藍記校釋》, 上海, 上海書店出版社, 2000, 第20-21頁.
18) 楊衒之撰, 周祖谟校釋:《洛陽伽藍記校釋》, 上海, 上海書店出版社, 2000, 第58頁.
19) 楊衒之撰, 周祖谟校釋:《洛陽伽藍記校釋》, 上海, 上海書店出版社, 2000, 第129頁.

에 걸어놓았다"[20]고 했다. 거리는 여전히 처형장이었다. 어도가 있다면 어도의 해체도 있기 마련인데, 이는 바로 역사적 논리 때문이다.[21]

강남이 다리의 '본고장'임은 틀림없다. 범성대范成大는 《吳郡誌》에서 말했다. "오나라에 다리가 많은 것은 예로부터 그랬다. 지금의 지도에 기록된 다리는 모두 359개이다. 군성에서 지금의 정중락교正中樂橋를 기준으로 사방으로 통한다".[22] 이것으로써 오에 다리가 많음을 알 수 있다.[23] 하지만 다리는 강남만이 있는 것이 아니다. 고힐강顧頡剛은

---

20) 何淸谷撰：《三輔黃圖校釋》, 北京, 中華書局, 2005, 第103頁.
21) 중국 거리의 의미는 서구 성보의 광장과 유사하다. 컨리프는 다음과 같이 말했다. "고대 이집트의 쇠락과 문명의 실패 원인은 무엇일까? 모든 문명과 같다. 즉 지나친 번성과 오랜 제도화된 생활을 포기하고 전략적인 자유를 찬성했기 때문이다. 만약 중왕국시대 이집트의 제도─중국 고대, 인더스강 유역, 메소포타미아 및 콜럼버스가 미대륙 발견하기 전의 중미와 남미 지역의 제도─가 꾸준히 평화적인 방식으로 발전되고 그것을 만난 모든 사람들이 질서와 정부의 합리적 제도를 열정적으로 지지했다면 지금은 공산주의 사회질서가 이미 실현됐을 것이다. 그러나 무질서를 좋아하고 권력을 반대하는 것도 인류 개성의 구성요소이다. 역사는 의식의 양극, 즉 질서와 혼란, 순종과 반항 사이의 투쟁의 기록이다."([英]巴裏・克姆普：《解剖古埃及》, 穆朝娜譯, 杭州, 浙江人民出版社, 2000, 第222頁.)
22) 範成大撰, 陸振嶽點校：《吳郡誌》, 南京, 江蘇古籍出版社, 1999, 第236頁.
23) 《吳地記後集》의 기록에 의하면 "교량은 19개가 있다. 악교乐橋, 음마飮馬, 손로孫老, 도승渡僧, 승평昇平, 백현白顯, 태평太平, 시조市曹, 삼태위三太尉, 황우방黃牛坊, 계교憩橋, 소시小示, 장광張廣, 보제普濟, 태백묘泰伯廟, 삼독杜渎, 서관西館, 금사당金師堂 등 교량 열 아홉 개가 있다. 나중에 만들어진 교량으로는 길리吉利, 성가成家, 도자渡子, 용흥사龍興寺, 적선積善, 삼판三板, 마선사馬禪寺, 백선白磉, 전긴剪緊, 과군過軍, 옹서사후雍西寺後, 사죽絲竹, 오현동吳縣東, 오현서吳縣西, 오분烏盆, 정선艇船, 고교皐橋, 주명사朱明寺, 어행漁行, 여관자원女冠子院, 개원사开元寺, 매가梅家, 사가查家, 오작烏鵲, 분문리묘盤門裡廟, 안문雁門, 주면택전朱勔宅前, 경덕사景德寺, 장사랑蔣侍郞, 노제형盧提刑, 육시랑陸侍郞, 옹희사서雍熙寺西 등이 있다."(陸廣微撰, 曹林娣校注：《吳地記》, 南京, 江蘇古籍出版社, 1999, 第127-130頁.) 《吳地記後集》의 또다른 기록으로 (장주長洲) 나중에 건축된 교량으로는 고가顧家, 장가蔣家, 승어乘魚, 대랑大郞, 자성후子城後, 장주현동長洲縣東, 천궁사天宮寺, 장향張香, 서리어徐鯉魚, 남창南倉, 광화사후廣化寺后, 완교阮橋, 승천사후사전承天寺後寺前, 죽격竹隔, 선방船

《史林雜識初編》에서 다음과 같이 말했다. "배를 만들어 다리 기둥으로 삼는 현상은 중국 서북쪽에 많이 존재한다. 그곳은 지역이 넓고 큰 강이 많아 물결이 세고 유속이 빠르다. 다리를 건축할 기술이 없기에 배들을 가로로 배열해 쇠사슬로 연결하고 두꺼운 나무 판을 위에 깔면 사람, 수레, 말이 통행할 수 있다. 물이 불어나면 배가 높아지고 물이 낮아지면 배도 내려간다. 양쪽 강가에 철봉이나 말뚝 몇 개를 박아 그곳에 쇠사슬을 감아두면 물살의 기복에 따라 신축된다. 고란현皐蘭縣 북문은 황하와 인접해 청 말기에 철근 다리를 건축하기 이전에 해마다 커다란 배 스물네 척을 강에 가로로 배치해 판자를 깔고 난간으로 둘러쌌다. 남북 강가에는 철기둥 네 개와 나무 기둥 마흔네 개를 세워 길이 120장의 철 닻줄 두 개로 고정시켰다. 겨울에 강이 얼기 전에 다리를 철거하고 사람과 말은 얼음 위에서 통행한다. 봄이 돼 얼음이 녹으면 다시 배를 모아 다리를 만든다."[24] 여기서 고힐강은 마치 북방에서 '다리를 건축할 방법이 없어서' '배로 다리를 만드는' 이미지를 남긴 듯 하다. 하지만 그는 동시에 다음과 같이 언급했다. "《國語·周語中》에서 단양공單襄公이 진陳에게 길을 빌리자 '강에 주량舟梁이 없다'고 했는데, 위소韋昭는 '주량'이란 '배로 만든 다리'라고 풀이했다. 그의 주장은 두예杜預보다 앞서지만 두예의 설이 더욱 정확해 보인다."[25] 또한

舫, 북사동北寺东, 조교篠橋, 판교板橋, 서귀자徐贵子, 저국사宁國寺, 교천茭荐, 통리通利, 악안乐安, 선흥사禪興寺, 앙가仰佳, 천경관天慶關, 홍로자紅炉子, 백구百口, 장군蒋軍, 이사당李師堂, 주태보周太保, 장마보張馬步, 아압鵝鴨, 보적사寶積寺, 초혜草鞋, 영취사灵鷲寺, 주통周通, 화가畵家, 화교花橋, 정교程橋, 망신望信, 오왕吳王, 금모金母, 염교閻橋, 황토탑黃土塔, 대성帶城, 마진馬津, 초교草橋, 초방醋坊, 림돈临顿, 주전평교州前平橋, 지도至道, 신교新橋, 보교甫橋등이 있다."(陸廣微撰, 曹林娣校注:《吳地記》, 南京, 江蘇古籍出版社, 1999, 第143-144頁.)

24) 顧頡剛:《史林雜識初編》, 北京, 中華書局, 1963, 第127頁.
25) 顧頡剛:《史林雜識初編》, 北京, 中華書局, 1963, 第126頁.

"곽박郭璞은《爾雅注》에서 '조주造舟'는 배를 다리로 삼는 것이고, '유주維舟'는 배 네 척을 연결한 것이고, '방주方舟'는 배 두 척을 병렬한 것이며 '특주特舟'는 배 한 척이며 '부桴'는 나무를 한데 묶어 강을 건너는 것'이라 했다. 계급이 높을수록 연결된 배가 많은 것이 사실인지는 고증할 필요가 있지만 '배를 다리로 삼는다'로 '배를 다리 기둥으로 사용한다'를 설명하는 것이 아주 정확하다. 따라서 배를 기둥으로 삼는 것은 많은 배를 연결시켜 강에 띄우는 것이 아니라, 배를 다리로 삼고 사람이 그 위로 강을 건너는 것이다."[26] 그렇다면 '배를 나란히 배열함'과 '배를 만드는 것', '교橋'와 '량梁'의 차이가 확실치 않게 된다. 그러므로 종합적으로 봤을 때는 나중에 생긴 교橋로서 최초의 량梁을 유추할수 있고, 량梁의 구조가 바로 강을 건너는 배에서 영감을 얻었을 것이다. 이는 강남도 역시 지도弛道[27]가 존재하듯이 교량이 중국 곳곳에 건축됐으며 지역의 제한이 없는 것과 같다. "5년 가을 윤9월 병신일에 처음으로 창합문에서 주작문까지와 승명문에서 현무호까지 지도를 만들었다."[28] 비교할 수 있는 것이 있다면 다면 중원 도성의 어도는 자체만의 가치로 충분히 인정받을 수 있지만 다리는 강남 도회에서 자신의 존재가치를 더욱 빛낼 수 있을 뿐이다.

강남에서 다리는 호수 가운데 있는 섬의 교통을 담당하고 있다.《吳地記》에서 "탄독교炭瀆橋는 오나라 때에 섬의 교통수단였는데 이후 모래가 쌓여 육지가 됐으나 원래 흔적은 아직도 남아 있다"[29]고 했다. 교량은 군사용으로도 쓰인다.《讀史方輿紀要》의 기록을 보자. "두교

26) 顧頡剛:《史林雜識初編》, 北京, 中華書局, 1963, 第125頁.
27) 역주: 중국 역사상 최초의 '국도國道'이며 진나라 때에 최초로 만들어졌다.
28) 顧炎武著, 于傑點校:《歷代宅京記》, 北京, 中華書局, 1984, 第196頁.
29) 陸廣微撰, 曹林娣校注:《吳地記》, 南京, 江蘇古籍出版社, 1999, 第89頁.

斗橋는 신하新河 서북쪽에 위치한다. 가정嘉靖 연간 척계광戚繼光이 그곳에 주둔해 왜군을 패퇴시켰다. 또한 청항도清港渡는 현 서남쪽 35리에 있는데 삼산三山과 초문楚門을 왕래하는 요충지였다."[30] 그러나 교량의 재질부터 착수해보면 교량의 문화적인 의미를 더 쉽게 가늠할 수 있다. 교량의 재질은 대개 나무로 돼 있는데, 앞서 서술했듯이 배를 나열한 것이 교량 초기의 '부교浮橋'이다. 《洛陽伽藍記》에서는 "선양문宣陽門 밖 4리쯤의 낙수에 부교浮橋를 만들었는데 이른바 영교永橋"라고 했다.[31] 부교는 후대에도 여전히 광범위하게 응용됐다. 《讀史方輿紀要》에서는 다음과 같이 기록했다. "통제교通濟橋는 (금화金華)부성 서남쪽에 있다. 쌍계 위에 걸터 있고 길이가 70여 장에 달하며 문진교問津橋와 마주보고 있다. 원나라 지정至正연간에 벽돌로 기둥을 만들었는데 다시 훼손됐으므로, 배를 나열해 끈으로 연결하고 강을 건넜기에 '상하부교上下浮橋'라고 불렀다."[32] 성숙된 교량의 재질은 나무가 많고 석제가 적다. 어탁운은 일찍이 이렇게 말했다. "진시황이 위하 양쪽의 궁궐을 잇기 위해 함양 위하교渭河橋를 먼저 만들었다. 68과跨[33]의 목조 기둥식 교량은 진한秦漢 사서에 기록된 가장 큰 목조 교량이다. 그리고 현재까지 보존해 온 세계에서 가장 유명한 다리는 수대隋代의 단공 활모양을 하고, 양쪽에 작은 아치가 하나씩 달린 석제 아치형 교량인 조주교趙州橋이다."[34] 이것으로 보아 교량에 나무로 기둥을 하거나 돌로 원호圓弧모양의 아치 공拱을 하는 것이 도움이 되는 것 같지만

---

30) 顧祖禹撰, 賀次君, 施和金點校: 《讀史方輿紀要》, 北京, 中華書局, 2005, 第4285頁.
31) 顧祖禹撰, 賀次君, 施和金點校: 《讀史方輿紀要》, 北京, 中華書局, 2005, 第127頁.
32) 顧祖禹撰, 賀次君, 施和金點校: 《讀史方輿紀要》, 北京, 中華書局, 2005, 第4292頁.
33) 역주: 토목 용어. 한 개의 들보 두 지탱지점 사이의 거리를 가리킨다.
34) 于倬雲著: 《中國宮殿建築論文集》, 北京, 紫禁城出版社, 2002, 第248頁.

사실 그렇지 않다. 중국의 옛 다리는 나무재질의 다리가 많았다. 역사
서적에는 많은 돌다리에 관한 기록이 있을 것이라 착각할지도 모른다.
《三輔黃圖》로 예를 들어 보자. "횡교橫橋는《三輔舊事》에서 이르기를
'진나라가 횡교를 만들었고 한나라는 진의 예제를 따라 여섯 장 삼백팔
십 보로 넓혔다. 도수령都水令을 설치해 다리를 관리했고 석주교石柱橋
라고 이름했다.'"35) 이와 유사한 문헌을 반드시 잘 분별해야 한다. 이
곳의 횡교는 돌다리가 아닌 단지 돌기둥 다리이며, 다리 전체가 돌로
만들어진 것은 아니다. 아래 해석을 한번 살펴보면 "내몽고內蒙古 화림
격이한묘和林格爾漢墓 벽화에 '위수교도渭水橋圖'라는 그림이 있는데 붉
게 칠한 나무 기둥과 난간에 '위수교'라고 표기돼 있다. …… 이 그림으
로 보아 위수교는 돌다리가 아닌 나무다리이다.《三輔黃圖》1권에서
는, 횡교의 남북쪽 강가에 제방 기초와 돌기둥이 있다. 그것들은 아
마도 교량 양쪽의 나루터일 것이며, 파도가 해안을 스치는 걸 방지하
고 다리 기둥을 공고히 하는 역할을 한다. 다리 양쪽의 돌기둥은 아
마도 화표華表 혹은 경계기둥 같은 것이며 돌다리의 기둥은 아니다.
《三輔舊事》에서는 후세 사람이 그것을 다리 기둥으로 여겨 '돌다리
기둥'이라 불렀다고 기록했다."36) 사실상 강에 가설된 나무다리의 역
사는 돌다리보다 훨씬 오래됐고,37) 돌다리는 나무다리에서 개조한 것
이다. 사람들은 돌의 재질이 강하기에 다리의 수명이 연장되기를 바

---

35) 何淸谷撰:《三輔黃圖校釋》, 北京, 中華書局, 2005, 第353頁.
36) 何淸谷撰:《三輔黃圖校釋》, 北京, 中華書局, 2005, 第354頁.
37) 《三輔黃圖》에서 말하기를 "《初學記》권7에서 '한漢이 패교霸橋를 건축했는데 돌로
다리 기둥을 만들었다'고 했고,《苻傳》에 '다리가 다 타버린 후 불이 꺼졌다'는 기록
이 있기에 한패교漢霸橋는 나무구조였다. 왕망王莽 이후부터 패교가 비로소 나무기
둥에서 돌기둥으로 바뀌었을 것이다."(何淸谷撰:《三輔黃圖校釋》, 北京, 中華書
局, 2005, 第357頁.)

랐다.[38] 하지만 다리의 구성 자체는 나무 소재 위주였으며 강남의 다리는 특히 그랬다. 그 예로 《吳郡圖經續記》의 기록을 보자. "오강吳江 이왕교利往橋는 경력慶歷 8년에 현위 왕정견王廷堅이 건조했다. 동서의 폭이 천여 척이며 나무를 매우 많이 사용했다. 닺줄로 난간을 설치하고 벽돌을 가지런히 쌓았는데, 앞에는 태호에 임하고 오송강吳淞江을 가로막고 있으며 호수의 풍경과 바다의 기운이 한곳에 모여 가히 삼오의 절경이라 할 수 있다."[39] 《方輿勝覽》에도 다음과 같은 기록이 있다. "수홍교垂虹橋는 오강현에 있으며 바로 이왕교이다. 동서의 폭이 천여 척이며 목재를 많이 사용했다. 앞에는 태호에 임해 있고 오송강을 가로막고 있으며 호수의 풍경과 바다의 기운이 한곳에 모여 가히 삼오의 절경이라 할 수 있다. 다리 위에 수홍垂虹이라는 정자가 있다. 소자미蘇子美의 '긴 다리가 허공에 걸쳐 있는 광경은 처음 있는 일이고, 큰 정자가 파도를 누르는 기세도 뛰어나다'라는 시구도 있었다."[40] 다리 하나에 걸핏하면 '많은 목재를 사용'한다니…… 이는 '다리의 간격이 천여 척'에 달해서 그런 것이 아니라 이렇게 해야만 '난간을 설치하고 벽돌을 쌓을' 수 있기 때문이다. 강남에 사는 사람은 다리를 예술품으로 간주할 것이다. 그들 눈에는 다리가 생명 있는 사물이다. 생명이 있으니 그 생명의 아름다움을 드러내기 위한 장식도 필요하다. 따라서 다리 난간은 절대로 있으나마나한 부분이 아니다. 《方輿勝覽》의 기록

---

38) 《三輔黃圖》에서 "패교는 장안 동쪽에 있고 강 위에 걸쳐 만든 다리이다. 한나라 사람들이 손님을 이곳까지 배웅하고 버드나무를 꺾어 증별한다. 왕망 시기 패교에 화재가 났는데 수천 명이 물을 뿌려도 꺼지지 않아, 패교는 장존교長存橋로 이름이 바뀌었다."(何清谷撰 : 《三輔黃圖校釋》, 北京, 中華書局, 2005, 第356頁.)장존교로 명명된 것은 당시 사람들의 다리 운명에 대한 동정과 기탁을 드러낸다.
39) 朱長文撰, 金菊林點校 : 《吳郡圖經續記》, 南京, 江蘇古籍出版社, 1999, 第26頁.
40) 祝穆撰, 祝洙增訂, 施和金點校 : 《方輿勝覽》, 北京, 中華書局, 2003, 第37頁.

에 소주에는 "390개의 다리가 있다. 백거이의 삼월삼일한행시三月三日閑行詩에 '황리 골목 어귀에서 꾀꼬리가 노래하니 오작강가는 얼음이 녹네. 푸른 파도의 호수 물이 사방에서 찰랑이고, 붉은 난간의 다리는 삼백아흔 개로구나'라는 내용이 있는데, 이는 성내의 다리 수에 불과하다."41) '푸른 파도'와 대구를 이룬 것은 다리 본체가 아닌 '붉은 난간'이다.《吳郡誌》의 기록을 보자. "숭진궁嵩眞宮은 능인사能仁寺 서쪽에 있다. 선화宣和 중기에 신소궁神霄宮이라 불렀는데 전란에 파괴됐다. 문 앞의 청석교靑石橋에 난간이 있는데 조각을 머리카락처럼 가늘게 했고 오吳의 다리 난간 중에서 으뜸이다."42) 문진형은《長物誌》에서 난간을 특별하게 해석했다. "정자, 정사, 행랑, 복도는 붉은 난간 및 거위목 받침으로 연결시킬 수 있다. 당에는 커다란 나무로 돌난간의 모양을 만들지만 중간을 비워둬야 한다."43) 참으로 화려하고 웅장하다. 그러므로 나무 소재 및 난간이야말로 강남 옛 다리의 모습이라 할 수 있다.

나무로 교량을 만드는 것은 교량의 본연의 뜻인 '량梁'과 큰 연관성이 있다. 량은 무엇인가?《爾雅》에서 아주 정확하게 설명했는데,《釋宮》에서 "문지방은 역閾이라 하고 문설주는 설楔이라 하고 문미는 량梁이라고 하며 지도리는 외椳라고 한다"44)고 풀이했다. 즉 량이란 문미門楣이며 문틀 위의 횡목이다.《釋宮》에서는 또한 "대들보를 량이라하고 그 위의 기둥은 절梲이라고 한다"45)고 했다. 량은 집안에 남북으로 가설된 횡목이며 동서로 가설된 마룻대와 함께 부르기도 한다. 이로

41) 祝穆撰, 祝洙增訂, 施和金點校:《方輿勝覽》, 北京, 中華書局, 2003, 第38頁.
42) 範成大撰, 陸振嶽點校:《吳郡誌》, 南京, 江蘇古籍出版社, 1999, 第462頁.
43) 文震亨著, 陳植校注:《長物誌校注》, 南京, 江蘇科學技術出版社, 1984, 第25頁.
44) 胡奇光, 方環海撰:《爾雅譯注》, 上海, 上海古籍出版社, 2004, 第205頁.
45) 胡奇光, 方環海撰:《爾雅譯注》, 上海, 上海古籍出版社, 2004, 第208頁.

부터 파생됐기에 량은 중국 건축문화 품격에서 특별한 의미를 지니고 있다.

《世說新語·規箴》에서 언급하기를 "육완陸玩이 사공司空에 취임하자 어떤 손님이 그를 찾아와 술을 요구했다. 술을 가져오자 손님이 자리에서 일어나 들보와 기둥 사이 바닥에 제주를 올리며 말했다. '요즘 세상에 인재가 부족해 당신을 기둥석으로 기용했으니 백성 집안의 들보와 기둥棟梁이 기울지 않게 하시오.' 육완이 웃으며 '당신의 충고를 기억하겠소'라고 말했다."[46] 그리고 《世說新語·言語》에서 기록하기를 "유공庾公이 불도를 손에 넣고서 와불을 보고 '이 자는 나루터와 교량津梁 밑에서 너무 피곤했구나'라고 말했다. 이 말은 당시의 명언이 됐다."[47]

이것으로 '동량棟梁', '진량津梁'은 건축의 부속뿐만 아니라 사회문화 구조에서 어떤 지탱적인 힘을 대표하기도 한다는 것을 알 수 있다. 이런 힘은 실질적으로 무속의 숭배효과와 매우 유사하다. 곰브리치는 "향불이 모든 동굴 입구 밖으로 뿜어 나올 때는 매우 무서워 보인다. 이런 형식은 지붕의 들보 양쪽에 있는 눈과 턱이 달린 무서운 두상처럼 사악함을 쫓기 위한 것이다. 중국, 멕시코, 노르웨이와 알프스산맥 지역 민간 예술에서 이런 두상이 달린 비량飛梁을 찾아 볼 수 있다"[48]고 말했다. 량에는 하늘과 사람이 소통한다는 신비한 의미가 내포돼 있다. 이런 량이 바로 교량의 원시적 명칭이 됐다. 《爾雅·釋宮》에서 해석하기를 "방죽을 량이라고 부르고 돌로 된 외나무다리를 의倚라고

---

46) 劉義慶著, 劉孝標注, 余嘉錫箋注：《世說新語箋疏》, 上海, 上海古籍出版社, 1993, 第567頁.

47) 劉義慶著, 劉孝標注, 余嘉錫箋注：《世說新語箋疏》, 上海, 上海古籍出版社, 1993, 第102頁.

48) [英]E. H. 貢布裏希：《秩序感 —— 裝飾藝術的心理學研究》, 範景中, 楊思梁, 徐一維譯, 長沙, 湖南科學技術出版社, 2006, 第287-288頁.

부른다."49) 이른바 교량이란 양쪽에 돌을 모아놓고 나무를 그 위에 가로로 가설해 통과하는 방식이며, 배를 만들어 교로 삼고 나무를 가설해 량을 만드는 시대와 마찬가지로 오래됐다.50) 중국 고대인의 원시적 의념 속에서 사람은 이 세상을 하나의 커다란 집—다리는 집 밖에 있는 건축이고 강 양쪽이 서로 통행하는 방법이다—으로 여겼다. 하지만 중국 고대인은 다리가 집 밖이 아닌 실내에 있다고 생각했다.

이 세상은 원래 하나의 커다란 집이니 모든 것은 '실내'에 있으므로, 그들은 강가에 가설된 교량을 자신들의 집안에서 문미 위의 들보라고 부르고 싶었다. 이는 자연이 이미 '선험'적으로 인류에 의해 유지되고 정비됨을 의미한다. 농담하자면, 급류에서 헤엄치는 많은 물고기들이 중국 고대인들에게는 자신들이 기르는 애완동물로 여겨졌을 가능성이 크다. 생태적이지 않은가? 이것은 황야적인 생태가 아니며 천, 지, 인이 끊임없이 순환되는 유기체계 속에 진실하게 안착시켰다.

진종주는 다음과 같이 말했다.

원림을 만들 때는 반드시 '과편過片'51)에 주의해야 한다. 그것이 자유자재로 운용되면 비록 천경 크기의 원림이라도 기세가 온전하고 운치가 심오하다. 구불구불한 물이 조용히 흐르고 산봉우리가 겹치며, 누각이 서로 어울려 돋보이고 꽃들이 위로 자라는 나무를 받쳐주는

---

49) 胡奇光, 方環海撰：《爾雅譯注》, 上海, 上海古籍出版社, 2004, 第213頁.
50) 《龍江船廠誌》에서 말하기를 "량주梁舟는 《詩·大明》에서 '문왕이 친히 위수로 가서 맞이하고 배를 만들어 다리 기둥으로 사용했으며 매우 영광스러워 보였다'고 해석했다. 집주集注에서 주석하기를 '배를 만들어 물에 띄우고 그 위에 목판을 깔아 통행했다. 즉 지금의 부교이다.' 장자張子는 '배를 만들어 기둥으로 삼는 것은 문왕이 만들었다. 주나라 사람들은 다리가 하늘의 선물이라 여긴다'고 말했다. 《禮》에서 말하기를 "천자는 조주造舟, 제후는 유주維舟, 대부는 방주方舟, 선비는 특주特舟이다.'" (李昭祥撰, 王亮功校點：《龍江船廠誌》, 南京, 江蘇古籍出版社, 1999, 第254頁.)
51) 역주：원림건축에서 일종의 연결 시설이다.

것이 모두 고립적이지 않다. 높고 낮음이 서로 기복을 이루고 개방되면서 굴곡을 유지하는 곳곳에 '과편'이 있는데, 이런 과도過渡는 각종 기법을 적절히 운용했기 때문이다. 즉 누각은 회랑을 과도로 하고, 흐르는 계곡은 다리를 과도로 삼았다. 색채는 화려함에서 연함으로 돌아가고 중간 색상이 없으면 조화를 이루지 못한다. 그림에 사용되는 보필접기補筆接氣도 모두 과도 기법이다. 과도가 없으면 기가 통하지 않고 원림에는 변화가 없다. 허와 실의 이치는 과도의 적절함에 있다.[52]

그렇다면 다리는 일종의 과도일까? 강남 수향에서 혹은 소주의 원림에서의 다리는 단지 외출을 편리하게 하는 과도가 아니라 강 양쪽을 연결하고 사람과 자연의 소통하게 하는 공간이 돼버렸다. 다리가 있기에 강 양쪽이 소통하고 교류하는 체계가 됐고, 다리가 있기에 이 세상은 사람과 자연의 통합된 "우리 모두"의 정원이 됐다. 백거이의 시구에 "반쯤 취해 난간에 기대어 사방을 둘러보니 …… 멀고 가까운 곳에 사찰이 보이고 동서남북의 다리는 서로 바라보고 있다"[53]는 대목도 있다. 동서남북에서 교량이 서로 바라보고, 강가 여기저기에서 무리를 이뤄 하나의 자유롭고 맥동하는 조직이 됐으니 이것이 바로 개방적 체계이다. 《吳郡圖經續記》에서 기록하기를 "오군吳郡에는 옛날부터 다리가 많았다. 일찍이 '붉은 난간의 다리가 삼백아흔 개'라는 백거이의 시구가 있었으며 다리의 이름들은 이미 《圖經》에 기록됐다. 지금은 더 많이 증축돼 모두 돌을 쌓고 기와를 올렸으며, 공법은 기이하고 정교하지만 더 이상 붉은 난간을 사용하지 않았다. 그러나 다리 이름은 모두 기록되지 않았다. 근래에 탁지度支인 한공자韓公子가 군수가 되고 나서 이르기를 사람들이 오가며 볼 수 있게 다리 이름을 옆에 새기라고 명

---

52) 陳從周:《梓翁說園》, 北京, 北京出版社, 2004, 第46頁.
53) 祝穆撰, 祝洙增訂, 施和金點校:《方興勝覽》, 北京, 中華書局, 2003, 第49頁.

했다."[54] 현실 세계에 있는 강 양쪽을 연결시킨 다리가 어찌 과거와 미래를 연결시킬 수 없겠는가? 이러한 연결에서 자연은 늘 중요한 역할을 하고 있었다. 《吳郡圖經續記》에 이런 내용이 있다. "보명선원普明禪院은 오현 서쪽 10리쯤 떨어진 풍교楓橋에 있다. '풍교'는 널리 알려졌다. 두목杜牧의 시구에 이를 언급한 적이 있었고, 장계張繼는 《晚泊》라는 걸작이 있으며 손승우孫承祐도 이곳에 탑을 세웠었다. 근래 장로 승이 주지로 와서 사오십년에 걸쳐 보수공사를 마쳤다. 산을 마주보고 물가에 가까워 유람과 휴식을 동시에 할 수 있다. 이전에는 '봉교封橋'라고 잘못 알았는데 지금은 승상 왕순공王郇公이 얼마 전에 이사 와서 직접 돌에 장계의 시구를 써 '풍楓'을 비로소 바로잡게 됐다."[55] 왜 '봉교'를 '풍교'로 바로잡으려 했을까? 그것은 '봉封'을 사용하면 경지가 완전히 파괴되기 때문이다. 풍교는 어찌해서 이렇게 유명해졌을까?[56] 장계 덕분인가? 이 또한 아니다. 장계는 풍교가 풍교가 된 이유만을 밝혔을 뿐이다. 풍교는 '단풍'으로 인해 얻은 이름이다. 자연으로 인해 형성된 다리이기에 풍교에는 '풍'이 없어서는 안되며, 마치 풍교가 인위적으로 봉해지는 '봉'을 거절하는 것과 같다. 이는 생태적인가? 물론 그렇다. 강남의 다리는 이런 뜻을 내포하지 않는 것이 없다. 왕찬王撰은 《山行竹枝詞》에서 "아홉 리 길에 다리 열세 개가 있다고 전해 들었는데, 물이 얕고 배가 느려 갈길이 멀구나. 제방이 가까워지니 달이 막 떠오르고, 뱃사공은 노를 잠시 멈추고 불을 밝히네"[57]라고 오현을 표

---

54) 朱長文撰, 金菊林點校:《吳郡圖經續記》, 南京, 江蘇古籍出版社, 1999, 第23頁.
55) 朱長文撰, 金菊林點校:《吳郡圖經續記》, 南京, 江蘇古籍出版社, 1999, 第36頁.
56) 《吳地記佚文》에서는 "오나라에는 삼백아흔 개의 다리에서 풍교가 가장 유명하다"고 말했다.(陸廣微撰, 曹林娣校注:《吳地記》, 南京, 江蘇古籍出版社, 1999, 第171頁.)
57) 徐崧, 張大純纂輯, 薛正興校點:《百城煙水》, 南京, 江蘇古籍出版社, 1999, 第125頁.

현했다. 이 얼마나 고요하고 편안한 다리가 있는 야경인가.《新定九域誌·臺州》를 보자. "개죽산盖竹山은 죽엽산竹葉山이라고도 부른다. 산에는 돌집과 돌다리가 있다.《天臺記》의 기록에 의하면 다리에는 작은 정자가 있고, 다리는 용모양이며 마치 거북등龜背을 산골짜기에 세운 것과 같다. 그리고, 두 가닥의 계곡물이 그곳에서 합쳐져 흘러내리면서 폭포가 됐다고 했다."58) 얼마나 아름답고 심신을 편안하게 하는 작은 다리인가. 다리가 비로소 진정한 풍경이다.59) 사람들은 다리에 관한 두 개의 우화를 잊지 못한다.《新定九域誌·衢州》에서는 "난가산爛柯山은《圖經》에서 이르기를, 진대晉代의 나무꾼 왕질王質이 돌다리 아래서 두 동자가 바둑 두는 것을 보고 다리 밑으로 내려가 구경했다. 두 동자가 왕질에게 난가로 가서 나무하라고 알려주며 여기가 바로 그곳이라고 했다."60)《吳地記》에서 기록하기를 "승어교乘魚橋는 교양독交讓瀆에 있다. 군민 정법해丁法海와 금고琴高는 사이가 매우 좋았다. 금고는 대대로 은거해 왔는데 벼슬을 하지 않고 동고東皐의 논을 경작했다. 그해의 농사가 잘 됐다. 두 사람이 강가에서 걷고 있는데, 일 장에 달하는 크기에 뿔 하나와 날개가 달린 큰 잉어 한마리가 금고의 논에서

---

58) 王存撰, 王文楚, 魏嵩山點校:《元豐九域誌》, 北京, 中華書局, 1984, 第622頁.
59) 예를 들어 "이십사교二十四橋는 수隋가 설치하고 성문과 거리의 이름으로 명명했다. 이후 한령곤韓令坤이 주읍지를 건축할 때에 종횡으로 분포되는 다리를 다시 건설해 원래의 이십사교는 남아있는 것도 있고 없어진 것도 있어 고증할 수 없게 됐다. 두목杜牧은《寄韓判官》에서 '운산은 멀리서 희미하게 보이고 물은 아득히 펼쳐진다. 가을이 지나니 강남의 초목도 시들었네. 달이 스물네 개 다리를 비추는 이 밤, 네 친구는 어디서 미인에게 통소를 가르치고 있는가?'라고 기술했고, 구양수歐陽修는 양주에서 이사와서《西湖》에서 '푸른 마름과 붉은 꽃이 피어 있는 연못에 화방畵舫이 떠다니는데, 사군使君은 양주를 기억하고 있는지요? 스물네 개 다리에 비친 달빛을 널리 퍼져 있는 서호의 가을로 바꾸시오'라는 시구를 지었다."(祝穆撰, 祝洙增訂, 施和金點校:《方輿勝覽》, 北京, 中華書局, 2003, 第798頁.)
60) 王存撰, 王文楚, 魏嵩山點校:《元豐九域誌》, 北京, 中華書局, 1984, 第623頁.

날아다니는 것을 보았다. 법해가 잉어 등에 올라타자 잉어가 움직이지 않아서 내려왔는데 금고와 같이 잉어 등에 올라타자 잉어는 날개를 펼쳐 하늘로 올라갔다."[61] 왕질은 어디에서 동자들이 바둑을 두는 것을 봤는가? 다리 밑에서이다. 사람들은 어떻게 사이가 좋은 정법해와 금고가 함께 하늘로 날아간 일을 기념했을까? 바로 승어교를 지어서 기념했다. 사람들은 일찍이 현세를 힘들어 했다. 그래서 다리는 사람과 신선의 경지를 연결하는 경로이고 다리에 얽매인 섬세한 감정은 우리의 상상을 초월했다.[62] 이어가 '경로'에 대해 정의하기를 "經은 빠르고 편리할 뿐만 아니라 우회하는 묘미도 있다. 일부러 우회하는 길을 만들어 독특함을 추구하고자 하는 자는 필히 가족들이 드나들기 편하게 옆문 하나를 더 낸다. 급할 때는 열고 한가할 때 닫아놓으며, 우아함과 속됨을 모두 갖췄고, 이치와 경지를 모두 얻었다."[63] 편리한 기능을 초월한 강남의 수교가 산수의 환상적인 경치에서 우회하니 어찌 생태미학의 본보기가 되지 않을 수 있겠는가?

---

61) 陸廣微撰, 曹林娣校注:《吳地記》, 南京, 江蘇古籍出版社, 1999, 第86頁.

62) 진종주는 "원림 내의 물에 다리가 있는 것은 육로에 회랑이 있는 것과 마찬가지로 중요하다. 소주원림에 쉽게 보이는 다리의 종류로는 기둥이 있는 다리이며 직교直橋, 구곡교九曲橋, 오곡교五曲橋, 삼곡교三曲橋, 호형교弧形橋 등으로 나눌 수 있다. 수면보다 높고 강가와 평행하는 것과 강가보다 낮아서 수면 위에 떠 있는 것이 있다. 시기별로 고찰해 볼 때에 후자가 조금 오래됐고, 지금의 예원藝園, 무석의 기창원寄暢園, 상숙常熟의 제원諸園에 있는 다리들이다. 이원怡園과 이미 훼손된 목독木瀆의 엄가화원嚴家花園도 후자와 같지만 수면보다 약간 높다. 이전에는 왜 이렇게 설계했을까? 그것이 표현해 낸 효과는 두 가지이다. 첫째, 다리와 수면이 평평하면 관람자가 지나갈 때는 물이 더 많아 보이고 다리는 더 위태롭게 느껴진다. 둘째, 다리가 낮으면 산석이 더 높아 보이며 산야와 누각과 강한 대비를 이룰 수 있다"고 말했다.(陳從周:《梓翁說園》, 北京, 北京出版社, 2004, 第75-76頁.)

63) 李漁著, 江巨榮, 盧壽榮校注:《閑情偶寄 · 居室部》, 上海, 上海古籍出版社, 2000, 第183頁.

제2절 문궐門闕과 정랑亭廊 : 위엄과 답습

《史記·汲鄭列傳》에 이런 이야기가 있다. "처음에 적공翟公이 정위廷尉였을 때는 손님이 집안에 가득했는데, 그 자리를 내려놓자 문 밖이 그물을 칠 수 있을 만큼 조용해졌다. 적공이 다시 정위가 되자 손님들이 다시 찾아왔고, 적공은 대문에 '생사를 통해 친분을 알 수 있고, 빈부를 통해 사귀는 태도를 알 수 있으며, 귀천을 통해 우정을 확인할 수 있다'라는 글귀를 붙였다."[64] 적공은 염량세태를 이른바 인정의 후함과 박함을 누차 봐 왔기에 마음에 근심과 두려움이 생겼다. 적공의 인생경험은 문미門楣에 적어 놓았다. 문은 적공의 부귀영화와 적막함을 말하고 있다. 즉, 득세할 때는 손님이 문전성시를 이루다가도, 실세하니 문 앞에 그물을 칠 정도로 조용해졌다는 것이다.

중국 고대 건축에서 문은 일종의 상징이자 지표이므로, 대문 앞의 광경은 한 가정의 특히 가장의 득세와 실세를 나타내기도 한다. 문은 관료 등급질서에서 계급의 등락을 나타내는 보고서이다. 다시 말해 사람들이 집 앞에다 높고 위엄 있는 문미를 세울 때는 일종의 건축요소인 것만이 아니라 기세등등하게 주류사회로 진출하고자 하는 표시이기도 하다. 《爾雅》에서는 문과 그 문에 대응하는 망루望樓에 대해 정확하게 정의했는데, 《釋宮》에서 "팽祊을 문이라고 부른다. 정문은 응문應門이라 하고 먼곳을 바라보는 곳을 궐闕이라 부른다"[65]고 했다. 팽은 고대 종묘 문 안쪽의 제사를 지내는 곳이다. 주희朱熹는 효자효손들이

---

64) 司馬遷撰, 裵駰集解, 司馬貞索引, 張守節正義:《史記》, 北京, 中華書局, 1982, 第3114頁.

65) 胡奇光, 方環海撰:《爾雅譯注》, 上海, 上海古籍出版社, 2004, 第210頁.

일찍이 신의 존재를 잊었기에 문 안에서는 조상께 제를 올리고 문 앞에서 손님을 영송한다고 주장했다. 그렇다면 응문은 어떤 문일까? 응문은 바로 왕궁의 정문이다. 가장 바른 문은 응당 왕궁 앞에 세워야 하며, 이 문은 사회의 덕성, 윤리 및 권위의 대표이다. 그래서 어떤 면에서 민가의 문은 응문이나 왕궁 정문의 모방일 뿐이다. 그 밖에 궐은 무엇일까? 바로 관觀이다. 관은 고대 궁문 밖의 높은 대 위에 세운 망루이다. 여사면은 "궐은 응문 양쪽에 있어야 하는데 바로 관이다. 상위 象魏[66]라고도 하며 법을 공시하는 곳이다"[67]라고 해석했다. 그리고 누가 높은 누대에 올라가서 광망하는지 잘 분별해야 한다. 바로 왕이다. 관망의 주체가 왕이라면 관망은 왕족들의 행위이다. 과연 그들은 무엇을 관망하고 있을까? 왕의 기운일 수도 있고 민심일 수도 있다. 비록 정확히 알 수는 없지만 그런 행위 자체가 내포한 뜻은 확실하다. 그곳은 '법을 공시하는 곳'이자 왕권이 자신이 통치한 지역과 사회를 살필 때에 더할 나위 없는 위엄을 보여주는 곳이다. 즉 궐은 제왕의 미덕과 생명윤리 심지어 강산의 견고함을 유지하고 감상하며 찬미하는 상징이다. 《三輔黃圖》에서는 "궐은 관이다. 옆에 관 두 개를 세워 궁궐문임을 표시하고 그 위에서 멀리 바라볼 수 있기에 관이라 한다. 신하들이 조회할 때에 이곳에서 자신들이 무엇을 바라보고 있는지를 생각한다"[68]고 했다. 일반 백성이나 일반적이지 않은 공신과 가혹한 관리들이 궐 앞에서 인사할 때는 반드시 '자신들이 바라본 바를 생각할 것이다.' 그것이 무엇일까? 바로 제왕의 위망威望이다.

---

66) 역주: 고대 천자, 제후 궁문 밖의 한쌍의 높은 건축을 말하며 '궐' 혹은 '관'이라고도 부르고 교령을 걸어놓은 곳.

67) 呂思勉:《中國制度史》, 上海, 上海教育出版社, 2002, 第222頁.

68) 何清谷撰:《三輔黃圖校釋》, 北京, 中華書局, 2005, 第378頁.

역사적으로 문과 궐은 매우 뚜렷한 방식으로 권력을 나타냈다. '입구'로서 문, 궐은 본래의 방어기능69)에서 정표의 의미를 갖게 됐다. 《史記·五帝本紀》에서는 "순임금은 사문四門에서 손님을 대접하고, 귀신을 방어하기 위해 적대시하는 네 개의 부락을 변두리 지역으로 이주시켰다. 그래서 사문을 여는 것이 바로 흉악한 자가 없음을 뜻한다."70)고 했다. 두예杜預는 색인에서 "사방의 문을 열고 사방의 소식을 듣고 뭇 현인들을 예로 맞는다"고 주석했다. 이는 방어적인 격리와 표지성의 확립은 한 사물의 양면이고, 같은 사물의 각기 다른 측면이라는 것을 말해 준다. 방어성과 표지성은 비례하는데, 표지성이 강한 건축일수록 방어를 더 필요로 하고 방어성을 띤 중요한 길목은 종종 표기적 의미를 지니기도 한다. 왕진복은 다음과 같이 말했다. "궐의 원형은 일정한 건축환경이자 지역 대문 앞에 설치된 일종의 검문소이지만,《華夏意匠》에서 말하는 '초소'는 아니다. 궐은 처음부터 '적을 문 밖에서 막아내는' 방어성과 '벗을 문 안으로 모시는' 즐거움을 겸비했으며, 문화적 의미에서도 엄숙성과 친화성을 겸했다."71) 따라서 한편으로 문은 분리이다. 《禮記·曲禮》에서 말하기를 "손님의 수레는 대문에 들어가지 않고 부녀자들은 서서 수레를 타지 않으며 개와 말은 청당에 들어오지 못한다."72) 그렇다면 왜 손님의 수레는 대문으로 들어오지 못할

---

69) 저서기는 다음과 같이 지적했다. "방향감 중심 및 영역의 존재공간이 인류의 사고범주에 들어온 후는 더욱 복잡한 존재공간 구상도 점차 문명체계에 들어오게 됐는데, 이 중 가장 중요한 것은 '입구'이다. '입구'는 대개의 경우에 생과 사의 경계를 암시하고, '신성'과 '멸시'의 경계를 상징하는 출입구이거나 실제 '우리' 동족이 적의 침략으로 살해될 수 있는 중요한 지점이 된다."(褚瑞基 :《建築曆程》, 天津, 百花文藝出版社, 2005, 第11頁.)

70) 司馬遷撰, 裴駰集解, 司馬貞索引, 張守節正義 :《史記》, 北京, 中華書局, 1982, 第36-37頁.

71) 王振復 :《中華意匠 : 中國建築基本門類》, 上海, 復旦大學出版社, 2001, 第188頁.

까? 문 안은 주인의 세계이자 문은 가림막이며, 내부와 외부를 격리시키는 경계이자 친서를 구분하는 근거이기 때문이다. 또 한편으로 문은 표현이다. 침입자가 '문을 부수고 쳐들어오면' 도발이다. 이는 담을 넘어 살그머니 들어오는 것이 아니라 주인의 존엄을 무시하고 문을 부수고 거침없이 들어왔기 때문에 문에 대한 공격도 일정한 상징적 의미를 갖게 됐다. 《史記 · 酷吏列傳》에서 말하기를 "한신韓信이 도망해 상림원上林苑에 숨었다. 이에 선사미宣使郿가 한신을 죽이라 명했지만, 병졸이 한신을 죽일 때에 활로 상림원上林苑의 대문을 명중시키자 그는 병졸에게 죄를 물었다. 그리고 대역죄로 여겨 마땅히 일가를 처형해야 한다고 하자 병졸은 자살했다."[73] 다른 곳에 맞은 것은 괜찮지만 '상림원' 정문에 명중한 것은 일가를 죽일 대역죄를 저지른 것이다. 한편 고대에는 활 쏘는 의식이 매우 성대하고 정중했다. 이런 문화는 심지어 일본까지 전해졌다.[74] 어쨌든 문, 궐은 결국 왕권과 국법의 상징이 됐다.[75] 《太平寰宇記》에서는 《輿地誌》의 이야기를 인용했다. " …… 함

---

72) 王文錦譯解 : 《禮記譯解》, 北京, 中華書局, 2001, 第33頁.

73) 司馬遷撰, 裴駰集解, 司馬貞索引, 張守節正義 : 《史記》, 北京, 中華書局, 1982, 第3152頁.

74) 왕해연王海燕이 가리키기를 "동한東漢의 사례射禮 거행 장소는 도성 남쪽에 설치됐고, 이덕조孝德朝의 사례 장소는 동한과 유사하다. 이것으로 이덕조의 사례는 동한의 사례 관념을 흡수했을 가능성이 매우 크다. 이런 추측이 성립된다면 이덕조의 사례 거행은 예의 질서 사상을 대신들에게 주입하려는 목적이 있다."(王海燕著 : 《古代日本的都城空間與禮儀》 浙江大學出版社2006年版 第142頁)

75) 《三輔黃圖》에서 기록하기를 "진효공부터 진시황, 호해胡亥까지 이 성을 도읍으로 정했다. 문서 기록에 의하면 효공이 12년에 함양을 건축하기 시작해 기궐冀闕을 짓고 도읍을 옮겼다. …… 기궐은 진의 수도인 함양궁궐 밖에 법령을 공포하는 망루이다. 이는 《史記》, 《秦本紀》, 《秦始皇本紀》 외에 《商君列傳》에도 '함양의 기궐궁으로서' 그리고 '기궐을 크게 지었다' 등의 기록이 있다. 《索引》에서 말하기를 '기궐冀闕은 바로 위궐魏闕이다. 冀는 記이다. 교령을 공포할 때는 이 망루에 기록해야 한다.' 다키가와 스케코토瀧川資言의 《考證》에서는 왕중汪中의 말을 인용해 말했

화咸和 6년에 변빈卞彬에게 건축하라 명했고 7년에 새 궁궐로 이전했다. 그 당시에 의논하는 사람들이 두 개의 궐을 건축하지 않아 걱정했는데 나중에 왕도王導가 선양문으로 나가보니 남쪽 우두산牛頭山이 있는데 두 개의 봉우리가 동서 40리 간격을 두고 꼿꼿이 서 있다. 왕도는 이것이 천연적인 궐이라고 말했다."76) 이 이야기는 적어도 두 개의 메시지를 전달하고 있다. 첫째, 왕궁 앞에 궐이 없어서는 안 된다. 둘째, 궐과 표는 높은 자연물로 대체가 가능하다. 첫 번째의 메시지는 의심할 필요도 없지만 두 번째는 건축 형식을 설명해 준 것이다. 궐은 일반적으로 높아야 한다. 《史記 · 衛將軍驃騎列傳》의 기록을 살펴보면 "거기장군 위청衛青에게 운중雲中에서 출병해 서쪽으로 고궐高闕까지 진군하라 명했다. 마침내 황하 남쪽을 지나 농서隴西까지 가서 포로 수천 명을 잡고, 가축 수십만 마리를 거뒀으며, 백양왕白羊王과 누번왕樓煩王을 쫓아냈다."77) 《洛陽伽藍記》에서 이와 같이 말했다. "남북 강가에 화표華表가 있는데 높이가 20장이고 화표 위의 봉황은 마치 하늘로 날아갈 듯한 기세였다."78) 높은 곳에 있는 궐과 화표는 백성을 겁먹게 하는 위엄을 지니고 사람에게 압박감을 줄 수 있다. 엄격한 건축 분류에 따르면 궐, 표는 같은 건축 유형에 속하지 않고 각기 기원이 다르지만 제국의 위망을 나타낸다는 점에서 서로 통한다.79) 고번흠故繁欽은

다. '천자와 제후의 궁궐과 성은 모두 주변에 있다. 남쪽에 문을 내고 성은 여기까지라고 해서 망루라 불렀다.' '망루가 높고 커서 외궐巍闕이라 부른다.'"(何清谷撰 : 《三輔黃圖校釋》, 北京, 中華書局, 2005, 第18頁.)

76) 樂史撰, 王文楚等點校 :《太平寰宇記》, 北京, 中華書局, 2007, 第1773-1774頁.

77) 司馬遷撰, 裴駰集解, 司馬貞索引, 張守節正義 :《史記》, 北京, 中華書局, 1982, 第2923頁.

78) 楊衒之撰, 周祖謨校釋 :《洛陽伽藍記校釋》, 上海, 上海書店出版社, 2000, 第129頁.

79) 왕진복이 말하기를 "화표를 상고부터 근대까지의 '비방목誹謗木'이라는 설은 증거가 부족해 보인다. 중국은 예로부터 예의 고장이고 윤리문화가 발달했기에 후세 사람

《建章鳳闕賦序》에서 "진, 한의 규정과 형식은 모두 사라지고 건장궁建章宮 봉궐鳳闕만이 남아 있다. 비록 위魏의 법도와 같지 않으나 한 시대의 큰 관觀이라 할 수 있다"[80]고 말했다. 또한 문의 구체적 양식과 그것이 나타낸 왕권의 위엄은 서로 돋보이게 했다. 그렇다면 문의 구체적 양식은 어떤 것일까? 그것은 바로 '산山'이다. 건축에서 산에 관한 구상은 중국의 문과 패牌에서 많은 예를 찾아 볼 수 있다. 《三輔黃圖》의 기록으로는 "한나라의 성문은 모두 수문장이 있었다. 수문장은 정해진 시간에 맞춰 성문을 열고 닫는다. 《三輔決錄》에 다음과 같은 내용이 있다. '장안성은 한 쪽에 세 개의 문이 있고 사면이 합치면 모두 문 열두 개가 있다. 그러한 성문이 일제히 큰길로 통하고, 경선과 위선을 연상케 했으며 사거리가 곧고 평평해 수레를 나란히 세울 수 있다. 열두 개의 문과 연결되는 길 중의 세 개는 완전히 열어 놓고, 금추金椎를 숨겨두고 주변에 나무를 심어둔다. 좌우는 일반인이 드나드는 길이 있는데 사람들은 길의 높낮이로 신분의 고하를 구별한다.' 반고班固는 《兩都賦》에서 '세 개의 넓은 길이 있고 열두 개의 통행하는 문이 있다'고 했고, 장형張衡의 《西京賦》에서 '성곽의 규정으로 옆에 문 세 개를 내고 세 개의 길은 평평하다. 모두 열두 개의 길이 있고 서로 연결돼 있다'라는 묘사는 바로 이를 설명한 것이다."[81] 사실상 '한 쪽에 문이

들이 화표의 기원을 윤리성이라고 하는 것이 합당하다. 게다가 후대 사람도 화표의 건축 및 감상을 정치 윤리와 연결시켰다. 최표崔豹의 《古今注 · 問答釋義》에서 말하기를 '요임금이 비방목을 설치한 까닭은 무엇일까?' 이에 '지금의 화표는 나무이다. 나무를 기둥 위에 가로로 고정시켜 마치 꽃모양 같기도하고 두레박틀 같기도 한데 도로의 요충지에 모두 설치돼 있다. 표목이라고 부르기도 하는데 왕이 충언을 수용함을 나타내거나 갈림길임을 표시하기도 한다'고 답했다. '이것은 화표의 문화함의에 대한 일반적인 이해이다."(王振復 : 《中華意匠 : 中國建築基本門類》, 上海, 復旦大學出版社, 2001, 第195頁.)

80) 何清谷撰 : 《三輔黃圖校釋》, 北京, 中華書局, 2005, 第129頁.

세 개, 네 면에 모두 열두 개'라는 것은 바로 기둥 네 개와 방 세 칸을 의미하고, 중국의 문, 패의 기본 형식이다. 이렇게 구성한 모습이 '산'형 문궐이며 광망하는 자와 통행하는 자는 끊임없이 위로 향하는 삼각형 모양을 보게 했다. 그렇다면 왜 옆으로 퍼지지 않고 위로 솟은 것일까? 그것은 일종의 시각적 질서이기 때문이다. 아른하임은 "중력은 위치로 인해 결정된다. 그림이 전체 구도의 중심이나 중심의 수직 축선에 있을 때에 그것이 지닌 구조적 중력은 주축선에서 멀리 있을 때보다 작다. …… 반 펠트는 세 개의 아치형 문으로 구성된 일련의 대칭 배열에서 중간의 아치문은 조금 크고 높아야 한다. 만약 옆의 두 개의 크기와 같으면 오히려 작아 보인다고 지적한 바 있다."[82] 위로 솟은 것은 의미적인 질서이기도 하다. "좌우출입左右出入은 《水經 · 渭水注》에서 '좌출우입左出右入'으로 기재돼 있다. 중간의 세 개의 길은 치도馳道로서 황제가 다니는 길이고, 일반 관리와 평민들은 양측의 길로만 다녀야 하며 비록 태자라도 예외가 아니다. 양측의 길을 이용할 때에 성을 나갈 때는 왼쪽이고 들어올 때는 오른쪽이며, 성문 밖으로 나와야 비로소 치도를 가로지르는 곳이 있다."[83] 그리고 문은 반드시 세 개가 있는데, 양쪽 두 개는 백성이 출입하고 중간의 치도는 군왕의 전용 도로이므로, 중간이 높고 양측이 낮은 구도를 이룰 수 밖에 없다. 이렇게 공간을 가로로 나누는 방식은 건축미학의 기본 논리와 부합한다.[84] 내용과 형식의 상호 촉진은 문궐의 예술적 매력과 정치적 용도

---

81) 何淸谷撰:《三輔黃圖校釋》, 北京, 中華書局, 2005, 第89-90頁.
82) [美]魯道夫 · 阿恩海姆:《藝術與視知覺》, 滕守堯, 朱疆源譯, 北京, 中國社會科學
　　 出版社, 1984, 第19頁.
83) 何淸谷撰:《三輔黃圖校釋》, 北京, 中華書局, 2005, 第90頁.
84) 러스킨이 말하기를 "균형에는 대등감만 있는 것이 아니라 평형감도 있다. 한 사물이
　　 그 옆에 있는 사물로 인해 균형감을 얻을 수 있지만 그 위에 위치한 사물은 같은

가 부합돼 중화민족의 오랜 기억과 영혼의 깊은 곳에 축적됐다.

중원 도성의 문궐에 대응하는 것은 강남 곳곳에 있는 정랑亭廊이다. 강남에도 문궐이 있다. 하지만 내포된 뜻은 문궐 본연의 의미인 개합開闔과 격리에 더 가깝다. 유교를 숭상하는 나라에서 제왕의 '생애生涯'에는 길을 떠나는 여행자의 모습을 가끔 띠기도 한다.[85] 게다가 강남의 문궐은 수도와 멀리 떨어져 있기에 색다른 모습을 갖게 됐다. 즉 의식형태를 내려놓고 자연모습 그대로의 민간으로서 오로지 여닫는 보호기능만 띠게 됐다. 문궐에 대해《杭州府誌》에서는 "두문斗門은 물은 가두고 흘려보내 농사에 유리하게 한다"[86]고 설명했다. 즉 문은 생산에 도움을 준다. 또한《園冶》에서 계성은 도시에서 원림 부지를 선택할 때의 주의점을 언급했다. "시장통에 원림을 지을 수 없으며 조용하고 외진 곳에 지어야 한다. 속세와 이웃하고 있지만 문을 닫으면 조용해야 한다. …… 시장을 오가고 있으면서도 은거할 수 있다. 시끄러운 곳에서 조용함을 찾을 수 있으니 굳이 멀리 갈 필요가 없다. 한가해질 때마다 곳곳에서 흥을 돋우면 구경할 수 있다."[87] 이곳의 문은 더 이상 존

균형감을 줄 수 없다. 그래서 건물 전체 혹은 그 중의 일부를 수평으로 균등하게 둘로, 셋으로, 심지어 더 많이 나누는 것이 허락될 뿐만 아니라 종종 반드시 그렇게 해야 한다. 하지만 건물을 수직으로 나누는 것은 엄청난 착오이고 이등분 하는 것이 최악이며 그 다음으로 정수로 나누어 각 부분의 크기가 같고 일목요연한 것이다."([영]존 러스킨,《건축의 일곱 등불》, 유영양 편찬, 장린 옮김, 제남, 산동화보출판사, 2006년, P112 참조.) ([英]約翰·羅斯金:《建築的七盞明燈》, 劉榮躍編, 張璘譯, 濟南, 山東畫報出版社, 2006, 第112頁.)

85) 《三輔黃圖校釋》에서는 "행재소行在所, 천자는 천하를 집으로 여겨 수도에 있는 궁궐에 자주 머물지 않으며 수레를 타고 천하를 순시한다. 수레가 도착한 곳에서 상소는 모두 행재라고 한다."(何淸谷撰:《三輔黃圖校釋》, 北京, 中華書局, 2005, 第383頁.)

86) 馬蓉等點校:《永樂大典方誌輯佚》, 北京, 中華書局, 2004, 第601頁.

87) 計成著, 陳植注釋, 楊伯超校訂, 陳從周校閱:《園冶注釋》, 北京, 中國建築工業出

귀함을 드러내지 않으며, 세속에서 벗어나고 속세의 분쟁에서 도피하기 위한 생각이다. 하지만 가치론적 측면에서 봤을 때는 중원의 문궐에 해당되는 건축요소가 강남의 문궐이 아닌 정랑이다. 다리와 마찬가지로 정랑은 강남에만 있는 것이 아니지만, 정랑의 품격은 강남의 고대 도회 건축문화 관념에 진실하게 표현돼 있다. 남방 사람이 정자를 짓는 원시적인 목적은 '궐'의 본래 목적인 표기 및 제사 기능과 연관돼 있다.[88] 《方輿勝覽》에 '일화'와 비슷한 전설이 있다. "가흥현嘉興縣 북쪽 7리쯤에 사만정死灣亭이 있는데, 주매신朱買臣이 내사內史가 돼 금의환향했을 때에 그의 아내가 부끄러워서 자살한 곳이다."[89] 정자로 한 여인의 '부끄러운 죽음'을 기억하는 것은 정자의 도덕적인 은유를 간접적으로 증명할 수 있다. 물론 현실적 의미에서 정자의 더 중요한 기능은 여행 혹은 군사용도이다. 《史記・秦始皇本紀》에서는 "다시 몽염蒙恬에게 황하를 건너 고궐, 양산陽山, 북가중北假中을 차지하고 정자를 지어 경계로 삼아 서융사람을 쫓아내게 했다"[90]고 기록했다. 유사한 문헌은 여기저기서 많이 보인다. 《史記・張儀列傳》에서 기록하기를 "지역은 구백 리에 불과한데 2년간 먹을 곡식이 없다. 대

版社, 1988, 第60頁.

88) 《史記・范雎蔡澤列傳》에 이런 내용이 있다. "대화가 끝나기도 전에 왕계王稽는 범추范雎가 인재임을 알아채고 '선생께선 삼정三亭 남쪽에서 저를 기다리십시오'라는 사적인 약속을 정하고 떠났다." 색인에 의하면 "삼정은 정자 이름이다. 위魏의 변방에 있고, 길 옆에 설치한 정자이며 지금은 없어졌다. 또 다른 설명으로 위의 국경에 세 개의 정자가 있는데 모두 전별하는 곳이다. 세 번째 정자 남쪽에서 만나자는 것은 전별이 이미 끝나서 사람이 없는 곳이기 때문이다."(司馬遷撰, 裴駰集解, 司馬貞索引, 張守節正義:《史記》, 北京, 中華書局, 1982, 第2402頁.)

89) 祝穆撰, 祝洙增訂, 施和金點校:《方輿勝覽》, 北京, 中華書局, 2003, 第73頁.

90) 司馬遷撰, 裴駰集解, 司馬貞索引, 張守節正義:《史記》, 北京, 中華書局, 1982, 第253頁.

왕의 병사는 30만이 채 되지 않지만 잡부와 운송병도 그 중에 포함돼 있다. 요정徽亭[91])과 장새部塞를 지키는 병사 외에 20만 명에 불과하다."[92]) 그래서 여사면은 다음과 같이 말했다. "정전亭傳[93])의 설치는 변방과 큰 연관이 있다. 내륙은 번영해서 손님에게 제공되는 여관이 있겠지만 변방은 이와 비교할 수가 없다. 그러므로 영광永光연간 강족의 난이 일어났을 때에 황제의 소서에서 특별히 '치정置亭[94])'을 태우라'고 지시했다.《後漢書 · 南蠻傳》에서도 영광 4년에 누중漊中과 예중澧中의 소수민족이 반란을 일으킬 때도 '우정郵亭[95])'을 불태우다'라고 특별히 기록했다.《史記 · 漢興以來將相名臣年表》에서 원광元光 6년에 특별히 남만에 우정을 처음 설치했다고 기록했고, 이로써 우정이 변방 교통과 연관성이 크다는 점을 알 수 있다."[96]) 황량한 지역에서 정자는 사람들이 길을 떠날 때에 잠시 머무는 '객잔客棧'이고, 전쟁시 습격당하는 목표이며 군대 보급의 거점이다. 하지만 정전제도가 중국 고대에 지속적으로 전해지지 못했고, 객잔 기능은 종종 사찰 같은 기타 건축형식으로 분산됐다.[97])

---

91) 역주 : 변방에 설치된 초소.
92) 司馬遷撰, 裴駰集解, 司馬貞索引, 張守節正義 :《史記》, 北京, 中華書局, 1982, 第2293頁.
93) 역주 : 고대에 여행객과 공문을 전달하는 사람에게 제공되는 중간 휴식처.
94) 역주 : 문서와 소식을 전달하는 역참驛站.
95) 역주 : 고대 우편 전달하는 사람에게 제공되는 중간에 휴식처.
96) 呂思勉 :《秦漢史》, 上海, 上海古籍出版社, 2005, 第548頁.
97) 여사면이 지적하기를 "정전은 이미 없어졌기에 여행 혹은 임시 무주택자는 더이상 한나라 때처럼 거처를 빌릴 수 없어서 불교사찰을 임시거처로 했다. 그 예로 이저李矗가 만년에 빈곤해서 거처가 없이 불사에서 기숙했고, 후경의 난侯景之難이 평정된 후에 소대원蕭大圜이 건강으로 돌아와 선각사善覺寺에서 임시로 기거했다."(呂思勉 :《兩晉南北朝史》, 上海, 上海古籍出版社, 2005, 第1047頁.)

그러나 강남원림에서 계성은 정자에 관한 다른 해석을 제시했다. 《釋名》에서 기록하기를 '정亭은 멈춤이다. 사람이 멈추고 모이는 곳이다.' 사공도司空圖의 휴휴정休休亭이 바로 이런 의미이다. 건축형식은 정해지지 않고 삼각, 사각, 오각, 매화, 육각, 횡규橫圭, 팔각에서 십자형 등 원하는 대로 적합하게 만들면 되고, 평면도만 있으면 대개 표현해낼 수 있다."[98] 정자란 무엇일까? 멈춤과 휴식의 뜻이 있고, 잠시 머묾의 뜻도 있다. 인생의 발걸음은 바쁘고 세월은 순식간에 지나간다. 그래서 사람들은 정자를 필요로 해 정자에서 잠시 멈추어 쉬면서 잠시나마 나태하고 만족스런 시간을 간직하고 터무니없는 세속의 욕망을 멈추며, 산을 마주보고 강가 정자의 난간에 몸을 기대어 본다. 몸이 잠시나마 인간 세상의 소란스러움과 번잡함으로부터 벗어나면 자연은 마음속으로 스며든다. 원나라 구양현歐陽玄의 《師子林菩提正宗寺記》에는 "옥봉玉峰앞에 서면 옛 건물의 유적이 있고 용석등容石磴에는 예닐곱 명이 앉을 수 있기에 그 곳에 서봉정栖鳳亭을 지었다"[99]고 기록돼 있다. 정자는 어디에 만드는가? 앉으면 시간을 관통하고 세속을 달관하고 마음이 편안해지는 곳이면 된다. 왕진복이 말하기를 "정자와 같은 건축문화는 심미와 밀접하게 연관돼 있다. 정자의 문화특징은 자연에 스며들어 자연과 일체화 된 중국 고대의 '유기'적인 건축이다."[100] 여기서 '유기'란 바로 생명적인 체험이며 천지만물을 받아들이고 시공간에서 순환하는 것이다. "명나라 종백경鍾伯敬이 《梅花墅記》에서 말하기를 '원림은 물에 달려 있고 물은 상하좌우에 달려 있다. 높은 곳에

---

98) 計成著, 陳植注釋, 楊伯超校訂, 陳從周校閲 : 《園冶注釋》, 北京, 中國建築工業出版社, 1988, 第88頁.
99) 王稼句 : 《蘇州園林歷代文鈔》, 上海, 上海三聯書店, 2008, 第29頁.
100) 王振復 : 《中華意匠 : 中國建築基本門類》, 上海, 復旦大學出版社, 2001, 第178頁.

제4장 강남 고대 도회 건축문화사상의 생태미학적 표현

있는 것은 누대, 깊은 곳에 있는 것은 안방, 빈 공간에 있는 것은 정자, 굴곡진 곳에 있는 것은 회랑이다. 가로로 있는 것은 나루터이고 세로로 돼 있는 것이 가산석이다. 동식물로는 꽃과 새들이 있고, 왕래하는 자는 관람객이다. 이들이 없으면 원림이 아니다.' 여기서 제시한 '빈 공간에 있는 것이 정자'라는 명제는 매우 재미있는 견해이다. 정자의 문화적 심미 성격은 '허虛'에 있다. '허'는 정자의 공간적 특징이다. 즉 앞에서 서술한 공간의 관통과 내외부를 아우르는 공간의 소통이다. 공간 특성상의 '허'가 정자의 변화무쌍한 아름다움을 만들어 냈다. 많은 정자가 모두 이런 특징을 갖췄다."[101] 정자란 허한 자리에서의 기다림이다. 그렇다면 정자는 무엇을 기다리고 있는 것일까? 산수를 기다리고 시간을 기다리고 사람이 오길 기다린다. 왔다가 떠나고 떠났다가 다시 오기를 기다린다. 그리고 텅 빈 산 속의 정자가 우리에게 베푼 것은 비로소 진실된 생태이다. 필자는 정자에서 눈을 기다리는 광경을 잊지 못한다. 고운홍顧雲鴻은 《藤溪雪庵記》에서 말했다. "정자를 완성했는데 눈이 오지 않았다. 하지만 나는 여전히 사방지지四方之誌를 품고 있는 것 같다. 지금은 매일 이 정자에서 배회하고 있지만 정자의 훌륭함은 다시 만날 수 없을 것 같아 탁자에 기대어 주위를 둘러볼 수 밖에 없다. 그래서 상상을 해보면 나중에 천하를 주유하게 되면 오늘처럼 이 정자에서 둘러본다는 것이 어디 그리 쉬울까? 아아, 전에는 눈이 왔지만 정자가 없었는데, 정작 지금은 정자에서 눈을 기다리니 훗날에 정자와 눈도 나를 안 기다려 줄지 어찌 알겠는가."[102] 그렇다면 사람이 눈을 기다리는 것일까, 눈이 사람을 기다리는 것일까? 그것은 알 수가 없다.

---

101) 王振復:《中華意匠: 中國建築基本門類》, 上海, 復旦大學出版社, 2001, 第183頁.
102) 王稼句:《蘇州園林歷代文鈔》, 上海, 上海三聯書店, 2008, 第268頁.

다만 알 수 있는 것은 정자가 있으면 사람이 올 수 있고 눈도 내릴 수 있다는 것일 뿐이다. 이것이 바로 선의禪意이다. 사실상 강남의 정자는 불교사찰에 더 많이 출현한다. "난정蘭亭은 산음현山陰縣 25리의 천장사天章寺에 있으며 곡수曲水도 있다."[103] 우리를 더욱 감동시키는 것은 시인이 이런 정자와 마주볼 때 마음속의 환상이다. "수정水亭에 대해 독고급獨孤及이 《水亭泛舟望月宴集賦詩序》를 썼다. '서지호徐知誥가 매일 밤 송제구宋齊丘를 수정으로 불러 밀담을 했다. 독고급은 큰 화로를 놓고 송제구와 마주 앉아 말없이 재로 글자를 쓰고 바로 지워버렸기에 꾀한 바는 아무도 모른다.'"[104] '마주 앉아 말없이 재로 글자를 쓰고 바로 지웠다'는 것은 잘 아는 사이만이 이해할 수 있는 편안함과 적합함이다. 정자에서 무심하게 말은 없어도 본심은 재를 그려 글씨를 쓰고 지우기에 전전했으니 참 절묘한 광경이다 — 사람의 주체성을 그때 당시에는 모두 잊어버렸지만 완전히 물러선 것도 아니고, 그들은 존재하고 개방적이며 마음속의 새로운 시공이 끝없이 쏟아져 나온다. 강남에는 정자뿐만 아니라 정사亭榭[105]도 있다. 《長物誌》에서 정사를 언급한 바가 있다. "정사는 비바람을 막지 못하기 때문에 좋은 기물을 사용할 수 없고 속된 것도 쓸 수가 없다. 그래서 낡은 색으로 칠하고 방형方形이며, 다리가 굵고 소박해 자연스러운 기물을 설치해야 한다. 노천 좌석은 태호석과 같은 평평하고 낮은 것이 적절하며 사방에 아무렇게나 설치한다. 크고 두터운 돌이나 기와로 만든 것을 모두 사용하지 않고, 특히 붉은 색의 골조에 관용 벽돌을 쌓은 것을 사용하지 않는다."[106] 정자가 멈춤과 공허라면, 정사는 빌림과 부합이다. 계

---

103) 祝穆撰, 祝洙增訂, 施和金點校:《方輿勝覽》, 北京, 中華書局, 2003, 第111頁.
104) 祝穆撰, 祝洙增訂, 施和金點校:《方輿勝覽》, 北京, 中華書局, 2003, 第798頁.
105) 역주: 수상 정자.

성이 말하기를 "《釋名》에서 사榭는 빌림이다. 즉 경관을 빌려와서 이룬 것이다. 물가나 꽃밭 옆에 있으며 제작도 역시 지형을 따른다."[107] 낡은 색의 칠, 방형方形, 굵은 탁자다리, 이 모든 것이 소박함과 자연스러움이고, 정자, 그리고 정사에 사용된 물건이 낡고, 들보에도 거미줄이 가득할 수 있지만, 이러한 화려함을 추구하지 않은 꿈속에서 사람들의 눈에 보이는 것은 생태의 아름다움이 가득한 경지이다.[108]

---

106) 文震亨著, 陳植校注:《長物誌校注》, 南京, 江蘇科學技術出版社, 1984, 第355頁.

107) 計成著, 陳植注釋, 楊伯超校訂, 陳從周校閱:《園冶注釋》, 北京, 中國建築工業出版社, 1988, 第89頁.

108) 《方興勝覽 · 淮東路 · 滁州》의 기록으로 "취옹정醉翁亭은 낭아사琅玡寺에 있다. 경력연간에 태수인 구양수가 기록하기를 '저주성滁州城은 산에 둘러싸여 있다. 성 서남쪽에 산봉우리들이 있는데 숲과 골짜기가 모두 예쁘다. 멀리서 봤을 때에 울창하고 빼어난 것은 낭아사이다. 산길을 따라 6, 7리 정도 걸으면 졸졸 흐르는 물소리가 들리고, 두 봉우리 사이로 흘러내리는 것은 양천讓泉이다. 봉우리를 따라 돌다보면 마치 새가 샘에서 날고 있는 듯한 것이 취옹정이다. 만든 자는 누구인가? 산 속의 지선智仙이란 승려이다. 명명한 자는 누구일까? 태수가 직접 이름지었다. 태수는 손님들과 이곳에서 술을 마셨는데, 조금만 마셔도 취하고 나이도 많아 스스로 '취옹'이라고 호를 지었다. 취옹의 뜻은 술이 아닌 산수에 있다. 산수의 즐거움을 마음으로 터득하고 술 마시는 데에 기탁하는 것이다.'"《方興勝覽》에 이런 기록도 있다. "나는 죄로 인해 서민이 돼 오갈 곳이 없어서 배를 타고 오吳를 여행 다녔다. 처음에는 방을 빌렸는데 계절이 한여름이라 무더웠고, 흙집이 좁아 숨을 쉴 수가 없어서 높고 넓은 조용한 곳에 가서 마음을 편히 하고 싶었지만 찾을 수가 없었다. 어느날 군학郡鶴을 지나가는데, 동쪽에 나무가 무성하고 높은 부두와 넓은 수면이 성안과 다른 곳이 있었다. 물가에 꽃을 심고 대나무로 가려진 작은 길을 따라 동쪽으로 가보니 백여 보쯤에 공터 하나가 있는데, 면적이 약 60순이고 삼면이 물로 둘러싸여 있다. 작은 다리의 남쪽은 더욱 넓었고, 옆에 민가가 없고 주변은 나무로 가려져 있다. 마을 연장자에게 물었더니 오월시대 귀족인 손승우孫承佑의 폐기된 정원이라고 했다. 높낮이가 다른 지세에서 당시의 흔적을 약간 엿볼 수 있다. 내가 이곳을 좋아해서 배회하다가 돈 4만에 사들여 북쪽에 정자를 짓고 '창랑滄浪'이라 이름을 붙였다. 남쪽은 대나무, 북쪽은 호수이며 호수 북쪽에 다시 대나무가 펼쳐진다. 맑은 강물, 푸른 대나무, 햇빛과 그림자가 문창에 비친다. 특히 바람이 불고 달이 뜰 때가 가장 아름답다. 나는 종종 배를

강남에 회랑이 있지만 서구에도 회랑이 있다. 1421년에서 1426년까지 브루넬레스키가 건축한 피렌체 고아원은 버려진 아이를 수용하는 당시 첫 번째 공공 자선원이었으며, 메디치가의 코시모Cosimo가 피렌체에 기증한 것이다. 그 건물에 바로 회랑이 있다. "브루넬레스키는 이

띄워 가벼운 옷을 입고 정자에서 노닌다. 정자에서 돌아가는 것조차 잊어버린다. 술 마시거나 시를 짓거나 하늘을 바라보거나 크게 소리치곤 한다. 은거한 선비도 이곳에 오지 않으니 오직 물고기나 새와 기쁨을 같이 한다. 몸이 편안해지니 머리 속 번뇌도 사라졌다. 보고 들은 것이 모두 순수한 것이니 인생의 이치가 명백해졌다. 이전의 명리장을 다시 돌아보고 매일 사소한 이해득실을 따지는 생활을 이런 정취와 비교해 보니 너무나 속됐다. 아, 사람은 외부 사물의 영향으로 인해 감동받을 것이다. 감정이 마음속에 축적돼 외부 사물을 빌어 해소해야 한다. 축적한 시간이 길어지면 당연한 것이라 여기고 그곳에 빠지게 된다. 이런 감정을 추월하지 못하면 슬픔은 없어지지 않는다. 벼슬길, 명리장은 사람으로 해금 가장 쉽게 빠지게 된다. 예로부터 얼마나 많은 덕망이 있고 재능이 있는 자가 실의로 인해 우울하게 죽었는지 모른다. 그것은 자신을 주재하고 추월하는 방법을 터득해 내지 못했기 때문이다. 나는 비록 좌천됐지만 이렇게 좋은 경치를 얻었으니 먼 곳에서도 만족한다. 많은 사람과 이익을 꾀하지 않으니 내면의 잃었던 것을 찾을 수 있었고 웃으면서 세간 사람들을 연민하게 된다. 내면의 주재를 잊지 않고 스스로 벗어났다고 생각한다." 적남정適南亭은 육농사陸農師가 다음과 같이 기술했다. "회계會稽는 월越에서 유명한 곳으로 산천의 아름다움은 동남의 제일이다. 진晉 이후 고상하고 뜻깊은 선비들이 이곳에 많이 살았다. 당대에 이르러 항주가 번성하기 시작해 월과 우위를 다투었으며 원元, 백白이라 칭했다. 그러나 산천의 빼어남은 아마도 무성하지만 발견하지 못한 곳이 있을 것이다. …… 얼마 되지 않아 산에 사는 승려가 그곳이 높다고 집을 지어 '적남適南'이라고 이름을 붙였는데, 아마 장자의 '대붕도남大鵬圖南'의 뜻을 취했을 것이다. 한가한 날이면 손님들과 그곳에서 즐겼으며 합주闔州에서 아름다운 경치를 구경하고, 봄이면 귀천에 상관없이 구경하러 갔다. 또한 평범한 자나 고상한 자나 모두 화방畫舫을 타고 구경한다. 잔잔한 호수는 맑고 수심이 깊지 않으며, 맑은 날에는 구름이 물에 떠 있다. 적남정에 오르면 사방이 트이고 바람이 불어 시간이 가는 줄도 모르니, 마치 봉래에 오른 것 같아서 좋다. 비록 이렇지만 공公의 아름다운 뜻은 조용하게 선양하기를 좋아하니 어찌 산 하나가 크다고 느껴지랴. 무릇 이곳 사람의 덕망이 높아 농사, 고기잡이, 가축시장, 점집, 생선 가게에 숨어 있는 주민이 머지않아 공의 날개를 빌려 구름을 타고 하늘로 올라갈 것이다."(祝穆撰, 祝洙增訂, 施和金點校 : 《方輿勝覽》, 北京, 中華書局, 2003, 第835, 36, 111-112頁.)

런 첨차檐遮도 있는 개방적인 장소를 설계해 사람들이 만나고, 직원과 참관자에게 휴식처를 제공하고자 할 때는 이탈리아의 기후뿐만 아니라 사회와 역사적 요소도 고려했을 것이다. 그때부터 회랑에 새로운 뜻이 생겨났다. 이는 그리스의 Stoa(주랑柱廊)을 계승해 처마가 있고 사람들이 모일 수 있는 장소이다. 마치 소크라테스가 학술강연을 했던 포이킬레Poikile 주랑과 같다. 이것은 고대 로마의 주랑을 특히 강단을 둘러싼 사람들이 공적 및 사적인 모임을 가질 수 있는 장소를 계승했다. 회랑은 르네상스 시기 건축의 장식이고 자랑이면서 회랑과 연결된 광장의 경계이자 확장이기도 하다."109) 브루넬레스키가 회랑을 설계한 의미는 "첨차가 있는 개방적인 공간"이다. 첨차는 장식적인 외관일 뿐이지 그가 정작 원한 것은 공공장소이다. 사실상 회랑은 "그것과 연결된 광장의 경계이자 확장이다." 회랑은 사회활동을 구축하는 공공구역의 일부이다. 그러나 중국 "고대의 낭무廊廡는 당堂 앞에 회랑이 있는 방이다. 《漢書》본전의 주석에서 '랑廊은 당 주변의 방이다. 무廡는 문옥門屋이다'라고 했다. 이른바 낭묘廊廟 제도도 있었는데 특히 묘당을 말하며, 사방에 회랑을 지은 궁궐과 태묘太廟를 가리키고 조정朝廷을 지칭한다. 《國語·越語下》에 '낭묘를 계획하느라 중원을 잃는 것이 가당한지요?'라는 말이 있다. 낭묘는 조정을 지칭하므로 예전에는 현덕한 사람과 재능이 있어서 조정의 요직을 맡을 수 있는 사람을 '낭묘기廊廟器'라 불렀다. 그리고 원림의 유랑游廊은 더욱 흔하다."110) 낭묘가 조정을 지칭하지만 그 의미는 '공공'장소와는 무관하며, 강남원림의 랑廊문화에는 더욱 깊은 생태적 의미가 내포돼 있다. 게다가 랑에는 불확

109) [英]蘇珊·伍德福特, 安尼·謝弗-克蘭德爾, 羅莎·瑪麗亞·萊茨:《劍橋藝術史(一)》, 羅通秀, 錢乘旦譯, 北京, 中國靑年出版社, 1994, 第400-401頁.
110) 王振復:《中華意匠: 中國建築基本門類》, 上海, 復旦大學出版社, 2001, 第160頁.

실성이 있다. 종성鐘惺은《梅花墅記》에서 "소리와 빛이 섞이고 바람과 햇빛을 나누는 것은 종종 바로 정해지지만 급하게 정하지 못한 곳은 랑으로 표기한다"[111]고 했다. 다음으로 불확실성이 랑의 형식적 특징을 만들어 냈다. 계성이 랑을 계획할 때에 말했다. "랑은 무廡에서 한걸음 더 나아간 개방적인 공간이며 굴곡지고 길어야 좋다. 고대의 랑은 곱자처럼 직각으로 꺾는다. 지금 내가 구상한 곡랑曲廊은 갈 지之자 형이며 지형에 따라 굽고 지세에 의지해 꺾인다. 산 중턱에 있거나 물과 가까이 있고 꽃밭과 계곡으로 통하며 공간적 굴곡이 이어지는데, 오원寤園의 '전운篆雲'곡랑과 같다."[112] 랑은 전서篆書처럼 굴곡이 있으면서 끝없이 이어지고 통로의 역할을 하지만[113] 더 큰 가치는 심미에 있다. 또한 원림을 무대에 비유한다면 랑은 배우들의 동선과 같다. 이런 동선을 도식화하면 마치 배경에서 '독립'돼 완곡이란 특별한 심미도식을 이루어 낸다.[114] 그러므로 이런 점에서 강남원림의 심미세계는 서구의 무대와 큰 차이가 있다. 후자는 방향유사이론과 정향유사이론을 결부

---

111) 王稼句:《蘇州園林曆代文鈔》, 上海, 上海三聯書店, 2008, 第196頁.

112) 計成著, 陳植注釋, 楊伯超校訂, 陳從周校閱:《園冶注釋》, 北京, 中國建築工業出版社, 1988, 第91-92頁.

113) 왕진복은 다음과 같이 말했다. "회랑은 강남 무리건축 중에서 교통하는 길목이며 소주원림에서 배경을 만들고 공간을 분리시키는 중요한 수단이다. 회랑 자체에도 관람 가치와 경관의 깊이를 더하는 기능이 있는데 원림에서는 무리건축을 연결하는 맥락이며 경관의 안내 경로로서 관람객을 경치가 좋은 곳으로 인도할 수 있다."(羅哲文, 王振復:《中國建築文化大觀》, 北京, 北京大學出版社, 2001, 第278頁.)

114) 아른하임이 이런 무대효과를 논한 적이 있었다. "구도의 단위 모양이 통일될수록 배경에서 독립되기가 쉽다. …… 배우나 무용수들이 무대에서 회전할 때에 그 중 한 명이 시종일관 일괄된 동선을 따라 회전한다면 관중의 시선은 그 배우의 이동에 따라 움직일 것이다."([미] 루돌프 아른하임,《예술과 시지각》, 등수요, 주강원 옮김, 북경, 중국사회과학출판사, 1984년, p.583참조.) ([美]魯道夫·阿恩海姆:《藝術與視知覺》, 滕守堯, 朱疆源譯, 北京, 中國社會科學出版社, 1984, 第101頁.)

해 무대에 필요한 분리효과를 돋보이게 했다.115) 그러나 랑의 완곡함
은 '지형'과 '지세'에 의지하는 데에서 비롯됐다.116) 비록 랑도 거점과
거점을 연결하는 단서이지만 진정 배경으로부터 분리할 생각은 없다.
반대로 랑은 지형을 따르고 지세에 의지하면서 '흔적은 없어도 분위기
는 있는' 방식으로 배경 속의 산수와 부합돼 생태를 설명하고, 더 나아
가 개방적인 심미경지를 이끌어 낸다. 그럼 랑에는 주체성이 부족한
가? 그렇지만은 않다. 이중 서까래重椽 랑을 예로 들자면, "이중 서까래
는 초가 기둥에 사용된 특별한 서까래이며, 지붕 아래에 있는 것은 가
짜 지붕이다. 집을 가로로 칸을 나누고 천장을 하지 않으며 이중 서까
래로 가짜 지붕을 만들면 공간이 완벽해 보인다. 그리고 오직 랑만이
방과 연결되니 벽에 붙어 한쪽으로 향하는 지붕에는 이중 서까래가 반
드시 사용돼야 한다."117) 이중 서까래가 있는 랑은 충분한 주체성을
갖춘 건축이지만, 랑의 주체성은 하나의 번화한 생명세계를 이끌어 내

---

115) 아른하임이 말하기를 "위치유사성 규칙은 개별 단위들이 바짝 붙어 있을 경우에만
    활용될 수 있을 뿐만 아니라 개별 단위가 전체에서 유사한 위치(예, 대칭)에 처해
    있을 때에도 활용될 수 있다. 마찬가지로 방향의 유사성원리와 정향유사원리의
    활용 범위 역시 평행(유사성을 야기시키는) 범위를 벗어날 수 있다. 예를 들어,
    무용수가 대각선을 따라 앞으로 나아갈 때도 역시 분리를 야기할 수 있다."([美]鲁
    道夫·阿恩海姆:《艺术与视知觉》, 滕守尧, 朱疆源译, 北京, 中國社会科学出版
    社, 1984, 第102页.)
116) 왕진복이 말하기를 "회랑의 문화 심미속성에서 중요한 점은 앞서 언급한 '지형에
    따라 굽고 지세에 의지해 꺾인다'이다. 이곳의 '형'과 '세'는 주로 지형과 지모를
    가리킨다. 중국원림에서 추구하는 가장 높은 경계는《園冶》에서 말하는 '사람이
    만들었으나 자연이 만들어낸 듯'하다. 회랑은 인공적인 건물이니 역시 '자연이 만들
    어 낸'경지에 이르러야 하므로 '지형을 따르고', '지세에 의지하는' 것이 회랑을 건축
    하는 심미 법칙이며 그 목적은 건물과 경관을 완벽하게 결합시키는 데에 있다."(王
    振復:《中華意匠:中國建築基本門類》, 上海, 復旦大學出版社, 2001, 第167頁.)
117) 計成著, 陳植注釋, 楊伯超校訂, 陳從周校閱:《園冶注釋》, 北京, 中國建築工業
    出版社, 1988, 第96頁.

는 데에서 더 많이 표현된다.[118]

이런 이유로 랑은 기타 건축형식과 결합하는 방식으로 사람들에게 인상을 남겨준다. "건축의 본체가 높이 솟았을 뿐만 아니라 사람에게 바람을 타고 날아가는 느낌도 준다. 당대의 전당殿堂조합은 일전양각一殿兩閣 구도를 선호했고 전당, 각 및 그 사이를 곡랑으로 연결했다. 각은 대전의 양 날개부분에 높이 솟아오른 대臺에 있어서 위로 들린 지붕이 날개와 같은 느낌을 갖게 한다. 곡랑은 기초의 높낮이에 따라 기복이 있으면서 현저한 파선波線을 이뤄 비약하는 동적인 느낌을 더한다."[119] 정자, 대, 망루, 정사, 랑 교량에 이르기까지 공통적으로 하나의 절묘한 생태세계를 구축했다.[120]

---

118) 《曆代宅京記》에서는 "회랑 밖이 바로 후원인데 매화 천 그루를 심어서 매강梅崗이라 하고, 정자는 빙화정冰花亭이라 한다. 소서호小西湖를 베고 있는 듯해서 수월경계水月境界 혹은 징벽澄碧이라 한다. 모란은 이락전방伊洛傳芳, 작약은 관방冠芳, 동백은 학단鶴丹, 목서나무 꽃은 천궐청향天闕淸香이라 부른다. 대청마루는 본지백세本支百世, 우성사佑聖祠는 경화사주慶和泗洲, 자제종려慈齊鍾呂, 득진得眞이라고 부른다. 귤을 동정가미洞庭佳味라고 부르고 모정茅亭을 昭儉, 목향木香을 架雪, 대나무를 賞靜, 송정松亭을 天陵偃蓋라고 부른다."(顧炎武著, 于傑點校:《曆代宅京記》, 北京, 中華書局, 1984, 第249頁.)

119) 漢寶德:《中國建築文化講座》, 北京, 生活·讀書·新知三聯書店, 2006, 第71-72頁.

120) 《百城煙水》에 기록되기를 "만력 말기 참의공인 범윤임范允臨이 별장으로 사들였는데 정자, 누관, 대, 사정이 아름답기가 멀리서는 그림 속의 봉래삼도와 같았다. 샘물을 끌어다 연못을 만들고, 긴 회랑도 있으며 돌기둥 다리로 연결돼 있다. 주발암呪鉢庵, 완전교宛轉橋 등 유명한 경관이 있고 대청마루 앞에는 '문 앞은 푸른 유수가 흘러내리고, 가옥에는 청산이 튀어나온 듯하다'라는 대련이 있다."(徐崧, 張大純纂輯, 薛正興校點:《百城煙水》, 南京, 江蘇古籍出版社, 1999, 第120頁.)

제3절 대기臺基와 바닥 : 앙관仰觀과 부습俯拾

대臺는 일찍이 제왕의 '치명적 약점'이었다. 《史記·殷本紀》에서 기록하기를 "갑자甲子일에 주왕紂王이 패전했다. 도망을 가는데 화려한 옷으로 갈아입고 녹대鹿臺에서 불에 뛰어들었다."[121] 주왕이 패해서 도망가도 그만이고 죽어도 그만이지만, 왜 화려한 옷을 갈아입고 녹대에 올라가서 자살했을까? 다른 곳에서 죽을 수는 없었을까? 군막軍幕, 침실, 강가가 모두 편리하고 전형적인 자살 장소인데, 왜 우여곡절 끝에 녹대에 가서 죽었을까? 《史記·秦始皇本紀》에도 "7월 병인丙寅일에 시황제가 사구沙丘 평대平臺에서 죽었다"[122]는 기록이 있다. 집해集解에서 서광徐廣이 말하기를 "그 해가 오십세인데, 사구沙丘는 장안에서 2천여리나 떨어져 있다. 조나라의 사구궁은 거녹巨鹿에 있는데 무령왕武靈王이 죽은 곳이다." 이것으로 진시황도 대에서 죽었음을 알 수 있다. 시황제는 어디까지나 주왕과 다르다. 주왕이 일생동안 극도로 사치와 부패를 일삼고 많은 죄를 저질러 천벌을 받아 죽었다면, 시황제의 일평생은 종군생애라 할 수 있다. 수많은 어려움을 극복하고 드디어 중앙제국을 번성시킨 후에 죽었다. 그러나 비록 각자의 삶이 달랐음에도 불구하고 그들은 모두 대에서 죽었고, 이와 유사한 일들도 종종 발생했다.[123] 이

---

121) 司馬遷撰, 裴駰集解, 司馬貞索引, 張守節正義 :《史記》, 北京, 中華書局, 1982, 第108頁.

122) 司馬遷撰, 裴駰集解, 司馬貞索引, 張守節正義 :《史記》, 北京, 中華書局, 1982, 第264頁.

123) 《史記·樗里子甘茂列傳》에 "소왕昭王 7년, 저리자樗里子가 죽자 위수 남쪽 장대章臺 동쪽에 묻었다"는 기록이 있다.(司馬遷撰, 裴駰集解, 司馬貞索引, 張守節正義 :《史記》, 北京, 中華書局, 1982, 第2310頁.)

유는 아마도 다음과 같이 짐작할 수 있다. 중국 고대 건축문화 관념에서 대는 하늘과 사람이 소통하는 경로이다. 주왕은 도피하지 않고 자살을 택했다. 그가 죽기 직전 그 순간에도 신령의 보호를 받아 천당에 갈 수 있기를 간절히 바랐을 것이다. 그러므로 천벌과 천우는 한 사물의 양면이니 하늘과 사람이 소통하는 결과이며 모두 대에서 완성된다.

《爾雅》에서는 '대'에 관해 명확하게 해석했다. 《釋宮》의 기록에 "실室에 동서 곁채가 있으면 묘廟, 동서 곁채 없이 실만 있으면 침寢, 실이 없으면 사榭이고, 네모지고 높으면 대라고 하며, 좁고 굴곡지면 루樓라 한다."124) 이것을 통해 고대인들의 묘, 침, 사는 건축의 동향 혹은 서향 및 실내 공간의 유무로 결정되고 대 혹은 루는 건물의 외형으로 결정됐음을 알 수 있다. 구체적으로 대는 겉모습이 네모 정연하고 높은 건물이며 방향의 제한은 없다. 네 방향이 대지문화를 대표한다면 높은 곳의 대는 대지에서 솟은 산악의 토템이라 할 수 있다. 그 예로 진시황이 홍대鴻臺를 건축한 바가 있다. "27년에 건축했는데 높이가 40장이고 위에 망루를 지었다. 진시황은 대에서 날아가는 기러기를 쏜 적이 있어서 홍대라 명명했다."125) 대의 건축시기는 매우 이른데, 적어도 주대周代에 이르러 이미 상당히 성숙됐다. 《三輔黃圖》에서는 "주문왕이 건축한 영대靈臺는 장안 서쪽 40리쯤에 있다"고 했다. 《詩序》에서 이르기를 "영대를 짓자 백성들이 옹호하기 시작했다. 문왕이 하늘의 명을 받아 영덕이 있다고 사람들이 즐거워했다. 그 덕망은 심지어 새와 짐승이나 벌레에까지 미쳤다.' 정현鄭玄이 주석하기를 '천자에게 있어서 영대는 길흉을 관찰하고 천운을 살피는 곳이다. 문왕은 명을 받아

---

124) 胡奇光, 方環海撰：《爾雅譯注》, 上海, 上海古籍出版社, 2004, 第214頁.
125) 何清谷撰：《三輔黃圖校釋》, 北京, 中華書局, 2005, 第149頁.

풍豊을 수도로 하고 영대를 세웠다.'"126) 그렇다면 길흉은 무엇이고 천운은 또 무엇인가?《周禮》에서 "시침視祲은 가택을 보호하고 흉화를 예측하는 것을 주관한다. 정월에 실시하고 연말에 끝낸다"127)고 했다. 대가 존재하는 기본 근거는 제왕이 사회질서를 유지하는 도구가 될 수 있기 때문이다. 고힐강의 고증에 의하면 "흙을 높이 쌓아 대를 만드는 데, 대 위에 기둥만 있고 벽이 없는 집은 사榭라고 한다.《國語·楚》 상권에서는 '고로 선왕이 대와 사를 만드는 것은 사를 통해 군대를 통솔 하고 대는 길흉을 예측하는 것에 불과하다.' 진한 시기의 대에는 대개 건물이 있었다."128) "《王道》에서 기록하기를 '노장공魯庄公이 왕궁 짓 기를 좋아해서 일 년에 대를 세 번이나 건축했다' …… 지금 보면 그 당시가 제나라의 국세가 한창이었고 사방으로 정벌을 나선 시기였다. 노나라는 제와 이웃했기 때문에 방어에 신경을 많이 써야 했다. 여기 서 말한 대는 마치 봉화나 보루와 같은 것이고, 몇 년 전 건축한 미郿, 성제城諸, 방防과 같은 의미를 지니며 사치스런 왕궁을 짓는 것은 아니 었다.《公》,《谷》《繁露》에서는 장화章華의 대와 같다고 의심했는데 같은 종류의 건물이 아니었다. 따라서 대는 정치에 종사하는 사람에게 길흉을 관찰하고 군사를 훈련하며 공격과 방어 이 세 가지 의미를 가 진다."129) 이 외에 대는 그 높이로 인해 납치, 감시, 도피, 은신, 저장 등의 기능을 할 수 있으며, 심지어 외교 기능까지도 가능하다.130) 대

---

126)　何清谷撰:《三輔黃圖校釋》, 北京, 中華書局, 2005, 第277頁.
127)　楊天宇撰:《周禮譯注》, 上海, 上海古籍出版社, 2004, 第359頁.
128)　何清谷撰:《三輔黃圖校釋》, 北京, 中華書局, 2005, 第277頁.
129)　顧頡剛著:《史林雜識初編》中華書局1963年版 第136頁.
130)　《史記·廉頗藺相如列傳》에서 말하기를 "진왕은 장대에 앉아 인상여藺相如를 접 견했는데, 인상여는 화씨벽을 품에 안고 진왕에게 아뢨다."(司馬遷撰, 裴駰集解, 司馬貞索引, 張守節正義:《史記》, 北京, 中華書局, 1982, 第2440頁.)

자체에도 발전의 역사가 있는데[131] 개괄적으로 말하면 영대靈臺문화에서 수미좌須彌座문화로의 전환이라 볼 수 있다.[132] 《吳郡誌》의 예로 "반야대般若臺는 오현 서쪽 2리쯤에 있다. 진목후晉穆侯 하준何准이 자신의 집을 내놓고 지은 것이다. 동북쪽 모퉁이에 반야교가 있는데 주명사교朱明寺橋라 부른다."[133] 대기臺基문화의 천이는 고대인의 건축이 '불후'하기를 원하는 내재적인 요구를 설명하고 있다. 즉, 그들은 대에 감정을 부여하고 영원히 세계 중심에 있는 꿈을 기탁했다.

이런 배경에서 목제 대는 보편적이면서 오래됐다. 근세의 대는 석재일 수도 있지만[134] 원시적인 대는 대다수가 흙을 쌓아 만들었다. 이는

---

131) 왕진복은 다음과 같이 말했다. "어쨌든 대라는 건물의 일부 기본적인 내용은 아주 뚜렷하다. 우선, 대는 하늘과 '교감'하는 건물이며 대를 짓는 것은 신령하고 신비한 하늘과 '대화'하기 위해서이다. 다음으로 대에는 심미적 기능이 있다. 멀리 내다볼 수 있고 사계절의 경치를 구경하며, 대 자체 역시 심미의 대상이다. 그 다음으로 대에는 일정한 실용성이 있다. 물건을 저장할 수 있고 후세의 봉화대, 적대敵對 등은 군사적 용도로도 사용됐다. 마지막으로 대는 대체로 흙으로 쌓았다. 《老子》에서는 '높은 대는 흙을 쌓아서 생긴 것'이라고 했다. 실제로 대는 토목 구조가 가장 많았고 석대도 있다. 대의 건축 관념에는 고대인의 산악 숭배의식이 스며들어 있었으며 중국 고대 기타 건물 형성에 영향을 주기도 했다."(王振復:《中華意匠 : 中國建築基本門類》, 上海, 復旦大學出版社, 2001, 第209頁.)
132) 왕진복이 지적하기를 "양한시기에 인도 불교가 전해진 후에 중국 대기 문화가 문화관념적인 '혁신'을 겪은 적이 있다. 이는 불좌라는 불교문화 개념을 중국의 예로부터 전해 내려온 영대문화와 접목시켰고, 결국 인도 불교문화는 중국화 돼 새로운 대기문화가 됐다. …… 불교 수미좌문화가 중국 건축문화로부터 '인정'을 받게 된 까닭은 중국인의 건물에 관한 문화심리와 부합되기 때문이다. 첫째, 불교의 수미좌는 '세계' '중심'에 있다. 둘째, 견고하다. 수미좌는 '금강산' 의 불좌이기에 '성질이 견고하고 시간이 오래 경과해도 파손되지 않는다.' 셋째, '산과 '좌'는 '입수入水'가 깊고 '출수出水'가 높으며 '묘고妙高'가 뛰어나다. 이 세 가지 문화 '특징'이 중국인 마음에 들었다."(羅哲文, 王振復:《中國建築文化大觀》, 北京, 北京大學 出版社, 2001, 第434-435頁.)
133) 範成大撰, 陸振嶽點校:《吳郡誌》, 南京, 江蘇古籍出版社, 1999, 第113頁.
134) 명대 주존리朱存理의 《題俞氏家集》에 "가택 뒤에 추섬대秋蟾臺가 있다. 오문吳門

고대인의 산악을 우러러보는 숭배심리에서 유래했다. 이후의 대는 대량의 목재가 사용되고, 인위적인 공법의 정교함과 호화로움을 충분히 드러내면서 그 내면에는 사람의 주체 능력의 대한 선양이 포함됐다. 사람들은 대 위에서 산악을 바라보고 바다와 마주해서 바람에 몸을 맡기기를 갈망한다.《洛陽伽藍記》에서 말하기를 "관 동쪽에 영지조대靈芝釣臺가 있는데 나무를 쌓아 만들었고, 바다 한가운데에 있는데 높이가 20장이나 된다. 바람이 문과 창에서 생겨나고 구름은 들보와 기둥에서 일며 붉은 기둥과 조각한 서까래와 그림은 변천을 그려냈다. 돌에 고래를 새기고 조대를 등지고 있다. 땅에서 솟아오른 듯하고 공중에서 날아 내려온 듯도 하다."[135] 그리고 '나무를 쌓아 만들고', '높이가 20장'이니 산처럼 웅장한 구조임을 알 수 있다. 게다가 그림을 그린 기둥과 조각한 서까래까지도 그러하다. 여기서 '바다 한가운데에 있다'는 것은 수역이 넓음에 대한 비유일 것이며 대의 구상과 배경요소가 충분히 결합돼 하나의 유기체계를 구성했음을 의미한다. 정교함과 호화로움은 의식형태를 위한 목적에 불과하다.《史記·孝武本紀》을 보자. "주상이 돌아왔는데 백량대柏梁臺가 타버려 감천궁甘泉宮에서 조회를 했다. 공손경公孫卿이 '황제黃帝께서 청령대靑靈臺를 짓고 12일 만에 전소되자 바로 명정明庭을 지으셨습니다. 명정이 감천입니다'라고 말했다. 방사들도 옛 제왕 중에는 감천을 도읍으로 한 이가 있다고 했다. 그 후에 천자가 다시 감천에서 제후들의 조회를 받았고, 감천에 제후의 저택을 지었다. 용지勇之는 '월越의 풍속에서는 화재 후에 집을 다시

의 주호예周浩隸는 역산亦山사람이다. 그가 돌을 쌓아 만들었고 대에 그의 조상의 이름을 붙였다"라는 기록이 있다.(王稼句:《蘇州園林歷代文鈔》, 上海, 上海三聯書店, 2008, 第27頁.)

135) 楊衒之撰, 周祖謨校釋:《洛陽伽藍記校釋》, 上海, 上海書店出版社, 2000, 第53頁.

지을 때는 반드시 크게 지어 재액을 누릅니다'라고 말했다. 그래서 건
장궁建章宮을 지었는데, 문이 천개에다가 일만 호에 달하고, 전전前殿은
미앙궁未央宮보다 높았다. 그 동쪽에 높이 20여 장의 봉궐鳳闕이 있고,
서쪽에는 당중지唐中池가 있고, 수십 리에 달하는 호권虎圈도 있다. 북
쪽은 태액지泰液池라는 큰 연못까지 이르고 높이 20여 장의 점대漸臺가
있다. 연못 가운데에 봉래蓬萊, 방장方丈, 영주瀛洲, 호량壺梁 등 바다의
신산, 거북, 물고기 등의 모양을 만들었다. 남쪽에는 옥당玉堂, 벽문璧
門, 대조大鳥 등이 있다. 신명대神明臺와 정간루井幹樓를 지었는데, 높이
가 50여 장이고 연도輦道로 이어져 있었다."[136] '집을 다시 지을 때는
반드시 크게 지어 재액을 누른다.' 이것이 고대 건축문화 관념에서 흔
히 보이는 심리이며, 나중에 건축할수록 더 크고 화려해진다. 이 모든
논리의 기점은 불에 타기 쉬운 목조구조이다. 청령青靈이 목조구조가
아니었다면 화재에 타지도 않았고 후세의 건장궁도 없었다. 그러나 이
렇게 아름다운 건장궁은 여전히 불에 잘 타는 목재로 건축됐다. 나무
구조의 신명한 대는 사람들이 목재로 만든 대를 수용하는 습관뿐만 아
니라 건축 주체인 사람의 능력에 대한 자신감에 대한 과시를 더 많이
나타내고 있다. 어떠한 측면에서는 목대가 토대보다 중국 건축의 영혼
을 더 잘 나타낼 수 있다.《史記·趙世家》에서는 "20년에 위魏가 영연
榮椽[137]을 헌납했기에 그것으로 단대檀臺를 지었다"[138]고 했다. 색인에
서 유씨劉氏가 "영연은 지명이며 그곳에 높은 곳이 있으면 대로 사용할

---

136) 司馬遷撰, 裵駰集解, 司馬貞索引, 張守節正義 :《史記》, 北京, 中華書局, 1982,
    第482頁.
137) 역주 : 장식이 있는 서까래.
138) 司馬遷撰, 裵駰集解, 司馬貞索引, 張守節正義 :《史記》, 北京, 中華書局, 1982,
    第1801頁.

수 있다"라는 말이 잘못된 것이다. 그의 의견에 따르자면, 영연이 좋은 재목이라면 서까래로 사용할 수 있다. 무늬를 새기니 빛이 나서 위가 조에 바쳤고, 조는 그것으로 단대를 지었다. 정의에서 정현은 '영은 비첨飛檐'이라 했고, 《說文》에서 "연은 최橑이다. 처마 양쪽에 위로 향하는 부분이 영이다"라고 했다. 많은 문헌에서 그 근거를 찾다보니 역사에서 수많은 '영연'을 찾아볼 수 있다. '영연'의 '영'이 반드시 영광만을 뜻하지는 않고, 정말 '영광의 빛'을 낼 수 있는지도 알 수 없지만 '영연'으로 만든 단대는 사람이란 주체 능력을 확실히 증명할 수 있다. 《太平廣記·伎巧》의 《雲明臺》에서 이르기를 "시황제가 운명대雲明臺를 지었다. 사방의 기이한 목재를 모두 가져다 사용하고, 천하의 장인을 모두 모았다. 남쪽에서는 연구煙丘의 푸른 나무, 역수酈水에서는 모래, 분도賁都에서는 붉은 흙, 운강雲岡에서는 대나무를 가져오고, 동쪽에서 푸른 산과 아름다운 측백나무, 옥색 돌백나무, 추운 곳에서 자라는 산뽕나무, 완산岏山에서 가래나무를 가져왔다. 서쪽에서는 누해漏海의 황금모래, 낭연浪淵에서 깃털 모양의 옥, 조장條章의 아름다운 뽕나무, 심당沈唐의 원주員籌를 가져오고, 북쪽에서 명부冥阜의 건칠을, 음판陰坂의 무늬가 있는 가래나무, 건류褰流의 검정색 호박, 암해闇海의 향기로운 구슬을 가져옴으로써 기이한 물건들이 모두 한곳에 모였다. 두 사람이 서까래 위에서 일하는데 마치 구름 속에서 도끼로 작업하는 것과 같다. 자시子時에 시작해서 이튿날 오시午時에 벌써 완공됐다. 이에 진나라 사람들이 자오대子午臺라 불렀다고 했다. 또한 자, 오에 각각 대를 하나씩 지었다는 설도 있다. 이 두 가지 설은 모두 신뢰하기 어렵다."[139] '자시에 시작해 이튿날 오시에 벌써 완공됐다'면 이 얼마나 빠

139) 李昉等編:《太平廣記》中華書局1961年版 第1730頁.

른 속도인가! 운명대를 짓는 것이지만 마치 포정庖丁이 소를 해체하는 듯한 여유로움이 보이고, 사의寫意화가가 천지에서 마음껏 발묵하는 느낌도 든다. 그렇지 않다면 어찌 '서까래에서 일을 하는데 마치 구름 속에서 도끼로 작업하는 듯한' 예술적 경지가 생길까! 또 다른 흥미로운 이야기가 있다. 《世說新語 · 巧藝》를 보자. "능운대陵雲臺는 누관이 정교하다. 네 면에 사용하는 나무의 무게를 먼저 재고 지었기에 네 면의 무게는 조금도 차이가 나지 않는다. 그것은 비록 높고 바람에 자주 흔들리지만 결국 무너지지 않는다. 위명제魏明帝가 대에 올라가보고 두려워서 별도의 큰 나무로 지탱했더니 얼마 되지 않아 대가 무너졌다. 그것을 논하는 자는 중심이 한쪽으로 치우쳤기 때문이라고 말했다."[140] 참으로 경탄할 일이다. '대가 높고 바람에 흔들리지만 결국 무너지지 않았다.' 이것은 우뚝 솟아있는 대에 대한 선양일 뿐만 아니라 건축자의 뛰어난 기술에 대한 찬사이다. 이런 건축은 정밀함과 정교함을 목적으로 하지 않고 반대로 하나의 유기적인 조합체를 만들어 냈다. 사람의 생명과 대지의 결합 및 풍상우설과의 결합이 어찌 견고라는 두 글자로 한정될 수 있겠는가.

다음으로 대를 건축한 것은 제왕의 편리한 유람을 위해서이다. 하늘과 소통하는 것은 '높음'을 숭상하는 신앙 때문이며, 후세의 제왕들은 이런 경지에 훨씬 미치지 못했다. 그들의 대의 건축은 대개 뽐내는 식의 명승관람이다. 무릇 미학 연구자가 중국의 '미'를 언급할 때는 필히 《吳越春秋 · 王僚使公子光傳》의 오거伍擧부터 시작할 것이다.[141] 오

---

140) 劉義慶著, 劉孝標注, 余嘉錫箋注:《世說新語箋疏》, 上海, 上海古籍出版社, 1993, 第714頁.
141) 《吳越春秋 · 王僚使公子光傳》에서 기록하기를 "오자서는 초나라 사람이다. …… 예전 이름은 오거伍擧였다. …… 장왕莊王이 죽고 영왕이 즉위했다. 장화대를 지어

거는 오자서의 조상이며 그 시대에 검소함을 미로 삼는 심미논리를 제기해 영왕이 7년동안 장화대章華臺를 건축한 사실을 질책하고, 영왕이 '장식을 없애고 대에서 유람하지 않게' 했다. 하지만 강남에서 이러한 역사는 빨리 잊혀진다. 《吳越春秋 · 句踐陰謀外傳》에 이런 기록이 있다. "문종文種이 말하기를 '오왕이 궁궐 짓기를 좋아해서 공사를 멈추지 않았다. 왕은 명산의 기이한 재료를 바치도록 했다.' 월왕은 목공 삼천 여 명을 산에 들어가 벌목하게 했는데 1년이 지나도 명목을 찾지 못했다. 그들은 되돌아가고 싶어서 원망하는 마음으로 《木客之吟》을 불렀다. 어느 날 밤에 타고난 신목 한 쌍을 발견했는데, 둘레가 20아름에다가 높이는 50길로서 수나무는 무늬 있는 가래나무고 암나무는 편남梗楠이었다. 그것을 정교하게 가공하고 아름답게 꾸미고 나니, 형상이 용사龍蛇와 같고 무늬에서는 빛이 났다. 그 후 대부 문종으로 해금 오왕에게 바치도록 했다. …… 오왕이 매우 기뻐하자 자서가 간언했다. '폐하께서는 그것을 받지 마십시오. 옛날 걸왕桀王이 영대를 건축할 때나

그와 함께 대에 올랐다. 왕이 '대가 참 아름답구나'라고 말하자 오거가 '신은 군왕이 총애를 받는 자를 굴복시키는 것을 미美라 여기고, 백성을 안정시키는 것을 락樂이라 여기고, 참언을 듣는 것을 청력이 좋다고 여기고, 멀리 있는 정보를 얻는 것을 시력이 좋다고 여겼다고 들었습니다. 허나 토목건축의 높음과 조각한 무늬와 금석의 청아한 소리, 현악기의 슬픈 소리가 아름답게 여겨지지 않았습니다. 이전에 장왕께서 포거대抱居臺를 만드셨을 때에 나라의 분위기를 살필 수 있는 높이와 연회시에 식기 정도는 둘 수 있는 크기로써 공사는 수비에 방해되지 않고, 비용은 관아로부터 징수하지 않았고 백성은 농사일에 게으르지 않았으며 관원은 조정의 규칙을 어기지 않았습니다. 지금 왕께서 이 대를 7년 간 지으면서 백성들은 원망하고 재물이 소진됐으며 농사는 망쳤습니다. 백성은 괴롭고 제후는 원망하고 사대부는 서로 헐뜯고 있으니 어찌 선대의 번성함과 군왕의 미덕이라 하겠습니까? 신이 어리석어 무엇을 말했는지 모르겠습니다.' 영왕은 대의 장식을 없애고 대에서 유람하지 않았다. 이에 오씨 삼대가 모두 초나라의 충신임을 알 수 있다."(趙曄撰, 徐天祜音注, 苗麓校點, 辛正審訂:《吳越春秋》, 南京, 江蘇古籍出版社, 1999, 第14-15頁.)

주왕이 녹대를 건축할 때는 음양이 맞지 않고 계절이 맞지 않아 오곡이 여물지 않았습니다. 이는 하늘이 내린 재앙으로 백성이 허약해지고 나라에 변고가 생길 것입니다. 그래서 대왕이 이것을 받으면 필히 월왕으로부터 죽음을 당할 것입니다.' 그렇지만 오왕이 그의 의견을 듣지 않고 그 나무를 받아들여 고소대姑蘇臺를 지었다."142) 문학 색채가 짙은 전기적 서술에서 고소대는 오왕의 불타는 욕망과 월왕의 교활한 음모를 꽤하는 심리전의 터전인 듯해, 그의 객관성을 의심하지 않을 수가 없다. 혹은 고소대가 단지 하나의 이야기일 뿐인가? 고힐강은 이 이야기에서 "유람에 있어서는 장화대 외에 부차의 고소대가 으뜸으로 꼽힌다. 《吳越春秋·句踐陰謀外傳》에서 말하기를 '월왕이 목공 삼천여 명을 산에 들어가서 벌목하게 했다. 일 년이 …… 어느 날 밤에 타고나 신목 한쌍을 발견했다. 둘레가 20아름에다가 높이는 50길이며 …… 대부 문종으로 해금 오왕에게 바치도록 했다. …… 그 나무를 받아들여 고소대를 지었다. 삼년 동안 자재를 모으고 오년 공사 끝에 완공했으며 위에서 2백 리의 광경을 볼 수가 있다. 길을 가던 사람이 길가에서 죽고, 골목에서 울고 탄식하는 소리가 끊이지 않았다.'《吳地記》에서는 '높이는 3백 장, 넓이가 84장이다'라고 기록돼 있다. 비록 이것이 과장이라 할지라도 춘추 말기의 위대한 공정이라 할 수 있다. …… 전대에 삼해三海를 다스릴 때에 파낸 진흙과 해초를 강가에 쌓아 뒀더니 날이 갈수록 높아졌다. 왕이 그것을 보고서 멀리 내다볼 수 있겠다고 해 흙을 더해 대가 됐다. 부차가 개천을 파기를 좋아해 파낸 흙도 쓸모가 없기에, 힘을 조금 더해 대와 사로 만드는 것은 매우 가능한 일이

---

142) 趙曄撰, 徐天祜音注, 苗麓校點, 辛正審訂:《吳越春秋》, 南京, 江蘇古籍出版社, 1999, 第140-141頁.

다.")143) 그리고 《吳地記》에 "지명은 견주甄胄, 강 이름은 통파通波, 성읍 이름은 합려, 대의 이름은 고소이다. 비옥한 토지가 천리에 달하며 호는 全吳이다")144)라는 기술이 있다. "고소대는 오현 서남쪽 35리쯤에 있다. 합려가 9년 만에 비로소 완공했다. 대의 높이는 3백 장에다가 3백 리 밖을 내다볼 수 있으며 그곳으로 올라가는 아홉 굽이 길을 만들었다.")145) 이는 고소대가 실제로 존재했음을 설명하고 있다. 그렇다면 고소대의 운명은 어떻게 됐을까? 월왕은 오왕의 전철을 밟지 않기 위해 비록 자신이 참여해 건축했지만 그 고소대를 불태워 버렸다.146) 다시 말해 고소대는 오왕이 잠시 누린 후에는 바로 역사 속에서 흔적 없이 사라져 버렸다. 그렇다면 부차는 고소대를 어떻게 대했을까? 명명에서 이미 적지 않은 메시지를 얻을 수 있다. 《宋平江城坊考》에서는 고소대를 다음과 같이 언급했다. '고姑'는 '고沽'와 발음이 비슷하고 '고소姑蘇'는 마치 황하의 구름인 '호소湖蘇'와 비슷하니 바로 산씨명문散氏銘文147)에서 누차 언급한 '대고大沽'이다. '호소'는 '아름답고 그윽한 오吳의 경치'148)를 가리킨 것이다. 《吳地記佚文》에도 다음과 같은 기록이 있다. "고소대는 합려 10년에 짓기 시작해 5년의 공사 끝에 완공됐다. 높이가 3백 장에다가 3백 리 멀리까지 내다볼 수가 있는데 굽은

143) 顧頡剛著：《史林雜識初編》中華書局1963年版 第137頁.
144) 陸廣微撰, 曹林娣校注：《吳地記》, 南京, 江蘇古籍出版社, 1999, 第6頁.
145) 陸廣微撰, 曹林娣校注：《吳地記》, 南京, 江蘇古籍出版社, 1999, 第38頁.
146) 《吳地記佚文》에서 말하기를 "합려 11년 고소산에 대를 짓기 시작해 산 이름을 따랐다. 나라에서 서남쪽으로 35리 떨어져 있다. 부차가 다시 대를 높이고 장식했다. 월이 오를 토벌하자 불로 태웠다."(陸廣微撰, 曹林娣校注：《吳地記》, 南京, 江蘇古籍出版社, 1999, 第168頁.)
147) 역주：산씨散氏 접시San Family Plate를 뜻하며, 명문銘文에 산씨라는 글귀가 있어서 이름을 붙여졌다.
148) 王謇撰 張維明整理：《宋平江城坊考》江蘇古籍出版社1999年版 第270頁.

길을 만들어 올라갈 수 있다. 오왕은 봄과 여름에는 고소대에서 보냈고, 가을과 겨울에는 관와궁館娃宮에서 행락을 즐겼다. 남쪽 궁궐에 있는 화지華池에서 가무를 즐기고, 장주長洲 화원에서는 사냥을 했다."149) 이것은 고소대가 오왕이 봄과 여름을 보내는 장소임을 지적했을 뿐만 아니라, 한때 오왕의 사적 욕망을 만족시키는 용도뿐이었음을 알 수 있다. 그렇다면 이것이 후세 사람들에게 어떤 정서를 남겼을까? 양정수陽廷秀의 시구를 보자. "나 역시 한가로이 아픈 몸을 편안하게 하고, 노니는 사람들은 수레가 지나간 먼지를 피할 필요가 없구나. 하늘로 치솟은 높은 탑은 구름 속에 있는 듯하고, 강 너머의 산봉우리들은 눈이 내린 후에 새롭게 보이네. 멀리 삼백 리까지 보인다 하는데, 어찌 6천 명도 보이지 않는가? 오는 멸망하고 월의 패업은 지금 어디에 있는지, 대 아래는 해마다 화초만 무성하구나."150) 세월은 정말 빠르다. 양정수의 망설임과 슬픔에 수반해 세간 사람들은 이미 고소대의 그림자조차 찾아볼 수도 없다. 그러나 대가 하늘과 소통하는 중임을 내려놓고서 백성들이 구경할 수 있도록 평범해진 것은 결국 강남원림을 통해서 비로소 현실화됐다.151)

바닥이란, 말 그대로 인위적으로 깔아 놓은 면이다. 건축 장식 기법의 하나로서 주周대에 이미 출현했다. 그렇다면 바닥을 왜 까는 것일까? 이어는 '추지甃地'를 설명할 때에 "모자를 쓴 자는 맨발을 해서는

149) 陸廣微撰, 曹林娣校注:《吳地記》, 南京, 江蘇古籍出版社, 1999, 第168頁.
150) 祝穆撰, 祝洙增訂, 施和金點校:《方輿勝覽》, 北京, 中華書局, 2003, 第37頁.
151) 계성이 대에 대해 다음과 같이 말했다. "《釋名》에서는 '대란 유지이다. 흙을 단단하고 높게 쌓아 만들면 승리를 유지할 수 있다.' 원림의 대는 돌을 선별해서 높고 평평하게 만들거나 나무를 높게 가설해 판축으로 평평하게 다져서 집이 없는 것, 누각 앞과 한 걸음 떨어진 넓은 공간 등이 모두 대이다."(計成著, 陳植注釋, 楊伯超校訂, 陳從周校閱:《園冶注釋》, 北京, 中國建築工業出版社, 1988, 第87頁.)

안 된다"[152]는 재미있는 말을 했다. 정말 맞는 말이다. 예모를 쓴 사람
이 어찌 맨발을 할 수 있겠는가? 따라서 바닥은 집의 신발이라 생각해
도 무방하다. 바닥은 실내 바닥과 실외 바닥의 두 가지가 있다. 실내
바닥의 역사는 긴 편인데, 가장 유명한 것은 송대 이후의 '금전金磚' 공
법이다.[153] 비록 바닥은 크고 작은 규칙적인 금전으로 깔았지만 사람
들의 심미 대상은 벽돌의 무늬와 벽돌 사이의 틈새이다. 다시 말해 바
닥이 사람들에게 남긴 심미적 인상은 대개 장식적인 문양에 대한 느낌
이다 ― 이것은 우리가 바닥에 대한 심미는 벽돌의 소재가 아닌 문양의
측면에서 진행한다는 것을 의미한다.

　실내와 비교할 때에 강남원림의 실외 바닥은 다양하다. 소주원림의
"실외 바닥 형식은 더욱 풍부하다. 도로, 정원, 산비탈의 등산로, 계단,
처마, 벽 아래 및 물가 양측 등의 곳곳에서 볼 수 있다. 사용된 소재로
는 사각 벽돌이나 기다란 벽돌 외에도 길쭉한 돌, 불규칙한 호수석, 돌
판 등이 있다. 바닥은 늘 가옥과 원림 건축의 마지막 공정이다. 그래서
바닥에 사용된 자재는 종종 건축의 폐기물과 남은 자재 및 일부 깨진
벽돌이나 기와, 타일 및 조약돌 등이다. 이런 자재는 바닥의 문양을

---

152) 이어가 말하기를 "고대인은 초가지붕과 흙 계단에서 살았다. 검소함을 숭상하는
　　것이지만 법도가 다 갖춰지지 않아서이기도 하다. 하늘을 장막으로 삼는 자만이
　　땅을 자리로 삼을 수 있다. 집이 만들어지고 계단이 생긴 후, 모자를 쓴 자는
　　맨발을 할 수 없는 것과 같은 이치이다."(李漁著, 江巨榮, 盧壽榮校注 :《閑情偶
　　寄‧居室部》, 上海, 上海古籍出版社, 2000, 第185頁.)
153) 왕진복이 말했다. "송대부터 석회로 바닥을 깔기 시작했는데 아주 견고했다. 이런
　　바닥 벽돌은 궁전과 사찰의 정전에 사용되며 '금전金磚'식이라 불렸다. 금전은 규격
　　이 큰 편이고 물에 침전시켰다가 구워낸 네모난 바닥 전용 벽돌이다. 일반적으로
　　무늬는 십자형 틈, 지팡이 무늬, 인人자형 틈, 요 커버 무늬, 겹팔각형, 대나무
　　자리 무늬, 단지丹墀식(속칭 버드나무 잎을 사선으로 자른 모양)등이 있고 '벽돌
　　바닥'이라고 통칭하며 '섬세한 공법'과 '거친 공법'의 두 가지가 있다."(羅哲文, 王
　　振復 :《中國建築文化大觀》, 北京, 北京大學出版社, 2001, 第438頁.)

만드는 데에 사용될 수 있으며, 그 문양도 다양해 색채가 소박하거나 화려하다. 식물과 동물은 모양, 기하는 문양 등이 그것들이다. 예를 들면, 벽돌과 기와를 소재로 한 인人자 문양, 팔八자 문양, 지문 문양 및 간격이 있는 네모 문양이다. 벽돌과 기와를 도안의 경계로 하고 각양각색의 조약돌과 깨진 타일을 박아 넣으면 아름다운 팔각, 육각, 겹육면체, 겹팔면체 등의 도안을 만들어 낸다. 그리고 기와 파편, 돌 파편, 조약돌을 혼합해 해당, 개편열, 십자등과 같은 모양을 만들고, 조약돌과 기와를 섞어 겹돈모양, 골대, 지화芝花 등의 모양도 만든다."[154] 이렇듯 수많은 바닥예술 중에서 생태학자의 주목을 가장 많이 받는 것은 "사용된 자재가 종종 건축의 폐기물을 비롯해 남은 자재, 일부 깨진 벽돌, 기와, 타일 및 조약돌 등" 이란 점이다. 생태학자에게 이것은 아주 큰 매력이며 폐기물의 재활용은 고대부터 이미 시작됐다. 게다가 계성은 이론적으로 이를 증명했다. "바닥은 폐기된 기와 파편을 사용할 때도 있다. 호수석을 세워 바닥에 깔면 거센 파도 무늬를 만들 수 있다. 낡은 벽돌도 큰 쓰임이 있다. 매화를 심은 화원에 매화를 둘러싸서 개편열 문양을 만든다. 길은 평범하지만 계단은 속되지 않아야 한다. 길을 걸을 때마다 연꽃이 피어오른다. 깊은 숲속에서 푸른 가지를 주우며 봄이 어디서 오는지조차 알 수도 없다. 화단의 좁은 길은 돌로 까는 것이 좋고 당 주위는 벽돌을 사용하는 것이 좋다. 둥글게 혹은 네모나게 하는 시공 방식은 마음대로 정하지만 무늬는 주변환경과 걸맞아야 한다. 기와와 벽돌을 갈아서 까는 것이 기술이지만 잡다한 일은 인부들의 몫이다."[155] 보아하니 고대인들은 폐기와로 바닥을 까는 것을 좋

---

154) 羅哲文, 王振復 : 《中國建築文化大觀》, 北京, 北京大學出版社, 2001, 第439頁.
155) 計成著, 陳植注釋, 楊伯超校訂, 陳從周校閱 : 《園冶注釋》, 北京, 中國建築工業出版社, 1988, 第195頁.

아했다. 그런데 문제는 이런 사고방식으로 유추해 보면 여전히 황야철학이란 숙명에서 벗어나지 못한다는 것이다. 그리고 이런 식으로라면 고대인들은 기와 파편이 아닌 짚을 사용하는 것이 더 낫지 않았을까? 집을 짓지 않고 모두가 나무 위에 거주하는 것이 더욱 생태적이지 않겠는가? 따라서 바닥이 진정 생태미학으로 나아가는 요소는 폐기된 자재를 사용했다는 것이 아니다. 소재의 사용은 생태미학에서 근본적으로 질적인 차이가 없으며, 중요한 것은 어떤 문양으로 어떻게 공사했는 지의 여부이다.

강남원림의 바닥중에서 가장 중요한 문양은 얼음무늬이며, 이런 무늬가 건축의 심층 구조에서 강남원림의 생태적인 의미를 갖게 됐다. 왜냐하면 바닥은 원림의 전체적인 심미 효과와 직접적인 연관성이 있기 때문이다. 진종주는 정렬된 얼음무늬로써 소남蘇南지역의 바닥 유형을 개괄할 수 있다고 했다.156) 원림의 주인은 바닥자재를 사용하는 것에 별다른 제한을 두지 않았지만, 바닥문양에 대한 요구가 매우 높으며, 가장 널리 사용된 것은 바로 얼음무늬이다. 동준은 다음과 같이 말했다. "저렴한 소재의 심지어 폐기물의 재활용이 중국원림에서의 오

---

156) 진종주가 말하기를 "바닥은 원림에서 역시 중요한 작업이다. 뜰 앞이든, 굴곡진 길이든, 주요 도로든 모두 신중히 고려해야 한다. 지금 소주원림은 경사진 돌을 주요도로에 깔았으며 공사가 쉽고 만든 무늬도 자유롭다. 자갈 바닥은 자갈로 비스듬하게 깔았는데 주요도로의 작은 길과 뜰 앞에 깔며, 간혹 항아리 파편으로 무늬를 만들기도 한다. 혹은 항아리 파편을 깔고 중간에 도자기 파편으로 장식하는데 용법은 앞과 같다. …… 소남의 바닥구조는 두 가지가 있다. 하나는 얼음무늬 돌로 바닥에 평평하게 까는 것이고 졸정원 원향당遠香堂 앞의 바닥과 같다. 자연의 정취가 가득하지만 안정적이지 않는 단점도 있다. 다른 하나는 얼음무늬 돌이 이어지는 곳에 홈을 맞추는 것인데 공사가 어렵지만 견고하다. 유원留園의 함벽산방涵碧山房 앞과 철병항鐵瓶巷의 고택화청顧宅花廳이 바로 이런 공법을 사용했으며 매우 반듯하다."(陳從周:《梓翁說園》, 北京, 北京出版社, 2004, 第77頁.)

솔길 바닥의 흥미를 배로 높였다. 예를 들어 납작한 돌, 깨진 기와, 조약돌 및 깨진 타일등의 무수한 모양을 만들어 낼 수 있다. 그리고 평면에서는 다각형이나 네 잎의 대칭 구조가 가장 일반적이고, 비대칭으로 가장 많은 것은 '얼음무늬'이다. 그러나 도안을 물고기, 노루, 연꽃 혹은 학 모양으로 만들면 속돼 보인다."[157] 중국 고대의 전통 장식 무늬는 형식이 발달하고 종류가 다양하며, 동물무늬를 만드는 기술도 뛰어나다.[158] 그런데도 동준은 추상적인 도안이나 얼음무늬를 사용하라고 권했다. 과연 그 이유는 무엇일까? 동서양의 문양 비교를 통해 우리는 중국 무늬의 가장 기본적인 특징이 바로 추상성에 있다는 것을 알 수 있다.[159] 추상적이기 때문에 생태적이다— 바로 이런 혼돈된 총체관으

---

157) 童寯:《園論》, 天津, 百花文藝出版, 2006, 第6頁.

158) 중국 건축장식 무늬에 대한 고찰을 통해 다음의 사실을 알 수 있다. "중국 건축 장식 무늬 중 동물무늬와 식물무늬가 가장 많이 보이며 주로 용, 봉황, 기린, 거북이, 사자, 호랑이 및 많은 새, 맹수, 벌레, 물고기 등이 있다. 예를 들어 박쥐, 교룡, 규룡, 살무사, 매미, 나비 등이다. 그리고 도철과 기와 같은 상상의 동물도 있다. 식물무늬의 출현은 비교적 늦다. 기록에 의하면 주대에 이미 넝쿨을 건축 무늬로 사용했지만 고고에서 실물을 발견하지 못했고, 한대에도 존재했지만 단조롭고 경직돼 있다. 진정한 생동감이 넘치는 식물무늬는 불교가 중국에 들어온 육조에 나타났다. 자연 사물에서 자주 보이는 것은 구름과 물의 무늬이고 산악의 암석 무늬도 비교적 많이 사용됐다. 기하무늬의 종류는 비교적 많은데 번개무늬, 구름무늬, 과립무늬, 초승달무늬, 매미무늬 등이 자주 보인다. 이십사효와 팔선도 등의 인물무늬도 있었지만 주된 무늬는 아니었다. 그 밖에 서구 장식무늬와 다른 점은 보물, 엽전, 문방구와 같은 기물을 장식 무늬로 했다는 것이다."(羅哲文, 王振復:《中國建築文化大觀》, 北京, 北京大學出版社, 2001, 第88頁.)

159) 중국 건축 장식무늬에 대한 고찰을 통해 다음의 사실을 알 수 있다. "중국의 장식무늬를 살펴볼 때 초기에는 기하무늬가 비교적 발달하고 식물무늬는 상대적으로 적었지만 서구는 식물무늬를 많이 사용했다. 예를 들어, 고대 양하유역 및 이집트 고고 유물에 많은 갈대, 수초, 넝쿨 등의 장식무늬가 있었다. 이것은 장식의 초기에 동서양 건축이 각기 다른 길을 걸었음을 의미한다. 중국 건축의 장식은 비교적 추상적이면서 자연 사물의 개괄이고, 서구는 비교적 구체적이며 자연 사물에 대한 모방였다. 게다가 서구 고전 건물에서 모방예술은 보편적으로 장식에 응용됐다.

로 인해 바닥은 추상적이지만 규칙적이지 않은 얼음무늬로 나타나고, 하늘, 땅, 자연과 하나가 된 개방적인 생태세계의 출현을 효과적으로 보장했다. 바닥에 새와 물고기의 모양을 만드는 것은 어떠한가? 물론 나쁘지 않다. 하지만 그렇게 하면 바닥에 새 한 마리, 물고기 한 마리가 있다는 것 이외에 무슨 의미가 있는가? 날 수 없는 새, 헤엄칠 수 없는 물고기는 죽은 것이며 접시에 담긴 요리를 모방한 것과 같다. 이에 대한 동준의 평가는 한 마디로 속됨이다. 왕진복은 "바닥 문화의 특징은 땅에 평평하게 깔아 놓고 숨김이 없다는 것이다. 바닥의 '활발'한 성격은 중국 건축문화 체계에서도 특별하다"[160]라고 말했다. 그 말이 맞다. 반면에 바닥이 활발하지 않다면 무엇이 활발하다고 할 수 있겠는가? 모든 것을 지탱하고 있기에 필히 활발하고 개방적이야 한다. 그래서 바닥의 임무는 자신을 잊고, 자신을 꿰뚫고, 적절하고 진실된 세상을 바라보는 것이다. 이것이 비로소 생태이다. 즉, 사람들이 바닥의 동물무늬에 지나치게 관심을 갖고 오히려 세상의 진실한 존재인 수많은 생명을 소홀히 했다면, 그 책임은 바닥에게 있다. 그렇다면 바닥은 전체를 위해 소극적으로 희생해야만 하는가? 그렇지는 않다. 얼음무늬의 특징은 실체를 해구할 수 있지만 자신의 주체성에 대한 재고와 감상을 한 번도 포기한 적이 없었으며, 추상적이지만 규칙적이지 않고 그저 자연스럽다. 바닥의 중요한 점은 "뜻은 사람의 상상에 맡기고, 쌓는 법은 구애받지 않는 것이다".[161] 그리고 이런 무늬는 바닥뿐만 아니

석재 건축물 기둥 위의 화초 모방과 인도 돌기둥의 연꽃 조각이 그 예이다."(羅哲文, 王振復:《中國建築文化大觀》, 北京, 北京大學出版社, 2001, 第88頁.)

160) 羅哲文, 王振復:《中國建築文化大觀》, 北京, 北京大學出版社, 2001, 第437頁.
161) 계성은 《園冶》에서 개편열을 언급하며 말했다. "청색 석판과 개편열 무늬는 산의 넓고 평평한 곳, 물가의 경사진 언덕, 대의 바닥, 정자의 주변에 사용할 수 있으며 양식은 앞서 풍창風窓을 참고하라. 무늬의 구체적 양식은 경관에 따라 구상하고

라 창호와 벽에도 사용돼 곳곳에 존재한다고 해도 과언이 아니며, 이것이 바로 강남 문인의 대범하면서도 은거하는 심신수양의 표현이자 선비의 고결한 품성에 대한 모방이다.[162] 이런 인격에 담긴 뜻은 무엇일까? 그것은 순결하고 깨끗함이다 — 바닥은 대지의 더러움을 가리고 깨끗함을 가져다 줄 수 있다. 바닥의 깔린 '해만海墁'을 한번 만져 보자. "'해만'이란 일정한 건축환경에서 통로 외에 다른 곳은 모두 벽돌을 깐다는 것을 의미한다. 보통 기다란 벽돌을 사용하고 시공 방식으로는 조만糙墁이 일반적이다. '풍수'상 하나의 건축환경에서 '수구水口'는 동남쪽에 있어야 한다. 따라서 물은 서에서 동으로, 북에서 남으로 흐르는 것이 바른 방향이다. 그러므로 해만은 건축환경에서 우천 시의 배수 방향을 고려해 벽돌을 동서향으로 깔아야 한다."[163] 이는 바닥을 까는 것이 아니라 진리를 전달하고 있는 것이다. 철학의 풍미가 있는 해만 위를 걸으면 지구는 이런 것에 불과하다는 것이 마음에서 마음으

공사에도 고정된 규칙이 없으니 파손된 벽돌을 갈아서 사용하면 가장 좋다."(計成著, 陳植注釋, 楊伯超校訂, 陳從周校閱:《園冶注釋》, 北京, 中國建築工業出版社, 1988, 第199頁.)

162) 조림제曹林娣가 가리키길 "얼음을 품고 옥돌을 손에 넣는 것이 문인들이 완벽한 인격을 추구하는 상징적인 부호이다. 얼음과 옥돌은 중국 선비들 화원에서 흔히 볼 수 있다. 얼음무늬와 육각형 눈꽃 바닥, 매화 바닥, 개편열 바닥 등이 그 예로서 이런 무늬도 역시 창살과 화창에 사용되기도 한다. …… 얼음, 눈, 구름, 번개무늬가 건축 장식 무늬에 많이 사용된 것은 자연숭배에서 기원했으며 문인의 화원에서 고결한 인격의 상징으로서 얼음과 눈의 순결하고 투명한 뜻을 취한 것이다. 《文苑英華》 권233에서 남조 진강총陳江總의 《再游栖霞寺言誌》에 '마음을 안정시키려면 얼음과 눈을 품에 안고, 만년은 저녁노을과 서로 통한다'라는 시구가 있다. 두보의 《送樊二十三侍御漢中判官》에는 '총명한 사람은 고귀한 인품이 없고, 정비가 우수한 군대에는 사기가 사라졌네'라는 표현이 있었다. 얼음과 눈은 순결하고 투명하며 맑음을 상징한다."(曹林娣著:《靜讀園林》 北京大學出版社2005年版 第260頁)

163) 羅哲文, 王振復:《中國建築文化大觀》, 北京, 北京大學出版社, 2001, 第439頁.

로 전해질 것이다. 필자는 은사님께서 바닥이 건축의 마침표[164]라고 말씀하신 것을 잊을 수가 없었다. 이런 마침표가 있기에 생기발랄한 생태세계가 비로소 가능해진다.

제4절 원유苑囿와 원림園林 : 상징과 시적 경지

진종주는 제왕의 원유苑囿를 다음과 같이 설명했다.

진한 이후의 원림은 점차 통치자가 향락하는 곳이 돼 누각과 관사를 건축하고 장식도 화려해졌다. 진시황이 진궁을 건축해 위수 남북을 걸치고 면적은 삼백 리에 달했다. 한무제漢武帝 유철劉鐵이 상림원上林苑, 감천원甘泉苑을 비롯해 건장궁 북쪽의 태액지太液池를 만들었는데 범위가 매우 넓었다고 역사적으로 기록돼 있다. 그 후 양효왕梁孝王 유무劉武가 건축한 '토원兔園'은 겹산의 시초가 됐다. 위문제魏文帝 조비曹丕에게는 '방림원芳林園'이 있었고, 수양제隋煬帝 양광楊廣은 서원西苑을 지었다. 당의종唐懿宗 이최李漼는 원유에 산을 만들고 나무를 심어 원림을 만들었고, 북송 휘종徽宗 조길趙佶이 만든 '간악艮岳'은 중국원림의 으뜸으로서 역사적으로도 유명했다. 송나라가 남쪽으로 건너와서 항주에 옥진玉津, 취경聚景, 집방集芳 등을 지었고, 원세조元世祖 쿠빌라이는 요遼, 금金의 경화도瓊華島를 만세산萬世山과 태액지

164) 왕진복이 말하기를 "바닥은 건물 혹은 건축 환경의 마지막 공정이며 사람이 건축 방식을 통해 자연을 개조하는 완벽한 마침표이다. 짙은 민족 특색을 지닌 중국 원림 건축은 특히 이렇다. 그래서 사람은 자신이 만든 '육합六合'적인 '우주'에 거주하면서 생리학적인 안전함과 쾌적함 및 심리학적인 즐거움을 전적으로 느낄 수 있다."(羅哲文, 王振復:《中國建築文化大觀》, 北京, 北京大學出版社, 2001, 第437頁.)

太液池로 삼았다. 명청 이후에는 전해 내려온 것을 계승한 것 외에 서원西苑, 남원南苑을 비롯한 서교에·창춘暢春, 청의清漪, 원명圓明 등의 원림을 지어 그 수는 전보다 많아 보였다.165)

중화제국의 시작부터 몰락까지 원유에서의 사냥은 여러 제왕의 생애에서 없어서는 안 되는 일부분이었다. 이러한 원유는 넓고 공정의 규모가 크며 종종 전무후무의 목표로 거액을 투자해 건립했다. 원유는 제왕과 귀족들이 자연산수와 가까워질 기회를 제공할 뿐만 아니라, 정권이 안정된 후에 생기는 통치자들의 끝없는 사치와 탐욕을 만족시킬 수도 있다. 서면적으로 원苑 과 유囿는 같은 개념이 아니다. "고대원림은 '원'과 '유'의 구분이 있다. '담장이 있는 것은 원이고, 없는 것이 유이다.' '유'는 식물만 심으니 '담장이 없어도' 가능하지만, '원'은 식물 외에 동물도 기른다. 허신의《說文》에서는 '원은 짐승을 기르는 곳'이라고 설명했다. 그래서 원에는 '담장이 있다.'《周禮·地官》에서는 주대에 영유靈囿가 있었다고 한다.《孟子·梁惠王下》에서 가리키기를 '문왕의 유(원)의 면적은 70리이고, 나무꾼이나 사냥꾼도 그곳에 갈 수 있다. 백성과 함께 누리는 곳이니 백성들이 그곳이 작다고 여기는 것이 맞지 않는가?' 이때의 원림은 원시적이고 소박한 특징을 지녔는데 거의 본래의 지형과 지모 및 자연 식물이며, 인공적인 요소가 매우 적어 경계를 약간 표시했을 뿐이었다. 그리고 범위가 매우 컸고 주로 제왕과 관료들이 사냥하고 흥을 즐기는 곳으로 짙은 자연적 분위기를 띠고 있었다."166) 여담을 하자면, 유는 식물원과 비슷하고 원은 동물원과 비슷하므로 원유를 합치면 삼림공원인 셈이다. 다만 원유는 원포園圃와 다

---

165) 陳從周 :《梓翁說園》, 北京, 北京出版社, 2004, 第54-55頁.
166) 王振復 :《中國建築的文化曆程》, 上海, 上海人民出版社, 2000, 第116頁.

르다.[167] 원유의 원초적인 뜻은 명확하고 입체적이다. 그것은 건축 개념이 아니라 생활 개념이었다. 즉, 제왕이 원유에서 체험한 것은 생활이지 그 안의 개별 건물에 대한 관상이 아니다. 이점이 매우 중요하다. 이는 제왕 이외의 다른 사람이 원유 내의 건물을 느낄 때는 제왕이 된 기분으로 자연을 체험하는 것을 면할 수 없다. 자연 산수에 대한 이해도 역시 제왕이 원유를 건축한 것을 보고서 후대인들의 원유 건축에 대한 평가 태도에 직접적인 영향을 미친다. 그래서 이런 원유의 본의는 현실 세상의 동식물이 모이는 것이 아니라 피안 세계의 초험적인 상상에 대한 실현과 모방이다. 조임제曹林娣는 다음과 같이 말했다. "중국의 원림은 그 기원부터가 신화세계를 모방한 것이었고, 종교와 전설도 원림 조경의 중요한 근거였다.《史記·封禪書》에서는 바다의 삼신산인 즉 봉래蓬萊, 방장方丈, 영주瀛洲를 묘사했는데 고대인의 상상 속의 신선이 기거하고 출몰하는 곳이다. 이런 '일지삼도一池三島'라는 환상적인 경지는 원림 예술가들의 전통적인 조경 구도가 돼 원림조경에 실현됐다. 예를 들어, 명대 서원西苑의 만세산萬歲山, 현재 북해北海의 경화도瓊華島, 광한전廣寒殿 좌우에 있는 정자인 '방호方壺', '영주瀛洲', 청대의 '일호천지一壺天地', '소령구小靈丘', 이화원頤和園 앞의 호수와 섬들 모두가 전통적인 해상의 선산仙山을 상징한 것이다. 졸정원 가운데 연못 속의 '하풍사면荷風四面', '설향운울雪香雲蔚', '대상待霜'도 역시 이를 바탕으로 한 것이다. ……"[168] 그리해 피안 세계에 대한 초험적인 상상은

---

167) 《洪武京城圖誌》에는 "나라가 해마다 해운으로 식량을 운반하고 왜구 방어에 대비한다. 배를 만들 때에 쓰이는 오동나무 기름과 종려나무 닻줄은 모두 백성이 내준 것이며 만드는 데에 비용이 많이 든다. 황제가 백성 사정을 살피고는 조양문朝陽門 밖 장산蔣山 남쪽에 원포를 만들어 종려나무와 오동나무를 천만 그루씩 심었다. 나라의 필요에 대비하고 백성에게 공급받는 것을 줄였다"라고 기록돼 있다.(馬蓉 等點校:《永樂大典方誌輯佚》, 北京, 中華書局, 2004, 第455頁.)

심미주체가 현실경험에서 벗어난 것이 아니라 현실체험에 대한 미화와 표현이다. 신화세계의 특히 중국 신화세계 속의 상제 자리가 결손되면 토템은 끝없이 순환하는 천지만물의 기에 대한 사람의 직관적 체험 및 이런 체험을 더욱 정화하고 신비화한 결과가 되게 했다.

원유의 역사를 보면 진한시기의 원유와 한 이후의 원유에는 차이가 있다. 진한의 원유는 그 크기로 유명하며 상림원이 대표적이다.《三輔黃圖》의 기록에 의하면 "궁전, 시황제 35년에 함양에는 인구가 많았는데 선왕의 궁은 작았다. 시황제는 '주문왕이 풍豐을 도읍으로 정하는가 하면, 무왕은 호鎬를 도읍으로 했으니, 풍과 호 사이를 제왕의 수도로 정하겠다'고 말했고 위수 남쪽에 상림원을 지었다. 궁궐은 10만 명을 수용할 수 있었는데, 수레로 술을 나르고 말로 고기를 나르며, 천 명이 노래를 하면 만 명이 부합했다."[169] 왜 상림원을 건축했을까? 왜냐하면 옛 궁궐이 너무 작아서 새로 꾸미고 확장해 더 '큰 정원'을 지어 황실의 위엄을 드러내기 위해서이다. 상림원에는 무엇이 있을까? "무릉茂陵의 부자 원광한袁廣漢은 돈이 엄청 많고 집에서 일하는 종만 팔구백 명이나 됐다. 한편 북망산北邙山 아래에 원림을 지었는데, 동서가 4리에다가 남북이 5리이며 급류의 물이 그곳으로 흘러 들어간다. 돌을 쌓아 산을 만들었는데 높이가 10여 장이고 길게는 수리까지 이어졌다. 여기서는 흰 앵무새, 자색 원앙, 야크, 코뿔소, 기이한 짐승들을 두루 키웠다. 모래를 쌓아 섬을 만들고 급류가 흘러 들어와 파도를 일으키며, 바다 갈매기와 바다 학이 새끼를 낳고 숲과 연못에서 번식을 한다. 그리고 기이한 초목은 없는 것이 없다. 또한 방은 모두 빙 둘러 연결돼

168) 曹林娣:《中國園林藝術論》, 石家莊, 山西教育出版社, 2003, 第193頁.
169) 何清谷撰:《三輔黃圖校釋》, 北京, 中華書局, 2005, 第45-46頁.

있고, 이중 누각과 긴 복도는 하루에 다 걸을 수도 없다. 원광한이 이후에 죄를 지어 벌을 받으면서 그곳은 관원館園으로 몰수되고, 그리해 원림의 조수초목은 모두 상림원으로 옮겨졌다."[170] 쉽게 말해 상림원에는 산과 수 및 화와 초가 있고 돌과 연못도 있으며 또한 물고기와 새가 있는데, 모두가 기이하고 귀한 명품이다. 연결된 방과 함께 이중 누각과 긴 회랑은 일일이 셀 수가 없다. 여사면이 말하기를 "원유의 건축은 토지를 많이 차지한다. 한무제가 상림원을 측량했다. 측량 결과는 아성阿城 이남, 주질盩厔 이동, 의춘宜春 이서까지 이어졌으며《漢書·東方朔傳》에서 기록돼 있다. 선제宣帝 신작神爵 삼년에 낙유원樂游苑을 지었고, 후한 순제順帝는 양가陽嘉 원년에 서원西苑을 건축했다. 환제桓帝는 연희延熹 원년에 홍덕원鴻德苑을 건축했고 그 이듬해에 현양원顯陽苑을 지었다. 영제靈帝는 일찍이 필규영곤원畢圭靈琨苑을 지었다. 그리고《洛陽宮殿名》의 기록에는 평락원平樂園과 상림원이 있고 물고기와 새를 기르는 지어池龞도 있다. 그는 검소한 왕이지만 간혹 백성에게 베푸니 흔치 않은 일이다."[171] 그런데 흥미로운 점은 여사면의 초기 황실 원유에 대한 서술에서 건물은 없었다는 것이다. 일부러 무시한 것인지 아니면 무심코 누락한 것인지는 알 수가 없으나, 건물은 원유의 주체가 아니었다. 그러나 조지프 니덤은 공자를 '유교 교주'로 본다면 이 명제를 증명할 수 있는 것은 건물인 공묘孔廟라고 할 수 있다고 말했다.[172] 공묘의 정원 배치는 숭배의 의미를 실천할 수 있게

---

170) 何清谷撰:《三輔黃圖校釋》, 北京, 中華書局, 2005, 第234頁.

171) 呂思勉:《秦漢史》, 上海, 上海古籍出版社, 2005, 第526頁.

172) 조지프 니덤이 말하기를 "이렇게 공자에게 제사를 올리는 것을 '교敎'라고 볼 수 있는지는 '교'의 정의를 살펴봐야 한다. 신성한 신비함을 기준으로 하면 공묘는 세상에서 가장 엄숙하고 아름다운 곳이다. 공묘는 종향으로 여러 채로 된 정원이며 정원 옆 중국식 복도에는 전대의 비문이나 거실이 있다. 정원이 종향으로 들어갈수

한다. 사람들이 조심스레 계단에 올라가서 복잡하고 의식화된 제사를 올릴 때의 마음속에는 종교와 유사한 경건함이 솟아오를 것이다. 이는 건물형식 자체가 '내부 모방inner imitation'논리를 근거로 해 주체로 해금 사람에 종속된 도덕체험을 지닐 수 있게 함을 의미한다. 이와 대조된 원유의 본질은 '반건축半建築'173)적인 것이며, 건물 및 건물이 지닌 의미가 사람에게 주는 압박감을 완화했다. 원유는 산수를 받아들이고 윤리적인 법칙을 버리는 동시에 정서적인 방종을 완만히 받아들이기를 더 원한다. 혹은 제왕으로 해금 인류사회와 자연산수 사이에 머물면서도 전환하려는 여지를 미리 설정했다고 할 수도 있다. 그래서 원유를 건축체계에 귀속시켜 원유에 내포된 상징적 의미를 확연히 드러내고 싶다면, 그것이 추숭한 건축원리는 필히 후세의 생태건축을 이끄는 안내자의 역할을 한 '산수의 모방'이다. 왕진복이 말하기를 "이런 황실 궁원은 짙은 정치적인 의미와 일정한 종교색채를 띠고 있으며 피안의 신성한 산수를 지향하는 상징적 의미를 지니고 있다. 진한의 원림부터 시작된 산을 쌓고 못을 파는 행위가 사실상 중국원림의 '산수 모방'구상과 건축법을 만들어 냈다."174)

록 한 층씩 높아지며, 가장 높은 뜰에는 대전인 대성보전大成寶殿에 도달하기 위해 넓은 돌계단이 있다. 대전 내에는 공자 및 그의 제자의 위패를 모시고 있고, 둥근 정원에 작은 다리가 반월형 연못에 걸쳐 있으며 많은 고목이 심어져 있다. 옛날 공묘에는 경서 보관실이 있었는데 지역 학자들이 이곳에서 집회하거나 서당을 차려 제자를 받기도 했다. 지금까지 해마다 공자 탄신일에 그 지역 관원과 학자들이 새벽에 공묘에 모여 태뢰太牢(소, 양, 돼지 한 마리씩)로 선성에게 제사를 올린다. 축문도 읽고 고악과 엄숙한 일무佾舞도 연출한다."([英]李約瑟:《中國古代科學思想史》, 陳立夫譯, 南昌, 江西人民出版社, 1999, 第36頁.)

173) 역주 : 일본 유명한 건축가 이소자키 아라타Arata Isozaki가 최초로 제기했으며, 즉 반건축사가 비로소 진정한 건축사이다.

174) 王振復:《中國建築的文化曆程》, 上海, 上海人民出版社, 2000, 第117頁.

한대 이후의 원유는 위진 산수 문화의 대표라 할 수 있다. 위진의 산수 문화 이미지에 '경영'의 논리가 있기에 심층 생태주의자의 시각으로는 아마도 반생태적일 것이다. 여사면이 말하기를 "진과 남북조시기에 부유한 가정의 주택은 매우 사치스럽지만, 백성의 민가는 극히 누추했다. 당시의 사치한 자들의 일부는 무도한 자들이나 사치스런 귀족들로서 서로 앞다퉈 거처와 원유를 지었고, 다른 일부는 귀족과 사대부처럼 격조 높은 자로서 그들이 만든 원포가 바로 후세 원림의 시초였다."175) 여사면의 말은 적어도 두 가지를 시사했다. 첫째, 산수 문화는 보편적이지 않다. 한대 이후에는 원유가 더 이상 제왕만의 시설은 아니었지만 어디까지나 상류층의 부를 세습한 사치품이었다. 양극화가 심한 위진 남북조의 세도가에서 시작된 산수의 체험은 결코 보편적 자연관이 될 수는 없다. 둘째, 산수문화는 결코 자연에 대한 전면적인 개방이 아니므로, '경쟁' 및 '운영'의 관념이 내포돼 있다. '경쟁'은 '운영'보다 '정신적' 요소가 많아 맹목적인 비교는 없어졌지만, 자연을 '운영'하고 '관리'하고자 했으니 어찌 생태라 할 수 있겠는가? 그러나 착안점을 바꿔보면 위진의 산수 문화는 확실히 그들로부터 인정받는 완벽한 생태세계를 만들어 냈다. 조임제는 이러한 '귀인'에 관한 이야기를 여러 번에 걸쳐 했다. "제나라 문혜文惠태자가 산수를 좋아해서 현포원玄圃園을 열었는데 대성북참臺城北塹의 높이와 같았다. 원포 안에는 명월관明月觀, 완전랑宛轉廊, 배회교徘徊橋 등이 있고 누각, 관사, 탑, 정자도 있으며 기이한 돌을 높이 쌓고 뒤쪽 연못에는 배를 띄울 수 있다. '상궁上宮에서 이런 미묘한 산수를 볼까 두려워서 문 옆에 대나무를 줄지어 심고 높은 장애물을 설치했다. 이동하는 담장을 수백 칸을 만들어 여

---

175) 呂思勉:《兩晉南北朝史》, 上海, 上海古籍出版社, 2005, 第1037頁.

러가지 기지를 교묘하게 시행했다. 장애물을 원할 때는 순식간에 설치되고 반면에 없애려면 단숨에 옮긴다.' 원포 안에 '모재茅齋'도 지어져 있고, 벽에는 주옹周顒이 글을 직접 썼다. 사서에는 소통蕭統이 '산수를 좋아한다'라고 적혀 있다. 한번은 궁궐 연못에 배를 띄우고 좋은 경관을 마주했는데, 반우番禺인 후궤侯軌가 가무가 있으면 좋다고 하자 소통은 그를 상대하지 않고 유유자적하면서 좌사左思의 《招隱》을 읊었다. '음악이 어찌 필요하겠는가, 산수에 맑은 소리가 있거늘.' 소강蕭綱은 군왕으로서 '마음이 평온하고 욕심이 없으며 현언玄言을 유난히 좋아해' 스스로 '은륜隱淪은 소해少海에서 노닐고, 신선은 태화太華에 들어왔다. 나는 유유자적하며 즐기는 정취가 있는데 원유를 둘러보니 칭찬할만 하구나.' 라고 말했다. 산수에 심경을 토하고 원대한 뜻을 품고 세속에서 벗어난다. 우리가 잘 알고 있는 '호복간상濠濮間想'이 바로 그에 관한 이야기이다."[176) 여기에 한대 이후에 원유의 건축물이 자연산수의 정취를 나타내는 효과적 부호가 됐다는 중요한 메시지가 숨어 있었다. 진한의 원유에 적지 않은 야취가 있었다면 한대 이후의 원유에는 심혈을 기울여 만든 정취가 있다. 이런 정취는 과연 어디로부터 나왔을까? 바로 '명월관, 완전랑, 배회교'와 같은 건축물에서 비롯됐다. '문 옆에 대나무를 줄지어 심은' 것의 의미는 대나무에는 반드시 문이라는 기댈 곳이 있어야 한다는 것이다. 같은 대나무이지만 문의 유무에는 큰 차이가 있다. 문은 세속 건축의 여닫는 기능뿐만 아니라 일종의 자연산수화된 건축이며 '사람을 위한' 건축에서 '자연을 위한' 건축으로 바뀐 것이다. 이런 전환과정을 통해 사람이 기대고 대나무를 감상하는 문은 사람의 건축물이란 무거움에 빠지지도 않고 무조건 정취

---

176) 曹林娣:《中國園林藝術論》, 石家莊, 山西教育出版社, 2003, 第40-41頁.

가 없는 황야에 버려지지도 않아서 비록 사람이 존재하지만 자연에 개방된 생태체계를 구성해 복잡성 생태미를 갖춘 건물을 이루어 냈다. 벽강원辟疆園에 가서 자연 건축물에 둘러싸인 사람의 심경을 한 번 느껴보라. 《吳郡誌》에서는 "진晉의 벽강원은 서진西晉에서 전해 내려왔다. 지관임천池館林泉은 오吳에서 가장 뛰어난 경관이다"[177]라고 했다. 오중에서 제일이라는 벽강원에는 전설적인 경력이 있다. "《抱朴子》의 기록에 의하면 소주의 고顧, 육陸, 주朱, 장張씨로서 사대 성씨의 장원은 당시에 '어린 종이 군을 이루고 문을 닫으면 시장처럼 번화하며, 소와 양이 많아 물가의 풀밭이 안 보일 정도이고, 논밭도 천리에 달했다. 그리고 금과 옥이 집안에 가득하고 기생과 첩실은 방을 꽉 채웠다. 상선은 천 척이 있었고, 썩은 곡식은 수만 말에 달했다.' 고씨는 사대 성씨 중의 하나로서 고벽강顧辟疆은 공조功曹, 평북참군平北參軍에 올랐으며 그 품성이 고결했다. 그가 지은 개인 화원은 《世說新語》에 최초로 출현했다. 당시 중서령인 왕헌지王獻之가 '회계會稽에서 오로 가는 길에 고벽강 댁에 명원이 있다는 것을 듣고서 주인과 면식이 없는데도 그곳에 찾아갔다. 마침 고씨가 친구를 초대해 연회를 열고 있었다. 왕헌지는 구경을 마치고 방약무인하게 단점만 지적했다. 그러자 고씨가 화를 내며 '주인을 무시하는 것은 실례이고 고귀한 신분으로서 사람을 무시하는 것은 무례이다. 그래서 이 두 가지를 잃으면 비루한 사람이다'라고 말하고서 그의 하인을 모두 밖으로 내쫓았다. 왕헌지가 가마에서 아무리 기다려도 하인들이 오지 않았다. 고씨가 사람을 시켜 왕헌지의 가마를 문 밖으로 옮긴 후에 그를 거들떠보지도 않았다.' 고씨가 당시의 호족인 왕헌지를 멸시한 것은 남방 사족의 북방 사대부에 대한 적

---

177) 範成大撰, 陸振嶽點校:《吳郡誌》, 南京, 江蘇古籍出版社, 1999, 第186頁.

시도 있고, 선비가 권세에 빌붙지 않고 심지어 권력을 업신여기는 심리 특징도 나타났다."[178] 그렇다면 고벽강은 도대체 무엇을 믿고 교만하고도 자신있게 왕씨에 대항했을까? 그것은 그가 부유할 뿐만 아니라 자신의 심신을 편히 해주는 원림을 소유했기 때문이다. 또한 양현지楊衒之의 기록에 의하면, 효장孝庄 초기 대사농경大司農卿에 오른 장윤張倫은 경의리敬義里 남쪽에 거주했다. 당시 소덕리昭德里에 다섯 가구가 있었는데, "이표李彪, 상경常景은 유교 집안에서 태어나 거처가 검소했다)[179]고 강조했다. 유생의 신분과 거처의 검소함의 사이에는 일종의 대응관계가 존재한다. 그러나 장윤의 생각은 고벽강과 다를 것이 없다. 한결같이 밖으로 드러내고 유생들에게 비난받은 원림건축에 몸과 마음을 기탁하면서 이른바 '사명'에 반항했다. 그렇다면 고벽강이나 장윤과 같은 부류들은 도대체 무엇을 얻었을까? 바로 자유자재이다. 장윤은 《庭山賦》에서 다음과 같이 말했다. "내가 중히 여기는 것은 선민들의 소박함과 순수함이므로, 산과 교량을 만드는 것으로써 순박함을 표현한다. 다리 위의 손님과 들보 아래 사관들은 자연에 의탁해 뜻을 펼치는구나. 산수를 부富로 여기고 유생의 예모를 귀히 여기지 않으며 부침

---

178) 曹林娣:《中國園林藝術論》, 石家莊, 山西敎育出版社, 2003, 第35頁.
179) 《洛陽伽藍記校釋》에서 기록하기를 "이표와 상경은 유생 출신이고 거처가 검소한데 오직 장윤이 사치스럽다. 서재와 방은 화려하고 의복과 기물이 정교하고 수레로 출입하며 군주를 넘어섰다. 원림과 산지의 아름다움은 왕들도 따라갈 수 없었다. 장윤이 경양산景陽山를 만들었는데 경관이 자연과 같았다. 그 중에는 겹겹의 암석과 산봉우리가 높게 연결돼 있고 깊은 계곡과 골짜기는 서로 통한다. 높은 숲과 거대한 나무는 햇빛과 달빛을 가릴 수 있고 높게 걸려 있는 칡과 드리워진 담쟁이는 바람과 연기를 드나들 수 있게 한다. 높고 낮은 돌길은 막혀있는 듯하면서도 연결돼 있고 험준한 계곡은 굴곡지다가 다시 곧아진다. 그리해 야외의 정취를 즐기는 선비들은 유람을 하면 되돌아가는 것을 잊어버린다."(楊衒之撰, 周祖谟校釋:《洛陽伽藍記校釋》, 上海, 上海書店出版社, 2000, 第89頁.)

浮沈을 내 성정에 맡기면 담담하고 흥미가 없다. …… 동과 정 사이에 거처를 정하고 산수를 잊지 않고 정원에 언덕 반 개와 골짜기 반 개를 만들어 눈으로 보고 마음으로 생각하는 것을 돕는다. …… 백학은 다른 현에서 태어났고 단족丹足은 타향에서 났으니, 모두가 먼 곳으로부터 이곳으로 와 나무와 물에 의지해 훨훨 날아다닌다. 봄에는 사막을 추억하지 않고 가을에는 높은 태양도 잊는구나. 이런 느낌이 아니라면 어찌 철새가 방향을 잃게 할 수 있을까? …… 그래서 이런 석가산을 만들 수가 있다. 무성한 것은 초목이고 오래된 것은 바람과 연기로다. 외로이 자란 소나무가 노쇠를 미룰 수만 있다면, 반 토막의 돌 마저도 세월을 남길 수 있다네. 그 옆에 눕고 앉아 봄과 여름을 보내지 않으면 백골이 돼 스스로 썩어간들 무슨 추억이 남겠는가?"[180] '자연에 의지해 뜻을 펼치는' 것은 공통된 목소리이다. 그들은 무료하지 않고 '산수를 부로 여기는' 자유자재한 감정이 마음속에서 흐른다. 그들은 선견지명으로 끊임없이 반복되는 우주에 들어와 다른 일에 전혀 신경을 쓰지 않는다.

송대 이후에 강남 문인들의 원림건축은 전성기에 접어들었다. "청대 심조초沈朝初의《憶江南》에서는 '소주는 좋은 곳으로 성 안 건물의 절반이 원림과 정자이다. 큰 호수 몇 개 사이에 높은 산이 있고 밀물이 들어오면 쪽배 한척으로 강 가운데에 있는 섬에 갈 수 있는데, 그곳의 산수가 맑고 영기가 가득하다'라고 했다.《蘇州府誌》에 의하면 명대 소주원림의 수는 271개로 천 제곱미터에 12.8곳이었고, 청대는 130개로 천 제곱미터에 6.3곳이었으니 전국에서 이보다 높은 밀집도를 찾아볼 수가 없었다. 양주의 원림도 명청 시대에 매우 번성했다. 심복沈复

---

180) 楊衒之撰, 周祖谟校釋:《洛陽伽藍記校釋》, 上海, 上海書店出版社, 2000, 第 90-94頁.

이《浮生六記·浪游記快》에서 말하기를 '평산당平山堂은 성에서 3, 4리가 떨어져 있으며 8, 9리 정도의 거리이다. 비록 모두 인공적이지만, 그 기이한 생각과 환상이 자연을 장식해 선경仙境과 월궁月宮도 이보다 더하진 못할 것이다. 절묘한 부분은 십여 가구의 정원과 정자가 하나로 합쳐져 산이 연결되고 기세가 일괄된다는 것이다.' 원림의 번성은 진정 허언이 아니다."[181] 송대 이전의 원림이 이미 생태건축의 산수저력을 보였다면, 송대 이후의 강남원림은 생태건축관념을 더욱 남김없이 표현했다. 수치에 근거하면 "소주 호원壺園, 창원暢園, 옹취산장擁翠山庄과 같은 소형 개인 화원의 건축밀도가 30%이상에 달했고 창랑정滄浪亭, 류원留園, 사자림獅子林 등 대형 개인 화원도 15%가 넘었다. 그리고 건축 양식도 다양했다. 흔히 보이는 것은 청厅, 당堂, 관館, 헌軒, 실室, 사榭, 루樓, 정亭, 랑廊, 각閣, 재齋, 방房, 옥屋, 려廬, 사舍, 처處, 소所 등이고, 그 중에서 몇몇 정과 각 이외에는 모두 산과 연못을 둘러싸서 배치하고, 옥, 우는 종종 복도로 연결돼 빙 도는 관람 동선을 구성한다."[182] 원림에 산수만 있을 수는 없으니 건물의 밀도도 기본적인 참수參數이다. 이 참수는 생태건축이 원림에서 차지한 면적 비례를 양적으로 설명하고 있을 뿐만 아니라, 질적으로도 사람들이 생태건축에 대해 실질적 인지를 하는 지의 여부를 증명할 수도 있다.

생태건축이 구축해 낸 것은 비중심으로 인해 서로 통하는 개방적인 세계이다.[183] 이런 세계는 중심을 없애고 의념을 반성하며 '무無'를 내

181) 吳良鏞:《建築·城市·人居環境》, 石家莊, 河北教育出版社, 2003, 第359頁.
182) 羅哲文, 王振復:《中國建築文化大觀》, 北京, 北京大學出版社, 2001, 第277頁.
183) 왕진복이 지적하기를 "산수, 도로, 꽃과 나무가 원림의 '혈육'과 '혈맥'이고 원림 경관에 스며든 문학 시가, 서예, 회화, 조각 등이 원림 문화의 '정신적 혼령'이라면, 원림 건축은 그것의 '골격'임이 틀림없다. 일반 서구 원림과 다른 점은 중국원림 문화에서 원림 건축은 중요한 부분이며 경지, 운치, 생기로 가득한 중국원림의

포한 유동적 경지이다. 회랑 하나, 관사 한 채, 산 하나, 연못 하나를 중심으로 원림을 구성한다면 하나의 생태세계라 볼 수 없다. 그 이유는 회랑, 관사, 산, 연못이 이미 중심이기 때문이다. 강남원림은 송대 이후에 적어도 간악艮岳에서부터 위와 같은 난처한 상황을 의식적으로 피했다.[184] 그렇다면 도대체 무엇이 예술적인 경지인가? 그것은 직접적인 산수묘사를 추월하는 것이다. 직접묘사가 나타낸 것은 투시세계이며 사람은 자신의 시각초점으로써 눈앞의 세계를 감지할 수 있지만 예술적인 경지는 초점도 투시도 없는 세계이다. 이런 초점도 투시도 없는 세계를 어떻게 표현할까? 강남원림으로 말하자면 비중심주의적 건축이다. 생태건축은 늘 생태와 비생태의 경계를 드나든다. 원림의 좋은 점은 "황실의 원유든 사대부, 지주, 부상, 문인 등의 개인 화원이든 모두가 자연산수에 집착하고 명대 조원造園의 대가인 계성의 '사람이 만들었지만 마치 자연이 만들어 낸 듯한' 경지를 추구한다는 것이다. 그리고 이런 원림의 경관은 산수를 모방하고 구도가 완곡하고 정취가 많으며 고대 유럽의 기하모양을 사용하지 않는다. 또한 누각은 빛나고 정사의 모습은 다양하며, 청당은 서로 연결돼 있으면서 종종 정원을 구성한다. 그리해 돌을 쌓고, 산을 만들고, 연못을 파고, 물을 끌어 오고, 화목을 재배하는 등의 측면에서 지극히 대중화된 민족 특색을 지니며, 세계 원유문화에서 동방의 걸작이 됐다."[185] 이러한 산수

'주인공'이다."(羅哲文, 王振復：《中國建築文化大觀》, 北京, 北京大學出版社, 2001, 第276頁.)

184) 왕기균王其鈞이 지적하기를 "간악은 황실원림이 산을 옮기고 바다를 메우는 첫 번째 사례이며 이때부터 황실원림은 단순히 산수를 모사하는 데에 그치지 않았다. 이미지 경관 창조에 더욱 신경을 쓰고, 시적인 경지가 가득한 심미관은 원림 예술의 기본 목적이 됐다."(王其鈞著：《中國園林建築語言》機械工業出版社2006年版 第13頁)

묘사에는 직접묘사와 간접묘사가 있다. 직접묘사는 자연세계에 직선이 없다고 생각해 곡선만 묘사하는 것이고 간접묘사는 곡선 외에도 직선, 곡선, 선 자체로 형성된 복잡성세계를 묘사한다. 즉 비중심적이면서 '사람이 만들었지만 마치 자연이 만들어 낸 듯한' 무한의 경지이다. "문인의 원림에서 가장 중요시하는 것은 즉 이러한 경지이다. 문인이 만든 원림의 개념은 바로 '나무가 무성하고, 샘물이 수원으로부터 졸졸 흐르는' 것이라는 사람과 자연의 이상적 관계를 추구하는 것이다. 이곳의 건물은 실용성 이외에 사람의 이상적인 생활을 나타내야 한다. 건축 공간이 자연과 완전히 하나가 돼 실내에서 음악을 연주하고, 바둑을 두거나 시를 읊고 그림을 그릴 수도 있으니 매우 즐겁고 만족스럽다."[186] 과연 이상적인 생활이란 무엇인가? 이상적인 생활이 본질적으로 생[187]이다. 본질적 생활은 사람의 한계성을 받아들이는 것을 조건으로 해 사람을 다시 자연으로 돌려보내고 다시 무한한 생활을 하게 한다. 이상적 생활은 무無의 생활이며 도道의 생활이다. 고대전顧大典이 《諸賞園記》에서 말하기를 "대臺의 왼쪽에 집 세 칸을 지어 운라관雲蘿館이라고 이름지었다. 왼쪽은 침실로 이彝, 정鼎, 존樽, 뢰罍, 금琴, 검劍과 같은 것을 보관하고, 오른 쪽은 별실인데 경사, 내전, 법서, 명

---

185) 羅哲文, 王振復:《中國建築文化大觀》, 北京, 北京大學出版社, 2001, 第276頁.

186) 沈福煦:《中國古代建築文化史》, 上海, 上海古籍出版社, 2001, 第341頁.

187) 칼슨은 일본원림을 평가할 때에 다음과 같이 말했다. "비록 인공화가 원림의 독특한 면일지라도 이도 역시 자연 본질을 밝히는 목적에 완전히 복종해야 한다. 그래서 일본원림에서 인공화는 그것이 많은 환경 속의 다른 예술품이 추구하고자 하는 것을 비평하지 않고 원림을 기타 비평과 판단을 뛰어넘는 사물이 되지 않도록 돕는다. 그리고 식물의 손질과 모양 만들기도 역시 칸트가 말하는 '자연의 원형'이라 볼 수 있다. 예를 들어, 소나무, 단풍나무와 버드나무는 물종의 본질적 특징을 드러내는 이상적인 형식이다."([加]卡爾松:《環境美學:自然, 藝術與建築的鑒賞》, 楊平譯, 成都, 四川人民出版社, 2006, 第250頁.)

화류를 보관한다. 그 중간에는 바가지, 삿갓, 지팡이, 호미, 낚싯대가 하나씩 있다. 주인이 평소 멀리 떠나는 것을 두려워해 방금 힘든 유람에서 돌아왔다. 여행 용품을 많이 구비한 것은 책을 적게 보고 와유臥遊를 모방한 것이다."[188] '와유'는 정말 좋은 표현이다. 지금 바로 이룬 세계가 눈앞에 있는 것이 아니라 가슴 속에 있다. '나'는 서서 보지도 앉아서 보지도 않으며 누워서 노닌다. 유유자적하며 근심이 없고, 스스로 만족하며 생태적이다. 필자로 해금 동경하게 하는 것은 종성의《梅花墅記》이다. "삼오三吳의 강은 모두 원림이다. 사람들이 도시와 시골의 생활에 익숙해 그것이 원림임을 잊었다. 현우玄祐의 원림은 모두가 물이다. 사람들이 정자, 누각, 회랑, 정사에 익숙해져 물을 잊었다. 물인가? 원림인가? 이야기하기가 어렵다. 한가한 자는 관람하며 조용히 쉬고, 지혜로운 자는 배치하는데 훌륭하며, 통달한 자는 견디는데 능하니 사람에 따라 다를 뿐이다."[189] 이런 경지는 도대체 물인가 원림인가? 물이 원림이고, 원림이 물이다. 물이 없는 곳이 없고 원림이 아닌 곳이 없다. 사람들이 마치 청, 당, 관, 헌, 실, 사, 정, 랑, 각, 재, 방, 옥, 노, 사, 처, 소와 같은 건물을 필요로 하고 산과 연못, 호수와 바다에 둘러싸인 구도를 원하는 것 같지만, 사실상 사람은 밀도密度를 비롯해 허도虛度, 공도空度, 무도無度도 필요하다. 즉, 허와 실은 반드시 있어야 하지만 중요한 것은 허도 실도 아닌 허와 실의 상생이다. 허와 실이 상생해야만 세계는 비로소 개방적으로 되고, 허와 실이 서로 전환돼 허와 실이 유동적으로 되는 과정에서 무의 세계, 현의 세계, 도의 세계, 공의 세계, 심지어 생태적인 세계까지도 구성해 낼 수 있다. 조임

---

188) 王稼句:《蘇州園林曆代文鈔》, 上海, 上海三聯書店, 2008, 第204頁.
189) 王稼句:《蘇州園林曆代文鈔》, 上海, 上海三聯書店, 2008, 第196-197頁.

제가 졸정원을 서술할 때에 다음과 같이 말했다. "원래 졸정원의 입구 처리 방식은 무릉 어부가 도화원을 찾았던 이야기의 물화이다. 졸정원과 사자림의 '견산루見山樓'에는 '동쪽 울타리에서 국화를 꺾고, 고개를 들면 남산이 보인다'라는 시적 경지를 본뜬 것이다. 원림의 많은 경관 및 이런 경관들이 원림 밖의 천지, 우주, 대자연의 융합관계는 원림의 심미자로 해금 고요함 속에서 무의식적으로 얻게 하며 마치 그곳에 있는 것처럼 자신의 존재를 잊게 한다."[190] 이는 한마디로 핵심을 설명한 셈이다. '고요함 속에서 무의식적으로 얻고', '자신의 존재를 잊는' 것은 매우 중요하다. 이것은 원림건축뿐만 아니라 서화같은 중국 예술에 있어서 유일무이한 방법이기도 한다.[191] 소주원림이 강남 건축의 모범이 된 이유도 그림의 경지에 달했으나 사람이 아닌 대자연이 만든 세계라는 데에 있다.[192]

---

190) 曹林娣 : 《中國園林藝術論》, 石家莊, 山西教育出版社, 2003, 第188-189頁.

191) 원림의 주인도 그림에 능하다. "중국원림 건축 역사상의 명가들은 대개 그림에 능했는데, 그림의 경지로 석가산을 만들고 원림을 건축했으니 그들도 '절반의 주인'이라 칭할 수 있다. 예를 들어, 계성과 동시대의 조원 예술가들은 주순수朱舜水, 주삼송朱三松, 주병충周秉忠 등이다. 청대 전영錢泳이 《履園叢話》에서 말하기를 '산을 쌓는 것은 청초의 장남원張南垣이 가장 뛰어났다. 강희연간에 석도石濤스님이 있고, 그 뒤로는 구호석仇好石, 동도사董道士, 왕천우王天于, 장국태張國泰 등이 있었는데 모두 명인이었다. 근대의 과유량戈裕良은 상주 사람으로 그의 돌을 쌓는 방법은 다른 대가들보다 뛰어났다.'"(曹林娣 : 《中國園林藝術論》, 石家莊, 山西教育出版社, 2003, 第91頁.)

192) 왕진복이 말하기를 "일반적인 원림 건물은 특히 소주원림 건물의 모습은 비교적 융통성이 있으며 용도에 맞게 건축하고 두공을 거의 사용하지 않는다. 장식은 소박하고 우아함을 추구하면서 금은을 붙이지 않는다. 건물의 공간 처리는 통과성이 비교적 크고, 정자, 회랑, 월형문, 빈창, 화창, 중간이 비어 있는 병풍, 격창 등 기법의 활용은 건물 내외 공간을 교류할 수 있게 했으며, 교차와 융합법으로 심오한 경지를 만들어 냈다."(羅哲文, 王振復 : 《中國建築文化大觀》, 北京, 北京大學出版社, 2001, 第277頁.)

강남 고대 도회 건축문학사상의 생태미학적 이성

강남 건축의 생태미학에 대한 이해는 경험적인 깨달음일 뿐만 아니라 굳센 이성이 직관적으로 보이는 체험에 일괄돼 있다. 한 사물이 이미 자족됐는데 다른 사물의 경관을 빌려와 자성을 제거한 것이 생태미학의 체계를 만들어 냈고, 산수는 모두 실질적인 것인데 오히려 애를 써서 자신을 투조해 온전함에서 벗어나면서 생태미학 체계의 개방성을 이뤄냈고, 건축은 이미 지상의 우주였지만 여기서 그치지 않고 사방에서 순환하며 생태미학적 우주를 생성한다.

제1절 건축 : 사람과 자연의 교집합

엽섭葉燮이 《獨立蒼茫室記》에서 말하기를 :

몸은 방 안에 있고, 방은 대자연에 있다. 몸과 방이 모두 대자연에 있으니 이것이 내가 죽음으로 돌아가는 최종계획이다. 내가 방 하나를 얻고 방은 대자연에서 얻었으니 사람과 환경이 서로를 잊었기에 시를 읊지 않아도 된다. 내 방은 무척이나 작다. 아침에 일어나 처마 앞에 서면 남산과 마주 보고 계곡을 등지고 있다. 해와 달이 뜨고 지는 것, 별들의 움직임, 바람과 구름, 눈비가 변화하는 모습, 사계절 사물의 성장과 소멸, 심지어 봄 비둘기와 가을 귀뚜라미의 소리가 이웃의 방아 소리와 호응하는 것까지와 천지의 일은 대자연에 끝나지 않은 것이 없고, 대자연은 또한 내 방에 끝나지 않는 것이 없으니, 나는 일찍이 탁자에 기대어 그것을 얻었다. 두보는 홀로 서 있는 것만 얻었지만 나는 대자연의 전부를 얻었고, 두보는 그 밖에 거주하고 나는 그 안에서 거주했으니 우리는 차이가 있다.[1]

혼자 대자연 속에 홀로 서 있는 것이 시간을 꿰뚫고 사랑을 깨닫고 세상을 이해하고 역사에 기탁한 이후의 보편적인 감회라면, 엽섭 외에 사마천도 창망蒼茫한가? 그렇다. 진자앙陳子昻도 창망한가? 그렇다. 마음속에 창망이 가득한 자의 이름을 삼천 년이나 되는 문화 속으로부터 끄집어내서 나열하자면 무겁고도 길다. 그러나 엽섭은 다른 이와 다른 점이 있다. 그는'내 방'이라는 개인적 건물로 대자연을 통섭한다. '내 방'으로 인해 시간은 멈추지 않았지만 공간화가 됐고, 공간은 사라지지 않았지만 시간의 그림자가 됐으며, 건물은 결국 "세상일은 창망으로 끝나지 않는 것이 없고 창망은 내방에서 끝나지 않은 것이 없으며, 나는 탁자에 기대어 그것을 얻었다"는 말처럼 지나간 세월의 흔적이 돼 버렸다. 이는 거의 이룰 수 없는 착란과 전환인데 건축이 그것을 완성하게 했다. 결과는 두 가지이다. 첫째는 건축이 마음의 영상이라는 것이고, 둘째는 건축이 움직이는 공간이라는 것이다. 사람과 자연의 교집합은 건축이 내재화된 후에 시간의 침투 및 흐름과 지연에서 실현됐다.

---

1) 王稼句:《蘇州園林歷代文鈔》, 上海, 上海三聯書店, 2008, 第147頁.

건축 산수 및 천지를 통섭하는 것이 강남 고대 도회 건축 구성의 핵심이다. 무엇이 그것을 통섭하는가? 바로 마음이다. 건축은 마음의 영상이기에 건축과 마음은 서로 통한다. 고대전은 《諧賞園記》에서 "마음이 경치와 만나거나 물고기와 새가 사람과 가까이 하면, 사람은 마치 세속을 떠나 선경仙境에서 노니는 것 같다"[2]라는 말을 여러 번 언급했다. 경관은 사람이 만들어 낸 가짜이고 물고기와 새도 가짜인데 어찌 사람과 가까이 할 수 있으랴 만은, 생각이나 사상 혹은 '상상'은 참된 것이다. 이런 참됨은 생각에서 비롯된 것이어서 생태로 해금 '고향'을 찾게 했다. 솔직히 옛사람들이 강남 건축을 구축한 의도는 심리적인 수요에 있다. 송대 소순흠蘇舜欽은 《滄浪亭記》에서 자신이 정자를 만든 계기를 묘사했다. "아! 사람은 동물인지라 감정은 내면에 숨어 있기에 필히 사물을 빌어 후세에 남길 것이다. 오래 기탁하면 그곳에 빠지게 되고 사람들은 이를 당연하게 여긴다. 그것보다 더 나았다고 바꾸지 않고 슬퍼하면서도 떠나지 않는다. …… 내가 간신히 이런 장소를 얻었다. 그래서 담담하고 도량이 너그러운 데에 만족하고 사람들과 어울리지 않는다. 그래서 내면과 외면, 득실의 근원을 바라볼 수가 있다. 깨우쳐 얻는 것이 있고 웃으며 오랫동안 자랑할 수도 있으며, 기탁한 것도 잊을 수 없는데 스스로 이것이 가장 뛰어나다고 생각한다."[3] 그리고 인간은 습성면에서 만물을 느끼고 감정도 생겨난다. 의인이든 의물拟物이든 상관없이 건축은 마음의 외재적 표상일 뿐이다. 적어도 소순흠은 창랑정을 통해 '내면과 외면에서 득실의 근원을' 다시 들여다보고, 자신의 뜻을 그 정자에 기탁할 수 있었다. 이런 건축은

2) 王稼句 : 《蘇州園林歷代文鈔》, 上海, 上海三聯書店, 2008, 第204頁.
3) 王稼句 : 《蘇州園林歷代文鈔》, 上海, 上海三聯書店, 2008, 第4頁.

물론 사람에게 유익하고 사람의 심신, 특히 질병을 멀리하는 심리에 효과적이지만[4] 본질은 생명의 참모습에 관한 창조이다. 이런 생명 만상萬象의 세계는 누가 창조하는 걸까? 바로 사람이다. 비록 사람이 창조하지만 참월이나 욕망과는 무관해 사람이 신적 이화와 타락을 대신했다고도 할 수 없다. 지금 이 순간도 사람들은 자신을 사물이라고 여기는데, 자신의 창조가 사물의 창조이고, 자신의 행위는 탐방이고 고향에 대한 그리움이며, 영혼이 자아를 사물 외에 교화된 마음으로부터 우러나게 하는 직관과 보고이기 때문이다. 인간이 이 세상을 구성하는 주된 요인인지 아닌지는 이미 중요하지 않다. 중요한 것은 이 세계가 이미 존재하고, 이렇게 존재하는 세계는 가치론 측면에서 희망과 서로 참조하는 이상을 담당하고 있으며, 사람을 그곳에 빠뜨리고 만상을 편안하게 한다는 점이다. 생태의 '목적'은 결국 이 세상에 사람이 존재하게 하고, 사물이 존재하게 하는 것이 아니라 사람이 사람의 본심으로 존재하고, 사물은 사물의 성질대로 존재하며 있어야 할 것이 모두 존재하는 데에 있다. 체험과 조영은 생태의 혼령이다. 유서劉恕는《含靑樓記》에서 말했다. "난간에 기대어 멀리 바라보는 즐거움은 누각이 가장 좋다. 높이 올라가면 멀리 바라볼 수 있고, 만난 것에 기뻐하며, 산천과 구름이 아침저녁으로 변하고, 흥취가 많으면 흉금은 자연스레 넓어진다. 누각의 좋은 점은 바로 여기에 있다. …… 무릇 시력이 닿을 수 있는 곳, 생각이 통할 수 있는 곳은 지척의 거리로도 천리의 기세를

---

4) 류상현柳商賢은 동정호 동산에 사는 시항施巷 계원慂園의 주인 정소鄭紹가 원림을 구성할 때의 감상을 기록하기를 "나의 계원은 내 병을 치료해줬다. 병세가 심할 때는 바다에서 걷는 것처럼 심란하고 스스로 억제할 수 없었다. 원림을 짓고 여기서 휴식하니 마음이 세속과 멀어지고 지역이 외지니 시간이 지나 병의 고통이 사라졌다. 내가 이 원림의 덕을 본 것일까? 아니면 그의 발걸음이 내 마음을 움직인 것인가?"(王稼句:《蘇州園林歷代文鈔》, 上海, 上海三聯書店, 2008, 第172頁.)

나타낼 수가 있다. 이로써 환경은 나의 시야를 제한할 수 있어도 나의 마음은 제한할 수는 없다는 것을 알 수 있다."[5] 함청루含靑樓는 얼마나 높을까? 제 아무리 높아도 금무金茂빌딩만 못할 것이다. 설령 금무빌딩이 만명을 수용할 수 있고 함청루에는 한 사람만 설 수 있더라도, 어느 쪽이 생태적 우세를 지니고 있는지를 직접적으로 증명할 수는 없다. 생각이 '통'할 수 있다는 것은 무슨 의미일까? 또한 천리 지척이란 무슨 뜻일까? 유서는 일찍이 "나의 시야를 제한할 수 있어도 나의 마음은 제한할 수는 없다"고 예언했다. 빌딩의 꼭대기에서 콘크리트 숲을 내려다보는 사람 눈앞의 산수와 마음속의 경치는 함청루의 유서보다 단조로울 것이다. 그래서 오가천吳嘉洤이 《退園補記》에서 "생각만 하면 마치 그곳에 있는 듯하고, 눈에서 빼앗을 수 있어도 마음에서 빼앗을 수는 없다"[6]라고 말할 것이다. 과주양戈宙襄은 《廣居記》에서 다음과 같이 말했다. "광거廣居란 내면에 있는 것이지 외면에 있지 않다. 따라서 집을 둘러봐도 한장이 채 안되지만 천하의 광활함은 마치 마음속에 훤히 보이는 것과 같아 숨길 수가 없다."[7] 원학란袁學瀾은 고춘복顧春福이 은매산장隱梅山莊을 짓게 된 초심을 다음과 같이 설명했다. "어찌 산과 강의 여위고 기탁할 곳이 조용하고 텅빈 곳에서 춤을 추는 것인가. 그대 역시 무언가 기탁한 바가 있어서 그리 한 것인가? 아마도 근 몇 년 동안 사안謝安이 자형子荊에 대한 그리움으로 잠을 이루지 못하고 정신도 온전하지 못했다. 겨울에 먼지가 가득하고 시간이 지나도 소식이 오지 않았다. 감정을 품고 있어도 만나지 못하니 악기를 타면서도 슬퍼한다. 그녀가 스스로 슬퍼하니 아무도 그녀의 마음을 풀어

---

5) 王稼句：《蘇州園林歷代文鈔》, 上海, 上海三聯書店, 2008, 第53頁.
6) 王稼句：《蘇州園林歷代文鈔》, 上海, 上海三聯書店, 2008, 第108頁.
7) 王稼句：《蘇州園林歷代文鈔》, 上海, 上海三聯書店, 2008, 第103頁.

줄 수가 없다. 어쩔 수 없이 세속의 정을 끊고 사랑의 제방을 터 구애받지 않고 산수에 노닐면서 아름답게 그리움을 소모한다. …… 도시의 번화도 그의 근심을 없앨 수 없었다. 즉, 오월의 흥망도 삶은 닭이 항아리에서 춤추는 것과 같은데, 하물며 인간 세상의 정은 서로 얽히고 얽히면서 마음을 복잡하게 하고 마치 환상과 그림자처럼 진실된 것은 없다. 그래서 우주의 넓은 흉금을 바라보고 산수의 청아함을 품에 안으면 넓은 하늘과 같은 부류가 돼 신선과 왕래한다. 이것이 형상을 초월하고 나와 이상이 맞는 자이다"[8] 현실은 과연 무엇일까? 세상이 '마치 환상과 그림자처럼 진실된 것이 없다'는 것은 불교에서 기원한 것인가? 그 이상 있다면 또한 무엇인가? '하늘과 같은 부류가 돼 신선과 왕래하는 것은' 도교에서 기원한 것인가? 불교와 도교가 인연이 있다는 것은 고춘복의 입장에서는 모두 중요하지 않다. 중요한 것은 '이상이 맞는 자'이다. 사람들은 여기서 편히 거주하고, 사물은 여기서 편히 있고, 생명은 여기서 편히 존재하며, 생태는 여기서 정착됐다. 진실된 본연의 이치에서 조영照映을 실천해 낸 것이 심신이고, 이런 조영은 때마침 건축이란 '장소'에서 완성됐다.

강남 고대 도회 건축이 조성된 공간은 정체된 공간도 아닌 날아다니는 공간도 아닌 발로 걸어 다니는 공간이며 상대적으로 완만하고, 느리고, 침착하고, 포용되는 공간이다. 유동적이고 움직이는 세계는 생태의 공간뿐만 아니라 생태의 의미이기도 하다. 여기에서 건축은 지금까지 영원한 것이 아니다. 송락宋犖이 강희 34년에 창랑정을 보수하고 "정자는 백년간 폐기됨"[9] 이라고 기록했다. 도광道光 7년에 도주陶澍, 양장

---

8) 王稼句:《蘇州園林歷代文鈔》, 上海, 上海三聯書店, 2008, 第170頁.
9) 王稼句:《蘇州園林歷代文鈔》, 上海, 上海三聯書店, 2008, 第6頁.

거梁章鉅가 다시 수리하면서 역시 "매우 황폐함"10) 이라고 기록했다. 긴 세월 속에서 수많은 먼지와 비교해 볼 때에 다시 수리한 후의 화려함은 늘 짧았다. 여러 차례 보수를 거친 후의 창랑정의 형식과 의미는 이미 바뀌어 버렸다. 태평천국의 난 당시, 동치同治 12년에 장수성張樹聲이 다시 보수하며 말했다. "지금 건축한 것은 오직 정자가 산꼭대기에 있는 것만이 소자미의 원래 형식이고, 그 외의 것들은 제멋대로 해자미가 만든 정자의 옛 모습이 아닐 것이다."11) 이 말은 소순흠이 송나라 경력慶曆 5년에 소주로 유배당했을 때부터 이미 828년이 지났다. 이 828년 동안 누가 창랑정의 주인이었을까? 창랑정은 승려에게 관리하도록 하기도 했는데, "관리처에는 승려가 있고 승려에게는 논이 있는데, 이런 제도는 수십 년간 폐지되지 않았다."12) "만약 시기를 놓쳐 관리하지 않고 오래도록 황폐돼 있었다면 어찌 황제의 은덕을 선양할 수 있겠는가"라는 명목으로 "황제의 덕을 선양하고, 삼오三吳 사대부의 영광"13)이 되기도 했다. 필자가 보기에는 창랑정의 주인이 당시 보수작업을 진행한 순무, 안찰사, 포정사보다 "유람할 수 있는 나이에, 유람할 가치가 있는 곳에서, 유람할 시기를 만나" 14)서 어쩔 수 없이 유람하는 자와 후세인이라고 하는 편이 더 낫다. 도광 19년 늦봄에 지인들과 함께 남원, 창랑정을 유람한 원학란은 소동파의 말을 인용해 말했다. "'강산과 풍월은 일정한 주인이 없으니, 한가한 자가 주인이다'라는 말을 믿지 않는다! 그 말을 믿지 않는다!"15) 지키는 자가 아닌 한가한 자가

---

10) 王稼句 :《蘇州園林歷代文鈔》, 上海, 上海三聯書店, 2008, 第7頁.

11) 王稼句 :《蘇州園林歷代文鈔》, 上海, 上海三聯書店, 2008, 第8頁.

12) 王稼句 :《蘇州園林歷代文鈔》, 上海, 上海三聯書店, 2008, 第6頁.

13) 王稼句 :《蘇州園林歷代文鈔》, 上海, 上海三聯書店, 2008, 第6頁.

14) 王稼句 :《蘇州園林歷代文鈔》, 上海, 上海三聯書店, 2008, 第13頁.

15) 王稼句 :《蘇州園林歷代文鈔》, 上海, 上海三聯書店, 2008, 第13頁.

창랑정의 주인이라면, 창랑정의 '주인'은 창랑정에서 무엇을 느꼈을까? 그리고 원학란은 하늘을 바라보면서 탄식했다. "아! 세상은 참으로 헛된 꽃과 환상이다. 남원의 연못과 관사는 오월吳越 전원료錢元璙 때부터 지금까지 때로는 황폐해서 풀만 무성하고, 때로는 사찰이고, 때로는 왕후장상의 저택이며, 때로는 문인들의 은거지였다. 세월이 바뀌고 변화는 무상하다. 전쟁을 수차례나 겪었고 우물 옆의 이끼는 푸르며, 제비와 꾀꼬리가 빈번히 바뀌고 난간 옆의 약초는 홀로 붉게 물든다. 후세인들이 이곳에 와서 주면朱勔의 꽃과 산석을 물어보고, 장사長史의 정자와 누대를 방문해 지난 세월을 감회하고 바람과 마주하면서 그리워한다. 그리고 옛 시절을 떠나보내며 감히 우울함을 떨치기 위해 즐거워하지 않을 수 없다."16) 참으로 아름다운 탄식이다! 원학란 같은 이들이 내심 느낀 것은 시간이고, 세월의 흘러가는 흔적이며 인생의 무상이다. 시간의 흐름 속에서 허구화된, 혹은 환상화된 창랑정이란 건물이 자신의 '주인'의 눈에는 점차 다가오기도 떠나기도 하는 빛과 그림자가 돼 흐리고 희미해졌다. 이 세상에 영원한 것은 없다는 것이 유일한 진리이다. 창랑정의 이런 체험은 건축의 과거에 대해 추억하는 방식으로 눈 앞의 이끼로 얼룩진 정자, 누대, 꽃, 산석과 함께 사람의 마음속으로 깊이 들어온다. 이런 경지는 미학 측면에서 신비롭다는 말로 개괄할 수 있다. 유홍고劉鴻翱의《太湖署八景題詩記》에서는 "누각은 사람이 살지 않는다. 사방의 창문을 열면 멀거나 가깝기도 하고 짙거나 옅기도 한 산이 품에 들어와 망산루望山樓라고 이름을 지었다"17) 라는 표현이 있다. 그렇다면 사람은 어디에 있을까? 비록 '거주하는 사람이 없고'

---

16) 王稼句:《蘇州園林歷代文鈔》, 上海, 上海三聯書店, 2008, 第12頁.
17) 王稼句:《蘇州園林歷代文鈔》, 上海, 上海三聯書店, 2008, 第170頁.

빈 누각뿐이지만 사람의 마음은 누각에 녹아 있고, 창에 녹아 있고, 산의 짙음, 옅음, 멈, 가까움을 품은 건축에 녹아 있어 마치 신비로운 경지와 같다. 심덕잠沈德潛의《掃葉莊記》에서는 "터는 유가교兪家橋에 있고 강은 성곽과 마주한다. 나무가 울창하고 낙엽이 길을 덮으면 행인의 종적을 감추어 마치 빈숲과도 같다."[18] 빈 숲! 이런 공허한 경지가 자연 만물과 만났다. "사람의 참여 여부에 따라 자연을 일소한다. 쓸면 사람의 뜻을 따른 것이고 쓸지 않으면 하늘의 뜻을 따른 것이다. 쓸든 쓸지 않든 세상이 예 있으니 일표음을 하며 세상을 대한다."[19] 낙엽을 쓸어도 좋고 안 쓸어도 좋고, 사람이 있어도 좋고 없어도 좋으니 산장이 있으면 경지가 존재한다.

은매암隱梅庵은 동정洞庭 동산 금만복金灣卜 오당자塢塘子 고개의 동남 자락에 있다. 도광 26년에 착공해 4년 만에 완공됐다. 고춘복은《隱梅庵記》에서 다음과 같이 서술했다. "그해 겨울에 한가해서 옷을 저당잡아 등위산鄧尉山에 매화 백 그루를 사다 심었다. 이듬해에 길을 닦고 집을 만들고 굴곡진 골짜기를 팠다. 그리고 그 다음 해에 뒤쪽 방과 옆의 옥사屋舍를 수리하고 산세를 따라 회랑과 누각을 만들었고, 또 다음 해는 내실을 증설하고 높은 곳에 정자를 만들었다. 다시 일년이 더 지난 후에 돌을 골라내어 매화를 보충하고, 울타리를 엮어 대나무를 심고, 산길을 내어 묘자리를 만들었다. 갖추지 못한 꽃과 나무를 모두 심었다. 다행히 작품 수입이 전년보다 많아서 온 가족의 의식 외에 나머지 모두를 이곳에 사용할 수가 있었다. 이쯤 돼 비로소 대충 완성됐고, 손꼽아 계산해보니 8년이나 걸렸다." 이 암자의 구상 순서에서 인

---

18) 王稼句 :《蘇州園林歷代文鈔》, 上海, 上海三聯書店, 2008, 第28頁.
19) 王稼句 :《蘇州園林歷代文鈔》, 上海, 上海三聯書店, 2008, 第28頁.

위적인 건축은 자연사물과 동등하다는 것을 알 수 있다. 이런 대등 개념을 통해 사람의 가치가 문화해석과정에서 약간 우세를 차지할 수도 있지만,[20] 건축은 사람의 수요 — 사람의 거처를[21] 심지어 '나'의 거처를[22] 우선적으로 고려한다. 한편 역사는 문인의 수행생활을 더 좋아하지만[23] 사람이 자신의 가치를 실천하는 방법은 '내'가 체득하는 방식으

---

20) 오극공吳克恭이 《玉山草堂序》에서 말했다. "내가 천지의 맑은 기운, 유수와 높은 언덕이 융합된 산천의 빼어남, 하나도 빠짐없이 만물을 망라한 것과 만난 것은 우연일까? 사람은 순수하고 잡스럽지 않아야 만물을 뛰어넘을 수 있고, 사물의 정화를 모아 품성이 순수한 부류가 돼 세간의 보물이 될 수 있는 자는 반드시 기억하고 등용해야 한다. 유람하고 거주하기 적당한 곳, 있는 곳에 가치를 더하는 것은 반드시 사람으로 인해 유명해질 것이다." 섭대년聶大年은 《西村別業記》에서 "장소는 사람으로 인해 유명해진다. 예를 들어, 망천장輞川莊, 서지촌西支村은 왕유王維, 두릉杜陵이 아니었다면 후세에 이름을 알리지 못했다"라고 했다. 서유정徐有貞은 《先春堂記》에서 말했다. "장소는 사람으로 인해 유명해지고, 사람은 그때를 즐긴다. 고로 산수가 뛰어나도 감상할 사람이 없고, 지나가도 눈길을 주지 않고, 그것을 보아도 좋아하지 않는다면 그 장소는 스스로 유명해지지 못한다."(王稼句:《蘇州園林歷代文鈔》, 上海, 上海三聯書店, 2008, 第174, 178頁.)

21) 심덕잠은 《遂初園記》에서 "주택은 깊게 지어 창문과 이중벽을 설치한다. 열린 공간은 여름에 살고 깊은 방은 겨울에 살며 대략 갖추었다"라고 했다. 심덕잠의 《蘭雪堂圖記》에서는 "나는 오직 원림은 사람 때문에 중하게 여기고 그림은 가장 중요하지 않다"라고 했다. 이문李雯은 《寶樹園記》에서 "초탈해 도시 산림의 생각을 가지지만 고대 사람들이 말하는 마음에 드는 것이 반드시 먼 곳에 있을 필요가 없고, 가려진 숲이 있으면 새와 물고기는 사람과 가까이한다"라고 기록했다.(王稼句:《蘇州園林歷代文鈔》, 上海, 上海三聯書店, 2008, 第148, 48, 118頁.)

오위업吳偉業의 《歸村躬耕記》에서는 "나의 선조가 바닷가인 침구寢丘의 땅을 소유해 입에 풀칠하고 조용히 문을 걸고 지내면서 가족의 생계가 어떤지는 상관하지 않았다. 성품이 들판을 좋아하고 약초를 즐겨 먹었기에 동쪽 교외에서 대나무를 심는 원포를 만들었다. 예국정藝菊亭을 성곽 북쪽에 지었지만 길 가는 나그네가 자신과 같을까 걱정된다"라고 했다.(王稼句:《蘇州園林歷代文鈔》, 上海, 上海三聯書店, 2008, 第254頁.)

23) 주이존朱彝尊의 《秀野堂記》에서 말했다. "내가 생각하기에 예쁘게 장식한 원림과 구학丘壑은 모두 권력자가 차지하고 손님으로 가서 관상할 수 있는 자가 드물다. 그들과 가까운 사람도 문인이 아닌 늘 예쁜 기녀나 하인에 둘러싸여 있는 자이다.

로 산수지세를 직접 느끼는 것이다. 채우蔡羽는《石湖草堂後記》에서 "형태의 크고 작음보다 정취를 다하는 데에 의미가 있다. 정취는 고금을 막론하고 깨닫는 데에 있다"[24]라고 기술했다. 마음으로 깨달은 상대는 형태가 아닌 정취이며 경험 감지를 거부하는 '기세'이다. 기세란 과연 무엇일까? 그것은 풍수의 흐름으로 응집된 자연 산수의 생명의 이미지이다. 서건학徐乾學이《依綠園記》에서 다음과 같이 말한 적이 있다. "누각 밖에 평평한 논밭 천경이 있어 눈으로 경작할 수 있고 남호가 하늘처럼 끝없이 펼쳐진다. 산봉우리가 서에서 북으로 겹겹이 둘러싸고 있고, 다채롭기가 천태만상이니 문을 열면 모두 방으로 들어온다."[25] 평평한 논밭과 겹겹의 산봉우리가 하늘처럼 끝이 없고 겹겹이 둘러싸여서 저 멀리에서 마치 책상 앞으로 다가오는 것과 같다. 이것이 '기세'이고 '찾아오는'정취이다. 그리고 강영과江盈科의《後樂堂記》에서 "당 앞에 누각이 세 채인데 올라가서 멀리 바라보면 영암산, 천평산 등 여러 산이 가까이 있는 것 같기도 하고 멀리 있는 것 같기도 하고, 우뚝 서 있는 것 같기도 하고 엎드려 있는 것 같기도 한다. 그 빼어남을 드러내니 그 푸르름을 두 손으로 움켜쥘 수 있을 듯하다."[26] 높이 오르는 것이 멀리 바라보는 전제이다. 누각에서 산색이 멀거나 가까운 기복을 이룬다. 이것이 '기세'이며 뜻을 '세운'는 의미도 있다. 그리고 귀장歸莊은《湘雲閣記》에서 말했다. "다시 그 누각에 올라 창문 앞에서 멀리 바라보니 앞에는 이어진 산봉우리가 우뚝 서 있고 태

하루의 가무가 조용해지면 원림 내에는 가시나무가 돋는다. 문선루文選樓와 이아대 爾雅臺 처럼 오직 문인이 작품을 남긴 곳이 오래 보존될 수 있다."(王稼句 :《蘇州園林歷代文鈔》, 上海, 上海三聯書店, 2008, 第86頁.)

24) 王稼句 :《蘇州園林歷代文鈔》, 上海, 上海三聯書店, 2008, 第138頁.
25) 王稼句 :《蘇州園林歷代文鈔》, 上海, 上海三聯書店, 2008, 第167頁.
26) 王稼句 :《蘇州園林歷代文鈔》, 上海, 上海三聯書店, 2008, 第50頁.

호가 주위를 둘러싸고 있으니 산천 경치의 기이함, 숲의 울창함, 마을의 번성함이 한눈에 들어온다."[27] 여기서 산 봉우리가 이어지고, 호수가 둘러싸고, 산천의 경치와 마을의 연기 등은 역시 '기세'이며 '대중'의 뜻이다. 그러나 어떤 기세, 어떤 뜻, 어떤 의지, 어떤 흥취든 결국 인간 생명과 자연 생명의 조영이 없어서는 안된다.[28] 그래서 육준陸俊은 《湖山平遠閣記》에서 말했다. "길상암吉祥庵을 호수와 산을 바라보는 누각으로 삼고, 이 누각이 다시 정자가 되거나 정사가 되도 전혀 모른다. 탁자와 침상 및 나무와 돌 하나하나가 나를 집중시키고, 나의 기억을 멈추게 하고, 몇몇 마을 노인들과 왕래할 수 있다는 것이 오늘의 행복이라 아니할 수 없다. 조자趙子가 없었다면 이렇게 많은 생각을 할 수 없었을 것이고, 농부가 없어도 조자는 그 즐거움을 스스로 즐길 수 없을 것이다. 이런 꽃과 새, 나무와 돌이 조자에게 기예를 보여주었는데, 내가 다정한 눈빛으로 한마디도 하지 않는 것은 정말 꽃과 새에게 감정이 북받친 것인가?"[29] 마음을 모으고 뜻을 키우고 지금에 살고 있는 "나"는 꽃과 새와 다정하게 교감한다. 한마디로 바로 마음속에 사물에 대한 욕심이 없는 도가의 깨달음이나 생태적인 상태에 이른다.[30]

---

27) 王稼句:《蘇州園林歷代文鈔》, 上海, 上海三聯書店, 2008, 第166頁.
28) 왕세정은 《越溪莊圖記》에서 말했다. "산수와 사람은 서로 교류하고 기다린다. 사람은 산수를 만나지 못하고 죽어도 문제가 없지만, 산수가 사람을 못 만나면 널리 유명해지지 못한다."(王稼句:《蘇州園林歷代文鈔》, 上海, 上海三聯書店, 2008, 第139頁.)
29) 王稼句:《蘇州園林歷代文鈔》, 上海, 上海三聯書店, 2008, 第220頁.
30) 왕세정은 《日涉園記》에서 말했다. "외부환경을 번거롭게 할 필요가 없이 내부에서 자족하면, 대붕이 날개를 펼치면 구만 리 고공으로 날아오르고, 작은 새가 아무리 날아도 느릅나무와 박달나무 끝 밖에 미치지 못하는 것과 같다. 이도 소요逍遙의 일종이다." 오장吳莊의 《堅舟園記》에서는 "누각에 오르면 마치 바다의 삼산을 보는 듯 신기한 경관이 눈에 가득하니, 또한 장방長房이 축지법을 쓰고 호리병 속에 들어가듯이 신선이 된 것을 스스로 알아채지 못한다"했다.(王稼句:《蘇州園林歷代文

이런 마음가짐은 원림 건축 과정[31] — 원림은 지세를 따라 만들기에 따로 정해진 규칙이 없다 — 에서 나타낼 수 있지만 결과물로서 완공 이후에는 사람들이 원림 안에서의 생명적인 체득으로 더 많이 보여준다. 심흠한沈欽韓은 《木瀆桂隱園記》에서 말하기를 "시원한 당堂이 있어 북쪽 창문에서 발꿈치를 들어 밖을 내다 볼 수 있고, 깊은 방이 있어 난로 옆에 둘러 앉아 내리는 눈소리를 들을 수가 있고, 산중 누각이 있어 장막에다가 구름을 모을 수도 있으며, 수상 정자가 있어 풍월을 침상 앞으로 부를 수도 있다."[32] 그리고 건축은 훤하게 뚫린 것이니 자연을 향한 자발적인 '초대'와 다르지 않다. 심덕잠의 《遂初園記》에서는 "하늘 높이 솟아 오른 것이 횡수각橫秀閣이다. 여기서 동북쪽으로 바라보면 평평한 논밭 만경이 펼쳐지고 논에는 길이 종횡으로 있으며, 여름 가을에 푸른 파도나 노란 구름과 같은 작물이 한눈에 들어오니 농사를 관람하기 적합하다"[33]라고 묘사했다. 한편 사람이 터득한 것은 산수만이 아니라 전원도 있다. 전대흔錢大昕의 《半硯齋記》에는 "반半"이라는 이념이 있다. 무릇 "성취와 부족함이 있는 것은 하늘의 뜻이고, 성취와 부족함이 없는 것은 사람의 마음이다. 전부가 반을 모른다는 것은 잘못된 것이고, 반이 전부보다 못하다는 것도 잘못된 것이다. 내 마음과 만나면 내가 그것을 택하니 어찌 전부와 반이라는 선입견이 존

鈔》, 上海, 上海三聯書店, 2008, 第252, 165頁.)

31) 왕심일王心一이 순치順治 2년(1645년)에 사형수로 투옥하다 숭정崇禎 8년(1635년)에 풀려나서 거주하려고 전원을 자기 취향대로 지었는데, 바로 졸정원 동이며 지금에도 모습이 그대로이다. 그는 《歸田園居記》에서 "토지를 연못으로 만들 수 있으면 연못으로 만들고, 못을 팔 때에 나온 흙을 산으로 만들 수 있으면 산을 만든다. 연못에 혹은 산 사이에 집을 지을 수 있다면 집을 짓는다"고 했다.(王稼句:《蘇州園林歷代文鈔》, 上海, 上海三聯書店, 2008, 第46頁.)

32) 王稼句:《蘇州園林歷代文鈔》, 上海, 上海三聯書店, 2008, 第150頁.

33) 王稼句:《蘇州園林歷代文鈔》, 上海, 上海三聯書店, 2008, 第148頁.

재하겠는가! "[34] 이와 같은 전대흔의 말은 비록 글에만 해당하는 것이 아니라 이를 통해 공통된 인식을 이루고자 했다. 그러므로 전부와 반의 견해는 건축의 숨은 뜻이자 생태미학의 기본이다.

제2절 체계 : 건축 외형의 차경借景

차경借景은 동서양 건축에서 보편적으로 사용되는 기법이다. 서구 건축문화 관념에서 차경의 '차借'는 일종의 수요를 나타내며 다른 사물을 빌려 자신의 부족함을 채우는 것이다. 그런데 건축은 독립된 개체인데 어찌 밖에서 빌릴 필요가 있을까? 이 때문에 빌려온 것은 대개 건축의 장식이다. 사람은 장식과 건축을 하나로 만들려는 착각— 멀리서 환상을 추구하지 않고 가까이 있는 확실한 실체를 원하는— 에 애를 쓴다. 상감 기법 혹은 더 구체적으로 조각의 도움을 받아 창백하고 무미건조한 벽면에 다른 시공간의 이미지를 그리면 아마 대다수 서구인의 건축 차경에 대한 상상을 만족시킬 수 있을 것이다. 차경은 신중해야 한다. 차경이 '함정'이 될 가능성은 장식 의미의 이중 패러독스에 있으므로 이는 어느 정도에서 건축 자체의 존재가치를 참월할 수도 있다. 러스킨은 우리와 이러한 경험을 나눈 적이 있다. "나는 이것(예술과 이성 감상)이 비로소 유일하게 간직할 만한 감상이고, 이런 감상이 건축의 조각과 색체 의미를 이해하는 데에 심신을 몰입하고자 하는 것을 발견했다. 이런 감상은 전체 형태와 크기를 그다지 신경쓰지 않고, 조각, 다양한 몰딩, 상감 등의 장식만 섬세하게 관찰한다. 나는 이런

---

34) 王稼句:《蘇州園林歷代文鈔》, 上海, 上海三聯書店, 2008, 第102頁.

조각과 회화가 비로소 해야 할 모든 것이고, 또한 나는 오래전부터 습관적으로 이런 것들이 건축에 종속돼 있다고 생각해 왔지만, 사실 이들이야말로 건축걸작이다."[35] 러스킨이 이런 심미 체험을 갖게 된 근거로 그의 의념 세계에서는 진실이 섬세함으로부터 생겨났다는 불멸의 원칙이 있고, 이 때문에 장식물의 일부 섬세한 처리 기법은 건축 자체를 추월했다. 그러나 건축은 하나의 자족체로서 분계선을 통해 공간을 결정하고, 공간을 근거로 품격이 결정되며 품격에 따라 내부 장식을 받아들이기에 애초부터 외부요소에 의지하지 않아도 성립될 수 있는 체계였다. 집은 다른 사물이 외부에서 벽면을 지탱하기를 원하지 않을 뿐만 아니라 이와 유사한 방해요소가 벽면의 완전성을 파괴하는 것도 거부한다. 멀쩡한 벽을 막대기로 지탱하면 집이 좋아하지 않을 것이다. 마치 안방 바닥이나 침대에 갑자기 넝쿨이 제멋대로 자라는 것처럼 주인은 커다란 공포감을 느낄 것이다. 분리는 건축의 본능이자 건축의 천직이다. 분리야말로 안전을 의미한다. 이러한 안전감을 추구하기 위해 건축은 반드시 자주적이고 밀봉적이야 한다. 그런데 건축이 빌려온 경관을 받아들이는 데에는 전제조건이 있다. 후자는 건축의 '자아'적 존재의미를 침범하거나 파괴하지 않고 건축의 '자아'적 기생자일 뿐이어야 한다. 그래서 서구 건축문화 관념에서의 빌린 경관은 항상 '몽롱'하고 주체 신분이 불분명하다. 그곳에 독립적 감상 가치를 갖췄지만, 반드시 제 3자로서의 배척성에 기대야 한다. 이런 모순은 실체와 실체에 기대는 외부 사물 사이의 의지와 반의지 관계 설명에 광범위하게 적용될 수 있다. 이로 인해 러스킨은 장식을 칭송하는 동시에 "우리는

---

35) [英]約翰·羅斯金:《建築的七盞明燈》, 劉榮躍編, 張璘譯, 濟南, 山東畵報出版社, 2006, 第16頁.

그 어떤 장식이든 건축물 전체를 (적어도 일부분을) 덮고 가림으로써 가까이에선 매우 정교하지만 멀리서는 아주 거칠어 보이게 해서는 안 된다. 그것은 모략과 사기이다"[36]라고 강조했다. 러스킨이 반대한 것은 장식물이지 장식은 아니다. 예를 들어 명문銘文에 숨어 있는 규칙성과 이런 규칙성을 드러낸 특별한 의미와 같은 것 등이다. 즉 그가 요구하는 것은 의미의 집중과 순수함이지 모호와 분산이 아니다.[37]

서구 건축문화의 차경관념의 치명적 결점은 경험성이다. 빌리는 것과 빌려오는 것 모두 경험이며 빌린 결과는 더욱 경험적이다. 사람은 건물이 필요하다. 내가 머물 수 있는 집은 오직 경험적 수납공간, 일종의 운반체이다. 심지어 교회도 마찬가지로 신앙의 현실적 실천에 관심을 둘 뿐이다. 즉, 그것은 '철학'적이지 않고, 모든 것이 어떻게 가능할지에 관심을 갖지 않는다. 이런 경험적 공간은 '무無'가 아닌 '유有'의 세계에 속하며 실질적인 '공空'은 더욱 아니다. 아마도 누군가 질문할 것이다. 장식의 유를 원하지 않는다면 설마 중국 건물의 한쪽 귀퉁이를 없애고 지붕 하나를 들어내야 무이고 공인가? 그것이 사실이라면 영원히 '무'를 체험할 수 없고 '공'을 깨달을 수도 없을 것이다. 중국의

---

36) [英約翰・羅斯金:《建築的七盞明燈》, 劉榮躍編, 張璘譯, 濟南, 山東畵報出版社, 2006, 第16頁.
37) 러스킨이 말했다. "교회, 실내와 그림의 명문銘文은 종종 매혹적이지만 건축이나 회화의 장식으로 여겨서는 안 되고 이들은 융통성이 없고 눈에 거슬리는 사물이며 그들의 지능적 기능이 소개될 때에 비로소 받아들여야 한다. 그래서 이들을 읽을 수 있는 곳에만 배치시킨다. 새길 때는 위아래의 전도도 혹은 좌우의 전도도 아무런 장식도 필요하지 않다. 어떤 물건의 유일한 장점이 바로 그 물건의 의미일 때는 미화를 위해 그것을 흐릿하게 하는 것이 득보다 실이 많다. 쉽게 말하자면 시선이 다른 곳을 봐야 할 때는 주의력을 그쪽으로 끌지 말아야 한다. 아주 작은 개방 공간과 건축의 침묵 외에 그 어떤 사물을 사용해 당신의 글귀를 추천하지 말라."([英約翰・羅斯金:《建築的七盞明燈》, 劉榮躍編, 張璘譯, 濟南, 山東畵報出版社, 2006, 第96頁.)

무와 공은 건물의 귀퉁이 하나를 없애고 지붕을 들어내는 경험적인 무, 공이 아닌 초경험적인 무와 공이며 경험적인 유무가 출현하고 분화하기 이전에 있던 본래의 무, 공이다. 이런 경지에 도달해야 초경험은 경험과 합쳐져 '체험과 활용이 하나가 된다.' 그래서 사람은 반드시 '어떤 곳'으로 돌아와야 한다. '어떤 곳'에서 건축이 사람에게 가져다 준 아름다운 차경, 환상적인 경지를 자유롭게 체험할 수 있도록 자신의 생명을 잘 안치한다.

중국 고대 건축에서 특히 강남 건축에서 차경만이 건축의 모습을 이루어 낼 수 있다. 여기의 '차'는 경험측면의 한계를 넘어 더이상 현실적인 수요로 인해 빌리지 않고 건축의 본질적인 '존재'를 위해 빌리는데, 이는 '진짜 빌림'이 아닌 '가짜 빌림'이다. 건축은 빌린 경관의 실체성을 자신으로 끌어들여 자신을 충족시키려고 하지 않는다. 오히려 빌린 경관과 결합해 자신과 상대방을 허구화, 환상화하고 이에 본진화해 무한적으로 생성성 세계로 돌아가려 한다. 그래서 건축은 건축의 실체가 아니라 건축의 본체이고, 건축물은 건축의 실제 모습이 아닌 건축 본래의 모습이다. 건물의 모습도 역시 건물의 실제 모습이 아닌 건물 본래의 모습이다. 건물 본래의 모습이 도대체 어떻게 건물 자체를 이룰 수 있을까? 건축 본래의 모습은 포용과 피포용 사이의 장력적인 존재이다. 《史記·孟子荀卿列傳》에서는 "유학자가 말하는 중국은 천하 81분의 1이다. 중국은 적현신주赤縣神州라고 불렀다. 적현신주 안에 아홉 개의 주州가 있는데 바로 우임금이 차례로 정한 것이며 모든 주의 숫자는 아니다. 중국 외에 적현신주와 같은 곳이 아홉 개가 더 있는데 이른바 구주九州이다. 그곳은 모두 작은 바다로 둘러싸여 있고 사람과 짐승이 서로 통하지 않았다. 마치 하나의 독립된 구역과 같으며 그것이 하나의 주이다. 이러한 주가 모두 아홉 개이고 더 큰 바다가 그 밖을 둘러싸고 있으며 하늘과 땅의 끝이다. 그가 서술한 바가 바로 이런 것이다. 그러나 총괄해 보면 모두 인의仁義와 검소함이고 군신과 친족 간에서 실행됐으며, 그의 최초의 서술은 두서가 없다. 왕공 사대부들이 그의 학설을 처음 접했을 때는 놀라며 감화됐으나, 나중에는 오히려 실행할 수가 없었다."[38] 색인에서는 "비해裨海는 작은 바다이다. 구주 밖에 더 큰 바다가 있으니 여기서 비裨는 작은 바다임을 알 수 있다"라고 했다. 이 세상은 세상이 사람에게 남긴 인상이며 겹겹이 둘러싸여 있고 서로 겹친다. 더욱 중요한 것은 이런 겹친 세계의 본의가 겹겹이 싸인 핵심을 지향하는 것이 아니라 정작 겹겹이 싸인 관계 자체가 깨달음이 가득한 격정이라는 것이다. 이런 겹침은 군주와 신하의 윤리천이 질서를 암시할 수 있고, 이런 둘러싸임은 고대인의 인류와 자연, 실체와 허무 관계에 대한 설정을 환원시킬 수도 있다. 그렇다면 사람은 무엇을 하고 있는가? 사람은 자연, 허무와 서로 에워싸고 있다. 건축은 바로 이런 사고방식이 공간 구조영역에서 발전하고 실천한 결과이다. 그래서 건축의 모습은 복잡함과 융통성이 있는 생태미학체계라 할 수 있다. 메를로 퐁티는 다음과 같이 말했다. "완전한 의미상에서 단일 사물의 신분은 이런 체험이 유일한 다자발polythétique 활동에서 구성되길 원한다. 물체의 신분은 이런 방식으로 지각체험과 경계의 종합을 뛰어넘었다. 그 중의 관계는 상호 규정된 우주(완벽하고 명확한 완전체) 개념이 그 중의 서로 내포된 세계(개방적과 제한이 없는 다양성) 관념을 추월한 것과 같다. 나는 나의 체험을 떠나 관념에 도달한다. 대상으로서의 관념은 모든 사람에게 똑같은 것이고, 시간과 공간에

---

38) 司馬遷撰, 裴駰集解, 司馬貞索引, 張守節正義:《史記》, 北京, 中華書局, 1982, 第2344頁.

모두 효과적이며, 물체의 객관적 시공간 어느 지점에서의 개별화는 최종적으로 일종의 보편적 확인능력의 표현이라고 생각한다."[39] 메를로퐁티의 서술에서 알 수 있듯이 관념은 경험적 체험을 초월할 수가 있는 이념이고 모든 시공간에 초점을 맞추는 보편적 의미를 지니고 있으면 지각과 생명 경계의 구분을 깨고 전체 우주를 계획한다. '관념'을 전환해 생태미학의 '자연' 범식 묘사에 도입하면 다음과 같은 중국식 결론을 얻을 수 있다. 생태미학의 경지는 개체 체험의 무를 뛰어넘고 생태세계의 모든 시공간에 초점을 맞추는 의미를 보편적으로 지니고 있다. 이런 경지는 모든 지각 주체와 생물물종의 경계를 없애고 생태우주에 영향을 미친다.

구체적으로 말해 강남원림에서 차경 원리는 창을 통해 실현될 수 있다. 창은 건축에서 없어서는 안 되는 요소로서 채광과 통풍이 용이하고 경치를 감상할 수 있으며, 동서고금을 막론하고 사람들의 일상생활에서 소박하고도 평범하다. 그러나 서구 건축에서는 창에 특별한 의미를 부여했으며 종종 무거운 종교사명을 짊어지게 했다. 1140년에 유명한 수도사인 쉬제Suger는 파리 북부에 초기 고딕식 건축 대표인 생드니 St-Denis 왕가수도원 교회를 건축할 때에 빛과 빛의 그림자로 종교적 환각을 만들어 냈다.[40] 신도들의 마음속에서 세계는 하느님이 창조한

---

39) [法]梅洛-龐蒂:《知覺現象學》, 姜誌輝譯, 北京, 商務印書館, 2001, 第104頁.
40) "생드니의 유리는 지금 이미 대다수가 교체 혹은 보수됐지만 쉬제는 우리에게 이런 창문이 독실한 신도에게 복잡한 삽화적 메시지를 전달하는 데에 쓰였음을 충분히 설명해줬다. 선명한 색채의 초상화를 주목하는 것으로 초상화가 묘사한 진리를 이해할 수 있게 인도했다. 쉬제는 물질의 아름다움에 주목하면 신에 대한 이해를 야기할 수 있다는 자신의 관념을 전달하는 데에 빛에 의한 보석효과를 낼 수 있는 색유리보다 더 적합한 소재를 찾을 수 없었다. 그래서 생드니 동쪽 종합 건축의 새로운 품격과 아름다운 마름모 형태의 둥근 지붕, 뾰족한 아치와 골격구조는 색유리 기술에 의해 미화됐고 사람을 더욱 황홀하게 했다."([英]蘇珊·伍德福特, 安尼·

제2절 체계 : 건축 외형의 차경借景 **381**

것이고, 하느님이 창조한 첫 번째 물건이 바로 '빛'이다. 교회에서 빛은 주체이다. 빛이 색유리 등 투명한 소재를 통해 색채가 선명한 초상을 화려하게 비춰 사람들의 천국에 대한 상상을 이끌어 냈다.[41] 쉬제가 유리창으로 투명한 컬러 초상을 만든 목적은 신도들의 의심이 없는 내적 경건을 위해서이다. 그렇다면 천국은 어디에 있을까? 그리고 하느님은 어디에 있을까? 쉬제는 이렇게 말할 것이다. 생드니로 오시오. 여기가 천국이고 하느님이 있소. 빛에 의한 의지상징체가 존재함으로써 신도의 주체신분은 객관적으로 일소돼 버렸다. 바꿔 말하자면 쉬제는 신도들로 해금 일반적인 체험으로 색유리창이 전하는 천국이 전하는 메시지의 진실성에 대한 의심을 허락하지도 원하지도 않았다. 이것이 바로 하느님의 화신이고 인간을 이간시키는 상징체이다. 이곳에서 사람은 피동적이다. 신도는 빛과 그림자가 변혼하는 창가 아래에 엎드려 잡념이 없이 하느님만 바라본다. 그들의 눈에는 하느님이 오셔서 자신을 보살피는 것으로 보인다. 하느님이 추상적 의미에서 눈앞의 현실적인 빛나는 그림자가 됐으니 기정된 경험적인 신성함을 어찌 의심하겠는가? 즉, 창은 동시에 초경험적인 성상聖像과 경험적인 그림이 자신에게 투사한 흔적을 자발적으로 받아들이고, 교회라는 건축이 지닌 품격 ― 현실적이면서 은유적으로 하늘과 인간세상을 연결하는 통로― 을

謝弗 · 克蘭德爾, 羅莎 · 瑪麗亞 · 萊茨：《劍橋藝術史(一)》, 羅通秀, 錢乘旦譯, 北京, 中國靑年出版社, 1994, 第250頁.)

41) 저서기褚瑞基가 말하기를 "많은 중세기(5세기부터) 신학 사상 및 예술 작품은 일찍이 '빛'이 기독교 정신에서 가장 중요한 상징 요소의 하나라고 했고, '빛'은 고딕건축에서 사람의 지각을 전환시켜 신성한 경험을 느끼게 하는 가장 중요한 도구이다 …… 가장 이른 예술 작품에서 '빛'을 사용해 기독교의 신성한 감응을 상징하는 시간은 정확히 알 수 없지만 후기 로마시대의 교회예술가들은 이미 이런 요소로 기독교의 위치를 상징적으로 지정했다."(褚瑞基：《建築歷程》, 天津, 百花文藝出版社, 2005, 第198頁.)

향유했다. 이런 의미가 단순할수록 교회는 대지에서 더 벗어나게 된다. 만약 흙 한 덩이가 색유리창에 떨어졌다고 가정한다면 쉬제는 이에 대해 어떻게 설명할까? 그는 흙을 잊으라, 창이 가져온 빛과 그림자는 교회 돔의 벽화와 다르지 않으며, 당신이 기억해야 할 것은 천사이지 흙이 아니다라고 말할 것이다. 이는 창이 이미 일차원적 벡터적 확정 의미의 전달이 됐고, 건축 차원에서 사람과 교회 이외의 만물이 자신을 통한 소통을 실천하는 가능성을 거부했음을 뜻한다. 물론 신도들이 교회에 왔으니 잠시나마 창밖의 세속을 잊게 하자. 그리고 창 위에 물화된 성상에만 주목하면 족하다. 그러기에 흙은 당연히 그들의 눈에 들어와서는 안 된다.

이와 비교해 16세기 동방에 살고 있는 이어의 생활에는 창과 연관된 재미난 이야기가 있다.

> 나는 고목 가지 몇 개로 자연적인 창을 만들어 '매창梅窓'이라 불렀다. 평생동안 잘 만든 작품을 고르라고 하면 이것이 으뜸이라 하겠다. 이유己酉 여름 장마로 땅이 오래도록 마르지 않았다. 집 한쪽의 석류와 귤나무가 죽어 땔감으로 잘라냈다. 나무가 너무 단단해서 도끼가 잘 들어가지 않아 층계 옆에 며칠간 방치했다. 가지가 굽어 마치 고매 같았고 늙은 가지는 얽혀서 제법 쓸모가 있어 보였기에 그것을 어떻게 활용할 지를 궁리했다. 당시는 운곡雲谷에 살았는데 어두워서 창을 내려고 하던 참에 갑자기 생각났다. "도가 여기에 있네!" 그리고 장인에게 늙은 가지의 곧은 부분을 취해 가공할 필요가 없이 본래의 모습 그대로 창의 위, 아래, 양쪽으로 만들게 해 창의 윤곽이 됐다. ······ [42]

42) 李漁著, 江巨榮, 盧壽榮校注:《閑情偶寄·居室部》, 上海, 上海古籍出版社, 2000, 第195頁.

이어가 생애 제일의 작품이라고 한 매창에서 적어도 세 가지를 알수 있다. 첫째, 이어의 매창은 사실 창틀 하나일 뿐이다. 그리고 이 창틀은 원래의 창에 외곽을 더한 것이다. 다시 말해 이 창은 채광 및 통풍과 무관하다. 과연 어떤 용도였을까? 창틀을 통해 창밖의 경관을 감상할 뿐이다. 즉, 한 폭의 '그림'을 만든 것이다. 창틀을 통해 배경에서 벗어난 도형을 각색해 경관의 깊이와 거리를 얻고자 했다.[43] 이어는 그림 틀의 강조를 통해 자연의 '분리'특성을 부각해 창밖의 자연 세계를 더욱 선명한 예술 이미지로 형상화하고, 먼 경관을 가까이로 끌어당겨 도형으로 만들었다. 마치 화가가 그림을 그리는 것과 비교해 볼 때처럼 이어의 어려움은 단지 그가 택한 자연경관에서 어떠한 '교묘한 밸런스'[44]를 발견하는 것이다. 대자연은 원래 인위적인 힘을 빌리지 않는다. 둘째, 이어의 매창 '윤곽'에 사용된 자재는 죽은 사물인 고목이다. 이어는 고목의 유래를 위에서 뚜렷하게 밝혔다.[45] 이어가 '늙은 가

---

43) 아른하임이 말했다. "'도형'과 '기초'의 관계는 하나의 폐쇄적인 양식과 또 다른 이와 동질적인 비폐쇄적인 배경의 관계를 가리킨다. 그러나 현실에서 위의 조건과 완전히 부합되는 경우는 매우 드물다. 우리가 열거한 기본 예시 중에도 두 개 이상의 더욱 복잡한 관계가 포함돼 있다."([美]魯道夫·阿恩海姆:《藝術與視知覺》, 滕守堯, 朱疆源譯, 北京, 中國社會科學出版社, 1984, 第311頁.)

44) 아른하임은 "한 화가가 자신이 사용할 수 있는 모든 방법을 동원해 전경을 '도형' 성질을 지니게 하고, 배경을 '기초'적인 성질을 지니게 하면 그는 강렬한 심도효과를 쉽게 얻을 수 있을 것이다. 그러나 이렇게 되면 그가 그린 그림은 분리될 것이다. 그래서 화가들은 보통 더 어려운 임무를 택한다. 즉, 전체 평면의 통일성을 유지하도록 각 요소의 영향력이 묘한 균형상태에 도달하게 한다"고 말했다.([美]魯道夫·阿恩海姆:《藝術與視知覺》, 滕守堯, 朱疆源譯, 北京, 中國社會科學出版社, 1984, 第316頁.)

45) 시지각 이론을 근거로 "모든 폐쇄된 면이 '도형'으로 보지만 이런 면을 폐쇄시킨 다른 면은 '바탕'으로 간주된다는 것을 알 수 있다. 이런 요소는 사실상 또 다른 요소 하나를 포함하고 있다. 바로 특정 조건 하에서 면적이 비교적 작은 면을 '도형'으로 보고 비교적 큰 면을 '바탕'으로 본다는 것이다. …… 그러나 이런 경험의

지의 곧은 부분을 취해' 창틀을 만들고 '가공할 필요가 없이 본래의 모
습 그대로'하는 원칙을 따랐기에 이 창틀은 필히 간단하고도 아주 곧은
선이 아니다. 이런 선은 심미 주체의 시각주의력을 멀리 있는 자연에
투입할 뿐만 아니라 창틀 굴곡도에도 집중시켜 '굴곡진 가지가 마치
고매같고 늙은 가지가 얽힌 모습'에 주의를 기울여서 죽음과 퇴락적
세월감이 매창 그림의 기조를 다지게 했다. 그래서 매창에 선의禪意가
생기고 보는 사람으로 해금 "도가 여기에 있구나!"라고 생각하게 된다.
셋째, 이어가 만든 이른바 매창은 그가 우연히 발견한 고목을 통해 익
숙한 창밖을 보고자 했다. 물론 이어는 매창에 색유리를 끼우거나 심
지어 유리에 컬러 성상을 그릴 능력도 없지만 또한 그리 할 생각도 없
었다. 창밖의 만상이 비로소 창이 존재하는 목적이다. 그리고 이어가
매창을 만든 의도는 창 안쪽의 사람과 창밖의 경치를 구체적인 연결로
만들어 내기 위해서이다. 그림은 사람 앞에 배치돼 정지된 사물이다.
이어의 매창은 마치 하나의 동굴 입구46)처럼 사람을 신선이 사는 자연
경지로 이끌었다. 이런 세계에서 자연은 생로병사를 겪으며 끝없이 성
장하고 바뀌면서 전해져 내려간다. 노베르그 슐츠가 이에 연관된 말을
했다. "존재공간의 개념은 어떤 인류 행위든 모두 공간성을 지니고 있

형성에는 조건이 있는데 바로 그 면적이 조금 큰 단위가 연속적이고 경계선이 없는
바탕이나 윤곽선이 간단한 바탕으로 보여야 한다. 이런 조건을 충족시켜야 위의
원칙이 유효하다."([美]魯道夫・阿恩海姆:《藝術與視知覺》, 滕守堯, 朱疆源譯, 北
京, 中國社會科學出版社, 1984, 第305-306頁.)이어의 방법은 이와 정반대이다.
46) 아른하임은 "건축 예술 영역에서 창이 지닌 지각양식도 같은 변화과정을 겪었다.
최초의 창은 벽에서 낸 구멍이다. 넓은 벽의 간단하고 경계선이 있는 작은 구멍이다.
이런 창은 시각적으로 스스로 모순된 경험을 야기했다. 넓은 바탕의 작은 폐쇄적
구역은 '도형'이어야 하지만 실제로는 매우 작은 구멍이다"라고 했다.([美]魯道夫・
阿恩海姆:《藝術與視知覺》, 滕守堯, 朱疆源譯, 北京, 中國社會科學出版社, 1984,
第320頁.)

다는 사실에 근거한다. 행위가 '장소를 차지take place'하고, 크고 작은 확정의미를 지닌 틀로서 공간을 점유해야 한다. 이 개념에는 이중적 의미가 내포돼 있다. 상호 주체가 되는 생명 형식intersubjective에서 공간 요소를 객관적으로 묘사할 수 있음을 의미하고, 개인 존재를 구성하는 일부 공간관계의 이미지image를 가리키기도 한다. 이에 따라 우리는 '공공'과 '개인'적인 존재공간을 동시에 논할 수 있다. 개인적 존재공간은 지능발전 과정에서 개체와 환경의 상호작용으로 형성된 것이다. 이리해 의미를 지닌 사물간의 삼차원적 연관성으로 구성된 이미지가 나타났다. 이 이미지는 직접적인 지각공간immediate perceptual space과는 호응하지 않는다. 왜냐하면 비록 지각공간은 끊임없이 변화하고 있지만 존재공간은 늘 상대적인 안정구조를 유지하고 있기 때문이다. 이는 마치 순식간에 사라지는 지각을 위해 설정한 참조체계와 같고 또한 그것을 경험으로 전환시킨다."[47] 개인은 공간에 있어서 점유 관계가 아닌 존재 관계이다. 서로 주체가 되는 사고방식에서 인류와 자연의 대화가 가능해질 것이다.

앞서 언급한 많은 사실은 강남 고전 원림이 문창門窓에 대한 많은 구체적인 규칙이 있다는 사실을 설명하고 있다. 이런 구체적인 규칙에 생태미학의 정수가 스며들어 있다. 계성은 문창설계에 대해 아래와 같이 언급했다. "좋은 경관을 받아들여야지 속된 것을 어찌 방에 들이겠는가? 문과 창에 글과 그림을 조각하는 것은 금물이고 창과 담장에 신경써야 한다. 집과 연결된 곳에 공간을 둬야 사방을 관통하는 경관을 이룰 수 있다."[48] '좋은 경관을 받아들여야지 속된 것을 어찌 방에 들

---

47) [挪]克里斯蒂安·諾伯格-舒爾茨:《西方建築的意義》, 李路珂, 歐陽恬之譯, 北京, 中國建築工業出版社, 2005, 第225頁.
48) 計成著, 陳植注釋, 楊伯超校訂, 陳從周校閱:《園冶注釋》, 北京, 中國建築工業出

이겠는가'는 창을 통해 빌린 경관은 선택적인 것임을 의미한다. 그렇다면 선택의 근거는 무엇일까? 한편으로 창과 담장 자체에 대한 요구가 있고, 다른 한편으로 창과 담장 밖의 자연 세계의 관계에 대한 가정이 있어야 한다. "창과 담장에 신경써야 한다"는 언급은 《園治》에서 여러 번 출현했고,[49] 이어의 격자창에 대한 생각도 이와 같다.[50] 어찌해 계성은 '창의 제작 방식은 계절을 따라야 한다'고 요구하고, 이어는 격자창을 '부채의 접힌 주름을 모방'하고자 했을까? 이런 요구는 사실 빌린 경관의 화면감을 강조하기 위한 것이며, 이어는 아주 가늘고 단단한 나무 창살을 쓰고 창살과 창사는 같은 흰색계열을 사용하는 보완방법

<hr />

版社, 1988, 第171頁.

49) 계성이 말했다. "문과 창틀은 벽돌로 해야 하고 계절을 따라 만들어야 하며 비단 방이 이로 인해 새로이 바뀔 뿐만 아니라 원림 또한 우아해진다. 공사는 장인에게 맡길 수 있지만 전체 배정은 유능한 자에게 달려 있다. 경관을 보면 기이함이 생겨나고 경치에 운치까지 더한다. 창사 밖은 푸른 물이 흐르고 낮은 버드나무 사이로 청산이 보인다. 높은 산봉우리는 마주해 서있으니 색다른 세상으로 보인다. 바람이 불면 커다란 대나무가 흔들리며 마치 저 멀리서 전해 오는 음악소리와 같다." 計成 著, 陳植注釋, 楊伯超校訂, 陳從周校閱:《園治注釋》, 北京, 中國建築工業出版社, 1988, 第171頁.

50) 이어가 지적하기를 "부채창은 똑바로 하지 않고 비스듬한 형태를 취해야 한다. 위가 넓고 아래가 좁으면 부채의 접힌 주름을 모방한 듯하다. 또한 작으면 부채 하나로, 크면 반드시 부채 두 개로 해야 하며 중간에 이어지는 부분은 망사나 종이로 붙인다. 곧은 나무로 칸을 나누지 않으면 망사와 종이를 부착할 곳이 없다. 창과 꽃나무가 종횡으로 뒤섞이면 좋고 나쁨을 구분할 수 없으니, 공을 들이고도 졸렬함을 얻는 것은 아닐까? 그렇지 않다. 숨기는 방법이 두 가지가 있으니 걱정할 필요가 없다. 꽃나무의 굵기를 각기 다르게 하면 묘한 곳은 형태가 가지런하지 않고, 창은 균일하고 가늘며 반드시 아주 견고한 나무로 만들어야 한다. 이것이 첫 번째 방법이다. 칠을 할 때에 창은 흰색으로 해서 창에 붙이는 망사나 종이와 같은 색으로 하고 꽃나무는 오색으로 하면 살아 있는 나무에서 꽃이 핀 듯하다. 이것이 또 다른 방법이다. 똑같이 나누면 부채창과 꽃이 뚜렷하게 구별된다. …… 즉, 꽃과 창은 어울리기 어려우니 꽃은 꽃대로 창은 창대로 하면서 그 다음에 합쳐야 한다."(李漁著, 江巨榮, 盧壽榮校注:《閑情偶寄·居室部》, 上海, 上海古籍出版社, 2000, 第199頁.)

도 제시했다. 곰브리치의 방법대로라면 "질서와 의미는 서로 견제한다. 이들은 상호작용해 장식예술의 기초를 구성했다. 설계자는 감상자와 마찬가지로 어느 정도로 중복되는 무늬는 가치를 떨어뜨리고, 어느 정도의 '단독 독립'은 무늬의 내재적인 의미를 강화시킬 수 있는 지를 반드시 알고 있어야 한다. 그 어떤 사물이든 중복된 도형의 일부가 되면 '풍격화'돼 버린다. 즉 기하적 의미의 간화簡化 효과를 얻게 된다."51) 바꿔 말하면 화면감의 기능은 빌린 경관을 세속의 여러 이미지에서 분리되는 의식으로 강화할 수도 있고, 생태미학의 '격隔'과 '불격不隔'의 복잡한 연관성도 나타낼 수 있다. 그래서 문창과 문창이 빌린 경관의 대화에서 '격'은 동적이고 운치가 풍부한 개념이다.52) 진종주는 다음과 같이 말했다. "원림과 건축 공간은 나누면 깊어지고 통하면 옅어진다. 이런 이치는 아주 명백하다. 그래서 가산석, 회랑, 다리, 꽃 담장, 병풍, 막, 칸막이, 서가, 박고대 등이 모두 분리의 기능을 한다. 그리고 옛날 침실의 장막이나 칸막이도 같은 효과를 낼 수 있다. 일본의 주거는 좁고 바닥에서 잠을 자는데, 종이 칸막이로 방을 나누는 것도 같은 이치이다."53) 자세히 살펴보면 진종주는 작은 원림의 칸막이에 대한 감정이 더 각별하다.54) 공간은 기정된 것이지만 반면에 칸막이는 '생소화'

---

51) [英]E. H. 貢布里希 :《秩序感 —— 裝飾藝術的心理學硏究》, 范景中, 楊思梁, 徐一維譯, 長沙, 湖南科學技術出版社, 2006, 第168頁.
52) 아른하임이 말하기를 "회화, 조각 및 건축에서 하나의 물체와 다른 하나의 물체 혹은 한 물체의 각 부분을 분리하는 공간적 거리는 이런 물체의 전체 혹은 부분의 압축을 받을 수 있고, 반면 이런 물체의 전부 혹은 부분에 압박을 줄 수도 있다. 일부 깊이 연구되지 않은 원칙에 의하면 간격 부분에서 감지된 운동 성향은 이런 간격 자체의 형상, 크기, 비례뿐만 아니라 이런 간격과 가까이 있는 물체의 형상, 크기 및 비례에 의해 결정된다."([美]魯道夫 · 阿恩海姆 :《藝術與視知覺》, 滕守堯, 朱疆源譯, 北京, 中國社會科學出版社, 1984, 第590頁.)
53) 陳從周 :《梓翁說園》, 北京, 北京出版社, 2004, 第34頁.

라는 심미효과를 가져온다. 심미주체가 분리한 공간의 경계를 초월해 자신의 게슈탈트 능력 및 주체 의지를 통해 장애물의 한계를 뛰어넘어 창조적으로 관조를 완성시키는 것이 사람 저마다 속마음의 공간에 대한 입체적인 파악일 것이다.

강남 고전 원림의 차경관념은 바로 '창'에 의거한 건축 모습— 건축의 생태체계성에 대한 구축이다. 계성은《園冶》에서 말했다. "원림을 건축하는 주관자의 역할은 10분의 9고, 기용한 장인은 10분의 1뿐이다. 그것은 왜 그럴까? 원림의 교묘함은 '인因', '차借'에 있고, 정교함은 '체體', '의宜'에 있기 때문이다. …… '인'은 원림터 기초의 높낮이에 따라 형태가 단정한지 여부에 신경써야 한 듯하다. 나무가 방해되면 가지를 치고, 샘물이 흐르면 돌 위로 이끌어 서로 도움이 되게 한다. 정자가 적합한 곳에는 정자를 짓고, 정사가 적절한 곳엔 정사를 건축하고, 길을 낼 곳은 약간 외져도 무방하니 약간의 굴곡을 둬야 한다. 이것이 '정교함을 갖추고 적합해야 한다'이다. '차'라는 것은 다음과 같다. 원림은 내외의 구분이 있지만 경관에는 멀거나 가까운 것이 없다. 맑은 봉우리가 우뚝 서있고, 사찰은 높이 솟는다. 시선이 닿는 곳은 속된 것을 가리고 빼어난 것을 흡수하며, 논밭의 구분이 없이 모두 그윽한 경관으로 만든다. 이것이 '정교함을 갖춘 이후에 적절히'이다. 체, 의, 인, 차가 적임자를 만나지 못하면 소용없으며, 심지어 경비를 무조건 아끼려고 든다면 모든 수고는 수포로 돌아간다. 이는 설령 공수자公輸

---

54) 진종주가 말하기를 "누창漏窓은 원림에서 '설경泄景', '인경引景'기능을 하는데, 큰 원園은 보여 줄 수 있고 작은 원의 경관은 보이게 해서는 안되며 사람을 끌어들여야 한다. 졸정원의 '해당춘오海棠春塢'는 정원인데 그곳의 누창은 큰 원림의 경관을 이끌어 올 수 있다. 반대로 소주 이원怡園은 크지 않은데 원림 문 옆에 큰 누창 두 개를 내서 졸필이 됐다. 모양도 대칭되지 않고 경관도 밖으로 드러내서 함축미가 없다."(陳從周:《梓翁說園》, 北京, 北京出版社, 2004, 第20頁.)

子와 육운陸雲 같은 실력이라도 후세에 남길 수가 없을 것이다."[55] 원림 건축의 진리는 '차'에 있다. 계성이 말하기를, 원림은 주인의 예술이지 장인의 예술은 아니다. 그가 이렇게 말하는 까닭은 어디에 있을까? 바로 "원림의 교묘함은 '인', '차'에 있고 정교함은 '체', '의'에 있기 때문"이다. 그렇다면 이것이 왜 주인의 예술이고 장인의 예술은 아닐까? 원림은 반드시 "정교함을 갖춘 이후에 적절하게", "교묘하면서도 적절해야"하는데 "체, 의, 인, 차도 적임자를 만나지 못하면 소용없고, 비용절감에만 신경쓸 것"이기 때문이다. 다시 말해 '체, 의, 인, 차'는 단순히 객관적인 경험물을 마구 쌓는 것이 아니라 사람의 주체적 직관이 내포돼 있다. '서로 도움을 주고', '굴곡을 만들어야' 하는 것은 사람의 참여가 없어서는 안 되고, '원림에는 내외의 구분이 있지만 경관을 얻는 것에 멀고 가까움이 없다'에서는 사람의 이해가 필요하다. 사람이 참된 세계에 대한 깊은 깨달음을 가져야만 '논밭 구분 없이 모두 그윽한' 생태세계를 구상할 수 있다.

왕세정의 《弇山園記》의 기록을 보자. "원림의 면적은 70묘가 조금 더 되는데 토석은 10분의 4, 물은 10분의 3, 집은 10분의 2, 대나무와 나무가 10분의 1이다. 이것이 내 원림의 개황이다."[56] 엄산원림弇山園記 내부 환경에 대한 묘사에서 건축면적은 전체의 5분의 1에 불과했다는 것을 알 수 있었다. 이것이 적은가? 매우 적다. 강남원림은 누구든 70묘 규모의 토지를 낼 수 있는 상황은 아니지만[57] 많은 경관을 끌어모

---

55) 計成著, 陳植注釋, 楊伯超校訂, 陳從周校閱:《園冶注釋》, 北京, 中國建築工業出版社, 1988, 第47-48頁.

56) 王稼句:《蘇州園林歷代文鈔》, 上海, 上海三聯書店, 2008, 第241頁.

57) 주수朱綬의 《移居圖記》에서 "내가 사는 집은 문에 말 한 필이 들어올 수 없고 당에는 행랑이 없으며, 손은 처마 기와에 닿고 면적은 20척도 되지 않으며 꽃과 과수나무를 심기에 적당하지 않다. 누가 네 칸이 있는데 위층에 책을 보관하고 아내와 아이들은

제5장 강남 고대 도회 건축문화사상의 생태미학적 이성

으는 것은 그들의 공통된 특징이다.58) 문인들도 허와 실이 상생하는 생태 세계를 유동적인 형식으로 눈 앞에 펼쳐놓고, 호흡으로 삼고, 존재를 부재로 여기는 것에 능하고 즐긴다. 그것은 벽화인가? 아니다. 중국 고대인들은 건축에서 실체가 되는 그림을 좋아한 적이 있다.59) 그러나 벽화는 건축의 차경 원칙과 거리가 멀다. 우동尤侗이《亦園十景竹枝詞跋》에서 말하기를 "무릇 면적이 크고 사계절이 있고, 수많은 물건이 한 데로 모이고 자연의 소리가 나는 것이 모두 자연의 정교함이 아닐 수 없다. 천하에 있는 것이 내 원림에도 있으니 어찌 소주가 크지

아래층에 모여 살고 있으며 옷을 보관할 곳도 없다. 당 앞은 곁채가 있는데 당보다 좁고, 담장 밖이 바로 이웃 주방이니 바람이 불면 연기가 방으로 들어온다. 누각 왼쪽의 좁고 빈 공간에 작은 방을 만들어 밥을 지을 수 있는 부엌으로 사용한다. 물을 긷는 우물도 있고 위에는 큰 뽕나무 그늘이 있다. 평범한 사람의 욕실, 쌀독과 술병을 보관하는 곳간은 모두 없다."(王稼句:《蘇州園林歷代文鈔》, 上海, 上海三聯書店, 2008, 第106頁.)

58) 우동尤侗의《揖青亭記》에서는 "지금의 정자에는 내 몸이 구애 받는 누각과 정사 따위가 없고, 정자 밖은 내 시선을 가로 막는 구릉과 도시 등도 없으니 주변 백리가 마치 천리처럼 느껴지며 그런 기세를 불러들이고, 경관을 끌어당겨 이 정자에 헌납한다. 흰 구름과 푸른 산이 나의 담장이 되고 단성丹城과 푸른 들판은 병풍이 되며, 시골집이 울타리가 되고 유명한 화초와 새들이 노래해 내게 바치니, 대지 위의 모든 것들이 내 소유인데 어찌 없다고 하겠는가"라고 했다.(王稼句:《蘇州園林歷代文鈔》, 上海, 上海三聯書店, 2008, 第81頁.)

59) 여사면이 말했다. "고대 가옥은 그림으로 많이 장식했고 한대도 마찬가지였다.《漢書·成帝紀》에는 갑관화당甲館畵堂에서 태어났다고 했다. 응소應劭가 '화당에 구자모九子母를 그린다'고 하자, 안사고顔師古는 '화당은 그림 장식뿐인데 어찌 반드시 구자모를 그리려 하는가? 반짝이는 빛이 화실에 멈췄으니 궁전은 색채로 그림을 그리는 당과 공통점이 있다'고 말했다. 응소의 말은 근거가 있지만 안사고의 반박도 역시 틀리지 않다. 그러나 궁전과 화실이 공통점이 있다는 설은 거짓말이 아니다.《後漢書·西南夷傳》에서 주보朱輔가 익주 자사가 돼서 오랑캐를 불러들이는 일을 서술하기를 '당시 원님 사저에는 모두 조각 장식이 있다. 산신, 해신, 기금, 괴수를 그려 자랑하니 오랑캐가 매우 두려워했다.' 비록 그 중의 한 면이지만 역시 존재했었다."(呂思勉:《秦漢史》, 上海, 上海古籍出版社, 2005, 第530頁.)

않고 역원亦園이 작지 않다고 할 수 있을까?"60) 크고 작음에 상관없이 원림은 천하, 사계절, 만물, 대자연을 위해 준비한 것이다. 원림의 곳곳에 빈공간을 주제로 한 일문 및 시구를 만날 수 있다.《方輿勝覽》에서는 백거이의 시구를 인용했다. "물의 경치는 창마다 보이고, 꽃향기는 정원마다 맡을 수 있네. 그를 그리워하며 관사에 머물고 있노라니 양쪽 귀밑머리는 눈처럼 하얗구나."61) 이는 물의 경치가 아득하지만 모든 창에서 다 볼 수 있어야 한다는 것이다.《嵐齋錄》에는 '목란당木蘭堂'에 관한 내용이 있다. "몇 차례 목란선에서 멀리 바라 봤는데, 이 배가 목란 나무로 만들었다는 사실을 몰랐네."62) 육구몽陸龜蒙은 멀리 바라볼 때는 꼭 배를 탔다. 유달兪達은 세발정洗鉢亭에 대한 글이 있다. "진鎭 북쪽 영경암永慶庵 뒤의 정자는 여지余池 초당의 약간 오른 쪽에 있으며 동쪽을 등지고 서쪽을 향해 있다. 위로는 오래된 버드나무 그늘이 있고 아래로는 맑은 연못물을 굽어볼 수 있다. 석양을 배웅하고 지는 달을 머물게 하며, 봄꽃을 오래 피게 하고 가을의 상큼함을 늦게 보낸다. 새가 날고 물고기가 노닐며 하늘은 한 눈에 들어온다. 물결의 빛과 구름의 그림자가 들보와 기둥 사이에 잠긴다."63) 이는 아름답기 그지없는 관계이다. 보내고 머물고 늘이고 당긴다. 물결의 빛과 구름의 그림자가 있고, 초당이 있고 들보도 있다. 마음은 유유자적하고 공간은 이동하고 있다. 진종주는 좋은 원림은 마치 절구 소령小令처럼 새가 지저귀고 꽃이 향기를 풍기고 소리가 섞여 음악이 된다고 말했다.64) 필자는 생태세계의 상호 보충하는 의미가 바로 한 단락 한 단락

60) 王稼句:《蘇州園林歷代文鈔》, 上海, 上海三聯書店, 2008, 第80頁.
61) 祝穆撰, 祝洙增訂, 施和金點校:《方輿勝覽》, 北京, 中華書局, 2003, 第35頁.
62) 祝穆撰, 祝洙增訂, 施和金點校:《方輿勝覽》, 北京, 中華書局, 2003, 第35頁.
63) 王稼句:《蘇州園林歷代文鈔》, 上海, 上海三聯書店, 2008, 第239頁.

의 글이 '활발'해지는 전주라고 주장한다. 이런 빌린 경관에서는 화법을 따른 공간에 대한 미묘한 체험도 있고,[65] 음률을 따른 물처럼 흘러가는 시간에 대한 민감한 관찰도 있다.[66] 이렇게 많은 시공간적 변환은 '굴곡'을 환영하고[67] '중첩'을 거부하며[68] 결국 차경법이 '원림의 가

---

64) 진종주가 지적하기를 "원림의 으뜸은 마치 시의 절구, 사詞의 소령小令처럼 적음으로 많음을 이기고 다하지 못한 느낌이 있다. 몇 마디이지만 여운이 무궁무진하다(큰 원림은 항상 주도하지 못한 곳이 있어 긴 노래와 만조처럼 단숨에 해낼 수 없다). 내가 말한 원림 밖에 원림이 있고, 경관 밖에 경관이 있다는 것이 이런 경지에 포함된다. 원림 밖의 경관의 훌륭함은 '차借'에 있고 경관 밖의 경관은 '시時'에 있으며 꽃 그림자, 나무 그림자, 구름 그림자, 물 그림자, 바람 소리, 물 소리, 새 소리, 꽃의 향기 등 형태가 있는 경관과 없는 경관이 어울려 곡조를 이룬다. 이른바 시의 정취와 그림의 분위기가 넘침은 이와 밀접한 관련이 있다."(陳從周:《梓翁說園》, 北京, 北京出版社, 2004, 第6頁.)
진종주가 가리키기를 "먼 산은 발이 없고, 먼 나무는 뿌리가 없고, 먼 배는 선체가 없다(돛만 보인다). 이는 회화의 원리이지만 원림 건축의 원리이기도 하다. 원림의 관상 포인트마다 한 폭의 그림이며 원근 층차가 있어야 한다. '종종 굽은 난간에 기대어 물 감상에 빠지고 주변의 담장이 산을 가릴까 걱정한다.' 이런 이치를 이해할 수 있다면 가릴 것을 가리고 감출 것을 감추며, 드러낼 것을 드러내고, 막을 것을 막고, 나눌 것을 나눈다. 단락만 보이고 전부를 드러내지 않는다. 그림 밖에 또 그림이 있고 지척천리이며 여운이 끝이 없다."(陳從周:《梓翁說園》, 北京, 北京出版社, 2004, 第9頁.)
66) 계성이 말하는 차경은 "원림을 구축하는 데는 격식이 없고 차경을 하는데도 이유가 있다. 사계절이 중요시되고 주변의 주택과는 무관하다."(計成著, 陳植注釋, 楊伯超校訂, 陳從周校閱:《園冶注釋》, 北京, 中國建築工業出版社, 1988, 第243頁.)시간의 변화에 주목하라.
67) 장대張岱의《范長白》에서 이르기를 "원림 밖에는 긴 제방이 있는데, 복숭아 나무와 버드나무가 있고, 굴곡진 다리는 호수 위에 걸쳐 있다. 다리 끝 부분이 원림에 다다르니 문을 작고 낮게 내야 한다. 문으로 들어오면 긴 회랑과 복벽을 통해 산까지 갈 수 있다. 높이가 다른 누각과 막을 친 정각, 비실과 안방은 종종 보이지 않게 숨긴다."(王稼句:《蘇州園林歷代文鈔》, 上海, 上海三聯書店, 2008, 第153頁.)
68) 아른하임이 이르기를 "중첩하는 방법으로 얻은 밀접한 결합은 독특한 기능이 있다. 이는 적어도 그 중 어느 하나의 완전성을 약화시켰으며 결과로 생긴 것은 단지 하나의 '관계'만이 아니라(그러한 독립적이고 정지된 사물 사이에서 이루어진 에너

제2절 체계 : 건축 외형의 차경借景 **393**

장 중요한 부분'이 됐다.[69]

한 단어로 차경의 심미 '범식範式'을 개괄한다면 필자는 '광영光影'이라고 한다. 소순흠이 창랑정을 구상할 때에 "앞에는 대나무 뒤에는 호수, 호수의 남쪽은 또 대나무, 끝이 보이지 않는다. 맑은 연못과 푸른 대나무, 빛과 그림자가 창문에 합쳐져 특히 풍월과 잘 어울린다"[70]라고 했다. 대나무와 물이 겹겹이 교차되며 끝이 보이지 않는 효과를 추구하고 빛과 그림자, 풍월이 한 데로 모이는 경지를 간직한다. 빛은 하느님으로부터 온 것이고, 만물에 투사해 자아를 반영해[71] 서구 건축 관념 주제를 묘사하는 데 사용할 수가 있을 정도이다. 그러나 강남의 원림에서 "꽃그림자를 보려면 담장을, 바람소리를 들으려면 소나무를,

----

지 교환뿐만이 아니다), 각 존재물 사이의 서로 견제해 생긴 취합과 분산이다. 예술가는 선명함을 얻을 수 있는 병렬기법을 포기해 더 심오하고 희극적인 방법으로 사물 간의 연관성을 해석했다. 이런 설명을 통해 그는 개체가 자신의 주권을 유지하기 위해 사교가 중단될 때에 발생한 상호 충돌의 장력을 나타낸다."([美]魯道夫・阿恩海姆:《藝術與視知覺》, 滕守堯, 朱疆源譯, 北京, 中國社會科學出版社, 1984, 第146頁.)여기서 원림이 빌린 전체경관에서 "개체"의 "주권"은 종종 제거된다.

69) 계성이 말했다. "차경은 원림에서 가장 중요하다. 멀리서 빌리고, 가까이서 빌리고, 높은 곳에서 빌리고, 낮은 곳에서 빌리며 계절에 따라 빌린다. 사물에 정취가 머물면 그것을 보고 정취가 떠오르고, 눈에 보이면 생각이 난다. 마음속에 산수가 있으면 경지가 붓끝에 있듯이 순식간에 모두 그려낼 수 있을 것 같다."(計成著, 陳植注釋, 楊伯超校訂, 陳從周校閱:《園冶注釋》, 北京, 中國建築工業出版社, 1988, 第247頁.)

70) 王稼句:《蘇州園林歷代文鈔》, 上海, 上海三聯書店, 2008, 第4頁.

71) 아른하임이 말했다. "인류의 사고방식은 지각사유든 이성사유든 어떤 사건의 발생 원인을 찾고자 할 때는 항상 사건이 발생된 부근에서 찾게 된다. 이런 이유로 전세계 인재들은 그림자가 이 그림자를 투사한 물체로부터 창조된 것이라고 주장한다. 어둠이 사람 눈에서는 결국 광명의 결석이 아니라 확실히 하나의 독립적으로 존재하는 실체임을 다시 한 번 알게 됐다. 사람들은 늘 그림자를 제2의 자신이라고 여기고 심지어 그림자를 자신의 영혼이나 생명력과 동일시하기도 한다."([美]魯道夫・阿恩海姆:《藝術與視知覺》, 滕守堯, 朱疆源譯, 北京, 中國社會科學出版社, 1984, 第432-433頁.)

빗소리를 들으려면 연잎을, 달빛은 버드나무 꼭대기를, 석양은 매화와 대나무를 고려해야 하며 모두 이상 속의 환상적인 경관이 실현되길 바라면서 돌 하나와 나무 한 그루의 배치에도 풍부한 감정을 기탁한다. 곳곳에 감정이 들어 있고, 장면마다 의미가 숨어 있으며, 함축적이고 굴곡이 있으며 여운은 끊이지 않는다. 이 또한 중국원림의 특징이다."[72]

광영은 더 이상 동작의 주체와 대상관계가 아니다. 빛은 빛이고, 그림자는 그림자이며, 모든 것이 들쭉 날쭉하면서 모두 생명이다. 원림에서 꽃의 그림자를 보고 달빛을 바라보고 바람소리를 듣고 비를 베개로 삼는 사람이 떠나보내고 싶지 않은 것은 꽃, 달, 바람, 비뿐만 아니라 담장, 버드나무 꼭대기, 소나무 파도, 치마와 같은 연잎이다. 이들은 연관성이 있는 듯하면서도 없는 것 같고, 없는 듯하면서도 있는 것처럼 색다른 완전체를 반복적으로 구축하고 있다.[73]

---

72) 陳從周 :《梓翁說園》, 北京, 北京出版社, 2004, 第83頁.

73) 이는 마치 이어가 편면(부채 모양의 창)에 반한 것과 같다. "그 중에 앉으면 양안의 호수와 산의 경치, 사찰 불상, 구름과 나무 및 오가는 나무꾼과 목동, 취한 노인과 길 가는 여인 등 사람과 말을 모두 편면에 담아 나만의 도화로 만든다. 그리고 때때로 바뀌고 같은 모양을 하지 않는다. 배가 다닐 때만이 아니라 노를 한 번 저으면 그림이 하나 바뀌고, 삿대질을 한 번 하면 경관이 달라진다. 닻줄을 맬 때면 바람이 불고 물이 움직이면 시시각각 모습이 달라진다. 하루에 수백 수천 폭의 산수화가 펼쳐지는데 모두 편면에 담긴다. …… 편면이 배에 쓰이지 않고 집에만 쓰이는 것이 억울하다. 그러나 사람을 속이는 방법이 있어서 낡은 것을 새것으로 바꾸고, 경직된 것을 살아 있는 것으로 바꾸니 보이는 것과 들리는 것이 시시각각 생동감이 넘친다. 이것이 절묘하지 않다고 할 수 없으니 다만 신경을 좀 쓸 뿐이다. …. 편면이 만들어진 후는 평소에 버려야 할 물건들이 모두 이용됐다. 부채를 그리는 이는 산수, 인물, 대나무, 화초, 곤충 모두를 그림에 포함시킨다. 그래서 이 창을 설치하기 전에 벽 밖에 사물을 진열할 수 있는 판을 설치해야 한다. 모든 분재, 새장, 반송, 괴석 등을 번갈아 진열할 수 있다. …… 며칠에 한번, 하루에 한번, 혹은 하루에 여러 번 모두 교체가 가능하다."(李漁著, 江巨榮, 盧壽榮校注 :《閑情偶寄 · 居室部》, 上海, 上海古籍出版社, 2000, 第194-196頁.)

제3절 개방 : 돌을 쌓고 물을 다스리는 조경

조경은 중국 건축미학의 핵심 명제 중의 하나이다. 경관은 사람으로부터 만들어 내는 것이니 이는 당연한 이치이다. 문제는 사람을 어떻게 이해할 것이고 사람이 조경을 어떻게 하는 지이다. 중화민족의 선조들이 보기에 사람은 사악한 사탄에 귀의하지도 완벽한 하느님을 숭배하지도 않는다. 그들은 아담과 모세를 동시에 무시하는 것처럼 심지어 이차원 세계를 구성한 양극단도 필요로 하지 않는다. 불교에서도 이와 유사한 의견이 있는데, 바로 인간 세상은 육도윤회의 하나이고, 인도의 본질은 선도 악도 없는 무기無記에 있으며, 무기는 지식을 지혜로 전환하는 주체생명에게 업력을 푸는 기회를 제공한다는 것이다. 만당晩唐에서 송대까지 강남 고대 도회의 건축은 성숙기에 접어들었다. 이때가 유교, 불교, 도교가 융합되고 사회 각 계층의 위치가 뒤바뀌며 견고한 벽을 타파한 시기였다. 사람은 천지에서 변화의 본질을 깨닫고 그러한 도덕 실천력을 반성하는 심성의 주체이다. 이런 '사람'은 '천록淺綠'과 '심록深綠'으로 개괄할 수가 없다. 심록과 천록의 논쟁은 마치 한 사람이 인류중심주의자가 아니면 자연중심주의자인 것처럼 자칫 사람을 이것 아니면 저것이라는 입장 선택의 상황에 빠뜨린다. 중심과 가장자리의 이원론이 갈수록 긴장되고, 강권 태도가 섞인 폭력구조가 재차 복제되며 비중심주의의 자유상상은 파묻히게 돼 완전한 생명의 참된 의미는 잊혀지게 된다. 필자는 자신이 이런 선택에 직면하게 되면 기권하고 선택항목을 없애는 동시에 반드시 인간성을 빌어 자신을 구출해야 한다고 강조할 것이다. 사람은 돼지도 말도 소도 양도 아니다. 인류는 자신을 돼지로 말로 소로 양으로 변화시켜 동물의 시각으로 지구를 구출할 필요가 없다. 인류는 지구를 멸망시킬 수도 있지만 지구를 구하기는 어렵다. 지구를 구하는 자체가 탐욕스러운 욕망이며 손해이다. 이는 지구를 파괴하지 않는 것만 해도 일종의 구출이라는 것이다. 인류는 사람의 시각에서 자아를 구하고 자신의 정신생태를 반성할 수만 있다면 이미 공덕이 무량하다. 그래서 강남원림 사람들이 어떻게 건축을 통해 스스로를 구축하고 생명을 키웠는지를 이해하는 것이 생태 위기 속 사람의 위치와 가치를 반성하는 데에 더 중요한 의미를 가지게 될 것이다. 그렇다면 '자아구출'에서 '구출'은 일종의 주체성인가? 만약 그것이 주체성이라면 사람은 그것을 절대 포기하거나 배척해서는 안된다. 이런 사고와 행위가 일단 발생하면 주체성의 해석이 나타날 것이다. 자아 멸망, 자살에도 주체성이 있다. 사람이 진정 깨달아야 하는 것은 자신의 인성이며, 그것을 본연의 모습이 되도록 해 생명 본연의 의미를 회복하고, 비중심 혹은 비주의적인 '허'의 개방성으로 인한 '무'적인 생태경지를 실천하도록 한다. 이러한 개방성은 무엇일까? 끝없이 이어지는 지평선이 상징하는 무한한 공간일까?74) 물론 아니다. 오래된 소주원림에서 산책을 한다고 크란츠Krantz가 세계여행

---

74) 노베르그 슐츠가 이르기를 "엑토르 오로Hector Horeau가 1867년 파리 국제 박람회를 위한 계획에서 건축이 무한공간 속에 시각적 경계가 없는 부분으로 설계된 것을 전시했다. 이런 무한공간은 투시도에서 연속적인 스카이라인으로 상징한다. 오로가 바로크 구도의 목적지향형 확대goal-oriented extension를 보편적인 개방성으로 전환했으며 이런 개방성은 새로운 글로벌 국면의 구체적인 표현으로 이해가 될 수 있다. 크란츠Krantz의 당시 완공된 건축에 대한 서술이 이점을 더욱 증명해 줬다. '적도와 같은 둥근 홀에서 산책하면 전 세계를 돌며 여행하는 것과 같다. 모든 사람이 모두 이곳에 나타난다. 원수들이 어깨를 나란히 하고 평화 속에서 생활한다.' 19세기 이후의 가장 중요한 도시 설계는 모두 이런 개방공간을 근거로 한 것이며 동시에 도시의 쇠퇴와 확장이 가져온 사회문제도 동시에 탐구했다."([挪]克里斯蒂安·諾伯格-舒爾茨:《西方建築的意義》, 李路珂, 歐陽恬之譯, 北京, 中國建築工業出版社, 2005, 第172頁.)

을 하는 느낌을 절대로 가질 수는 없다. 개방성은 사람의 만물을 향한 개방이다. 중국 도가사상에서 요구하는 인류와 자연의 동등은 인류를 어떤 사물이 되게 하려는 것이 아니라 사람에게 자연을 참월하지 않는 길로서, 무라는 본래의 경지로 돌아가게 권유하는 것이다. 이것은 또 다른 문화 자랑이 아닌가? 결코 자랑이라 할 수 없다. 건축과 마찬가지로 관념은 그것이 의지하고 성장하는 토지에서 벗어날 수가 없다. 강남 원림에서 사람과 자연이 융합된 예는 후세 사람들이 모방하는 보편적 기준이 될 수 없지만, 인류가 사람과 자연이 어떻게 함께 살아갈지를 생각할 때는 유익한 참고와 자료가 될 수 있다. 사실상 일부의 서구 현대주의 설계 이념에서 이미 다른 각도로 개입해 어느 정도의 개방성 공간의 구축을 실천했고[75] 마침내 강남원림과 대화하고 소통할 수 있게 됐다.

강남 문인의 의도적인 조경은 천지의 정精, 기氣, 신神, 혼魂을 흡수해 원림을 개방적인 생태체계로 구축하고 심적인 평온과 자족을 동시에 얻기 위해서이다. 중국 산수문화의 분파로서 원림의 조경은 어떻게 이루어졌을까? 바로 산수의 모방이다. 원림 내에는 농후한 산수의 의미를 담고 있다. 강남 문인의 산수 사랑은 가히 나라 사랑을 능가했다.

---

75) 노베르그 슐츠가 말했다. "다원주의자의 기본 목적은 자유와 질서의 새로운 결합을 실천하는 것이다. 그들은 개방형식에 대해 아래와 같이 이해했다. 형식은 더 이상 팩스턴의 수정궁처럼 외부로부터 강렬한 인상을 주는 것이 아니라, 각 기능 내부에 내포된 질서이며 해결방법의 생성과 성장을 결정했다. 루이스 칸은 '형식은 설계보다 먼저이다form precedes design'라고 말했다. 자유는 건축이 내외 요소의 종합적인 산물로서 자신의 모습을 자발적으로 결정할 수 있음을 의미한다. 그러나 이는 터무니없는 생각을 해도 된다는 뜻이 아니라 유기적 성장을 바탕으로 하는 조건적인 자유여야 한다. 다시 말해 사람은 현대주의 발전 초기에 직각적으로 느껴졌던 개방세계는 현재 이미 생명력을 가지게 됐다."(l挪克里斯蒂安·諾伯格-舒爾茨:《西方建築的意義》, 李路珂, 歐陽恬之譯, 北京, 中國建築工業出版社, 2005, 第222頁.)

고전문헌에서 소명昭明태자에 관한 이야기를 종종 볼 수 있는76) 《歷代宅京記》에서는 《昭明太子傳》의 내용을 인용했다. "태자가 산수를 좋아해서 화원에 연못과 석가산을 만들고 정자와 관사를 세워 조정의 명사들과 유람했다. 한번은 뒤쪽 연못에 배를 띄웠는데 번우후番禺侯 후궤侯軌가 여기에 음악이 있으면 더 좋다고 했다. 태자는 답하지 않고 좌사左思의 《招隱詩》를 읊었다. 산수에 맑은 음이 있는데, 무슨 음악이 필요하겠는가? 번우후가 부끄러워 말을 멈췄다."77) 태자가 대답하지 않은 것은 묵회默會이다. 산수가 있는데 그 외에 무엇이 더 필요하랴. 문진형도 말했다. "산수 속에 거주하는 것이 최고이고, 마을은 버금가며 교외가 그 다음이다. 나 같은 이들은 바위나 계곡에 기거하거나 기원綺園의 흔적을 추구할 수 없지만 평민과 섞여 살더라도 집이 고결하고 방이 깨끗해야 한다. 정자와 누대는 흉금이 넓은 자의 포부이고 서재와 누각에는 은거한 자의 정취가 있다."78) 산수 속에 사는 것이 다른 곳보다 훨씬 뛰어나서 강남에서는 원림 산수의 대다수를 주인이 스스로 건축했다. 이런 석가산과 연못은 후대인들에게 당시 사람들이 어떻게 산수로 천지의 경지를 구상했는지를 탐방하고 확인하는

---

76) 《應天府誌》의 기록을 참고할 수 있다. "양나라 소명태자는 문인 학사를 좋아해 종종 왕균王筠, 유효작劉孝綽, 육수陸倕, 도흡到洽, 은균殷鈞 등과 현포에서 유람하고 연회를 베풀었다. 태자가 유독 왕균의 소매를 잡고 효작의 어깨를 쓰다듬으며 말했다. '왼쪽으로는 부구공浮丘公의 소매를 당기고, 오른쪽으로는 홍애洪崖 선생의 어깨를 두드린다'라고 말했다. 이에 그들을 중요시함을 알 수 있다. 태자는 산수를 좋아해 현포에 정자와 관사를 짓고 당시 명망이 높은 자들과 그곳에서 유람했다. 한번은 뒤쪽 연못에 배를 띄웠는데 번우후 후궤가 음악이 있으면 좋겠다고 하자 태자는 답하지 않고 좌사의 《招隱詩》를 읊었다. '산수에 맑은 음이 있는데 무슨 음악이 필요하겠는가?' 후궤가 부끄러워 말을 그만뒀다."(馬蓉等點校:《永樂大典方誌輯佚》, 北京, 中華書局, 2004, 第465頁.)

77) 顧炎武著, 于杰點校:《歷代宅京記》, 北京, 中華書局, 1984, 第201頁.

78) 文震亨著, 陳植校注:《長物誌校注》, 南京, 江蘇科學技術出版社, 1984, 第18頁.

기회를 제공해 줬다.[79)]

　강남원림에서 산석은 일체이며 돌은 원림주인의 산에 대한 깨달음
이다. 서구 건축의 석재 사용은 산에 대한 숭배에서 비롯된 것이다.
크로포드가 말하기를 "수메르의 가장 유명한 종교적 건축은 당연히 방
대한 피라미드형 신탑과 계단탑이다. 이런 탑은 주요 도시에서 중요한
위치를 차지한다. 피라미드형 신탑은 주변 건물보다 높고 평평한 계단
위에 사찰을 건축하는 오랜 전통의 확장과 같으며, 이런 전통은 우바이
드 시기로 거슬러 올라갈 수 있다. 평평한 대 및 그 이후의 피라미드형
신탑의 목적은 같으며 바로 신령의 거처를 높여 천국과 가까워지는 것
이다. 학자들은 이런 건축물 용도에 대한 논쟁을 다년간 지속해 왔으
며 다양한 가능성을 제기했다. 예를 들어, 민간 수메르인이 산간지역에
서 기원했는지 및 그러한 건축물이 그것이 단지 거대한 제단인지 등이
다. 비록 피라미드형 신탑 이름에 확실히 '산'자가 포함돼 있지만 그것
은 규모와 형태를 뜻할 뿐이다. 높은 곳은 종종 신성한 곳으로 생각된
다. 예를 들어, 모세가 산에서 십계를 받았고, 《舊約》에서 하느님은
종종 자신의 성산을 언급했다."[80)] "모세가 왜 자기 집 마당이 아니라
산에 올라 하느님과 계약했을까? 그것은 산이 성산이고 신의 뜻이 보

---

79) 김학지는 "고전 원림 발전사로 보든 현존하는 고전 원림으로 보든 원림의 경관은
　　특히 산수의 구축은 늘 다음과 같은 미학원칙을 따른다. 진짜가 있어도 가짜를
　　만들고, 가짜를 진짜처럼 자연스레 만들며 가짜로 진짜를 능가해 자연보다 우수하고
　　자연을 초월한다. 창작과정으로 말하자면 자연을 따르는 것 외에 '모양의 모방',
　　'똑같이 하는 건축'은 소수이고 마음속에 산수가 있는 '분위기 구축'이 더 많았으며
　　이도 역시 중국화 창작의 '겉으로는 자연을 스승으로 삼고 내면에서는 깨달음이
　　있다'와 일맥상통한다."(金學智:《中國園林美學》, 北京, 中國建築工業出版社,
　　2005, 第81頁.)
80) [英]哈里特·克勞福德:《神秘的蘇美爾人》, 張文立譯, 杭州, 浙江人民出版社,
　　2000, 第83-84頁.

이며 침범할 수 없기 때문이다. 다시 말해 서구 건축에서는 석재로 산을 쌓아 석재를 통해 의미를 나타내고, 사람이 산에 의미를 부여했음을 나타내길 바란 것이다. 그들은 산에서 채취한 석재가 매우 견고하고 영원히 변치 않으며 산성山聖이든 석성石聖이든 불후의 의미를 지니고 있다고 생각한다. 그러나 이런 산과 돌은 사람들이 '밟고' 올라가서 하느님과 소통하기 편리한 통로이다. 돌, 산은 그 소재 속성으로 인해 사람이 의미세계의 운반체가 됐다. 이는 돌과 산이 인격화됐음을 의미한다. 중국 고대인은 산석을 그리워하면서도 산석의 재료속성을 직접 도입하지 않고서 산석의 정기혼백을 끌어들이려 했다. 혼백을 끌어들여야 산석이 비로소 영기가 생기고 빼어나다. 그렇지 않으면 산석은 '죽은' 것이며 망자의 관에만 사용해야 한다. 고힐강이 말했다. "《山經》에는 남, 서, 북, 동, 중으로서 다섯 개의 방향이 있는데 오경에서는 각 방향의 가장 높은 산을 적어두지 않았다. 산을 전문적으로 기록하는 서적도 이랬으니 당시에 오악五嶽의 관념이 희박했다. 《經》에서는 누차 높은 산을 '총塚'이라 불렀다. 예를 들어, 《西山經》에서는 '화산華山은 총이다'라고 했으며 저자 마음속에서 화산을 서악으로 간주한 듯하다. 그러나 《中次十二經》에서 '산 중의 산은 곧 공산公山, 요산堯山, 양제산陽帝山이며 모두 총이다'라고 했는데 한 지역에 '총'이라 불리는 산이 이렇게 많다는 점에서 '총'이 단지 높음을 뜻하고 특별히 존귀한 지위가 없음을 알 수 있다."[81] 이는 틀린 말은 아니다. 이런 문화환경에서 산은 물론 높지만 그 높음으로 인해 사람에게 믿음과 불후의 이미지를 줄 수 있다.[82] 예를 들어, 《雲笈七籤 · 三洞經教部 · 若得章》에

---

81) 顧頡剛:《史林雜識初編》, 北京, 中華書局, 1963, 第42頁.
82) 문진형이 층계에 대해 말하기를 "삼급부터 십급까지 높을수록 오래됐으니 무늬 있는 돌을 깎아서 해야 한다. …… 태호석으로 쌓은 것은 '삽랑澁浪'이라 하며 완성되면

서 "일일십십은 겹산과 같다. 만물이 모습을 드러내고 첩첩이 겹쳐 편히 앉아 있는 것 같다. 산은 앉아 있는 모습과 같다"[83]라고 했다. 산은 무엇일까? 앉고 기대는 곳이다. 재미난 표현으로 산은 의자의 등받이, 손잡이, 방석이다. 그리고 돌은 매개체이며 영구적 기록을 보존하는 데에 쓰이기도 한다. 《史記 · 秦始皇本紀》를 보자. "봄에 진이세秦二世가 동쪽 군현으로 행차했는데 이사李斯가 수종했다. 갈석碣石에 도착해 바다로 나가 남쪽 회계까지 갔다. 선제의 공덕을 드러내기 위해 시황제가 세운 비석에 글을 새기고 돌 옆에 수종하는 신하의 이름을 적었다."[84] 문제는 산석이 비록 높고 크고 불후하지만 이는 산석의 특징에서 왔다는 것이다. 그래서 고힐강은 산석이 '특히 존귀한 지위', 즉 서구 산석문화의 신성한 의미, 초경험적 힘을 지니고 있지 않다고 했다. 즉 중국 건축문화 개념에서 산석은 반드시 자체적인 존재로 돌아가야만 '산을 위한 산'의 혼백을 실현할 수 있고, '산이 거꺼이 사람을 위한' 하인이 되는 것을 원하지 않아야 그 기능을 발휘할 수 있다. 산석이 자체의 '존재'감을 얻으면 사람과의 관계 역시 느슨해지고 원활해진다. 명대 장대張岱가 돌에 관한 이야기를 한적이 있다. 《花石綱遺石》에서 "장강 이남에서 화석강유석은 오문 서청徐清일가의 돌을 조상으로 한다. 높이가 다섯 장이고 주면朱勔이 배로 옮겼는데 돌이 너무 무거워서 태호에 가라앉아 찾지 못했다. 나중에 오정烏程 동씨董氏가 소유했는데

매우 뛰어나지만 만들기가 쉽지 않다. 복실은 안쪽이 바깥보다 높아야 하니 견고한 돌에 이끼를 끼워 넣어야 산의 정취가 생긴다."(文震亨著, 陳植校注 : 《長物誌校注》, 南京, 江蘇科學技術出版社, 1984, 第21頁.) 이것은 서예의 '옥루흔屋漏痕'과 같다. 세월의 흔적이 돌에 정체돼 색다른 '불후'이다.

83) 張君房編, 李成晟點校 : 《雲笈七籤》, 北京, 中華書局, 2003, 第237頁.
84) 司馬遷撰, 裴駰集解, 司馬貞索引, 張守節正義 : 《史記》, 北京, 中華書局, 1982, 第267頁.

배가 강 중류에서 다시 뒤집혔다. 동씨는 잠수부를 모집해 수색했지만 받침만 찾았다. 이상히 여겨 다시 잠수해서 돌을 꺼내려 하니, 돌이 회전하면서 물속에서 나왔다. 당시 사람들이 그것을 연진검延津劍과 같다고 말했다. 수십년 후는 서씨의 소유가 됐다."85) 서청, 주면, 동씨, 서씨중에서 도대체 누가 돌의 '주인'일까? 누구도 아니다. 그들은 돌의 구입자일 뿐이다. 돌은 운명적인 전전을 겪었고 심지어 물속에 가라앉은 오랜 기억도 있다. 서대는 이 일을 기록할 때에 구입자들이 돌을 운반하는 과정에서 생긴 재미난 이야기에 주목했다. 돌이 아무리 커도 사람의 손에서 감상되기 마련이다. 그러나 고덕휘顧德輝는 또 다른 이야기를 기록했다. 《拜石壇記》를 보자. "영소暎素는 미불米芾과 같은 버릇이 있어서 특이한 산봉우리나 기이한 돌만 보면 그 주변에서 배회하며 자리를 뜨지 못했다. 온갖 방법을 동원해서 그것을 얻거나, 안될 경우에는 그 모습을 그려 초당 벽에 표시해 놓고 서가에 모셔놓는다. …… 왼쪽의 정강이 없는 벽과 같은 돌 하나가 있었는데 높은 오동나무 아래에 기대고 있고 위에는 소동파가 술 마시며 읊은 시구가 있다. 교환해 정원 한가운데에 세워놓으니 왼쪽에 가리고 오른쪽에 두른 것은 단지 소나무, 대나무, 파초, 비파뿐이며 가장 많은 것이 서대초이다. …… 그래서 돌로 제단을 만들어 '배석拜石'이라 이름지었다."86) 이를 통해 돌을 감상하는데 숭배가 있고, 돌을 숭배하는데 감상이 있다는 것을 알 수 있다. 이러한 사람과 돌의 대화는 유유자적한 생활이며 사람이 단순히 산기슭에 엎드려 절하는 것보다 경외감은 적지만 정취가 더해졌다.

---

85) 王稼句 :《蘇州園林歷代文鈔》, 上海, 上海三聯書店, 2008, 第51頁.
86) 王稼句 :《蘇州園林歷代文鈔》, 上海, 上海三聯書店, 2008, 第230頁.

이 때문에 강남 문인들은 돌의 '혈통'을 많이 따진다. 원림에 쓰인 석재는 태호석, 산석, 자갈 등 여러 종류가 있는데 그중 태호석이 고급 석재이다. 《太湖備考》에서는 왕문각王文恪의 글을 인용했다. "태호석 이 유명해진 것은 당나라부터였다. 우기장牛奇章이 천하의 돌을 감별할 때는 유독 태호석을 으뜸이라고 했으니 그 귀함을 알 수 있다."[87] 태호 석은 기이하고 귀해서 원림의 주인들이 떼를 지어 달려들다 보니 시장 에서는 모조품을 유통하는 현상까지 생겨났다.[88] 진품과 모조품이 모 두 동정호 지역에서 나왔지만, 진품은 물속에서 나왔고 모조품은 육지 에서 났다는 차이가 있다.[89] 물속에서 나온 태호석의 장점은 두 가지 에 불과하다. 하나는 둥근 구멍이 있고, 또 하나는 두드리면 종소리가 들린다는 점이다. 둥근 구멍이 있으니 크고 높다고 할 수 없고, '재능 성'은 위엄과 무관하다. 그렇지 않으면 투기자들이 '작은 돌을 호수에 오랫동안 담그는' 방식으로 가짜를 만들어 내지 않는다. 두드리면 종소 리가 들리는 것은 더욱 사람들의 돌의 형태성에 대한 요구를 뛰어넘

---

87) 金友理撰, 薛正興校點:《太湖備考》, 南京, 江蘇古籍出版社, 1998, 第557頁.
88) 《方輿勝覽》에서 《郡誌》의 내용을 인용하기를 태호석은 "동정호 서쪽에서 나오는데 물속에서 채취한 것이 귀하다. 물속에서 오랫동안 파도에 휩싸이다 보니 중간이 비어 있다. 돌 표면의 물고기 비닐모양은 탄와라고 부르며 역시 물의 흔적이다. 잠수부가 물속에서 채취하는데 얻기가 어렵다. 돌의 품성은 촉촉하고 기교하며 두 드리면 종소리가 난다. 산에서 채취한 것은 한석이라고 하는데 건조하고 윤기가 없다. 간혹 좋은 가격을 받으려고 가짜 탄와를 만들기도 한다."(祝穆撰, 祝洙增訂, 施和金點校 : 《方輿勝覽》, 北京, 中華書局, 2003, 第32頁.)
89) 문진형이 《長物誌》에 기록하기를 "태호석은 물에서 나는 것이 귀한데 오랫동안 파도에 세차게 부딪쳐 공석이 됐으며 모든 면이 정교하다. 산에서 난 것은 한석이라 고 하는데 건조하고 윤기가 없고 탄와도 가짜로 만든 것이다. 그러나 오랜 세월이 지나 가공된 흔적이 모두 사라지면 역시 우아하고 관상할 만하다. 오중에서 자랑하 는 가산에 모두 이런 돌을 사용했다. 또한 작은 돌은 호수에 오랫동안 가라앉았다가 어부가 건져 올린다. 영벽靈璧, 영석英石과 비슷하지만 소리가 맑지 않다."(文震亨 著, 陳植校注:《長物誌校注》, 南京, 江蘇科學技術出版社, 1984, 第112-113頁.)

어[90] 산의 형태를 대한 모방이라기보다 악기로서의 기호와 숭상이라는 편이 더 낫다.[91] 범성대는 《太湖石誌》에서 다음과 같이 말했다. "태호석은 서동정호에서 난다. 파도가 많이 쳐서 중간이 비어 있고 물에 잠겨 있어서 광택이 난다. 옥으로 된 기물처럼 부드럽고 광택이 나며, 무기처럼 날카롭고 산봉우리처럼 곧다. 장벽처럼 겹겹이 나열되고 피부처럼 매끄럽고 칠처럼 검으며 사람과 같기도 하고 짐승과 같기도 하며 가금과 같기도 하다. 좋아하는 자가 이를 취해 원림이나 정원에 들여서 감상한다."[92] 원림과 정원에서 태호석은 산이 주는 '압박감'이 순식간에 사라지고 문인들의 감상품 혹은 손에 들고 다니는 물품과 다

---

90) 소리는 태호석에서만 나는 것이 아니다. 왕세정이 《弇山園記》 5편에서 기록하기를 "골짜기 끝 지점에서 돌 하나를 주웠는데 두드리면 나는 소리가 마치 경쇠 소리와도 같았다. 동생이 받아보고 기뻐하면서 골짜기를 경옥磬玉이라 이름을 붙였고 나는 계곡물을 수주潄珠라고 했는데, 그 아름다움을 모두 발산하지 못해서 한스럽다."(王稼句:《蘇州園林歷代文鈔》, 上海, 上海三聯書店, 2008, 第245頁.)

91) 많은 명석들은 소리를 낼 수 있는 것으로 유명하다. 《太平寰宇記》에서 기록하기를 "옥경산玉磬山은 높이가 오백 척인데 현 동북쪽 15리쯤에 있다. 《高僧傳》에서는 '석담체釋曇諦의 성씨는 강康이며 오흥 사람이다. 출가 후는 오나라 호구산에 거주하다가 고장故鄣의 곤산昆山으로 들어갔다. 매일 밤 소리가 들리기에 소리가 나는 곳을 찾아가 땅을 파보고 옥경玉磬을 얻자 산 이름으로 명명했다'라고 했다."(樂史撰, 王文楚等點校:《太平寰宇記》, 北京, 中華書局, 2007, 第1890頁.)《新定九域誌·杭州》에서는 "임평산臨平山은 진무제 때에 강가가 무너져 석고石鼓 하나가 출토됐는데 아무리 두드려도 소리가 나지 않았다. 장화張華가 촉의 오동나무로 물고기 모양을 만들어 두드리자 소리가 몇 리까지 퍼졌다"라고 했다.(王存撰, 王文楚, 魏嵩山點校:《元豊九域誌》, 北京, 中華書局, 1984, 第616頁.)《吳郡誌》에서는 "원두산黿頭山 은 원산黿山이 라고도 하며 동정 서쪽 산기슭에 있다. 돌출된 돌의 모양이 자라 머리처럼 생겨서 이런 이름을 얻었다. 산 전체가 청색 돌이며 온화하고 빛이 나는데 두드리면 금석의 소리가 난다. 절강 서부의 비석과 壓砌緣池는 모두 이 돌로 만들었으며, 수는 셀 수 없으나 산의 껍질을 벗겨낸 듯 하다."(范成大撰, 陸振岳點校:《吳郡誌》, 南京, 江蘇古籍出版社, 1999, 第217頁.)껍질을 벗기든 물고기 모양을 만들든 돌은 문인들이 감상하는 악기와 같은 것이다.

92) 王稼句:《蘇州文獻叢鈔初編》, 蘇州, 古吳軒出版社, 2004, 第1033頁.

를 바가 없다. 이에 대해 백거이가 《太湖石記》에서 정교한 분석을 한 적이 있다. '돌을 좋아하는 이유'는 참으로 심오하다.[93] 백거이가 찬양한 것은 바로 '나의 뜻과 부합하는' 경지에서 돌에 대한 '생각'이고 돌의 영혼에 대한 깨달음이다.

돌에는 산의 형태뿐만 아니라 무형으로 변화하는 큰 산의 관념도 나타난다. 돌은 오행五行인 금, 목, 수, 화, 토에 들어가지 못했고 그 속성은 간접적으로 흙에 속하며 의미는 지탱과 견지이다.[94] 돌은 대지처럼 형태가 있는 방식으로 이 세계를 받들고 생명을 잉태한다. 강남원림에 사용된 돌은 산의 수용성과 통괄성을 충분히 나타냈다. 이어가 말하기를 "산석의 아름다음은 투透, 루漏, 수瘦에 있다. 이곳이 저곳과 통하고

---

93) 《方輿勝覽》에서 이르기를 "고대의 달인들은 모두 기호가 있었다. 현안玄晏 선생은 책을, 혜중산稀中散은 고금을, 정절靖節 선생은 술을 좋아했으며 지금의 승상 기장공奇章公은 돌을 좋아한다. 돌에는 무늬나 소리도 없고 냄새도 맛도 없으니 위 세 가지 물건과 다른데 좋아하게 된 이유는 무엇일까? 모두 이상하게 여기지만 하인만이 알고 있다. 옛 친구인 이약李約이 '내 마음에 들면 용도가 많다'고 했다. 맞는 말이다. 내 뜻과 맞으면 된다. …… 요점만 말하자면 삼산 오악, 천 개의 골짜기와 백 개의 동굴이 모두 돌에 축약돼 있다. 높이 백 길仞의 산과 천리의 경관이 한눈에 들어오니 앉아서 감상할 수 있다. 이것이 공의 마음에 드는 이유이다. …… 아, 이런 돌들은 수백 수천 년이 지나면 천지에 흩어지고 돌고 돌아 누가 소유하고 있는지 알 수 있겠는가? 장차 나처럼 돌을 좋아하는 이가 이 돌을 보고 이 글을 읽으면 내가 돌을 좋아하는 이유를 알게 될 것이다."(祝穆撰, 祝洙增訂, 施和金點校：《方輿勝覽》, 北京, 中華書局, 2003, 第77-78頁.)

94) 《方輿勝覽》에서 태주 고정란古井欄을 기록하기를 "성과원聖果院에 있다. 전하는 바로는 위당僞唐 보대保大 연간에 건축됐다. 예전에는 한 치 정도의 밧줄 흔적이 있었는데 지금은 없어졌고 기록도 사라져 변별하기 어렵다. 아마도 돌을 다시 살려낸 것 같다. 구양공歐陽公의 《集古目录》에 이양빙李陽冰이 쓴 세 개의 《縉雲》비문이 있는데 전각篆刻이 가장 가늘다. 세간에는 이 세 개의 비석도 살았다고 전해졌다. 세월이 갈수록 조각한 곳이 합쳐져 글이 가늘어졌다는 설도 이와 같다."(祝穆撰, 祝洙增訂, 施和金點校：《方輿勝覽》, 北京, 中華書局, 2003, 第815頁.)돌에도 생명이 있어 '세월이 갈수록 점차 살아날' 수 있다는 것은 고대 문인 내면의 은거 품성에 대한 묘사로 이해될 수 있다.

저곳은 이곳과 통하며 통할 길이 있으면 투라고 한다. 돌에 구멍이 있고 사면이 정교하면 루라고 하며 담벽처럼 가파르고 기댈 곳이 없으면 수라고 한다. 그러나 투, 수는 적당해야 하고 루는 지나쳐서는 안된다. 곳곳에 구멍이 있으면 가마에서 구워낸 도자기처럼 구멍의 크기가 정해져 있어서 그 어느 하나라도 우연히 막히면 용납하지 않는다. 막히다가 통하는 것이 우연히 보여야 돌의 습성과 부합한다."[95] 사람에게 인성이 있듯이 돌에도 석성이 있다. 우뚝 서있는 돌에 무슨 습성이 있다는 것인가? 그것은 바로 깨달음이다. 어떻게 해야 '돌의 습성과 부합한다고' 할 수 있을까? 바로 '투透, 루漏, 수瘦'이며 지나치게 '루'해서도 안 된다. 그렇지 않으면 '연탄'의 모양과 다를 바가 없다. 이런 부정적 표현은 실체 이미지를 상상하는 데에 적용할 수 있지만[96] 주된 것이 아니다. 이는 '돌이 조각이냐'는 질문과 비슷하다. 물론 조각은 아니다. 적어도 서구의 전통적 의미의 조각은 아니다. "거의 모든 조각의

---

95) 李漁著, 江巨榮, 盧壽榮校注 :《閑情偶寄 · 居室部》, 上海, 上海古籍出版社, 2000, 第223頁.

96) 유서劉恕가《晚翠峰記》에서 기록하기를 "내가 이 봉우리를 보니 추皺, 투透, 수瘦의 묘미는 없지만 허리가 꺾이고 어깨가 늘어지고 정수리가 풍성하며 얼굴이 비뚤어져 있으니, 마치 회전하며 부앙俯仰하는 모습을 취하고 있는 듯했다. 귀태복歸太僕은 그 모습이 황당하고 괴이한 요괴가 이끈 죽은 자의 춤사위와 같다고 했다."(王稼句 :《蘇州園林歷代文鈔》, 上海, 上海三聯書店, 2008, 第233頁.)또한 왕세정의《弇山園記》4편에서는 "길 따라 북쪽으로 돌면 개펄 하나가 있는데 많은 돌이 솟아 있어 매우 웅장하다. 사자, 규룡, 잠 자는 소, 느린 양 등 괴이한 모양이 부지기수이며 합쳐서 돌성뢰突星瀨라고 이름했다"라고 기록했다.(王稼句 :《蘇州園林歷代文鈔》, 上海, 上海三聯書店, 2008, 第243頁.)귀유광歸有光이《秦國公石記》에서 기록하기를 "내가 안정강安亭江에서 거주할 때에 육가빈陸家浜을 오가는 배에서 무덤에서 나온 커다란 돌을 봤다. 물어 보니 진공秦公의 고물인데 흙에 묻어 있어서 알아보는 이가 없다고 했다. …… 이 돌은 회전시키면 사람이 춤추는 듯하며, 모습이 황당하고 괴이한 요괴가 이끈 죽은 자의 춤사위와 같다".(王稼句 :《蘇州園林歷代文鈔》, 上海, 上海三聯書店, 2008, 第233頁.)

외부 윤곽은 돌출된 것이기 때문이다.(전체 조각 발전의 역사상 모두 이와 같다.) 일반적으로 하나의 조각품은 늘 밖으로 돌출된 구球모양 혹은 원기둥 같은 입체물들의 조합으로 생각되고, 그 어떤 조각이든 안으로 들어가는 부분 혹은 중간의 뚫린 부분은 입체적인 각 부분의 틈새(혹은 '도형' 사이 공간)라고 간주된다. 다시 말해 조각외부 윤곽의 각 입체사물 사이의 틈새라는 것이다. 이런 틈새가 마침내 조각의 보이지 않는 밑바탕이 됐다."[97] 아른하임이 생각하는 불변의 진리는 "예술가가 창작에서 이런 사실에 가장 흥미를 느낀다. 즉 돌출은 '그림'이 되기 쉽고, 움푹 들어가는 부분은 '바탕'이 되기 쉽다."[98] 서구 예술사에서 조각은 돌출된 표면으로 의미를 나타내고 움푹 파인 부분으로 돌출부를 부각시키는 바탕, 기본 색조, 배경만이 될 수 있다.[99] 그러나 강남 문인이 좋아하는 돌은 바로 투, 루, 수라는 전형적인 움푹 파인 형식이다. 서구 조각사상 이런 움푹 파인 형식은 현대에 이르러서야 부분과 부분 간의 조직관계를 강조하는 데에 사용됐다.[100] 그러나 강남원림의 돌은 한 번도 돌출되지 않았다. 그것의 주체성은 자신을 내

---

97) [美]魯道夫·阿恩海姆:《藝術與視知覺》, 滕守堯, 朱疆源譯, 北京, 中國社會科學出版社, 1984, 第322頁.

98) [美]魯道夫·阿恩海姆:《藝術與視知覺》, 滕守堯, 朱疆源譯, 北京, 中國社會科學出版社, 1984, 第310頁.

99) 아른하임이 언급하기를 "돌출된 조각품은 기본적으로 독립되고 스스로 만들어진 것이며 조각품과 조각품 혹은 조각품과 건축의 결합문제와 연관 된다. …… 건축과 조각의 관계가 밀접해 보이게 하고, 이 조각이 건축의 어떤 빈자리나 어떤 벽 앞에 있을 때보다 더 밀접한 관계를 나타내게 하려면 이를 중간에 비어 있는 벽감에 두면 된다."([美]魯道夫·阿恩海姆:《藝術與視知覺》, 滕守堯, 朱疆源譯, 北京, 中國社會科學出版社, 1984, 第326頁.)

100) 아른하임은 "현대 조각에서 움푹 파인 형식에 대한 활용은 단위와 단위 사이의 배치관계를 더욱 밀접하고 완벽해지게 한다"고 말했다.([美]魯道夫·阿恩海姆:《藝術與視知覺》, 滕守堯, 朱疆源譯, 北京, 中國社會科學出版社, 1984, 第326頁.)

세우고 나만의 것이 아닌 흡수적이며 개방적인 것이다. 그들이 표현한 것은 인류 자연중심주의 의지를 포함한 인류의지가 아니라 자신들이 마땅히 물속의 파도와 세월에 치인 허무이다. 왕명성王鳴盛이《翠屛軒記》에서 말했다. "산이 도시에 있는 것이 유감스럽다. 붉은 지붕 집을 짓고, 높은 누각 때문에 뛰어난 곳이 종종 가려졌다."[101] 산석도 밖으로 드러내길 꺼린다. 사람들이 태호석을 물 밖으로 꺼내 원림, 마루 앞, 누각 뒤, 정자 옆, 창문 아래, 연못에 배치했지만 돌들이 외물을 흡수하는 본성은 줄지 않고 심지어 물속에서 접할 수 없는 햇빛, 공기, 비와 이슬 등 더 많은 것을 받아들인다. 그래서 강남원림의 돌은 건축의 부속품이 아니라 그 자체가 건축이다. 그것은 움푹 파인 것이며 그의 관념과 영혼이 그것을 공손히 기다리게 하고 자신을 비우게 한다.[102]

겹산의 묘한 점은 사람이 산의 자연본성에 대한 깨달음을 나타내는 데에 있다. 산의 자연본성은 크고, 높게 치솟고, 특출하지 않게 겹치고, 끝이 없이 이어지는 데에 있다. 그래서 원림 속의 산은 고봉이 아닌 대지의 혈맥이다. '산맥'이란 확실한 의미를 지닌 낱말이다. 돌을 쌓는 법은 구체적 작업측면에서 '십요十要', '이의二宜', '육기六忌', '사불가四不可' 등 일련의 규칙이 있다.[103] 이리해 강남의 원림도 겹겹이 쌓이는 정취

---

101) 王稼句:《蘇州園林歷代文鈔》, 上海, 上海三聯書店, 2008, 第176頁.

102) 아른하임은 "건축예술에서 움푹 파인 형식이 사람으로 해금 더 쉽게 받아들이게 한다. 그 이유로 일부는 건축 예술이 유기체에 대한 모방에 국한되지 않는 데에 있고, 일부는 이 예술이 항상 중간에 비어 있는 내부구조와 연관되는 재료를 연구하고 있기 때문이다. 모든 건축의 내부는 형태가 어떻든 모두 움푹 파인 형식이다"라고 했다.([美]魯道夫·阿恩海姆:《藝術與視知覺》, 滕守堯, 朱疆源譯, 北京, 中國社會科學出版社, 1984, 第328頁.)

103) 조림제가 가리키기를 "돌을 선택하는 것은 서예의 필법과 같고, 돌을 쌓는 것은 장법과 같다. 돌을 쌓아 산을 만드는 건축방식은 어려운 예술이다. 이어는《閑情

를 추구한다.[104] 양유정楊維楨은 《玉山佳處記》에서 이런 말을 했다. "산의 좋은 점은 산 밖에 있는 자가 그것을 얻는 반면에 산 안에 있는 자는 모른다."[105] 이는 거리가 심미를 생기게 하는 전제이고 거리의 실체가 일종의 탄성彈性임을 정확히 지적했다. 탄성이 있어야 심미에 장력이 생긴다. 산 밖과 산 안의 차이는 사람의 본심에 '산만散漫'하다는 정서가 있는지 여부에 달려있다. 이것이 바로 계성이 말한 "산만으로 다스리면 좋을 경지를 얻을 수 있다"[106]이다. 산을 쌓는 과정에서

偶寄·山石》에서 '돌을 쌓아 산을 만드는 것은 하나의 학문이자 지혜, 기교이다.'라고 말했다. 석산의 공간구도 및 조형예술에 대한 요구는 다음과 같다. '십요十要'는 주객, 층차, 기복, 굴절, 요철, 고반顧盼, 호응, 소밀疏密, 경중, 허실등이 있어야 한다. 석가산의 높낮이는 들쭉날쭉하고, 전후는 엇갈리게 배치해야 한다. 주산은 높고 객산은 양보해야 하며, 경중이 분명하고 기복을 추구해야 한다. 큰 것과 작은 것이 엇갈리며 서로 호응해야 하고, 천태만상이 마치 하나인 듯 통달해야 한다.' 이의二宜'는 첫째, 소박하고 자연의 정취가 있어야 한다. 지나치게 과장하고 일부러 재주를 부려 금수 조형을 하지 않는다. 둘째, 간단하고 정교하고 선명함으로 기세를 표현한다. 석탄재를 마구 뿌리 듯 군더더기가 많고 맺고 끊음이 확실하지 않으면 안 된다. '육기六忌'는 향로, 촛대, 붓걸이, 화병과 같아서는 안 되고, 산과 나무가 칼처럼 날카로워서도 안 되고, 금성철벽과 같아도 안 되고, 성곽과 보루 및 쥐구멍이나 개미 둑과 같아도 안 된다. '사불가四不可'는 돌은 섞으면 안 되고, 모양이 같아야 하며 동일한 가산에는 같은 종류의 돌을 사용해야 한다. 무늬가 어지러우면 안 되고 맥락은 서로 통해야 한다. 돌의 크기가 같으면 안 되고, 크고 작은 돌을 섞어야 한다. 틈새는 많으면 안 되고 이치에 맞게 해야 한다. 돌을 쌓는 기술은 '돌의 무늬에 따르는' 것을 중요시하며 중국 전통 원림이 석가산을 만드는 예술적인 측면에서의 원칙과 요구이다."(曹林娣：《中國園林藝術論》, 石家莊, 山西教育出版社, 2003, 第112頁.)
104) 장봉익張鳳翼이 《徐氏園亭圖記》에서 기록하기를 "당 서쪽에 작은 방 하나가 있는데 방 옆에는 다리가 있고 다리 옆에 또 집이 있다. 집 뒤에는 파초를 심었고 모두 휴식하고, 이야기하고, 저장하고, 수련할 수 있으며 사찰의 심오함이 있다." (王稼句：《蘇州園林歷代文鈔》, 上海, 上海三聯書店, 2008, 第49頁.)
105) 王稼句：《蘇州園林歷代文鈔》, 上海, 上海三聯書店, 2008, 第225頁.
106) 計成著, 陳植注釋, 楊伯超校訂, 陳從周校閱：《園冶注釋》, 北京, 中國建築工業出版社, 1988, 第209頁.

감상용 돌과 비교할 때에 사람들은 산체 형식에 대한 의지와 자아의식
에 대한 회피가 더 많이 나타난다. 예를 들어, 원림 부지를 선택할 때
에 계성은 원림 주인에게 산림을 택하라고 권한다. 그것은 "사람을 번
거롭게 할 필요가 없이 스스로 자연의 정취를 이룰"[107] 수 있기 때문이
다. 또한 산을 택할 때는 '칼처럼 날카로운 산과 검처럼 생긴 나무',
'촛대, 병 모양'을 특히 피해야 한다.[108] 과연 무엇 때문일까? 날카로운

---

107) 계성이 말하기를 "원림의 부지로는 산림이 가장 좋다. 높은 곳이나 패인 곳도
있으며 굴절도 있고 깊이도 있다. 가파른 곳과 늘어진 곳도 있고, 평평한 곳도
있으며 스스로 자연의 정취를 이뤄 사람이 공사할 번거로움을 덜어준다."(計成著,
陳植注釋, 楊伯超校訂, 陳從周校閱:《園冶注釋》, 北京, 中國建築工業出版社,
1988, 第58頁.)

108) 계성이 말하기를 "중간에 큰 돌을 주석으로 세우면 양 옆에는 벽봉劈峰을 세워
좌우에서 주석을 보필하는 것 같다. 형식은 배열한 것 같지만 비위를 맞추는 것처
럼 보이게 한다. 주석은 가운데에 있는 것을 기피하지만 중간에 세우기에 적합한
돌은 괜찮다. 벽봉을 사용하지 않아도 되는 곳에는 무리하지 않는 것이 좋다.
촛대나 화병처럼 배열하고 도산검수처럼 나열하거나 마치 다섯 노인이 각각 서있
는 것처럼 해서는 안 된다. 연못은 네모나게 만들고, 아래에 석굴을 파고 위에
바로 대를 짓고, 동쪽에 정자를 만들고 서쪽에 정사를 지어서는 안 되고 마치
작은 구멍을 통해 표범을 보는 듯하며, 길을 만들 때는 마치 숨바꼭질하듯 얽히고
복잡하며 아무런 규칙이 없어서는 안 된다. 작은 것은 마치 어항 속의 분재와
같고, 큰 것은 풍鄧의 수도와 같아도 세인들이 이를 운치 있다고 하니 옛 형식에
언제 이런 졸렬함이 있었는가? 깊은 뜻은 마치 그림처럼 나의 감정을 산야에 기탁
해야 한다. 산을 만들기 전에 산기슭을 먼저 만들어야 하고 자연 지세에 따라
들쭉날쭉하면서 험준해야 한다. 흙을 쌓아 언덕을 만들 때는 돌 모양의 교졸巧拙에
달려 있지 않다. 대가 적절한 곳에는 대를 짓고, 정사가 적절한 곳에는 정사를
만들어 구름과 달을 초청한다. 길과 오솔길을 내어 경치를 감상한다. 연못을 내려
다보는 곳에 돌을 여기저기에 놓고, 거친 것을 적절히 사용한다. 산줄기를 만들
때는 흙을 날라서 하고, 높고 낮은 형태가 많아야 더 자연스러운 경관이 될 수
있다. 흙을 쌓아 산 만드는 오묘함을 알기 위해서는 돌을 다스리는 심오함을
본보기로 해야 한다. 산림의 경지를 추구하고 꽃과 나무는 감정을 일게 한다.
진짜가 있으면 가짜를 만들 수 있고, 가짜를 진짜처럼 만들려면 타고난 자질과
이해력이 있어야 하지만 사람의 탐구가 필요하다."(計成著, 陳植注釋, 楊伯超校
訂, 陳從周校閱:《園冶注釋》, 北京, 中國建築工業出版社, 1988, 第206頁.)

검과 촛대, 꽃병에는 너무 많은 화의畵意, 공의供意, 인의人意가 들어 있다. 고천서顧天敍가 《晚香林記略》에서 묘사하기를 "사람은 하늘을 이길 수 없고, 가짜는 진짜를 이길 수 없다. 내 맘에 드는 돌은 순진하고 자연스럽고 서투름으로 이겨야 한다."[109] 첩산의 아름다움은 서투름에 있으며 소박해도 정취를 이룰 수 있다. 진종주가 말하기를 "산을 쌓을 때에 서투름을 중시하는 것은 어렵고, 질박하고 고풍스러운 봉우리 쌓는 것은 더 어려우며, 위엄 있고 가파른 암벽을 만들어 내는 것은 더욱 쉽지 않다. 물가의 돌, 돌언덕, 돌계단, 돌 징검다리는 마치 수많은 소품과 같다. 주의를 기울이지 않은 곳이 바로 가장 몰입해야 할 곳이며 반드시 신경을 많이 써야 하고 반복적으로 연구하며, 전체 경관에 대해 철저한 분석을 하고나서 마치 민첩한 붓으로 원하는 곳에 휘호해 화룡점정과 같은 효과를 내며 모든 정신을 가동한다. 남들이 부주의한 곳에 더 신경을 써야 한다. 명대 석가산의 풍성한 느낌과 음미할 가치는 바로 여기에 있었다. 청대 동광同光연간의 석가산은 정교함으로 승부하려다가 오히려 가냘파 보였다. 천연을 능가한 석가산은 모두 무겁고 서투름에서 나왔다. 황석黃石의 아름다움이 무겁고 서투름에 있다는 것이 자연의 이치이다. 그러한 자질이 없으면 좋은 구상이 나올 수 없다."[110] 그렇다면 어떻게 하면 '남들이 부주의한 곳에 신경을 더 쓸까?' '많은 심혈을 기울이고 반복적으로 연구하며 전체 경관에 대한 철저한 분석을 하고 민첩한 붓으로 원하는 곳에 휘호'해야 한다. '천연을 능가한 석가산은 모두 무겁고 서투름에서 나왔고', '황석의 아름다움이 무겁고 서투름에 있다는 것이 자연의 이치이다.' 이런 자연의 이치를 무

109) 王稼句：《蘇州園林歷代文鈔》, 上海, 上海三聯書店, 2008, 第184頁.
110) 陳從周：《梓翁說園》, 北京, 北京出版社, 2004, 第16頁.

시하고 산석의 '자질'을 모른다면 아무리해도 '좋은 구상'이 나올 수가 없다. 이런 '좋은 구상'은 모두 주체의 의지력을 해소하고 만물로 돌려보낸 생태세계이다.

강남원림에서 수역水域이 차지하는 면적은 매우 크다. 우동의《水哉軒記》에는 "자택에 작은 원림이 있다. 면적은 십 묘 정도가 되는데, 중간의 연못이 원림의 반을 차지했다."111)라는 기록과 심덕잠의《方氏勺湖記》에 "작호勺湖는 방씨네의 원림 연못이다. 원림의 면적은 여섯 묘인데 연못이 반을 차지했다"112)라는 기록이 있다. 다섯 묘든 세 묘든 수역은 모두 원림 면적의 2분의 1을 차지했다. 강남원림의 수자원이 풍부하다.113) 그 이유는 해당 지역의 특성과 연관이 있지만,114) 필자는 원림이 물로 유명해진 원인이 원림 속 사물의 수화水化, 약화弱化, 유화柔化에 있으며, 그래서 물이 없는 곳이 없고 물과 관련 없는 사물도 없다고 본다.115) 본질적으로 물은 산의 본래 면목과의 상호 대조에서 온

---

111) 王稼句:《蘇州園林歷代文鈔》, 上海, 上海三聯書店, 2008, 第80頁.

112) 王稼句:《蘇州園林歷代文鈔》, 上海, 上海三聯書店, 2008, 第93頁.

113) 장공비蔣恭棐의《范氏賜山舊廬記》에서는 "소주의 본보기로는 여수麗水를 제외하고는 없을 것이며 마치 수목의 본원인 듯하다"고 했다.(王稼句:《蘇州園林歷代文鈔》, 上海, 上海三聯書店, 2008, 第154頁.)

114) 정언소鄭言紹는《太湖備考續編》에서 "호수를 다스리는 것은 호수가 아닌 호수의 수원지와 귀결점과 연관되는 도랑, 개울, 바닷가 등을 모두 다스려야 한다. 태호는 소주, 상주, 호주 세 개의 군을 거친다. 호주 지역에는 수원지가 많고, 소주 지역에는 귀결점이 길다. 그래서 항상 준설할 때에 소주와 호주가 상주보다 서두르는 것은 지세 때문이다"라고 했다.(金友理撰, 薛正興校點:《太湖備考》, 南京, 江蘇古籍出版社, 1998, 第595頁.)

115) 종성이《梅花墅記》에서 "삼오三吳의 물은 보리甫里에 이르러서야 막힘없이 흐르기 시작한다. 별장 밖에 많은 병사가 있고 돌아가는 물은 보이지 않는다. 물이 세대 안으로 들어가 숨겨진 도랑으로 나눠지고, 원림 안으로 끌어들인다. 문을 열고 한적하게 걸어서 기국재杞菊齋를 지나 영각暎閣에 오른다. 영暎은 허옥부許玉斧의 아명인데 누각의 이름에 쓰였다. 누각에 오르면 보이는 것이 모두 물은 아니지만

것이다. 장헌신庄憲臣은 《桃源小隱記》에서 "무릇 우뚝 솟은 것은 산이고 흐르는 것은 샘이니 모두 지역적인 것이며 인공으로 만들지 않았다. 사람의 힘으로 만든다면 불후할 수 있도록 땅의 빼어난 기를 빌릴 것이다"[116)라고 기록했다. 모든 산수는 모두 자연에서 비롯된 것이고 산수의 차이는 자연 형태의 다름에 있다. 전겸익錢謙益은 《拂水山莊七記》에서 추수각秋水閣에 대해 기록했다. "추수각은 산과 호수 사이에 있는데 산이 병풍처럼 둘러쳐져 있고, 호수는 띠처럼 둘러싸고 있으며, 산과 호수는 서로 맞물려 있다."[117) 물이 띠처럼 둘러싸여 있지 않으면 산과 같은 병풍도 없다. 그 반대도 마찬가지다. 또한 《太平寰宇記》에 "산에 인저印渚가 있는데 저에는 가파른 산석이 많다"[118)라는 기록이 있다. 산과 물은 여태껏 서로 호응해서 부르고 서로 품고 있다. '대거對擧'[119)는 실체를 짝수화, 허화, 정신화되게 한다. 대거는 필히 사람의 정신세계로 구성돼 있기에 '유물唯物'주의, '유실체唯實體'주의가 되는 것을 방지했다. 사람들이 산수를 높고 낮음, 위, 아래, 솟고 흐름, 동과 정으로 이해했을 때는 그것 역시 정신적 작용력으로 인해 정신적인 생태세계를 구성했다. 이영이 말했다. "고대인이 말하는 '산'은 단순한 산간지역이 아닌 이중의미가 있다. 첫째는 '바다'와 상대적이며 대륙을 대표한다. 마치 고대인들이 봉래蓬萊, 방장方丈, 영주瀛洲 세 개의 섬을 '삼신산三神山'으로 부르는 것처럼 해수면보다 높은 육지 부분이다. 두

정자가 있는 곳, 회랑이 향하는 곳, 다리가 걸린 곳, 돌이 엎드린 곳, 수양버들과 대나무가 그늘진 곳은 모두 물이다."(王稼句 : 《蘇州園林歷代文鈔》, 上海, 上海三聯書店, 2008, 第196頁.)

116) 王稼句 : 《蘇州園林歷代文鈔》, 上海, 上海三聯書店, 2008, 第224頁.
117) 王稼句 : 《蘇州園林歷代文鈔》, 上海, 上海三聯書店, 2008, 第271頁.
118) 樂史撰, 王文楚等點校 : 《太平寰宇記》, 北京, 中華書局, 2007, 第1911頁.
119) 역주 : 상대적인 것을 적시해 서로 돋보이게 하다.

번째는 '수水'(하천)와 상대적인 것이며 해, 달, 별이 대표하는 '하늘'의 '무늬'처럼 '대지'의 '무늬'를 가리킨다. 고대인이 말하는 '지리'(주로 내륙)는 두 개의 뜻이 있는데 하나는 '산'이고 하나는 '수'이다. 《禹貢》은 수를 주관하고(《河渠書》,《溝洫誌》,《水經注》역시 물에 편중),《山海經》은 산을 주관하지만 '산'을 말할 때는 반드시 '수'를 언급하고, '수'를 말할 때도 '산'을 언급한다. 양자는 서로 안과 밖이 돼 지형의 평면적인 분포를 반영할 뿐만 아니라 입체적인 '고하'와 '험역險易'과도 관련이 있다."[120] 산은 무엇일까? 산은 광활한 바다 및 파동하는 하천과 대조해 형성된 결과이다. 바꿔 말해 바다 및 하천은 산과 상대적인 광활한 수면이며 파동적인 유수이다. 그래서 "고대인이 말하는 '해海'의 최초 의미는 '해양'의 '해'(《說文》에서 '천지天池'라고 칭한 그런 종류의 '해')가 아니다. 고서에서 '해'의 훈은 어둠이며(《釋名·釋水》,《廣雅·释水》) 원래 '어두워서 보이는 바가 없음'(《尙書考靈曜》), '황무하고 먼 곳'(《荀子·王制》 주석)이며 '해양'의 '해'로 파생된 것은 고대인이 멀고 광활한 바다를 바라볼 때는 바로 이런 황무하고 먼 곳이기 때문이다. …… 중국 조기 문헌의 '해'는 주로 중국 대륙 동부와 남부를 둘러싸고 있는 '해'를 말하며 다른 두 쪽의 '해'에 대해 알고 있는 바가 없다. 추연鄒衍이 상상한 사방에서 대륙을 둘러싸고 있는 '대영해大瀛海'는 서쪽과 북쪽의 바다가 대칭원리로 유추해 낸 것이다."[121] 산수는 반드시 객관적인 산과 바다, 하천을 말하는 것이 아니다. 산수가 산수관념, 즉 본래의 산수을 구성했을 때가 이들이 바로 산수이다. 이 때문에 원림에 '해海'가 있는 것이 그리 드문 일이 아니다.[122] 지척의 분재에서도

---

120) 李零 :《中國方術續考》, 北京, 中華書局, 2006, 第198-199頁.
121) 李零 :《中國方術續考》, 北京, 中華書局, 2006, 第198頁.
122) 김학지가 말하기를 "계곡과 강은 형태가 유사한데 장단이나 광협의 차이가 있을

명산대천을 볼 수 있으니 기세를 축적하면 얻을 수 있다.123) 이것이 바로 고대 사람이 세계를 관찰해 얻은 생명체험이다.124) 본진의 산수란 바로 '상대'에 기초해 산수의 '동기'를 실천한 결과이다.

더 나아가 물을 다스리는 정취는 유동적인 경지를 만드는 데에 있다. 조림제는 다음과 같이 말했다. "물을 다스리는 원리는 다음과 같

뿐이다. 그러나 중국원림에서 '바다'라고 칭하지 '강' 혹은 '하천'이라 하지 않는 것은 후자가 속되고 우아하지 않아 배들이 드나들어 붐비는 상황을 연상케 해 아름답고 그윽한 정취가 없기 때문이다. 그래서 비록 이화원 뒷산 수계의 일부가 띠 모양에 가까워서 강의 양상을 띠고 있지만 후호後湖라고 불린다. 피서산장避暑山莊 서북쪽의 띠 모양의 수계 역시 강이나 하천이 아닌 장호長湖라고 불린다. 중국 원림 체계에서 설령 길지 않은 수계라도 계溪, 간澗이라 부르는 것은 원림의 분위기와 정취에 착안했기 때문이다. 당대 유종원柳宗元이 자신의 저택 정원을 '우계愚溪'라고 칭했고, 송대 학자 심괄沈括도 저택의 정원을 '몽계梦溪'라고 칭했으며, 물이 정체되고 엉키고 아득하고 맴도는 몽계를 주체로 구성된 원림의 경관은 바로 그가 갈망한 이상적인 절경이다."(金學智 :《中國園林美學》, 北京, 中國建築 工業出版社, 2005, 第186頁.)

123) 《周禮》에서는 "무릇 천하의 지세는 두 산 사이에 반드시 하천이 있고, 큰 하천에 반드시 길이 있다. 모든 지세를 거스르고 도랑을 파는 것을 물이 흐르지 않는다 하고, 흐름이 순조롭지 않은 것도 물이 흐르지 않는다고 한다. 도랑 하류 30리 지점에서 수역을 배로 늘린다. 정체된 물을 준설할 때는 굴곡과 직선이 어우러져야 한다. 물이 웅덩이로 흘러들게 하려면 굽은 각도가 직각보다 커야 한다. 도랑을 팔 때는 반드시 물의 흐름을 따라야 하며 제방 쌓을 때도 지세를 따라야 한다. 도랑 파는 데에 능한 자는 수세를 이용해 장애물을 흘러 보내고, 제방을 잘 쌓는 자는 물에 침적된 흙으로 제방의 두께를 강화한다"라는 기록이 있다.(楊天宇撰 :《周禮譯注》, 上海, 上海古籍出版社, 2004, 第671-672頁.)

124) 진종주가 말하기를 "산과 수의 관계는 도대체 어떤 것인가? 쉽게 말해 산수를 모방하는 것은 부분 경관이 축소된 것이 아니라(망사원의 연못은 호구虎丘의 백련 지白蓮池를 모방했는데 매우 정교하다) 부분 경관을 사용했으며, 모두 그림을 본보 기로 한다. 산에는 맥이 있어야 하고 물에는 수원지가 있어야 하며 맥과 원이 연결되면 전체 원림은 생동감이 넘친다. 내가 '산은 물을 따라 돌고, 물은 산으로 인해 생동한다'와 '계곡은 산으로 인해 굴곡이 지고 산의 오솔길은 대지에 따라 낮고 평평해야 한다'라는 말로 산수의 관계를 설명한 것이 바로 진산진수에서 얻은 깨우침이다."(陳從周 :《梓翁說園》, 北京, 北京出版社, 2004, 第2頁.)

다. 수면이 크면 나누고, 작으면 모은다. 나누면 영회하고 모으면 넓어진다. 나눌 때는 어지럽지 않아야 하고 모이면 활기가 사라지지 않아야 한다. 나눔과 모음을 결합할 때는 서로의 장점을 부각시키고 단점을 보완한다. 물에는 수원지가 있고, 흐르는 물은 산을 따라 돈다. 꽃을 통과하고 버드나무를 지나치며 조용히 흘러간다. 폭포는 샘으로 떨어지고 선회하는 물이 깊은 못에 들어가면 동과 정이 서로 겸하고 활기가 넘치며 자연스럽다. 물을 다스리는 기법은 분分, 격隔, 파破, 요繞, 엄掩, 영映, 근近, 정靜, 성聲, 활活 등 열 가지가 있다."125) 한 글자로 개괄한다면 '활活'이라 할 수 있다. 물을 '살리'는 것이 물을 다스리는 천직이다. 이런 '활'은 단지 물을 흐르게 하는 것이 아니라 더 깊은 차원에서 수류가 어디서 흘러오고 어디로 흘러가며 형식 및 기세는 어떻고 소리가 있는지 없는지, 어떤 각도에서 관조해야 하는 지 등이다. 그래서 물을 '살리'는 것이 전체적인 생태에 관한 총체원칙이다. 물에 대한 심미관조는 지세가 기복하는 생명 흐름에 초점을 맞춘 심미 분위기에 포함돼 있다고 할 수 있다. 수맥은 물이 심미대상이 되는 핵심요소이다.

수맥의 탐사, 수원의 확정은 수류의 '초지初誌'와 수로에 영향을 미치기에 원림 구축에서 매우 중요하며 주인이 물을 다스리는 관건이다. 물의 흐름은 파波, 도濤, 조潮, 란瀾 등 현실적인 격동도 있고, 맥동이나 천용泉涌과 같은 잠재적인 은복隱伏도 있다. 유수의 관조자가 문인화일수록 시작과 맹아에 더 관심을 가진다. 전중정錢重鼎은 《依綠軒記》에서 말했다. "물을 관찰하는 방법으로 반드시 물결을 관찰해야 하는 것은 틀린 것인가? 두세 사람이 물의 흐름을 보며 고유의 지혜를 얻고,

---

125) 曹林娣:《中國園林藝術論》, 石家莊, 山西教育出版社, 2003, 第125-126頁.

가라앉는 잔물결을 노래하며 자연스러운 문장을 쓰고, 차근차근 지식을 닦아가며 문장이 완성되기를 깨닫는 것이 성공에 이르면 열심히 공부하는 데에 힘을 보태지 않았다고 할 수 없으니 어찌 소년이 연못과 산에서 구름만 낚고 있다고 할 수 있겠는가?"126) 웅장한 파도와 비교해 볼 때에 전중정은 아이와 같은 연의漣漪, 영과盈科, 성장의 미를 유독 편애했다. 계성은 "건축을 예측할 때는 수면을 따르는 것이 중요하고 기본을 정하려면 수원을 연구해야 하며, 물이 경유할 길을 소통하고 물의 경로를 살펴야 한다"127)라고 했다. 물은 아래로 흘러간다. 물에 발원지가 있으면 흐름이 있고 흘려보내는 수로도 있어야 한다.128) 물의 아름다움은 시간을 기록하는 경로라는 데에 있다. 시간의 경로는 때로는 순조롭고129) 때로는 한곳에 모인다.130) 문진형이 한 말이 기억에 남는다. "돌은 사람을 오래되게 하고 물은 사람을 멀어지게 한다.

---

126) 王稼句:《蘇州園林歷代文鈔》, 上海, 上海三聯書店, 2008, 第207頁.

127) 計成著, 陳植注釋, 楊伯超校訂, 陳從周校閱:《園冶注釋》, 北京, 中國建築工業出版社, 1988, 第56頁.

128) 《太湖備考》에서는 "호수는 배설을 주로 담당하고 가뭄 때도 주입해 물의 양을 유지시킨다. 평평한 논에는 물의 이득만 보고 피해는 없다. 논이 반드시 물줄기 옆에 있는 것이 아니며 개천과 지류에 유리하기 때문이다. 수면이 평평하면 흐름이 느리고, 느리면 정체되기 쉬우며 정체되면 쉽게 앙금이 생긴다. 물가와 호수가 특히 앙금이 생기기 쉽다. 여러 차례 준설하면 백성들이 고달프고 준설하지 않으면 물이 마르게 된다."(金友理撰, 薛正興校點:《太湖備考》, 南京, 江蘇古籍出版社, 1998, 第134頁.)

129) 왕오王鏊는《東望樓記》에서 "인간의 정은 처한 장소에 따라 달라지며 광활한 곳에 있으면 마음이 편안하면서 기쁘고, 높은 곳에 있으면 색다른 상쾌함이 있으며, 깊은 곳에 있으면 고요하고 그윽하다"라고 했다.(王稼句:《蘇州園林歷代文鈔》, 上海, 上海三聯書店, 2008, 第160頁.)

130) 왕세정은《弇山園記》4에서 "돌로 다리를 만들면 매우 웅장하며 그 아래의 여러 계곡 물이 모두 합쳐질 것이다"라고 서술했다.(王稼句:《蘇州園林歷代文鈔》, 上海, 上海三聯書店, 2008, 第243頁.)

원림에는 물과 돌이 없어서는 안 된다. 순환되고 가파르게 하려면 배치가 적절해야 한다. 봉우리 하나라도 태화산의 가파름이 있어야 하고, 연못 하나에도 넓게 펼쳐지는 강호와 같아야 한다. 그리고 반드시 있어야 하는 것이 대나무, 고목, 괴이한 넝쿨, 못생긴 나무 등이며 얽히고 설키며 심어져 있어야 한다. 푸른 암벽, 파란 골짜기의 물, 흐르는 샘물, 넘치는 냇물 들이 마치 깊은 골짜기로 흘러 들어간 듯해야만 유명한 곳이라 할 수 있다."131) 산석이 대지의 정적인 자태를 대표한다면 유수는 대지의 동적인 운치를 보여준다. 양자는 상호 생성하며 어느 하나가 없어도 안 된다. "돌은 사람을 오래되게 하고, 물은 사람을 멀어지게 한다"는 문진형의 말에서 '고古'는 시간개념이고 '원遠'은 공간개념이다. 원림에 산과 물이 있으니 시공간은 결국 통합됐다.

물을 통해 사람 눈에 들어 온 것은 지상에서 시간이 멀어져 가는 뒷모습이다. 물은 정령이다. 수많은 생명 현상의 분자가 돼 끊임없이 흐르면서 움직이고 있는 세상의 전체화면을 만들어 냈다. 사실상 물이 생명체가 되고, 물이 자신이 된 데에는 반드시 두 가지 이유가 있다. 물은 대지에 의지하고 물에는 형태가 없다. 한편으로 물은 대지에 바짝 붙어 있으며 공기에 자욱하게 흩어지는 기체가 아니라 대지를 모체로 여기고 '자연스레 구성된' 것이다.132) 또 한편으로 물의 생명은 형태가 있지만 고정된 형태가 아니라 네모나거나 둥글고, 곧거나 굽고, 수축하거나 분산되거나, 빠르거나 느린 변화무쌍한 지표에 따른다. 원림 주인의 '사명'은 수면 형식의 다양함과 흐름 속도의 급함과 느림에 내

---

131) 文震亨著, 陳植校注：《長物誌校注》, 南京, 江蘇科學技術出版社, 1984, 第102頁.
132) 진종지陳宗之의 《集賢圃記》에서는 "호산湖山을 밑그림으로 하면 신경이 많이 쓰이지만 대부분은 자연적인 구상에서 나올 수 있다."(王稼句：《蘇州園林歷代文鈔》, 上海, 上海三聯書店, 2008, 第162頁.)

포된 생명감을 경험적 형식으로 표현하는 데에 있다. 이 때문에 수맥 관리 외에 물에다가 변화를 가하는 것이 물을 관리하는 핵심이다. 강남원림은 물이 지니고 있는 동태적인 장력을 매우 중요시한다. 그 예가 폭포이다. 계성이 말했다. "폭포는 가파른 산을 만드는 것과 같다. 우선 높은 누각이 있어야 하고 처마에서 흐르는 물을 모아 담장 위에 만든 낙수홈을 통해 산으로 끌어올려 웅덩이에 저장한다. 돌출된 출구로 물을 내보내면 폭포와 같다. 그렇지 않으면 물은 흩어지고 폭포를 이룰 수 없다. 이것이 바로 '빗속에 앉아 샘을 감상한다'는 경지이다."[133] 폭포는 흩어져서 흘러내리는 것이 아니고 매우 강한 인위적 인도가 숨어있다. 그렇다면 어떻게 인도할까? '낙차落差'원리를 파악해야 한다. 낙차는 물이 위에서 아래로 세차게 흘러내리는 기세를 형성하며 "폭포"의 운치를 이룬다. 낙차 설계에 있어서는 물이 흘러나오는 출구에 특히 신경써야 한다. 입구를 좁게 해야 물이 분산되지 않고 아래로만 내려간다. 강남원림의 폭포는 무지개를 만들기 위해서가 아니라 물의 생명 본질에 대한 깨달음을 얻기 위해서이다. 그래서 문진형도 폭포에 대해 다음과 같이 말했다. "폭포란 산으로 샘물을 끌어가서 높은 곳에서 아래로 내보내면 폭포를 만들기 쉽다. 원림에서 폭포를 만들려면 길이가 각기 다른 대나무를 잘라 처마에서 흘러내리는 빗물을 받아 모은다. 그리고 이를 돌 틈에 숨기고 돌을 높이 쌓는다. 또한 아래에 물을 받을 작은 못을 만들고 물이 높이 세운 돌을 따라 아래로 흘러내린다. 그리해 빗속에서 샘물이 얇은 물기를 뿜어내며 흘러내릴 수가 있고 계곡 소리도 나니 또 하나의 경관이다. …… 물을 산꼭대기

133) 計成著, 陳植注釋, 楊伯超校訂, 陳從周校閱 : 《園冶注釋》, 北京, 中國建築工業出版社, 1988, 第221頁.

에 모아두고 손님이 오면 수문을 열어 물이 공중에서 쏟아지는 것도 있는데 결국 빗물을 가두는 것만큼 좋지는 않으며, 두 가지 방법이 모두 인위적이긴 하나 자연적으로 형성된 폭포와 유사하다."[134] 이런 설계는 더욱 정교하다. 위에서 흘러내리는 폭포와 하늘에서 내린 비라는 두 가지 생명을 한곳에 모았으니 장력의 배후는 자연의 정취를 지닌 의미공간이다.[135] 더 우아한 방법으로 한원수법旱園水法이 있다. "석가산에는 한원수법이 있는데, 상해 가정嘉定 추하포秋霞圃의 뒷부분, 양주 이분二分 명월루明月樓 앞의 첩석疊石이 바로 이런 예이다. 원림에서 물이 없이 석가산의 기복을 이용해 평지를 낮추면서 양자의 비교를 통해 물이 없이도 연못의 경지를 만들 수 있기에 수작水做이라 한다. 그러나 수가산水假山을 한가산旱假山 방법으로 만들거나 한가산을 수가산 방법으로 만들려는 것은 틀린 것이다."[136] 이것은 물이 없이도 물의 '운치'인, 물의 참뜻인 무無를 나타냈다. 무가 바로 본래의 뜻이며 만물의 뜻이다. 왕세정은 《弇山園記》 5권에서 말했다. "서엄西弇의 공사가 끝나자 물을 얻었다. 중엄中弇과 거리가 멀어서 다리를 만들어 그 물을 끌어온다. 두 산 사이에 있어서 바람이 조금 불면 달이 파도를 타고 지나가면서 출렁이고 부서진다."[137] 물을 다스리는 방법은 산, 다리, 바람, 달과 상호 참조돼야 한다. 하작何焯은 《題渾上書屋》에서 어당漁

---

134) 文震亨著, 陳植校注:《長物誌校注》, 南京, 江蘇科學技術出版社, 1984, 第105頁.
135) 계성이 말하기를 "곡수를 만드는 법은 예전에는 돌 구유를 파고 그 위에 돌로 용두를 조각해 용의 입에서 물을 뿜게 했다. 이런 방법은 공이 많이 들고 속돼 보이며 우아하지 않다. 어찌 산골 물을 다스리는 방법을 따라서 위의 돌로 샘을 구성하고 물이 폭포처럼 흘러내리며, 잔도를 띄울 수 있는 자연의 정취를 얻으려고 하지 않는가?"(計成著, 陳植注釋, 楊伯超校訂, 陳從周校閱:《園冶注釋》, 北京, 中國建築工業出版社, 1988, 第220頁.)
136) 陳從周:《梓翁說園》, 北京, 北京出版社, 2004, 第17頁.
137) 王稼句:《蘇州園林歷代文鈔》, 上海, 上海三聯書店, 2008, 第244頁.

幢을 언급했다. "연못의 깊고 넓은 곳에 돌 기둥 하나를 설치하면 물고
기가 기둥 주변을 맴돌며 수영하니 아득한 운치가 있다."[138] 독자들도
'나'를 수중의 어장이라고 생각하고 사물입장에서 다른 사물을 바라본
다면 역시 '아득한 운치'를 느낄 수 있을 것이다.

제4절 출현 : 우주의 흐름 같은 군경群景

조지프 니덤이 말하기를 :

'연관성 사고'에서 개념과 개념 간에 결국 서로 종속되거나 내포되지
않으면 이들은 하나의 '양식pattern'속에 평등하게 배치돼 있을 뿐이다.
사물 간의 상호 영향도 기계적 작용이 아닌 일종의 '감응induction'때문
이다. 이 책의 도가를 논하는 단락에서 나는 도가가 자연계의 각종 '인
因'을 이해하려 한다고 말했다. 그러나 우리는 고대 그리스 자연주의자
의 생각으로 그것을 설명할 수 없다. 중국 사상의 키워드는 '질서'와
(특히) '양식'이다. 부호간의 연관 혹은 대응은 커다란 '양식'의 일부이
다. 만물의 활동은 모두 특별한 방식으로 진행되고 있으며 이들은 이
전의 행위가 어떻게 됐든 혹은 기타 사물의 영향을 받지 않는다. 그것
은 순환되는 우주에서의 위치로 인해 어떤 내재적인 성질을 부여받고,
그들의 행위가 자신이 원하는 대로 되지 않게 한다. 이들이 이러한 특
별한 방식으로 진행하면 전체에서 관련한 지위(이런 지위는 그들이 그
들을 되게 하는 요소이다)를 잃게 돼 다른 무언가로 바뀌게 된다. 그래
서 만물의 존재는 모두 전체 '우주 유기체'에 의존하고 그의 일부분을

---

138) 王稼句 :《蘇州園林歷代文鈔》, 上海, 上海三聯書店, 2008, 第156頁.

구성한다. 이들 사이의 상호작용은 기계적 자극 혹은 기계적 원인 때
문이 아니라 신비한 공명에서 생겨난 것이다.139)

　군경群景의 '군'의 뜻은 '모이다'이며 본래는 많은 금수禽獸의 집합을
가리킨다. 중국 건축문화관념에서는 조지프 니덤이 말한 '우주 유기체'
가 이에 핵심이 될 수 있다. 군은 단지 '다多'가 아니며 양사가 아니다.
수백, 수천의 물건을 어수선하게 한곳에 모아 둔 것을 군이라 할 수
없다. 군은 심지어 '다'가 '일一'로 통일된 결과가 아니며 같은 기종의
공업부품을 한데로 모아 하나로 통칭하는 것도 아니다. 군에는 양을
뛰어 넘은 질적인 특징이 있다. 바로 통섭이다. 표면적으로 봤을 때에
군은 일종의 심리현상이다. 대천세계를 직면하면 군의 존재를 발견할
수 있을지의 여부는 사람의 심리내용에 달려있다. 그래서 군은 주체의
내심 사실이다.140) 더 깊은 차원에서 주체가 자신의 내심에 군이란 이
미지를 나타낼 수 있는 것은, 건축문화관념으로 말하자면 바로 건축
개체 간에 조지프 니덤이 말한 '양식'이 존재하기 때문이다. 이런 '양식'

---

139) [英]李約瑟:《中國古代科學思想史》, 陳立夫譯, 南昌, 江西人民出版社, 1999, 第352-
　　 353頁.
140) 곰브리치가 다음과 같이 말했다. "내가 《藝術與錯覺》이란 책에서 몹시 애를 써서
　　 예술가가 가지고 있는 '순진한 눈'이란 관점을 비판했다. 모든 구조가 우리 눈에
　　 다 균일하지 않아 보이는 것은 감각 메시지를 기록하는 평판tablet의 어떤 내재적
　　 인 특징이 뇌가 자극을 받은 신호를 그대로 평판에 기록해두지 않고 그것들을
　　 미리 준비된 칸에 배치하기 때문이다. 물론 우리의 지각은 간단한 구조, 직선,
　　 원형 및 기타 간단한 질서를 더 편애한다. 우리가 혼란스러운 외부세계에서 더
　　 쉽게 볼 수 있는 것은 난잡한 형태가 아닌 규칙적 형태이다. 흩어져 있는 쇠 부스러
　　 기가 자기장으로 인해 규칙적인 무늬로 배열되는 것처럼 뇌의 시각피질에 도달한
　　 신호도 좋고 싫은 두 가지의 심리적인 인력引力과 배척력 작용에 의해 다시 배열된
　　 다."([英]E. H. 貢布里希:《秩序感 —— 裝飾藝術的心理學研究》, 范景中, 楊思
　　 梁, 徐一維譯, 長沙, 湖南科學技術出版社, 2006, 第4-5頁.)

의 배후에는 마찬가지로 사람이 주체 심리가 되는 우주생태조직이 포함돼 있다. 이런 조직은 개체 생명의 경험으로 나타나지 않고, 노자의 이른바 현실의 유, 무의 본체를 부정한 '무'이며 '일一'의 경지이다. '일'의 경지에는 천지의 이치 및 건곤과 함께 생명이 흐르는 우주를 만들어 냈다. 이로인해 인류가 인류성을 통해 자신의 건축에 순환되는 우주를 구축한다면 생태미학의미로 가득한 본진의 세계를 직각적으로 얻을 수 있다. 수덕이 아래와 같이 말했다. "건축은 공구이다. 우리는 건축을 통해 세계의 불확실성을 잠시 잊게 할 수 있다. 만약 건축의 내재적 논리를 무시하고 인위적으로 유사한 혹은 예측적인 요소를 찾아낸다면, 우리는 적어도 그것을 이용해 자신만의 신기루를 만들어 낼 수 있을 것이다. 건축은 질서가 없는 우주에게 일종의 질서를 강요할 수 없지만 그것의 존재가 질서가 없는 우주에서 숨을 돌릴 수 있는 순간을 확보한 것은 확실하다. 건축은 우리가 끝없는 세계에서 자신의 위치를 정할 수 있도록 하나의 참고가 되는 점을 제공해 줬다. 조기 인류는 주변 환경에 영원한 추억을 남기기를 좋아했고, 그 중에서 다수는 건축이라 할 수 있다. 이를 통해 우리는 건축에 조기 인류가 이 세상에서 잠깐 머문 육체를 영원해 보이는 별과 연결시킬 방법을 찾으려는 힘이 내포됨을 알 수 있다. 이 중에는 이런 경우도 있다. 마치 인류지능과 인류가 이해할 수 없는 세계 사이에 어떤 신비한 관계가 존재함을 증명하기 위해 하늘과 연결하고자 해 기복이 심한 지면을 평평하게 했다. 인류 문명에서 그 어떤 것도 건축처럼 질서와 무질서의 대조를 뚜렷하게 보여 주기 힘들고 인류의 존재와 지니고 있는 문명을 명시할 수 없다."[141] 질서와 무질서의 모순은 건축이 타고난 패러독스이

---

141) [英]迪耶·薩迪奇:《權力與建築》, 王曉剛, 張秀芳譯, 重慶, 重慶出版社, 2007,

며 이러한 모순은 한결같이 건축을 괴롭히고 있지만, 건축은 늘 전체적 무질서 속에서 질서적인 출현과 성장을 추구하고 있다. 질서는 무질서를 배경으로 하지 않으며, 질서적인 기간을 지난 후의 세계는 원래 무질서적인 시공간으로 다시 돌아가는 것 같다. 사실상 시간의 흐름은 비선성 과정이며 역사는 후퇴할 수도 환원할 수도 없으니, 이 세상에서 인위적으로 앞뒤를 바꿀 수 있는 기정된 단서는 존재하지 않는다. 질서적인 건축은 일종의 계기일 뿐이고, 그것은 역사 속에 들어가서 역사의 '갈림길'이 돼 제한적인 공간에서 대신할 수 없는 생명 세계 및 생태 공동체를 만들었다. 이야말로 건축의 진실된 자태이고 건축에 '전체성'을 더한 생명 '군'의식이며, 주체 심리가 마땅히 택해야 하는 확실한 경로이다. 지각현상학이 아마도 사람의 이해에 도움이 될 것이다. 지각현상학 관점에서 '시선'은 어떤 현실적인 시각경험에서 기원한 것이 아니라 주체의 생명존재와 연관된다.[142] 그래서 '시선'은 불확실할 수

第166頁.

142) 메를로 퐁티가 말하기를 "우리의 지각은 사물을 지향하기에 사물은 일단 구성되면 내가 이미 가지고 있거나 가질 수 있는 물체에 관한 모든 체험의 원인으로 나타난다. 예를 들어, 내가 어떤 각도에서 주변의 집을 바라본다고 할 때에 다른 사람들은 센강 오른쪽이나 방 안에서 혹은 비행기 안 등의 다른 각도에서 이 집을 볼 수도 있다. 집 자체가 이런 드러냄 중의 임의적인 하나가 아니다. 마치 라이프니츠 Gottfried Wilhelm Leibniz가 말했듯이 그것은 이런 시각 각도 및 모든 가능한 시각 각도에서 보이는 기하도형이다. 즉 아무도 그 속에서 자체의 시각 각도가 없는 물건에서 모든 시각각도를 유추해 낼 수 없으며 그것은 어느 각도에서나 보이는 집이 아니다. …… 내가 직접 집을 봤다고 말했을 때는 내가 의심할 만한 물건을 말하고 있지 않다. 즉 나의 망막, 수정체, 신체기관인 나의 눈이 기능을 해 집을 보이게 한 것은 아니다. 내 자신에게 질문한다면 나는 아무것도 모른다. 내가 이것으로써 어떤 사물로 들어가는 방식 및 나의 생각처럼 의심치 않고 마찬가지로 직접 인식될 수 있는 '시선'을 표현하고자 한다. 우리는 시각이 어디서 어떻게 발생했고, 또한 시각 각도에 포함되지 않음을 이해해야 한다."([法]梅洛-龐蒂 :《知覺現象學》, 姜志輝譯, 北京, 商務印書館, 2001, 第99頁.)

도 있으며 '천만가지 시선'을 발산할 것이다.[143] 모리스 메를로 퐁티가 말했다. "물체가 하나의 체계 혹은 세계를 구성했기에, 물체마다 주변에 자신의 숨은 목격자와 숨은 불변한 보증으로써의 기타 물체가 있기에 우리는 하나의 물체를 볼 수 있다. 나는 물체에 대한 모든 시각이 이 세상에 공존하는 모든 물체 사이에서 신속하게 중복되고 있다고 이해한다. 그 물체 하나 하나가 기타 물체가 '보이게 된' 자신에 관한 물건이다. 이 때문에 우리는 방금 전의 생각을 수정해야 한다. 집 자체가 어느 각도에서 보이는 집이 아니라 모든 각도에서 볼 수 있는 집이어야 한다. 완벽한 물체는 반투명한 것이고 모든 각도에서 많은 시선의 꿰뚫음을 받을 수 있으며, 시선은 물체 깊숙한 곳에서 상호 검증하고 그 어떤 숨겨진 물건도 남기지 않는다."[144] 건축물은 자신만의 독립적인 생명의미를 지니고 있다. 이런 독립적인 생명의미는 바로 본연의 '무'의 경지이며, 사람의 시선이 이런 경지에 들어가야 '투명'한 세계와 찰나의 만남을 가질 수 있다.[145]

---

143) 메를로 퐁티가 말하기를 "경계의 종합은 선정된 종합에 불과하며 물체의 직접 주변환경에서만 확실하고 정확하게 운영될 수 있다. 나는 더 이상 머나먼 주변환경을 손에 남겨 두지 않을 것이다. 그것은 더 이상 물체나 아직 알아볼 수 있는 추억으로 구성돼 있지 않고, 더 이상 정확한 증거를 제공해 줄 수도 없으며 출처도 명확하지 않은 경계이다. 이것은 사물이 미완성적이고도 개방적인 상태에 처하게 하며, 마치 물체가 지각체험에 실제로 처해있는 것과 같다. 물체의 실체성은 이런 개방을 통해 사라졌다. 만약 이상적인 밀도에 도달하고 싶다면, 즉 절대적인 물체를 원한다면 많은 시각 각도는 완전한 공존 속에 압축돼 있어야 하고, 하나의 시각 각도만으로 천만 가지의 시선을 생산해 낼 수 있어야 한다."([法]梅洛-龐蒂 :《知覺現象學》, 姜誌輝譯, 北京, 商務印書館, 2001, 第102-103頁.)
144) [法]梅洛 — 龐蒂 :《知覺現象學》, 姜誌輝譯, 北京, 商務印書館, 2001, 第101頁.
145) 메를로 퐁티가 말했다. "전체성은 외관이 아니라 현상이다. 이런 현상을 통해 어떤 물리관련적인 불연속성을 원칙적으로 인정하는 것이 불가능하면 하나의 진실된 연속성을 인정하는 것은 더욱 허락되지 않는다. 어떤 생명활동이든 모두 의미를 지니고 있는데 그것이 과학 자체에서 일부 서로 외적인 과정의 합으로 정의될

강남 건축의 군경은 건축이 취락으로서의 출현이며 원림 주인이 본래의 마음으로 만들어 낸 생명공동체이다. 이어가 재미난 말을 한 적이 있다. "신참은 보지 못했기 때문에 비록 자세히 설명해도 모두 이해하기 어려우니 반드시 도면을 그려야 한다. 그러나 도면으로 그릴 수 있는 것도 있고 없는 것도 있으며 그리지 못한 것이 10분의 9이고 그릴 수 있는 것이 10분의 1에 불과하다. 자신이 알고 있는 것을 통해 모르는 것을 알아내는 이유는 사람의 이해력을 통달하는 데에 있다."[146] 이어는 '신참'들이 '그림만 보고 따라 하는' 것을 조롱했다. 그는 '양식'을 그릴 수도 없고 그릴 필요도 없다고 생각한다. 원림 주인이 최초로 원림을 건축할 때에는 도면이 없었을 뿐만 아니라 옛 원림을 다시 보수할 때도 마찬가지이다. 《吳郡誌》 6권의 기록에 의하면 송 경우景祐 4년(1037년)에 장당蔣堂이 북쪽 연못을 증축해 《北池宴集》, 《和梅摯北池十咏》를 썼고, 12년 후 황우皇祐 원년(1049년)에 다시 소주를 주관하게 돼서 재차 증축하고 《北池賦》를 지었다. 이것으로 강남 건축에는 정해진 계획과 제한이 없고, 원림의 주인도 다음 주인이 보수할 때에 객관적 근거를 제공할 의무가 없음을 알 수 있다. 도면도 없이 어떻게 건축하고 어떻게 보수를 할까? 도면은 종이에 있는 것이 아니라 마음속에 있다. 왕세정은 《弇山園記》 8편에서 말했다. "산이 물로 인해 합

<hr />

수는 없으며 어떠한 이상적인 통일이 시간과 공간 속의 전개로 정의해야 한다. 윅스퀼Uexküll이 말하기를 '모든 유기체는 모두 자아를 찬양하는 선율이다.' 이것은 유기체들이 그 선율을 알고 열심히 실천하는 것이 아니며 다만 자신의 의식을 안다는 것에 대해 하나의 의미를 지니는 완전체이지 스스로 존재적 사물에 의존한다는 것이 아니다."([法]梅洛一龐蒂:《行爲的結構》, 楊大春, 張堯均譯, 北京, 商務印書館, 2005, 第239頁.)

146) 李漁著, 江巨榮, 盧壽榮校注:《閑情偶寄·居室部》, 上海, 上海古籍出版社, 2000, 第182頁.

처지면 아주 기이한 경관이고, 물이 산을 얻으면 역시 아주 기이한 경관이다. 내가 원림을 처음 건축할 때는 논밭 옆의 조용한 집이 한 채뿐이었다. 돌을 쌓아 집을 만들었고 비용은 필요가 없었다. 흙이 필요하면 땅을 팠고, 땅을 파서 웅덩이가 생기면 연못으로 만들었다. 산은 갈수록 많고 높아지며 연못은 나날이 깊고 넓어지니, 물이 많아 산과 겨룰 수 있게 됐다."¹⁴⁷⁾ 왕세정은 다만 산수와 마주해 느낀 바가 있어서 행동으로 옮긴 것이다. 이것은 왕세정의 마음속에 숨어 있는 것이 도면이라기보다 감동이라고 하는 것이 더 맞을 것이다. '아주 기이한 경관', '더욱 기이한 경관'을 무슨 도면인가 하겠지만 이것이 정말로 도면이다. 이 도면이 있어서 이런 감동이 있기에 왕세정은 생명의 군태에 녹아들고 원림은 자연스럽게 완성됐다. 계성이 다음과 같이 말했다. "세상 사람들이 집을 지을 때는 장인 위주로 하는데, 장인이 삼할이고 주인이 칠할이라는 말을 못 들었을까? 주인이란 원림의 주인이 아닌 원림 건축을 주관하는 자를 뜻한다. 옛 공수반의 정교한 기능과 육운의 뛰어난 기능을 지닌다는 것은 도끼만 쓸 줄 아는 장인인가? …… 그래서 집을 지을 때는 땅을 살피고 기초를 세운 후에야 집의 개수와 칸수를 정한다. 지형에 따라 건물과 정원의 위치를 정하는 것은 주관자가 적절히 배치하는 것이며 정해진 규칙에 구애받지 않는다."¹⁴⁸⁾ 어찌 해야 원림의 주관자라고 할 수 있을까? 그 사람이 '적절히 배치'하고, 생명이 흐름과 취합으로 인해 생긴 운치를 직접 느낄 수 있는지의 여부에 달렸다. 이는 장인이 아니면 할 수 없다. 한보덕은 강남원림의 건축과정을 묘사했다. "중국 강남의 원림은 정원이 먼저 생긴 후에 원

---

147) 王稼句 : 《蘇州園林歷代文鈔》, 上海, 上海三聯書店, 2008, 第247頁.
148) 計成著, 陳植注釋, 楊伯超校訂, 陳從周校閱 : 《園冶注釋》, 北京, 中國建築工業出版社, 1988, 第47頁.

림이 생긴다. 주변 환경과 지세의 높낮이를 살피고, 설계하고 난 후에 나중에서야 담을 쌓는 일은 없고, 담을 최우선적으로 쌓는다는 것이다. 만약 그렇다면 원림의 설계를 하지 않을 것이다. 그 이유는 중국 민간 의 원림은 도시에 있는 주택 한쪽 구석에 있기에 자연스레 토지의 제 한을 받기 때문이다. 그래서 담장을 먼저 쌓아야 한다. 이는 옥을 손질 할 때는 반드시 옥 한점이 있어야 범위를 정할 수 있고, 그 범위 내에 서 방법을 구할 수 있기 때문이다. 그리고 범위의 윤곽이 이상할수록 좋다. 그럴수록 방법이 생기고 창의성을 발휘할 수 있다. 만약 네모반 듯한 정원을 주면 설계하기 어려울 것이다. 이는 서양의 관점과 전혀 다르다. 이런 이상한 모양에 대해 일반적으로 중국인은 비운다는 생각 으로 실체를 창조한다. 이런 관념이 바로 중국원림의 발명이다."149) 지 세地勢에 적절히 대처하고 자연에 순응함은 구호가 아닌 한보덕이 온 갖 궁리를 다해 '짜낸' 발명이다. 재미있지 않은가? 재미만이 아니라 이는 세계건축사에서도 보기 드문 방법이다. 서구 건축문화 관념에서 건축은 분리의 결과이다.150) 분리해야 하기에 분할이 있어야 하고 분 할해야 하기에 건축은 계획적 사고를 우선적으로 갖춰야 한다. 로마를 예로 들면 "이런 정신은 정밀한 계획 절차와 프로그램에 대한 강력한 인지 및 집행에서 비롯됐다. 이런 '계획적' 사고로 인해 로마성 및 건축

---

149) 漢寶德:《中國建築文化講座》, 北京, 生活·讀書·新知三聯書店, 2006, 第105-106頁.
150) 저서기가 말하기를 "자신만의 세계를 창조하는 책임은 바로 어떻게 대우주 macrocosmo의 원형을 소우주microcosomo 세계로 가져가고, 또한 각종 방법을 동 원해 소우주의 완전함과 침략되지 않음을 보장하는 것이다. 그러나 인류가 설정한 영역표시는 아주 중요한 역할을 한다. 이런 영역표시는 물리적 의미를 지닐 수 있다. 울타리, 나무, 흙더미 혹은 성벽, 돌은 '비아非我'와 대항하는 실체를 형성할 수 있으며 더 중요한 것은 신성과 비신성sacred and profane의 커트라인이 된다는 점이다."(褚瑞基:《建築歷程》, 天津, 百花文藝出版社, 2005, 第12頁.)

에 드러난 '일치성'은 다른 역사 시기의 물리 문명이 비교할 수 없는 것이다."151) 계획적인 사고가 생각해 낸 일치성은 도대체 무엇을 나타 냈을까? 바로 숫자, 비례, 사람이 이성과 이성을 기초로 한 의지력의 도움을 받은, 세계에 대한 규정이다.152) 이런 건축의 계획성은 반드시 지역성보다 높고 의취가 많고 삶의 흥미가 적으며, 주종 간에 등급차이 가 존재하고 심지어 위협적인 권력의 존재를 결정했다. 주종관계란 겉 으로 보기에는 일종의 주체 시각의 투시 아이콘이지만, 내면적으로는 일종의 사람의 의지력의 직접적인 표현이다.153) 건축자재는 생명이 없 는 죽은 물체이고 마치 군왕 같은 '내'가 그곳에 의미를 부여한 것과 같다. 그래서 건축이 나타낸 것은 단지 '나'의 뜻이며 일종의 전형적인

---

151) 褚瑞基:《建築歷程》, 天津, 百花文藝出版社, 2005, 第138頁.
152) 러스킨이 언급하기를 "대칭은 완벽함에 도달하기 위한 필수적인 것이지만 완벽함 의 요소 중에서 가장 필요가 없는 한 가지이니 얻기에 어렵지 않다. 일련의 같은 사물이 좋은 느낌을 주지만 구도상으로는 오히려 각기 다른 사물을 한곳에 배치시 켰으니 구도상 어떤 사물이 주된 것인지를 우선 결정해야 한다. 지금까지 나는 건축가에 있어서 모든 비례에 관한 문헌과 받은 교육은 아래의 원칙과 비교할 수 없다고 생각한다. '한 사물을 크게 하고, 나머지는 모두 작게 하거나 하나의 사물을 주로 하고 다른 것을 보조로 삼으며, 모든 사물을 하나로 연결한다.' 때로 는 훌륭한 집을 설계할 때는 각 층의 높이처럼 규칙의 변화를 허용하고, 때로는 주인은 한 명이고 하인이 여러 명인 것처럼 작은 스파이어로 큰 스파이어를 둘러 싼다. 구도의 변화는 무궁무진하지만 법칙은 보편적으로 사용된다. 즉 부피와 기능 혹은 취미를 통해 어떤 사물이 다른 사물을 압도적으로 능가한다."([英]約 翰·羅斯金:《建築的七盞明灯》, 劉榮躍編, 張璨譯, 濟南, 山東畵报出版社, 2006, 第110頁.)
153) 러스킨이 지적하기를 "생명만 제공하고 본질적으로 사람을 즐겁게 해줄 수 없는 사물로 구성된 건축은 아름다운 소리로 구성된 음악이나 예쁜 색채로 구성된 그림 처럼 본질적으로 생기는 없다. 하지만 가장 높은 차원의 존엄과 사람을 즐겁게 해주는 것은 그것의 형성과정에서 설계된 지능생명의 생동감이 넘치는 표현이기 때문이다."([英]約翰·羅斯金:《建築的七盞明灯》, 劉榮躍編, 張璨譯, 濟南, 山 東畵报出版社, 2006, 第131頁.)

인류중심주의 건축관이 형성됐다.154) 러스킨은 심지어 맹목적으로 다음과 같이 주장했다. "상상할 수 있는 모든 형상을 우주의 어딘가에서 다 찾을 수 있지만, 가장 흔히 볼 수 있는 형상이 자연스러운 형상이라는 생각이 맞다고 생각한다. 혹은 하느님이 일상 세계에서 잘 알고 있는 형상의 인류가 태어날 때부터 좋아하는 아름다운 특징을 낙인했다는 생각도 맞다고 믿는다."155) 세계는 인류의 세계이니 러스킨의 이런 생각은 분명히 착각일 것이다.

《周禮》의 내용을 보자. "하늘에는 때가, 땅에는 기가, 재료에는 미가, 공법에는 기교가 있다. 이 넷을 합쳐야 좋은 물건을 만들 수 있다. 재료가 아름답고 공법에 기교가 있는데, 물건이 좋지 않다면 때를 잘못 만나고 기를 받지 못한 것이다."156) 이는 어떤 경지일까? 필자는 건축의 '사인四因'에는 층차가 있다고 본다. 때와 땅은 재료와 공법을 초월

---

154) 반례로 서구 건축이 자신의 강경하고 일괄적인 계획성을 반드시 실천할 수 있는 것은 아니다. "아크로폴리스의 신묘와 신전의 설계는 사람에게 보여지는 이미지가 크게 다르다. 비록 이들이 모두 반세기 이내에(기원전 448-406년) 건축된 것이지만 각각의 건축은 마치 단독으로 설계된 것처럼 공간의 전체성을 구성하려는 노력이 보이지 않았다. 많은 복잡한 건축이 전체의 아래 부분을 향하고 있으며 그곳은 아크로폴리스의 입구 및 부속건축이다. 그것의 방향은 파르테논 신전과 같다. 파르테논 신전은 아크로폴리스의 가장 큰 건축이고 위부분의 오른쪽에 위치하고 있으며 아크로폴리스의 입구와는 같은 중심축선에 연결돼 있지 않았다. 아크로폴리스 입구에서는 파르테논의 정면이 보이지 않고 한쪽 구석에서만 신전의 모습을 발견할 수 있다. 아크로폴리스의 다른 한쪽은 비교적 작고 정교하게 건축한 에레크테이온 신전이며 파르테논 신전의 웅장함과 현저한 대조를 이뤘다. 그리고 여기저기에 제단, 감실과 같은 작은 건물도 있다."([英]蘇珊 · 伍德福特, 安尼 · 謝弗 · 克蘭德爾, 羅莎 · 瑪麗亞 · 萊茨:《劍橋藝術史(一)》, 羅通秀, 錢乘旦譯, 北京, 中國青年出版社, 1994, 第129-130頁.)

155) [英]約翰 · 羅斯金:《建築的七盞明燈》, 劉榮躍編, 張璘譯, 濟南, 山東畫報出版社, 2006, 第92頁.

156) 楊天宇撰:《周禮譯注》, 上海, 上海古籍出版社, 2004, 第600頁.

한 요소이며 집을 지을 때에 중국 고대인은 시공간을 우선적으로 살핀다. 만약 때가 집의 건축을 허락하지 않으면 어찌할까? 그럼 짓지 않는다. 억지로 지으면 좋은 집이 될 수 없다. 생태공동체적인 세계는 바로 이때가 돼서야 열린다. 《吳越春秋・句踐歸國外傳》을 보자. "범려가 말했다. '신이 성을 지은 것은 하늘의 뜻을 따른 것이며 곤륜의 이치가 들어 있다.' 월왕이 말했다. '과인이 듣기로 곤륜산은 땅의 지주이고 위로는 하늘을 받들어 우주의 기를 드러내고, 아래로는 땅을 다스려 예외가 없이 받아들이오. 성인을 키우고 신선을 나게 하며 제왕을 모시는 곳이오. 그래서 제왕은 산의 남쪽에 거주하고 삼왕은 정지正地에 거주하오. 우리나라는 천지의 땅이고 동남쪽을 다스리며 북극성의 북쪽에 있소. 보잘것이 없는 성은 아니지만 어찌 왕들과 기세를 비교하겠소?' 범려가 답했다. '겉만 보고 안을 보지 못하셔서 그렇습니다. 신은 천문의 범례로 성을 지었습니다. 기를 땅에 모았고 큰 산의 형상을 설정해 곤륜이 이미 나타났으니 월나라가 패업을 이룰 것입니다.' 월왕이 말했다. '재상의 말대로라면 과인의 운명이구려.' 범려는 '천지의 징후가 이미 실제로 드러났습니다'라고 답했다."[157] 정말 재미있는 문헌이며 등장인물이 모두 진지하고 귀엽다. 곤륜의 상象이라니? 우리나라가 동남쪽에 있는데 어떻게 그것을 모방할 수가 있는가? 월왕은 처음에 범려의 말을 믿지 않았다. 그러나 "그것은 겉만 보고 안을 보지 못해서 그렇다"라는 범려의 대답은 더 근사하다. 여기의 '겉'과 '안'의 차이는 실은 '명名'과 '실實'의 차이다. 건축은 외재적인 경험 실체로 보이지만 본질은 내재적인 '논리'성이 있다. 이런 내재적인 '논리'는 범려의 말을 인

----

157) 趙曄撰, 徐天祜音注, 苗麓校點, 辛正審訂 : 《吳越春秋》, 南京, 江蘇古籍出版社, 1999, 第127頁.

용하면 바로 '기'이다. 건축이 '기'와 합쳐지면 '상'을 만들어 낼 수 있다. 여기의 '기'는 바로 생태미학의 대표인 유기적인 전체의 생명감각이다. 성곽은 유기적이고 전체적인 생명감각을 지닌 건축으로서 생명이 서로 통하는 생태 군경을 구축할 수 있다.

그렇다면 인류 주체가 건물을 짓는 과정에서 의지력이 자연 본래의 '허무' 경지에 대한 방해와 해구를 어떻게 피할 수 있을까? 답은 질적인 소구訴求이다. 인류는 질적인 사고방식으로 건축을 반성해 맑은 마음으로 천지에 귀속한다. 중국 고대인의 토지관념에는 강한 비덕比德[158] 경향이 있음을 앞서 서술했다.[159] 그러나 부정할 수 없는 것은 도교와 불교의 영향으로 사람들이 건물을 지을 때의 주체성은 자연의 도에 대한 자발적인 제거로 더 많이 보여진다.[160] 《世說新語 · 棲逸》에서 말하기를 "강승연康僧淵이 예장豫章에 있을 때는 성에서 십리가 떨어진

---

158) 역주 : 비는 상지 혹은 비교를 뜻하고, 덕은 윤리도덕 혹은 정신도덕을 가리킨다.
159) 《禮記 · 王制》에서 기록하기를 "전국은 모두 아홉 개의 주가 있는데 주의 면적은 모두 천리였다. 각 주에 백 리가 되는 제후국 삼십 개, 칠십 리 되는 제후국 육십 개, 오십 리 되는 제후국 백이십 개를 만들었다. 명산과 호수는 봉지가 될 수 없고 그 이외에는 부용附庸의 땅이 된다. 전국 여덟 개 주에 이백십 개의 제후국을 설치했다. 황제가 소재한 주에는 백 리가 되는 제후국 아홉 개, 칠십 리의 제후국 스물한 개, 오십 리의 제후국 예순 세 개를 설치해 도합 아흔 세 개이다. 명산과 호수는 분봉할 수 없고 나머지 토지는 사대부의 녹봉 및 분봉 이후의 휴경지로 사용된다. 전국 아홉 개 주에 모두 천칠백 칠십삼 개의 제후국이 있다. 천자의 원사元士와 제후의 부용은 모두 그 수에 속하지 않는다."(王文錦譯解 : 《禮記譯解》, 北京, 中華書局, 2001, 第161頁.)
160) 김학지가 말하기를 "《園冶》에서 '비록 사람이 만들었지만 마치 자연에서 생긴 것과 같다'라는 서술은 바로 도가의 '법천귀진法天貴眞' 철학이 고전원림 미학 영역에서 반영된 것이다. '천', '진' 두 글자가 바로 《園冶》의 최고 경지이다. 일본이 《園冶》를 《奪天工》이라고 부른 것이 미학사상의 핵심을 집어 낸 것이다. 엽섭葉燮도 '무엇을 모방한 것인지 모르는' '천지자연의 진산'을 숭상했다."(金學智 : 《中國園林美學》, 北京, 中國建築工業出版社, 2005, 第73頁.)

곳에 정교한 옥사를 지었다. 옆에는 산이 이어지고 강은 띠처럼 길다. 예쁜 숲이 행랑과 정원에 줄지어 있고 맑은 물은 집 앞으로 흐른다. 한가할 때에 공부하고 요리를 흠모해 유공庚公과 여러 사람이 종종 구경갔다. 그가 토납을 응용하니 경관이 점점 좋아졌다. 게다가 이미 편안히 살고 있고 얻은 것도 있기에 점점 유명해졌다. 나중에는 견딜 수가 없어서 이사를 갔다."[161] 정교한 옥사屋舍, 행랑, 정원, 집은 강승연이 '토납을 응용해 경관이 점점 좋아진' 결과라 할 수 있다.《歷代宅京記》에서 이르기를 "오지고吳知古는 수행을 주관하는데, 삼모관三茅觀의 종이 울리면 관당의 종도 따라 울리며 수레가 다니기 시작한다. 산 뒤에 부용각芙蓉閣이 있는데 모양은 돛단배와 물새가 내려앉은 듯하다. 산 아래의 계곡은 구불구불한 띠처럼 소서호로 흘러들어 가다 정자의 이름은 청련淸漣이라 지었다. 기이한 돌이 양쪽 길가에 줄을 지어 아름다움을 드러낸다. 삼산오호는 동굴이 깊고 호수가 넓게 펼쳐져 있으며 나는 새의 날개같은 다리는 능허루凌虛樓와 마주보고 있다."[162] 정자는 누각, 당, 각, 루 등의 자연 군경과 서로 연결되고 어울린다.《世說新語 · 言語》에서는 "간문제簡文帝가 화림원華林園에 들어가 보고 옆 사람에게 말하기를 '마음에 드는 곳은 멀리 있을 필요가 없다. 가려진 숲과 물에 바로 호복간상이 있다. 새와 동물과 물고기는 사람과 가까이 한다.'"[163]라고 했다. '마음에 드는 곳은 멀리 있을 필요 없으니', 마음이 자연을 따르면 생태환경은 '자연스레 사람과 가까워진다'. 이런 건축

161) 劉義慶著, 劉孝标注, 余嘉錫箋注:《世說新語箋疏》, 上海, 上海古籍出版社, 1993, 第659頁.
162) 顧炎武著, 于杰點校:《歷代宅京記》, 北京, 中華書局, 1984, 第249頁.
163) 劉義慶著, 劉孝标注, 余嘉錫箋注:《世說新語箋疏》, 上海, 上海古籍出版社, 1993, 第120頁.

군경 양식은 '양'과 연관되지만, '질'적인 측면에서는 본연의 생각 측면에서의 소박한 느낌이며 피아제와 아른하임의 인류 초기의 공간개념이라 할 수 있다.164) 이런 자연에 관한 질적인 사고에서 주체성은 소멸되지 않을 뿐만 아니라 오히려 조영돼165) 후현대 언어환경의 복잡성 주체의 '적응 과정'과 유사하다.166) 그래서 중국 고대건축은 특히 강남의

---

164) 아른하임이 말하기를 "단지 진실된 모방을 위해서라면 같은 크기를 고려할 필요가 없다. 예술 감상에서 일정한 공간적, 정서적 혹은 상징적인 관계의 차이를 원할 때에 그것은 자연스럽게 출현한다. 이런 사실은 심리학 측면에서 피아제의 '에우클레이데스 기하가 생기기 전에 공간은 모두 토폴로지적이다'라는 좋은 예제라 할 수 있다. 초기의 공간 개념은 모두 사물과 사물간의 '질'적 관계와 연관되고 '양'적 관계와는 무관하기 때문이다."([美]魯道夫·阿恩海姆:《藝術與視知覺》, 滕守堯, 朱疆源譯, 北京, 中國社會科學出版社, 1984, 第258頁.)

165) 칼슨이 가리키길 "자연 감상에서 우리는 알고 있는 대상이 외적이고 신비한 사물이기에 이는 최종적으로 우리의 감상, 우리의 이해, 우리의 판단과 우리의 파악을 초월할 것이라고 인식한다. 그러나 우리가 자연에 대한 일정한 파악을 최대한 획득해야 한다고 인식한다. 이것이 바로 우리 자신의 신념, 자신의 이야기, 우리의 창조를 통해야만 이를 성공시킬 수 있다. 그래서 자연은 아마도 가장 감상하기 쉬운 것이다. …… 일부 민간 전설에 의하면 자연은 마치 매우 쉽게 접근할 수 있게 느껴진다. 왜냐하면 이것은 우리 자신의 이야기일 뿐 만 아니라 우리 자신과 아주 닮은 많은 사물을 통해 설명될 수 있기 때문이다."([加]卡爾松 :《环境美學 : 自然, 藝術與建築的鑒賞》, 楊平譯, 成都, 四川人民出版社, 2006, 第184頁.)

166) 인류에 대해 말하자면 "첫 번째 사실은 인류는 불확실한 특징을 지니고 있다는 것이다. 동물은 기능적으로 생물체적으로 특정적이지만 사람은 적응성을 지니고 있다. 동물의 특화가 그들의 구조와 기능상의 고정화를 야기했기 때문에 그들은 늘 種의 어느 단계에 머물게 됐다. 이와 반대로 인류는 융통성과 유연성을 보존하는 동시에 자신의 적응능력을 향상시키는 능력을 가지고 있다. 하지만 이런 자주적 의미는 수요와 책임을 의미한다. 동물에 있어서 학습은 차순위이지만 아무런 도움을 받지 못하는 신생아는 매우 낮은 선천적 반영 능력과 본능을 지니고 있다. 타인의 도움 하에 아이들은 점차 자신의 노력을 통해 존재적 입각점을 얻게 된다. 이리해서 매우 큰 측면에서 인류는 자신의 운명을 묘사하는 자유를 가지고 있다."([挪]克里斯蒂安·諾伯格一舒爾茨:《西方建築的意義》, 李路珂, 歐陽恬之譯, 北京, 中國建築工業出版社, 2005, 第223頁.)

건축은 후현대건축의 정신과 더 가깝다. 후현대 생태건축의 생태이념은 녹색은 직적접으로 생태를 대표하지 않고, 사람들은 도시를 황야로 바꿀 필요가 없다.[167] 생태는 인류중심주의 틀에서 성장한 '녹색' 소구에 불과하다는 착각을 반드시 고쳐야 한다. 강남원림은 녹색공간으로서 심신 요양원이라고 말하는 학자도 있다.[168] 그러나 필자는 건축이 하나의 요양원이라면 사람에게는 멸망만 가져올 수 밖에 없다고 생각한다. 순화된 표본 외에 온실에서 진정한 꽃이 존재한 적이 있었는가? 생태 군경은 기능성을 기반으로 하는 전체여야 한다.[169] 그것이 교회

---

167) 노베르그 슐츠가 말하기를 "공업시대 집단 거주지의 기본 문제는 어떻게 개방성과 적응성을 하나의 의미가 있는 공간 질서와 연결시키는 것이다. 이것을 이루기 위해 현대 도시 계획의 선구자들은 장소(중심), 방법(선성적인 연속성)과 영역(분구) 등 기본개념에 대한 새로운 해석을 찾는 데에 힘썼다. 전원도시의 보편적인 그림은 자연으로의 회귀와 자유자재한 생활 상태라는 몽상에서 생겨난 것이며 이는 자연 원림에 최초로 나타났다. 여기서 하워드 같은 선봉 인물들이 도시를 살아 있는 유기체로 만들고 싶어 했다는 점을 특히 강조하고 싶다. 나중에 그의 추종자들은 모두 진정한 문제를 회피해 단지 녹색의 생명이 없는 교외형식을 만들어 냈기 때문이다."([挪]克里斯蒂安・諾伯格-舒爾茨:《西方建築的意義》, 李路珂, 歐陽恬之譯, 北京, 中國建築工業出版社, 2005, 第175頁.)

168) 김학지가 지적하기를 "원림 생활의 '양이체養移體'란 사람이 원림 '녹색공간'이란 자연 생태의 절대적 우세를 통해 원림 밖의 환경오염을 포함한 여러 가지 자연이화가 자체에 대한 침해를 없애고, 점차 건강을 회복하고 환경과의 균형을 이루는 것이다. 원림 생활의 '거이기居移氣'는 사람은 원림의 '녹색 문화 공간'의 다양한 생태 우세를 통해 먼지를 씻어내고 마음을 고요하게 하며 품성을 수양하고 덕으로 마음을 깨끗이 한다. …… 원림 밖 여러 종류의 정신 오염이 자신의 심신에 대한 침식을 씻어낸다. 혹은 정신문화적인 '자아복원'을 함으로써 심신이 점차 생태건강을 회복하고 인성이화에 대한 지양을 실천한다. 대형 종합예술로서의 중국 고전 원림은 좋은 자연 생태 녹색공간일 뿐만 아니라 고도의 최적화되고, 집중화된 정신 요양원이기도 하다."(金學智:《中國園林美學》, 北京, 中國建築工業出版社, 2005, 第17頁.)

169) 노베르그 슐츠가 말하기를 "하나의 새로운 다원주의 건축이 개발 중에 있다. 해당 종류의 건축은 초점을 고정양식 혹은 기본 원칙에 두지 않고 각각 설계의 총체적인 특징을 이해하기에 진력하고 있으니 그것은 스타일이 아닌 일종의 방법이라고

도, 성당도, 도관道觀도, 사찰도 아니고 사람들은 원림 앞에 엎드려 그
곳에 귀의할 필요가 없지만, 그곳은 장역이고 매개이며, 실증이고 감화
이다. 마음은 원림에 빠져들고 이러한 바람과 꽃과 눈과 달, 정자, 누
대, 누각은 우리의 영혼의 세례를 완성시킬 것이다.

강남 건축의 진실한 군경을 보자. 강남원림이 기록한 정서는 함축적
일 뿐만 아니라 때로는 '드러냄'이기도 하다. 김천우金天羽가 《頤園記》
에서 말했다. "내가 화려한 당에 앉아 좋은 술을 마시며 넓은 산수 사
이에서 유람하게 하는 것은 다른 곳인가?"170) 참으로 거만하다! 이런
거만함은 일종의 호탕이고 건축으로 인한 자만이며 산수로 시야를 넓
히는 호탕이다. 어떻게 이렇게 호탕할 수 있을까? 문사가 있고 그리움
이 있기 때문이다. 청나라 고이록顧詒祿의 《三月三日歸田園修楔序》
을 보자. "옷자락을 풀고 산발한 채로 시를 읊고 노래한다. 신선의 오
묘한 이치를 논하고 고금의 재미난 이야기를 검증한다. 숲 속의 새가
훔쳐보고 연못의 물고기가 모여서 듣고, 날카로움이 사라진다. 몸을 숙
이든 고개를 들든 모두 용서가 되며, 몸은 세속에 있지만 마음은 세상
밖을 그리워한다."171) 이야말로 노장老莊을 초대할 만한 자유자재한 생
태경지이다. 《平江圖》에서 보이는 군포로 북지北池가 있다. 송나라 장
당蔣堂은 《北池賦幷序》에서 자신의 '임류지정臨流之情'을 묘사했다. "비

해야 한다. 다원주의 건축은 설계된 것이 아니라 생성된 것이다. 따라서 환경은
상호작용하는 기관으로 구성한 동태 완전체가 됐다. 그것은 기능주의와 모순되지
않고, 다만 기능의 개념을 물질의 층면 밖까지 확장시켰다. 의미와 특징은 다시
중요한 위치로 돌아왔고, 건축은 더 이상 단순한 용기가 아닌 환경 속에서 활발히
활동하는 표현력이 풍부한 존재가 됐다."([挪]克里斯蒂安 · 諾伯格-舒爾茨 :《西
方建築的意義》, 李路珂, 歐陽恬之譯, 北京, 中國建築工業出版社, 2005, 第
220-221頁.)

170) 王稼句 :《蘇州園林歷代文鈔》, 上海, 上海三聯書店, 2008, 第23頁.
171) 王稼句 :《蘇州園林歷代文鈔》, 上海, 上海三聯書店, 2008, 第49頁.

가 그치면 모든 빛깔이 깨끗해지고 무리를 지어 움직이며 연못을 꽉 채웠다. 물고기는 수초 사이에서 천성을 드러내고, 거북이는 연꽃 사이를 노닌다. 새들은 나뭇가지 둥지에서 유유자적하고, 매미는 그늘 속에서 홀로 조용히 있다."172) 물고기가 본성을 드러내고, 거북이가 가볍게 노닐고, 새들이 자유자적하고, 매미가 홀로 조용히 있는 것, 이 모두가 인위적 건축물과 무관하고, 수초, 연꽃, 나뭇가지, 그늘을 벗어날 수 없기에 모두 군포 북지라는 장역을 빌어서 자신들의 본심을 찾았다. 석묘성釋妙聲은《溪雲山居記》에서 "마음의 문을 열면 맑아지고 사물에 비교하지 않으면 세상의 모든 마찰과 뒤엉킴은 선적이 왕복순환된다. 내 마음에 들지 않은 사물이 없으니, 단지 계운산溪雲山만 그런 것이 아니"173)라고 했다. 만보를 물러나 '질적인 특성' 내려놓고 수량으로 말해도 원림이 추구하는 것은 종류의 수이지 단일 종류의 개체 수가 아니다. 왕세정은《先伯父靜庵公山園記》에서 말했다. "산의 즐거움을 일일이 셀 수 없지만, 대략 돌은 형태를 취하고, 과수는 부족함을 가리는 기능을 하고, 화초는 예쁨을 받고, 정자와 관사는 좋은 위치를 차지했을 뿐이다. 돌이란 태호太湖, 무강武康, 부벽斧劈, 곤영昆英과 같은 것이고, 과수는 복숭아, 자두, 매화, 살구, 유자, 단감, 노리, 영조, 연시, 함도, 노귤, 내금, 울체, 양매, 답고와 같은 것이다. 나무는 오동, 개오동, 가래, 노송, 술통, 측백, 산, 전, 황양, 정거, 벽노, 서여, 병여, 춘용 등이고, 화초는 촉다, 해당, 신이, 목련, 혜지, 궁궁, 박차, 부용, 작약, 목단, 자귀, 원추리, 청라, 창려 등으로서 각각 수백 수천 가지이지만 정자와 관사는 손으로 꼽을 정도이다."174) 이런 종류는 거의 중복

---

172) 王稼句:《蘇州園林歷代文鈔》, 上海, 上海三聯書店, 2008, 第1頁.
173) 王稼句:《蘇州園林歷代文鈔》, 上海, 上海三聯書店, 2008, 第136頁.
174) 王稼句:《蘇州園林歷代文鈔》, 上海, 上海三聯書店, 2008, 第251頁.

되지 않는다고 보면 된다. 왕세정의《弇山園記》2편에서 기록하기를 "입구로 들어가면 대나무를 엮어 높은 담을 만들고, 옆에는 홍백, 장미, 도마, 월계, 라일락 등이 있다. 꽃이 피면 조각처럼 양쪽에서 숲을 이루며 바람이 불지 않아도 향기가 절로 나서 잠가주岑嘉州 방언을 따서 야향경惹香徑이라 이름했다."[175] 왕세정의 엄산원弇山園은 그의 백부의 정암공산원靜庵公山園 내에 있는 식물과 물론 다르다. 질적으로만 봤을 때는 이렇게 많은 종류에 어떤 질적인 특성이 있을까? 그것은 형태를 취하고 부족함을 가려주며, 예쁨을 받고 좋은 자리를 차지하는 것이다. 앞에서 언급한 세 가지가 자연물에 치중됐다면, 네 번째로 정자와 관사 등 인공적인 건축은 '좋은 자리를 차지해' 역사를 꿰뚫은 '문화적 쾌감'을 모색하고자 한다. 원림은 독서하는 곳이다. 장공비蔣恭棐는《飛雪泉記》에서 기록하기를 "아우인 비부 방차方槎의 의견에 따라 새로 지은 청사 동쪽에 누각 다섯 칸을 지어 경서를 저장하기로 하고 구자求自라고 이름을 지었다."[176] 이를 봐서 누각을 건축하는 목적은 경서를 보관하기 위해서이다. 원림에서 '사물'은 문인화를 거쳐야 한다. 전대흔錢大昕의《網師園記》를 보자. "정자, 누대, 나무, 돌은 유명인사가 감상하고 시문과 노래가 전해지고 나서야 유명해진다. 그렇지 않으면 고피강顧辟疆이 손님을 쫓아낸 것처럼 후세 사람한테 웃음거리만 제공할 뿐이다." 손유孫柚의《藤溪記》에서는 "현재 등계藤溪는 나의 소유이고 나는 등계를 모범으로 하고 양자가 상부상조하며 금곡원金谷園[177]과 평천원平泉園[178]처럼 호화롭지 않고, 망천원輞川園과 육혼원陸渾園처럼

---

175) 王稼句:《蘇州園林歷代文鈔》, 上海, 上海三聯書店, 2008, 第242頁.
176) 王稼句:《蘇州園林歷代文鈔》, 上海, 上海三聯書店, 2008, 第21頁.
177) 역주: 서진西晉 유명한 부자인 석숭石崇의 별장.
178) 역주: 당나라 재상 李德裕이 하남河南 낙양 建平泉庄에 있는 별장.

우아하지 못하고, 녹문鹿門과 회계會稽처럼 신비스럽지 못하고, 난정蘭亭과 죽림竹林처럼 풍아한 집회가 아니지만, 그래도 동장東墻의 굳센 의지, 북곽北郭의 은거, 몽장蒙莊의 칠원漆園, 진중자陳仲子의 어릉於陵과 같지 않은가?"[179]라고 했다. 그리고 원림은 문화를 전파하는 곳이다. 왕완汪琬은 《藝圃後記》에서 다음과 같이 기록했다. "연못과 마주보고 방 다섯 칸을 지어 염조당念祖堂이라 이름했는데, 주인이 명절 때에 조상에게 제를 올리는 장소이다. 당 앞이 넓은 정원이고, 왼쪽 담장에다가 문을 냈다. 그곳은 양곡서당暘谷書堂과 애련와愛蓮窩이며 주인의 사망한 형님이 공부를 가르치는 장소였다."[180] 이것은 당의 기능이 자아의 역사, 사회의 문화, 역사 문화의 계승, 전파 등과 떼려야 뗄 수 없음을 설명한다. 이런 건축은 결국 사람들에게 기세가 대단한 이미지를 가져다 줄 것이다. 《史記·秦始皇本紀》 기록을 보자. "진이 제후를 멸망시킬 때마다 그들의 궁실을 모방해 함양 북쪽의 산기슭에 지었다. 남쪽으로 위수와 마주보고 있고, 옹문 동쪽을 통해 경수 및 위수와 합치는 지역까지 이르렀으며 궁전과 가옥, 공중 잔도, 각도 등으로 연결된다. 그리고 제후국에서 빼앗은 미인과 종고鐘鼓 등으로 가득 채웠다."[181] 정의正義에서는 《三輔舊事》의 글을 인용했다. "시황제는 황하를 진의 동문으로 표기하고, 견汧을 진의 서문으로 표기했다. 그리고 중외전中外殿에서 145명의 신하를 접견하며, 후궁에는 만명의 궁녀가 줄지어 있으니 패기가 하늘을 찌른다." 여기서 세부 사항이 하나 있는데 "옹문 동쪽을 통해 경수 및 위수와 합치는 지역까지 이르렀으며 궁

179) 王稼句:《蘇州園林歷代文鈔》, 上海, 上海三聯書店, 2008, 第265頁.
180) 王稼句:《蘇州園林歷代文鈔》, 上海, 上海三聯書店, 2008, 第71頁.
181) 司馬遷撰, 裴駰集解, 司馬貞索引, 張守節正義:《史記》, 北京, 中華書局, 1982, 第239頁.

전과 가옥, 공중 전도, 각도 등으로 연결된다." 건축물은 쌓아 올리는 방식으로 환상적 심미효과를 만들어 내는데,[182] 이것은 얼마나 장력이 넘치는 양식인가! 강남에서 사람들은 빽빽한 건축 사이에서 발걸음을 멈추고 심취하며 감동한다.[183] 본질적 측면에서 건축의 생태 군경이 바로 건축과 자연의 내재적 기세의 융합과 합류이다. 서계별서西溪別墅 는 육구몽의 34대손인 육조역陸肇域이 지은 것이다. 전대흔은 그 별서 가 "지세에 따라 굴곡지게 배치했다. 높은 곳은 제방을, 낮은 곳은 연 못을, 힘찬 곳은 누각을, 날아갈 듯한 곳은 정자를 만들었다. 물이 맑 고 초목에는 꽃이 피며, 면적은 오백 척에 불과하지만 송강과 오송강을 얻은 것과 같다"[184]라고 묘사했다. 왕오王鏊의《從適園記》에 이런 내 용이 있다. "검푸르고 차가운 것은 대숲이고, 고요하고 심원한 것은 소 나무 길이다. 하늘처럼 둥글고 높은 것은 측백나무 정자이다. 나머지 는 뽕밭, 약초밭, 양어장이며 청풍정淸風亭은 여러 경관의 훌륭함을 모 두 받아들인다."[185] 건축물은 자연물과 대등하다. 이기李祁가《玉山名 勝集序》에서 말하기를 "중영仲瑛은 자신이 거주하고 있는 외진 땅을 원림으로 만들고 원에는 당, 사, 누, 재, 화방이 있다. 열면 행랑이고

---

182) 아른하임이 말했다. "겹친 양식에서 감춰진 양식은 종종 심층 분리를 통해 감추는 자의 방해에서 벗어나려 한다. 그런데도 겹침은 여전히 보인다. 서로 겹치는 단위 사이 에서 이런 겹침에서 애써 벗어나려는 추세가 생길 것이다."([美]魯道夫・阿恩海姆:《藝 術與視知覺》, 滕守堯, 朱疆源譯, 北京, 中國社會科學出版社, 1984, 第591頁.)

183) 왕진복이 가리키기를 "휘주徽州 민가는 집단 거주라는 특징이 있고 남방 구릉지대 에 위치해서 마을과 도시의 가옥들이 빽빽하게 늘어서 있다. 방화벽의 '말 머리'가 높게 치솟고 가옥들이 끝없이 이어지고 마을 내의 깊은 거리와 좁은 골목이 굴곡지 고 어둡다. 색채적으로는 청산 녹수이며, 푸른 대나무와 흙길이 높고 낮고 들쭉날쭉 한 흰 담장과 회색 기와를 장식하면서 맑고 담백해 사람에게 깊은 감동을 준다."(王 振復:《中華意匠:中國建築基本門類》, 上海, 复旦大學出版社, 2001, 第66頁.)

184) 王稼句:《蘇州園林歷代文鈔》, 上海, 上海三聯書店, 2008, 第116頁.

185) 王稼句:《蘇州園林歷代文鈔》, 上海, 上海三聯書店, 2008, 第162頁.

닫으면 집이 된다. 그곳을 수리해 정자로 만들고, 귀한 나무와 좋은 화초를 심었다. 또한, 연꽃, 마름, 가시연밥을 심었다. 울창해 그늘지고, 빛나고, 고요하고 심원해 하루에 다 감상할 수가 없다."186) 이렇게 만들어 낸 것이 바로 생태미경이다. 채우가 《石湖草堂記》에서 말했다. "면적이 작지만 사람이 훌륭하며 어찌 전하는 사람이 적을까? 땅이 높아도 모두 방향을 나타내면 산이 그렇고, 호수가 그렇고, 대나무도 그렇다. 그러나 관람은 휴식과 함께하지 않고 휴식도 관람과 동시에 하지 않으니 사람과 땅은 아프지 않다. 지금은 숲을 더 개척하지 않았고 땅을 더 깊이 파지 않았지만, 호수와 산은 가까이 있고 짐승과 새가 음식 그릇에 담겨 있다. 이곳에서 관람하고 이곳에서 휴식해 오묘한 관찰과 관람이 모두 여기에 집중되니 사람과 땅이 모두 불행해지지 않았는가."187) 사람과 땅의 불행은 단지 생태의 경지일 뿐이다. 이어가 원림의 높낮음에 대해 다음과 같이 말했다. "집은 평원과 같은 평평한 모습을 꺼리며 반드시 높낮이가 있어야 한다. 원포뿐만 아니라 주택도 마찬가지다. 앞이 낮고 뒤가 높은 것이 일반적이다. 그러나 땅은 그렇지 않은데 강제로 그렇게 만들면 탈이 난다. 늘 그곳에 맞는 적절한 방법이 있다. 첫째, 높은 곳에 집을 짓고 낮은 곳에 누각을 짓는다. 둘째, 낮은 곳에 돌을 높이 쌓아 산을 만들고, 높은 곳을 준설해 연못을 만든다. 그리고 높은 곳을 더 높이고, 낮은 곳을 더 낮추는 방법도 있다. 높은 곳에 누각을 세우고 가파른 언덕에 봉우리를 쌓으며, 낮고 습한 곳에 못을 만들고 우물을 판다. 고정불변한 방법이 없으니 지혜롭게 잘 살피면 방법은 늘 사람에게 달려 있다. 이는 멀리서 방법을

---

186) 王稼句:《蘇州園林歷代文鈔》, 上海, 上海三聯書店, 2008, 第232-233頁.
187) 王稼句:《蘇州園林歷代文鈔》, 上海, 上海三聯書店, 2008, 第137頁.

가르쳐서 되는 것이 아니다."[188] 준수해야 할 고정방식은 없는가? 없다. 높은 곳을 낮추거나 더 높여도 된다. 요점은 모두 사람이 적응하는 데에 있고, 건축이 자연에 들어간 후에 이루어 낸 군집 건물에 대한 포착과 파악에 있다. 계성이 말하기를 "원림을 지을 때는 시골이든 도시든 택지가 외질수록 좋고, 숲을 만들 때는 잡초를 선택적으로 깎는다. 경관은 수시로 만들어지기 때문에 계곡물에 난초를 심는다. 길을 화목 사이에 내야 이런 원림생활을 오래할 수 있다. 담장은 넝쿨 속에 숨겨야 하고, 건물은 구불구불한 숲의 끝에 지어야 한다. 산에 있는 누각에서 멀리 바라보면 경관이 한 눈에 들어온다. 대숲에서 조용함을 즐길 수 있으니 이게 바로 심취이다."[189] 건축의 모든 것은 '심취'와 '경건함'에 있을 뿐이다.

188) 李漁著, 江巨榮, 盧壽榮校注:《閑情偶寄 · 居室部》, 上海, 上海古籍出版社, 2000, 第183頁.
189) 計成著, 陳植注釋, 楊伯超校訂, 陳從周校閱:《園冶注釋》, 北京, 中國建築工業出版社, 1988, 第51頁.

司馬遷撰, 裴駰集解, 司馬貞索引, 張守節正義, 《史記》, 北京, 中華書局, 1982.

班固撰, 顏師古注, 《漢書》, 北京, 中華書局, 1962.

許慎撰, 徐鉉校定, 《說文解字》, 北京, 中華書局, 1963.

胡奇光, 方環海撰, 《爾雅譯注》, 上海, 上海古籍出版社, 2004.

楊天宇撰, 《周禮譯注》, 上海, 上海古籍出版社, 2004.

王文錦譯解, 《禮記譯解》, 北京, 中華書局, 2001.

孫诒讓撰, 孫啓治點校, 《墨子閑诂》, 北京, 中華書局, 2001.

脫脫等撰, 《宋史》, 北京, 中華書局, 1985.

樂史撰, 王文楚等點校, 《太平寰宇記》, 北京, 中華書局, 2007.

祝穆撰, 祝洙增訂, 施和金點校, 《方輿勝覽》, 北京, 中華書局, 2003.

何清谷撰, 《三輔黃圖校釋》, 北京, 中華書局, 2005.

顧炎武著, 于傑點校撰, 《歷代宅京記》, 北京, 中華書局, 1984.

馬蓉等點校, 《永樂大典方志輯佚》, 北京, 中華書局, 2004.

範成大撰, 陸振嶽點校, 《吳郡志》, 南京, 江蘇古籍出版社, 1999.

陸廣微撰, 曹林娣校注, 《吳地記》, 南京, 江蘇古籍出版社, 1999.

朱長文撰, 金菊林點校, 《吳郡圖經續記》, 南京, 江蘇古籍出版社, 1999.

趙曄撰, 徐天祜音注, 苗麓校點, 辛正審訂, 《吳越春秋》, 南京, 江蘇古籍出版社, 1999.

金友理撰, 薛正興校點, 《太湖備考》, 南京, 江蘇古籍出版社, 1998.

徐崧, 張大純纂輯, 薛正興校點, 《百城煙水》, 南京, 江蘇古籍出版社, 1999.

王存撰, 王文楚, 魏嵩山點校, 《元豐九域志》, 北京, 中華書局,1984.

李吉甫撰, 賀次君點校, 《元和郡縣圖志》, 北京, 中華書局 1983.

汪中等, 《廣陵通典等三種》, 揚州, 廣陵書社, 2004.

顧公燮撰, 甘蘭經等點校, 《丹午筆記》, 南京, 江蘇古籍出版社, 1999.

顧祖禹撰, 賀次君, 施和金點校, 《讀史方輿紀要》, 北京, 中華書局, 2005.

楊衒之撰, 周祖谟校釋, 《洛陽伽藍記校釋》, 上海, 上海書店出版社, 2000.

劉義慶著, 劉孝標注, 余嘉錫箋注, 《世說新語箋疏》, 上海, 上海古籍出版社, 1993.

李昭祥撰, 王亮功校點, 《龍江船廠志》, 南京, 江蘇古籍出版社, 1999.

俞希魯編纂, 楊積慶, 賈秀英等校點, 《至順鎮江志》, 南京, 江蘇古籍出版社, 1999.

文震亨著, 陳植校注, 《長物志校注》, 南京, 江蘇科學技術出版社, 1984.

李漁著, 江巨榮, 盧壽榮校注, 《閑情偶寄》, 上海, 上海古籍出版社, 2000.

李昉等編, 《太平廣記》, 北京, 中華書局, 1961.

張君房編, 李成晟點校, 《雲笈七簽》, 北京, 中華書局, 2003.

計成著, 陳植注釋, 楊伯超校訂, 陳從周校閱, 《園冶注釋》, 北京, 中國建築工業出版社, 1988.

王謇, 張維明, 《宋平江城坊考》, 南京, 江蘇古籍出版社, 1999.

王稼句, 《蘇州園林歷代文鈔》, 上海, 上海三聯書店, 2008.

王稼句, 《蘇州文獻叢鈔初編》, 蘇州, 古吳軒出版社, 2004.

呂思勉, 《秦漢史》, 上海, 上海古籍出版社, 2005.

呂思勉, 《兩晉南北朝史》, 上海, 上海古籍出版社, 2005.

呂思勉, 《中國制度史》, 上海, 上海教育出版社, 2002.

梁思成, 《中國建築史》, 天津, 百花文藝出版社, 2005.

童寯, 《園論》, 天津, 百花文藝出版社, 2006.

陳從周, 《梓翁說園》, 北京, 北京出版社, 2004.

嚴耕望, 《魏晉南北朝佛教地理稿》, 上海, 上海古籍出版社, 2007.

羅哲文, 王振復, 《中國建築文化大觀》, 北京, 北京大學出版社, 2001.

王振復, 《中華意匠, 中國建築基本門類》, 上海, 復旦大學出版社, 2001.

王振復, 《宮室之魂, 儒道釋與中國建築文化》, 上海, 復旦大學出版社, 2001.

王振復, 《中國建築藝術論》, 太原, 山西教育出版社, 2001.

王振復, 《中國美學的文脈歷程》, 成都, 四川人民出版社, 2002.

王振復, 《中國建築的文化歷程》, 上海, 上海人民出版社, 2000.

王振復, 《中國文化 "原典"---《周易》》, 瀋陽, 瀋陽出版社, 1997.

沈福煦, 《中國古代建築文化史》, 上海, 上海古籍出版社, 2001.

吳良鏞,《建築‧城市‧人居環境》, 石家莊, 河北教育出版社, 2003.

于倬雲,《中國宮殿建築論文集》, 北京, 紫禁城出版社, 2002.

漢寶德,《中國建築文化講座》, 北京, 生活‧讀書‧新知三聯書店, 2006.

陳正祥,《中國文化地理》, 北京, 生活‧讀書‧新知三聯書店, 1983.

何曉昕,《風水探源》, 南京, 東南大學出版社, 1990.

李零,《中國方術正考》, 北京, 中華書局, 2006.

李零,《中國方術續考》, 北京, 中華書局, 2006.

顧頡剛,《史林雜識初編》, 北京, 中華書局, 1963.

顧頡剛, 錢小柏,《史迹俗辨》, 上海, 上海文藝出版社, 1997.

劉士林,《西洲在何處---江南文化的詩性敘事》, 北京, 東方出版社, 2005.

盧海鳴,《六朝都城》, 南京, 南京出版社, 2002.

浙江省社會科學院國際良渚文化研究中心,《良渚文化探秘》, 北京, 人民出版社,
    2006.

陳橋驛,《吳越文化論叢》, 北京, 中華書局, 1999.

甜華,《中國災荒史記》, 北京, 中國社會出版社, 1999.

金學智,《中國園林美學》, 北京, 中國建築工業出版社, 2005.

王耘,《復雜性生態哲學》, 北京, 社會科學文獻出版社, 2008.

褚瑞基,《建築曆程》, 天津, 百花文藝出版社, 2005.

尹國均,《西方建築的7種圖譜》, 重慶, 西南師範大學出版社, 2008.

王其鈞,《中國古建築語言》, 北京, 機械工業出版社, 2007.

劉軍,《河姆渡文化》, 北京, 文物出版社, 2006.

王海燕,《古代日本的都城空間與禮儀》, 杭州, 浙江大學出版社, 2006.

曹林娣,《靜讀園林》, 北京, 北京大學出版社, 2005.

曹林娣,《中國園林藝術論》, 太原, 山西教育出版社, 2001.

〔法〕保羅‧佩迪什,《古代希臘人的地理學---古希臘地理學史》, 蔡宗夏譯, 北京,
    商務印書館, 1983.

〔英〕李約瑟,《中國古代科學思想史》, 陳立夫譯, 南昌, 江西人民出版社, 1999.

〔英〕約翰‧羅斯金,《建築的七盞明燈》, 劉榮躍編, 張璘譯, 濟南, 山東畫報出版
    社, 2006.

〔加拿大〕卡爾松,《環境美學：自然, 藝術與建築的鑒賞》, 楊平譯, 成都, 四川人
    民出版社, 2006.

〔英〕 迪耶, 薩迪奇, 《權力與建築》, 王曉剛, 張秀芳譯, 重慶, 重慶出版社, 2007.

〔挪威〕 克裏斯蒂安・諾伯格-舒爾茨, 《西方建築的意義》, 李路珂, 歐陽恬之譯, 北京, 中國建築工業出版社, 2005.

〔日〕 蘆原義信, 《街道的美學》, 尹培桐譯, 天津, 百花文藝出版社, 2006.

〔英〕 斯蒂芬・加得納, 《人類的居所：房屋的起源和演變》, 汪瑞等譯, 北京, 北京大學出版社, 2006.

〔英〕 蘇珊・伍德福特, 安尼・謝弗-克蘭德爾, 羅莎・瑪麗亞・萊茨, 《劍橋藝術史(一)》, 羅通秀, 錢乘旦譯, 北京, 中國青年出版社, 1994.

〔英〕 E.H.貢布裏希, 《秩序感---裝飾藝術的心理學研究》, 範景中, 楊思梁, 徐一維譯, 長沙, 湖南科學技術出版社, 2006.

〔美〕 魯道夫・阿恩海姆, 《藝術與視知覺》, 滕守堯, 朱疆源譯, 北京, 中國社會科學出版社, 1984.

〔法〕 梅洛-龐蒂, 《知覺現象學》, 姜志輝譯, 北京, 商務印書館, 2001.

〔法〕 埃德加・莫蘭, 《復雜性理論與教育問題》, 陳一壯譯, 北京, 北京大學出版社, 2004.

〔法〕 埃德加・莫蘭, 《方法, 天然之天性》, 吳泓緲, 馮學俊譯, 北京, 北京大學出版社, 2002.

〔英〕 哈裏特・克勞福德, 《神秘的蘇美爾人》, 張文立譯, 杭州, 浙江人民出版社, 2000.

〔英〕 巴裏・克姆普, 《解剖古埃及》, 穆朝娜譯, 杭州, 浙江人民出版社, 2000.

451

| 저자 소개 |

왕운王耘(1973~)

1973년 강소성江蘇省 의정儀征에서 태어났다. 박사 지도교수로 현재는 소주대
학蘇州大學 인문대에 재직 중이다. 미국 플로리다 대학 방문학자, 한국외국어대
학교 객원교수로 재직한 바가 있다. 중국미학사, 불교미학, 건축미학, 생태철학
등 방면에서 연구하고 있으며, 저서로는《唐代美學范疇硏究》,《復雜性生態哲
學》,《隋唐佛敎各宗與美學》,《江南古代都會建築與生態美學》,《'空'之美學釋
義》등이 있다. 〈文藝理論硏究〉, 〈文藝爭鳴〉, 〈江海學刊〉 등의 기간지에 60여
편의 논문을 발표했다. 그 중 여러 편은 권위 있는 중국인민대학교 신문 간행물
기간지인 〈美學〉, 〈中國古代, 近代文學硏究〉, 〈科學技術哲學〉, 〈造型藝術〉
등에 옮겨 실었다. 저자는 강소성 '333프로젝트' 중 세 번째 단계의 지원 대상자
이며 강소성 교육청이 주관하는 '치잉란 프로젝트' 의 중·장년 학술 리더이기
도 하다. '국가사회과학기금후기지원프로젝트', '일반프로젝트', '중화외역프로젝
트' 에서 각각 하나의 프로젝트를 주관했으며 본 저서는 '국가사회과학기금' 내
'중화외역프로젝트'의 최종 결과물이다.

| 역자 소개 |

방금화

한국 충북대학교 석사
중국 화동사범대학 박사수료
중국 남경대학교 박사수료
현) 한국방송통신대학교 객원교수

강남 고대 도회의 건축과 생태미학
江南古代都會建築與生態美學

초판 인쇄 2018년 1월 2일
초판 발행 2018년 1월 12일

저   자 | 왕운王耘
역   자 | 방금화
펴 낸 이 | 하운근
펴 낸 곳 | 學古房

주   소 | 경기도 고양시 덕양구 통일로 140 삼송테크노밸리 A동 B224
전   화 | (02)353-9908 편집부(02)356-9903
팩   스 | (02)6959-8234
홈페이지 | http://hakgobang.co.kr
전자우편 | hakgobang@naver.com, hakgobang@chol.com
등록번호 | 제311-1994-000001호

ISBN   978-89-6071-716-9 93610

값 : 37,000원

이 도서의 국립중앙도서관 출판예정도서목록(CIP)은 서지정보유통지원시스템 홈페이지(http://seoji.nl.go.kr)와 국가자료공동목록시스템(http://www.nl.go.kr/kolisnet)에서 이용하실 수 있습니다. (CIP제어번호 : CIP2017034101)